Matzner (Hrsg.)
Handbuch Migration und Bildung

Handbuch Migration und Bildung

Herausgegeben von Michael Matzner

Dr. *Michael Matzner* ist Projektleiter im Bereich der beruflichen Bildung und Lehrbeauftragter an der Pädagogischen Hochschule Heidelberg.

Das Werk und seine Teile sind urheberrechtlich geschützt.
Jede Nutzung in anderen als den gesetzlich zugelassenen Fällen
bedarf der vorherigen schriftlichen Einwilligung des Verlages.
Hinweis zu § 52a UrhG: Weder das Werk noch seine Teile dürfen
ohne eine solche Einwilligung eingescannt und in ein Netzwerk
eingestellt werden. Dies gilt auch für Intranets von Schulen
und sonstigen Bildungseinrichtungen.

Lektorat: Cornelia Klein

© 2012 Beltz Verlag · Weinheim und Basel
www.beltz.de
Herstellung: Lore Amann
Satz: Renate Rist, Lorsch
Druck: Beltz Druckpartner GmbH&Co.KG, Hemsbach
Umschlaggestaltung: glas ag, Seeheim-Jugenheim
Printed in Germany

ISBN 978-3-407-83170-5

Inhalt

Vorwort 9

Kapitel 1

**Menschen mit Migrationshintergrund:
Daten, Fakten und Perspektiven**

Stefan Rühl / Christian Babka von Gostomski
Menschen mit Migrationshintergrund in Deutschland:
Daten und Fakten 22

Stefan Luft
Einwanderer mit besonderen Integrationsproblemen:
Daten, Fakten und Perspektiven 38

Birgit Leyendecker
Zuwanderung, Diversität und Resilienz – eine
entwicklungspsychologische Perspektive 57

Mario Peucker
Differenz in der Migrationsgesellschaft – ethnische Diskriminierung
und Einstellungen gegenüber Migrant/innen und Minderheiten 73

Kapitel 2

Migration und Bildung: Daten, Fakten und Erklärungen

Michael Matzner
Migration und Bildung: Daten und Fakten 90

Cornelia Kristen / Jörg Dollmann
Migration und Schulerfolg: Zur Erklärung ungleicher Bildungsmuster 102

Dietrich Thränhardt / Karin Weiss
»Bildungserfolgreiche« Migrantinnen und Migranten 118

Dietrich Thränhardt
Zum Umgang des Bildungswesens mit Migration und
ethnischer Differenz 129

Kapitel 3

Sprache und Sprachförderung

Hartmut Esser
Sprache und Integration. Eine Zusammenfassung und
einige Anmerkungen 140

Heidi Rösch
Deutsch als Zweitsprache (DaZ): theoretische Hintergründe, Organisationsformen und Lernbereiche, Lehrerbildung 155

Agi Schründer-Lenzen
Diagnose und Förderung der sprachlichen Entwicklung von Schülerinnen
und Schülern mit Migrationshintergrund 167

Kapitel 4

Kinder und junge Menschen aus Einwandererfamilien in Elementarbereich, Schule und Berufsausbildung

Doris Edelmann
Frühe Förderung von Kindern aus Familien mit Migrationshintergrund:
Ansätze zwischen Integration, Kompensation und Befähigung 182

Klaudia Schultheis
Die Situation von Grundschulkindern mit Migrationshintergrund –
dargestellt an ausgewählten Aspekten 196

Ursula Neumann / Marika Schwaiger
Schülerinnen und Schüler mit Migrationshintergrund in der
Sekundarstufe I 209

Paul Walter
Gymnasialbesuch und seine Bedingungen bei Schülerinnen und
Schülern mit Migrationshintergrund 225

Ulrich Schröder
Schülerinnen und Schüler mit Migrationshintergrund
in Förderschulen 240

Michael Matzner
Junge Menschen aus Einwandererfamilien im Übergang von
der Schule in die Berufsausbildung 252

Yasemin Karakaşoğlu / Anna Wojciechowicz
Studierende mit Migrationshintergrund an deutschen Hochschulen
im Spiegel der aktuellen Datenlage 273

Isabel Sievers
Zum Umgang von Lehrkräften mit migrationsbedingter Vielfalt
und Differenz 288

Werner Sacher
Elternarbeit mit Migranten 301

Haci-Halil Uslucan
Islam in der Schule: Ängste, Erfahrungen und Effekte 315

Kapitel 5

Familien und Kinder aus Einwandererfamilien in der Kinder- und Jugendhilfe

Sandra Fendrich / Jens Pothmann / Agathe Wilk
Hilfen zur Erziehung für Einwandererfamilien 332

Veronika Fischer
Eltern- und Familienbildung in der Migrationsgesellschaft 353

Andreas Thimmel
Migration und Jugendarbeit – Konzepte, Diskurse, Praxen 365

Rainer Kilb
(Sozial-) Pädagogische Arbeit mit sozial auffälligen und
gewaltbereiten jungen Migrant/innen 382

Autorenverzeichnis 396

Michael Matzner

Vorwort

Wanderungen einzelner Menschen, Gruppen und ganzer Völker in benachbarte oder weiter entfernte Regionen, Länder und Erdteile gibt es, seitdem Menschen existieren. Wanderungen waren und sind Normalität. Gerade in den letzten Jahrzehnten verließen zunehmend mehr Menschen ihre Heimat, zumindest zeitweise. Armut, Arbeitslosigkeit, politische Unruhen, Verfolgungen und Kriege waren und sind wichtige Ursachen von Migration. Darüber hinaus trägt die weltweite Transformation sozialer und wirtschaftlicher Strukturen in jüngster Zeit erheblich zu Ein- und Auswanderungen bei (Keeley 2010). Deutschland ist davon überdurchschnittlich betroffen. Innerhalb Europas ist es das Land mit den meisten Zugewanderten (Woellert et al. 2009, S. 6). Für den Zeitraum von 1950 bis 1997 schätzt man die Zahl ausländischer Einwanderer nach Westdeutschland auf 24 Millionen, von denen 17 Millionen das Land wieder verließen. In den letzten Jahren wanderten jährlich 770 000 bis 880 000 Menschen (einschließlich Saisonarbeiter und Studierende) nach Deutschland ein (Schönwälder 2008, S. 317). Lebten im Jahr 1950 lediglich 568 000 Ausländer in Deutschland, so waren es Ende des Jahres 2009 7 146 600 (Kaelble 2007; Statistisches Bundesamt 2009, S. 23).

Einen sogenannten »Migrationshintergrund«[1] haben zurzeit ca. 20 Prozent der in Deutschland lebenden Menschen. Besonders hoch ist dieser Anteil bei den Sechs- bis Zehnjährigen mit 29 Prozent sowie mit 33 Prozent bei Kindern unter sechs Jahren (Stefan Rühl und Christian Babka von Gostomski in diesem Band). In einer wachsenden Zahl westdeutscher Städte und Ballungsräume werden Kinder und Jugendliche aus Einwandererfamilien zur Mehrheit in ihrer Altersgruppe. So haben in der Stadt Frankfurt am Main 72 Prozent der Kinder unter drei Jahren einen Migrationshintergrund (Gold 2011, S. 82; Die Beauftragte 2010, S. 90). Für Baden-Württemberg zog der Expertenrat »Herkunft und Bildungserfolg« unter der Leitung von Jürgen Baumert die Schlussfolgerung, dass der zunehmende Anteil von jungen Menschen mit

---

1 Da es »derzeit an einer etablierten Bezeichnung, welche die nationale und kulturelle Mehrfachzugehörigkeit und -identifikation von Individuen wertneutral beschreibt« fehlt (Foroutan 2010, S. 10), benutzen der Herausgeber sowie die Autorinnen und Autoren dieses Buches die »üblichen« Bezeichnungen wie »Einwanderer«, »Migrantinnen« oder »Jugendliche mit Migrationshintergrund«.

Migrationshintergrund in den nächsten zehn Jahren zu einer »deutlichen Veränderung der sozialen Struktur der Schulbevölkerung« führen wird (Expertenrat Herkunft und Bildungserfolg 2011, S. 107). Baumert warnt in diesem Zusammenhang vor einem »Bildungsabstieg« Deutschlands. Aufgrund der sich wandelnden sozialen Struktur der Schülerschaft könnten »die deutschen PISA-Zugewinne zunichte gemacht werden und die Gruppe der schulisch Erfolglosen« weiter ansteigen (Die Zeit 2011).

Angesichts dieser unmittelbar bevorstehenden bzw. in manchen Regionen, Stadtteilen und Schulen schon längst eingetretenen erheblichen Veränderungen, was die ethnische und soziale Herkunft der Schülerschaft betrifft, stehen das Bildungssystem, zumal die Schulen und deren Personal, vor tief greifenden Herausforderungen. Ihnen wird eine »Schlüsselrolle« bei der Bewältigung der Herausforderungen der Zuwanderung zugewiesen (Stanat 2008, S. 687). Schließlich ist Integration ohne ausreichende Bildung »nahezu unmöglich« (Woellert et al. 2009, S. 8). Die soziologische Migrationsforschung zeigt auf, wie zentral der Aspekt der Bildung für die Integration von Zuwanderern in die Aufnahmegesellschaft ist. »Der Schlüssel für jede Art der sozialen Integration in das Aufnahmeland ist die strukturelle Assimilation«[2] (Esser 2001, S. 69), und zwar vor allem in Bezug auf das Bildungssystem und den Arbeitsmarkt. Eine solche »strukturelle Assimilation« im Sinne einer *statistischen* Angleichung der Einwanderer und ihrer Nachkommen im Hinblick auf Bildungsbeteiligung und Bildungserfolge sowie berufliche Positionen – Heckmann (2005) spricht von »struktureller *Integration*« – setzt wiederum eine kulturelle Integration bzw. Assimilation voraus. Dies bedeutet, dass Migrant/innen unbedingt aufnahmelandspezifische kulturelle Kapitalien wie das Beherrschen der Verkehrssprache sowie gesellschaftsspezifische kognitive Fähigkeiten und Wissensbestände erwerben sollten.

Schließlich stellt in der »Bildungs- und Wissensgesellschaft« Deutschland Bildung im Sinne einer Aneignung von Wissen, Fertigkeiten und Haltungen die Voraussetzung für eine gelingende Integration und Lebensführung dar. Je umfangreicher die Bildung der Eingewanderten und ihrer Kinder ist, umso leichter vollzieht sich deren Integration. Je gebildeter sie sind, umso höher ist ihre Bereitschaft, sich einzugliedern und die Folgen der Migration positiv zu bewältigen. Gebildete Menschen verfügen über mehr Selbstvertrauen und eine bessere Selbststeuerung, sie sind flexibler, was das Aufgeben traditioneller Rollenbilder oder überkommener Traditionen betrifft, und sie können ihre Kinder kompetenter erziehen. Bildung ist zentral für die Entwicklung mentaler Dispositionen, für die Herausbildung von Orientierungen und Einstellungen sowie von Handlungsfähigkeit. Je höher die Bildung, umso geringer ist das Risiko

---

2 »Assimilation« im Sinne von Hartmut Esser bedeutet nicht die »spurenlose Auflösung aller Unterschiede zwischen den Menschen, sondern lediglich die Verringerung systematischer Unterschiede zwischen den Gruppen und die Angleichung in der Verteilung der betreffenden Merkmale«. In diesem Sinne bedeutet Assimilation *nicht* die Homogenisierung aller Individuen (Esser 2001, S. 74). Dies muss hier betont werden, da Hartmut Esser und anderen immer wieder unterstellt wird (z. B. Otto/Schrödter 2010; Mecheril et al. 2010b), dass sie unter »Assimilation« eine Homogenisierung, ein Aufgehen oder ein Verschmelzen der Einwanderer in der Aufnahmegesellschaft verstünden.

von Arbeitslosigkeit und Delinquenz. Es existiert ein enger Zusammenhang zwischen der individuellen Bildung und der Lebenszufriedenheit und Lebensqualität, der Gesundheit und der Lebenserwartung. Dies belegen die Daten des Deutschen Alterssurveys (Tesch-Römer/Motel-Klingebiel/Wurm 2010).

Auch aus der Perspektive der aufnehmenden deutschen Gesellschaft betrachtet, ist die strukturelle Integration der Einwanderer und ihrer Kinder unabdingbar notwendig. Die deutsche Volkswirtschaft und Gesellschaft können sich die Folgen einer mangelnden strukturellen Integration von Einwanderern angesichts der demografischen und fiskalischen Situation nicht leisten.»Bei schrumpfender Bevölkerung wird es in Zukunft nicht mehr ausreichen, den akademischen Nachwuchs vorwiegend aus den bildungsnahen Schichten zu rekrutieren. Alle, die dauerhaft und rechtmäßig in diesem Land leben, müssen eine Chance bekommen. Sonst wird Deutschland weder als Exportnation noch als ›Bildungsnation‹ erfolgreich bleiben« (Stefan Luft in diesem Band).

Auch wenn sich beim Vergleich der PISA-Ergebnisse der Jahre 2000 und 2009 für Schüler mit Migrationshintergrund – insgesamt betrachtet – ein »erfreuliches Bild« ergibt, da »es in Deutschland inzwischen besser gelingt, die Kompetenzentwicklung von Heranwachsenden mit Migrationshintergrund zu unterstützen« (Stanat/Rauch/Segeritz 2010, S. 211 f.), bestehen weiterhin beträchtliche Unterschiede in Bezug auf die Bildungsbeteiligung und die Bildungserfolge zwischen jungen Migranten und Nichtmigranten. Ganz besonders betrifft dies die große Gruppe der türkischstämmigen Schülerinnen und Schüler, bei denen sich der Leistungsrückstand zu anderen Gruppen nicht verringert hat (Stanat/Rauch/Segeritz 2010, S. 213, 224). Die Gesamtentwicklung wird zwar als positiv bewertet, da erhebliche Verbesserungen beim Erreichen von Schulabschlüssen eingetreten sind (Ursula Neumann und Marika Schwaiger in diesem Band; Konsortium Bildungsberichterstattung 2006, S. 137; BAMF 2010, S. 14; Gogolin/Krüger-Potratz 2006, S. 154), gleichwohl bleibt der Bildungsbereich »eine besonders schwierige integrationspolitische Baustelle« (Sachverständigenrat 2010, S. 22).

So resümiert die Beauftragte für Migration, Flüchtlinge und Integration, dass die »schulische Bildungssituation von Kindern und Jugendlichen mit Migrationshintergrund (…) durch ermutigende Veränderungen und zugleich den Fortbestand zentraler Probleme bestimmt« und bislang »keine Trendwende zu verzeichnen« sei. »Hilferufe von Schulleiterinnen und Schulleitern haben die Beauftragte erreicht, die davon zeugen, dass die Lage vor Ort sehr ernst ist und sich teilweise verschlechtert hat. Andererseits gibt es Familien, Migrantenorganisationen, Stiftungen und Schulen, denen Integration gelingt« (Die Beauftragte 2010, S. 87 f.).

Wie erwähnt, stagniert vor allem bei Schüler/innen mit türkischem und auch italienischem Migrationshintergrund die Entwicklung. Im Unterschied zu Kindern und Jugendlichen aus Osteuropa oder Asien können sie in der schulischen Bildung seltener den Anschluss finden bzw. halten (BAMF 2010, S. 15). Michael Segeritz, Oliver Walter und Petra Stanat (2010, S. 133 f.) zeigen auf der Grundlage aktueller empirischer Daten, dass sich bei der Analyse der Bildungsbeteiligung über mehrere Generationen hinweg Muster einer »direkten Assimilation« für Jugendliche mit Eltern aus

Osteuropa sowie Muster einer »abwärtsgerichteten Assimilation« für türkischstämmige Jugendliche feststellen lassen. Während die erste Gruppe ihre soziale Lage über zunehmende Bildungserfolge verbessern konnte, ist dies bei der zweiten Gruppe trotz gewisser Zunahmen beim Gymnasialbesuch weitgehend nicht der Fall. In den Bereichen Bildung, Berufstätigkeit und Einkommen ist die Aufwärtsmobilität bei türkischstämmigen Einwanderern vergleichsweise gering.

Insgesamt betrachtet lässt sich demnach feststellen, dass trotz positiver Veränderungen ein erheblicher Handlungsbedarf besteht: »Die Probleme von Zugewanderten und ihren Kindern beim Durchgang durch das deutsche Bildungssystem und beim Übergang in das Beschäftigungssystem sind unübersehbar; sie verlangen nach stärkeren und systematischeren Anstrengungen« (Konsortium Bildungsberichterstattung 2006, S. 179). Bildungs-, Familien- und Sozialpolitiker der Kommunen, der Länder und des Bundes, Unternehmen und Wirtschaftsverbände sowie weitere Institutionen drängen auf verstärkte pädagogische Bemühungen zur Bildungsförderung junger Migrant/innen. Von den Akteuren im Bildungssystem, seien es Bildungsplaner, Leitungskräfte, Lehrerinnen oder Erzieher, wird erwartet, dass sie die Entwicklung und Bildung von Kindern und Jugendlichen mit Migrationshintergrund besonders fördern und zu einer entscheidenden Verbesserung ihrer Bildungserfolge beitragen. Die Erfüllung dieser Erwartungen setzt voraus, dass die pädagogischen Fachkräfte über aktuelles und gesichertes Fachwissen verfügen, zumal was wirkungsvolle pädagogische Strategien betrifft. Daran mangelt es jedoch. Dies wird auch im »Nationalen Bildungsbericht« 2006 festgestellt: »Umso gravierender ist der Mangel an Wissen über erfolgreiche institutionelle und pädagogische Strategien« (Konsortium Bildungsberichterstattung 2006, S. 179).

Für den nach Orientierung Suchenden ist es in der Tat nicht einfach, einen fundierten Überblick zu bekommen, was den Problemumfang, die Problemursachen sowie erfolgreiche Problemlösungsstrategien betrifft. Vor allem hinsichtlich der Ursachen der Bildungsunterschiede sowie der daraus abzuleitenden Strategien und Konzepte zur Problemlösung existieren unterschiedliche, zum Teil divergierende Problembeschreibungen und Schlussfolgerungen innerhalb der dafür »zuständigen« Wissenschaften. Denken wir an den »Streitfall Zweisprachigkeit« (Gogolin/Neumann 2009; Esser 2006; vgl. auch den Beitrag von Hartmut Esser in diesem Band), die Diskussion um die Bedeutung des gegliederten Schulsystems für die Bildung von Migrantenkindern (Esser 2009; de Heus/Dronkers 2010; Bertram/Dirim 2010) oder die These der »institutionellen Diskriminierung« von Schüler/innen mit Migrationshintergrund (Gomolla/Radtke 2002; Mecheril et al. 2010a; Kristen 2006; Ditton 2010a, 2010b; vgl. auch den Beitrag von Cornelia Kristen und Jörg Dollmann in diesem Band). Mit dem Themenkomplex »Migration und Bildung« befasst sich eine ganze Reihe von Wissenschaften und wissenschaftlichen Teildisziplinen, innerhalb deren verschiedene Perspektiven, Paradigmen, methodische Zugänge und wissenschaftstheoretische Orientierungen existieren. Daraus ergeben sich diverse Forschungsergebnisse und Forschungserkenntnisse, Deutungs- und Erklärungsmuster sowie migrationspädagogische Schlussfolgerungen. Im Idealfall ergänzen sich diese fruchtbar. Ein komplexer

Gegenstandsbereich – und das ist »Migration und Bildung« zweifellos – kann nur durch einen interdisziplinären und mehrperspektivischen Zugang adäquat erfasst werden.

So zeigt beispielsweise ein *soziologischer* Zugang (Hartmut Esser in diesem Band) auf, dass hinsichtlich der strukturellen Integration des Einzelnen in die Bereiche »Bildung« und »Arbeitsmarkt« der Verkehrssprache des Aufnahmelandes eine sehr große und der Muttersprache eine geringe Bedeutung zukommt und dass ein »umfassender Wohlfahrtsstaat« mit geringem Integrationsdruck bezüglich Sprache und Bildung eine geringere Beschäftigungsquote bei Migrant/innen sowie deren stärkere Segregation und Überrepräsentanz im Bereich der Kriminalität zur Folge hat (Koopmans 2010, S. 57). Im Unterschied dazu gelangt ein *psychologischer* Zugang hinsichtlich der Bedeutung der Muttersprache zu anderen Erkenntnissen und Schlussfolgerungen, da er nicht die Systemintegration, sondern das subjektive Erleben des Einzelnen in den Mittelpunkt stellt. Infolgedessen betont Birgit Leyendecker (in diesem Band) die große Bedeutung der Muttersprache für die individuelle und kollektive Identität der Einwanderer und ihrer Kinder. Hält man beide Perspektiven sowie gegebenenfalls weitere für plausibel und beachtenswert, so wird sich dies jeweils in einer daraus abzuleitenden pädagogischen Strategie widerspiegeln müssen.

Nach meiner Auffassung mangelt es einigen im deutschsprachigen Raum propagierten migrationspädagogischen Konzepten (z. B. Mecheril 2004; Mecheril et al. 2010a; Nieke 2007) an einem solchen mehrperspektivischen Zugang. Wie auch in anderen Bereichen der Erziehungswissenschaft – denken wir nur an die erziehungswissenschaftliche Geschlechterforschung – fehlte es in der Migrationspädagogik bzw. Interkulturellen Pädagogik lange Zeit an der Bereitschaft, sich unbefangen auf verschiedene Perspektiven und Forschungszugänge einzulassen.[3] Dies beobachtet auch der Gehirnforscher Manfred Spitzer für die Pädagogik im Allgemeinen. So würden pädagogische Fragen »bislang praktisch ausschließlich politisch und damit ideologisch diskutiert« (Spitzer 2010, S. 30; vgl. auch Weiler 2003; Spiewak/Kahl 2005; Die Zeit 2010).

Wenn man die Interkulturelle Pädagogik als eine »politische Wissenschaft« versteht (Karakaşoğlu 2009, S. 191), so existiert die Gefahr, dass man »unangenehme« Forschungsperspektiven, Forschungsfragen und Forschungsergebnisse ignoriert, zumal wenn dadurch liebgewonnene Standardmodelle der Weltbeschreibung und -erklärung erschüttert werden könnten. Beispielsweise kritisieren manche Vertreter der Interkulturellen Pädagogik die Erforschung der Bildungsbeteiligung einzelner nationaler und

---

3 Isabell Diehm (2011, S. 268) spricht vom »eigenen Versagen« der Interkulturellen Pädagogik: »Der in der Migrationspädagogik/Interkulturellen Pädagogik dominante Argumentationsmodus – die programmatische Rede –, der im Hinblick auf den pädagogischen Umgang mit Einwanderung bislang tonangebend war, scheint nun erweitert um Analysen, die erstmals empirisch ausleuchten und fundieren, was eine jegliche Programmatik benötigt: eine solide empirische Basis, die Lebensrealitäten und reale Bedingungen des Aufwachsens zu fassen vermag. Im hiesigen Diskurs wurde über Jahrzehnte hinweg der zweite vor dem ersten Schritt getan, indem pädagogische Programmatiken und Konzepte immerzu formuliert wurden, aber empirisch so gut wie gar nicht fundiert waren.«

ethnischer Gruppen. Für Erol Yildiz ist dies ein »absurder ethnisch-nationaler Blick« (Yildiz 2010, S. 65). Jedoch: Erfolgversprechende migrationspädagogische Strategien setzen präzise Problembeschreibungen und -analysen voraus, und dazu gehören auch nachweisbare Unterschiede zwischen einzelnen Gruppen. Wenn man diese ignoriert, kann man keine passgenauen pädagogischen Konzepte entwickeln.

Eine Migrationspädagogik bzw. Interkulturelle Pädagogik, die eindimensional die »Anerkennung« der »Migrations-Anderen« (Mecheril 2004) durch die aufnehmende Gesellschaft betont und die durchschnittlich geringeren Bildungserfolge von Migrant/innen trotz des Mangels an entsprechenden aktuellen und repräsentativen empirischen Belegen auf eine »Institutionelle Diskriminierung«, eine »rassistische Dominanzgesellschaft«[4] oder einen »Linguizismus als spezielle Form des Rassismus«[5] zurückführt (Mecheril 2004; Mecheril et al. 2010a, 2010b; Dirim 2010; Yildiz 2010) und entscheidende – in den Herkunftsfamilien und ethnischen Communities zu findende Einflüsse – relativiert oder gar ignoriert, wird in Bezug auf das Ziel der Integration – das übrigens einige in Forschung und Lehre präsente Erziehungs- und Sozialwissenschaftler ablehnen[6] – scheitern (vgl. hierzu Koopmans 2010; Luft/Schimany 2010; Scheffer 2008).[7] Eine Konzentration auf den Aspekt der »Anerkennung« und der Bewahrung der Herkunftsidentität bei einem weitgehenden Verzicht auf umfassende Anpassungsleistungen der Migrant/innen sowie deren Konstruktion als Opfer einer ablehnenden und diskriminierenden Gesellschaft können bei diesen zu regressiven Haltungen führen. »Viele Einwanderer und ihre Verbände, vor allem türkische und einige muslimische, haben sich diese Deutung als Orientierung und als

---

4   »Niemals zuvor in der Migrationsgeschichte hat es einen derartig hohen Grad an materieller, rechtlicher und ideologischer Unterstützung der Migranten von staatlicher und nichtstaatlicher Seite gegeben wie im heutigen Europa, und Deutschland nimmt dabei einen der Spitzenplätze ein« (Kohlhammer 2010, S. 339). »Zu keiner Zeit waren Rassismus, Xenophobie und Diskriminierung gesellschaftlich so geächtet, und nie zuvor waren die Einwanderer rechtlich so weitgehend geschützt« (Kohlhammer 2010, S. 341).

5   Studiert man Veröffentlichungen von Vertretern der Interkulturellen Pädagogik und ihrer diversen Spielarten, so fällt auf, dass die Forcierung der Sprachförderung, zumal was das Beherrschen unserer Verkehrssprache – der deutschen Sprache – betrifft, nicht selten relativiert, kritisch beurteilt oder gar abgelehnt wird. So interpretiert zum Beispiel Paul Mecheril (2004, S. 163) die Thematisierung der Sprachdefizite ausländischer Kinder als Rückschritt und als »Renaissance der Ausländerpädagogik« und stellt die »Dominanz der deutschen Sprache« infrage: Diese sei nach dem Grundgesetz »nicht konstitutiv für den Bestand dieses Staates«.

6   Helga Cremer-Schäfer, Stefan Gaitanides, Mechtild Gomolla, Franz Hamburger, Annita Kalpaka, Astrid Messerschmidt, Albert Scherr sowie weitere Erziehungs- und Sozialwissenschaftler lehnen das Ziel der Integration ab. In der »Stellungnahme ›Demokratie statt Integration‹« des »Netzwerks für Kritische Migrations- und Grenzregimeforschung« (http://www.demokratie-statt-integration.kritnet.org) plädieren sie als Unterzeichnende dafür, aufzuhören, »von Integration zu reden«, da Integration bedeute, Menschen »einen Verhaltenskodex« aufzunötigen. »Demokratie heißt, dass alle Menschen das Recht haben, für sich und gemeinsam zu befinden, wie sie miteinander leben wollen. Die Rede von der Integration ist eine Feindin der Demokratie.«

7   Mittlerweile sehen Teile der Fachöffentlichkeit solche Perspektiven als „mitverantwortlich für die katastrophalen Integrationsleistungen" an (Curvello 2010, S. 100).

politisches Programm zu eigen gemacht. Eine solche Orientierung verstärkt Regression und Rückzug aus der Mehrheitsgesellschaft und vererbt diese Haltung von einer Generation auf die nächste« (Curvello 2010, S. 100 f.).

Soweit ich sehe, handelt es sich bei diesem Buch um das erste deutschsprachige Handbuch, in dem in einer Bestandsaufnahme aktuelle Forschungsergebnisse und Forschungserkenntnisse zur Entwicklung, Sozialisation, Bildung und Bildungsförderung junger Migrant/innen aus der Perspektive verschiedener wissenschaftlicher Disziplinen und Orientierungen systematisch präsentiert und wissenschaftlich fundierte migrationspädagogische Schlussfolgerungen gezogen werden. Das Handbuch umfasst damit zwei Perspektiven: eine theoretisch-empirische und eine pädagogisch-handlungsorientierte. Infolgedessen kann es den Interessen und Bedürfnissen verschiedener Zielgruppen gerecht werden: Studierenden, Dozenten, pädagogischen Führungskräften, Lehrerinnen und Lehrern, Sozialpädagogen, Erziehern sowie weiteren Personen, die beruflich mit jungen Menschen aus Einwandererfamilien sowie deren Eltern zu tun haben.

Das Handbuch ist in fünf Kapitel gegliedert und umfasst 26 Beiträge von anerkannten Expertinnen und Experten aus den folgenden Wissenschaften und Teildisziplinen: Soziologie, Migrationssoziologie, Psychologie, Migrationspsychologie, Germanistik, Politikwissenschaft, Erziehungswissenschaft, Schulpädagogik, Interkulturelle Pädagogik, Sozialpädagogik. Die Autorinnen und Autoren vertreten zum Teil unterschiedliche Positionen, was sich fruchtbar auf den Erkenntnisgewinn auswirken kann. Die Perspektivenvielfalt dieses Buches und seiner einzelnen Beiträge zeigt sich außerdem durch den Einbezug verschiedener Ebenen und Dimensionen, in denen sich Prozesse der Migration, Integration und Bildung vollziehen: das einzelne Individuum, die Interaktionen zwischen verschiedenen Akteuren, die Bedeutung von Organisationen und Institutionen und die Perspektive der Aufnahmegesellschaft und ihrer Angehörigen. Dabei liegt der Schwerpunkt auf der Entwicklung und Bildung junger Menschen innerhalb des Schulsystems. Eine Erweiterung auf die Erwachsenen- und Altenbildung hätte den Rahmen dieses Buches gesprengt und dessen präventive Fokussierung auf die nachkommenden Generationen verwässert.

Das Handbuch versteht sich, wie jedes akademische Werk, als Beitrag in einem Kontinuum wissenschaftlicher Forschung und Diskussion. Während zu manchen Themen relativ umfangreiche Wissensbestände vorliegen, stehen andere wichtige Aspekte noch am Beginn einer vertieften und systematischen Bearbeitung – z. B. das Thema »Förderung von Migrantenkindern im Gymnasium«.

Im ersten Kapitel, »Menschen mit Migrationshintergrund: Daten, Fakten und Perspektiven« bekommen Sie einen Überblick über Menschen mit Migrationshintergrund in Deutschland aus einer sozialstrukturellen (Stefan Rühl und Christian Babka von Gostomski), einer integrationstheoretischen (Stefan Luft) sowie einer entwicklungspsychologischen Perspektive (Birgit Leyendecker), um anschließend die Perspektive der »aufnehmenden« Menschen anhand von Einstellungen zu Migrant/innen und Minderheiten (Mario Peucker) kennenzulernen.

Im Kapitel 2 »Migration und Bildung: Daten, Fakten und Erklärungen«, werden zunächst diverse Daten und Fakten zum Thema »Migration und Bildung« unkommentiert dargestellt (Michael Matzner). Anschließend präsentieren Cornelia Kristen und Jörg Dollmann eine Erklärung der ungleichen Bildungsmuster von Schüler/innen mit und ohne Migrationshintergrund. Im darauffolgenden Beitrag beschäftigen sich Dietrich Thränhardt und Karin Weiss mit der Frage, wie sich die Bildungserfolge einzelner Migrant/innen bzw. Migrantengruppen erklären lassen. Danach geht Dietrich Thränhardt auf den »Umgang des Bildungswesens mit Migration und ethnischer Differenz« ein.

Da das Beherrschen der deutschen Sprache »von zentraler Bedeutung für den schulischen Erfolg« ist (Dollmann/Kristen 2010, S. 144; Konsortium Bildungsberichterstattung 2006, S. 174 ff.; Esser 2001, S. 74) und noch immer ein »Kernproblem« darstellt (Die Zeit 2011), beinhaltet dieses Buch ein Kapitel zum Thema »Sprache und Sprachförderung«. Nach einem Beitrag von Hartmut Esser zum Thema »Sprache und Integration« stehen »Deutsch als Zweitsprache« (Heidi Rösch) und die »Diagnose und Förderung der sprachlichen Entwicklung von Schülerinnen und Schülern mit Migrationshintergrund« (Agi Schründer-Lenzen) im Mittelpunkt.

In dem sich anschließenden, mit zehn Beiträgen umfangreichsten Kapitel werden aktuelle Wissensbestände zur Bildung und Erziehung junger Menschen mit Migrationshintergrund entlang der Bildungskette frühkindliche Bildung (Doris Edelmann), schulische Bildung (Klaudia Schultheis: Grundschule, Ursula Neumann/Marika Schwaiger: Sekundarstufe I, Paul Walter: Gymnasium, Ulrich Schröder: Förderschule, Isabel Sievers: Umgang des pädagogischen Personals mit migrationsbedingter Vielfalt und Differenz, Werner Sacher: Elternarbeit, Haci-Halil Uslucan: Islam in der Schule), Berufsausbildung (Michael Matzner) und Studium (Yasemin Karakaşoğlu/Anna Wojciechowicz) differenziert dargestellt und pädagogische Empfehlungen unterbreitet.

Die Bildung und Entwicklung junger Menschen wird in einem kaum zu unterschätzenden Umfang durch die Erfahrungen und Lebensbedingungen in der Herkunftsfamilie, aber auch durch Einflüsse Gleichaltriger geprägt und beeinflusst. Sogenannte »primäre soziale Effekte« der Herkunftsfamilien tragen zur Erklärung der Bildungsunterschiede zwischen Migrant/innen und Nichtmigrant/innen mit Abstand am meisten bei (Cornelia Kristen und Jörg Dollmann in diesem Band; Biedinger 2009). Insofern ist es sinnvoll, sich im fünften und letzten Kapitel mit verschiedenen Aspekten des Themas »Familien und Kinder aus Einwandererfamilien in der Kinder- und Jugendhilfe« auseinanderzusetzen. Zunächst geht es im Beitrag von Sandra Fendrich, Jens Pothmann und Agathe Wilk um »Hilfen zur Erziehung für Einwandererfamilien«. Anschließend wendet sich Veronika Fischer der »Eltern- und Familienbildung in der Migrationsgesellschaft« zu. Die darauffolgenden Beiträge beschäftigen sich mit »Migrationspädagogischen Konzepten in der Jugendarbeit« (Andreas Thimmel) sowie mit der »Pädagogischen Arbeit mit sozial auffälligen und gewaltbereiten jungen Migranten« (Rainer Kilb).

Zum Schluss möchte ich noch darauf hinweisen, dass wir, bei allen dringend notwendigen Bemühungen um die Bildungsförderung von Migrantenkindern, realistisch bleiben sollten. »Weder vorschulische Einrichtungen noch Schulen können herkunftsbedingte Disparitäten vollständig neutralisieren; sie können und müssen jedoch dazu beitragen, diese zu verringern« (Stanat 2011). Außerdem kann Gleichheit »kein Ziel schulischer Bildung sein. Dies widerspricht der Logik einer Institution, die Stärkere und Schwächere gleichermaßen optimal fördern soll. Schule erzeugt Differenz« (Didacta-Magazin 2010; vgl. auch Ditton 2010a, S. 32).

Ich danke den Autorinnen und Autoren für die sehr gute Zusammenarbeit sowie Cornelia Klein für das kompetente Lektorat.

Heidelberg, im Frühjahr 2012 *Michael Matzner*

Literatur

BAMF (Bundesamt für Migration und Flüchtlinge) (Hrsg.) (2010): Fortschritte der Integration. Zur Situation der fünf größten in Deutschland lebenden Ausländergruppen. Nürnberg. http://www.bamf.de/SharedDocs/Anlagen/DE/Publikationen/Forschungsberichte/fb8-fortschritte-der-integration.pdf?__blob=publicationFile (Abruf am 13.07.2011).
Bertram, S./Dirim, I. (2010): Auswirkungen von Einwanderung und Auswanderung auf das Bildungssystem. In: Liesner, A./Lohmann, I. (Hrsg.): Gesellschaftliche Bedingungen von Bildung und Erziehung. Stuttgart: Kohlhammer, S. 101–112.
Biedinger, N. (2009): Der Einfluss von elterlichen Investitionen auf die Entwicklung von deutschen und türkischen Kindern. In: Berliner Journal für Soziologie, 19, Heft 2, S. 268–294.
Curvello, T. (2010): Interkulturelle Öffnung – Chancen und Grenzen. In: Luft, S./Schimany, P. (Hrsg.): Integration von Zuwanderern. Erfahrungen, Konzepte, Perspektiven. Bielefeld: Transcript, S. 95–122.
de Heus, M./Dronkers, J. (2010): The educational performance of children of immigrants in 16 OECD countries. The influence of educational systems and other societal features of both countries of destination and origin. Paper presented at the Conference on Inequality Measurement and the Progress of Society. 22nd–23rd April, Malta – Valetta. http://www.eui.eu/Personal/Dronkers/English/Heus1.pdf (Abruf am 14.07.2011).
Didacta-Magazin (2010): »So früh wie möglich«. Interview mit Jürgen Baumert. In: Didacta-Magazin. http://www.didacta-magazin.de/pdf/titelthema_0110.pdf (Abruf am 26.7.2011).
Die Beauftragte der Bundesregierung für Migration, Flüchtlinge und Integration (2010): 8. Bericht über die Lage der Ausländerinnen und Ausländer in Deutschland. Berlin. http://www.bundesregierung.de/Content/DE/__Anlagen/2010/2010-07-07-langfassung-lagebericht-ib,property=publicationFile.pdf (Abruf am 12.07.2011).
Die Zeit (2010): Alman okularinda Türkce dersi? Ein Streitgespräch über Irrwege der Pädagogik bei der Integration und darüber, was Migrantenkindern am meisten nützt. http://www.zeit.de/2010/39/B-Streitgespraech-Integration (Abruf am 26.7.2011).
Die Zeit (2011): »Deutsch ist der Schlüssel«. Interview mit Jürgen Baumert. www.zeit.de/2011/17/C-Interview-Baumert.
Diehm, I. (2011): Multikulturelle Kindheit. In: Wittmann et al. (Hrsg.): Kinder in Deutschland. Weinheim: Juventa, S. 267–269.

Dirim, I. (2010): Zur Frage des (Neo-)Linguizismus in den Diskursen über die Sprache(n) der Migrationsgesellschaft. In: Mecheril, P./Dirim, I./Gomolla, M./Hornberg, S./Stojanov, K. (Hrsg.): Spannungsverhältnisse. Assimilationsdiskurse und interkulturell-pädagogische Forschung. Münster/New York/München/Berlin: Waxmann; S. 91–111.

Ditton, H. (2010a): Schullaufbahnen und soziale Herkunft – eine Frage von Leistung oder Diskriminierung? In: Aufenanger, S./Hamburger, F./Ludwig, L./Tippelt, R. (Hrsg.): Bildung in der Demokratie. Opladen: Barbara Budrich, S. 79–99.

Ditton, H. (2010b): Wie viel Ungleichheit durch Bildung verträgt eine Demokratie? In: Zeitschrift für Pädagogik. 56, H. 1, S. 53–68.

Dollmann, J./Kristen, C. (2010): Herkunftssprache als Ressource für den Schulerfolg? Das Beispiel türkischer Grundschulkinder. In: Zeitschrift für Pädagogik; 55. Beiheft, S. 123–146.

Esser, H. (2001): Integration und ethnische Schichtung. Arbeitspapier Nr. 40. Mannheim: Mannheimer Zentrum für Europäische Sozialforschung. http://www.mzes.uni-mannheim.de/publications/wp/wp-40.pdf (Abruf am 12.07.2011).

Esser, H. (2006): Sprache und Integration. Die sozialen Bedingungen und Folgen des Spracherwerbs von Migranten. Frankfurt/New York: Campus.

Esser, H. (2009): Migrantenförderung. Modell, Versuch und Irrtum. In: FAZ.NET. 29.07.2009. http://www.faz.net/artikel/C31373/migrantenfoerderung-modell-versuch-und-irrtum-30110784.html (Abruf am 12.07.2011).

Expertenrat Herkunft und Bildungserfolg (2011): Empfehlungen für Bildungspolitische Weichenstellungen in der Perspektive auf das Jahr 2020. Leitung: Prof. Dr. Jürgen Baumert. Stuttgart: Ministerium für Kultus, Jugend und Sport. http://www.kultusportal-bw.de/servlet/PB/show/1285001/ExpertenberichtBaW%FC_online.pdf (Abruf am 13.07.2011).

Foroutan, N. (2010): Neue Deutsche, Postmigranten und Bindungs-Identitäten. Wer gehört zum neuen Deutschland? In: Aus Politik und Zeitgeschichte. Heft 46–47/2010, S. 9–15.

Gold, A. (2011): Lernschwierigkeiten. Ursachen, Diagnostik, Intervention. Stuttgart: Kohlhammer.

Gogolin, I./Krüger-Potratz, M. (2006): Einführung in die Interkulturelle Pädagogik. Opladen: Barbara Budrich.

Gogolin, I./Neumann, U. (Hrsg.) (2009): Streitfall Zweisprachigkeit. The Bilingualism Controversy. Wiesbaden: VS Verlag für Sozialwissenschaften für Sozialwissenschaften.

Gomolla, M./Radtke, F. (2002): Institutionelle Diskriminierung. Die Herstellung ethnischer Differenz in der Schule. Opladen: Leske + Budrich.

Heckmann, F. (2005): Bedingungen erfolgreicher Integration. Bayerisches Integrationsforum »Integration im Dialog – Migranten in Bayern« bei der Regierung von Oberfranken am 28.01.2005 in Bayreuth. http://www.stmas.bayern.de/migration/integrationsforum ofr0128h.pdf (Abruf am 07.06.2011)

Kaelble, H. (2007): Sozialgeschichte Europas. 1945 bis zur Gegenwart. Bonn: Bundeszentrale für Politische Bildung.

Karakaşoğlu, Y. (2009): Beschwörung und Vernachlässigung der Interkulturellen Bildung im »Integrationsland« Deutschland – Ein Essay. In: Melzer, W./Tippelt, R. (Hrsg.): Kulturen der Bildung. Beiträge zum 21. Kongress der Deutschen Gesellschaft für Erziehungswissenschaft. Opladen & Farmington Hills: Verlag Barbara Budrich, S. 177–195.

Keeley, B. (2010): Internationale Migration. Die menschliche Seite der Globalisierung. Bonn: Lizenzausgabe der Bundeszentrale für Politische Bildung.

Kohlhammer, S. (2010): Das Ende Europas? Ansichten zur Integration der Muslime. In: Merkur, Nr. 731, April 2010, S. 337–347.

Konsortium Bildungsberichterstattung (Hrsg.) (2006): Bildung in Deutschland 2006. Bielefeld: Bertelsmann.

Koopmans, R. (2010): Der Zielkonflikt von Gleichheit und Diversität. Integration von Immigranten, Multikulturalismus und der Wohlfahrtsstaat im internationalen Vergleich. In: Luft, S./Schimany, P. (Hrsg.): Integration von Zuwanderern. Erfahrungen, Konzepte, Perspektiven. Bielefeld: Transcript, S. 55–94.

Kristen, C. (2006): Ethnische Diskriminierung in der Grundschule? Die Vergabe von Noten und Bildungsempfehlungen. In: Kölner Zeitschrift für Soziologie und Sozialpsychologie 58, H. 1, S. 79–97.

Luft, S./Schimany, P. (2010): Gesellschaft und Integration. Einführung in die Thematik des Bandes. In: Luft, S./Schimany, P. (Hrsg.): Integration von Zuwanderern. Erfahrungen, Konzepte, Perspektiven. Bielefeld: Transcript, S. 9–47.

Mecheril, P. (2004): Einführung in die Migrationspädagogik. Weinheim und Basel: Beltz.

Mecheril, P./Mar Castro Varela, M./Dirim, I./Kalpaka, A./Melter, C. (2010a): Migrationspädagogik. Weinheim und Basel: Beltz.

Mecheril, P./Dirim, I./Gomolla, M./Hornberg, S./Stojanov, K: (2010b): Spannungsverhältnisse. Assimilationsdiskurse und interkulturell-pädagogische Forschung. Münster/New York/München/Berlin: Waxmann, S. 7–12.

Nieke, W. (2007): Interkulturelle Erziehung und Bildung. Wertorientierungen im Alltag. 3., aktualisierte Auflage. Wiesbaden: VS Verlag für Sozialwissenschaften für Sozialwissenschaften.

Otto, H./Schrödter, M. (Hrsg.) (2010): Soziale Arbeit in der Migrationsgesellschaft. Neue Praxis. Sonderheft 8.

Sachverständigenrat deutscher Stiftungen für Integration und Migration (Hrsg.) (2010): Einwanderungsgesellschaft 2010. Jahresgutachten 2010 mit Integrationsbarometer. Berlin. http://www.svr-migration.de/wp-content/uploads/2010/05/einwanderungsgesellschaft_2010.pdf (Abruf am 13.07.2011):

Scheffer, P. (2008): Die Eingewanderten. Toleranz in einer grenzenlosen Welt. Ort: Carl Hanser.

Schönwälder, K. (2008): Reformprojekt Integration. In: Kocka, J. (Hrsg.): Zukunftsfähigkeit Deutschlands. Sozialwissenschaftliche Essays. Bonn: Bundeszentrale für Politische Bildung, S. 315–334.

Segeritz, M./Walter, O./Stanat, P. (2010): Muster des schulischen Erfolgs von jugendlichen Migranten in Deutschland: Evidenz für segmentierte Assimilation? In: Kölner Zeitschrift für Soziologie. 62, S. 113–138.

Spiewak, M./Kahl, R. (2005): Nur bedingt wissenschaftlich. Die Erziehungswissenschaften haben in der Forschung und der Lehrerbildung versagt. Eine Polemik. In: Die Zeit, 11/2005. http://www.zeit.de/2005/11/B-Erziehungswissenschaften (Abruf am 13.07.2011).

Spitzer, M. (2010): Gehirnforschung in der Schule. In: Lin-Klitzing, S./Di Fuccia, D./Müller-Frerich, G. (Hrsg.): Begabte in der Schule – Fördern und Fordern. Beiträge aus neurobiologischer, pädagogischer und psychologischer Sicht. Bad Heilbrunn: Klinkhardt, S. 16-33.

Stanat, P. (2008): Heranwachsende mit Migrationshintergrund im deutschen Bildungswesen. In: Cortina, K./ Baumert, J./Leschinsky, A./Mayer, K.U./Trommer, L. (Hrsg.): Das Bildungswesen in der Bundesrepublik Deutschland. Reinbek bei Hamburg: rororo, S. 685–742.

Stanat, P. (2011): Thesenpapier zum Panel II Soziale Selektion und die Rolle der Bildungsinstitutionen. Konferenz Neue Wege zur Bildungsgerechtigkeit – ein internationaler Erfahrungsaustausch. Berlin, 8. Februar 2011. http://www.vodafone-stiftung.de/scripts/getdata.php?DOWNLOAD=YES&id=15417 (Abruf am 03.06.2011).

Stanat, P./Rauch, D./Segeritz, M. (2010): Schülerinnen und Schüler mit Migrationshintergrund. In: Klieme, E./Artelt, C./Hartig, J./Jude, N./Köller, O./Prenzel, M./Schneider, W./Stanat, P. (Hrsg.): PISA 2009. Bilanz nach einem Jahrzehnt. Münster/New York/München/Berlin: Waxmann, S. 200–230.

Statistisches Bundesamt (2009): Bevölkerung und Erwerbstätigkeit. Ausländische Bevölkerung. Ergebnisse des Ausländerzentralregisters. Fachserie 1 Reihe 2. Wiesbaden.

Tesch-Römer, C./Motel-Klingebiel, A./Wurm, S. (2010): Altern im Wandel – Befunde des Deutschen Alterssurveys. Stuttgart: Kohlhammer.

Weiler, H. (2003): Bildungsforschung und Bildungsreform: Von den Defiziten der deutschen Erziehungswissenschaft. In: Gogolin, I./Tippelt, R. (Hrsg.): Innovation durch Bildung. Beiträge zum 18. Kongress der Deutschen Gesellschaft für Erziehungswissenschaft. Opladen: Leske + Budrich, S. 181–203.

Woellert, F./Kröhnert, S./Sippel, L./Klingholz, R. (2009): Ungenutzte Potentiale. Zur Lage der Integration in Deutschland. Berlin: Berlin-Institut für Bevölkerung und Entwicklung. http://www.berlin-institut.org/fileadmin/user_upload/Zuwanderung/Integration_RZ_online.pdf (Abruf am 12.07.2011)

Yildiz, E. (2010): Über die Normalisierung kultureller Hegemonie im Alltag. In: Mecheril, P./Dirim, I./Gomolla, M./Hornberg, S./Stojanov, K. (Hrsg.): Spannungsverhältnisse. Assimilationsdiskurse und interkulturell-pädagogische Forschung. Münster/New York/München/Berlin: Waxmann, S. 59–77.

1

Menschen mit Migrationshintergrund:

Daten, Fakten und Perspektiven

Stefan Rühl / Christian Babka von Gostomski

Menschen mit Migrationshintergrund in Deutschland: Daten und Fakten

Die amtlichen Statistiken in Deutschland zu soziodemografischen und sozialstrukturellen Themenbereichen (z.B. Bevölkerungs-, Bildungs-, Arbeitsmarktstatistik) unterscheiden in aller Regel nur zwischen Deutschen und Ausländern. Aufgrund von Einbürgerungen, der Vielfalt des Migrationsgeschehens und der seit dem Jahr 2000 geltenden ius soli-Regelung verliert die Unterscheidung nach der Nationalität jedoch zunehmend an Aussagekraft. Der Integrationsstand der Migrantinnen und Migranten und ihrer Nachkommen lässt sich so nur noch unzureichend abbilden.[8] Zum einen werden durch die alleinige Verwendung der Staatsangehörigkeit eventuell mögliche Integrationsprobleme unterschätzt, da Ausländer nur eine Teilgruppe der durch internationale Wanderungen geprägten Bevölkerung darstellen. Zum anderen werden aber auch Integrationserfolge von Migrantinnen und Migranten unterschätzt, wenn erfolgreiche Personen mit Migrationshintergrund in den Statistiken nicht der Gruppe der Ausländer, sondern der Gruppe der Deutschen zugeordnet werden (Salentin/Wilkening 2003). Als Folge dieser Defizite der amtlichen Statistiken hat das Statistische Bundesamt im Jahr 2005 mit einem entsprechenden Fragenprogramm das Konzept der »Bevölkerung mit Migrationshintergrund« in den Mikrozensus eingeführt.

Im Folgenden werden zunächst die Heterogenität der Bevölkerung mit Migrationshintergrund und die Entwicklung von 2005 bis 2009 aufgezeigt. Daran schließt sich eine Darstellung der Daten des Mikrozensus 2009 hinsichtlich der Bevölkerung mit Migrationshintergrund nach Herkunft, regionaler Verteilung, Altersstruktur und Aufenthaltsdauer an. Zudem werden Informationen zu Einbürgerungen, Eheschließungen, Haushalts- und Lebensformen im Jahre 2009 sowie – teilweise auch in der Entwicklung 2005 bis 2009 – zur sozialen Lage erläutert. Aus Mangel an Auswertungsmöglichkeiten mit dem Mikrozensus 2009 wird zudem die Repräsentativbefragung »Ausgewählte Migrantengruppen in Deutschland« (RAM 2006/2007; Babka von Gostomski 2010a) herangezogen, um Anhaltspunkte für den Stand der Integration in di-

---

8 Aus sprachlichen Gründen werden die Begriffe »Migrantinnen und Migranten«, »Personen mit Migrationshintergrund« und »Personen mit Zuwanderungsgeschichte« in diesem Beitrag synonym verwandt. Zudem sind aus Gründen der besseren Lesbarkeit alle Prozentangaben im Fließtext gerundet.

versen Bereichen (Sprachkenntnisse, soziale Kontakte, gesellschaftliche Partizipation, Religion) zu erhalten. Abschließend wird diskutiert, welche integrationspolitischen Herausforderungen sich auf der Basis der referierten Daten andeuten.

Der Mikrozensus

Seit dem Inkrafttreten des Mikrozensusgesetzes 2005 ermöglichen die Daten des Mikrozensus die Identifizierung von Personen mit Migrationshintergrund (Rühl 2009, S. 14). Dadurch lassen sich zusätzlich zum Ausländerbestand auch Zahlen zu Personen mit Migrationshintergrund angeben. So wird bei eingebürgerten Personen nun nach der ehemaligen Staatsangehörigkeit und dem Einbürgerungsjahr gefragt.

Definition der Personen mit Migrationshintergrund

Das Statistische Bundesamt zählt zu den Personen mit Migrationshintergrund »alle nach 1949 auf das heutige Gebiet der Bundesrepublik Deutschland Zugewanderten sowie alle in Deutschland geborenen Ausländer und alle in Deutschland als Deutsche Geborenen mit zumindest einem zugewanderten oder als Ausländer in Deutschland geborenen Elternteil« (Statistisches Bundesamt 2010, S. 6).

Auf der Basis der im Mikrozensus erhobenen Daten nimmt das Statistische Bundesamt die in Übersicht 1 dargestellte Differenzierung der Bevölkerung nach Migrationsstatus vor (Statistisches Bundesamt 2010, S. 7). Dabei werden Personen mit Migrationshintergrund im weiteren Sinn von Personen mit Migrationshintergrund

1.	Deutsche ohne Migrationshintergrund
2.	Personen mit Migrationshintergrund im weiteren Sinn
2.1	Personen, deren Migrationshintergrund nicht durchgehend bestimmbar ist
2.2	Personen mit Migrationshintergrund im engeren Sinn
2.2.1	Personen mit eigener Migrationserfahrung (Zugewanderte)
2.2.1.1	Ausländer
2.2.1.2	Deutsche
2.2.1.2.1	ohne Einbürgerung (ab 2007: [Spät-]Aussiedler)
2.2.1.2.2	Eingebürgerte
2.2.2	Personen ohne eigene Migrationserfahrung (nicht Zugewanderte)
2.2.2.1	Ausländer (2. und 3. Generation)
2.2.2.2	Deutsche
2.2.2.2.1	Eingebürgerte
2.2.2.2.2	Deutsche mit mindestens einem zugewanderten oder als Ausländer in Deutschland geborenen Elternteil
2.2.2.2.2.1	mit beidseitigem Migrationshintergrund
2.2.2.2.2.2	mit einseitigem Migrationshintergrund

Abb. 1: Differenzierung des Migrationshintergrunds im Mikrozensus

im engeren Sinn unterschieden. Bei Personen mit Migrationshintergrund im weiteren Sinn ist der Migrationsstatus nicht durchgehend bestimmbar, da bei bestimmten Deutschen der Migrationshintergrund nur aus Eigenschaften der Eltern erkennbar ist, diese werden jedoch nur alle vier Jahre abgefragt. Personen mit Migrationshintergrund im engeren Sinn sind dagegen jedes Jahr im Mikrozensus zu identifizieren. Um die Vergleichbarkeit mit den Vorjahren zu gewährleisten, werden im Folgenden nur die Personen mit Migrationshintergrund im engeren Sinn betrachtet.

Tab. 1: Bevölkerung Deutschlands nach Migrationsstatus von 2005 bis 2009, in Tausend

	2005	2006	2007	2008	2009
Bevölkerung insgesamt	82.465	82.369	82.257	82.135	81.904
Deutsche ohne Migrationshintergrund	67.132	67.225	66.846	66.569	65.856
Personen mit Migrationshintergrund	15.057	15.143	15.411	15.566	15.703
Personen mit eigener Migrationserfahrung	10.399	10.431	10.534	10.623	10.601
Ausländer	5.571	5.584	5.592	5.609	5.594
Deutsche	4.828	4.847	4.942	5.014	5.007
Personen ohne eigene Migrationserfahrung	4.658	4.713	4.877	4.944	5.102
Ausländer	1.749	1.716	1.688	1.661	1.630
Deutsche	2.908	2.997	3.189	3.283	3.472

Quelle: Mikrozensus (Statistisches Bundesamt 2010, S. 32 ff.)

Tabelle 1 zeigt die Entwicklung der Bevölkerung nach Migrationsstatus von 2005 bis 2009.

Bevölkerung nach Migrationsstatus im Zeitverlauf 2005 bis 2009

Aus Tabelle 1 geht hervor, dass von den 81,9 Millionen Einwohnern in Deutschland im Jahr 2009 15,7 Millionen Personen einen Migrationshintergrund hatten, davon etwa 8,5 Millionen Deutsche und circa 7,2 Millionen Ausländer. Der Anteil der Deutschen mit Migrationshintergrund an der Gesamtbevölkerung beträgt zehn Prozent, der Ausländeranteil neun Prozent. Insgesamt beläuft sich der Anteil der Personen mit Migrationshintergrund damit auf 19 Prozent der Gesamtbevölkerung. Im Jahr 2005 betrug dieser Anteil 18 Prozent. Während der Ausländeranteil in diesem Zeitraum relativ konstant geblieben ist, stieg der Anteil der Deutschen mit Migrationshintergrund von neun Prozent im Jahr 2005 auf zehn Prozent 2009. Das entspricht einem Anstieg um etwa 740 000 Personen. Der stärkste Zuwachs war dabei bei Deutschen mit Migrationshintergrund, aber ohne eigene Migrationserfahrung zu verzeichnen, also bei den schon im Inland geborenen Nachkommen von Zuwanderern.

Personen mit Migrationshintergrund im Jahre 2009

Weitergehende Differenzierungen zeigen, dass im Jahr 2009 mit 36 Prozent Ausländer mit eigener Migrationserfahrung (circa 5,6 Millionen Personen) die größte Gruppe stellen, d. h. Ausländer, die nach Deutschland zugewandert sind (Bundesministerium des Innern/Bundesamt für Migration und Flüchtlinge 2011, S. 218). Zehn Prozent der Personen mit Migrationshintergrund sind Ausländer, die in Deutschland geboren wurden (zweite oder dritte Generation; circa 1,6 Millionen Personen). Insgesamt besitzen 46 Prozent der Personen mit Migrationshintergrund nicht die deutsche Staatsangehörigkeit. Deutsche mit Migrationshintergrund stellen dagegen 54 Prozent der Personen mit Migrationshintergrund. Dabei entfallen elf Prozent auf selbst zugewanderte Eingebürgerte (circa 1,7 Millionen Personen), drei Prozent auf Eingebürgerte ohne eigene Migrationserfahrung (circa 400 000 Personen), 21 Prozent auf zugewanderte (Spät-)Aussiedler und weitere deutsche Zuwanderer ohne Einbürgerung (circa 3,3 Millionen Personen). Bei den restlichen 20 Prozent handelt es sich um Deutsche ohne eigene Migrationserfahrung (circa 3,1 Millionen Personen, insbesondere Kinder von Eingebürgerten oder Ausländern). Insgesamt sind etwa zwei Drittel der Personen mit Migrationshintergrund selbst Migranten (erste Generation), während knapp ein Drittel bereits in Deutschland geboren wurde (zweite oder dritte Generation).

Herkunftsaspekte

Die größte Gruppe innerhalb der Bevölkerung mit Migrationshintergrund mit 2,5 Millionen Menschen stellen Personen türkischer Herkunft (Bundesministerium des Innern/Bundesamt für Migration und Flüchtlinge 2011, S. 219). Dies entspricht einem Anteil von 16 Prozent an allen Personen mit Migrationshintergrund. Unter Berücksichtigung der einem bestimmten Herkunftsland zuordenbaren (Spät-)Aussiedler haben acht Prozent bzw. 1,3 Millionen Personen einen polnischen und sieben Prozent bzw. 1,1 Millionen Personen einen russischen Hintergrund. Fünf Prozent besitzen einen italienischen Hintergrund.

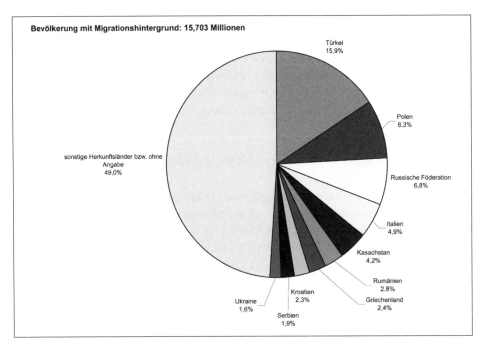

Abb. 2: Personen mit Migrationshintergrund nach Herkunftsland bzw. Herkunftsland mindestens eines Elternteils 2009 (Quelle: Mikrozensus [Statistisches Bundesamt 2010, S. 60 ff.])

Dabei zeigt sich, dass insbesondere Personen mit einem Migrationshintergrund aus den ehemaligen Anwerbestaaten überproportional häufig keine eigene Migrationserfahrung besitzen, d. h. bereits in Deutschland geboren sind. So sind 44 Prozent der Personen italienischer, 40 Prozent derer mit türkischer und 40 Prozent derer mit griechischer Herkunft nicht selbst nach Deutschland zugewandert. Dagegen zählen bislang noch relativ wenige Personen polnischer (15 Prozent), rumänischer (11 Prozent), russischer (sechs Prozent), ukrainischer (neun Prozent) und kasachischer (vier Prozent) Herkunft zur zweiten oder gar dritten Generation.

Verteilung nach Bundesländern und Verdichtungsräumen

Die höchsten Anteile von Personen mit Migrationshintergrund hatten im Jahr 2009 Hamburg (27 Prozent), Bremen (26 Prozent), Baden-Württemberg (26 Prozent), Hessen (24 Prozent), Berlin (24 Prozent) und Nordrhein-Westfalen (24 Prozent) zu verzeichnen (Statistisches Bundesamt 2010, S. 40). Mit unter fünf Prozent liegt der entsprechende Anteil in den neuen Bundesländern dagegen wesentlich niedriger. Die höchsten Ausländeranteile wurden in Hamburg und Berlin (jeweils 14 Prozent) registriert (Statistisches Bundesamt 2010, S. 116 ff.).

Allerdings fallen die Anteile der Personen mit Migrationshintergrund auch innerhalb der einzelnen Bundesländer je nach Region sehr unterschiedlich aus. So hat insbesondere in den Agglomerationsräumen ein deutlich größerer Anteil der Bevölkerung einen Migrationshintergrund als in ländlichen Räumen (23 Prozent im Gegensatz zu 12 Prozent). In Städten mit mehr als 50 000 Einwohnern liegt der Anteil der Bevölkerung mit Migrationshintergrund im Durchschnitt bei über 20 Prozent, während er in Gemeinden mit weniger als 5 000 Einwohnern bei unter zehn Prozent liegt (Statistisches Bundesamt 2010, S. 40 f.).

Betrachtet man einzelne Großstädte, so zeigt sich, dass im Jahr 2008 die höchsten Anteile an Migranten die Städte Frankfurt (42 Prozent), Augsburg (39 Prozent), Nürnberg (38 Prozent) und Stuttgart (38 Prozent) aufzuweisen hatten (Statistische Ämter des Bundes und der Länder 2010, S. 36 f.).

Altersstruktur und Aufenthaltsdauer

Bei einem Vergleich der Altersstruktur der Bevölkerung ohne und mit Migrationshintergrund zeigt sich, dass sich die Personen mit Migrationshintergrund deutlich stärker auf die jüngeren Jahrgänge verteilen als Personen ohne Migrationshintergrund (Bundesministerium des Innern/Bundesamt für Migration und Flüchtlinge 2011, S. 220). So waren im Jahr 2009 68 Prozent der Personen mit Migrationshintergrund jünger als 45 Jahre, während dies nur auf 48 Prozent der Bevölkerung ohne Migrationshintergrund zutraf. Dabei liegt der Anteil der Kinder unter fünf Jahren mit Migrationshintergrund mit sieben Prozent mehr als doppelt so hoch wie bei Kindern ohne Migrationshintergrund (drei Prozent).

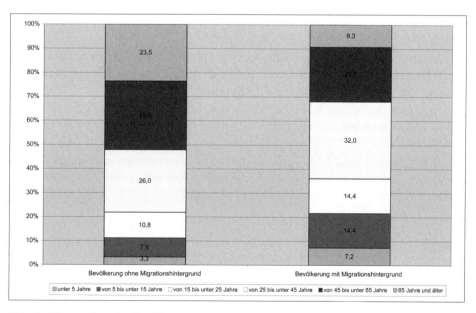

Abb. 3: Altersstruktur der Bevölkerung mit und ohne Migrationshintergrund 2009 (Quelle: Mikrozensus [Statistisches Bundesamt 2010, S. 60 ff.])

Bei den älteren Jahrgängen sind dagegen 24 Prozent der Personen ohne Migrationshintergrund über 65 Jahre alt, bei den Migranten sind es nur neun Prozent. Auch der Anteil der Altersgruppe der 45- bis unter 65-Jährigen ist bei Personen ohne Migrationshintergrund mit 29 Prozent deutlich größer als bei der Bevölkerung mit Migrationshintergrund (23 Prozent). Insofern liegt das Durchschnittsalter der Bevölkerung ohne Migrationshintergrund mit 45,6 Jahren auch deutlich über dem der Bevölkerung mit Migrationshintergrund (34,7 Jahre).

Während der Anteil der Personen mit Migrationshintergrund in der Gesamtbevölkerung bei 19 Prozent liegt, besitzen in der Altersgruppe der Kinder unter fünf Jahren bereits 34 Prozent einen Migrationshintergrund, in der Altersgruppe von fünf bis unter zehn Jahren sind es 32 Prozent. Auch in den weiteren Altersgruppen bis 35 Jahre liegt der Anteil der Personen mit Migrationshintergrund bei deutlich über 20 Prozent. Dagegen liegt der Migrantenanteil in der Altersgruppe über 65 Jahre bei lediglich neun Prozent.

Im Jahr 2009 lebten 79 Prozent der Bevölkerung mit Migrationshintergrund und eigener Migrationserfahrung seit mindestens neun Jahren in Deutschland, 42 Prozent seit mehr als zwanzig Jahren und zehn Prozent sogar seit 40 Jahren und länger. Insgesamt lebten etwa 8,2 Millionen Personen mit Migrationshintergrund seit mehr als neun Jahren im Bundesgebiet (Bundesministerium des Innern/Bundesamt für Migration und Flüchtlinge 2011, S. 223).

Eine Differenzierung der Aufenthaltsdauer von Migranten nach Herkunftsländern spiegelt auch die Migrationsgeschichte der Bundesrepublik wider. So zeigt sich, dass insbesondere Personen aus den ehemaligen Anwerbeländern vielfach einen langjährigen Aufenthalt haben: 73 Prozent derer mit italienischer, 71 Prozent mit kroatischer, 66 Prozent mit griechischer und 65 Prozent mit türkischer Herkunft weisen eine Aufenthaltsdauer in Deutschland von mindestens 20 Jahren auf. Dagegen sind 54 Prozent der Personen rumänischer und 92 Prozent der Personen russischer Herkunft weniger als 20 Jahre in Deutschland. Bei den russischen Migranten lebt fast ein Drittel (29 Prozent) seit weniger als neun Jahren im Bundesgebiet.

Die durchschnittliche Aufenthaltsdauer der Bevölkerung mit Migrationshintergrund und eigener Migrationserfahrung betrug im Jahr 2009 20,8 Jahre. Deutlich über diesem Wert liegt die durchschnittliche Aufenthaltsdauer bei italienischen (30,1 Jahre), kroatischen (30,2 Jahre), griechischen (28,3 Jahre) und türkischen (25,6 Jahre) Migranten. Eine bislang niedrige durchschnittliche Aufenthaltsdauer ist bei Personen russischer (13,0 Jahre) und ukrainischer (11,5 Jahre) Herkunft zu verzeichnen.

Einbürgerungen

Laut Mikrozensus lebten 2009 in Deutschland 2,1 Millionen Deutsche mit Migrationshintergrund, die die deutsche Staatsangehörigkeit durch Einbürgerung erwarben. Darunter befinden sich etwa 1,2 Millionen Mehrstaatler, die neben der deutschen noch eine weitere Staatsangehörigkeit besitzen.

Die Entwicklung der jährlichen Einbürgerungen seit 1997 lässt sich folgendermaßen skizzieren: Nachdem die Einbürgerungen von 82 913 im Jahr 1997 bis auf 186 688 im Jahr 2000, den bisherigen Höchststand, angestiegen waren, war in den Folgejahren ein Rückgang der Einbürgerungszahlen festzustellen. Mit 94 470 Einbürgerungen wurden im Jahr 2008 die niedrigsten Einbürgerungszahlen seit der Reform des Staatsangehörigkeitsrechts registriert. 2009 war ein leichter Anstieg auf 96 122 Einbürgerungen zu verzeichnen. Insgesamt wurden seit dem Inkrafttreten des neuen Staatsangehörigkeitsrechts mehr als eine Million Personen (1 332 646) eingebürgert. Die Einbürgerungsquote sank im Zeitraum von 2000 bis 2009 von 2,6 auf 1,4 (Bundesministerium des Innern/Bundesamt für Migration und Flüchtlinge 2011, S. 227 ff.).

Eheschließungen

Haug (2010) analysierte den Mikrozensus bezüglich Ehen. Sie kommt zu dem Schluss, dass bei Personen mit Migrationshintergrund selten Ehen mit Personen ohne Migrationshintergrund bestehen. Dies sei unabhängig davon, ob Personen mit Migrationshintergrund deutsche oder ausländische Staatsangehörige sind. Die meisten Ehen bestehen zwischen Partnern mit gleichem Migrationsstatus. Unter Berücksichtigung der Herkunftsländer zeigt sich, dass Personen mit Migrationshintergrund aus den Anwerbestaaten Griechenland, Italien, Bosnien, Kroatien, Serbien und Türkei mehrheitlich mit Ausländern verheiratet sind. Italienische und serbische Männer sowie polnische Frauen sind relativ häufig mit Deutschen ohne Migrationshintergrund verheiratet. Aus Polen und der Russischen Föderation stammende Deutsche mit Migrationshintergrund haben mehrheitlich ebenfalls Deutsche mit Migrationshintergrund als Ehepartner (Haug 2010, S. 7). Hierbei handelt es sich überwiegend um Ehen von (Spät-)Aussiedlern. Auch Personen mit türkischem Migrationshintergrund sind relativ häufig (zu etwa einem Drittel) mit deutschen Staatsbürgern verheiratet, die einen türkischen Migrationshintergrund haben. Am geringsten ist bei dieser Gruppe hingegen der Anteil von Personen, die mit Deutschen ohne Migrationshintergrund verheiratet sind. Insbesondere bei den türkischen Frauen kommt dies fast gar nicht vor (drei Prozent) (Statistisches Bundesamt 2010, S. 108 f.).

Haushalts- und Lebensformen

Während 21 Prozent der Personen ohne Migrationshintergrund in einem Einpersonen- und 79 Prozent in einem Mehrpersonenhaushalt leben, sind Personen mit Migrationshintergrund lediglich zu 13 Prozent alleine in einem Haushalt (Statistisches Bundesamt 2010, S. 192 ff.). Entsprechend leben Personen mit Migrationshintergrund im Durchschnitt in etwas größeren Haushalten (2,4 Personen pro Haushalt gegenüber zwei bei Personen ohne Migrationshintergrund).

Während bei Personen ohne Migrationshintergrund lediglich bei etwa einem Drittel Kinder mit im Haushalt leben, ist dies bei fast der Hälfte der Personen mit Migrationshintergrund der Fall. Bei Personen mit türkischem Hintergrund beträgt dieser Anteil sogar fast zwei Drittel. Dagegen ist der Anteil der Paare ohne Kinder sowie der Anteil der Alleinstehenden bei der Bevölkerung ohne Migrationshintergrund deutlich höher.

Die durchschnittliche Kinderzahl bei Familien, in denen die Bezugsperson einen Migrationshintergrund hat, liegt etwas höher als bei Familien ohne Migrationshintergrund (1,8 gegenüber 1,6). Eine geringere durchschnittliche Kinderzahl lässt sich bei Familien mit polnischem oder rumänischem Hintergrund feststellen (1,5), eine höhere durchschnittliche Kinderzahl bei Familien mit türkischem Hintergrund (2,1). Die Mehrheit der Kinder lebt sowohl bei Personen ohne als auch bei Personen mit Migrationshintergrund in Haushalten mit zwei miteinander verheirateten Elternteilen. Allerdings ist der Anteil bei Personen mit Migrationshintergrund um etwa zehn Prozentpunkte höher (83 Prozent gegenüber 73 Prozent). Dagegen ist der Anteil an Kindern, die in Lebensgemeinschaften oder bei Alleinerziehenden ohne Migrationshintergrund aufwachsen entsprechend größer als bei Familien mit Migrationshintergrund (Statistisches Bundesamt 2010, S. 204 f.; Beauftragte der Bundesregierung für Migration, Flüchtlinge und Integration 2010, S. 49 f.).

Soziale Lage

Der Anteil der Menschen ohne allgemeinbildenden Schulabschluss liegt im Jahr 2009 in der Bevölkerung mit Migrationshintergrund mit 14 Prozent höher als in der Bevölkerung ohne Migrationshintergrund (zwei Prozent). Damit hat sich die Schere diesbezüglich in den letzten Jahren eher vergrößert als verringert (vgl. Tabelle 2).

Allerdings ist bei der Bevölkerung mit Migrationshintergrund auch ein höherer Anteil an Personen mit Hochschul- bzw. Fachhochschulreife gegenüber der Bevölkerung ohne Migrationshintergrund festzustellen (28 Prozent gegenüber 26 Prozent). Noch in Ausbildung befindliche Schülerinnen und Schüler werden dabei nicht berücksichtigt; d.h. die Anteile beziehen sich auf die Bevölkerung, die das allgemeinbildende Schulsystem endgültig verlassen hat.

Auch bei der beruflichen Bildung zeigt sich eine deutliche Diskrepanz zwischen den Menschen mit und ohne Migrationshintergrund (vgl. Tabelle 2). Erstere haben weitaus häufiger keine berufliche Qualifizierung, was besonders auf Frauen zutrifft.

Es ist zu erwarten, dass sich die schlechtere schulische und berufliche Qualifizierung von Zuwanderern und ihren Nachkommen auch bei der Arbeitsmarktbeteiligung niederschlägt. Dass dies tatsächlich so ist, zeigen die Erwerbslosenquoten im Vergleich der Jahre von 2005 bis 2009 (Tabelle 2, detailliert zu Migranten am Arbeitsmarkt in Deutschland: Seebaß/Siegert 2011). Bezugsgruppe sind hierbei die 25- bis 65-Jährigen. Die Erwerbslosenquote gibt an, welcher Anteil der Menschen, die dem

Tab. 2: Indikatoren der sozialen Lage in der Bevölkerung mit und ohne Migrationshintergrund, 2005–2009 (Quelle: Mikrozensus [Statistisches Bundesamt 2010, S. 156 ff., 172 ff., 256 ff.])

	2005	2006	2007	2008	2009
Personen ohne Schulabschluss					
Personen mit Migrationshintergrund	13,5 %	13,0 %	12,6 %	14,2 %	14,3 %
Personen ohne Migrationshintergrund	1,8 %	1,7 %	1,6 %	1,8 %	1,8 %
Personen ohne Berufsabschluss					
Personen mit Migrationshintergrund	46,6 %	46,9 %	46,0 %	44,3 %	43,4 %
Personen ohne Migrationshintergrund	22,7 %	22,7 %	21,2 %	19,9 %	19,2 %
Erwerbslosenquoten der 25- bis 65-Jährigen					
Personen mit Migrationshintergrund	17,7 %	16,6 %	14,0 %	12,4 %	12,7 %
Personen ohne Migrationshintergrund	9,3 %	8,6 %	7,1 %	6,6 %	6,2 %

Arbeitsmarkt prinzipiell zur Verfügung stehen, keine Beschäftigung findet. Die Erwerbslosenquote liegt bei der Bevölkerung mit Migrationshintergrund durchgängig fast doppelt so hoch wie bei der Bevölkerung ohne Migrationshintergrund. Die Erwerbstätigenquote bei Personen mit Migrationshintergrund fällt dementsprechend niedriger aus als bei Personen ohne Migrationshintergrund (66 Prozent gegenüber 77 Prozent).

Hinzu kommt, dass bei den Zuwanderern auch der Anteil der Nichterwerbspersonen höher ist, d.h. der Menschen, die dem Arbeitsmarkt prinzipiell nicht zur Verfügung stehen. So liegt der Anteil der Nichterwerbspersonen in der Altersgruppe der 25- bis 65-Jährigen bei der Bevölkerung ohne Migrationshintergrund bei 17 Prozent; während er bei der Bevölkerung mit Migrationshintergrund 25 Prozent beträgt. Wie bei den Personen ohne beruflichen Bildungsabschluss ist jedoch auch bei der Erwerbslosigkeit im Zeitverlauf ein positiver Trend erkennbar, und zwar für alle Bevölkerungsgruppen.

Bei einer Differenzierung der Erwerbstätigen nach der Stellung im Beruf zeigt sich, dass Personen mit Migrationshintergrund deutlich häufiger als Arbeiter tätig sind als Personen ohne Migrationshintergrund (41 Prozent gegenüber 23 Prozent). Personen mit türkischem Migrationshintergrund sind überproportional häufig als Arbeiter beschäftigt (53 Prozent). Dagegen befinden sich Personen mit Migrationshintergrund gegenüber Personen ohne Migrationshintergrund seltener im Angestelltenverhältnis (48 Prozent gegenüber 59 Prozent). Bei Personen mit türkischem Hintergrund ist dieser Anteil noch geringer (38 Prozent).

Bevölkerung nach Migrationsstatus und überwiegendem Lebensunterhalt 2009 (25 bis unter 65-Jährige)

	Erwerbstätigkeit	ALG I	Rente/Pension	Unterstützung durch Angehörige
Personen ohne Migrationshintergrund	25.777	665	2.828	3.867
Personen mit Migrationshintergrund	5.097	249	432	1.521

	Leistungen nach Hartz IV/Sozialhilfe	Sonstiges	Gesamt		
Personen ohne Migrationshintergrund	2.105	667	35.909	35.242	667
Personen mit Migrationshintergrund	1.092	190	8.581	8.391	190

	Erwerbstätigkeit	ALG I	Rente/Pension	Unterstützung durch Angehörige
Personen ohne Migrationshintergrund	71,8 %	1,9 %	7,9 %	10,8 %
Personen mit Migrationshintergrund	59,4 %	2,9 %	5,0 %	17,7 %

	Leistungen nach Hartz IV/Sozialhilfe	Sonstiges	
Personen ohne Migrationshintergrund	5,9 %	1,9 %	100 %
Personen mit Migrationshintergrund	12,7 %	2,2 %	100 %

Quelle: Mikrozensus, Statistisches Bundesamt

Abb. 4: Bevölkerung nach Migrationsstatus und überwiegendem Lebensunterhalt in Tausend bzw. in Prozent, Mikrozensus 2009 (25- bis unter 65-Jährige) (Quelle: Mikrozensus [Statistisches Bundesamt 2010, S. 236 ff.])

Während 72 Prozent der Personen ohne Migrationshintergrund im Alter von 25 bis unter 65 Jahren ihren Lebensunterhalt überwiegend durch Erwerbstätigkeit erzielen, trifft dies bei Personen mit Migrationshintergrund der gleichen Altersgruppe lediglich auf 59 Prozent zu. Dagegen sind Migranten doppelt so häufig auf Transferleistungen (Hartz IV, Sozialhilfe, Arbeitslosengeld I) angewiesen (16 Prozent gegenüber acht Prozent).

Betrachtet man das Haushaltsnettoeinkommen nach dem Migrationsstatus des Haupteinkommensbeziehers, so zeigt sich, dass 43 Prozent der Migrantenhaushalte weniger als 1 500 Euro im Monat zur Verfügung haben, während dies bei »einheimischen« Haushalten auf 37 Prozent zutrifft. Dagegen sind Migrantenhaushalte in den höheren Einkommensgruppen weniger vertreten als Haushalte ohne Migrationshintergrund. Jeweils etwa ein Drittel ist in der mittleren Einkommensgruppe anzutreffen (Statistisches Bundesamt 2010, S. 200 ff.).

Entsprechend der unterschiedlichen Beschäftigungssituation und der unterschiedlichen Einkommensverteilung fällt auch der Anteil der armutsgefährdeten Lebensformen bei Migranten deutlich höher aus (25 Prozent gegenüber elf Prozent).

Weitere Integrationsaspekte bei wichtigen Ausländergruppen

Um Anhaltspunkte für weitere Bereiche der Integration liefern zu können, wird die Repräsentativbefragung »Ausgewählte Migrantengruppen in Deutschland« (RAM 2006/2007) herangezogen (Babka von Gostomski 2010a, b, c). RAM 2006/2007 ist eine Befragung nach dem sogenannten »Ausländerkonzept«. Die bei RAM 2006/2007 befragten Personen waren Ausländer im staatsrechtlichen Sinne. Es wurden 15- bis 79-Jährige mit einer Mindestaufenthaltsdauer von zwölf Monaten in Deutschland interviewt. Von Dezember 2006 bis April 2007 wurden insgesamt 4 576 türkische, italienische, griechische und polnische Personen sowie Personen aus dem ehemaligen Jugoslawien befragt. Im Folgenden wird ein Überblick der Ergebnisse zu drei wichtigen Integrationsbereichen – Sprachkenntnisse, soziale Kontakte, zivilgesellschaftliche Partizipation – gegeben, der mithilfe des Mikrozensus aufgrund der Nichtberücksichtigung dort nicht erhellt werden kann. Zudem wird abschließend auf Religionsaspekte eingegangen.

Kenntnisse der deutschen Sprache

Bei RAM 2006/2007 schätzten die Interviewer nach Ende der Befragung ein, wie gut die befragten Personen die deutsche Sprache sprachen. Es zeigt sich alters-, nationalitäten- und geschlechtsübergreifend, dass jüngere in der Regel deutlich bessere Deutschkenntnisse als ältere Befragte haben. Die besten Kenntnisse haben 15- bis 34-jährige Italienerinnen: 82 Prozent von ihnen wurden von den Interviewern als sehr gut Deutsch sprechend eingestuft.

Die Ergebnisse machen einerseits deutlich, dass die Mehrheit der Befragten über hinreichende Sprachkenntnisse verfügt, um sich im Leben in Deutschland zurechtzufinden. Andererseits gibt es auch Anhaltspunkte über Teilgruppen, die mit besseren deutschen Sprachkenntnissen weniger Probleme im Alltag in Deutschland hätten. So sprechen 38 Prozent der 35- bis 64-jährigen Türkinnen nur schlecht oder sehr schlecht Deutsch. Zusammen mit anderen Indikatoren weist dies insgesamt auf eine nicht zu vernachlässigende Minderheit von Personen mit Nachholbedarf an deutschen Sprachkenntnissen bei folgenden Gruppen hin: türkische Frauen, polnische Männer, ältere Personen aus Griechenland und ältere türkische Männer (detailliert: Babka von Gostomski 2010a, S. 117 ff.; 2010c, S. 103 ff..; Haug 2008).

Soziale Kontakte

60 Prozent der Befragten berichten über mehrmals wöchentliche bis tägliche Kontakte zu Deutschen in ihrem Freundeskreis. In etwa gleichem Maße nennen die Befragten auch häufige Kontakte zu Personen aus ihrem Herkunftsland (62 Prozent). Hinsichtlich der Kontakthäufigkeit im Freundeskreis haben türkische Befragte die wenigsten Kontakte zu Deutschen und die meisten zu Personen aus ihrem Herkunftsland. Befragte italienischer, polnischer oder ehemals jugoslawischer Staatsangehörigkeit haben mehr Kontakte zu Deutschen als zu Personen aus dem Herkunftsland. Auswertungen nach Geschlecht zeigen, dass hinsichtlich der Freundeskreiskontakte die Gruppe der Türkinnen am häufigsten unter sich bleibt. Fast jede dritte Türkin hat gar keinen oder nur selten Kontakt zu deutschen Freunden (detailliert: Babka von Gostomski 2010a, S. 211 ff.; 2010c, S. 156 ff.; Haug 2010, S. 23 ff.).

Zivilgesellschaftliche Partizipation

Sind ausländische Personen in Vereinen, Verbänden oder Organisationen Mitglied, dann sind dies eher deutsche (23 Prozent) als auf das Herkunftsland bezogene (zehn Prozent). Am häufigsten ist eine Beteiligung in einem deutschen Sportverein, gefolgt von einer Mitgliedschaft in einer deutschen Gewerkschaft. Insbesondere Türkinnen kommen kaum mit einem deutschen Sportverein in Berührung (fünf Prozent). Polnische Frauen sind kaum in eigenethnischen Vereinen und Verbänden organisiert (vier Prozent). Griechische Befragte und türkische Männer (je acht Prozent) sind häufiger in einem eigenethnischen Kulturverein aktiv. Religiöse Organisationen mit einem Bezug zum Herkunftsland sind am ehesten für türkische Männer von Relevanz (sieben Prozent) (detailliert: Babka von Gostomski 2010a, S. 208 ff.; 2010c, S. 152 ff.).

Religionsaspekte

Die Studie »Muslimisches Leben in Deutschland« schätzt die in Deutschland lebenden Muslime auf rund vier Millionen Personen (Haug/Müssig/Stichs 2009, S. 81). Nach den Daten von RAM 2006/2007 bekennt sich die deutliche Mehrheit türkischer Personen zum Islam. Insbesondere bei Personen aus dem ehemaligen Jugoslawien verbergen sich hinter den Sammelbegriffen »Islam« und »Christentum« heterogene Glaubensgemeinschaften: Die meisten von ihnen gehören der römisch-katholischen Kirche an (33 Prozent), 21 Prozent der orthodoxen Kirche, und 32 Prozent sind Muslime. Zudem gaben vergleichsweise viele (neun Prozent) der Personen aus dem ehemaligen Jugoslawien an, keiner Religions- oder Glaubensgemeinschaft zugehörig zu sein. Dagegen sind die anderen drei Ausländergruppen durch eine sehr viel größere Homogenität der Religionsgemeinschaften geprägt: 90 Prozent der italienischen und 91 Prozent der polnischen Personen gehören der römisch-katholischen Kirche an, und 83 Prozent der griechischen Befragten sind orthodoxe Christen.

Anhand der Selbsteinschätzung der Religiosität sind Personen aus dem ehemaligen Jugoslawien als weniger religiös anzusehen als die vier anderen Gruppen. Betrachtet man die Anteile der Personen, die sich als »religiös« und »sehr religiös« einstufen, dann stellen sich folgende Werte nach Männern und Frauen getrennt ein: Türkinnen 67 Prozent versus 58 Prozent der türkischen Männer, Griechinnen 69 Prozent versus 54 Prozent der griechischen Männer, Italienerinnen 65 Prozent versus 51 Prozent der italienischen Männer, Polinnen 63 Prozent versus 49 Prozent der polnischen Männer sowie ehemalige Jugoslawinnen 53 Prozent versus 40 Prozent der Männer aus dem ehemaligen Jugoslawien (detailliert: Babka von Gostomski 2010a, S. 256 ff.; 2010c, S. 72 f.).

Fazit

Personen mit Migrationshintergrund stellen mit rund einem Fünftel der Bevölkerung in Deutschland einen bedeutenden Teil der deutschen Gesellschaft. Von gelungener Integration ist für diesen Teil der Bevölkerung dann zu sprechen, wenn sich die Verteilungen der Bevölkerung mit Migrationshintergrund den Verteilungen der Bevölkerung ohne Migrationshintergrund hinsichtlich wichtiger integrationsrelevanter Sachverhalte angeglichen haben. Dabei sind allerdings soziodemografische Sachverhalte, wie etwa die unterschiedliche Altersstruktur, aber auch spezifische Aspekte der Einwanderungsgeschichte bestimmter Zuwanderergruppen zu berücksichtigen.

Die vorgestellten Analysen zeigen, dass man in Deutschland vom Ideal der Angleichung der Lebensverhältnisse von Personen mit an diejenigen der Personen ohne Migrationshintergrund noch entfernt ist. Die Fakten legen nahe, dass – vereinfacht gesagt – Personen mit Migrationshintergrund häufiger
→ ohne Schulabschluss,
→ ohne Berufsausbildung,
→ erwerbslos,

→ in weniger karriereträchtigen beruflichen Positionen,
→ auf Transferzahlungen angewiesen sind und
→ geringere Einkommen

haben als Personen ohne Migrationshintergrund. Zudem machen vertiefende Analysen deutlich, dass zwischen verschiedenen Gruppen von Personen mit Migrationshintergrund erhebliche Unterschiede hinsichtlich der Lebensverhältnisse bestehen (Siegert 2008, 2009; Woellert et al. 2009). So deuten auch die in diesem Beitrag – nur punktuell – dargestellten Resultate darauf hin, dass in vielen Bereichen Personen mit türkischem Migrationshintergrund (noch) schlechter gestellt sind.

Dies sollte aber nicht dazu führen, zu übersehen, dass Fortschritte von Generation zu Generation in fast jeder Migrantengruppe feststellbar sind (Foroutan et al. 2010, S. 16 ff.). Diese Dynamiken zu verstärken muss das Ziel integrationspolitischer Maßnahmen sein, damit es, etwa im Bildungsbereich, nicht nur zu dem sogenannten »Fahrstuhl-Effekt« kommt (Beck 1986, S. 124 ff.). Der »Fahrstuhl-Effekt« besagt, dass sich im Zuge der Bildungsexpansion und danach die durch die Bildungsinstitutionen gegangenen Generationen hinsichtlich ihrer Bildungsabschlüsse gegenüber der Elterngeneration verbesserten. Da aber sehr verschiedene Gruppen von dieser Entwicklung profitierten, blieb das Bildungsgefälle zwischen verschiedenen Gruppen selbst bestehen, allerdings insgesamt auf einem höheren Bildungsqualifikationsniveau. Stimmt diese Diagnose, dann sind für die kommenden Jahre Initiativen zu begrüßen, die dazu beitragen, den Fahrstuhl für Migrantenkinder etwas schneller fahren zu lassen. Langfristig könnte so der Abstand in den Bildungsabschlüssen zwischen Jugendlichen mit Migrationshintergrund und denen ohne Migrationshintergrund verringert werden.

Literatur

Babka von Gostomski, C. (2010a): Basisbericht: Berichtsband. Repräsentativbefragung »Ausgewählte Migrantengruppen in Deutschland 2006/2007« (RAM). Zur Situation der fünf größten in Deutschland lebenden Ausländergruppen. Vertiefende Ergebnisse zum Forschungsbericht 8. Online-Publikation. Nürnberg: Bundesamt für Migration und Flüchtlinge.

Babka von Gostomski, C. (2010b): Basisbericht: Tabellenband. Repräsentativbefragung »Ausgewählte Migrantengruppen in Deutschland 2006/2007« (RAM). Zur Situation der fünf größten in Deutschland lebenden Ausländergruppen. Online-Publikation. Nürnberg: Bundesamt für Migration und Flüchtlinge.

Babka von Gostomski, C. (2010c): Fortschritte der Integration. Zur Situation der fünf größten in Deutschland lebenden Ausländergruppen. Im Auftrag des Bundesministeriums des Innern. Forschungsbericht 8. Nürnberg: Bundesamt für Migration und Flüchtlinge.

Beauftragte der Bundesregierung für Migration, Flüchtlinge und Integration (Hrsg.) (2010): 8. Bericht der Beauftragten der Bundesregierung für Migration, Flüchtlinge und Integration über die Lage der Ausländerinnen und Ausländer in Deutschland. Berlin: Die Beauftragte der Bundesregierung für Migration, Flüchtlinge und Integration.

Beck, U. (1986): Risikogesellschaft. Auf dem Weg in eine andere Moderne. Frankfurt am Main: Suhrkamp.

Bundesministerium des Innern/Bundesamt für Migration und Flüchtlinge (Hrsg.) (2011): Migrationsbericht des Bundesamts für Migration und Flüchtlinge im Auftrag der Bundesregierung. Migrationsbericht 2009. Nürnberg: Bundesamt für Migration und Flüchtlinge.

Foroutan, N./Schäfer, K./Canan, C./Schwarze, B./Ghamlouche, D./Schwarze, B./Roth, M. (2010): Sarrazins Thesen auf dem Prüfstand. Ein empirischer Gegenentwurf zu Thilo Sarrazins Thesen zu Muslimen in Deutschland. Online-Publikation. Berlin: Humboldt-Universität Berlin.

Haug, S. (2008): Sprachliche Integration von Migranten in Deutschland. Working Paper 14 der Forschungsgruppe des Bundesamtes aus der Reihe »Integrationsreport«, Teil 2. Nürnberg: Bundesamt für Migration und Flüchtlinge.

Haug, S. (2010): Interethnische Kontakte, Freundschaften, Partnerschaften und Ehen von Migranten in Deutschland. Working Paper 33 der Forschungsgruppe des Bundesamtes aus der Reihe »Integrationsreport«, Teil 7. Nürnberg: Bundesamt für Migration und Flüchtlinge.

Haug, S./Müssig, S./Stichs, A. (2009): Muslimisches Leben in Deutschland. Im Auftrag der Deutschen Islam Konferenz. Forschungsbericht 6. Nürnberg: Bundesamt für Migration und Flüchtlinge.

Rühl, S. (2009): Grunddaten der Zuwandererbevölkerung in Deutschland. Working Paper 27 der Forschungsgruppe des Bundesamtes aus der Reihe »Integrationsreport«, Teil 6. Nürnberg: Bundesamt für Migration und Flüchtlinge.

Salentin, K./Wilkening, F. (2003): Ausländer, Eingebürgerte und das Problem einer realistischen Zuwanderer-Integrationsbilanz. In: Kölner Zeitschrift für Soziologie und Sozialpsychologie 55, S. 278–298.

Seebaß, K./Siegert, M. (2011): Migranten am Arbeitsmarkt in Deutschland. Working Paper 36 der Forschungsgruppe des Bundesamtes aus der Reihe »Integrationsreport«, Teil 9. Nürnberg: Bundesamt für Migration und Flüchtlinge.

Siegert, M. (2008): Schulische Bildung von Migranten in Deutschland. Working Paper 13 der Forschungsgruppe des Bundesamtes aus der Reihe »Integrationsreport«, Teil 1. Nürnberg: Bundesamt für Migration und Flüchtlinge.

Siegert, M. (2009): Berufliche und akademische Ausbildung von Migranten in Deutschland. Working Paper 22 der Forschungsgruppe des Bundesamtes aus der Reihe »Integrationsreport«, Teil 5. Nürnberg: Bundesamt für Migration und Flüchtlinge.

Statistische Ämter des Bundes und der Länder (2010): Bevölkerung nach Migrationsstatus regional. Ergebnisse des Mikrozensus 2008. Wiesbaden.

Statistisches Bundesamt (2010): Bevölkerung und Erwerbstätigkeit. Bevölkerung mit Migrationshintergrund – Ergebnisse des Mikrozensus 2009. Fachserie 1 Reihe 2.2 (Ausgabe vom 14. Juli 2010). Wiesbaden: Statistisches Bundesamt.

Woellert, F./Kröhnert, S./Sippel, L./Klingholz, R. (2009): Ungenutzte Potenziale. Zur Lage der Integration in Deutschland. Berlin: Berlin-Institut für Bevölkerung und Entwicklung.

Stefan Luft

Einwanderer mit besonderen Integrationsproblemen: Daten, Fakten und Perspektiven

Die politische Debatte um Zuwanderung und Integration in Deutschland erlebt immer wieder »Medienkonjunkturen« – häufig angestoßen durch »externe Schocks« wie die Attentate vom 11. September 2001 in den USA, die Hinrichtung des niederländischen Filmemachers und Provokateurs Theo van Gogh durch einen islamistischen Extremisten im November 2004 oder Krawalle in Nachbarländern wie in Frankreich im Herbst 2005. Gleichzeitig hat die Integrationspolitik in den zurückliegenden zehn Jahren in der Bundespolitik und auf Länderebene einen hohen Stellenwert erhalten. Für die Debatte in den Medien, für Politikberatung und politische Entscheidungen ist dabei grundlegend, Integrationsprozesse zu verstehen: Nur wenn Einflussfaktoren und Mechanismen bekannt sind und sachgerecht eingeschätzt werden, kann Integrationspolitik Wirkung entfalten. Sowohl die Migrationssoziologie als auch die historische Migrationsforschung stellen die nötigen Analysen hierzu zur Verfügung. Dies gilt auch für die Frage nach den unterschiedlichen »Integrationserfolgen« und »Geschwindigkeiten« zwischen Gruppen und Generationen.

Einleitend wird im Folgenden zunächst Integration als System- und Sozialintegration skizziert und werden Probleme des »Integrationsmonitorings« angesprochen. Um »Gruppenbezogene Integrationsbilanzen« geht es im Anschluss. Hier werden sowohl die Entwicklungen über die Generationen als auch unterschiedlicher Zuwanderergruppen analysiert. Auf dem Feld der Arbeitsmarktintegration werden diese – zum Teil erheblichen – Diskrepanzen und in der Folge Ursachen für diese Entwicklungen dargestellt: Aspekte der Wanderungsgeschichte, Folgen von wohnräumlicher Segregation und der Einfluss der Gruppengröße stehen hier im Mittelpunkt. Abschließend werden die allgemeinen Rahmenbedingungen für Integration und mögliche Schlussfolgerungen erörtert.

Integration

»Integration« bedeutet vom Wortsinn her die Herstellung eines Ganzen aus unterschiedlichen Teilen. Dabei müssen die Teile unverzichtbare Bestandteile des Ganzen sein (Esser 2000, S. 261 ff.). Bei Integration wird zwischen Systemintegration und Sozialintegration unterschieden. Bei Systemintegration geht es um das Verhältnis von

Teilsystemen zueinander und um die Frage, in welcher Beziehung die Teile zum Ganzen stehen. Sie ist von den Absichten und Motiven der einzelnen Akteure weitgehend unabhängig (Esser 2000, S. 270). Bei der Systemintegration kann es einerseits zu »Desintegration« kommen (dem Zerfall eines Systems) und andererseits zu »Überintegration« (einer derart engen Verzahnung von Teilsystemen, dass sie zur gegenseitigen Blockade führt) (Lange/Schimank 2004, S. 12). Systemintegration kann durch Deregulierung gelockert und durch Zusammenlegung von Ressourcen verstärkt werden.

Bei der Sozialintegration geht es um die Integration der Handelnden in einen gesellschaftlichen Zusammenhang (wie die Eingliederung in das Bildungswesen und den Arbeitsmarkt des Aufnahmelandes oder die »ethnische Kolonie« im Aufnahmeland), um ihre Beziehungen zueinander (Esser 2000, S. 271). Sozialintegration kann sich beziehen auf das Aufnahme-, das Herkunftsland sowie die ethnische Kolonie im Aufnahmeland. Esser (2000, S. 286 ff.) unterscheidet vier Typen von Sozialintegration:
→ Mehrfachintegration (Integration in das Herkunfts- und das Aufnahmeland, was sich empirisch als Elitenphänomen erweist)
→ ethnische Segmentation (Integration in ethnische Kolonien in der Aufnahmegesellschaft)
→ Assimilation (Angleichung an die Aufnahmegesellschaft) und
→ Marginalität (weder Integration in die ethnische Kolonie noch in die Aufnahmegesellschaft)

Um sich in der Aufnahmegesellschaft etablieren und erfolgreich Positionen besetzen zu können (»Platzierung«), sind Wissen, Kompetenzen und Fertigkeiten (»Kulturation«) vonnöten. Sie werden auch im Zuge der Interaktion mit Mitgliedern der Aufnahmegesellschaft am Arbeitsplatz, in der Nachbarschaft, in Kindergarten und Schule erworben (Interaktion). Das setzt allerdings die Integration in den Arbeitsmarkt ebenso voraus wie ausreichende Gelegenheitsstrukturen zur Kontaktaufnahme im Alltag mit Einheimischen (und nicht das Leben in einer ethnischen Kolonie, in der sich die alltäglichen Kontakte weitestgehend auf die Angehörigen dieser Kolonie beschränken). Hierzu gehören auch Netzwerke, die über die eigene ethnische Gruppe hinaus reichen. Als weiterer Aspekt kommt die »Identifikation« hinzu: Loyalität zu und Solidarität mit der Aufnahmegesellschaft (Esser 2000, S. 278 f.).

Voraussetzung erfolgreicher Integration ist ein gewisses Maß an Assimilation (Esser 2000, S. 28 ff.). »Assimilation« (»Angleichung«, von lateinisch *similis* – ähnlich) ist die Bedingung der Möglichkeit erfolgreicher Integration. Dazu gehört in erster Linie die Sprache, aber auch eine Reihe von über die Bildungseinrichtungen vermittelten Fertigkeiten. Sie sind Voraussetzungen selbstständigen Handelns und erfolgreicher Positionierung in der Aufnahmegesellschaft. In diesem Sinne bedeutet Assimilation in gewissem Maße Anpassung an die Aufnahmegesellschaft. Angleichung erfolgt nicht zwangsläufig an die Mittelschicht des Aufnahmelandes, sie kann auch an Subkulturen erfolgen, die einer Integration in den regulären Arbeitsmarkt entgegenstehen. Integration und Assimilation sind Anforderungen, die sich an alle Mitglieder einer Gesellschaft (nicht nur an Migranten) richten. »Assimilation als permanentes Erfordernis der Ausrichtung des Verhaltens und Handelns an den Strukturbedingungen sozialer Systeme bezeichnet eine allgemeine Existenzbedingung aller Individuen in der modernen Gesellschaft« (Bommes 2003, S. 96). Bei Migranten kommen spezifische – mit der Wanderung in Zusammenhang stehende – Aspekte hinzu: Im Fall von Migration wird das mitgebrachte Humanvermögen durch die Wanderung entwertet – das gilt für die Sprache und für die Einbindung in soziale Netzwerke. Zudem fehlen Ressourcen, die spezifisch für das Aufnahmeland sind: dort anerkannte Abschlüsse, Informationen über Bildungswege, über notwendige Investitionen in (vor)schulische Bildung, kulturelles Wissen. Hinzu kommen (unterschiedlich ausgeprägte) soziale Distanzen, kulturelle Präferenzen (Konservierung einer Herkunftsidentität) sowie Aspekte der Wanderungsgeschichte, die eine erfolgreiche Integration einzelner Gruppen besonders erschweren können.

Neben der kulturellen Angleichung (Wissen, Fertigkeiten, Sprache) werden weitere drei Dimensionen von Assimilation unterschieden: Die strukturelle Assimilation (Besetzung von Positionen im Bildungssystem oder im Arbeitsmarkt), die soziale Assimilation (Angleichung in den Beziehungsmustern, etwa im Heiratsverhalten) und die emotionale Assimilation als gefühlsmäßige Identifikation mit der Aufnahmegesellschaft (Esser 2000, S. 289).

Von der strukturellen Integration einer Gruppe kann dann gesprochen werden, wenn sich innerhalb dieser Gruppe ähnliche Ungleichheiten wie in der Gesamtbevölkerung abzeichnen, also ähnliche Integrationsindikatoren festzustellen sind wie bei der Aufnahmegesellschaft (z. B. Verteilung der Bildungsabschlüsse, Arbeitslosen- und Transferleistungsquoten). Wenn soziale Ungleichheit systematisch mit einzelnen ethnischen Gruppen einhergeht, kommt es zu einer »ethnischen Schichtung« (Esser 2000, S. 293 ff.). Sie kann sowohl eine Überschichtung der Aufnahmegesellschaft bedeuten (wie in zahlreichen klassischen Einwanderungsländern) als auch eine Unterschichtung (wie in etlichen westeuropäischen Ländern).

Integration ist nicht zu bestimmen jenseits von Raum und Zeit. Sie stellt nach Schimank (2008, S. 554) »eine Balance zwischen Des- und Überintegration dar, einen mittleren Ordnungszustand, der durch ein Zuviel oder Zuwenig an Ordnung gestört werden kann. Gesellschaftliche Integration ist damit auch ein Zeitpunkt-relativer Maßstab. [...]. Man verfügt über keinen absoluten, außerhistorischen Maßstab für das angemessene Niveau gesellschaftlicher Integration.« Deshalb wird Integration in den allermeisten Fällen auch nur dann thematisiert, wenn starke Abweichungen vorliegen.

Integrationsmonitoring

Die einzelnen Zuwanderergruppen und Generationen weisen unterschiedliche Integrationsindikatoren und -erfordernisse auf. So gilt dies innerhalb der Gruppe der Personen mit Migrationshintergrund unter anderem für die Untergruppe der ausländischen Staatsangehörigen, die erheblich schlechtere Indikatoren zur strukturellen Integration (Bildung, Arbeitsmarkt) aufweist als die Gesamtgruppe.

In den vergangenen Jahren haben Bund, Länder und Kommunen Instrumente für eine detaillierte Beobachtung des Integrationsprozesses entwickelt. Das »Integrationsmonitoring« soll, ähnlich wie die Sozialberichterstattung, Auskunft über Integrationsindikatoren (Kennzahlen) und deren Veränderung im Zeitablauf geben, damit der Integrationsprozess beobachtet und Reaktionen eingeleitet werden können (Statistisches Bundesamt 2005; KGSt 2006; Siegert 2006; Worbs 2010; Beauftragte 2010, S. 55 ff.).

Die Bundesbeauftragte für Migration, Flüchtlinge und Integration hat ein Indikatorenset für bundesweites Integrationsmonitoring entwickeln lassen (Institut für Sozialforschung 2009). Es enthält 100 Indikatoren in 14 Feldern (wie Bildung, Arbeitsmarkt, Kriminalität). Mit ihrer Hilfe sollen Aussagen darüber gemacht werden können, inwieweit sich die zugewanderte Bevölkerung und deren Nachkommen (»Personen mit Migrationshintergrund«) sozialstrukturell (positiv oder negativ) von der Bevölkerung ohne Migrationshintergrund unterscheiden. Da die einzelnen Zuwanderergruppen (z. B. Arbeitsmigranten, Aussiedler, EU-Ausländer) äußerst unterschiedliche Integrationserfolge aufweisen, sind allerdings Integrationsindikatoren, die sich nicht auf einzelne Zuwanderergruppen beziehen, für die konkrete Integrationspolitik wenig hilfreich. Begründet wird dies damit, dass einzelnen Gruppen keine negativen Eigenschaften zugeschrieben werden sollen (»Ethnisierung«) (Institut für Sozialforschung 2009, S. 24). Hinzu kommt, dass die Konkretisierung und Eingrenzung des »Migrationshintergrundes« unterschiedlich gehandhabt wird: So legen die PISA-Studien andere Kriterien zugrunde als etwa der Mikrozensus oder die Schulstatistiken der Länder, die häufig noch lediglich an die Staatsangehörigkeit anknüpfen.

Im Auftrag der »Konferenz der für Integration zuständigen Ministerinnen und Minister/Senatorinnen und Senatoren der Länder« (IntMK) wurde 2011 ein länderübergreifendes Integrationsmonitoring von 2005 bis 2009 vorgelegt, das künftig zweijährlich fortgeschrieben werden soll (IntMK 2011). Auch hier wird lediglich zwischen Personen ohne und mit Migrationshintergrund sowie deutschen und ausländischen Staatsangehörigen unterschieden.

Mittlerweile verfügen die meisten westdeutschen Länder über eigene Integrationsberichte. Die Landtage von Rheinland-Pfalz und Hessen haben Enquetekommissionen eingesetzt, die sich mit Bestandsaufnahmen und Analysen von Zuwanderung und Integration in ihren Ländern befassen (Landtag Rheinland-Pfalz 2010; Hessischer Landtag 2009).

Gruppenbezogene Integrationsbilanz

Das Bundesamt für Migration und Flüchtlinge hat in einer im Jahr 2010 erschienenen Studie die »Fortschritte der Integration« der fünf größten Ausländergruppen in Deutschland für den Zeitraum von 2001 bis 2007 ausgewertet. Aussagen wurden gemacht zur Gruppe der türkischen Staatsangehörigen (1,7 Millionen), zu Personen aus dem ehemaligen Jugoslawien (930 000), aus Italien (524 000), Polen (394 000)

und Griechenland (287 000). In allen Nationalitätengruppen wurde über die Jahre ein Fortschreiten der Integration festgestellt, dokumentiert durch:
- → bessere deutsche Sprachkenntnisse
- → höhere Wohneigentümerquoten
- → geringere Wohnsegregation
- → häufigere deutsch-ausländische Partnerschaften
- → zunehmende Einbürgerungsabsichten
- → höheren Anteil mit Bleibeabsichten
- → deutliches Aufholen hinsichtlich der schulischen Bildungsabschlüsse in der Generationenabfolge bei allen Nationalitätengruppen: 42 Prozent der Befragten haben einen höheren, zehn Prozent einen niedrigeren Schulabschluss als ihre Eltern, und 48 Prozent verbleiben in etwa auf der gleichen Bildungsstufe.

Allerdings sind erhebliche Disparitäten zwischen Nationalitäten, Geschlechtern und Generationen festzustellen:
- → So müssen türkische und italienische Befragte als vergleichsweise bildungsfern bezeichnet werden (je zehn und zwölf Prozent mit Fachhochschulreife/Abitur).
- → Polnische Befragte sind hingegen am besten schulisch gebildet (39 Prozent mit Fachhochschulreife/Abitur).
- → Unter türkischen, italienischen und griechischen Männern verfügt ein relativ hoher Anteil über keine Berufsausbildung (47, 44 und 43 Prozent), kaum beruflich Unqualifizierte sind unter Polen (15 Prozent) und Männern aus dem ehemaligen Jugoslawien (27 Prozent) festzustellen.
- → Ausländische Frauen haben häufiger keine abgeschlossene Berufsausbildung (56 gegenüber 40 Prozent bei Frauen deutscher Staatsangehörigkeit). Vor allem türkische Frauen (70 Prozent ohne Berufsausbildung) und Polinnen (24 Prozent) heben sich ab.
- → Große Geschlechterunterschiede bestehen in der derzeitigen Haupttätigkeit. Der größte Anteil der Männer ist in Vollzeit erwerbstätig. Hierbei ragen die polnischen Männer mit 50,5 Prozent heraus, am seltensten üben türkische Männer eine Vollzeiterwerbstätigkeit aus (39,5 Prozent). Insbesondere türkische Frauen gehen einer Haus- und Familienarbeit nach (43 Prozent). Entsprechend sind Türkinnen sehr viel seltener ganz- oder halbtags erwerbstätig als Frauen der anderen vier Gruppen.
- → Türkische Befragte haben die wenigsten Kontakte im Freundeskreis zu Deutschen und die meisten zu Personen aus ihrem Herkunftsland, Befragte italienischer, polnischer oder ehemals jugoslawischer Staatsangehörigkeit haben mehr Kontakte zu Deutschen als zu Personen aus dem Herkunftsland. Die Gruppe der Türkinnen bleibt am häufigsten unter sich. Fast jede dritte Türkin hat gar keinen oder nur selten Kontakt zu deutschen Freunden.

Tab. 1: Ausgewählte Integrationsindikatoren von Ausländergruppen

	Türken	Jugoslawen	Polen	Italiener	Griechen
Größe der Gruppe	1,7 Mio.	0,9 Mio.	0,5 Mio.	0,4 Mio.	0,3 Mio.
im Ausland geboren	76,9 %	90,5 %	97,3 %	74,8 %	72,6
Frauen mit Ehepartner mit deutscher Staatsangehörigkeit (ohne doppelte Staatsangehörigkeit)	12,8 %	20,2 %	56,2 %	18,7 %	9,4 %
keinen oder niedrigen Bildungsabschluss	74,1 %	64,9 %	38,4 %	71,6 %	62,9 %
höherer Bildungsabschluss als Eltern	42,4 %	41,6 %	45,0 %	38,4 %	45,9 %
Arbeiteranteil bei den Männern	70,8 %	64,2 %	63,8 %	61,8 %	55,4 %
arbeitslos gemeldet	17,0 %	12,9 %	13,7 %	11,7 %	10,7 %
Frauen ausschließlich in Haus- und Familienarbeit	43,2 %	24,3 %	28,3 %	22,9 %	18,4 %
seltene oder gar keine Kontakte zu Deutschen im Freundeskreis (Männer)	33,6 %	19,1 %	11,9 %	20,5 %	20,7 %
stark oder sehr stark mit Deutschland verbunden	65,2 %	74,6 %	54,7 %	67,1 %	73,0 %

Quelle: Bundesamt 2010; eigene Zusammenstellung

Bezug von Transferleistungen

Migranten beziehen doppelt so oft wie Nichtmigranten Leistungen nach dem SGB II. 28 Prozent der erwerbsfähigen Hilfebedürftigen haben einen Migrationshintergrund. Dabei zeigen sich erhebliche regionale Disparitäten: In Westdeutschland liegt der Anteil zwischen 36 und 39 Prozent (Ostdeutschland 12 bis 14 Prozent), in westdeutschen Großstädten zum Teil deutlich über 50 Prozent (IAQ 2009, S. 14).

Die Hilfequote aller Erwerbsfähigen mit Migrationshintergrund belief sich im Jahr 2008 auf 19 Prozent (ohne Migrationshintergrund: acht Prozent). In der Altersgruppe der 15- bis 24-Jährigen mit Migrationshintergrund betrug der Anteil 33 Prozent, ohne

Migrationshintergrund neun Prozent (IAQ 2009, S. 50). Bei den Herkunftsgruppen dominieren jene aus Mittel- und Osteuropa, den GUS-Staaten (28 Prozent) und der Türkei (19 Prozent).

Arbeitsmarktintegration

Seit Mitte der 1970er-Jahre haben sich die Anforderungen des Arbeitsmarktes und die Zuwanderung auseinanderentwickelt. Zuwanderer weisen seitdem überdurchschnittlich hohe Arbeitslosenquoten auf – sie sind meist etwa doppelt so hoch wie die der Nichtzugewanderten. Die Arbeitslosenquote türkischer Staatsangehöriger liegt seit Ende der 1970er-Jahre an der Spitze der größeren Zuwanderergruppen (Bundesministerium für Arbeit und Soziales 2007, S. 244 f.). Die Bundesrepublik verzeichnete in den vergangenen Jahren mehr als eine halbe Million arbeitsloser ausländischer Arbeitnehmer, zuzüglich noch einmal rund 300 000 Personen aus der »stillen Reserve«.

Ausländische Migranten (1. Generation) weisen die niedrigsten Erwerbstätigenquoten auf (alle folgenden Angaben für das Jahr 2005):

Ausländische Migranten (1. Generation):
Männer: 66 Prozent, Frauen: 43,6 Prozent

Deutsche mit Migrationshintergrund (2. Generation):
Männer: 72,2 Prozent, Frauen: 63,2 Prozent

Deutsche ohne Migrationshintergrund:
Männer: 78,6 Prozent, Frauen: 66,7 Prozent

Gleiches gilt für die Erwerbslosenquoten:

Ausländische Migranten (1. Generation):
Männer: 17,4 Prozent, Frauen: 10,8 Prozent

Deutsche mit Migrationshintergrund (2. Generation):
Männer: 11,5 Prozent, Frauen: 7,6 Prozent

Deutsche ohne Migrationshintergrund:
Männer: 8,2 Prozent, Frauen: 6,9 Prozent (Brück-Klingberg et al. 2009, S. 288)

Der Erwerbsstatus ist durch einen hohen Arbeiteranteil gekennzeichnet:

Ausländische Migranten (1. Generation)
Männer: 53,7 Prozent, Frauen: 46,6 Prozent

Deutsche mit Migrationshintergrund (2. Generation):
Männer: 37,7 Prozent, Frauen: 10,9 Prozent

Deutsche ohne Migrationshintergrund:
Männer: 31,6 Prozent, Frauen: 18,3 Prozent

(Brück-Klingberg et al. 2009, S. 289)

Bei den Migranten mit ausländischer Staatsangehörigkeit sind erhebliche Differenzen zur Gruppe der Nichtzugewanderten festzustellen, bei der zweiten Generation werden Integrationsfortschritte deutlich.

Qualifikation:

Ausländische Migranten (1. Generation)

Niedriger Abschluss:
Männer: 50,2 Prozent, Frauen: 60,1 Prozent

Hoher Abschluss:
Männer: 14,8 Prozent, Frauen: 13,4 Prozent

Deutsche mit Migrationshintergrund (2. Generation)

Niedriger Abschluss:
Männer: 30,9 Prozent, Frauen: 33,2 Prozent

Hoher Abschluss:
Männer: 13,4 Prozent, Frauen: 13,1 Prozent

Deutsche ohne Migrationshintergrund

Niedriger Abschluss:
Männer: 13,3 Prozent, Frauen: 18,6 Prozent

Hoher Abschluss:
Männer: 19,3 Prozent, Frauen: 15,1 Prozent

Ausländer mit Migrationshintergrund

Niedriger Abschluss:
Männer: 37,0 Prozent, Frauen: 42,8 Prozent

Hoher Abschluss:
Männer: 3,8 Prozent, Frauen: 3,3 Prozent

Hier wird deutlich, dass insbesondere die ausländischen Staatsangehörigen der zweiten Generation schlecht abschneiden. »In dieser Teilgruppe der zweiten Generation scheint sich Bildungsarmut offensichtlich massiv zu verfestigen« (Brück-Klingberg et al. 2009, S. 290).

Bei der Gruppe der Spätaussiedler sinkt der Arbeitslosenanteil über die Aufenthaltsdauer deutlich. Allerdings ist festzustellen, dass bei dieser Gruppe ein höherer Bildungsabschluss nicht vor Arbeitslosigkeit schützt. Spätaussiedler mit (Fach-)Hochschulabschlüssen weisen – unabhängig von der Dauer des Aufenthalts – die höchsten Arbeitslosenanteile auf. Niedrige Arbeitslosenanteile weisen jene Spätaussiedler mit Berufsausbildung auf. Spätaussiedlern misslingt eine erfolgreiche Platzierung auf dem Arbeitsmarkt, die den erworbenen Qualifikationen entspräche, häufiger (Brück-Klingberg et al. 2009, S. 292 ff.)

Zuwanderer aus der Türkei und ihre Nachkommen

Die türkische oder türkischstämmige Bevölkerungsgruppe ist die größte Ausländergruppe in Deutschland. Sie ist zugleich diejenige, die die schwächsten Integrationsindikatoren aufweist.

»*Sie bilden, bei aller Assimilation in Teilbereichen, entgegen allen Prognosen der Assimilationsmodelle so etwas wie eine ethno-religiöse Subnation der Bundesrepublik. Zwar steigen auch hier – wie bei allen anderen Gruppen – Aufenthaltsdauer und Sprachkenntnisse, neuerdings sogar die Bereitschaft zur Einbürgerung; aber sowohl in den sozialen Beziehungen wie – insbesondere – in der ethnischen Identifikation und den kulturellen Orientierungen sind sie eine eigene Gruppe geblieben. Ökonomisch stehen sie nach wie vor am unteren Ende der Positionsskala. Sie ›unterschichten‹ […] die Gesellschaft der Bundesrepublik Deutschland. Verstärkt wird die Segmentation der Türken ohne Zweifel auch durch ihre Zugehörigkeit zum islamischen Glauben. Und schon die schiere Anzahl trägt dazu bei, dass sie ganz unter sich bleiben können: Zwei Millionen sind schon deutlich mehr als eine ›Minderheit‹, und wer irgendetwas sucht, braucht deshalb seine ethnische Gemeinde nicht zu verlassen*« (Esser 1998, S. 132).

Die Gruppe der Türkischstämmigen und der türkischen Staatsangehörigen weist sowohl in der ersten als auch in der zweiten Generation die schlechteste Arbeitsmarktintegration auf (Kalter 2007). Freundschaftsnetzwerke sind außerordentlich stark auf die eigene Gruppe begrenzt. Deutschkenntnisse sind unterdurchschnittlich (Kalter 2007, S. 406).

Tab. 2: 20- bis 64-Jährige in Deutschland im Jahr 2009 ohne beruflichen Abschluss

Bevölkerung ohne Migrationshintergrund	15%
Bevölkerung mit Migrationshintergrund	44%
Bevölkerung italienischer Herkunft	56%
Bevölkerung griechischer Herkunft	61%
Bevölkerung türkischer Herkunft	72%

Quelle: Beauftragte 2010, S. 126

Tab. 3: Allgemeinbildende Schulabschlüsse von 26- bis 35-Jährigen nach Migrationsstatus im Jahr 2005 (Westdeutschland und Berlin, nur Bildungsinländer)

	Deutsche ohne Migrationshintergrund	(Spät-)Aussiedler	Deutsche türkischer Herkunft
Ohne Abschluss	2 %	2 %	8 %
Hauptschule	25 %	31 %	45 %
Realschule	35 %	32 %	25 %
(Fach-)Abitur	38 %	35 %	22 %

	Deutsche sonstiger Herkunft	Türkische Staatsangehörige	Sonstige Ausländer
Ohne Abschluss	3 %	13 %	7 %
Hauptschule	31 %	58 %	38 %
Realschule	28 %	21 %	27 %
(Fach-)Abitur	38 %	8 %	28 %

Quelle: Seibert 2008, S. 3

Tab. 4: Berufliche Bildungsabschlüsse von 26- bis 35-Jährigen nach Migrationsstatus im Jahr 2005 (Westdeutschland und Berlin, nur Bildungsinländer)

	Deutsche ohne Migrationshintergrund	(Spät-)Aussiedler	Deutsche türkischer Herkunft
Ohne Abschluss	14 %	33 %	21 %
Berufsausbildung	69 %	57 %	59 %
(Fach-)Hochschulabschluss	17 %	10 %	20 %

	Deutsche sonstiger Herkunft	Türkische Staatsangehörige	Sonstige Ausländer
Ohne Abschluss	21 %	54 %	30 %
Berufsausbildung	59 %	44 %	59 %
(Fach-)Hochschulabschluss	20 %	2 %	11 %

Quelle: Seibert 2008, S. 3

Die Gruppe der türkischen Staatsangehörigen und ihrer Nachkommen wohnt besonders stark abgegrenzt. Für sie gilt, dass »die Intensität ethnischer residentieller Segregation deutscher Städte in vielen Fällen die nordamerikanischen Segregationsindikatoren der Zuwandererstädte erreicht und die residentielle Segregation somit ein alltägliches Erscheinungsbild deutscher Städte ist« (BBR 2008, S. 7).

Insgesamt gibt es weiterhin eine ausgeprägte »Bildungsungleichheit« in Deutschland. Dabei bilden türkische Staatsangehörige jene Gruppe, »die sich am deutlichsten von den Deutschen unterscheidet« (Kalter/Granato 2004, S. 80). Der starke Anstieg der Zahl der türkischstämmigen Studenten an deutschen Hochschulen macht deutlich, dass ein Aufstieg prinzipiell möglich ist (Schulze/Soja 2004, S. 200). So hat sich die Zahl der studierenden türkischstämmigen Frauen in den zurückliegenden 20 Jahren nahezu verzehnfacht (Boos-Nünning/Karakaşoğlu 2005, S. 222). Gleichzeitig vergrößert sich aber die Kluft zwischen den Aufsteigern und jenen, die zurückgelassen werden (Schulze/Soja 2004, S. 201).

Erklärungen von Unterschieden

Migrationsgeschichte

Hauptursache für mangelnde Integration hinsichtlich Spracherwerb, Bildungswesen und Arbeitsmarkt ist die Tatsache, dass die Bundesrepublik Deutschland (wie andere westliche europäische Länder auch) die Zuwanderung nicht nach Kriterien der Qualifikation gesteuert hat (wie die klassischen Einwanderungsländer USA oder Australien). Auf Drängen der Arbeitgeber und mit politischer Unterstützung durch die Bundesregierungen der 1950er- und 1960er-Jahre wurden un- und angelernte ausländische Arbeitnehmer (»Gastarbeiter«) angeworben (Luft 2009, S. 35 ff.).

Die Anwerbepolitik von 1955 bis 1973 löste sozial selektive Wanderungsprozesse aus. Es wurden gezielt an- und ungelernte Arbeitskräfte angeworben. So gilt für die Zuwanderung aus der Türkei, dass »bildungsferne Schichten aus peripheren Räumen mit traditionellen Wertvorstellungen die türkische Arbeitsmigration nach Deutschland stark geprägt haben und die Integrationsprobleme der zweiten und dritten Generation eine Folge der vergangenen ›Gastarbeitermigration‹ sind. Da die Kettenmigration (Zuzug von Ehepartnern, Verwandten, Freunden und Bekannten) weiterhin von großer Bedeutung ist, stellt nicht die Migration allgemein, sondern die sich selbst verstärkende selektive Migration aus der Türkei ein Problem für die deutsche Migrations- und Integrationspolitik dar« (Schimany 2007, S. 167 f.).

Hinzu kommt, dass die türkische Gruppe als eine der letzten großen »Gastarbeiter«-Gruppen nach Westdeutschland kam und deshalb nur auf jene Arbeitsplätze und Wohnungen zugreifen konnte, die von den zuvor gekommenen ausländischen Arbeitnehmern noch nicht belegt worden waren (Esser 1983, S. 175).

Die Motive für eine Auswanderung und die Motive für eine Anwerbung haben einen großen Einfluss darauf, wer tatsächlich wandert. So fand aus dem Iran eine

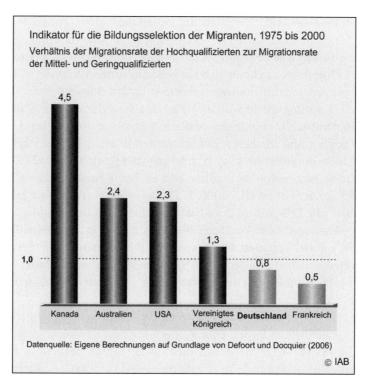

Abb. 1: Indikator für die Bildungsselektion der Migranten (Quelle: Brückner/Ringer [2008], S. 4, auf der Grundlage von Defoort und Docquier [2006]

Fluchtbewegung von Elitenmigrant/innen statt, deren Religiosität relativ gering ausgeprägt und deren Bildungsniveau sehr hoch ist: 81 Prozent von ihnen haben die Hochschulreife im Iran oder in Deutschland erlangt. Von den iranischen Muslim/innen, die in Deutschland die Schule besuchen, erreichen 63 Prozent die Fachhochschulreife oder das Abitur (Haug/Müssig/Stichs 2009, S. 307f.). Die meisten von ihnen haben sich der deutschen Mittelschicht angepasst.

Wohnräumliche Segregation

Mehr als 50 Prozent der Ausländer/innen in Deutschland wohnen in Städten mit mehr als 100 000 Einwohnern (gegenüber rund einem Drittel deutscher Staatsangehöriger) (Luft 2010, S. 77). Der Anteil von Personen mit Migrationshintergrund liegt in Städten wie Stuttgart und Frankfurt am Main bei jeweils rund 40 Prozent, in Nürnberg bei 37 Prozent. Bei den unter Fünfjährigen liegt in sechs Städten der Anteil jener mit Migrationshintergrund bei über 60 Prozent – wobei Nürnberg mit 67 Prozent und Frankfurt am Main mit 64,6 Prozent die Spitzenreiter darstellen (Statistisches Bundesamt 2007).

Die Konzentration der Ausländerbeschäftigung auf die Ballungszentren lag in der Natur der Nachfrage und zeichnete sich von Anfang an ab: Die Anwerbung von Gastarbeitern war vor allem eine Reaktion auf die dortige Arbeitskräfteknappheit. Bereits zu Beginn der 1970er-Jahre zeichnete sich ein Niederlassungsprozess der »Gastarbeiter« und ihrer nachgezogenen Familienangehörigen in den westdeutschen Großstädten ab. Über den Wohnungsmarkt wurden sie in jene Stadtviertel gelenkt, in denen der Wohnungsbestand schlecht und die soziale Infrastruktur unzureichend war und in denen bereits die einheimischen sozial Schwachen lebten. Über die Jahre und Jahrzehnte fand hier eine sozial selektive Wanderung statt (Luft 2009, S. 127 ff.).

Ethnische Konzentration in Stadtvierteln ist heute meist gleichbedeutend mit Armut und Kinderreichtum (ILS 2006, S. 7). Statistisch betrachtet ist Familie heute in den Städten »die Lebensform der sozial Benachteiligten und der Migranten« (ILS 2006, S. 31). Für Nordrhein-Westfalen wurde in einer »Sozialraumanalyse« festgestellt, dass »die weitaus meisten der inzwischen zahlreicheren ›Ausländer‹ [...] heute in den Stadtteilen [leben], in denen auch die meisten armen ›Inländer‹ leben, und dort leben heute (zumindest in den Städten) auch die meisten Familien und Kinder« (ILS 2006, S. 38).

Das hat sich im zurückliegenden Jahrzehnt verfestigt, was sich vor allem in steigenden Sozialhilfedichten in den einschlägigen Vierteln ausdrückt. Armutssegregation prägt immer mehr Stadtteile. Seit mehr als 30 Jahren nehmen in einer Mehrzahl der Städte die sozialräumliche Polarisierung und die soziale »Entmischung« der Wohnbevölkerung zu (Luft 2010, S. 80). Soziale und ethnische Segregation stehen dabei in einem engen Zusammenhang (Friedrichs/Triemer 2008, S. 109). Angesichts zunehmender Disparitäten wird von einer »gespaltenen Kindheit« gesprochen: »Immer mehr Kinder [leben] in Umgebungen mit immer größeren Problemen gegenüber Kindern in Umgebungen mit immer weniger Problemen« (Häußermann/Gorning/Kapphan 2007, S. 78). Ethnische Konzentrationen im Aufnahmeland werden einerseits als Bedingung und Ausdruck eines sinnvollen und notwendigen Selbstbehauptungswillens gesehen, der Voraussetzung für erfolgreiche Integration in die Aufnahmegesellschaft ist. Andererseits wird die Orientierung auf eigenethnische Strukturen als strukturelles Hindernis auf dem Weg zur Eingliederung in die Aufnahmegesellschaft betrachtet. Grundsätzlich ist festzustellen, dass die Auswirkungen ethnischer Kolonien in Zuwanderungsprozessen (ob sie sich letztlich als Durchgangsstationen oder als Sackgassen erweisen) wesentlich vom politischen und wirtschaftlichen Kontext des Aufnahmelandes und der Struktur der zuziehenden Gruppen abhängen. Die ethnisch-sozialen Unterschichtenkonzentrationen in den Städten haben benachteiligende Wirkungen für ihre Bewohner. Zahlreiche Mechanismen wirken dort zusammen, sodass eine Kumulation von Benachteiligungen vorliegt. Entscheidend ist, dass die dort aufwachsenden Kinder keine Gelegenheiten vorfinden, die sie dazu nutzen können, Humanvermögen aufzubauen.

»Der größere Teil der nachwachsenden Generation wächst in den großen Städten unter Lebensbedingungen auf, die die alltägliche Erfahrung der Normalität von Armut,

Arbeitslosigkeit, sozialer Ausgrenzung und Apathie, gesundheitlichen Beeinträchtigungen, gescheiterten Familien, möglicherweise auch Gewalt und Vernachlässigung beinhalten. Kinder in den Armutsstadtteilen erfahren eine abweichende gesellschaftliche Normalität. [...] Die Mehrheit der Kinder in den großen Städten wird künftig unter solchen Voraussetzungen aufwachsen. Sie werden, wenn es gut geht, vielleicht Fähigkeiten erwerben, die ihnen das Überleben in dieser abweichenden Normalität ermöglichen, sie haben jedoch kaum eine Chance, die Nützlichkeit jener Kompetenzen, die das ›Humanvermögen‹ ausmachen, Solidarität, Empathie, Vertrauensfähigkeit und Vertrauenswürdigkeit, zu erfahren« (Strohmeier/Kersting 2003, S. 238 f.).

Gruppengröße

Eine gewisse Gruppengröße ist sowohl in sozialer als auch in wirtschaftlicher Hinsicht Voraussetzung für ethnische Segmentation, für die Bildung ethnischer Kolonien. Auch die absoluten Zahlen sind hier von Bedeutung, die Größe der Gruppe schafft Gelegenheitsstrukturen für die Entstehung und Verfestigung ethnischer Kolonien (Esser 1986). Allein aufgrund der großen Anzahl der zugezogenen Landsleute übersteigt der Anpassungsdruck innerhalb der ethnischen Kolonie die Anziehungskraft der sie umgebenden Mehrheitsgesellschaft. Für immer wieder neu aus den Herkunftsländern hinzukommende Zuwanderer haben diese Viertel eine erhebliche Anziehungskraft entwickelt, denn nur hier finden sie eine ethnisch und kulturell ausgerichtete Infrastruktur, die die Umstellungs- und Eingewöhnungsprobleme minimiert.

Die Beschränkung der Netzwerke auf ethnisch-soziale Gruppen ist für die strukturelle Integration von erheblichem Nachteil. Die Einbindung von Eltern und Schülern in interethnische soziale und informelle Netzwerke ist für die Suche nach einer Lehrstelle oder einem Arbeitsplatz von Bedeutung. Unterdurchschnittliche Teilhabe an solchen Netzwerken wirkt sich negativ auf die Chancen der Kinder aus. Umgekehrt erhöht die Einbindung von Jugendlichen in freiwillige Organisationen vor Ort die Chance, einen Ausbildungsplatz zu finden (Beicht/Friedrich/Ulrich 2007, S. 5). Insbesondere kleine und mittelständische Betriebe nutzen Netzwerke, um Stellen zu besetzen (Klinger/Rebien 2009).

In ethnischen Kolonien, die eine weitgehende institutionelle Vollständigkeit erreicht haben, kommt es zu einer »Mobilitätsfalle« (Wiley 1973): Für Zuwanderer erscheint eine Arbeitsaufnahme im ethnischen Kontext in vielfacher Hinsicht näherliegend, erfolgversprechender und mit geringerem Aufwand verbunden als ein Engagement in der Aufnahmegesellschaft (Esser 1985, S. 437 ff.). Das Verbleiben im ethnischen Kontext führt allerdings auch in sehr vielen Fällen dazu, dass es nur zu einem geringen sozialen und wirtschaftlichem Aufstieg kommt – mit dem Ergebnis einer ethnisch-sozialen Unterschichtung.

Die Entscheidung für eine berufliche Orientierung hin zur Aufnahmegesellschaft oder hin zur eigenen Minderheitengruppe wird einerseits durch die größere Anstrengung bestimmt, die für eine Karriere in der Aufnahmegesellschaft notwendig ist, und andererseits durch die geringere Wahrscheinlichkeit, dort tatsächlich zu einem Erfolg zu kommen. Auch wenn die Aufnahmegesellschaft die attraktiveren Jobs bietet, entscheiden sich junge Angehörige eher für eine Berufstätigkeit in der ethnischen Ökonomie. Auch dies trägt im Ergebnis zu einer Verfestigung ethnisch-sozialer Schichtungen bei.

Je größer die Gruppe, je ausgebauter die ethnische Kolonie, je ausgeprägter die Kettenwanderung (wie beim Familiennachzug) und je stärker die Ablehnung durch die Aufnahmegesellschaft ist, desto größer ist die Wahrscheinlichkeit, dass sich ethnisch-soziale Ballungen auf Dauer verfestigen. Nur wenn die »ethnischen Grenzziehungen« mittel- und langfristig ihre Bedeutung verlieren, ist über den Zeitablauf Integration zu erwarten.

Ethnische Ressourcen (Sprache, Einbindung in Netzwerke), so ist argumentiert worden (Portes/Rumbaut 2001, S. 274 ff.), können vor Prozessen der »downward assimilation« schützen und bei der Integration unverzichtbar sein: Über die Einbindung in die Familie und die damit verbundene soziale Kontrolle könne ein Abgleiten in Devianz verhindert werden. Überdies seien Unterstützung und Solidarität gerade für Zuwandererkinder in armen Verhältnissen häufig lediglich vom eigenen, ethnisch geprägten Umfeld zu erwarten. Die Pflege und Anerkennung des mitgebrachten sozialen Kapitals stärke auch das Selbstbewusstsein der Zuwanderer/innen und ihrer Nachkommen. Insofern sei eine »segmentierte Assimilation« der Erfolg versprechende Pfad hin zur Integration. Diese These wird zumindest von den Befunden gestützt, wonach es in den Armutsvierteln der Städte häufig die Zugewanderten sind, die durch eine starke Binnenintegration geringer ausgeprägte soziale Verwahrlosungserscheinungen zeigen als die dort lebenden Deutschen (Blasius/Friedrichs/Klöckner 2008, S. 145). Hinzu komme, dass wirtschaftlicher Erfolg auch über die ethnische Ökonomie erzielt werden kann. Umstritten ist allerdings in diesem Zusammenhang, ob es einen positiven kausalen Zusammenhang zwischen dem Erwerb der Muttersprache durch Zuwandererkinder und dem Erwerb der Zweitsprache gibt. Dies ist mittlerweile bis hin zum nationalen Integrationsplan herrschende Lehre. Dass Mehrsprachigkeit immer ein Gewinn ist, wird nicht bestritten. Infrage gestellt worden ist allerdings, dass die Förderung der Muttersprache für die Integration in die Aufnahmegesellschaft im Allgemeinen und den Erwerb der Zweitsprache im Besonderen förderlich sei (Esser 2009).

Die zentralen Institutionen, über die strukturelle Integration erfolgt (wie Schulen und Arbeitsmarkt), sind von der jeweiligen Landessprache und Kultur geprägt. Wer dort erfolgreich sein will, muss entsprechende Anpassungsleistungen erbringen. Dem dürfen ethnische Orientierungen nicht im Wege stehen.

Ausblick und Folgerungen

Wenn Integrationspolitik die Schaffung möglichst großer Chancengleichheit und die »Herstellung gleichwertiger Lebensverhältnisse im Bundesgebiet« (Art. 72, Abs. 2 GG) bedeutet, dann sind die Rahmenbedingungen dafür eher schwieriger geworden.

So wird seit der Wiedervereinigung ein immer größerer Teil der arbeitsfähigen Bevölkerung weitgehend vom Arbeitsmarkt ausgeschlossen. Der Übergang vom Fordismus zum Postfordismus, der Niedergang der Traditionsindustrien, Rationalisierung, Deindustrialisierung, der Wandel hin zur Wissens- und Dienstleistungsgesellschaft, gestiegene Anforderungen an die Qualifikation, die Auslagerung von Arbeitsplätzen an die Peripherie, die Flexibilisierung der Arbeitsverhältnisse – all dies sind Stichworte eines Strukturwandels, der zu einer abnehmenden Arbeitsmarktintegration geführt hat und vorwiegend Geringqualifizierte in prekäre Arbeitsverhältnisse drängt. Das gilt prinzipiell für alle entwickelten Staaten. Zuwanderer und deren Nachkommen waren stets überdurchschnittlich davon betroffen (Doering-Manteuffel/Raphael 2008, S. 34 ff.; Plahuta 2007, S. 27 ff.).

Schulische und berufliche Qualifikation sind für die Integration in den Arbeitsmarkt von zentraler Bedeutung. Die Einbindung von Zuwanderern aus Staaten außerhalb der Europäischen Union (EU) in den Arbeitsmarkt geht seit Jahren zurück (Böltken/Gatzweiler/Meyer 2002, S. 405; OECD 2004, S. 100). Aufgrund der spezifischen Altersstruktur werden in den kommenden Jahren aber mehr Ausländer (vor allem türkische Staatsangehörige) in den Arbeitsmarkt eintreten, als aus Altersgründen ausscheiden. Als ein seit Jahrzehnten gültiger Erfahrungssatz des deutschen Arbeitsmarktes gilt: Je niedriger die Qualifikation, desto höher das Arbeitslosenrisiko. Seit Jahren liegt die Arbeitslosenquote bei den Geringqualifizierten mit 26 Prozent fast dreimal so hoch wie bei Personen mit abgeschlossener Berufsausbildung (9,7 Prozent) und über sechsmal höher als bei Akademikern (Reinberg/Hummel 2007, S. 4). »Weder ein Niedriglohnsektor noch ein Wirtschaftswachstum in realistischen Größenordnungen allein werden die Probleme der Geringqualifizierten auf dem Arbeitsmarkt lösen können« (Reinberg/Hummel 2005, S. 3). Berufsausbildung oder Studium sind unverzichtbar für die Integration in den Arbeitsmarkt (Möller/Schmillen 2008). Für immer größere Gruppen der Gesellschaft, häufig unzureichend qualifizierte Zuwanderer und ihre Nachkommen, stehen aufgrund des wirtschaftlichen Strukturwandels immer weniger Arbeitsplätze zur Verfügung.

Von der wirtschaftlichen und sozialen Auseinanderentwicklung in Deutschland sind Zuwanderer am stärksten betroffen. Eine Studie von Miegel/Wahl/Schulte (2008, S. 31) zur Einkommensentwicklung in Deutschland kommt zu dem Ergebnis, dass sich seit Mitte der 1980er-Jahre die Einkommensposition von Migrant/innen spürbar verschlechtert hat. Hierbei zeigen sich große Unterschiede zwischen den einzelnen Zuwanderergruppen. So gehören mehr als die Hälfte der Zuwanderer aus Drittstaaten und über 40 Prozent der Migranten aus der Türkei und dem ehemaligen Jugoslawien zu der untersten Einkommensgruppe (Tucci/Wagner 2005, S. 83 f.).

Bei schrumpfender Bevölkerung wird es in Zukunft nicht mehr ausreichen, den akademischen Nachwuchs vorwiegend aus den bildungsnahen Schichten zu rekrutieren. Alle, die dauerhaft und rechtmäßig in diesem Land leben, müssen eine Chance bekommen. Sonst wird Deutschland weder als Exportnation noch als »Bildungsnation« erfolgreich bleiben. Integration hängt wesentlich von den sozioökonomischen Megatrends ab. Von ihren Auswirkungen sind die sozial schwachen Einheimischen und die sozial schwachen Zuwanderer/innen besonders betroffen. Integrationspolitik muss auch berücksichtigen, dass Integration im städtischen Kontext nur durch einen verstärkten innerstädtischen Lastenausgleich erreicht werden kann.

Erschwerend wirkt sich aus, dass sich Bund und Länder als Ergebnis der Föderalismus-Kommission II massive Ausgabenrestriktionen (»Schuldenbremse«) auferlegt haben (Deutscher Bundestag 2009). Das dort formulierte Konsolidierungsziel setzt sie unter erheblichen zusätzlichen Druck. Für die Länder und damit auch für die Kommunen kommen für zwangsläufige Sparmaßnahmen nur »die Zukunftsaufgaben, die Ausgaben für Kindergärten, Schulen, Hochschulen, Bildung und Kultur insgesamt« (Renzsch 2008, S. 111) infrage. Damit wird sich die Schere zwischen Handlungserfordernissen und -möglichkeiten weiter öffnen. So ist es äußerst unwahrscheinlich, dass die Beschlüsse des »Bildungsgipfels« 2008 umgesetzt werden, wonach Bildungsausgaben bis 2015 nachhaltig gesteigert werden sollen. Insoweit stehen die Chancen schlecht, Desintegration und Verteilungskonflikten entgegenzuwirken.

Literatur

Beicht, U./Friedrich, M./Ulrich, G. J. (2007): Deutlich längere Dauer bis zum Ausbildungseinstieg. Schulabsolventen auf Lehrstellensuche. Bonn: Bundesinstitut für Berufsbildung.

BBR (Bundesamt für Bauwesen und Raumordnung) (2008): ExWoSt-Informationen. Migration/Integration und Stadtteilpolitik. 02/2008, Bonn.

Beauftragte der Bundesregierung für Migration, Flüchtlinge und Integration (2010): 8. Bericht über die Lage der Ausländerinnen und Ausländer in Deutschland. Berlin.

Blasius, J./Friedrichs, J./Klöckner, J. (2008): Doppelt benachteiligt? Leben in einem deutschtürkischen Stadtteil. Wiesbaden: VS Verlag für Sozialwissenschaften für Sozialwissenschaften.

Böltken, F./Gatzweiler, H.-P./Meyer, K. (2002): Räumliche Integration von Ausländern und Zuwanderern. In: Informationen zur Raumentwicklung 8, S. 397–414.

Bommes, M. (2003): Der Mythos des transnationalen Raumes. Oder: Worin besteht die Herausforderung des Transnationalismus für die Migrationsforschung? In: Thränhardt, D./Hunger, U. (Hrsg.): Migration im Spannungsfeld von Globalisierung und Nationalstaat. Wiesbaden: Westdeutscher Verlag, S. 90–116.

Boos-Nünning, U./Karakaşoğlu, Y. (2005): Welche Ressourcen haben junge Migrantinnen? Plädoyer für einen Perspektivenwechsel. In: Migration und Soziale Arbeit 27, H. 3/4, S. 219–232.

Brück-Klingberg, A./Burkert, C./Damelang, A./Deeke, A./Haas, A./Schweigard, E./Seibert, H./Wapler, R. (2009): Integration von Migranten in Arbeitsmarkt und Bildungssystem. In: Möller, J./Walwei, U. (Hrsg.): Handbuch Arbeitsmarkt 2009. Nürnberg/Bielefeld: IAB/Bertelsmann, S. 283–315.

Brückner, H./Ringer, S. (2008): Ausländer in Deutschland. Vergleichsweise schlecht qualifiziert. IAB Kurzbericht 1/2008. Nürnberg.

Bundesamt für Migration und Flüchtlinge (2010): Fortschritte der Integration. Zur Situation der fünf größten in Deutschland lebenden Ausländergruppen, Nürnberg.

Bundesministerium für Arbeit und Soziales (2007): Gute Bildung sichern, Arbeitsmarktchancen erhöhen. Berlin.

Defoort, C./Docquier, F. (2006): Long Trends in International Skilled Migrations: Evidence From the 6 Major Receiving Countries. Mimeo. Universität Louvain.

Deutscher Bundestag (2009): Entwurf eines Gesetzes zur Änderung des Grundgesetzes. Drucksache 14/12410 vom 24.3.2009.

Doering-Manteuffel, A./Raphael, L. (2008): Nach dem Boom. Perspektiven auf die Zeitgeschichte seit 1970. Göttingen: Vandenhoeck & Ruprecht, S. 34–42.
Esser, H. (1983): Ist das Ausländerproblem in der Bundesrepublik Deutschland ein »Türkenproblem«? In: Italiaander, R. (Hrsg.): Fremde raus? Fremdenangst und Ausländerfeindlichkeit. Frankfurt am Main: Fischer, S. 169–179.
Esser, H. (1985): Soziale Differenzierung als ungeplante Folge absichtsvollen Handelns: Der Fall der ethnischen Segmentation. In: Zeitschrift für Soziologie 16, H. 4, S. 435–449.
Esser, H. (1986): ›Binnenintegration‹ oder gesellschaftliche Integration? In: Hoffmeyer-Zlotnik, J. (Hrsg.): Segregation und Integration. Die Situation von Arbeitsmigranten im Aufnahmeland. Mannheim: Forschung Raum und Gesellschaft e.V., S. 107–117.
Esser, H. (1998): Ist das Konzept der Integration gescheitert? Zur Bilanz der Migrationspolitik. In: Theorie und Praxis der Sozialen Arbeit, Jg. 26, H. 4, S. 128–135.
Esser, H. (2000): Soziologie. Spezielle Grundlagen. Band 2: Die Konstruktion der Gesellschaft. Frankfurt am Main: Campus.
Esser, H. (2009): Der Streit um die Zweisprachigkeit: Was bringt die Bilingualität? In: Gogolin, I./ Neumann, U. (Hrsg.): Streitfall Zweisprachigkeit – The Bilingualism Controversy. Wiesbaden: VS Verlag für Sozialwissenschaften für Sozialwissenschaften, S. 69–88.
Friedrichs, J./Triemer, S. (2008): Gespaltene Städte? Soziale und ethnische Segregation in deutschen Großstädten. Wiesbaden: VS Verlag für Sozialwissenschaften für Sozialwissenschaften.
Häußermann, H./Gorning, M./Kapphan, A. (2007): Monitoring Soziale Stadtentwicklung 2007. Fortschreibung für den Zeitraum 2005–2006. Berlin: Senatsverwaltung für Stadtentwicklung.
Haug, S./Müssig, S./Stichs, A. (2009): Muslimisches Leben in Deutschland. Im Auftrag der deutschen Islamkonferenz. Nürnberg: Bundesamt für Migration und Flüchtlinge.
Hessischer Landtag (2009): Antrag der Fraktionen der CDU, der SPD, der FDP und Bündnis 90/Die Grünen, betreffend die Einsetzung einer Enquete-Kommission »Migration und Integration in Hessen«, Drucksache 18/1172 vom 29. September 2009.
IAQ Institut Arbeit und Qualifikation (2009): Wirkungen des SGB II auf Personen mit Migrationshintergrund, Abschlussbericht, Duisburg 2009.
ILS (Institut für Landes- und Stadtentwicklungsforschung und Bauwesen des Landes Nordrhein-Westfalen) (2006): Sozialraumanalyse. Soziale, ethnische und demografische Segregation in den nordrhein-westfälischen Städten. Dortmund.
Institut für Sozialforschung und Gesellschaftspolitik/Wissenschaftszentrum Berlin für Sozialforschung: Integration in Deutschland (2009): Erster Integrationsindikatorenbericht: Erprobung des Indikatorensets und Bericht zum bundesweiten Integrationsmonitoring, im Auftrag der Beauftragten der Bundesregierung für Migration, Flüchtlinge und Integration, Berlin.
IntMK (Konferenz der für Integration zuständigen Ministerinnen und Minister/Senatorinnen und Senatoren der Länder) (Hrsg.) (2011): Erster Bericht zum Integrationsmonitoring der Länder 2005–2009. http://mifkjf.rlp.de/no_cache/integration/integrationsministerkonferenz/arbeitsgruppen/ag-indikatorenentwicklung-und-monitoring/?cid=108390&did=69961&sechash=3f5 510a0 (Abruf am 25. Mai 2011).
Kalter, F. (2007): Ethnische Kapitalien und der Arbeitsmarkterfolg Jugendlicher türkischer Herkunft. In: Wohlrab-Sahr, M./Tescan, L. (Hrsg.): Konfliktfeld Islam in Europa. In: Soziale Welt. Sonderband 17. Baden-Baden: Nomos, S. 393–417.
Kalter, F./Granato, N. (2004): Sozialer Wandel und strukturelle Assimilation in der Bundesrepublik. Empirische Befunde mit Mikrodaten der amtlichen Statistik. In: Bade, K. J./Bommes, M. (Hrsg.): Migration – Integration – Bildung. Grundfragen und Problembereiche. IMIS-Beiträge 23/2004. Osnabrück, S. 123–141.
KGSt (Kommunale Gemeinschaftsstelle für Verwaltungsvereinfachung) (2006): Integrationsmonitoring. Materialien Nr. 2/2006. Köln.
Klinger, S./Rebien, M. (2009): Soziale Netzwerke helfen bei der Personalsuche. IAB-Kurzbericht 24/2009. Nürnberg.

Landtag Rheinland-Pfalz (2010): Bericht der Enquete-Kommission 15/2 »Integration und Migration in Rheinland-Pfalz«. Drucksache 15/5280 vom 21. Dezember 2010.

Lange, S./Schimank, U. (2004): Governance und gesellschaftliche Integration. In: Lange, S./ Schimank, U. (Hrsg.): Governance und gesellschaftliche Integration. Wiesbaden: VS Verlag für Sozialwissenschaften für Sozialwissenschaften, S. 9–44.

Luft, S: (2009): Staat und Migration. Zur Steuerbarkeit von Zuwanderung und Integration. Frankfurt a.M.: Campus.

Luft, S. (2010): Kommunale Sozialpolitik und die Integration von Zuwanderern. In: Zeitschrift für Sozialpolitik 59, H.1, S. 77–89.

Miegel, M./Wahl, S./Schulte, M. (2008): Von Verlierern und Gewinnern – Die Einkommensentwicklung ausgewählter Bevölkerungsgruppen in Deutschland. Bonn: Institut für Wirtschaft und Gesellschaft.

Möller, J./Schmillen, A. (2008): Verteilung von Arbeitslosigkeit im Erwerbsleben: Hohe Konzentration auf wenige – steigendes Risiko für alle. IAB Kurzbericht 24/2008. Nürnberg.

Plahuta, S. (2007): Die Integration von Menschen mit Migrationshintergrund in städtische Arbeitsmärkte. Berlin: LIT.

Portes, A./Rumbaut, R. G. (2001): Legacies. The Story of the Immigrant Second Generation. Berkeley. Los Angeles: University of California Press.

OECD (2004): Wirtschaftsberichte Deutschland 2004. Paris.

Reinberg, A./Hummel, M. (2007): Der Trend bleibt – Geringqualifizierte sind häufiger arbeitslos. IAB Kurzbericht Nr. 18 vom 26. September 2007, Nürnberg.

Reinberg, A./Hummel, M. (2005): Höhere Bildung schützt auch in der Krise vor Arbeitslosigkeit. Nürnberg: Institut für Arbeitsmarkt- und Berufsforschung.

Renzsch, W. (2008): Föderalismusreform, zweite Stufe – warum und was. In: Jahrbuch des deutschen Föderalismus. Bd. 8. Baden-Baden, S. 109–120.

Schimank, U. (2008): Integration, gesellschaftliche. In: Gosepath, S./Hinsch, W./Rössler, B. (Hrsg.): Handbuch der Politischen Philosophie und Sozialphilosophie. Berlin: De Gruyter, S. 554–557.

Schimany, P. (2007): Migration und demographischer Wandel. Nürnberg: Bundesamt für Migration und Flüchtlinge.

Schulze, E./Soja, E. M. (2004): Verschlungene Bildungspfade. Über Bildungskarrieren von Jugendlichen mit Migrationshintergrund. In: Auernheimer, G. (Hrsg.): Schieflagen im Bildungssystem. Die Benachteiligung der Migrantenkinder. Opladen: Leske + Budrich, S. 197–210.

Seibert, H. (2008): Junge Migranten am Arbeitsmarkt: Bildung und Einbürgerung verbessern die Chancen. IAB-Kurzbericht 17/2008. Nürnberg.

Siegert, M. (2006): Integrationsmonitoring – State of the Art in internationaler Perspektive. Studie im Auftrag des Bundesamtes für Migration und Flüchtlinge. Bamberg: efms.

Statistisches Bundesamt (2005): Strukturdaten und Integrationsindikatoren über die ausländische Bevölkerung in Deutschland 2003. Wiesbaden.

Statistisches Bundesamt (2007): Bevölkerung und Erwerbstätigkeit. Bevölkerung mit Migrationshintergrund – Ergebnisse des Mikrozensus 2005, Fachserie 1, Reihe 2.2. Wiesbaden.

Strohmeier, K. P./Kersting, V. (2003): Segregierte Armut in der Stadtgesellschaft. Problemstrukturen und Handlungskonzepte im Stadtteil. In: Informationen zur Raumentwicklung, Jg. 29, H. 3/4, S. 231–246.

Tucci, I./Wagner, G. G. (2005): Einkommensarmut bei Zuwanderern überdurchschnittlich gestiegen. Wochenbericht vom 2. Februar 2005. Berlin: Deutsches Institut für Wirtschaftsforschung.

Wiley, N. F (^{2}1973): The Ethnic Mobility Trap and Stratification Theory. In: Rose, P. I. (Hrsg.): The Study of Society. An Integrated Anthology. New York: Random, S. 400–411.

Worbs, S. (2010): Integration in klaren Zahlen? Ansätze des Integrationsmonitorings in Deutschland (= focus Migration, Kurzdossier Nr. 16) Hamburg http://www.bpb.de/files/X7YIDD.pdf , Abruf 25. Mai 2011)

Birgit Leyendecker

Zuwanderung, Diversität und Resilienz – eine entwicklungspsychologische Perspektive

Ethnische Differenz versus kulturelle Vielfalt

Der Begriff »Differenz« legt subtil nahe, dass es sich um ein Problem handelt. Differenzen – mit Partner, Kindern, Kollegen oder Nachbarn – sind primär konfliktbeladen und selten eine Bereicherung. Die Begriffe »Vielfalt« und »Diversität« hingegen sind positiv besetzt. Dementsprechend legen ethnische oder kulturelle Differenzen Probleme nahe, und die Betonung liegt auf dem Unterscheiden, während die Begriffe »ethnische und kulturelle Vielfalt« oder »Diversität« eher auf das Potenzial hinweisen, das sich ergeben kann, wenn Menschen mit vielfältigen Kenntnissen von Sprachen und Kulturen zusammenleben und -arbeiten. Letzteres ist insbesondere in Zeiten zunehmender Globalisierung ein hohes Gut.

In der Forschung spiegeln sich beide Betrachtungsweisen wider – die defizitorientierte ebenso wie die ressourcenorientierte Perspektive. In diesem Kapitel möchte ich auf beide Perspektiven eingehen und sowohl auf die besonderen Probleme und Herausforderungen als auch auf die Chancen hinweisen, die sich für Individuen und damit auch für die Gesellschaft insgesamt durch Migration ergeben. Die übergeordnete Fragestellung ist hierbei, welche Faktoren aus einer entwicklungspsychologischen Betrachtung heraus zu einer gelingenden Integration beitragen und welche Konsequenzen sich hieraus für eine migrationspädagogische Arbeit ergeben. Zugewanderte Familien sind sehr heterogen, sie unterscheiden sich im Hinblick auf ihren Bildungshintergrund, die Gründe zur Migration, den Zeitpunkt der Migration, ihren legalen Status, ihre sozialen Netzwerke, ihre Rückkehrabsichten und anderes mehr. Hinzu kommt, dass innerhalb mancher Familien Eltern eine unterschiedliche Zuwanderungsgeschichte haben können. In Deutschland werden oft Migranten beschrieben oder in Studien untersucht, ohne dass so grundlegende Informationen wie die unterschiedlichen Herkunftsländer oder der generationale Status berücksichtigt werden. Sowohl in Forschungsprojekten als auch in der Praxis, beispielsweise bei der Beratung von Kindern aus zugewanderten Familien und zugewanderten Eltern, ist es jedoch entscheidend, genauer zu differenzieren und nicht Menschen, deren einziges gemeinsames Merkmal ihre kulturellen Wurzeln in einem anderen Herkunftsland sind, über einen Kamm zu scheren (Leyendecker/Hatipoglu Sümer 2010).

Vielfalt der Sozialisationsbedingungen

Eine historische Betrachtung von Migration zeigt, dass der »homo migrans« (Bade 2000, S. 11) auch in Deutschland kein neues Phänomen ist. Jedoch hat sich Deutschland – ähnlich wie viele andere europäische Länder – historisch eher als Auswanderungsland definiert. Seit dem Ende des Zweiten Weltkriegs ist Deutschland aber zunehmend ein Einwanderungsland geworden, und in den letzten Jahrzehnten hat sich eine große ethnische und kulturelle Vielfalt herausgebildet. Deutschland nimmt jedoch im Vergleich zu vielen anderen europäischen Staaten – beispielsweise den Niederlanden, Frankreich, Belgien oder England – insofern eine Sonderrolle ein, als es hier kaum zugewanderte Menschen der dritten und der vierten Generation gibt. Dritte Generation bedeutet, dass alle vier Großeltern eines Kindes nach Deutschland eingewandert und beide Elternteile hier geboren sind. Die vierte Generation – von der manche Politiker gerne sprechen und die es ihrer Überzeugung nach gibt – setzt dementsprechend voraus, dass alle vier Großeltern eines Kindes hier geboren und die acht Urgroßeltern eingewandert sind.

Zu den beiden größten Zuwanderergruppen, zu denen jeweils mehr als zwei Millionen Menschen zählen, gehören die sogenannten »Aussiedler« sowie Menschen türkischer Herkunft. Die Kinder der Aussiedler haben nur selten Eltern, die schon in Deutschland geboren sind, da die Mehrzahl der Familien erst seit dem Ende der 1980er-Jahre aus Osteuropa, überwiegend aus der früheren Sowjetunion, hierhergezogen sind. Abgesehen von ihrem deutschen Pass stellen sie – beispielsweise im Hinblick auf Religion, kulturelle Orientierung oder Bildung – eine sehr heterogene Gruppe dar.

Unterschiedliche Sozialisations- und Akkulturationserfahrungen der Eltern

Bei den Kindern mit türkischer Muttersprache ist zwar theoretisch die Wahrscheinlichkeit der dritten Generation höher. Durch die Präferenzen, einen Partner oder eine Partnerin aus dem Herkunftsland zu heiraten, hat jedoch nur eine Minderheit der Kinder (etwa ein Sechstel) Eltern, die beide in Deutschland geboren oder vor der Einschulung zugewandert sind. In der Mehrzahl der Fälle sind entweder ein Elternteil oder beide Eltern in der Türkei geboren und aufgewachsen (Citlak et al. 2011). Dies bedeutet, dass viele Kinder Eltern haben, die unterschiedliche Sozialisations- und Akkulturationserfahrungen gemacht haben. Die Türkei ist ein sehr heterogenes Land. Je nach regionaler Herkunft, Erfahrungen durch Binnenmigration, religiöser Orientierung oder sozioökonomischem Status können die Sozialisationserfahrungen jedes Elternteils sehr variieren. Bei den in Deutschland aufgewachsenen Eltern hingegen ist zu vermuten, dass sie die Türkei nur aus Urlauben, durch die Vermittlung im Elternhaus und innerhalb der türkischen Community kennen.

Greenfield und Suzuki (2000) beschreiben, dass eine Kultur zum Zeitpunkt der Migration versteinern kann. Während sich das Herkunftsland verändert und damit auch die kulturellen Normen und Werte modifiziert werden, nehmen Migranten an diesen Veränderungen nicht mehr teil, sodass sich die Kultur unter Migrationsbedingungen anders weiterentwickelt als im Herkunftsland. Ob beide Eltern in Deutschland oder in der Türkei aufgewachsen sind oder ein Elternteil hier und ein Elternteil in der Türkei, lässt keine Rückschlüsse über die Bedeutung und den Stellenwert der türkischen Kultur zu. Es ist jedoch zu vermuten, dass Eltern, die gemeinsame Akkulturations- und Sozialisationserfahrungen gemacht haben, sich durch diese Gemeinsamkeiten ähnlicher sind als Eltern, die in unterschiedlichen Ländern aufgewachsen sind und von denen einer das Herkunftsland nur aus der Distanz kennt (Leyendecker/Schölmerich/Citlak 2006).

Diese unterschiedlichen Erfahrungen können sowohl eine Ressource, da einer der Partner einen besseren Zugang zur Sprache und Kultur des Aufnahmelandes hat, als auch eine Belastung für eine Familie darstellen. Letzeres ist beispielsweise der Fall, wenn der in der Türkei aufgewachsene Partner, dessen Familie meistens noch in der Türkei lebt, wenig Unterstützung in der Familie findet, in die er eingeheiratet hat. Die Dynamik, die in der sehr verbreiten Partnerkonstellation steckt, ist bislang kaum erforscht worden. Entgegen der weitverbreiteten Meinung, dass es sich bei den »Heiratsmigranten« überwiegend um Frauen handelt, legen Statistiken nahe, dass es mehr Heiratsmigranten als Heiratsmigrantinnen gibt (Citlak et al. 2011).

Akkulturation

Jede Kultur hat explizite und implizite Normen und Werte, die allen Personen, die ihr angehören, sehr vertraut sind. Die meisten Personen eines Kulturkreises haben die Normen und Werte weitgehend übernommen und akzeptiert, und auch diejenigen, die sie ganz oder teilweise ablehnen, kennen sie. Im Laufe unseres Sozialisationsprozesses werden uns die jeweils kulturspezifischen Normen und Werte vermittelt und in vielfacher Weise im Alltag immer wieder eingeübt. Diese Normen und Werte zeigen sich sowohl auf der Verhaltensebene, beispielsweise in unseren Umgangsformen und unseren Präferenzen, als auch in der physischen Umwelt und in dem sozialen System, das eine Gesellschaft ausmacht. Dies ist ein lebenslanger Prozess. Wir lernen, wie wir uns in verschiedenen sozialen Situationen und Rollen – als Kleinkind, Kindergarten- und Schulkind, als Berufsanfänger, als Enkelkind, älterer Bruder oder jüngere Schwester, als Geburtstagskind und vieles anderes mehr – verhalten sollen.

Sozialisation schließt somit auch immer den Prozess der *Enkulturation* mit ein. Ein Kind beispielsweise lernt Verhaltensweisen und Regeln im Elternhaus kennen, diese werden durch Kontakte mit anderen Kindern und Erwachsenen weiter eingeübt, erweitert und so verstärkt. Kommt ein Kind in den Kindergarten und in die Schule, erfährt es Variationen dieser Verhaltensweisen und Regeln, jedoch bauen sie weitgehend auf denselben gemeinsam geteilten kulturspezifischen Grundwerten auf. Die Gemeinsamkeiten einer Kultur finden sich sowohl auf der Makroebene des politischen Systems (der Gesetze, Sprachen, Religionen und anderes mehr) als auch auf der

Mikroebene der Familie wieder. Sie zeigen sich in unserem Verhalten, unseren Präferenzen für Essen, Kleidung, Architektur, in psychischen Eigenschaften und Einstellungen ebenso wie in unserem Sicherheitsbedürfnis und unserer Ambiguitätstoleranz, in der Akzeptanz von Geschlechtsrollen, von Hierarchie und anderem mehr (Hofstede 1980). Innerhalb unserer Kultur lernen wir, das Verhalten und die Einstellungen von anderen sowie deren soziale Rollen einzuschätzen, und wir wissen, welches Verhalten in welchen Situationen angemessen oder unangemessen ist.

Kultur wird so zur unbewussten Brille, durch die wir alles, was uns begegnet, bewerten und einschätzen. Solange wir jedoch unser kulturelles Umfeld nicht verlassen, bleibt Kultur weitgehend unsichtbar. Erst durch den Kontakt mit anderen Kulturen werden wir darauf gestoßen, dass unsere Meinungen und Einstellungen, die wir – oft unhinterfragt – als richtig und »normal« ansehen, nicht für alle Menschen Gültigkeit haben. Wir neigen jedoch dazu, uns selbst und unser Handeln als normal und als (selbst)verständlich zu betrachten und das Handeln der Menschen aus einer anderen Kultur als »anders« und vielleicht auch als exotisch, merkwürdig oder unverständlich zu bewerten. Doch gerade die Tatsache, dass uns etwas merkwürdig und unverständlich vorkommt, zeigt, dass wir die Hintergründe und Zusammenhänge nicht verstehen und deshalb unsere vertrauten Schemata der Zuordnung nicht greifen. Akkulturation kann deswegen auch beschrieben werden als das Erlernen einer zweiten (beziehungsweise einer weiteren) Kultur und der Bedeutungen, die hinter dem Verhalten, den Einstellungen und Werten der Menschen stecken.

Akkulturationsprozesse verlaufen nicht eindimensional

Wenn wir uns auf eine neue Kultur und damit meistens auch auf eine neue Sprache einlassen, beginnen wir, uns an sie zu gewöhnen, einzelne Aspekte bewusst oder unbewusst zu übernehmen, andere vielleicht auch abzulehnen. Je mehr und je vielfältiger unser Kontakt mit der neuen Kultur ist, desto mehr verstehen wir sie, und desto besser sind wir in der Lage, das Verhalten von anderen Menschen einzuordnen und uns auch selbst kompetent in dem neuen Umfeld zu bewegen. Wenn wir als Erwachsener eine neue Sprache intensiv lernen, kann es passieren, dass uns einzelne Wörter in unserer Muttersprache zunächst nicht einfallen, sondern stattdessen nur in der neuen Sprache. Das betrifft jedoch nur kleine Bereiche, und wir bleiben weiterhin kompetent in unserer Erstsprache. Das Erlernen der anderen Sprache geht nicht auf Kosten der Erstsprache, im Gegenteil, wir gewinnen an Sprachvermögen insgesamt hinzu und werden mehr oder weniger bilingual.

Ähnliches trifft auf Akkulturation zu: Akkulturation steht nicht für einen Subtraktions-, sondern für einen Additionsprozess. Menschen, die in ein anderes Land einwandern, erwerben so zumindest in einigen Bereichen bikulturelle Kompetenzen. Dementsprechend kann Akkulturation auch nicht auf einer eindimensionalen Skala gemessen werden, sondern nur auf zwei getrennten Skalen. Eine eindimensionale Skala mit den Polen »Herkunftskultur« auf der einen Seite und »Kultur der Aufnahmegesellschaft« auf der anderen Seite würde davon ausgehen, dass Akkulturation eine graduelle Transition darstellt. Die Herkunftskultur verliert an Bedeutung zugunsten der Kultur der Aufnahmegesellschaft. Diese Vorstellung von Assimilation entspricht der Idee des amerikanischen Schmelztiegels und wird auch in diesem Zusammenhang als *Americanization* beschrieben (Escobar/Vega 2000).

Zwei getrennte Skalen hingegen erlauben zu messen, in welchen Bereichen vielleicht beide Kulturen von großer (oder auch von geringer) Bedeutung sind. In der kulturpsychologischen Literatur ist dieser Gedanke nicht neu und blickt auf eine lange Tradition zurück (Überblick in Rudmin 2010), jedoch sind erst in den letzten 20 Jahren Anstrengungen unternommen worden, diesen Gedanken auch in der empirischen Forschung umzusetzen. Und noch eine weitere Überlegung ist hinzu gekommen: In welcher Weise verändert sich eine Gesellschaft durch Zuwanderung und in welchem Maße ist sie bereit, diese Veränderung zuzulassen? In diesem Sinne kann zwischen zwei Ebenen unterschieden werden – der des Individuums und der der Gesellschaft. Dies führt für jede Ebene zu vier verschiedenen Kombinationsmöglichkeiten von Akkulturationsstrategien im Hinblick auf die Orientierung an der Kultur der Herkunfts- und der Kultur der Aufnahmegesellschaft. Dieses im Folgenden beschriebene Modell wurde vor allem durch den kanadischen Psychologen John Berry (1994) bekannt.

Auf der Ebene des Individuums ist die bekannteste Akkulturationsstrategie die der *Integration*. Dies bedeutet, dass ein Kind oder ein Erwachsener sich sowohl an der Kultur der Aufnahme- als auch an der Kultur der Herkunftsgesellschaft orientiert und diese beiden Kulturen als weitgehend gleichberechtigt wertet. Vieles deutet darauf hin, dass dies die Strategie ist, die von den meisten Zuwanderern präferiert wird (Berry 2007). Ein Vergleich der Akkulturationsorientierungen junger türkischstämmiger Mütter der ersten und der zweiten Zuwanderergeneration zeigte, dass für alle die Kultur ihrer Herkunftsfamilie bedeutsam blieb. Die Generationen unterschieden sich jedoch hinsichtlich des Gefühls, auch in Deutschland zu Hause zu sein, das bei der zweiten Generation höher war – insbesondere, wenn sie mit einem Partner, der ebenfalls der zweiten Generation angehörte, verheiratet waren. Doch auch die Mütter der ersten Generation orientierten sich nicht nur an türkischen, sondern auch an deutschen Werten und Normen und verfolgten somit weitgehend eine Integrationsstrategie (Leyendecker/Schölmerich/Citlak 2006).

Die Strategie der Integration ist auch aus psychologischer Sicht zu präferieren. Diese Orientierung geht über die Integration von Präferenzen für Essen, Musik oder bestimmte Festivitäten hinaus und schließt vor allem die Wertschätzung von Normen und Verhaltensweisen mit ein. Es geht hier darum, eine Balance zwischen den Werten der beiden Kulturen zu finden und auch Widersprüche, die sich hieraus ergeben, aushalten zu können. Mit dem Zuzug in ein neues Land wird die Herkunftskultur ja erst bewusst, und Menschen sind gezwungen, sich mit den bis dahin selbstverständlichen Normen, Werten und Verhaltensweisen auseinanderzusetzen. Sie sind mit der Frage konfrontiert, wer sie sind, wer sie in dem neuen Land sein wollen und – falls sie Eltern sind oder werden – welche Werte der Herkunftsgesellschaft sie an ihre Kinder weitervermitteln wollen. Die ethnische Identität, das Zugehörigkeitsgefühl zur Herkunftskultur, ist – auch wenn das auf der politischen Ebene gerne anders wahrgenommen wird – kein Störfaktor, sondern stellt einen wesentlichen Schlüssel für einen adaptiven Zugang zu den Herausforderungen des Migrationsprozesses dar (Phinney/Ong 2007). Studien zu Kindern aus zugewanderten Familien deuten auf die besondere Rolle hin, die Eltern hierbei zukommt. Eltern stehen vor der Aufgabe, ihre Kinder fest in der Familie und damit in der Herkunftskultur zu verwurzeln, sie aber gleichzeitig dabei zu unterstützen, sich in der Aufnahmekultur zu orientieren, bilinguale und bikulturelle Kompetenzen zu erwerben und die Möglichkeiten wahrzunehmen, die sich ihnen bieten (Stuart/Ward/Adam 2010; Suarez-Orozco/Suarez-Orozco 2001).

Das Gegenteil von Integration wäre *Marginalisation*. Diese Orientierung ist relativ selten und wenn, dann meistens in der zweiten oder dritten Generation vorzufinden. Marginalisierte Zuwanderer sind sozial an den Rand gedrängt und haben keine Aufstiegsperspektive. Sie orientieren sich weder an der Herkunfts- noch an der Aufnahmekultur oder kreieren ein folkloristisches Bild einer Herkunftskultur, das nicht den Realitäten entspricht. *Separation* wiederum bedeutet, dass sich jemand von der Aufnahmegesellschaft weitgehend abschottet, Kontakte gezielt auf ein Minimum reduziert und versucht, die Kultur des Aufnahmelandes weitgehend zu ignorieren. Dies wird im Alltag oft assoziiert mit Gettoisierung und sozialer Unterschicht, wobei unklar ist, inwieweit eine räumliche und soziale Abschottung freiwillig erfolgt oder ob sie den gegebenen Umständen geschuldet ist. Darüber hinaus ist diese Strategie jedoch auch sehr beliebt in den Kolonien deutscher Rentner, beispielsweise in Spanien oder der Türkei. *Assimilation* bedeutet das weitgehende Ignorieren der Kultur des Herkunftslandes bei gleichzeitiger Übernahme der Werte und Verhaltensweisen des Aufnahmelandes. Diese Strategie verwechseln Politiker gerne mit Integration, sie gilt jedoch aus psychologischer Sicht als wenig empfehlenswert, da so ein wichtiger Teil der Identität und Geschichte eines Individuums und seiner Familie ausgeblendet und verdrängt wird.

Parallel zu den Strategien von Individuen oder von Zuwanderergruppen können auch die Strategien der Gesellschaft unterschieden werden. Berry (2002) unterscheidet hier zwischen Multikulturalismus, Schmelztiegel, Segregation und Exklusion. *Multikulturalismus* bedeutet, dass Diversität und Vielfalt akzeptiert werden und dass dementsprechend eine Gesellschaft es zulässt, dass zwei und mehr Kulturen gleichberechtigt koexistieren. Die amerikanische Idee des *Schmelztiegels* hingegen bedeutet, dass alle Kulturen so eng miteinander verwoben (verschmolzen) sind, dass man genau hinschauen muss, um einzelne Elemente entsprechend ihrer Herkunft zu identifizieren. Da jedoch Kulturen nicht gleichgewichtig sind, bedeutet dies normalerweise, dass die dominantere Kultur auch bei diesem Schmelzprozess weitgehend dominant bleibt und sich weniger verändert als die untergeordnete, nicht dominante Kultur. Die Strategie des Schmelztiegels entspricht der individuellen Strategie der Assimilation, wohingegen Multikulturalimus der Idee der Integration entspricht. *Segregation,* die sowohl in Stadtteilen als auch in Bildungseinrichtungen besonders sichtbar ist, hat ihre Parallele in dem Konzept der Separation. Nur geht es hier darum, dass sich in einer Gesellschaft Menschen unterschiedlicher kultureller Herkunft gemäß dieser Herkunft räumlich und sozial voneinander getrennt leben und wenig Berührungen im Alltag haben. *Exklusion* ist hier noch weitergehend, denn diese bedeutet, dass eine Gesellschaft Gruppen von Menschen weder als Mitglieder einer Minderheit noch als Mitglieder der Mehrheitsgesellschaft akzeptiert, sie ganz oder weitgehend ausschließt und ihnen verbietet, ihre Sprache zu sprechen und ihre Kultur zu leben. Im Extremfall kann Exklusion zur Vertreibung oder gar zum Genozid führen.

Kulturen sind dynamisch und Akkulturationsprozesse sind dynamisch

Kulturen sind dynamisch, und Menschen passen sich an Veränderungen und neue Anforderungen an, die mit neuen Gesetzen und Reformen, Technologien, Geldflüssen, Bildungsopportunitäten, demografischer Zusammensetzung, Außenkontakten, Medien-, Kommunikations- und Reisemöglichkeiten und anderem mehr einhergehen. Diese Veränderungen können sehr langsam oder auch sehr schnell geschehen. Deutschland in den 1950er-Jahren war ein anderes Land als Deutschland heute, und auch die Türkei zur Zeit der ersten Einwanderungswelle nach Deutschland hat sich in vieler Hinsicht stark geändert. Deutsche, die beispielsweise in den 1960er-Jahren nach Argentinien ausgewandert sind, haben Zimmereinrichtungen, die der deutschen Mode dieser Zeit entsprachen, und auch ihre kulturellen Vorstellungen sind wahrscheinlich noch von dieser Zeit geprägt, da sie von dem enormen Wandel, der hier stattgefunden hat, weitgehend abgeschnitten waren.

Akkulturationsprozesse sind ebenfalls dynamisch. Neben den affektiven, behavioralen und kognitiven Komponenten (Ward 2001) gehören hierzu auch die Veränderung über die Zeit (Sam/Kosic/Oppedal 2003) sowie die Dynamik, die sich aus unterschiedlichen Kontextbedingungen des Migrationsprozesses ergibt. In diesem Sinne können hier drei Aspekte unterschieden werden. Der *erste* trifft ganz allgemein zu: Je länger man in einem Land lebt, desto größer wird die Wahrscheinlichkeit des Zugangs zur Sprache und Kultur und desto höher ist der Grad an Akkulturation. Diese Akkulturation wird manchmal erst bewusst, wenn Zuwanderer besuchsweise in ihr Herkunftsland zurückkehren und merken, wie vieles ihnen plötzlich dort merkwürdig erscheint – ein Phänomen, das fast alle Austauschschüler und -schülerinnen nach der Rückkehr in ihr Heimatland berichten. Veränderungen über die Zeit können sowohl für kurze Abstände – wie für das Auslandsjahr von Schülern – als auch über die Lebensspanne und über die Generationen hinweg untersucht werden.

Der *zweite* Aspekt betrifft Alter und Akkulturationstempo. Die vielfach beschriebene entwicklungspsychologische Erkenntnis, dass Neugier, Wissbegierde, und Explorationsverhalten in der frühen Kindheit am höchsten sind, danach abnehmen, im mittleren Erwachsenenalter im Plateau verharren und im höheren Erwachsenenalter deutlich absinken, trifft auch auf Akkulturation zu. Kinder sind in vielen Bereichen kognitiv flexibler als Erwachsene, erlernen schneller eine neue Sprache, lernen schneller neue Leute kennen und passen sich schneller an neue soziale Situationen und Anforderungen an. Dies führt innerhalb von Familien zu der vielfach beschriebenen akkulturativen Diskrepanz zwischen Eltern und Kindern (Phinney/Ong/Madden 2000), auch als akkulturative Dissonanz (Portes 1997) oder als *acculturation-gap* bezeichnet, der Akkulturationslücke zwischen Eltern und Kindern (Birman 2006). Diese Akkulturationslücke kann dazu führen, dass Kinder Kompetenzen erwerben, die der gesamten Familie zugutekommen (Kwak 2003; Walsh et al. 2006). Sie birgt aber auch in vielfacher Hinsicht das Potenzial für Konflikte zwischen Eltern und Kindern, vor allem im Jugendalter (Motti-Stefanidi/Pavlopoulos/Tantaros 2011). Hinzu kommt die Gefahr der selektiven Parentifizierung, also des Rollentausches zwischen Kindern und Eltern, beispielsweise wenn Eltern die Sprache des Aufnahmelandes nicht ausreichend beherrschen und ihre Kinder auch in sensiblen Situationen, z. B. bei ärztlichen Untersuchungen, für sie dolmetschen. Neben der Akkulturationslücke zwischen Eltern und Kindern gibt es auch schon die bereits beschriebene Akkulturationslücke zwischen Ehepartnern.

Der Zusammenhang zwischen Akkulturationsgeschwindigkeit und Alter wurde, wie Rudmin (2003) beschreibt, schon von dem griechischen Philosophen Plato erkannt. Neben dem Alter beschrieb Plato noch eine zweite Einflussgröße, nämlich die soziale Gruppe. Er beobachtete, dass junge Menschen sowie Menschen, die nicht in engem Kontakt zu ihrer Herkunftsgesellschaft stehen, am schnellsten akkulturieren. Plato empfiehlt deshalb, dass Menschen nur in Gruppen und erst ab dem 40. Lebensjahr – das entspricht umgerechnet unserer heutigen Rentnergeneration – das Land verlassen sollten. Dies biete den besten Schutz vor »akkulturativer Kontamination« (Rudmin 2003), und ein Blick heute auf die häufig gesichteten Überlandbusse mit älteren Menschen, die eine geführte Gruppenreise in andere Länder unternehmen, legt nahe, dass dies tatsächlich der Fall ist.

Der *dritte* Aspekt betrifft den Kontext, in dem Migration stattfindet. Migration ist als ein komplexer sozialer Entwicklungsprozess bislang kaum untersucht worden, und selbst so basale Einflussfaktoren wie der generationale Status von Zuwanderern oder ihr Aufenthaltsstatus werden in der Forschung oft ignoriert. Es gibt jedoch viele Hinweise darauf, dass spezifische Aspekte der Migrationserfahrung wie Herkunftsland, Diskriminierungserfahrungen, soziale Netzwerke, Nachbarschaft, Bildung, finanzieller und legaler Status sowie Umstände und Zeitpunkt der Migration sich auf die Chancen zur Akkulturation im Sinne der oben beschriebenen Integration auswirken (Überblick in Leyendecker 2003). Für Aussiedler aus Osteuropa sind die Unterschiede recht gut dokumentiert. Alle bekamen (und bekommen) schnell einen deutschen Pass, und viele nutzen die Gelegenheit, ihren Namen in einen deutschen Namen umzuändern. Diejenigen, die bis Ende der 1980er-Jahre nach Deutschland kamen, fanden im Hinblick auf ihre Integration in zweifacher Hinsicht besonders gute Bedingungen vor. Zum einen wurden sie durch den deutschen Staat finanziell gut ausgestattet und individuell aufwendig betreut. Zum anderen waren sie Pioniermigranten, und dies erhöhte die Wahrscheinlichkeit, dass sie in Wohngebieten lebten, in denen keine oder nur wenige Menschen aus demselben Herkunftsland lebten.

Anders sah dies für die danach in sehr großer Zahl zugewanderten Aussiedler aus, die sehr viel weniger aufwendig betreut und nicht selten in Wohnblöcken mit anderen Aussiedlern untergebracht wurden (Sachverständigenkommission 2000). Eine größere Zahl von ihnen ist auf Sozialhilfe angewiesen, und sie werden nicht selten trotz ihres deutschen Passes und des oft auch deutschen Namens als »Russen« wahrgenommen; insbesondere viele Jüngere identifizieren sich vor allem auch darüber, Russen zu sein. Die ab 1993 in großer Zahl aus der früheren Sowjetunion zugewanderten Aussiedler weisen deshalb viele Merkmale auf, die mit Kettenmigration assoziiert sind, beispielsweise das Zusammenleben mit Menschen die denselben ethnischen Hintergrund haben. Dies bietet einerseits Vorteile, z. B. im Hinblick auf eine gewisse Infrastruktur und den Zugang zu Menschen, mit denen sie viele Erfahrungen und nicht zuletzt auch die Sprache teilen. Andererseits ist hierdurch jedoch auch der Kontakt zu anderen Zuwanderergruppen und zur Mehrheitsbevölkerung weniger notwendig, sodass dies die Geschwindigkeit des Erwerbs der neuen Sprache sowie des Akkulturationsprozesses deutlich verlangsamen kann. Der Kontext, in dem Migration stattfindet, beeinflusst – wie hier am Beispiel der Kettenmigration und der Unterstützung durch die Aufnahmegesellschaft verdeutlicht – den Akkulturationsprozess und die Chancen auf Integration.

Resilienz: Welche Faktoren tragen aus entwicklungspsychologischer Perspektive zu einer gelingenden Integration bei?

Der Migrationsprozess stellt alle unsere Erfahrungen, alles, was wir als wichtig und richtig erachtet haben, infrage und zwingt uns dazu, uns zu positionieren, auf neue Begebenheiten und bislang unbekannte Anforderungen einzustellen. Deshalb haben Entwicklungspsychologen Migration auch als einen Prozess, der wie nur wenig anderes in unserem Leben alles in Unordnung bringt und durcheinanderwirbelt, beschrieben (Bornstein/Deater-Deckard/Lansford 2007). Auch von den Nachfahren der ersten Migrantengeneration werden besondere Adaptationen gefordert, denn sie müssen immer die Balance finden zwischen der häuslichen und der außerhäuslichen Kultur (Greenfield/Suzuki 2000). Zugewanderte Familien sind in vielen Bereichen vulnerabler als nicht zugewanderte Familien und stehen vor mehr Herausforderungen. Sie decken das gesamte sozioökonomische Spektrum ab, wobei sie jedoch überproportional zu denjenigen mit weniger Ressourcen in den Bereichen Bildung, Finanzen und Sozialkapital gehören. Die Wahrscheinlichkeit, dass sie in Nachbarschaften mit wenig Ressourcen und hoher Fluktuation leben, ist vergleichsweise größer und sie berichten auch über mehr Alltagsstress (Jäkel/Leyendecker 2008). Entsprechend der geringen Bildung der Eltern sind viele Kinder aus zugewanderten Familien schulisch wenig erfolgreich (Baumert/Stanat/Watermann 2006), und das dreigliedrige deutsche Schulsystem erschwert zusätzlich die Bildungskarrieren dieser Kinder (Maaz et al. 2008). Der Erwerb von Bildung ist jedoch ein wichtiger Indikator für Erfolg – insbesondere in der Migrationssituation (Citlak et al. 2008).

Dies alles zusammengenommen bedeutet, dass Kinder aus zugewanderten Familien überproportional häufig Eltern haben (1) mit geringen finanziellen Ressourcen, (2) kleineren sozialen Netzwerken, (3) mit geringer Bildung, (4) die das deutsche Bildungssystem nicht aus eigener Erfahrung kennen und ihnen hier nicht helfen können und die (5) mehr Stress erleben als Eltern aus einheimischen Familien. Deshalb überrascht es nicht, dass viele Kinder aus zugewanderten Familien schulisch nicht oder nur mäßig erfolgreich sind. Überraschend ist jedoch, dass eine große Anzahl von Kindern aus zugewanderten Familien trotz aller Schwierigkeiten und trotz der geringen Ressourcen ihr Leben gut meistern und sowohl im beruflichen als auch im privaten Bereich gut zurechtkommen oder sogar sehr erfolgreich sind. Viele der sogenannten »Bildungsinländer« an den deutschen Universitäten, also der Kinder aus zugewanderten Familien, die hier aufgewachsen sind, haben Eltern mit geringer oder sogar ohne Schulbildung. Trotzdem studieren die Kinder. Wie kann das sein? Welche Faktoren tragen dazu bei, dass Kinder aus zugewanderten Familien und ihre Eltern die Herausforderungen und Widrigkeiten, die sich aus dem Migrationsprozess ergeben, erfolgreich bewältigen und mit ihrem Leben zufrieden sind?

Das Resilienzkonzept

Die Resilienzforschung beschäftigt sich damit, herauszufinden, welche Faktoren dazu führen, dass bei ähnlichen, schwierigen Lebensbedingungen einige Menschen ihr Leben gut meistern, während andere hieran scheitern. »Gut« bedeutet hier nicht, dass jemand herausragende Erfolge nachzuweisen hat; vielmehr geht es darum, dass ein Mensch trotz schwieriger Rahmenbedingungen den Anforderungen des Lebens gewachsen ist. Dieser Forschungszweig, der erst in den letzten 50 Jahren entstanden ist, versucht nicht nur die Schutzfaktoren zu identifizieren, sondern möchte vor allem die Entwicklungsprozesse und die besonderen Bedingungen, die zu Resilienz führen, verstehen (Goldstein/Brooks 2006). Dieses Interesse hängt auch eng mit der Suche nach Interventionen zusammen. Wenn wir wissen, was Kinder und Erwachsene stark macht, was dazu beiträgt, dass sie sich wohlfühlen, psychisch gesund sind, die altersadäquaten Kompetenzen entwickeln, die erforderlich sind, um die Aufgaben, die sich ihnen in den verschiedenen Lebensabschnitten stellen, bewältigen zu können, dann können wir auch unsere Interventionen und unser pädagogisches Handeln hierauf ausrichten.

Damit wir von Resilienz sprechen können, müssen immer zwei Bedingungen gegeben sein: erstens besonders schwierige, nicht normative Herausforderungen und zweitens deren Bewältigung im Sinne einer positiven Adaptation. Beispiele für besonders schwierige Herausforderungen und Risiken sind chronische Armut, Naturkatastrophen, Krieg und Terrorismus, psychisch kranke Eltern oder der Verlust eines Elternteils oder auch eine Anhäufung von Risiken. Letzteres trifft häufig auf Kinder aus zugewanderten Familien zu. Wie bereits beschrieben, haben sie in vielen Bereichen deutlich geringere Ressourcen als Kinder der Mehrheitsgesellschaft, und sie stehen permanent vor der Herausforderung, zwei Kulturen, die in vielen Aspekten inkompatibel erscheinen, zu integrieren. Resiliente Merkmale können, wie Masten (2010) schreibt, zum einen als psychische Eigenschaften eines Menschen sichtbar werden, im Sinne von psychologischem Wohlbefinden, persönlicher Reife und mentaler Gesundheit. Zum anderen können diese Merkmale auch im nach außen gerichteten Erfolg sichtbar werden, beispielsweise bei schulischen oder beruflichen Erfolgen, in der Form wesentlicher Beiträge zur Gesellschaft oder zu einer sozialen Gemeinschaft. Selbstverständlich ist auch eine Kombination möglich, beispielsweise wenn ein Mensch fröhlich und erfolgreich ist.

Forschung zu Resilienz im Kontext von Migration steckt noch in den Kinderschuhen (Masten/Obradovic 2006). Resilienz stellt jedoch ein wichtiges Konzept für die Migrationspädagogik dar, da hier der Fokus nicht auf den Problemen, sondern vor allem auf deren erfolgreicher Bewältigung liegt. Resilienz entwickelt sich in dem Spannungsfeld der Interaktion von Mensch und Umwelt. Dies heißt, es gibt Faktoren im Menschen, die die Entwicklung von Resilienz fördern. Hierzu gehören beispielsweise ein gesundes Selbstbewusstsein, soziale Kompetenzen, Lern- und Leistungsmotivation, kognitive Fähigkeiten, die Fähigkeit zur Selbstkontrolle, Aufmerksamkeitsregulation und Flexibilität. Ursache und Wirkung lassen sich hier nicht ohne Weiteres trennen, denn diese Faktoren werden auch wiederum durch die Umwelt gefördert, durch ein liebevolles Elternhaus, durch Erwachsene, die für ein Kind besonders wichtig sind und sich um es kümmern, durch prosoziale Freundschaften, die auch in schwierigen Zeiten erhalten bleiben, durch Kindergärten und Schulen, Lehrer und Erzieher, die unterstützen und fördern, durch Nachbarschaften, die stabil sind und sich um Einzelne kümmern können, durch Religionsgemeinschaften und anderes mehr (Masten/Obradovic 2006; Masten 2010). Dementsprechend geht dieses Konzept davon aus, dass die Fähigkeit eines Menschen zur Resilienz nicht genetisch determiniert ist, sondern dass es sich hier um eine Interaktion von Anlage um Umwelt handelt (Deater-Deckard/Ivy/Smith 2006; Masten 2010).

Resilienz und Migration – ein Perspektivenwechsel

Wenn wir das Resilienzkonzept auf Migration anwenden, dann erlaubt uns dies, von einer Perspektive, die einseitig auf Defizite, Probleme und Scheitern ausgerichtet ist, wegzukommen, zu einer Perspektive, die uns hilft zu verstehen, was Menschen dabei unterstützt, die Integration in eine neue Kultur erfolgreich zu bewältigen und ihr Leben zufriedenstellend zu meistern. Dies hat Parallelen zu einer Richtung in der Gesundheitsforschung, die eher die Salutogenese als die Pathogenese betrachtet, sowie mit der Positiven Psychologie, die erforscht, welche Bedingungen im Menschen und in seiner Umwelt dazu führen, dass es ihm gut geht. Das heißt nicht, dass die Probleme, die da sind, ignoriert werden sollen. Vielmehr geht es hier um eine ergänzende, komplementäre Perspektive, die zu erklären versucht, warum viele zugewanderte Kinder und ihre Familien trotz der erheblichen Anforderungen des Migrationsprozesses gut mit ihrem Leben zurechtkommen. Dies ist – wie schon oben erwähnt – wichtig für die Entwicklung und Implementation von Interventionen. Darüber hinaus ist es aber auch wichtig für das Selbstbild von zugewanderten Kindern und ihren Eltern, die nur zu häufig damit konfrontiert sind, dass sie aufgrund ihrer kulturellen Herkunft zu einer Gruppe von Menschen gehören, die mit Stigmata und stereotypen Vorurteilen und nicht mit Erfolg und Leistung assoziiert sind. Aus der Vorurteilsforschung wissen wir, welche katastrophalen Auswirkungen die Übernahme eines negativen Selbstbildes, nämlich dass Misserfolg typisch für eine bestimmte Gruppe von Menschen sei, haben kann (Hagendoorn 1993).

Für die Entwicklung von Resilienz bei Kindern kommt zunächst ihren Familien ein hoher Stellenwert zu. Nach Sheridan, Eagle und Dowd (2006) können hier zwei Dimensionen unterschieden werden: erstens die Kohäsion innerhalb einer Familie und zweitens ihre Fähigkeit, sich an neue Gegebenheiten zu adaptieren. *Kohäsion*, also der Zusammenhalt in einer Familie und die gegenseitige Unterstützung, ist in Verbindung mit einem liebevollen Umgang ein protektiver Faktor und geht mit einer positiven Entwicklung der Kinder einher. Die *Fähigkeit zur Adaptation* an neue Gegebenheiten bedeutet hier nicht, dass eine Familie sich assimiliert. Weder Rigidität noch übergroße Flexibilität sind hier gefragt, sondern vielmehr eine moderate, selektive Adaptation an die neuen Gegebenheiten. Hier sind die Gesellschaft und insbesondere unsere Bildungsinstitutionen bei der Unterstützung dieser Prozesse gefordert.

Kinder aus zugewanderten Familien – die Chance, bilingual aufzuwachsen

Die besondere Chance für Kinder aus zugewanderten Familien besteht darin, dass sie von Anfang an in einer Umwelt aufwachsen, die es ihnen erlaubt, bikulturelle und bilinguale Kompetenzen zu erwerben. Diese Kompetenzen werden gerade in einer zunehmend globalisierten Welt als wichtig erachtet und von vielen bildungsorientierten monokulturellen Elternhäusern teuer hinzugekauft, indem sie beispielsweise ihren Kindern den Besuch einer bilingualen Schule ermöglichen oder sie für ein Schuljahr ins Ausland schicken. Kinder aus zugewanderten Familien hingegen haben die Chance, schon früh eine zweite Sprache vergleichsweise mühelos hinzuzulernen und eine andere Kultur mit anderen Normen, Werten und Verhaltensweisen in ihren vielfältigen Facetten kennenzulernen.

Interkulturelle Kompetenzen werden in einer zunehmend großen Zahl von Berufen zu einer wichtigen Basiskompetenz. Zu ihrem Erwerb in der Kindheit gibt es jedoch bislang noch sehr wenig Forschung. Mehr wissen wir jedoch darüber, welche große Chance es für Kinder bedeutet, zweisprachig aufzuwachsen. Damit dies erfolgreich geschehen kann, ist es wichtig, diesen Kindern zurückmelden, dass es bewundernswert ist, dass sie außer Deutsch noch eine weitere Sprache können. Dem stehen zwei Hindernisse im Weg: erstens die selbsternannten Experten die fordern, dass Eltern mit ihren Kindern Deutsch sprechen, selbst dann, wenn sie diese Sprache nicht gut beherrschen und zweitens die implizite Abwertung von »Migrantensprachen«, die hiermit einhergeht. Wahrscheinlich würden dieselben Experten, die nicht möchten, dass Eltern mit ihren Kindern Türkisch, Bulgarisch oder Arabisch sprechen, Mittelschichteltern mit englischer oder französischer Muttersprache einen ganz anderen Rat geben. Dies ist einerseits diskriminierend und mit der UN-Konvention für Kinderrechte nicht vereinbar, andererseits aber auch sehr kurzfristig gedacht, denn vielleicht sind in zehn oder 20 Jahren gerade türkische, bulgarische oder arabische Sprachkenntnisse für viele Berufe ein wichtiges Plus bei Bewerbungen.

Für Kinder und Eltern ist es wichtig, dass sie eine gemeinsame Sprache haben, in der Eltern ihren Kindern die Welt erklären können. Wenn Eltern, die nur unzureichend Deutsch sprechen, mit ihren Kindern nicht in ihrer Muttersprache kommunizieren können, können sie ihre Elternrolle nicht ausfüllen. Kinder werden Deutsch bald besser können als ihre Eltern. Wenn es keine gemeinsame Sprache von Eltern und Kindern gibt, werden Kinder ihre Eltern, die sich nur ungeschickt in Deutsch ausdrücken können, als inkompetent wahrnehmen und den Respekt vor ihren Eltern verlieren. Studien zeigen, welch negativer Stress aus solchen Sprachkonstellationen erwachsen kann (Überblick in Leyendecker/de Houwer 2011).

Darüber hinaus sind in den letzten Jahren mehrere Studien erschienen, die zeigen, dass bilingual aufwachsende Kinder in manchen Bereichen der kognitiven Entwicklung Vorteile gegenüber monolingual aufwachsenden Kindern haben (Überblick in Bialystok 2009; Leyendecker/de Houwer 2011). Kinder, die schon früh eine zweite Sprache lernen, lernen gleichzeitig, zwischen diesen Sprachen flexibel zu wechseln. Hiermit ist neben dem sprachlichen oft auch noch ein kultureller Wechsel verbunden, beispielsweise wenn ein Junge aus einer türkischstämmigen Familien vom Spielen mit deutschen Kindern kurz in die Wohnung kommt, dort mit seiner Großmutter Türkisch redet und ihr den traditionellen Handkuss gibt und dann wieder hinaus geht, um weiterzuspielen. Diese alltäglichen Übungen in Flexibilität und *Task-Switching* führen dazu, dass bilinguale Kinder bei den sogenannten »exekutiven Funktionen«, einem wichtigen Kennwert der kognitiven Entwicklung, deutlich bessere Leistungen zeigen als monolingual aufwachsende Kinder (Feng/Bialystok/Diamond 2007; Zelazo et al. 2003).

Wertschätzung von Vielfalt

Für pädagogisches Handeln in einer zunehmend vielfältigeren Gesellschaft ist es wichtig, die individuellen Fähigkeiten sowie die Umweltfaktoren, die die Resilienz von Kindern fördern, zu erkennen und zu unterstützen. Dies ist sowohl für die Konzeption von Interventionen wichtig als auch für eine Rückspiegelung von Erfolg an die Kinder und damit für eine Veränderung eines Bildes, das durch Unzulänglichkeiten geprägt ist, hin zu einer Wahrnehmung der besonderen Fähigkeiten. Für die Interaktion mit Kindern und ihren Eltern hilft es, wenn Pädagogen entweder selbst eine Zuwanderungsgeschichte haben oder selbst wenn sie schon längere Zeit als Ausländer in einem anderen Land gelebt haben. Dies ist eine wünschenswerte, aber keine hinreichende Voraussetzung, denn es genügt nicht, zwei Kulturen zu kennen, um kultursensitiv handeln zu können. Beispielsweise kann aus der Tatsache, dass eine Pädagogin aus einer türkischstämmigen Familie kommt, nicht geschlossen werden, dass sie mit Jugendlichen, die in Russland geboren sind, aufgrund ihrer eigenen Zuwanderungsgeschichte gut zurechtkommen müsste. Mit anderen Worten: Das tief greifende Kennenlernen einer zweiten Kultur ist hilfreich, aber kultursensitives Handeln erfordert, das wir unsere kulturspezifischen Brillen ablegen und die Menschen sehen, die vor uns stehen.

Durch die Betonung der Risiken, die mit Migration einhergehen, kommen wir nur ungenügend dazu, uns auch mit dem Potenzial, das mit Migration einhergeht, auseinanderzusetzen. Sowohl die Zuwanderer als auch die Mehrheitsgesellschaft würden von einer größeren Wertschätzung der ethnischen, kulturellen und sprachlichen Vielfalt profitieren. Hiermit einher geht einerseits eine klare Aufgabentrennung zwischen Elternhaus und Bildungseinrichtungen, insbesondere im Bereich der Sprachvermittlung, andererseits aber auch die Aufgabe von mehr Kooperation zwischen Elternhaus und Kindergarten oder Schule. Bei aller Bedeutung, die der Sprache – oder den Sprachen – beigemessen wird, darf nicht vergessen werden, dass es sich um Kinder handelt, deren Lern- und Wissbegier weit über Sprache hinausgeht. Dies erfordert eine Förderung, die nicht einseitig den Fokus auf Sprachvermittlung legt, sondern darüber hinaus auch die vielfältigen Interessen der Kinder fördert.

Bilingual aufwachsende Kinder haben ebenso wie monolingual aufwachsende Kinder das Recht, schon früh beispielsweise mit Zahlen und Naturwissenschaften, mit Musik, Kunst und Literatur in Kontakt zu kommen. Dies erfordert ein Umdenken weg von der Fokussierung auf Deutschlernen hin zu einer Förderung der vielfältigen Interessen. Gerade in der frühen Bildung kann Sprache auch beispielsweise bei der Durchführung von naturwissenschaftlichen Experimenten oder beim Wiegen von Mengen erlernt werden, ohne dass Spracherwerb explizit im Fokus steht.

Literatur

Bade, K. J. (2000): Europa in Bewegung: Migration vom späten 18. Jahrhundert bis zur Gegenwart. München: Beck.
Baumert, J./Stanat, P./Watermann, R. (Hrsg.) (2006): Herkunftsbedingte Disparitäten im Bildungswesen. Wiesbaden: VS Verlag für Sozialwissenschaften für Sozialwissenschaften.
Berry, J. W. (1994): Acculturative Stress. In: Lonner, W. J./ Malpass, R. S. (Hrsg.): Psychology and Culture. Boston, MA: Allyn and Bacon, S. 211–216.
Berry, J. W. (2002): Conceptual approaches to acculturation. In: Chun, K. M./Organista, P. B./Marin, G. (Hrsg.): Acculturation. Advances in theory, measurement, and applied research. Washington: American Psychology Association, S. 17–37.
Berry, J. W. (2007): Acculturation strategies and adaptation. In: Lansford, J. E./Deater-Deckard, K./ Bornstein, M. H. (Hrsg.): Immigrant families in contemporary society. New York: Guilford Press, S. 69–82.
Bialystok, E. (2009): Bilingualism: The good, the bad, and the indifferent. In: Bilingualism, Language and Cognition 12, S. 3–11.

Birman, D. (2006): Acculturation gap and family adjustment. Findings with Soviet Jewish Refugees in the United States and implications for measurements. In: Journal of Cross-Cultural Psychology 37, S. 568–589.
Bornstein, M. H./Deater-Deckard, K./Lansford, J. (2007): Introduction. Immigrant Families in Contemporary Society. In: Lansford, J. E./ Deater-Deckard, K./Bornstein, M. E. (Hrsg.): Immigrant Families in Contemporary Society. New York: Guilford Press, S. 1–6.
Citlak, B./Leyendecker, B./Harwood, R. L./Schölmerich, A. (2008): Long-term socialization goals of first and second generation migrant Turkish mothers and German mothers. In: International Journal of Behavioral Development, 32, S. 57–66.
Citlak, B./Schräpler, J. P./ Schölmerich, A./ Leyendecker, B. (2011): Elterliche Einstellungen und vorschulische Erfahrungen von Kindern – Ein Vergleich deutscher und zugewanderter Familien aus der Türkei, Russland und Polen. (Zur Begutachtung eingereicht).
Deater-Deckard, K./Ivy, L./Smith, J. (2006): Resilience in gene-environment transactions. In: Goldstein, S./Brooks, R. B. (Hrsg.): Handbook of resilience in children. New York: Springer, S. 49–63.
Escobar, J. I./Vega, W. A. (2000): Commentary. Mental health and immigration's AAAs: Where are we and where to we go from here? In: Journal of Nervous and Mental Disease, 188, S. 736–740.
Feng, X./Bialystok, E./Diamond, A. (2007): Do Bilingual Children show an Advantage in Working Memory? Beitrag, vorgestellt auf dem Biennial Meeting of the Society for Research in Child Development. Boston, MA, März 2007. http://www.devcogneuro.com/Publications/Feng_Bialystok_Diamond.pdf, Abruf 10.10.2009.
Goldstein, S./Brooks, R. B. (2006): Why study resilience? In: Goldstein, S./Brooks, R. B. (Hrsg.): Handbook of resilience in children. New York: Springer, S. 3–15.
Greenfield, P. M./Suzuki, L. K. (^{5}2000): Culture and human development: Implications for parenting, education, pediatrics, and mental health. In: Sigel, I. E./Renninger, K.A. (Hrsg.): Child Psychology in Practice. Band 4. New York: Wiley, S. 1059–1109.
Hagendoorn, L. (1993). Ethnic categorization and outgroup exclusion: Cultural values and social stereotypes in the construction of ethnic hierarchies. In: Ethnic and Racial Studies, 16, S. 26–51.
Hofstede, G. (1980): Culture`s consequences: International differences in work-related values. Newsbury Park, CA.: Sage.
Jäkel, J./Leyendecker, B. (2008): Tägliche Stressfaktoren und Lebenszufriedenheit türkischstämmiger Mütter in Deutschland. In: Zeitschrift für Gesundheitspsychologie, 16, S. 12–21.
Kwak, K. (2003): Adolescents and their parents: A review of intergenerational family relations for immigrant and non-immigrant families. In: Human Development, 46, S. 115–136.
Leyendecker, B. (^{3}2003): Die frühe Kindheit in Migrantenfamlilien. In: Keller, H. (Hrsg.): Handbuch der Kleinkindforschung. Bern: Huber, S. 381–431.
Leyendecker, B./Hatipoglu Sümer, Z. (2010): Beratung von zugewanderten Familien. Stärkung der Erziehungskompetenzen in zugewanderten Familien. In: Romeike, G./Imelmann, H. (Hrsg.): Eltern verstehen und stärken. Analysen und Konzepte der Erziehungsberatung. Weinheim: Juventa, S. 259–272.
Leyendecker, B./Schölmerich, A./Citlak, B. (2006): Similarities and differences between first- and second generation Turkish migrant mothers in Germany: The acculturation gap. In: Bornstein, M. H./Cote, L. (Hrsg.): Acculturation and parent-child relationships: Measurement and development. Mahwah, NJ: Erlbaum, S. 297–315.
Leyendecker, B./de Houwer, A. (^{4}2011): Frühe bilinguale und bikulturelle Erfahrungen – Kindheit in zugewanderten Familien. In: Keller, H. (Hrsg.): Handbuch der Kleinkindforschung. Bern: Huber, S. 178–217.
Maaz, K./Trautwein, U./Lüdtke, O./Baumert, J. H. (2008): Educational transitions and differential learning environments: How explicit between-school tracking contributes to social inequality in educational outcomes. In: Child Development Perspectives, 2, S. 99–106.

Masten, A. (2010): Resilience over the life span. In: Reich, J. W./Zautra, A. J./Hall, S. H. (Hrsg): Handbook of adult resilience. New York: The Guilford Press, S. 213–237.

Masten, A./Obradovic, J. (2006): Competence and resilience in development. Annals of the New York Academy of Sciences, 1094, S. 13–27.

Motti-Stefanidi, F./Pavlopoulos, V./Tantaros, S. (2011): Parent-adolescent conflict and adolescents' adaptation: A longitudinal study of Albanian immigrant youth living in Greece. In: International Journal of Developmental Science, im Druck.

Phinney, J. S.,/Ong, A. (2007): Ethnic identity development in immigrant families. In: Lansford, J. E./Deater-Deckard, K./Bornstein, M. H. (Hrsg.): Immigrant families in contemporary society. New York: Guilford Press, S. 51–68.

Phinney, J. S./Ong, A./Madden, T. (2000): Cultural values and intergenerational value discrepancies in immigrant and non-immigrant families. In: Child Development, 71, S. 528–539.

Portes, A. (1997): Immigration theory for a new century: Some problems and opportunities. In: International Migration Review, 31, S. 799–825.

Rudmin, F.W. (2003): Critical history of the acculturation psychology of assimilation, separation, integration, and marginalization. In: Review of General Psychology, 7, S. 3–37.

Rudmin, F. W. (2010): Phenomenology of acculturation: Retrospective reports from the Phillipines, Japan, Quebec, and Norway. In: Culture and Psychology, 16, S. 313–333.

Sachverständigenkommission (2000): Familien ausländischer Herkunft in Deutschland. Leistungen, Belastungen, Herausforderungen (6. Familienbericht). Berlin: Bundesministerium für Familien, Senioren, Frauen und Jugend.

Sam, D. L./Kosic, A./Oppedal, B. (2003): Where is »development« in acculturation theories? In: International Society for the Study of Behavioural Development, Newsletter 44, S. 4–7.

Sheridan, S. M./Eagle, J. W./Dowd, S. E. (2006): Families as contexts for children's adaptation. In: Goldstein, S./Brools, R. B. (Hrsg.): Handbook of resilience in children. New York, NY: Springer, S. 165–179.

Stuart, J./Ward, C./Adam, Z. (2010): Current issues in the development and acculturation of Muslim youth in New Zealand. In: ISSBD Bulletin, 58, S. 9–13.

Suarez-Orozco, C./Suarez-Orozco, M. M. (2001): Children of Migration. Cambridge: Harvard University Press.

Walsh, S./Shulman, S./Bar-On, Z./Tsur, A. (2006): The role of parentification and family climate in adaptation among immigrant adolescents in Israel. In: Journal of Research in Adolescence, 16, S. 321–350.

Ward, C. (2001): The ABC's of acculturation. In: Matsumoto, D. (Hrsg.): The handbook of culture and psychology. Oxford: Oxford University Press, S. 411–445.

Zelazo, P. D./ Muller, U./ Frye, D./Marcovitch, S. (2003): The development of executive function. In: Monographs of the society for research in child development 68, S. 11–27.

Mario Peucker

Differenz in der Migrationsgesellschaft – ethnische Diskriminierung und Einstellungen gegenüber Migrant/innen und Minderheiten

Die Ausdifferenzierung verschiedener Lebensbereiche und die Entstehung und permanente Veränderung unterschiedlichster kultureller und sozialer Lebensentwürfe sind zentrale Merkmale moderner Gesellschaften. Differenz und Vielfalt – und damit auch Fremdheit – sind allgegenwärtig, und ihr Ausmaß wird auch zukünftig weiter zunehmen. In den letzten Jahrzehnten haben viele Gesellschaften infolge wachsender internationaler Migrationsbewegungen und – in Europa – der Binnenöffnung der Europäischen Union eine neue Qualität kulturell-ethnischer Pluralisierung erfahren, und auch Deutschland ist heute ethnisch, sprachlich, kulturell und religiös heterogener als je zuvor.

Durch diese Pluralisierungsprozesse hat sich das Bild der deutschen Gesellschaft dauerhaft verändert. Dieser Wandel betrifft nicht nur äußere Manifestationen von ethnisch-kultureller und religiöser Vielfalt, er hat auch Auswirkungen auf soziale Intergruppenbeziehungen und die Wahrnehmung bzw. Zuschreibung ethnisch-kultureller Verschiedenheit. Diese Differenz spiegelt sich aus der Perspektive der Mehrheitsgesellschaft sowohl in individuellen Einstellungen und kollektiven Meinungsbildern wider als auch im interpersonellen und institutionellen Umgang mit Migrant/innen und Minderheiten bei der Gewährung eines gleichberechtigten Zugangs zu gesellschaftlichen Ressourcen und Positionen.

Welche Rolle spielen dabei Prozesse der ethnischen Grenzziehungen in der deutschen Gesellschaft? Werden Migrant/innen von den autochthonen Mehrheitsdeutschen als »normale«, voll zugehörige Mitglieder einer faktisch pluralen Gesellschaft im Sinn einer ökonomischen, sozialen und politischen Gemeinschaft anerkannt? Oder fungieren ethnisierte Zuschreibungsprozesse in Teilen der Bevölkerung als Basis für Vorurteile, Abgrenzung und Diskriminierung?

Das Meinungsklima gegenüber ethnisch-religiösen Minderheiten

Es liegt eine Vielzahl empirischer Befragungsdaten vor, die Aussagen über die Einstellungen der deutschen (Mehrheits-)Bevölkerung gegenüber Migrant/innen und Minderheiten, Zuwanderung und ethnisch-religiöser Vielfalt erlauben. Daten auf der Basis methodisch sorgfältig entwickelter und durchgeführter Surveys bieten dabei ein hohes Maß an Repräsentativität und liefern – trotz der zu bedenkenden möglichen Verzerrungen aufgrund sozial erwünschten Antwortverhaltens – aussagekräftige Einblicke in das gesellschaftliche Meinungsbild.

Skepsis gegenüber ethnisch-kultureller Vielfalt

Die Ergebnisse thematisch relevanter Surveys in Deutschland weisen einhellig auf eine weitverbreitete Skepsis innerhalb der Gesellschaft gegenüber Migration und ethnischer Pluralität hin. Das Bild von ausländischer Zuwanderung und der dadurch entstandenen ethnisch-kulturellen Vielfalt ist in großen Teilen der Bevölkerung negativ geprägt. Von einer positiv besetzten gesellschaftlichen Normalität ethnischer Pluralität scheint die deutsche Gesellschaft weit entfernt.

In einer für die deutschsprachige Bevölkerung repräsentativen Studie im Auftrag der Antidiskriminierungsstelle des Bundes (ADS) stimmten im Jahr 2008 drei Viertel der Befragten der folgenden Aussage zu: »Wir müssen aufpassen, dass wir nicht von einer Einwanderungswelle überrollt werden« (ADS 2009, S. 60). Die Längsschnittstudie zu »Gruppenbezogener Menschenfeindlichkeit« (GMF), durchgeführt vom Institut für Interdisziplinäre Konflikt- und Gewaltforschung an der Universität Bielefeld, kommt in ihrer neunten Erhebungswelle (2010) zu dem Ergebnis, dass rund die Hälfte der Befragten der Auffassung sind, es lebten zu viele Ausländer in Deutschland (Zick/Küpper/Wolf 2010, S. 48), und eine 2010 im Auftrag der Friedrich-Ebert-Stiftung durchgeführte Repräsentativbefragung ergab, dass über 35 Prozent der Befragten die Meinung vertreten, dass die Bundesrepublik durch die vielen Ausländer in einem gefährlichen Maß überfremdet sei.

Diese Ergebnisse – und es ließe sich noch eine Reihe ähnlicher Einstellungsbefragungen zitieren – weisen auf ein negatives Meinungsklima hin, das in einem erheblichen Ausmaß von Unbehagen gegenüber »den Ausländern« und einer Grenzziehung zwischen »uns«, den »einheimischen« Deutschen (Eigengruppe) einerseits und den Zugewanderten und ethnischen Minderheiten, den »Anderen« (Fremdgruppe) andererseits bestimmt ist. In der Terminologie der Theorie der sozialen Identität (Tajfel/ Turner 1979) liefert eine solche Kategorisierung von konstruierter Eigen- und Fremdgruppe die Basis für die positive Wahrnehmung und Aufwertung der eigenen Gruppe und die Abwertung und Entpersonalisierung der »Anderen«; Unterschiede zwischen Eigen- und Fremdgruppe werden überbetont und Binnendifferenzen innerhalb der Gruppen minimiert (Sassenberg et al. 2007, S. 244).

Forderung nach kultureller Assimilation steigt

Die Zustimmung zu der Aussage »Ausländer sollen bei Arbeitsplatzmangel wieder in ihre Heimat zurückgeschickt werden« hat in den letzten Jahrzehnten deutlich abgenommen: Schlossen sich in den 1980er-Jahren noch über die Hälfte der Befragten dieser Forderung an, schwankt dieser Anteil heute zwischen einem knappen Drittel (Decker et al. 2010, S. 73) und einem knappen Viertel der Befragten (Blohm/Wasmer 2008, S. 209). Dieser Rückgang deutet an, dass Migrant/innen heute weniger als »Gastarbeiter« mit zeitlich befristetem Aufenthalt betrachtet werden, sondern ihr Aufenthalt zunehmend als dauerhaft verstanden wird.

Allerdings illustrieren die Ergebnisse des ALLBUS auch eine gegenläufige Entwicklung im Meinungsklima: Seit Mitte der 1990er-Jahre ist der Anteil derer, die sich für eine stärkere *kulturelle Assimilation* von Migrant/innen aussprechen, kontinuierlich gestiegen. Waren 1994 rund 50 Prozent der Befragten der Auffassung, dass die in Deutschland lebenden Ausländer »ihren Lebensstil ein bisschen mehr an den der Deutschen anpassen« sollen, so stimmten dieser Aussages im Jahr 2008 rund 80 Prozent zu (Blohm/Wasmer 2008, S. 209). Laut der ADS-Studie unterstützen 84 Prozent der Befragten sogar die Aussage »Wer sich in Deutschland nicht anpassen kann, sollte das Land wieder verlassen« (ADS 2009, S. 60). Auch qualitative Studien bestätigen diesen starken »Anpassungs- und Normierungsdruck« auf die vermeintlich »Anderen« und die hohe Akzeptanz von Sanktionen für den Fall, dass deren Verhalten von der *(imaginären)* Normalität abweicht (Decker et al. 2008, S. 222, 460). Dass Vielfalt und Differenz längst zur *faktischen* Normalität geworden sind, wird dabei offenbar von vielen negiert.

Welche »Mehrheitsdeutschen« haben besonders negative Einstellungen?

Surveys, die Aussagen über die Verbreitung von Einstellungen differenziert nach sozioökonomischen Faktoren zulassen, zeigen meist ein signifikant niedrigeres Niveau an zuwanderungsskeptischen und fremdenfeindlichen Haltungen in der Personengruppe mit höherem Bildungsstatus; ferner sind Frauen, jüngere Befragte und Erwerbstätige meist weniger von Ressentiments geleitet als Männer, ältere Personen und Erwerbslose (Decker et al. 2010, S. 25). Die statistisch signifikanten Zusammenhänge mit dem formalen Bildungsniveau und dem Erwerbsstatus können dabei als Indizien zur Bestätigung der Deprivationsthese interpretiert werden.

Soziale Marginalisierung und individuelle Gefühle der Chancenlosigkeit in einer marktwirtschaftlich geprägten Leistungsgesellschaft und das Empfinden, im Wettkampf um Ressourcen zunehmend abgehängt zu werden, scheinen die Anfälligkeit für ablehnende Haltungen gegenüber Zuwanderung und für fremdenfeindliche Einstellungen zu erhöhen. Dies gilt besonders dann, wenn die »Anderen« dabei als Konkurrenten oder Empfänger privilegierter Behandlung wahrgenommen werden, die einem selbst illegitimerweise vorenthalten wird (Sassenberg et al. 2007, S. 243). Diese theoretische Annahme erfährt empirische Unterstützung durch die Ergebnisse des ADS-Surveys, wonach Befragte aus ökonomisch schwächeren Milieus besonders oft die Meinung äußerten, dass »nicht die Ausländer, sondern die einheimischen Deutschen diskriminiert« würden (ADS 2009, S. 60).

Die überdurchschnittliche Verbreitung von ressentimentgeladenen Bedrohungs- und Überfremdungsängsten und fremdenfeindlichen, rassistischen Einstellungen in der Gruppe der Personen mit niedrigerem Bildungsniveau und höherem Grad sozioökonomischer Benachteiligung gilt als empirisch belegt; Forderungen nach einer stärkeren kulturellen Anpassung an »unsere deutschen« Lebensgewohnheiten werden hingegen auch sehr häufig in der Mittel- und Oberschicht geäußert. So zeigt die ADS-Befragung deutlich höhere Zustimmungswerte zu rassistischen Aussagen (z.B. »Menschen mit schwarzer Haut passen nicht nach Deutschland«) in den Sinusmilieus der Unter- bzw. unteren Mittelschicht als bei den ökonomisch bessergestellten Milieus; Letztere hingegen fordern überdurchschnittlich oft kulturelle Assimilation und werfen Ausländern Selbstausgrenzung und Mangel an Integrationsbereitschaft vor (ADS 2009, S. 60).

Die aktuellen ALLBUS-Ergebnisse unterstützen eine solche Interpretation. Zwar sind die insgesamt mehrheitsfähigen Forderungen nach einer stärkeren kulturellen Anpassung in der Gruppe der Personen mit Hauptschulabschluss (85 Prozent) stärker ausgeprägt als bei Personen mit (Fach-)Abitur (73 Prozent). Doch zeigen die ALLBUS-Daten auch, dass die Differenz im Antwortverhalten zwischen Personen mit höherer und geringerer Schulbildung desto deutlicher ausfällt, je offener fremdenfeindlich die jeweiligen Items formuliert sind: So sind fast viermal soviel Befragte mit Hauptschulabschluss (23 Prozent) als solche mit (Fach-)Hochschulreife (sechs Prozent) der Meinung, dass Ausländer nur untereinander heiraten sollen, und 38 Prozent der Befragten mit Hauptschulabschluss möchten Ausländern jegliche politischen Tätigkeiten in Deutschland untersagen, wohingegen dies »nur« 16 Prozent der Befragten mit (Fach-)Abitur fordern (Blohm/Wasmer 2008, S. 209).

Unterschiedliche Einstellungen gegenüber bestimmten Migrantengruppen

Nur wenige Surveys erlauben es, Unterschiede in den Einstellungen gegenüber verschiedenen Gruppen von Migrant/innen und ethnisch-religiösen Minderheiten zu beleuchten. Eine der wenigen Ausnahme stellt hierbei der ALLBUS dar, in dem Einstellungen gegenüber »Türken« und »Italienern« abgefragt werden.

»Türken« schneiden dabei in jeder Hinsicht negativer ab als »Italiener«. So wäre es nur fünf Prozent der Westdeutschen und neun Prozent der Ostdeutschen unangenehm, Italiener als Nachbarn zu haben; mit türkischen Nachbarn hätten hingegen 38 Prozent der Westdeutschen und 49 Prozent der Ostdeutschen ein Problem. Noch deutlicher – auch im Hinblick auf die zeitliche Entwicklung seit Mitte der 1990er-Jahre – treten die Unterschiede bei der Frage zur Einheirat einer Person der jeweiligen Nationalität in die eigene Familie zutage. In Westdeutschland hätten nur elf Prozent

(2006) ein negatives Gefühl, wenn ein(e) Italiener/in in die Familie einheiraten würde (Ostdeutsche: 17 Prozent); 1996 lag dieser Anteil bei den Westdeutschen noch bei 17 Prozent (Ostdeutsche: 30 Prozent). Dagegen ist die Skepsis gegenüber einer Einheirat von Türk/innen nicht nur deutlich höher, sondern seit Mitte der 1990er-Jahre sogar noch gestiegen: von 33 auf 38 Prozent in Westdeutschland und von 43 auf 49 Prozent in Ostdeutschland (Blohm/Wasmer 2008, S. 210f.).

Auch eine Befragung von rund 20 000 einheimischen Jugendlichen durch das Kriminologische Forschungsinstitut Niedersachsen im Jahr 2006 ergab, dass türkischstämmigen Personen (als Nachbarn) besonders negative Haltungen entgegengebracht werden. So zeigte sich, dass die Befragten am liebsten neben anderen Deutschen wohnen würden; auch Italiener und Schweden werden als Nachbarn positiv bewertet, wohingegen Türken, gefolgt von Aussiedlern, als besonders unangenehme Nachbarn empfunden werden (Baier et al. 2009, S. 114).

Die Frage, ob und wie diese weitverbreiteten negativen Einstellungen gegenüber »Türken« kausal auch mit der zunehmenden »Muslimisierung« von Migrant/innen (Karakaşoğlu 2009, S. 186) zusammenhängen, ist noch nicht hinreichend empirisch untersucht. Als belegt kann aber gelten, dass das Meinungsbild gegenüber »dem« Islam und »den« Muslimen in Deutschland (auch im Vergleich zu anderen europäischen Ländern) stark negativ geprägt ist (Westfälische Wilhelms-Universität Münster 2010; Pew Research Centre 2006; Zick/Küpper 2009) – mit jüngst steigender Tendenz (Heitmeyer 2010, S. 24). In den Ergebnissen verschiedener Meinungsumfragen, Surveys und Medienanalysen der letzten Jahre tritt ein öffentliches und mediales Bild vom Islam und »den« Muslimen zutage, das von generalisierenden, entindividualisierenden Verkürzungen bestimmt und mehrheitlich durch Eigenschaften wie gewaltaffin, intolerant, antimodern, archaisch und frauenfeindlich gekennzeichnet ist (Peucker 2010, S. 42f.).

Vor dem Hintergrund der mehrheitsfähigen Forderungen nach mehr Assimilation an die »deutschen« Lebensweisen – oft umschrieben mit der Begriffshülse der christlich-jüdisch geprägten Leitkultur – erhalten Meinungsbilder, die dem Islam eine Kompatibilität mit den Werten der westlichen Welt grundsätzlich absprechen, besonderes Gewicht. In der GMF-Längsschnittstudie liegt der Anteil derer, die eine Vereinbarkeit von Islam und westlichen Werten negieren, seit Jahren zwischen 60 und 70 Prozent (Leibold/Kühnel 2008, S. 102). Laut einer aktuellen Studie der Universität Münster sind nur 22 Prozent der Deutschen der Meinung, dass der Islam in »unsere westliche Welt« passt. Die verfassungsrechtlich garantierte Religionsfreiheit scheint dabei aus Sicht vieler Deutscher nicht zum Kern des westlichen Wertekanons zu gehören: Nur rund die Hälfte der Deutschen ist der Auffassung, dass alle religiösen Gruppen gleiche Rechte haben sollen (Westfälische Wilhelms-Universität Münster 2010) – ein weiteres Indiz dafür, dass ein erheblicher Anteil der Mehrheitsbevölkerung eine Privilegierung der (mehrheitlich christlichen) Eigengruppe befürwortet und der Gleichbehandlung in einer pluralen Gesellschaft keinen hohen Wert einräumt.

(Nicht-)Zugehörigkeit und Persistenz ethnischer Grenzziehung

Welche Rückschlüsse lassen diese Ergebnisse auf die zugeschriebene Differenz zwischen Einheimischen und Migrant/innen bzw. Muslim/innen in der pluralen Migrationsgesellschaft Deutschlands zu? Die meisten Surveys weisen auf das Fortbestehen ethnisierender und exkludierender Grenzziehungen innerhalb der deutschen Gesellschaft hin, die auch vor verfassungsmäßigen Prinzipien der Gleichbehandlung und Religionsfreiheit nicht immer Haltzumachen scheinen. Das über Jahrzehnte in der deutschen Ausländer- und Migrationspolitik (z. B. Ius Sanguinis im Staatsangehörigkeitsrecht, Privilegierung ethnisch deutscher Spätaussiedler, langjährige Leugnung der faktischen Einwanderungssituation) perpetuierte Selbstkonzept als ethnisch weitgehend homogene Gesellschaft, in der die deutsche Volkszugehörigkeit *(ethnos)* entscheidender ist als die republikanische Zugehörigkeit zu einer politischen Gemeinschaft *(demos)* (Brubacker 1992), spiegelt sich weiterhin in der Wahrnehmung von Differenz und Pluralität in weiten Teilen der Gesellschaft wider.

Offen rassistische und antisemitische Einstellungen bestehen dabei auf vergleichsweise niedrigem Niveau fort, bestimmen das gesellschaftliche Klima gegenüber Minderheiten jedoch weit weniger als Forderungen nach kultureller Anpassung an eine deutsche »Leitkultur«, deren inhaltlicher Mehrwert gegenüber deutschen Verfassungsprinzipien entweder im Dunkeln bleibt oder in Widerspruch zu internationalen Menschenrechtsstandards zu geraten droht. Im Zusammenhang mit solchen Assimilationsrufen stehen die vermeintliche Inkompatibilität des Islams mit der westlichen Werteordnung, die immer schärfer hervortretende Abgrenzung gegenüber Muslim/innen und deren oftmals mehrheitsfähige Entpersonalisierung und Stigmatisierung – Phänomene, die mit verschiedenen Argumentationsmustern und in unterschiedlichen Ausmaß quer durch die sozialen Schichten zu beobachten sind (Heitmeyer 2010, S. 23 ff.). Muslim/innen scheinen im Zuge der »Religionisierung« des Integrationsdiskurses (Seidel 2008) zum neuen Inbegriff des inkompatiblen »Fremden« geworden zu sein.

Erkenntnisstand zur ethnischen Diskriminierung von Migrant/innen

Ethnische Differenz in einer pluralen Gesellschaft manifestiert sich nicht nur im kollektiven Meinungsklima und in individuellen Einstellungen gegenüber Migrant/innen und Minderheiten, sondern auch in deren Zugangschancen zu politischen, sozialen und ökonomischen Ressourcen und Positionen. Barrieren, die direkt oder indirekt an der Zuschreibung von ethnisch-kultureller bzw. religiöser Differenz ansetzen, lassen sich als Diskriminierung beschreiben. Dabei kann – in Anlehnung an die Definition von *racial discrimination* des UN-Ausschusses zur Beseitigung von rassistischer Diskriminierung CERD (Committee on the Elimination of Racial Discrimination 1965) – zwischen Diskriminierung als interpersoneller *Ungleichbehandlung* und als struktureller Ausgrenzung mit benachteiligenden *Effekten* unterschieden werden (Peucker 2009, S. 6 ff.).

Interpersonelle Diskriminierung: empirisch bewiesen, Ausmaß unbekannt

Bei der Diskriminierung von ethnischen, kulturellen oder religiösen Minderheiten handelt es sich um komplexe, facettenreiche Phänomene, die meist im Verborgenen ablaufen und sich in Reaktion auf soziale und rechtliche Rahmenbedingungen ständig wandeln (Pager/Shepherd 2008). Entsprechend anspruchsvoll gestaltet sich deren empirische Analyse. Wenngleich die Diskriminierungsforschung in Deutschland im Vergleich zu Ländern wie den USA, Großbritannien, Frankreich oder Schweden noch großen Nachholbedarf hat, liegen inzwischen auch hierzulande hinreichende empirische Belege für ethnische Diskriminierung vor, die im Folgenden exemplarisch diskutiert werden.

Das Verhältnis von Vorurteilen und interpersoneller Diskriminierung

Ressentiments gegenüber Minderheiten können, müssen aber nicht die Ursache für interpersonelle Ungleichbehandlung sein; Diskriminierung kann auch ohne Vorurteile stattfinden. Dies gilt nicht nur für strukturelle Formen von Ausgrenzung, sondern auch für direkte Diskriminierung, die oft unbedacht und ohne »böse Absicht« erfolgt. Andererseits führen bestehende Vorurteile nicht zwangsläufig zu einer Schlechterbehandlung der jeweiligen Personengruppe. Wenn etwa soziale Normen Nichtdiskriminierung als erwünschtes Handeln betonen und soziale Kontrolle die Nichteinhaltung dieser Normen sanktioniert, bleibt interpersonelle Diskriminierung unabhängig von persönlichen Vorurteilen oft aus (Blalock 1982, S. 23). Ferner können ökonomische Motive das Verhalten gegenüber Minderheiten (z. B. als Kunden) stärker dominieren als persönliche Ressentiments, sodass Vorurteile nicht handlungsleitend werden.

Trotz des fehlenden *direkten* Kausalzusammenhangs zwischen Einstellung und Verhalten (Heckmann 1992, S. 125 ff.) können sich Vorurteile und Diskriminierung wechselseitig beeinflussen (Rubinstein 2006, S. 97 f.). So zeigen Personen mit ausgeprägten persönlichen Ressentiments gemäß der aus der Ökonomie stammenden *taste for discrimination*-Theorie (Becker 1957) eine höhere Diskriminierungsbereitschaft (Asbrock/Wagner/Christ 2006). Belege aus der qualitativen Diskriminierungsforschung deuten darauf hin, dass solche individuellen Ressentiments zwar eher selten als primäre Motive für Ungleichbehandlung genannt werden, aber dennoch eine wichtige Rolle bei der Erklärung von Diskriminierung spielen (Imdorf 2008; Gestring/Janßen/Polat 2006).

Negativ konnotierte, stereotype Annahmen über bestimmte Migrantengruppen (z. B. geringeres Qualifikationsniveau, mangelnde Anpassungsbereitschaft) können in Kombination mit einem Mangel an konkreten Informationen über den/die Einzelne(n) zu einer pauschalisierten Schlechterbewertung und infolgedessen zu individueller Ungleichbehandlung führen (*statistische Diskriminierung*, Arrow 1973). Dabei mögen solche negativen Kollektivannahmen teilweise statistisch (»im Durchschnitt«) korrekt sein (z. B. geringere Schulabschlüsse von türkischstämmigen Personen), und doch führen sie zu diskriminierender Ausgrenzung der individuellen Bewerber/innen, da den Einzelnen die Chance vorenthalten wird, ihre persönliche Qualifikation und Eignung zu präsentieren. Es liegen inzwischen auch für den deutschsprachigen Raum überzeugende empirische Indizien aus der quantitativen Forschung dafür vor, dass solche Formen statistischer Diskriminierung eine zentrale Rolle bei der Erklärung der Ungleichbehandlung von ethnischen Minderheiten spielen (Liebig/Widmaier 2009; Kaas/Manger 2010; Seibert/Solga 2005).

Unabhängig von den *persönlichen* Einstellungen kann sich das negativ geprägte *allgemeine* Meinungsklima gegenüber Minderheiten auch indirekt auf interpersonelle Diskriminierung auswirken. Zum einen nimmt der Grad der sozialen Ächtung von Ungleichbehandlung mit dem Anstieg der negativen Haltungen innerhalb der Mehrheitsbevölkerung gegenüber diesen Gruppen ab, sodass der soziale Druck zur Gleichbehandlung sinkt und die Akzeptanz bzw. moralische Hinnahme von Diskriminierung zunimmt. Zum anderen steigt in einem von negativen Stereotypen geprägten Klima gegenüber ethnischen Minderheiten die Neigung von Gatekeepern, Migrant/innen als Bewerber/innen um eine Arbeitsstelle oder Wohnung abzulehnen, um antizipierten Konflikten aufgrund befürchteter negativer Reaktionen Dritter (z.B. eigene Belegschaft, Kunden, andere Mieter) vorzubeugen (*societal discrimination*). Die qualitative Diskriminierungsforschung hat in den vergangenen Jahren überzeugende Belege für solche Formen von Diskriminierung in vorauseilender Anpassung an antizipierte negative Reaktionen Dritter vorgelegt (Imdorf 2008; Gestring/Janßen/ Polat 2006).

Erklärung von statistischen Disparitäten – Indizien für Diskriminierung

Ausgangspunkt vieler Untersuchungen der ethnischen Ungleichheitsforschung ist die statistisch offenkundige Erkenntnis, dass Menschen ausländischer Herkunft in vielen gesellschaftlichen Kerninstitutionen (z.B. Ausbildungs-, Arbeits- und Wohnungsmarkt) eine benachteiligte Position im Vergleich zur autochthonen Bevölkerung einnehmen. Die Antwort auf die Frage, ob diese Disparitäten bereits als Indiz für das Wirken von Diskriminierung zu werten sind, hängt vom zugrunde gelegten Diskriminierungsverständnis ab. Im Sinne des völkerrechtlichen Verständnisses von ethnischer Diskriminierung (CERD) wären die seit Jahrzehnten signifikant höheren Arbeitslosenraten und die unterdurchschnittlichen Bildungsabschlüsse von Menschen der zweiten oder dritten Migrantengeneration als *Effekte* und damit Anzeichen (struktureller) Diskriminierung zu interpretieren. In der deutschen Politik und Gesellschaft herrscht hingegen die Einschätzung vor, dass diese andauernden Disparitäten lediglich als Hinweis auf mangelnde Partizipation, nicht aber als Indiz für Diskriminierung zu verstehen seien.

Mithilfe aufwendiger statistischer Analysen umfassender Datensätze (z.B. SOEP, Mikrozensus) versucht die Diskriminierungsforschung, diese statistischen Disparitäten in gesellschaftlichen Kerninstitutionen zu erklären. Die Ergebnisse solcher Regressionsanalysen zeigen regelmäßig, dass diskriminierungsfreie Faktoren wie etwa die unterschiedliche Ausstattung mit unmittelbar relevanten (Human-)Kapitalien (z.B. Qualifikationen, Deutschkenntnisse) zwar einen wesentlichen Einfluss haben, die Ungleichheiten jedoch nicht völlig erklären. Offenbar, so die Schlussfolgerung vieler dieser Studien, existieren für einige Nationalitätengruppen, allen voran für türkischstämmige Personen, leistungsunabhängige, d.h. (vermutlich) diskriminierende Barrieren beim Zugang zum Arbeitsmarkt (Granato/Kalter 2001), im Bildungssystem (Müller/Stanat 2006) und am Wohnungsmarkt (Clark/Drever 2001), wie die folgenden Forschungsergebnisse exemplarisch zeigen.

Diehl, Friedrich und Hall (2009) kommen bei ihrer statistischen Analyse von Schulabgängerbefragungsdaten des Bundesinstituts für Berufsbildung (BiBB) zu dem Ergebnis, dass (insbesondere männliche) Jugendliche ausländischer Herkunft bei der Suche nach einem Ausbildungsplatz signifikant schlechtere Chancen haben – auch bei Kontrolle von Faktoren wie Humankapitalausstattung, Erstsprache und Wunschberuf. So haben einheimische junge Männer mit Abitur und (sehr) guter Abschlussnote eine mehr als dreimal so hohe Erfolgsaussicht auf einen Ausbildungsplatz als nicht deutsche Jugendliche mit identischen Abschlüssen; bei Kontrolle des Merkmals Erstsprache verringert sich dieser Abstand nur geringfügig. Auch der zweite Bundesbildungsbericht unterstreicht, dass die Ausbildungsplatzsuche für Migrantenjugendliche »sehr viel ungünstiger« verläuft als für autochthone Jugendliche, obwohl beide Gruppen gleich häufig eine betriebliche Ausbildung anstreben (Autorengruppe Bildungsberichterstattung 2008, S.162 f.).

Selbst wenn junge Erwachsene nicht deutscher Herkunft einen Ausbildungsplatz finden und die Ausbildung erfolgreich abschließen, stehen sie beim Eintritt in den Arbeitsmarkt vor neuen Hürden. Seibert und Solga (2005) weisen auf der Basis einer Analyse von Mikrozensusdaten nach, dass junge Ausländer auch bei statistischer Kontrolle relevanter Faktoren wie Schulbildung und Ausbildungsabschluss beim Zugang zu qualifizierter Beschäftigung deutlich benachteiligt sind. »Besonders große Chancenungleichheit müssen hier junge Erwachsene aus der Türkei und teilweise aus der ›restlichen Welt‹ hinnehmen« (Seibert/Solga 2005, S. 379). Die Gründe für diese an ethnischen Linien verlaufenden Arbeitsmarktchancen sehen Seibert und Solga in dem »ethnisch modifizierten Signalwert« eines Ausbildungsabschlusses: Arbeitgeber scheinen die Leistungen ausländischer und einheimischer Bewerber mit gleichem Abschluss unterschiedlich – zu Ungunsten der Migrant/innen – zu bewerten (Seibert/Solga 2005, S. 379 f.).

Zu einer ähnlichen Schlussfolgerung gelangen die OECD-Arbeitsmarktforscher Liebig und Widmaier (2009) bei ihrer empirischen Analyse der Arbeitsmarktpositionierung junger Menschen in Deutschland. Die Tatsache, dass sich die Beschäftigungschancen von jungen Migrant/innen und Autochthonen besonders deutlich in der Gruppe der Hochqualifizierten unterscheiden, in der Sprachdefizite kaum eine Rolle spielen dürften, werten die beiden Wissenschaftler als Hinweis darauf, dass die Bildungserfolge von Migrant/innen und ihren Nachkommen von den Arbeitgebern »noch nicht ausreichend honoriert« werden (OECD 2009, o. S.).

Solche Erkenntnisse der quantitativen Diskriminierungsforschung zeichnen sich durch einen hohen Grad an Reliabilität und Repräsentativität aus. Allerdings sind diese Analyseverfahren methodisch ungeeignet, Diskriminierung valide zu beweisen; sie können lediglich Hinweise auf das systematische Wirken von Ungleichbehandlung liefern. Alternative Forschungsmethoden sind notwendig, um Diskriminierung empirisch solide und überzeugend aufzudecken.

Valider Nachweis von Diskriminierung durch Testing-Verfahren

Als ein besonders geeignetes Instrument der Diskriminierungsforschung haben sich sogenannte Testing-Verfahren erwiesen; dabei bewerben sich zwei fiktive Tester-Identitäten auf reale, öffentlich ausgeschriebene Arbeitsstellen oder Wohnungen. Beide Tester sind hinsichtlich ihrer Eignung (z. B. Qualifikation, Sprachfähigkeit bzw. Einkommen und Familiengröße) völlig identisch und unterscheiden sich nur darin, dass Person A einen deutschen Namen trägt und Person B aufgrund des nicht deutschen Namens vom Gatekeeper (z. B. Personalchef, Vermieter) als »Ausländer« wahrgenommen wird. In einem diskriminierungsfreien Auswahlprozess müssten beide Tester die statistisch gleichen Chancen haben, zu einem Vorstellungs- oder einem Besichtigungstermin eingeladen zu werden. Unter streng kontrollierten Bedingungen wird das Auswahl- und Antwortverhalten der Gatekeeper systematisch dokumentiert und analysiert.

Die bislang in Deutschland durchgeführten systematischen Testing-Studien zur Aufdeckung ethnischer Diskriminierung – allesamt vergleichen deutsche und türkische Tester-Identitäten bei der Arbeitsplatz- oder Wohnungssuche (z. B. Planerladen 2009) – kommen weitgehend einhellig zu dem Ergebnis, dass Menschen mit türkischen Namen in einem statistisch signifikanten Ausmaß mit Diskriminierung konfrontiert sind. So fanden Goldberg und Mourinho in der ersten Studie dieser Art in Deutschland in den 1990er-Jahre empirische Belege dafür, dass 19 Prozent der »türkischen« Bewerber beim Arbeitsmarktszugang direkt diskriminiert wurden, wobei der Dienstleistungssektor, insbesondere bei Verkaufstätigkeiten mit Kundenkontakt, deutlich stärker betroffen war als das Baugewerbe und die Industrie (Goldberg/Mourinho/Kulke 1996, S. 29).

Auch die Testing-Studie der beiden Ökonomen Kaas und Manger (2010) belegt das signifikante Ausmaß interpersoneller Ungleichbehandlung von türkischstämmigen Männern beim Arbeitsmarktzugang (hier: studentisches Praktikum). Der Testbewerber mit deutschem Namen hatte eine 14 Prozent höhere Chance, vom Arbeitgeber zurückgerufen zu werden, als der »türkische« Bewerber. Noch deutlich höher war die Diskriminierungsrate bei kleineren Unternehmen. Die Studie zeigte auch, dass sich die Unterschiede bezüglich der Rückrufquoten weitgehend auflösen, wenn den Bewerbungen zusätzlich persönliche Empfehlungsschreiben von früheren Arbeitgebern beigefügt waren. Dies wird von Kaas und Manger als Hinweis auf statistische Diskriminierung interpretiert (Kaas/Manger 2010, S. 12).

Strukturelle Diskriminierung – komplex und unzureichend erforscht

Diese exemplarischen Forschungsergebnisse belegen, dass Menschen auf der Basis (zugeschriebener) ethnisch-kultureller oder religiöser Differenz mit interpersoneller Benachteiligung konfrontiert sind. Doch ethnische Grenzziehungen entfalten ihre ausgrenzende Wirkung auch auf subtilere, indirekte Weise. Solche strukturellen Formen von Diskriminierung sind in Deutschland jedoch – von einigen Ausnahmen abgesehen (zur institutionellen Diskriminierung im Bildungssystem: Gomolla/Radtke 2002) – noch weitgehend unerforscht. Ähnliches gilt für komplexe Exklusionsphänomene wie *side-effect-Diskriminierung* (Pager/Shepherd 2008), also die mittelbare Benachteiligung in einem Lebensbereich aufgrund von Diskriminierung in einem anderen sozialen Bereich. Solche Phänomene sind beispielsweise zu beobachten, wenn Migrant/innen aufgrund von direkter Wohnungsmarktdiskriminierung in sozial benachteiligte Stadtviertel abgedrängt werden, in denen eine schwächer ausgebaute schulische Infrastruktur zu einer Beeinträchtigung der Förder- und Entwicklungsmöglichkeiten ihrer Kinder führen kann. Trotz der unbefriedigenden Forschungslage zu solchen subtilen und indirekten Formen von Benachteiligung finden sich auch in Deutschland Hinweise auf das Wirken mittelbar diskriminierender Mechanismen, wie die folgenden Beispiele illustrieren.

Kalter (2006) kommt bei seiner regressionsanalytischen SOEP-Auswertung zu dem Ergebnis, dass junge türkischstämmige Personen nach einer abgeschlossenen Berufsausbildung nicht nur wegen der im Schnitt niedrigeren Ausstattung mit »Humankapital« und geringer Deutschkenntnisse schwerer eine qualifizierte Beschäftigung finden, sondern auch weil ihnen wichtige soziale Netzwerkressourcen (konkret: geringerer »Anteil deutscher Freunde«) fehlen. Zwar resümiert Kalter, dass diese Benachteiligung in einem Mangel an »Aufnahmeland-spezifischen« Kapitalien und entsprechend weniger effektiven »Such-, Informations- und Investitionsstrategien« der jungen Migranten begründet liegen (Kalter 2006, S. 157), doch deuten diese Befunde auch unübersehbar auf die Ungleichheit perpetuierende Praxis der »Mitarbeiterrekrutierung durch informelle Netzwerke« (Seibert/Solga 2006, S. 414) hin – eine hierzulande noch kaum diskutierte Form struktureller Diskriminierung. Vor dem Hintergrund, dass in Deutschland laut einer Studie des Instituts für Arbeitsmarkt- und Berufsforschung rund ein Drittel aller Neueinstellungen über soziale Netzwerke (z. B. der Mitarbeiter/innen) verläuft (Klinger/Rebien 2009, S. 6), scheinen solche Rekrutierungspraktiken einen nicht zu vernachlässigenden Einfluss auf die Arbeitsmarktchancen von Migrant/innen zu haben: Wer nicht in den »richtigen« – deutschen – Kreisen verkehrt, hat schlechtere Chancen beim Arbeitsmarktzugang.

Auch *gesetzliche und administrative Regelungen* können ausgrenzende Wirkung auf bestimmte Gruppen von Migrant/innen entfalten und somit Formen struktureller (rechtlicher) Diskriminierung darstellen (Waldrauch 2001). Der Gesetzgeber mag diese Regelungen als objektiv gerechtfertigt einstufen, und doch werden dadurch für einige Migrantengruppen zusätzliche Hürden etabliert. Beispiele für rechtliche Diskriminierung in Deutschland reichen vom befristeten Arbeitsverbot für Asylbewerber und Flüchtlinge und den administrativen Barrieren bei der Anerkennung von im Ausland erworbenen Bildungsabschlüssen bis hin zu den landesrechtlichen Verboten des muslimischen Kopftuchs im Schuldienst und teilweise in der Verwaltung (Human Rights Watch 2009). Bisher empirisch kaum untersucht sind auch die benachteiligenden Wirkungen der »Kirchenklausel« im Allgemeinen Gleichbehandlungsgesetz (AGG) auf Nichtchristen im Allgemeinen und auf Muslim/innen im Besonderen: § 9 AGG räumt den Kirchen und diesen »zugeordneten Einrichtungen« (also *Caritas* und *Diakonie*, zwei der größten Arbeitgeber Deutschlands) bei der Rekrutierung weitreichende Rechte zur Privilegierung von Mitgliedern der eigenen Kirche ein, was auch zu einer indirekten Benachteiligung muslimischer Migrant/innen führt (Peucker 2010, S. 48, 54).

Solche und viele andere Formen struktureller Diskriminierung unterstreichen die Notwendigkeit, bei der Analyse und Bekämpfung ethnisierter Ausgrenzung das in Deutschland vorherrschende enge Verständnis von Diskriminierung als persönlicher Ungleichbehandlung zu überwinden. In Ländern mit langjähriger Antidiskriminierungstradition, wie Australien und Großbritannien, hat sich längst die Erkenntnis durchgesetzt, dass Maßnahmen zur Bekämpfung von (ethnischer) Diskriminierung erst dann effektiv greifen können, wenn dabei auch strukturelle Barrieren angemessen berücksichtigt werden.

Reaktion auf erlebte Ausgrenzung: Neigung zu Rückzug und Entfremdung

Ethnische Diskriminierung errichtet nicht nur Barrieren beim Zugang zu zentralen gesellschaftlichen Ressourcen und beeinträchtigt damit die chancengleiche sozioökonomische Positionierung von Migrant/innen; Ausgrenzungserfahrungen können auch negative Auswirkungen auf den physischen und mentalen Gesundheitszustand haben (Ziegler/Beelmann 2009) und zu psychischer Verunsicherung, Entfremdung und Re-Ethnisierungstendenzen beitragen. So konnte Skrobanek (2006, S. 35) in einer statistischen Analyse von Daten aus dem DJI-Übergangspanel nachweisen, dass individuelle Diskriminierungserfahrungen unter jungen Menschen türkischer Herkunft beim Übergang von der Schule in den Arbeitsmarkt zu einer signifikant erhöhten (Re-)Ethnisierungneigung führen. Diese Rückzugstendenzen in die ethnische Community befördern – im Sinne eines sich selbst verstärkenden Zirkels – »nahezu parallel dazu wiederum Einschätzungen, stärker persönlich diskriminiert zu worden zu sein« (Skrobanek 2006, S. 35).

Eine 2010 von der EU-Grundrechteagentur vorgelegte empirische Studie zur Marginalisierung von muslimischen und nicht muslimischen Jugendlichen in Spanien, Frankreich und Großbritannien wies nach, dass Jugendliche mit persönlichen Diskriminierungserfahrungen signifkant häufiger Anzeichen von sozialer Ausgrenzung und Entfremdung aufwiesen. Eine weitere Auswertung der Befragungsdaten zeigte, dass solche Gefühle der Entfremdung mit einer deutlich erhöhten Tendenz zu emotionaler und (in Spanien und Großbritannien auch) körperlicher Gewalt korrelieren. Ferner tragen persönliche Diskriminierungserfahrungen, ungeachtet einiger länderspezifischer Unterschiede, zu einer gesteigerten Gewaltneigung bei, während die Religionszugehörigkeit selbst darauf keinen Einfluss zu haben scheint (FRA 2010, S. 71–72).

Schlussfolgerungen sowie migrationspolitische und migrationspädagogische Empfehlungen

Nach der überblicksartigen Analyse der beiden miteinander verwobenen Dimensionen ethnischer Differenz in der deutschen Migrationsgesellschaft – Einstellung und Vorurteile einerseits und Ungleichbehandlung und Ausgrenzung anderseits – stellt sich die Frage nach Ansätzen zur Überwindung dieser Grenzziehungen zwischen »uns« und den »Anderen«. In Anbetracht der Komplexität der Phänomene sind keine einfachen Antworten zu erwarten; vielmehr bedarf es eines vielschichtigen Vorgehens auf verschiedenen Ebenen und einer Kombination unterschiedlichster Werkzeuge, die hier nur knapp und exemplarisch aus Sicht der Pädagogik angesprochen werden können.

Negative Einstellungen gegenüber ethnischer Vielfalt und Migrant/innen sind nicht angeboren, sondern in einem Prozess des sozialen Lernens erworben. Dies bedeutet, dass diese durch gezielte pädagogische Interventionen auch wieder *verlernt* werden können – was aufgrund der Persistenz von Einstellungen jedoch kein einfaches pädagogisches Unterfangen ist. Sozialpsychologische Theorien und pädagogische Praxiserfahrungen unterstreichen einhellig die Bedeutung von einerseits präventiven Maßnahmen, die mit angemessenen Methoden bereits in der frühen Kindheit ansetzen, bevor Vorurteile dominant werden (Rieker 2004). Anderseits sind der Abbau von Vorurteilen und die Sensibilisierung für Menschenrechte, Fairness und Anerkennung von Vielfalt als Lernziele von lebenslangen Bildungsprozessen in Schule, Aus- und Weiterbildung (z. B. öffentliche Verwaltungen, Personalabteilungen, Polizei, Justiz), in der Multiplikatorenausbildung (z. B. Lehrer/innen, Erzieher/innen) sowie in informellen Settings (z. B. in Vereinen) systematisch zu verankern.

Wenngleich die pädagogischen Ansätze dabei – entsprechend der Heterogenität der Zielgruppen – extrem vielfältig sind, sollten diese grundsätzlich die Komplexität von Vorurteilen und Einstellungsänderungen berücksichtigen und anerkennen, dass Vorurteile nicht nur auf kognitiven Fehlinformationen über Zuwanderung und Migranten basieren. Sachliche Aufklärung ist daher zwar ein notwendiges, aber keinesfalls hinreichendes Element beim Abbau von Ressentiments; alternative didaktische Arrangements, die auch emotionale, motivationale und verhaltensbezogene Aspekte adressieren (z. B. Intergruppenaktivitäten, handlungsorientiertes Lernen) und dabei Erkenntnisse aus der sozialpsychologischen und pädagogischen Praxis und Forschung (z. B. Kontakthypothese) berücksichtigen, sind essenziell (Farley 2005, S. 40 ff.).

Pädagogische Maßnahmen zielen primär auf das Individuum ab; sie können selbst bei optimaler Planung und Durchführung langfristig nur dann effektiv sein, wenn sie in ein politisches und gesellschaftliches Klima der sozialen Gerechtigkeit, Solidarität,

Chancengleichheit und Anerkennung von Vielfalt eingebunden sind. Sind diese Rahmenbedingungen – und die Medien, die Politik, aber auch die Akteure der Zivilgesellschaft spielen dabei eine herausragende Rolle – nicht erfüllt, werden auch die besten pädagogischen Ansätze der Antivorurteilsarbeit zur Sisyphos-Anstrengung.

Ein solches Klima bedarf einer inklusiven Sozial- und aktiven Antidiskriminierungspolitik, der Aufklärung und Sensibilisierung – sowohl für die ökonomischen Potenziale von Vielfalt und die wertvollen Potenziale von Migrant/innen als auch für die individuellen Rechte auf Nichtdiskriminierung und eine aktive Förderung von substanzieller Chancengleichheit, unabhängig von ethnischer Herkunft, Religion oder anderer askriptiver unveränderlicher Merkmale. Dies schließt auch zielgruppenspezifische Fördermaßnahmen und die individuelle Stärkung bei der Wahrnehmung von Gleichbehandlungsrechten mit ein. Nur mit einer umfassenden Kombination politischer, rechtlicher und pädagogischer Maßnahmen lässt sich das gesellschaftliche Klima nachhaltig so beeinflussen, dass ethnisch-religiöse Pluralität als Normalität positiv bewertet wird und Diskriminierung und Ausgrenzung jeglicher Art nicht nur rechtlich untersagt, sondern auch sozial geächtet werden.

Literatur

ADS (Antidiskriminierungsstelle des Bundes) (2009): Diskriminierung im Alltag. Wahrnehmung von Diskriminierung und Antidiskriminierungspolitik in unserer Gesellschaft. Baden-Baden: Nomos.
Arrow, K. J. (1973): The Theory of Discrimination. In: Ashenfelter, O./Rees, A. (Hrsg.): Discrimination in Labor Markets. Princeton: Princeton University Press, S. 3–33.
Asbrock, F./Wagner, U./Christ, O. (2006): Diskriminierung. Folgen der Feindseligkeit. In: Heitmeyer, W. (Hrsg.): Deutsche Zustände, Folge 4. Frankfurt am Main: Suhrkamp, S. 156–172.
Autorengruppe Bildungsberichterstattung (2008): Bildung in Deutschland 2008. Ein indikatorengestützter Bericht mit einer Analyse zu Übergängen im Anschluss an den Sekundarbereich I, Bielefeld: W. Bertelsmann.
Baier, D./Pfeiffer, C./Simonson, J./Rabold, S. (2009): Jugendliche in Deutschland als Opfer und Täter von Gewalt. Erster Forschungsbericht zum gemeinsamen Forschungsprojekt des Bundesministeriums des Innern und des KFN, Hannover: KFN.
Becker, G. (1957): The Economics of Discrimination. Chicago: University of Chicago Press.
Blalock, H. M. (1982): Race and Ethnic Relations. Englewoods Cliffs: Pearson.
Blohm, M./Wasmer, M. (2008): Einstellungen und Kontakte zu Ausländern. In: Destatis/GESIS-ZUMA/WZB (Hrsg): Datenreport. Ein Sozialbericht für die Bundesrepublik. Bonn: BpB, S. 208–217.
Brubaker, R. (1992): Citizenship and Nationhood in France and Germany. Cambridge/Massachusetts: Harvard University Press.
Clark, W./Drever, A. (2001): Wohnsituation von Ausländern: Trotz Verbesserung immer noch großer Abstand zu deutschen Haushalten. DIW-Wochenbericht 30/01, Berlin: DIW.
Decker, O./Rothe, K./Weissmann, M./Geißler, N./Brähler, E. (2008): Ein Blick in die Mitte. Zur Entstehung rechtsextremer und demokratischer Einstellungen. Berlin: Friedrich-Ebert-Stiftung.
Decker, O./Weissmann, M./Kiess, J./Brähler, E. (2010): Der Mitte in der Krise. Rechtsextreme Einstellungen in Deutschland 2010. Berlin: Friedrich-Ebert-Stiftung.

Diehl, C./Friedrich, M./Hall, A. (2009): Jugendliche ausländischer Herkunft beim Übergang in die Berufsausbildung: Vom Wollen, Können und Dürfen. In: Zeitschrift für Soziologie 38, S. 48–68.
Farley, J. E. (^{5}2005): Majority-Minority Relations. Upper Saddle River: Prentice Hall.
FRA (European Union Agency for Fundamental Rights) (2010): Experience of Discrimination, Social Marginalisation and Violence: a Comparative Study of Muslim and Non-Muslim Youth in three EU Member States. Wien: FRAU, S. 71/72.
Gestring, N./Janßen, A./Polat, A. (2006): Prozesse der Integration und Ausgrenzung. Türkische Migranten der zweiten Generation. Wiesbaden: Verlag für Sozialwissenschaften.
Goldberg, A./Mourinho, D./Kulke, U. (1996): Arbeitsmarkt-Diskriminierung von ausländischen Arbeitnehmern in Deutschland. International Migration Papers Nr. 7. Genf: ILO.
Gomolla, M./Radtke, F.-O. (2002): Institutionelle Diskriminierung. Die Herstellung ethnischer Differenz in der Schule. Opladen: Leske + Budrich.
Granato, N./Kalter, F. (2001): Die Persistenz ethnischer Ungleichheit auf dem deutschen Arbeitsmarkt – Diskriminierung oder Unterinvestition in Humankapital. In: Kölner Zeitschrift für Soziologie und Sozialpsychologie 53, S. 497–520.
Heckmann, F. (1992): Ethnische Minderheiten, Volk und Nation. Soziologie interethnischer Beziehungen. Stuttgart: Enke.
Heitmeyer, W. (Hrsg.) (2010): Disparate Entwicklungen in Krisenzeiten, Entsolidarisierung und Gruppenbezogene Menschenfeindlichkeit. In: Heitmeyer, W. (Hrsg.): Deutsche Zustände, Folge 9. Berlin: Suhrkamp, S. 13–33.
Human Rights Watch (2009): Diskriminierung im Namen der Neutralität. Kopftuchverbote für Lehrkräfte und Beamtinnen in Deutschland. New York: HRW.
Imdorf, C. (2008): Migrantenjugendliche in der betrieblichen Ausbildungsplatzvergabe – auch ein Problem für Kommunen. In: Bommes, M./Krüger-Potratz, M. (Hrsg.): Migrationsbericht 2008. Fakten – Analysen – Perspektiven. Frankfurt am Main/New York: Campus, S. 113–158.
Kaas, L./Manger, C. (2010): Ethnic Discrimination in Germany's Labour Market: A Field Experiment. IZA Discussion Paper No. 4741. Bonn: IZA.
Kalter, F. (2006): Auf der Suche nach einer Erklärung für die spezifischen Arbeitsmarktnachteile Jugendlicher türkischer Herkunft. Zugleich eine Replik auf den Beitrag von Holger Seibert und Heike Solga: »Gleiche Chancen dank einer abgeschlossenen Ausbildung?« (ZfS 5/2005). In: Zeitschrift für Soziologie 35, S. 144–160.
Kalter, F. (^{2}2008): Ethnische Ungleichheit auf dem Arbeitsmarkt. In: Abraham, M./Hinz, Th. (Hrsg.): Arbeitsmarktsoziologie. Probleme, Theorien, empirische Befunde. Wiesbaden: VS-Verlag für Sozialwissenschaften, S. 303–332.
Karakaşoğlu, Y. (2009): Beschwörung und Vernachlässigung der Interkulturellen Bildung im ›Integrationsland‹ Deutschland? Ein Essay. In: Melzer, W./Tippelt, R. (Hrsg.): Kulturen der Bildung. Beiträge zum 21. Kongress der Deutschen Gesellschaft für Erziehungswissenschaft. Opladen: Barbara Budrich, S.177–198.
Klinger, S./Rebien, M. (2009): Soziale Netzwerke helfen bei der Personalsuche. In: IAB-Kurzbericht, Nr. 24/2009.
Leibold, J./Kühnel, S. (2008): Islamophobie oder Kritik am Islam? In: Heitmeyer, W. (Hrsg.): Deutsche Zustände, Folge 6. Frankfurt am Main: Suhrkamp, S. 95–115.
Liebig, T./Widmaier, S. (2009): Children of Immigrants in the Labour Markets of the EU and OECD Countries. Paris: OECD.
Müller, A./Stanat, P. (2006): Schulischer Erfolg von Schülerinnen und Schülern mit Migrationshintergrund. Analysen zur Situation von Zuwanderern aus der ehemaligen Sowjetunion und aus der Türkei. In: Baumert, J./Stanat, P./Watermann, R. (Hrsg.): Herkunftsbedingte Disparitäten im Bildungswesen. Differenzielle Bildungsprozesse und Probleme der Verteilungsgerechtigkeit. Wiesbaden: VS Verlag für Sozialwissenschaften für Sozialwissenschaften, S. 215–255.

OECD (2009): Nachkommen von Migranten. Schlechtere Perspektiven auf dem Arbeitsmarkt auch bei gleichem Bildungsniveau. Pressemitteilung vom 15.10.2009 www.oecd.org/document/63/0,3343,de_34968570_35008930_43880255_1_1_1_1,00.html (Abruf 21.1.2011).

Pager, D./Shepherd, H. (2008): The Sociology of Discrimination: Racial Discrimination in Employment, Housing, Credit, and Consumer Markets. In: Annual Review of Sociology 34, S. 181–209.

Peucker, M. (2009): Ethnic discrimination in the labour market – empirical evidence on a multidimensional phenomenon. efms paper 2009-3. Bamberg: efms.

Peucker, M. (2010): Diskriminierung aufgrund der islamischen Religionszugehörigkeit im Kontext Arbeitsleben – Erkenntnisse, Fragen und Handlungsempfehlungen. Berlin: ADS.

Pew Research Center (2006): The Great Divide: How Westerners and Muslims see each other. Pressemitteilung vom 26.06.2006. http://pewglobal.org/2006/06/22/the-great-divide-how-westerners-and-muslims-view-each-other/ (Abruf 21.1.2011).

Planerladen (2009): Ungleichbehandlung von Migranten auf dem Wohnungsmarkt. Ergebnisse eines telefonischen »Paired Ethnic Testing« bei regionalen Immobilienanzeigen. Dortmund: Planerladen.

Rieker, P. (Hrsg.) (2004): Der frühe Vogel fängt den Wurm!? Soziales Lernen und Prävention von Rechtsextremismus und Fremdenfeindlichkeit in Kindergarten und Grundschule. Halle: DJI.

Rubinstein, R. A. (2006): Approaching Racism: Attitudes, Action and Social Structures. In: Pinxten, R./Preckler, E. (Hrsg.): Racism in Metropolitan Areas. New York/Oxford: Berghahn, S. 93–100.

Sassenberg, K./Fehr, J./Hansen, N./Matschke, C./Woltin, K. (2007): Eine sozialpsychologische Analyse zur Reduzierung sozialer Diskriminierung von Menschen mit Migrationshintergrund. In: Zeitschrift für Sozialpsychologie 38, S. 239–249.

Seibert, H./Solga, H. (2005): Gleiche Chancen dank einer abgeschlossenen Ausbildung? Zum Signalwert von Ausbildungsabschlüssen bei ausländischen und deutschen jungen Erwachsenen. In: Zeitschrift für Soziologie 34, S. 364–382.

Seibert, H./Solga, H. (2006): Die Suche geht weiter ... Kommentare zu »Auf der Suche nach einer Erklärung für die spezifischen Arbeitsmarktnachteile von Jugendlichen türkischer Herkunft« von Frank Kalter (ZfS 2/2006). In: Zeitschrift für Soziologie 35, S. 413–417.

Seidel, E. (2008): In welche Richtung verschieben sich die medialen Diskurse zum Islam? In: Heitmeyer, W. (Hrsg.): Deutsche Zustände, Folge 6. Frankfurt a.M.: Suhrkamp, S. 250–259.

Skrobanek, J. (2006): Wahrgenommene Diskriminierung und (Re)Ethnisierung bei jugendlichen Zuwanderern. Halle: DJI.

Tajfel, H./Turner, J. C. (1979): An Integrative Theory of Intergroup Conflict. In: Austin, W.G./Worchel, S. (Hrsg.): The Social Psychology of Intergroup Relations. Monterey: Brooks-Cole, S. 33–47.

Waldrauch, H. (2001): Die Integration von Einwanderern: Ein Index legaler Diskriminierung. Frankfurt a.M./New York: Campus.

Westfälische Wilhelms-Universität Münster (2010): »Deutsche sind viel weniger tolerant gegenüber Muslimen«. Pressemitteilung am 2.12.2010; www.uni-muenster.de/imperia/md/content/religion_und_politik/aktuelles/2010/12_2010/pm_zur_pressekonferenz_02.12.2010.pdf (Abruf 21.1.2011).

Zick, A./Küpper, B. (2009): Meinung zum Islam und Muslimen in Deutschland und Europa. Ausgewählte Ergebnisse der Umfrage Gruppenbezogene Menschenfeindlichkeit in Europa (GFE-Europe); verfügbar unter: www.uni-bielefeld.de/ikg/zick/Islam_GFE_zick.pdf (Abruf 21.1.2011).

Zick, A./Küpper, B./Wolf, H. (2010) (Hrsg.): Wie feindselig ist Europa? Ausmaße Gruppenbezogener Menschenfeindlichkeit in acht Ländern. In: Heitmeyer, W. (Hrsg.): Deutsche Zustände, Folge 9. Berlin: Suhrkamp, S. 39–60.

Ziegler, A./Beelmann, A. (2009): Diskriminierung und Gesundheit. In: Beelmann, A./Jonas, K.J. (Hrsg.): Diskriminierung und Toleranz. Psychologische Grundlagen und Anwendungsperspektiven. Wiesbaden: VS Verlag für Sozialwissenschaften für Sozialwissenschaften, S. 357–378.

2

Migration und Bildung:

Daten, Fakten und Erklärungen

Michael Matzner

Migration und Bildung: Daten und Fakten

In diesem Beitrag werden Daten und Fakten zum Gegenstandsbereich »Migration und Bildung« in Form von statistischen Verteilungen dargestellt. Es wurde versucht, möglichst aktuelle Daten zu den einzelnen Aspekten zu präsentieren, was allerdings nur zum Teil realisierbar war. Darüber hinaus beziehen sich aufgrund der mangelnden Standardisierung der diversen Erhebungen und Datensätze die folgenden Verteilungen manchmal auf unterschiedliche Bezugsgruppen wie z. B. »Ausländer« oder »Menschen mit Migrationshintergrund«. Der Beitrag beschränkt sich bewusst auf die Darstellung empirischer Daten und Fakten. Die möglichen Ursachen und Erklärungen für die diversen Unterschiede werden in mehreren Beiträgen dieses Buches diskutiert.

Wie hoch ist der Anteil von Kindern mit Migrationshintergrund?

Bei den Kindern unter fünf Jahren beträgt der Anteil der Migrant/innen im Bundesgebiet derzeit 34 Prozent, bei den Kindern von fünf bis zehn Jahren 32 Prozent (Rühl/Babka von Gostomski in diesem Band). Da die Fertilität in eingewanderten Familien höher ist als in deutschstämmigen Familien und mit weiteren Zuwanderungen zu rechnen ist, wird sich der Migrantenanteil in der Schülerschaft in den kommenden Jahrzehnten weiter erhöhen. Nicht nur für Baden-Württemberg, sondern für alle westdeutschen Bundesländer sowie die Stadtstaaten bedeutet dies Folgendes: »Der unterschiedliche und in den jüngeren Jahrgängen zunehmende Anteil von jungen Menschen mit Migrationshintergrund wird in den nächsten zehn Jahren zu einer merklichen Veränderung der Sozialstruktur der Schulbevölkerung führen« (Expertenrat 2011, S. 34). In einer wachsenden Zahl westdeutscher Ballungsräume, Städte, Stadtteilen und Schulen werden deutschstämmige Schüler/innen zu einer Minderheit werden.

Elementarbereich

In den vergangenen Jahren ist es hinsichtlich der Besuchsquoten von Kindergärten und Kindertageseinrichtungen zu einer wachsenden Annäherung zwischen Kindern mit und ohne Migrationshintergrund gekommen (vgl. Tab. 2). In den westdeutschen

Tab. 1: Anteil von Kindern mit Migrationshintergrund im Alter von drei bis unter sechs Jahren in der gleichaltrigen Bevölkerung (in %)

Bremen	46 %	Hamburg	43 %
Berlin	39 %	Hessen	38 %
Nordrhein-Westfalen	35 %	Baden-Württemberg	34 %
		Westdeutschland (ohne Berlin)	32 %

Quelle: Ramirez-Rodriguez/Dohmen 2010, S. 293

Tab. 2: Inanspruchnahme von Kindertageseinrichtungen im Alter von vier Jahren bis zum Schuleintritt durch Kinder mit und ohne deutsche Staatsangehörigkeit in den Jahren 1991 und 2004

	1991	2004
deutsche Kinder ab vier Jahre bis zum Schuleintritt	88 %	89 %
ausländische Kinder ab vier Jahre bis zum Schuleintritt	75 %	84 %

Quelle: Konsortium Bildungsberichterstattung 2006, S. 150

Tab. 3: Deutsche und ausländische Schülerinnen und Schüler im Schuljahr 2009/2010

Schüler insgesamt:	8 905 800
davon Deutsche	8 139 679
davon Ausländer	766 121
davon türkisch	298 714
davon aus diversen Ländern Asiens (ohne Vietnam)	76 858
davon italienisch	48 045
davon aus diversen Ländern Afrikas	31 316
davon griechisch	26 405
davon polnisch	24 984
davon aus diversen Ländern Nord- und Südamerikas	24 967
davon russisch	22 999
davon vietnamesisch	14 789

Quelle: Statistisches Bundesamt 2010, S. 2005, sowie eigene Berechnungen

Bundesländern variieren die Besuchsquoten der Migrantenkinder zwischen 94 Prozent in Baden-Württemberg und 60 Prozent in Schleswig-Holstein (Ramirez-Rodriguez/Dohmen 2010, S. 293).

Ausländische Schülerinnen und Schüler

Die ausländischen Schülerinnen und Schüler machen nur einen Teil der Schüler/innen mit Migrationshintergrund aus. Im Schuljahr 2009/2010 betrug der Anteil der ausländischen Schüler 8,6 Prozent (berechnet nach den Daten der Tab. 3). Die mit Abstand größte nationale Gruppe sind die fast 300 000 Schülerinnen und Schüler mit türkischer Staatsbürgerschaft; dies entspricht 39 Prozent aller ausländischen Schüler.

Primarstufe

Vorzeitige und verspätete Einschulungen

Tab. 4: Anteil vorzeitiger und verspäteter Einschulungen bei ausländischen Schülern in Nordrhein-Westfalen im Jahr 2004

	vorzeitige Einschulung	verspätete Einschulung
ausländische Schüler	4,4 %	12,0 %
Schüler insgesamt	7,8 %	7,2 %

Quelle: Konsortium Bildungsberichterstattung 2006, S. 151

Schulleistungen

Deutsch – Lesekompetenz

»*Kinder aus Familien ohne Migrationshintergrund erreichen auf der IGLU 2006-Leseskala durchschnittlich eine substantiell höhere Leseleistung als Kinder, deren Eltern im Ausland geboren wurden.* »*Die Unterschiede entsprechen im Durchschnitt*« *bis zu einem ganzen Lernjahr*« (Schwippert/Hornberg/Goy 2008, S. 120).

Kompetenzen in Mathematik und Naturwissenschaften

»*Im Bereich der Mathematik beträgt die Leistungsdifferenz zwischen Kindern mit und ohne Migrationshintergrund in Deutschland 46 Leistungspunkte und somit fast eine halbe Standardabweichung zum TIMSS-Skalenmittelwert. In anderen Domänen entspricht dies in etwa dem Kompetenzunterschied von der Jahrgangsstufe drei auf vier*« (Bonsen/Kummer/Bos 2008, S. 165).

Tab. 5: Leseleistung nach Migrationshintergrund in verschiedenen Bundesländern (IGLU-E 2006)

	beide Elternteile in Deutschland geboren	ein Elternteil im Ausland geboren	beide Elternteile im Ausland geboren
Deutschland	564	545	516
Nordrhein-Westfalen	558	550	531
Hessen	564	536	504
Bayern	575	556	509
Berlin	552	517	504

Quelle: Schwippert/Hornberg/Goy 2008, S. 119

Tab. 6: Verteilung der Kinder mit und ohne Migrationshintergrund auf die unterschiedlichen Lesekompetenzstufen (IGLU 2006)

Kompetenzstufe	I	II	III	IV	V
kein Elternteil im Ausland geboren	1,0 %	5,7 %	31,5 %	47,7 %	14,2 %
beide Elternteile im Ausland geboren	3,2 %	22,5 %	44,3 %	26,4 %	3,6 %

Quelle: Siegert 2008, S. 36

Tab. 7: Verteilung der Schüler/innen mit und ohne Migrationshintergrund auf die unterschiedlichen Kompetenzstufen der Mathematik (TIMSS 2007)

Kompetenzstufe	I	II	III	IV	V
ohne Migrationshintergrund	3 %	12 %	39 %	38 %	8 %
mit Migrationshintergrund	8 %	27 %	41 %	21 %	3 %

Quelle: Bonsen/Kummer/Bos 2008, S. 168

Tab. 8: Verteilung der Schüler/innen mit und ohne Migrationshintergrund auf die unterschiedlichen Kompetenzstufen der Naturwissenschaften (TIMSS 2007)

Kompetenzstufe	I	II	III	IV	V
ohne Migrationshintergrund	2 %	12 %	34 %	39 %	13 %
mit Migrationshintergrund	13 %	30 %	35 %	18 %	4 %

Quelle: Bonsen/Kummer/Bos 2008, S. 169

»Im naturwissenschaftlichen Bereich lässt sich in Deutschland eine noch größere Differenz zwischen Kindern mit und ohne Migrationshintergrund, die nominell einzig in Österreich übertroffen wird, feststellen. Mit 72 bzw. 74 Leistungspunkten beträgt der Unterschied zwischen Kindern mit und ohne Migrationshintergrund in Deutschland und Österreich jeweils mehr als drei Viertel einer Standardabweichung des TIMSS-Skalenmittelwerts« (Bonsen/Kummer/Bos 2008, S. 166).

Klassenwiederholungen

Die Wahrscheinlichkeit, in der Grundschule eine Klasse wiederholen zu müssen, ist bei Migrantenkindern viermal so hoch wie bei Kindern ohne Migrationshintergrund (Krohne/Meier 2004).

Sekundarstufe

Bildungsbeteiligung

Junge Menschen mit Migrationshintergrund besuchen im Vergleich zu Nichtmigranten häufiger die Hauptschule und seltener das Gymnasium, wobei erhebliche Unterschiede zwischen einzelnen Gruppen bestehen.

Tab. 9: Bildungsbeteiligung 15-jähriger Jugendlicher nach Herkunft der Eltern im Jahr 2003

Herkunft der Eltern	Schulart					
	Hauptschule	MBG	Realschule	IGS	Gymnasium	Berufsschule
Deutschland	16,3%	12,9%	23,1%	9,2%	33,2%	4,8%
Italien	42,4%	2,5%	23,6%	9,1%	16,3%	6,1%
ehem. Jugoslawien	43,8%	2,1%	25,9%	9,6%	14,6%	4,1%
ehem. Sowjetunion	35,4%	4,2%	29,8%	9,4%	16,8%	4,4%
Türkei	50,8%	1,7%	19,8%	12,9%	8,3%	6,4%
Polen	18,6%	3,8%	28,2%	11,7%	32,6%	5,1%
andere Staaten	27,6%	3,6%	24,1%	10,4%	30,1%	4,2%
Gesamt	20,8%	10,8%	23,6%	9,6%	30,4%	4,9%

MBG: Schulart mit mehreren Bildungsgängen
IGS: Integrierte Gesamtschule
Berechnet aus unveröffentlichten Daten aus PISA-E 2003

Quelle: Stanat 2008, S. 704

Besuch einer Förder- oder Sonderschule

Tab. 10: Förderschulbesuchsquoten im Jahr 2008 nach ausgewählten Nationalitäten der Schüler (Anteil der Schüler/innen in Förderschulen an den Schülern mit Vollzeitschulpflicht Jahrgangsstufen 1 bis 10)

deutsch	4,1 %
albanisch	13,2 %
griechisch	6,2 %
italienisch	8,7 %
libanesisch	13,0 %
ehem. Jugoslawien	9,6 %
polnisch	3,3 %
russisch	3,1 %
türkisch	7,0 %
vietnamesisch	1,8 %

Quelle: Autorengruppe 2010, S. 254

Tab. 11: Förderschulbesuchsquoten im Schuljahr 2006/2007 nach Nationalität und Geschlecht

deutsch, weiblich	3,0 %
deutsch, männlich	5,2 %
Migrationshintergrund, weiblich	5,8 %
Migrationshintergrund, männlich	8,4 %
italienisch, männlich	10,7 %
türkisch, männlich	8,0 %

Quelle: Siegert 2008, S. 29 und 31

Schulleistungen

Die in Schulleistungsstudien erhobenen Kompetenzen unterscheiden sich zwischen Migrant/innen und Nichtmigrant/innen bzw. zwischen verschiedenen Migrantengruppen in Abhängigkeit von der Generationszugehörigkeit und der Nationalität erheblich.

Tab. 12: Kompetenzen (Mittelwerte) von 15-Jährigen in Deutschland nach Migrationshintergrund der Familie (PISA 2006)

	Lesekompetenz	Mathematische Kompetenz	Naturwissenschaftliche Kompetenz
ohne Migrationshintergrund	519	525	538
ein Elternteil im Ausland geboren	491	496	502
zweite Generation (Jugendliche, in Deutschland geboren, beide Elternteile im Ausland)	438	448	445
erste Generation (beide Elternteile und oder der Jugendliche sind im Ausland geboren)	465	466	468

Quelle: Siegert 2008, S. 40

Tab. 13: Mittlere Lesekompetenz von Jugendlichen ohne bzw. mit Migrationshintergrund (PISA 2009)

	M	(SE)
ohne Migrationshintergrund	514	2,6
ein Elternteil im Ausland geboren	500	6,7
zweite Generation	457	6,2
erste Generation	452	5,5

Quelle: Stanat/Rauch/Segeritz 2010, S. 212

Erläuterung: SE steht für *standard error* (Standardabweichung). Diese gibt das Ausmaß der Streuung der einzelnen Werte an. Bei Jugendlichen ohne Migrationshintergrund ist die Streuung mit 2,6 deutlich geringer, als wenn ein Elternteil im Ausland geboren ist (6,7). Das heißt, bei den Migrantenjugendlichen besteht eine wesentlich stärkere Heterogenität, was deren Kompetenzen betrifft.

Der Vergleich der PISA-Ergebnisse von PISA 2000 bis PISA 2009 zeigt Folgendes auf:

»Die Ergebnisse für Schülerinnen und Schüler in Deutschland im Trend ergeben ein erfreuliches Bild. Für die Gesamtgruppe der Jugendlichen mit Migrationshintergrund ist ein signifikanter Anstieg der Lesekompetenz zu beobachten; mit 26 Punkten ist diese Steigerung signifikant und als substanziell zu bewerten« (Stanat/Rauch/Segeritz 2010, S. 212).

»Trotz der Verbesserung der Lage von in Deutschland lebenden Jugendlichen aus zugewanderten Familien sind auch in PISA 2009 die mit einem Migrationshintergrund verbundenen Disparitäten weiterhin groß. Insbesondere das geringe Niveau der Lesekompetenz von Schülerinnen und Schülern, deren Familien aus der Türkei stammen, ist unbefriedigend« (Stanat/Rauch/Segeritz 2010, S. 227).

Klassenwiederholungen

Tab. 14: Kumulierte Repetentenquoten von 15-Jährigen aus deutschstämmigen und zugewanderten Familien nach Geschlecht

Mädchen ohne Migrationshintergrund	16,1 %	N = 1.944
Jungen ohne Migrationshintergrund	23,3 %	N = 2.687
Mädchen ohne Migrationshintergrund	38,4 %	N = 898
Jungen ohne Migrationshintergrund	42,1 %	N = 959

Quelle: Krohne/Meier 2004, S. 134

Abstieg in eine andere Schulart

Schüler/innen mit Migrationshintergrund haben es etwas schwerer, sich in der Sekundarstufe in ihrer Schulart zu halten. Von 100 Schüler/innen mit Migrationshintergrund, die von der Grundschule auf ein Gymnasium übergehen, verbleiben bis zur Jahrgangsstufe 9 77 in diesem Bildungsgang, bei den deutschstämmigen Schüler/innen gilt dies für 83. In der Realschule verbleiben bis zur Jahrgangsstufe 9 73 Prozent der Migrant/innen und 84 Prozent der Deutschstämmigen (Ramirez-Rodriguez/Dohmen 2010, S. 295).

Schulabschlüsse

Der Vergleich der Tabellen 15 bis 18 zeigt, dass sich in den vergangenen Jahrzehnten die Unterschiede zwischen Migrant/innen und Nichtmigrant/innen, was das Erreichen von Schulabschlüssen betrifft, verringert haben. Gleichwohl existieren – auf einem höheren Niveau – im Gesamtvergleich erhebliche Unterschiede.

Tab. 15: Anteil der Schulabgänger ohne Hauptschulabschluss an allen Schulabgängern

	Deutsche	Ausländer
1987		23,1 %
1992	6,7 %	20,9 %
1999	8,0 %	19,3 %
2009	5,8 %	13,8 %

Tab. 16: Anteil der Absolventen mit Hauptschulabschluss an allen Schulabgängern

	Deutsche	Ausländer
1987		46,5 %
1992	25,1 %	44,4 %
1999	24,1 %	41,0 %
2009	19,7 %	38,9 %

Tab. 17: Anteil der Absolventen mit Realschulabschluss an allen Schulabgängern

	Deutsche	Ausländer
1987		23,8 %
1992	41,6 %	26,3 %
1999	41,0 %	28,9 %
2009	41,1 %	34,4 %

Tab. 18: Anteil der Absolventen mit Fachhochschulreife oder Abitur an allen Schulabgängern

	Deutsche	Ausländer
1987		6,6 %
1992	26,6 %	8,4 %
1999	26,5 %	10,9 %
2009	33,5 %	12,9 %

Quellen (Tabellen 15 bis 18): jeweils Statistisches Bundesamt 2000 (ohne Seitenzahl), Statistisches Bundesamt 2010, S. 281

Die Differenzierung in Tabelle 19 nach den Kategorien »deutsch/ausländisch« und »männlich/weiblich« zeigt das Zusammenwirken verschiedener sozialer Merkmale von Menschen auf (sogenannte »Intersektionalität«). So sind beim Erwerb von hochwertigen Schulabschlüssen deutschstämmige junge Frauen besonders oft erfolgreich, während ausländische junge Männer besonders oft keinen bzw. nur einen Hauptschulabschluss erwerben.

Tab. 19: Absolventen/Schulabgänger 2009 nach Nationalität und Geschlecht

	deutsch weibl.	deutsch männl.	ausl. weibl.	ausl. männlich
ohne Abschluss	4,5%	7,0%	11,5%	16,1%
mit HS-Abschluss	16,6%	22,7%	37,0%	40,7%
mit RS-Abschluss	41,4%	40,7%	36,5%	32,3%
mit allgemeiner HS-Reife	35,9%	28,1%	13,3%	9,5%

Quelle: Statistisches Bundesamt 2010, S. 281

Berufsausbildung

Tab. 20: Übergänge Schule – Beruf im Jahr 2006

	alle Jugendlichen	ausländische Jugendliche
Duale Berufsausbildung	43,5%	28%
Ausbildung an einer Berufsfachschule	16,5%	11%
„Übergangssystem" (BVJ, BGS, BEJ u.Ä.)	40%	60%

Quelle: Autorengruppe 2008, S. 159

Tab. 21: 25- bis 34-jährige Menschen mit abgeschlossener Berufsausbildung oder Studienabschluss im Jahr 2008

Deutsche ohne Migrationshintergrund:	89,2%
Deutsche mit Migrationshintergrund:	62,7%
Ausländer:	53,1%

Quelle: Matzner in diesem Band

Tab. 22: Ausländeranteil an Auszubildenden in Westdeutschland 1994 bis 2004

1994:	9,8 %
2000:	7,1 %
2004:	5,6 %
2006:	4,2 %

Quellen: Konsortium Bildungsberichterstattung 2006, S. 154; Siegert 2009, S. 23

Literatur

Autorengruppe Bildungsberichterstattung (Hrsg.) (2008): Bildung in Deutschland. Bielefeld: Bertelsmann.
Autorengruppe Bildungsberichterstattung (Hrsg.) (2010): Bildung in Deutschland 2010. Bielefeld: Bertelsmann.
Bonsen, M./Kummer, N./Bos, W. (2008): Schülerinnen und Schüler mit Migrationshintergrund. In: Bos, W./Bonsen, M./Baumert, J./Prenzel, M./Selter, C./Walther, G. (Hrsg.): TIMSS 2007. Mathematische und naturwissenschaftliche Kompetenzen von Grundschulkindern in Deutschland im internationalen Vergleich. Münster/New York/München/Berlin: Waxmann, S. 156–175.
Expertenrat »Herkunft und Bildungserfolg« (2011): Empfehlungen für Bildungspolitische Weichenstellungen in der Perspektive auf das Jahr 2020. Leitung: Prof. Dr. Jürgen Baumert. Stuttgart: Ministerium für Kultus, Jugend und Sport. http://www.kultusportal-bw.de/servlet/PB/show/1285001/ExpertenberichtBaW%FC_online.pdf (Abruf am 29.06.2011)
Konsortium Bildungsberichterstattung (Hrsg.) (2006): Bildung in Deutschland 2006. Bielefeld: Bertelsmann.
Krohne, J./Meier, U. (2004): Sitzenbleiben, Geschlecht und Migration. In: Schümer, G./Tillmann, K.J./Weiß, M. (Hrsg.): Die Institution Schule und die Lebenswelt der Schüler. Vertiefende Analysen der PISA-2000-Daten zum Kontext von Schülerleistungen. Wiesbaden: VS Verlag für Sozialwissenschaften für Sozialwissenschaften, S. 117–147.
Ramirez-Rodriguez, R./Dohmen, D. (2010): Ethnisierung von geringer Bildung. In: Quenzel, G./Hurrelmann, K. (Hrsg.): Bildungsverlierer. Neue Ungleichheiten. Wiesbaden: VS Verlag für Sozialwissenschaften für Sozialwissenschaften, S. 289–311.
Schwippert, K./Hornberg, S./Goy, M. (2008): Lesekompetenzen von Kindern mit Migrationshintergrund im nationalen Vergleich. In: Bos, W./Hornberg, S./Arnold, K. H./Faust, G./Fried, L./Lankes, E./Schwippert, K./Valtin, R. (Hrsg.): IGLU-E 2006. Die Länder der Bundesrepublik Deutschland im nationalen und internationalen Vergleich. Münster/New York/München/Berlin: Waxmann, S. 117–125.
Siegert, M. (2008): Schulische Bildung von Migranten in Deutschland. Working Paper 13 der Forschungsgruppe des Bundesamtes für Migration und Flüchtlinge. Nürnberg. http://www.bamf.de/SharedDocs/Anlagen/DE/Publikationen/WorkingPapers/wp13-schulische-bildung.pdf?__blob=publicationFile (Abruf am 29.06.2011).
Siegert, M. (2009): Berufliche und akademische Ausbildung von Migranten in Deutschland. Working Paper 22 der Forschungsgruppe des Bundesamtes für Migration und Flüchtlinge. Nürnberg. http://www.bamf.de/SharedDocs/Anlagen/DE/Publikationen/WorkingPapers/wp22-berufliche-ausbildung.pdf?__blob=publicationFile (Abruf am 29.6.2011).

Stanat, P. (2008): Heranwachsende mit Migrationshintergrund im deutschen Bildungswesen. In: Cortina, K./Baumert, J./Leschinsky, A./Mayer, K. U./Trommer, L. (Hrsg.): Das Bildungswesen in der Bundesrepublik Deutschland. Reinbek bei Hamburg: Rowohlt, S. 685–742.

Stanat, P./Rauch, D./Segeritz, M. (2010): Schülerinnen und Schüler mit Migrationshintergrund. In: Klieme et al. (Hrsg.): PISA 2009. Bilanz nach einem Jahrzehnt. Münster/New York/München/Berlin: Waxmann, S. 200–230.

Statistisches Bundesamt (2000): Bildung und Kultur. Fachserie 11, Reihe, S. 2. Allgemeinbildende und berufliche Schulen 1950 bis 1999. Wiesbaden.

Statistisches Bundesamt (2010): Bildung und Kultur. Allgemeinbildende Schulen. Schuljahr 2009/2010. Fachserie 11, Reihe 1. Wiesbaden.

Cornelia Kristen / Jörg Dollmann

Migration und Schulerfolg: Zur Erklärung ungleicher Bildungsmuster

Einleitung

Die Bildungssituation von Kindern und Jugendlichen aus Migrantenfamilien hat in den letzten Jahren viel Aufmerksamkeit erfahren, und kaum jemand würde die individuelle und gesellschaftliche Bedeutung der strukturellen Integration in das Bildungssystem leugnen. Zumeist rückt in diesem Zusammenhang das nachteilige schulische Abschneiden von Schülerinnen und Schülern aus Migrantenfamilien ins Blickfeld. Während manche Studien auf die Testergebnisse in internationalen Schulleistungsstudien verweisen, ziehen andere Schulnoten heran. Auch auf die typischen Übergangsmuster in die Sekundarstufe, die hieraus resultierenden Verteilungen über die verschiedenen Bildungszweige oder die letztlich erzielten Schulabschlüsse wird eingegangen. Für alle diese Bereiche gilt: Zumeist lassen sich – zumindest in den Ausgangsverteilungen – Nachteile für Schülerinnen und Schüler mit Migrationshintergrund ausmachen.

Gleichzeitig werden solche allgemeinen Beschreibungen dem Phänomen nur bedingt gerecht. Denn die Ergebnisse gestalten sich unterschiedlich, je nachdem, welcher Indikator des Bildungserfolgs betrachtet wird (Gresch/Kristen 2011, S. 209). So sind Unterschiede in den schulischen Leistungen nicht identisch mit Unterschieden in den erzielten Schulabschlüssen. Disparitäten in den Kompetenzen können prinzipiell stärker oder schwächer ausfallen als Ungleichheiten in den Abschlüssen. Deshalb hängt die Frage nach dem Ausmaß der Benachteiligung stets auch davon ab, welcher Aspekt des Bildungserfolgs herausgegriffen wird. Dies gilt in ähnlicher Weise für die betrachtete Bildungsetappe und die dazugehörige Altersgruppe. Bildungsungleichheiten zu einem Zeitpunkt übersetzen sich nicht zwangsläufig in Ungleichheiten zu einem späteren Zeitpunkt. Je nach Etappe und betrachtetem Bildungsindikator können verschiedene Prozesse in variierendem Ausmaß bedeutsam sein. Zur Ergebnisheterogenität trägt vermutlich auch der Umstand bei, dass in die Analysen teilweise unterschiedliche Drittvariablen eingehen. Die Befunde verschiedener Studien lassen sich deshalb nur bedingt vergleichen.

Ein weiterer zentraler Punkt betrifft die Unterscheidung nach Herkunftsgruppen. Zwischen verschiedenen Zuwanderergruppen bestehen zum Teil erhebliche Unterschiede im Bildungserfolg. Gleichzeitig finden sich unzählige Studien, in denen ausschließlich zusammenfassend über die Bildungssituation der Bevölkerung mit Migrationshintergrund berichtet wird. Die Heterogenität, die zwischen den Gruppen besteht, geht dabei völlig unter. Auch die Identifizierung einzelner Migrantengruppen erfolgt nicht einheitlich. Vielmehr lassen sich vielfältige Wege der Operationalisierung des Zuwanderungshintergrunds ausmachen, wobei die Vorgehensweisen im Wesentlichen durch die in den jeweiligen Datensätzen verfügbaren Informationen geprägt sind.

Neben Unterschieden zwischen den Gruppen bestehen auch Unterschiede innerhalb der Gruppen, und zwar in Abhängigkeit davon, welcher Generation die Kinder und Jugendlichen angehören. Deshalb ist zu beachten, wer zugewandert ist: die Person selbst, ihre Eltern oder die Großeltern. Mit dem Begriff »Migrationshintergrund« werden diese Gruppen zumeist zusammenfassend beschrieben. In gegenwärtigen Studien wird vielfach nach erster und zweiter Generation unterschieden; in kleineren Studien kann vereinzelt auch die dritte Generation ausgewiesen werden. Dabei lässt sich zeigen, dass in der Generationenfolge die Unterschiede zu den Gleichaltrigen ohne Migrationshintergrund sukzessive geringer werden. Ein solcher Blick auf die Generationszugehörigkeit ist von großer Bedeutung, wenn es um die Frage geht, ob sich eher Tendenzen einer Angleichung oder einer Verfestigung von Ungleichheiten ausmachen lassen.

Für die Bildungssituation der zugewanderten Bevölkerung in der Bundesrepublik lässt sich in Anbetracht der gegenwärtigen Befundlage festhalten, dass sich zwar an unterschiedlichen Punkten im Bildungsverlauf Bildungsnachteile für verschiedene Zuwanderergruppen nachweisen lassen. Gleichzeitig können die bestehenden Bildungsungleichheiten noch nicht über den Bildungsverlauf hinweg für einzelne Herkunftsgruppen in der Generationenfolge beschrieben werden.

Einer Auseinandersetzung mit den zugrunde liegenden Prozessen der Entstehung ungleicher Bildungsmuster steht dies jedoch keineswegs entgegen. Im Kern geht es an dieser Stelle um die Frage, wer bzw. welche Bedingungen dafür verantwortlich sind, dass Kinder und Jugendliche aus Zuwandererfamilien nachteilige Bildungsergebnisse erzielen. Die Migranten selbst! – behaupten die einen. Sie interessierten sich eben nicht genügend für die Bildung ihrer Kinder. Die Lehrkräfte! – sagen die anderen. Sie würden Kindern aus Zuwandererfamilien den Zutritt zu den höheren Bildungswegen verwehren (Spiewak 2010). Das Bildungssystem! – meinen Dritte. Allerdings sind nicht nur die in der Öffentlichkeit diskutierten Aspekte vielfältig und in ihrer Bedeutung umstritten; die wissenschaftliche Auseinandersetzung ist ebenfalls durch heterogene Antworten und eine nicht immer eindeutige Befundlage gekennzeichnet.

Im vorliegenden Beitrag sollen die unterschiedlichen Überlegungen und die häufig unverbunden nebeneinanderstehenden Argumente systematisiert werden. Dabei geht es weniger um eine lückenlose Darstellung der vielfältigen Einflussgrößen. Vielmehr soll gezeigt werden, wie sich diese zusammenführen lassen. Den Ausgangspunkt hierfür bildet die in gegenwärtigen Arbeiten anzutreffende Unterscheidung in Mikro-, Meso- und Makrobedingungen (Abschnitt 2). Vor dem Hintergrund dieser Aufteilung wird ein Vorschlag zur Erklärung der ungleichen Bildungsmuster entwickelt

(Abschnitt 3). Er steht im Zentrum des Beitrags. Im abschließenden Teil wird auf die Befundlage in der Bundesrepublik eingegangen (Abschnitt 4). Es wird gezeigt, welche empirische Relevanz ausgewählten Bedingungen zukommt.

Makro-, Meso- und Mikrobedingungen

Vorschläge zur Erklärung der zumeist nachteiligen Bildungssituation von Kindern und Jugendlichen aus Zuwandererfamilien sprechen in der Regel verschiedene Bündel von Bedingungen an. Zu ihrer Systematisierung wird häufig eine Unterscheidung zwischen Mikro- und Makroebene getroffen (z. B. Diefenbach 2007a); die Mesoebene wird von manchen Autoren gesondert angesprochen (z. B. Becker/Lauterbach 2007; Heckmann 2008; Stanat 2006a).

Makrobedingungen werden auf gesellschaftlicher Ebene und auf der Ebene schulischer Systeme, Teilsysteme und Schulformen verortet. Hierzu zählen beispielsweise institutionelle Regelungen zur Ausgestaltung des Bildungssystems und zur Strukturierung der Bildungsinhalte, aber auch soziale Distanzen oder gesellschaftlich geteilte Stereotype. Dagegen werden unter Mesobedingungen bestimmte Kontextbedingungen gefasst, zu denen unter anderem Charakteristiken von Schulen und Schulklassen ebenso wie Eigenschaften der Nachbarschaft zählen. Beispielhaft lassen sich Kompositionseffekte anführen, die auf Einflüsse differenzieller Lern- und Entwicklungsumgebungen verweisen (Baumert/Stanat/Watermann 2006). Darüber hinaus werden Bedingungen der Schulorganisation sowie der Schul- und Unterrichtsqualität angesprochen (Peek/Neumann 2006). Auf der Mikroebene stehen schließlich die Merkmale der Schülerinnen und Schüler, ihrer Eltern und Lehrkräfte im Vordergrund. Zu den zentralen Bedingungen lassen sich die in der Umgebung verfügbaren Ressourcen rechnen, die für die Bildungskarriere eingesetzt werden können (Diefenbach 2007b; Kristen/Granato 2007). Angeführt werden in diesem Zusammenhang unter anderem Aspekte der Ausstattung mit ökonomischem, kulturellem oder sozialem Kapital (Bourdieu 1983) ebenso wie migrationsspezifische Merkmale, zum Beispiel Kenntnisse der Verkehrssprache (Esser 2006). Darüber hinaus werden auf Mikroebene Diskriminierungen seitens der Lehrkräfte thematisiert (Kristen 2006; Tiedemann/Billmann-Mahecha 2007) ebenso wie Auswirkungen von Stereotypen oder gruppenspezifischen Erwartungen von Lehrerinnen und Lehrern (Schofield 2006).

Diese grobe Auflistung unterschiedlicher Bedingungen steht beispielhaft für die vielfältigen Aspekte, die in der gegenwärtigen Literatur angesprochen werden. Vorherrschend werden dort Einzelhypothesen zu spezifischen Einflussgrößen diskutiert. Additive Zusammenstellungen dieser Art vermögen jedoch kaum zu verdeutlichen, dass und nicht zuletzt wie Makro-, Meso- und Mikroebene miteinander in Verbindung stehen. Auch das Zusammenwirken von Bedingungen innerhalb einer Ebene bleibt zumeist außen vor; Interaktionseffekte werden kaum thematisiert.

Gleichzeitig sind Überlegungen, die es prinzipiell ermöglichen, eine Vielzahl von Prozessen einzubeziehen und miteinander zu verknüpfen, nur vereinzelt anzutreffen.

Eine solche Einbettung in eine allgemeine Erklärung ist jedoch auch für eine differenzierte Auseinandersetzung mit einzelnen Aspekten und Einflussgrößen bedeutsam. Denn ausgehend von einer systematischen Zusammenführung, kann sich das Augenmerk gezielt auf die relevanten Prozesse und Bedingungen der Entstehung migrationsgekoppelter Bildungsungleichheiten richten.

Ein Erklärungsvorschlag

Die allgemeine Ressourcenperspektive

Als Ausgangspunkt erscheint eine Orientierung am allgemeinen Kapitalansatz hilfreich (Esser 2000; Esser 2006; Kalter 2003a). In seiner Anwendung auf Zuwanderer und ihre Nachkommen lassen sich Phänomene der Integration, insbesondere der strukturellen, als Folge einer Ausstattung mit relevanten Kapitalien auffassen (Kalter 2003b, S. 332). Der Kapitalbegriff umfasst dabei vielfältige Ressourcen, etwa das finanzielle, soziale oder kulturelle Kapital (Bourdieu 1983). Im Übrigen lässt sich auch die Bildung selbst als Ressource auffassen. Das kommt in dem Begriff Humankapital zum Ausdruck (Becker 1993).

Die Grundidee des allgemeinen Kapitalansatzes ist einfach: Individuen unterscheiden sich in den Ressourcen, die ihnen zur Verfügung stehen. In Abhängigkeit davon, was sie kontrollieren, ergeben sich für sie ganz unterschiedliche Möglichkeiten des Handelns (Esser 2000). Einerseits sind sie aufgrund ihrer Kapitalausstattung bestimmten Restriktionen unterworfen. Andererseits sind mit einer bestimmten Ressourcenausstattung spezifische Möglichkeiten verbunden. Auch Strategien und Ziele können sich in Abhängigkeit von den verfügbaren Kapitalien unterscheiden. Mit einer Orientierung an dieser Grundidee rückt das Entscheidungsverhalten der Individuen in den Vordergrund. Es geht um die Wahl zwischen verschiedenen Handlungsmöglichkeiten und damit letztlich um die Frage, wie die vorhandenen Ressourcen eingesetzt werden. Vor diesem Hintergrund lässt sich der Bildungserwerb als Investition bzw. als Folge einer Vielzahl aufeinanderfolgender Investitionen auffassen.

Boudons Unterscheidung zwischen primären und sekundären Effekten im Anwendungsfall

Mit Blick auf die Bildung hat es sich als hilfreich erwiesen, danach zu unterscheiden, ob sich die Investitionen auf die Leistungsentwicklung richten oder ob es um Investitionen an den Bildungsübergängen geht und damit um die Bildungsentscheidungen, die im Laufe der Bildungskarriere an einzelnen Verzweigungspunkten getroffen werden. Diese Unterscheidung zwischen primären und sekundären Effekten wurde ursprünglich von Boudon (1974) eingeführt. Er zog sie zur Erklärung schichtspezifischer Disparitäten im Bildungserfolg heran.

Bei den primären Effekten richtet sich das Interesse an Einflüssen der sozialen Herkunft auf den Kompetenzerwerb. Sie umfassen unter anderem die Lernvoraussetzungen in den Familien, die sich je nach Ausstattung mit relevanten Ressourcen unterscheiden können. Dagegen gehen die sekundären Effekte auf Einflüsse der sozialen Herkunft zurück, welche auf die Bildungsentscheidungen wirken. Beispielhaft kann hier auf das Motiv des Statuserhalts verwiesen werden (Boudon 1974). Die privilegierten Schichten sehen sich mit der Gefahr eines Statusverlustes konfrontiert, den sie zu fürchten haben, wenn das Kind nicht den höchsten Bildungsweg einschlägt. Während ihnen in diesem Falle ein Abstieg droht, ist dies bei den niedrigeren Statusgruppen nicht zu erwarten, da sie ihre Position zumeist auch ohne einen höheren Bildungsabschluss erhalten können (Kristen/Dollmann 2009, S. 207). Auch bei gleichen Leistungen kann es auf diese Weise zu sozial bedingten unterschiedlichen Bildungsentscheidungen kommen.

Boudons analytische Unterscheidung zwischen primären und sekundären Effekten lässt sich mit dem allgemeinen Kapitalansatz verbinden. Bei der Leistungsentwicklung rücken die Kompetenzen und Lernfortschritte in bestimmten Fähigkeitsbereichen ins Blickfeld. Leistungen, die zu einem bestimmten Zeitpunkt im Bildungsverlauf beobachtet werden, lassen sich als Resultat einer Kette vielfältiger Investitionen in den Kompetenzerwerb auffassen (Esser 2006). Sie sind das Ergebnis kumulativer Lernprozesse (Atkinson 1974). Bei den Bildungsentscheidungen geht es um die Frage, welche Bildungswege gewählt werden (Breen/Goldthorpe 1997; Erikson/Jonsson 1996; Esser 1999). Dieser Aspekt ist vor allem bei den institutionell vorgesehen Bildungsübergängen relevant, etwa beim Wechsel von der Grundschule in die verschiedenen Bildungszweige der Sekundarstufe.

Die Unterscheidung zwischen Kompetenzen und Bildungsentscheidungen ist bedeutsam, weil Ungleichheitsmuster in den Leistungen von Ungleichheitsmustern in den Übergangsentscheidungen abweichen können. Außerdem ist sie wichtig, weil zur Aufklärung der jeweiligen Disparitäten zumindest teilweise unterschiedliche Mechanismen zu berücksichtigen sind (Kristen/Dollmann 2009, S. 207). Und nicht zuletzt lässt sich über die Aufteilung verdeutlichen, dass unterschiedliche Implikationen für Maßnahmen zur Reduzierung der Ungleichheiten resultieren. So könnte die Aussicht auf finanzielle Unterstützung eine besondere Rolle bei der Abschätzung der zusätzlichen Kostenbelastung spielen, die mit dem Besuch eines längeren Bildungswegs einhergeht. Dies könnte sich in einer Verminderung der sekundären Effekte der sozialen Herkunft niederschlagen (Van de Werfhorst/Van Tubergen 2007). Dagegen dürften Maßnahmen, die sich auf die Absicherung der Leistungsentwicklung in den ersten Lebensjahren richten, eher zu einer Verringerung der primären Effekte beitragen (Erikson/Jonsson 1996).

Die Unterscheidung zwischen primären und sekundären Effekten wird in den letzten Jahren verstärkt diskutiert und insbesondere zur Erklärung sozialer Unterschiede im Entscheidungsverhalten an verschiedenen Übergangspunkten im Bildungsverlauf angewandt (z.B. Dollmann 2011; Erikson/Rudolphi 2009; Kloostermann et al. 2009; Schindler/Lörz 2012). Sie lässt sich auf den Migrationshintergrund erweitern (z.B.

Heath/Brinbaum 2007; Heath/Rothon/Kilpi 2008; Kristen/Dollmann 2009; Van de Werfhorst/Van Tubergen 2007). Hierüber können Einflüsse der sozialen Herkunft und migrationsspezifischer Bedingungen auf Leistungen und Übergänge weiter aufgeschlüsselt werden.

Bei den für die zugewanderte Bevölkerung relevanten primären Effekten handelt es sich um mit dem Migrationshintergrund verknüpfte Bedingungen, die auf das Lernen wirken (Kristen/Dollmann 2009, S. 208). Es geht um Kompetenzunterschiede, welche auch nach Kontrolle der primären sozialen Herkunftseffekte fortbestehen. Als migrationsspezifische sekundäre Effekte können mit dem Zuwanderungshintergrund verbundene Bedingungen beschrieben werden, die auf die Bildungsentscheidungen wirken. An dieser Stelle geht es um für Migranten und ihre Nachkommen spezifische Einflüsse auf den Übergang, die auch nach Berücksichtigung der primären Effekte in den Leistungen und der sekundären sozialen Herkunftseffekte zu beobachten sind.

Diese Differenzierung zwischen primären und sekundären Effekten und ihre Erweiterung für die zugewanderte Bevölkerung können genutzt werden, um die in der Literatur diskutierten Einzelhypothesen zu systematisieren. So kann für Leistungen und Bildungsentscheidungen zwischen Bedingungen des Bildungserfolgs unterschieden werden, die mit der sozialen Herkunft in Verbindung stehen, und solchen, bei denen weitere, mit dem Migrationshintergrund verknüpfte Voraussetzungen eine Rolle spielen. Dies soll im Folgenden beispielhaft anhand ausgewählter Aspekte illustriert werden.

Primäre Effekte

Mit Blick auf die primären Effekte kann zunächst an die Grundidee der Investition angeknüpft werden. Vor dem Hintergrund eines allgemeinen Modells der Leistungsentwicklung lassen sich Lernergebnisse zu einem bestimmten Zeitpunkt im Bildungsverlauf als Resultat einer Vielzahl unterschiedlicher Investitionen in den Kompetenzerwerb auffassen (Atkinson 1974; Esser 2006). Die Entscheidung für eine der mannigfaltigen Investitionen wird in Abhängigkeit von Opportunitäten und Restriktionen getroffen. Dabei spielen die in den Familien, aber auch im Lernumfeld verfügbaren Mittel und Gelegenheiten zur Investition, der erwartete Nutzen des Lernzuwachses sowie die mit der Investition verbundenen Kosten eine Rolle (Esser 2006, S. 292~f.). Auch das Vorwissen der Schülerinnen und Schüler ist zu berücksichtigen, da dieses den Lernerfolg mit beeinflusst (Helmke/Weinert 1997). Disparitäten im Qualifikationserwerb ergeben sich dem Modell zufolge dann, wenn verschiedene Gruppen ein unterschiedliches Investitionsverhalten an den Tag legen und/oder wenn die Investitionen verschieden effizient ausfallen (Kristen 2008a, S. 232).

Dieses allgemeine Modell lässt sich vor dem Hintergrund der Ressourcenperspektive weiter spezifizieren. So könnten Unterschiede im Investitionsverhalten ebenso wie in der Effizienz der Bildungsinvestitionen in einer unterschiedlichen Ausstattung mit lernrelevanten Ressourcen begründet sein. Diese Überlegung lässt sich zunächst für die mit der sozialen Herkunft variierenden Bedingungen des Kompetenzerwerbs illustrieren, den sogenannten primären sozialen Herkunftseffekten.

Eltern, die über lernrelevante Ressourcen verfügen, sind eher dazu in der Lage, die Lernprozesse ihrer Kinder kontinuierlich zu unterstützen und nachhaltig abzusichern. Sie können Schwierigkeiten rechtzeitig erkennen und über den Einsatz geeigneter Mittel ausräumen. Zu den in diesem Zusammenhang wichtigen Ressourcen zählen unter anderem die Bildungserfahrung der Eltern, aber auch ihr kulturelles oder ökonomisches Kapital. Haben die Eltern selbst das Bildungssystem erfolgreich durchlaufen und verfügen über eine entsprechende Bildungserfahrung und Vertrautheit mit dem Schulsystem, dann ist es für sie meist einfacher, die Lernerfolge ihrer Kinder zu fördern und ihnen hilfreich zur Seite zu stehen. Zudem kann davon ausgegangen werden, dass sich mit der sozialen Herkunft die verfügbaren kulturellen Ressourcen unterscheiden (Bourdieu 1983) und damit die Möglichkeiten, anregungsreiche Lernbedingungen zu schaffen. Auch finanzielle Spielräume könnten bei der Absicherung des Kompetenzerwerbs eine Rolle spielen; denn je nach verfügbaren ökonomischen Ressourcen werden die Kostenbelastungen, die mit bestimmten Lernaktivitäten verbunden sind, unterschiedlich schwer wiegen.

Letztlich geht es bei diesen Argumenten um Unterschiede im Zugang zu einer anregungsreichen Lernumwelt, in der lernförderliche Prozesse mehr oder weniger selbstverständlicher Bestandteil des Alltagslebens sind. Neben der Familie, der mit Blick auf die Leistungsentwicklung in den ersten Lebensjahren eine Schlüsselrolle zukommt, geht es mit zunehmendem Alter auch um die Lerngelegenheiten außerhalb der Kernfamilie. Die Überlegungen zur Ressourcenausstattung lassen sich hier entsprechend übertragen, sei es mit Blick auf weitere Akteure in der unmittelbaren Umgebung wie Erzieher, Lehrkräfte oder Peers oder auf zusätzliche Lernbedingungen, die durch den Schulkontext geprägt werden. Auch institutionelle Regelungen können für die Lernprozesse relevant werden, indem sie Anreize für Lernaktivitäten schaffen. Die primären Effekte beziehen sich damit neben den individuellen und familiären Einflüssen auch auf Meso- und Makrofaktoren (Goldthorpe 1996, S. 491).

Als Beispiel einer solchen Bedingung, die abseits der Mikroebene angesiedelt ist, lässt sich die Leistungszusammensetzung im Schulkontext anführen. Sie kann sich auf unterschiedliche Weise auf den Qualifikationserwerb von Schülerinnen und Schülern auswirken (Baumert/Stanat/Watermann 2006; Kristen 2002; Stanat 2006b). So orientieren sich Lehrkräfte in ihren Erwartungen, Ansprüchen und Standards auch am Leistungsstand der Kinder. In Schulklassen mit einem höheren Leistungsniveau kann der Unterricht anspruchsvoller gestaltet und mit anderen Impulsen versehen werden als in Kontexten mit einem niedrigeren durchschnittlichen Lernstand. Zudem scheinen die Leistungsorientierungen ausgeprägter und das intellektuelle Klima in Lernumgebungen mit einem höheren durchschnittlichen Leistungsniveau vorteilhafter zu sein (Caldas/Bankston 1997). Auch dies könnte sich in unterschiedlichen Mustern des Kompetenzerwerbs niederschlagen. Mit anderen Worten ist je nach Einbettung in unterschiedliche Lernumgebungen auch bei ansonsten identischer Lernausgangslage mit Disparitäten in den schulischen Leistungen zu rechnen.

Die Liste der Beispiele zu den primären sozialen Herkunftseffekten ließe sich weiter fortsetzen. Bedeutsamer als die Auseinandersetzung mit zusätzlichen sozialen Bedingungen ist die Anwendung dieser Argumente auf die zugewanderte Bevölkerung. Hierbei kann zunächst davon ausgegangen werden, dass die beschriebenen sozialen Prozesse für Kinder und Jugendliche mit und ohne Migrationshintergrund dieselben sind. Warum werden sie dann gesondert angeführt bzw. warum sind sie in einer Erklärung migrationsgekoppelter Bildungsungleichheiten zu berücksichtigen? Sie sind von Bedeutung, weil Schülerinnen und Schüler aus Zuwandererfamilien häufiger den niedrigeren sozialen Statusgruppen angehören. Dies liegt daran, dass Migration häufig sozial selektiv erfolgt. In den 1960er- und 1970er-Jahren beispielsweise wurden in der Bundesrepublik vor allem Personen für niedrig qualifizierte Bereiche auf dem Arbeitsmarkt rekrutiert. Diese Nachfrage nach bestimmten Qualifikationen hat sich entsprechend im sozialen Profil der zugewanderten Bevölkerung niedergeschlagen.

Bei den zu beobachtenden Bildungsungleichheiten handelt es sich damit unter Umständen nicht um migrationsspezifische Nachteile, sondern in erster Linie um sozial bedingte Ungleichheiten. Von einer migrationsspezifischen Bildungsungleichheit kann letztlich nur dann gesprochen werden, wenn sich nach Berücksichtigung der sozialen Bedingungen Unterschiede zwischen Zuwanderern und ihren Nachkommen und Gleichaltrigen ohne Migrationshintergrund ergeben. An dieser Stelle werden Einflüsse relevant, die speziell die Bevölkerung mit Zuwanderungshintergrund betreffen. Mit Blick auf den Kompetenzerwerb geht es um die migrationsspezifischen primären Effekte.

In diesem Zusammenhang sei auf einen weiteren Aspekt der allgemeinen Ressourcenperspektive verwiesen. Es geht dabei um die Überlegung, dass der Wert bestimmter Ressourcen an den jeweiligen Bildungskontext geknüpft ist. Damit ist gemeint, dass sich bestimmte Ressourcen nicht in allen Bildungssystemen gleichermaßen für den Bildungserfolg einsetzen lassen. Dieser Sachverhalt lässt sich über die Unterscheidung zwischen generalisierbaren und spezifischen Kapitalien verdeutlichen. Im Gegensatz zu den generalisierbaren Kapitalien, die weitgehend unabhängig von bestimmten gesellschaftlichen Kontexten verwertbar sind, wie Geld, zeichnen sich spezifische Kapitalien dadurch aus, dass ihre Geltung vom jeweiligen Kontext abhängig ist (Esser 1999, S. 151).

Sprachkenntnisse sind hier ein Paradebeispiel. Die Verwertbarkeit dieses spezifischen Humankapitals beruht weitgehend darauf, ob die beherrschte Sprache im gegebenen Bildungskontext gesprochen wird oder nicht. Da Lerninhalte in der Schule in der Sprache des Aufnahmelandes vermittelt werden, sind Kenntnisse der Verkehrssprache für den Erwerb schulischer Kompetenzen unabdingbar. Als weiteres Beispiel lässt sich kulturell geprägtes Vorwissen anführen. Dieses wird für das Verständnis von Texten benötigt und könnte für die Entwicklung der Lesekompetenz im Kontext des Aufnahmelandes relevant sein (BMBF 2005; Kristen 2008a).

Zugewanderte Eltern, die zumindest einen Teil ihrer Ressourcen in einem anderen Umfeld erworben haben, befinden sich unter Umständen in einer nachteiligen Lage. Denn ihnen stehen bestimmte für das Bildungssystem des Aufnahmelandes wichtige Ressourcen nicht in derselben Weise zur Verfügung (Chiswick 1978; Chiswick/DebBurman 2004). Und die in einem anderen Land erworbenen Ressourcen sind im Bildungssystem des Ziellandes vielleicht nicht mehr in der gleichen Weise wie zuvor nutzbar.

Auch weitere migrationsspezifische Bedingungen lassen sich an dieser Stelle prinzipiell berücksichtigen. Hierzu gehören beispielsweise Diskriminierungen, die sich in einer Schlechter- oder Besserstellung von Kindern aus Zuwandererfamilien niederschlagen. In der Sprache des Investitionsmodells bedeuten Diskriminierungen, die auf Basis eines askriptiven Merkmals wie der Zugehörigkeit zu einer bestimmten Migrantengruppe erfolgen, dass sich die Investitionen für Angehörige unterschiedlicher Herkunftsgruppen als unterschiedlich produktiv bzw. effizient erweisen. Dies wäre zum Beispiel dann der Fall, wenn Lehrkräfte unabhängig von den individuellen Leistungsvoraussetzungen mit bestimmten Stereotypen oder Erwartungen an die Kinder und Jugendlichen aus unterschiedlichen Gruppen herantreten und auf diese Weise unterschiedliche Lernvoraussetzungen schaffen (Schofield 2006). Dies könnte sich im Kompetenzerwerb niederschlagen (Jussim/Harber 2005; Rosenthal/Jacobson 1968).

Auch weitere Merkmale, wie die sprachliche Zusammensetzung des Umfelds, lassen sich den migrationsspezifischen primären Effekten zurechnen. Sie könnten für Opportunitäten des Spracherwerbs und die Aufnahme inter-ethnischer Kontakte relevant sein und hierüber auf Bildungsprozesse einwirken (Esser 2006). Auch ausgewählte institutionelle Rahmenbedingungen lassen sich prinzipiell berücksichtigen. Im Kern geht es stets darum anzugeben, auf welche Weise die jeweilige Bedingung für die Bildungsinvestitionen der Akteure relevant wird.

Sekundäre Effekte

Bei den sekundären Effekten rücken die Bildungsentscheidungen ins Blickfeld, die an verschiedenen Übergangspunkten im Bildungssystem getroffen werden. In diesem Zusammenhang lassen sich eine Reihe von Modellen zur Erklärung von Ungleichheiten in den Bildungsentscheidungen heranziehen (z.B. Breen/Goldthorpe 1997; Erikson/Jonsson 1996; Esser 1999). Sie bringen schichtspezifische Muster im Übergangsverhalten mit Unterschieden in den Bewertungen der einzelnen Bildungswege in Verbindung. Es geht dabei insbesondere um die erwarteten Erträge und die Kosten alternativer Bildungszweige (Boudon 1974).

Auch bei den Bildungsentscheidungen spielt zunächst die mit der sozialen Herkunft einhergehende typische Ressourcenausstattung eine wichtige Rolle. So dürften beispielsweise die Kosten längerer Ausbildungswege je nach verfügbaren finanziellen Mitteln als unterschiedlich belastend wahrgenommen werden. Das Arbeiterkind wird deshalb bei gleicher Leistungsausgangslage seltener ein Studium aufnehmen als ein Abiturient aus einer sozial privilegierten Herkunftsgruppe. Auch das eingangs erwähnte Motiv des Statuserhalts lässt sich an dieser Stelle anführen. Diesem zufolge streben die statushöheren Familien für ihren Nachwuchs den höchsten Bildungsabschluss an, weil sie diesen benötigen, um ihre soziale Position zu erhalten (Boudon 1974). In Abhängigkeit von der sozialen Herkunft werden deshalb unterschiedliche Bildungsziele verfolgt.

Als Beispiel für soziale Disparitäten in der Ressourcenausstattung lassen sich außerdem Unterschiede im Wissen über das Funktionieren des Bildungssystems anführen. Dieses Wissen ist wichtig, weil es zu strategischem Handeln in Übergangssituationen befähigt (Kristen 2008b). So könnten am ersten Bildungsübergang zum Ende der Grundschulzeit Kenntnisse über die Anforderungen unterschiedlicher Bildungszweige bedeutsam sein. Es ist sicherlich hilfreich, zu wissen, dass es gar nicht so schwer ist, das Abitur zu machen (Erikson/Jonsson 1996). Dafür muss man kein Ausnahmetalent sein. Eltern, die selbst die Hochschulreife erworben haben, können dies viel eher realistisch einschätzen. Für sie wird sich deshalb bei gleichen Leistungen der Weg zur Hochschulreife als weniger hürdenreich darstellen als für Eltern, die nicht auf eine solche Erfahrung zurückblicken können.

Diese Argumente zu sekundären sozialen Herkunftseffekten lassen sich wie zuvor in einem zweiten Schritt auf die zugewanderte Bevölkerung anwenden. An dieser Stelle geht es um die migrationsspezifischen sekundären Effekte. Beispielhaft lässt sich das soeben für die soziale Herkunft skizzierte Argument zum Wissen um das Funktionieren des Bildungssystems auf Kinder und Jugendliche aus Zuwandererfamilien übertragen und erweitern. Wenn die Eltern ihre Bildungskarriere in einem anderen Land durchlaufen haben, dann sind sie in vielen Fällen weniger vertraut mit dem Bildungssystem des Aufnahmelandes (Kristen/Granato 2007). In dieser Situation kommen zu den sozialen Informationsunterschieden migrationsspezifische hinzu. Am ersten Bildungsübergang ist es beispielsweise wichtig zu wissen, welche Noten benötigt werden, um den Übergang auf die Realschule oder das Gymnasium zu schaffen. Eine Drei im Grundschulbereich ist hierfür keine gute Voraussetzung. Wem dies nicht klar ist, wer also die Bedeutung von Noten im jeweiligen Bildungskontext nicht realistisch einzuschätzen weiß, der kann unter Umständen nicht mehr rechtzeitig intervenieren. Auch das Wissen um die vielfältigen Handlungsmöglichkeiten im Übergangsprozess ließe sich hier anführen. Mit einer zunehmenden Vertrautheit lässt es sich im Bildungssystem erfolgreicher navigieren (Erikson/Jonsson 1996).

Die bisher angeführten Beispiele zur Ressourcenausstattung helfen zu verdeutlichen, warum sich Kinder und Jugendliche aus Zuwandererfamilien häufig in einer nachteiligen Ausgangslage befinden. Gleichzeitig lassen sich auch Argumente anführen, die eine umgekehrte Vorhersage erlauben und damit auf Vorteile für die Nachkommen der Migranten verweisen. Solche gegenläufigen Prozesse können gleichzeitig wirksam sein.

In diesem Zusammenhang lässt sich auf die Bildungsmotivation in Migrantenfamilien verweisen. Hier zeigt sich in verschiedenen Studien, dass die Motivation in zugewanderten Familien stärker ausgeprägt ist als in der Bevölkerung ohne Migrationshintergrund (Nauck 1994, S. 119; Relikowski/Yilmaz/Blossfeld 2012). Dies scheint vor allem für türkischstämmige Familien zu gelten. Eine solche besondere Bildungsneigung könnte auf eines der zentralen Wanderungsmotive zurückzuführen sein: auf das Streben nach einem besseren Leben und nach Aufwärtsmobilität (Vallet 2005). Dieser Aufstieg bleibt der ersten Generation von Migranten, die häufig niedrigere Positionen auf dem Arbeitsmarkt einnehmen, innerhalb des eigenen Lebenslaufs in vielen Fällen verwehrt. In einer solchen Situation könnte die Bildung der Kinder als ein zentraler, wenn nicht gar als einziger Weg des Aufstiegs wahrgenommen werden (Kristen/Dollmann 2009, S. 208; vgl. auch Kao/Tienda 1995; Vallet 2005). Für den ersten Bildungsübergang ließe sich beispielsweise vermuten, dass eine ausgeprägte Bildungsorientierung bei gleicher Leistungsausgangslage zu vorteilhaften Übergangsraten auf die anspruchsvolleren Schularten führt. In diesem Fall wären positive sekundäre Effekte des Migrationshintergrunds zu erwarten.

Auch an dieser Stelle könnten weitere Bedingungen für die Bevölkerung mit Zuwanderungshintergrund angegeben werden, z. B. auf der Makroebene angesiedelte institutionelle Bedingungen, die speziell an den Bildungsübergängen wirksam werden. So könnte sich eine ausgeprägte Bildungsmotivation je nach geltenden institutionellen Regelungen mehr oder weniger leicht umsetzen lassen. Bei einer verbindlichen Ausgestaltung des ersten Bildungsübergangs sind die Familien an die Empfehlungen der Lehrkräfte in stärkerem Maße gebunden als im Falle eines freien Elternwahlrechts (Becker 2000; Ditton/Krüsken/Schauenberg 2005; Dollmann 2011; Gresch/Baumert/ Maaz 2009; Neugebauer 2010). In der Folge wäre zu erwarten, dass sich die hohen Aspirationen in Migrantenfamilien in einem Kontext mit freiem Elternwahlrecht eher realisieren lassen.

Wie zuvor bei den primären Effekten geht es letztlich darum, ausgehend von den allgemeinen Modellen zur Erklärung von Bildungsentscheidungen anzugeben, auf welche Weise die jeweilige Bedingung wirksam wird. Unterschiede zwischen verschiedenen Gruppen, etwa in der Ausstattung mit bildungsrelevanten Ressourcen, schlagen sich in den Modellen in unterschiedlichen Ausprägungen der Parameter zu den Kosten, Erträgen und Erfolgswahrscheinlichkeiten nieder und übersetzen sich so in spezifische Übergangsmuster.

Zur empirischen Relevanz der Argumente

Studien zur Bildungssituation der zugewanderten Bevölkerung in der Bundesrepublik sind in den letzten Jahren zahlreicher geworden. Wie eingangs beschrieben, weichen die darin vorgelegten Befunde zum Teil voneinander ab, was unter anderem Unterschieden in den berücksichtigten Indikatoren des Bildungserfolgs, den betrachteten Bildungsetappen, den in die Analysen einbezogenen Drittvariablen und nicht zuletzt der Operationalisierung des Migrationshintergrunds geschuldet ist. Aussagen zur empirischen Relevanz bestimmter Größen lassen sich dennoch treffen. Dabei geht es an dieser Stelle um zweierlei. Zum einen soll auf den relativen Einfluss unterschiedlicher Aspekte verwiesen werden: Welche Bedingungen sind für die Erklärung der ungleichen Bildungsmuster von zentraler Bedeutung, welche sind weniger wichtig? Zum anderen soll ihre Relevanz vor dem Hintergrund der getroffenen Unterscheidung zwischen primären und sekundären Effekten diskutiert werden. Die Darstellung weicht deshalb von vielen der ansonsten in diesem Zusammenhang herangezogenen Studien ab, die sich vor allem auf die Bildungsbeteiligung richten (z.B. Alba/Handl/ Müller 1994; Kristen/Granato 2007). Da sich die Verteilungen verschiedener Gruppen über die einzelnen Bildungszweige aus dem Zusammenspiel von Leistungsentwicklung und sukzessiven Bildungsentscheidungen ergeben, lassen sich diese Studien für Aussagen über primäre und sekundäre Effekte kaum nutzen.

Unterschiede in den schulischen Leistungen zwischen Kindern und Jugendlichen aus Migrantenfamilien und Gleichaltrigen ohne Migrationshintergrund lassen sich vor allem auf Bedingungen zurückführen, die mit der sozialen Herkunft in Verbindung stehen (z.B. Dollmann 2010; Kristen 2008a; Müller/Stanat 2006; Stanat/Rauch/ Segeritz 2010). Der Schlüssel zur Aufklärung der zum Teil ausgeprägten Bildungsnachteile der zugewanderten Bevölkerung liegt in den primären sozialen Effekten. Alle anderen Größen treten demgegenüber in den Hintergrund. Mit anderen Worten ergeben sich die Disparitäten in den schulischen Kompetenzen als Spezialfall einer mit der sozialen Herkunft in Verbindung stehenden Ungleichheit (Kalter 2005, S. 326). Dieser Befund gehört zu den bedeutsamsten und konsistent nachgewiesenen Ergebnissen der bisherigen Forschung zur Bildungssituation von Zuwanderern und ihren Nachkommen – auch im internationalen Vergleich (Heath/Rothon/Kilpi 2008).

Im deutschen Kontext lassen sich die bestehenden Leistungsunterschiede über die Berücksichtigung der sozialen Herkunftseffekte in der Regel für alle Migrantengruppen mit Ausnahme der türkischstämmigen Bevölkerung vollständig aufklären (z.B. Segeritz/Walter/Stanat 2010; Stanat/Rauch/Segeritz 2010). Migrationsspezifische Aspekte sind demzufolge vor allem für die Auseinandersetzung mit den verbleibenden Nachteilen für die türkische Gruppe wichtig.

Zu den bedeutsamsten migrationsspezifischen Einflüssen gehören Kenntnisse der Verkehrssprache ebenso wie die vorgelagerten Opportunitäten des Spracherwerbs (Esser 2006). Wer frühzeitig mit der deutschen Sprache in Kontakt kommt und sie im Alltag nutzt, der erzielt bessere schulische Leistungen (z.B. Kristen 2008a; Müller/ Stanat 2006; Stanat/Rauch/Segeritz 2010).

Darüber hinaus wird immer wieder die Vermutung geäußert, dass Diskriminierungen für verbleibende Nachteile verantwortlich sein könnten (z.B. Alba/Handl/Müller 1994). Allerdings lassen sich in Anbetracht der derzeitigen Befundlage keine zuverlässigen Aussagen treffen, da hierzu Studien benötigt werden, die Diskriminierungen unter gleichzeitiger Berücksichtigung anderer zentraler Größen wie der sozialen Herkunftseffekte untersuchen. Nur so lässt sich deren relativer Einfluss bestimmen.

Betrachtet man in einem nächsten Schritt die Bildungsentscheidungen und damit das Geschehen an den Bildungsübergängen, so zeigt sich, dass die nachteiligen Übertrittsraten für Kinder und Jugendliche aus Migrantenfamilien in erster Linie auf Leistungsunterschiede in den vorgelagerten Bildungsetappen und damit auf die primären Effekte zurückzuführen sind (Dollmann 2010; Gresch/Becker 2010; Kristen/ Dollmann 2009). Bei gleicher Leistungsausgangslage sind nur noch geringfügige Unterschiede im Übergangsverhalten festzustellen. Dies verweist einmal mehr auf die zentrale Bedeutung der primären Effekte der sozialen Herkunft: Der Kompetenzentwicklung der Kinder über die ersten Lebensjahre hinweg kommt eine Schlüsselrolle bei der Entstehung der nachteiligen Bildungsmuster zu.

Die an den Bildungsübergängen verbleibenden Disparitäten lassen sich wiederum mit sozialen Bedingungen in Verbindung bringen und damit mit den sekundären sozialen Herkunftseffekten. Werden diese berücksichtigt, so zeigt sich am Ende der Grundschulzeit ein erstaunliches Muster: Bei gleichen schulischen Leistungen und einem vergleichbaren sozialen Hintergrund wechseln Kinder aus zugewanderten Familien häufiger als Kinder ohne Migrationshintergrund auf die anspruchsvolleren Schularten (Gresch/Becker 2010; Kristen/Dollmann 2009; Relikowski/Schneider/Blossfeld 2010). Sie entscheiden sich außerdem vermehrt für die Aufnahme eines Studiums (Kristen/Reimer/Kogan 2008). An den Verzweigungspunkten im Bildungsverlauf werden damit positive migrationsspezifische sekundäre Effekte sichtbar. Dieses vorteilhafte Übergangsverhalten steht mit der besonderen Bildungsmotivation in Zuwandererfamilien in Verbindung (Kristen/Dollmann 2009; Kristen/Reimer/Kogan 2008).

Allerdings kann auch eine ausgeprägte Motivation schwache schulische Leistungen in den vorgelagerten Bildungsetappen nicht kompensieren: Viele Schülerinnen und Schüler gelangen aufgrund schlechterer schulischer Leistungen gar nicht erst an einen Punkt, an dem vorteilhafte Übergangsentscheidungen getroffen werden können.

Literatur

Alba, R. D./Handl, J./Müller, W. (1994): Ethnische Ungleichheiten im deutschen Bildungssystem. In: Kölner Zeitschrift für Soziologie und Sozialpsychologie 46, H. 2, S. 209–237.
Atkinson, J. W. (1974): Motivational Determinants of Intellective Performance and Cumulative Achievement. In: Atkinson, J. W./Raynor, J. O. (Hrsg.): Achievement and Performance. Washington D.C.: Winston, S. 389–410.
Baumert, J./Stanat, P./Watermann, R. (2006): Schulstruktur und die Entstehung differentieller Lern- und Entwicklungsmilieus. In: Baumert, J./Stanat, P./Watermann, R. (Hrsg.): Herkunftsbedingte Disparitäten im Bildungswesen. Differenzielle Bildungsprozesse und Probleme der Verteilungsgerechtigkeit. Wiesbaden: VS Verlag für Sozialwissenschaften, S. 95–188.
Becker, G. S. (1993): Human Capital. A Theoretical and Empirical Analysis with Special Reference to Education. Chicago: University of Chicago Press.
Becker, R. (2000): Klassenlage und Bildungsentscheidungen. Eine empirische Anwendung der Wert-Erwartungstheorie. In: Kölner Zeitschrift für Soziologie und Sozialpsychologie 52, S. 450–474.
Becker, R./Lauterbach, W. (2007): Bildung als Privileg. Ursachen, Mechanismen, Prozesse und Wirkungen. In: Becker, R./Lauterbach, W. (Hrsg.): Bildung als Privileg. Wiesbaden: VS Verlag für Sozialwissenschaften, S. 11–49.
Boudon, R. (1974): Education, Opportunity, and Social Inequality. New York: Wiley.
Bourdieu, P. (1983): Ökonomisches Kapital, kulturelles Kapital, soziales Kapital. In: Kreckel, R. (Hrsg.): Soziale Ungleichheiten. Soziale Welt, Sonderband 2. Göttingen: Schwartz, S. 183–198.
Breen, R./Goldthorpe, J. H. (1997): Explaining Educational Differentials. Towards a Formal Rational Action Theory. In: Rationality and Society 9, H. 3, S. 275–305.

BMBF (Hrsg.) (2005): Expertise – Förderung von Lesekompetenz. Reihe Bildungsreform, Bd. 17. Bonn, Berlin: Bundesministerium für Bildung und Forschung.
Caldas, S. J./Bankston, C. (1997): Effect of School Population Socioeconomic Status on Individual Academic Achievement. In: Journal of Educational Research 90, H. 5, S. 269–277.
Chiswick, B. R. (1978): The Effect of Americanization on the Earnings of Foreign-Born Men. In: Journal of Political Economy 86, H. 5, S. 897–922.
Chiswick, B. R./DebBurman, N. (2004): Educational Attainment. Analysis by Immigrant Generation. In: Economics of Education Review 23, S. 361–379.
Diefenbach, H. (2007a): Kinder und Jugendliche aus Migrantenfamilien im deutschen Bildungssystem – Erklärungen und empirische Befunde. Wiesbaden: VS Verlag für Sozialwissenschaften.
Diefenbach, H. (2007b): Bildungschancen und Bildungs(miss)erfolg von ausländischen Schülern oder Schülern aus Migrantenfamilien im System schulischer Bildung. In: Becker, R./Lauterbach, W. (Hrsg.): Bildung als Privileg. Wiesbaden: VS Verlag für Sozialwissenschaften, S. 217–241.
Ditton, H./Krüsken, J./Schauenberg, M. (2005): Bildungsungleichheit – der Beitrag von Familie und Schule. In: Zeitschrift für Erziehungswissenschaft 8, S. 285–304.
Dollmann, J. (2010): Türkischstämmige Kinder am ersten Bildungsübergang. Primäre und sekundäre Herkunftseffekte. Wiesbaden: VS Verlag für Sozialwissenschaften.
Dollmann, J. (2011): Verbindliche und unverbindliche Grundschulempfehlungen und soziale Ungleichheiten am ersten Bildungsübergang. Bislang unveröffentlichtes Manuskript.
Erikson, R./Jonsson, J. O. (1996): Explaining Class Inequality in Education: The Swedish Test Case. In: Erikson, R./Jonsson, J. O. (Hrsg.): Can Education Be Equalized? The Swedish Case in Comparative Perspective. Boulder, Colorado: Westview Press, S. 1–64.
Erikson, R./Rudolphi, F. (2009): Change in Social Selection to Upper Secondary School – Primary and Secondary Effects in Sweden. In: European Sociological Review 26, S. 291–305.
Esser, H. (1999): Soziologie. Spezielle Grundlagen. Band 1: Situationslogik und Handeln. Frankfurt am Main: Campus.
Esser, H. (2000): Soziologie. Spezielle Grundlagen. Band 4: Opportunitäten und Restriktionen. Frankfurt am Main: Campus.
Esser, H. (2006): Sprache und Integration. Die sozialen Bedingungen und Folgen des Spracherwerbs von Migranten. Frankfurt am Main: Campus.
Goldthorpe, J. H. (1996): Class Analysis and the Reorientation of Class Theory: The Case of Persisting Differentials in Educational Attainment. In: The British Journal of Sociology 47, H. 3, S. 481–505.
Gresch, C./Baumert, J./Maaz, K. (2009): Empfehlungsstatus, Übergangsempfehlung und der Wechsel in die Sekundarstufe I: Bildungsentscheidungen und soziale Ungleichheit. In: Zeitschrift für Erziehungswissenschaft, Sonderheft 12, S. 230–256.
Gresch, C./Becker, M. (2010): Sozial- und leistungsbedingte Disparitäten im Übergangsverhalten bei türkischstämmigen Kindern und Kindern aus (Spät-)Aussiedlerfamilien. In: Maaz, K./Baumert, J./Gresch, C./McElvany, N. (Hrsg.): Der Übergang von der Grundschule in die weiterführende Schule. Leistungsgerechtigkeit und regionale, soziale und ethnisch-kulturelle Disparitäten. Berlin: Bundesministerium für Bildung und Forschung (BMBF), Referat Bildungsforschung, S. 181–200.
Gresch, C./Kristen, C. (2011): Staatsbürgerschaft oder Migrationshintergrund? Ein Vergleich unterschiedlicher Operationalisierungsweisen am Beispiel der Bildungsbeteiligung. In: Zeitschrift für Soziologie 40, H. 3, S. 208–227.
Heath, A./Brinbaum, Y. (2007): Explaining Ethnic Inequalities in Educational Attainment. In: Ethnicities 7, H. 3, S. 291–305.
Heath, A./Rothon, C./Kilpi, E. (2008): The Second Generation in Western Europe: Education, Unemployment and Occupational Attainment. In: Annual Review of Sociology 34, S. 211–235.

Heckmann, F. (2008): Education and the Integration of Migrants – Challenges for European Education Systems Arising from Immigration and Strategies for the Successful Integration of Migrant Children in European Schools and Societies. NESSE Analytical Report 1 for EU Commission DG Education and Culture. Bamberg: Europäisches Forum für Migrationsstudien.

Helmke, A./Weinert, F. E. (1997): Bedingungsfaktoren schulischer Leistung. In: Weinert, F. E. (Hrsg.): Psychologie des Unterrichts und der Schule. Göttingen: Hogrefe, S. 71–176.

Jussim, L./Harber, K. D. (2005): Teacher expectations and self-fulfilling prophecies: Knowns and unknowns, resolved and unresolved controversies. In: Personality and Social Psychology Review 9, S. 131–155.

Kalter, F. (2003a): Chancen, Fouls und Abseitsfallen. Migranten im deutschen Ligenfußball. Wiesbaden: Westdeutscher Verlag.

Kalter, F. (2003b): Stand und Perspektiven der Migrationssoziologie. In: Orth, B./Schwietring, T./Weiß, J. (Hrsg.): Arbeitsmarktsoziologie. Probleme, Theorien, empirische Befunde. Wiesbaden: VS Verlag für Sozialwissenschaften, S. 303–332.

Kalter, F. (2005): Ethnische Ungleichheit auf dem Arbeitsmarkt. In: Abraham, M./Hinz, T. (Hrsg.): Soziologische Forschung: Stand und Perspektiven. Ein Handbuch. Opladen: Leske + Budrich, S. 323–337.

Kao, G./Tienda, M. (1995): Optimism and Achievement: The Educational Performance of Immigrant Youth. In: Social Science Quarterly 76, H. 1, S. 1–19.

Kloosterman, R./Ruiter, S./de Graaf, P. M./Kraaykamp, G. (2009): Parental Education, Children's Performance and the Transition to Higher Secondary Education: Trends in Primary and Secondary Effects over Five Dutch School Cohorts (1965–99). In: British Journal of Sociology 60, S. 377–398.

Kristen, C. (2002): Hauptschule, Realschule oder Gymnasium? Ethnische Unterschiede am ersten Bildungsübergang. In: Kölner Zeitschrift für Soziologie und Sozialpsychologie 54, H. 3, S. 534–552.

Kristen, C. (2006): Ethnische Diskriminierung in der Grundschule? Die Vergabe von Noten und Bildungsempfehlungen. In: Kölner Zeitschrift für Soziologie und Sozialpsychologie 58, H. 1, S. 79–97.

Kristen, C. (2008a): Schulische Leistungen von Kindern aus türkischen Familien am Ende der Grundschulzeit. In: Kalter, F. (Hrsg.): Migration und Integration. In: Kölner Zeitschrift für Soziologie und Sozialpsychologie, Sonderheft. 48. Wiesbaden: VS Verlag für Sozialwissenschaften, S. 230–251.

Kristen, C. (2008b): Primary school choice and ethnic school segregation in German elementary schools. In: European Sociological Review 24, H. 4, S. 495–510.

Kristen, C./Dollmann, J. (2009): Sekundäre Effekte der ethnischen Herkunft? Kinder aus türkischen Familien am ersten Bildungsübergang. In: Zeitschrift für Erziehungswissenschaft, Sonderheft. 12, S. 205–229.

Kristen, C./Granato, N. (2007): The Educational Attainment of the Second Generation in Germany. Social Origins and Ethnic Inequality. In: Ethnicities 7, H. 3, S. 343–366.

Kristen, C./Reimer, D./Kogan, I. (2008): Higher Education Entry of Turkish Immigrant Youth in Germany. In: International Journal of Comparative Sociology 49, H. 2/3, S. 127–151.

Müller, A. G./Stanat, P. (2006): Schulischer Erfolg von Schülerinnen und Schülern mit Migrationshintergrund: Analysen zur Situation von Zuwanderern aus der ehemaligen Sowjetunion und aus der Türkei. In: Baumert, J./Stanat, P./Watermann, R. (Hrsg.): Herkunftsbedingte Disparitäten im Bildungswesen. Differenzielle Bildungsprozesse und Probleme der Verteilungsgerechtigkeit. Wiesbaden: VS Verlag für Sozialwissenschaften, S. 221–255.

Nauck, B. (1994): Bildungsverhalten in Migrantenfamilien. In: Büchner, P./Grundmann, M./Huinink, J./Krappmann, L./Nauck, B./Meyer, D./Rothe, S. (Hrsg.): Kindliche Lebenswelten, Bildung und innerfamiliale Beziehungen. Materialien zum Fünften Familienbericht, H. 4. Weinheim: DJI /Juventa, S. 105–141.

Neugebauer, M. (2010): Bildungsungleichheit und Grundschulempfehlung beim Übergang auf das Gymnasium: Eine Dekomposition primärer und sekundärer Effekte. In: Zeitschrift für Soziologie 39, S. 202–214.
Peek, R./Neumann, A. (2006): Schulische und unterrichtliche Prozessvariablen in internationalen Schulleistungsstudien. In: Auernheimer, G. (Hrsg.): Schieflagen im Bildungssystem. Die Benachteiligung der Migrantenkinder. Wiesbaden: VS Verlag für Sozialwissenschaften, S. 125–143.
Relikowski, I./Schneider, T./Blossfeld, H.-P. (2010): Primäre und sekundäre Herkunftseffekte beim Übergang in das gegliederte Schulsystem: Welche Rolle spielen soziale Klasse und Bildungsstatus in Familien mit Migrationshintergrund? In: Beckers, T./Birkelbach, K./Hagenah, J./Rosar, U. (Hrsg.): Komparative empirische Sozialforschung. Wiesbaden: VS Verlag für Sozialwissenschaften, S. 143–167.
Relikowski, I./Yilmaz, E./Blossfeld, H.-P. (in Druck): Wie lassen sich die hohen Bildungsaspirationen von Migranten erklären? Eine Mixed-Methods Studie zur Rolle von Bildungsdifferenzen, Informationsdefiziten und antizipierter Diskriminierung. In: Kölner Zeitschrift für Soziologie und Sozialpsychologie.
Rosenthal, R./Jacobson, L. (1968): Pygmalion in the classroom: Teacher expectation and pupils' intellectual development. New York: Holt, Rhinehart & Winston.
Schindler, S./Lörz, M. (in Druck): Mechanisms of Social Inequality Development: Primary and Secondary Effects in the Transition to Tertiary Education Between 1976 and 2005. In: European Sociological Review.
Schofield, J. W. (2006): Migration Background, Minority-Group Membership and Academic Achievement. Research Evidence from Social, Educational, and Developmental Psychology. AKI Research Review 5. Berlin: Wissenschaftszentrum Berlin für Sozialforschung (WZB).
Segeritz, M./Walter, O./Stanat, P. (2010): Muster des schulischen Erfolgs von jugendlichen Migranten in Deutschland: Evidenz für segmentierte Assimilation? In: Kölner Zeitschrift für Soziologie und Sozialpsychologie 62, H. 1, S. 113–138.
Spiewak, M. (2010): Problemeltern. In: Die Zeit, Nr. 35 vom 26.8.2010 (auch online unter www.zeit.de/2010/35/Bildung-Migranten, Abruf 27.5.2011).
Stanat, P. (2006a): Disparitäten im schulischen Erfolg: Forschungsstand zur Rolle des Migrationshintergrunds. In: Unterrichtswissenschaft 36, H. 2, S. 98–124.
Stanat, P. (2006b): Schulleistungen von Jugendlichen mit Migrationshintergrund. Die Rolle der Zusammensetzung der Schülerschaft. In: Baumert, J./Stanat, P./Watermann, R. (Hrsg.): Herkunftsbedingte Disparitäten im Bildungswesen. Differenzielle Bildungsprozesse und Probleme der Verteilungsgerechtigkeit. Wiesbaden: VS Verlag für Sozialwissenschaften, S. 189–219.
Stanat, P./Rauch, D./Segeritz, M. (2010): Schülerinnen und Schüler mit Migrationshintergrund. In: Klieme, E. et al. (Hrsg.): PISA 2009. Bilanz nach einem Jahrzehnt. Münster: Waxmann, S. 200–230.
Tiedemann, J./Billmann-Mahecha, E. (2007): Zum Einfluss von Migration und Schulklassenzugehörigkeit auf die Übergangsempfehlung für die Sekundarstufe I. In: Zeitschrift für Erziehungswissenschaft 10, H. 1, S. 108–120.
Vallet, L.-A. (2005): What Can We Do to Improve the Education of Children from Disadvantaged Backgrounds? Paper prepared for the joint working group in globalization and education of the Pontifical Academy of Sciences and the Pontifical Academy of Social Sciences. Vatican City: Casina Pio IV. www.ecsr.sciences-po.fr/pdf/Vallet paper.pdf (Abruf 20.9.2008).
Van de Werfhorst, H. G./Van Tubergen, F. (2007): Ethnicity, Schooling, and Merit in the Netherlands. In: Ethnicities 7, H. 3, S. 416–444.

Dietrich Thränhardt / Karin Weiss

»Bildungserfolgreiche« Migrantinnen und Migranten

Schüler mit Migrationshintergrund, die gute oder sogar überdurchschnittliche Erfolge erzielen, tauchen in der Literatur selten auf, da diese ganz überwiegend von Defizitannahmen geprägt ist. Charakteristisch ist auch eine unterschiedliche Bewertung von Mehrsprachigkeit: Sie wird positiv gesehen, wo es um Englisch und Französisch geht, und dementsprechend genießen bilinguale Schulen mit diesen Sprachen großes Prestige. Sie wird weithin als zu überwindendes Problem gesehen, wenn es um Einwanderersprachen aus dem Mittelmeerraum geht. Damit verbunden sind unterschiedliche Wertungen nach sozialer Schichtzugehörigkeit. So traut Hartmut Esser (2001, S. 21) in seiner einflussreichen Studie zwar »Diplomatenkindern« und »Akademikern« eine erfolgreiche »Mehrfachintegration« zu, nicht aber Einwanderern mit weniger Bildung und Prestige. Als einzige positive kulturelle Zuschreibung von Bildungserfolg taucht sowohl in der Literatur als auch im öffentlichen Diskurs der Bildungserfolg ostasiatischer Kinder auf, der allerdings mit Bildungsdrill und Zwang assoziiert wird, etwa in dem Erfolgsbuch von Amy Chua (2011).

Im Folgenden wollen wir die Bildungsverläufe von Jugendlichen aus unterschiedlichen Migrantengruppen vergleichen. Dabei geht es keinesfalls darum, ethnisierend erfolgreiche oder nicht erfolgreiche Migrantengruppen gegeneinanderzustellen oder neue Zuschreibungen zu schaffen. Ziel des Vergleichs ist es, darauf hinzuweisen, dass Migration nicht zwangsläufig zu problematischen Bildungsverläufen führt, sondern unterschiedliche Rahmenbedingungen und Lebensrealitäten sich auf die Bildungsverläufe auswirken.

Wie das Schaubild des »Kriminologischen Forschungsinstituts Niedersachsen« zeigt, unterscheiden sich die Schulkarrieren unterschiedlicher Herkunftsgruppen erstaunlich stark. Danach haben Jugendliche mit türkischem, ehemals sowjetischem, italienischem und ehemals jugoslawischem Migrationshintergrund geringere Gymnasialquoten als die Kinder von Einheimischen, andererseits liegen Jugendliche mit asiatischem, süd- und nordamerikanischem und osteuropäischem Migrationshintergrund statistisch vor diesen.

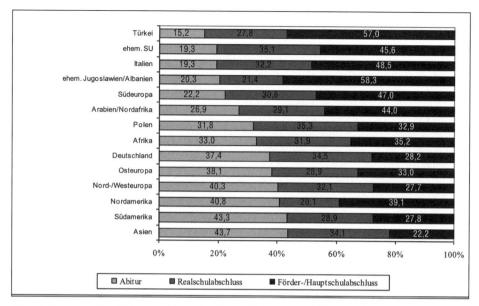

Abb. 1: Angestrebter Schulabschluss der Jugendlichen nach Migrationshintergrund (in Prozent, gewichtete Daten, Westdeutschland) (Quelle: Baier et al. 2010, S. 52, Abb. 3.4)

Differenziert man weiter, so wird deutlich, dass es einerseits Gruppen mit sehr hohen Abiturraten gibt, so etwa Einwanderer aus dem Iran (76 Prozent Hochschulreife), moslemische Einwanderer aus Afrika (57 Prozent) oder die Kinder von nicht moslemischen Einwanderern aus Südosteuropa (63 Prozent), andererseits aber auch ausgesprochen erfolglose Gruppen (alles Werte für NRW aus MAIS 2010, S. 104 f.). Eine andere Untersuchung für Nordrhein-Westfalen zeigt eine große Kluft zwischen den Jugendlichen aus den ehemaligen Anwerbe- und Aussiedlerländern einerseits (Russland, Griechenland, Polen, Bosnien-Herzegowina, Marokko, Italien, Türkei) und den Flüchtlingsländern (Serbien, Albanien, Libanon) andererseits an. Bei letzteren erreicht etwa ein Drittel der Jugendlichen keinen Abschluss, bei Ersteren ist dieser Prozentsatz kleiner: zwischen 6,4 bei den russischen Staatsangehörigen und 14,1 Prozent bei den Italienern (SVR 2010, S. 140). Diese Diskrepanzen sind aus den unterschiedlichen Lebensbedingungen dieser Gruppen erklärbar, insbesondere den jahrzehntelangen Blockaden des Bildungssystems im Kosovo.

Aufschlussreich ist ein Vergleich zwischen Jugendlichen mit südeuropäischem Einwanderungshintergrund. Besonders geringe Bildungserfolge finden wir bei den italienischen Jugendlichen in Süddeutschland. Seit Jahrzehnten gehen in Baden-Württemberg mehr italienische Kinder auf die Förderschule als auf das Gymnasium, die Förderschulanteile erreichen im internationalen Vergleich Spitzenwerte. Gleiches gilt für Bayern. Im Durchschnitt Deutschlands liegt die Förderschulquote der italienischen Kinder bei 8,6 Prozent, wobei mehr als die Hälfte der Italiener in Baden-Württemberg und Bayern leben.

Tab. 1: Italienische Schüler in Baden-Württemberg nach Schularten

	1993	2001	2009
Grundschule	10.027	10.327	5.912
Hauptschule	8.203	8.423	5.742
Realschule	2.193	2.488	2.751
Gymnasium	1.016	1.131	1.242
Förderschule	2.766	2.432	1.826
% Förderschule	11,4 %	9,7 %	10,3 %

Quelle: Pichler 2010, S. 52; Statistisches Bundesamt

Immer wieder hat dieses Phänomen kurzzeitig Aufmerksamkeit erzeugt und ist auch in seriösen Zeitungen beleuchtet worden (Spiewak 2008). Im öffentlichen Diskurs ist es aber immer wieder untergegangen, weil die populäre Unterscheidung in anscheinend unproblematische Europäer und problematische Moslems oder Nichteuropäer seit 1982 vorherrscht, ohne dass die Zahlen zurate gezogen würden (vgl. z.B. Sarrazin 2010, S. 58, 235, 259).

Im Gegensatz zu den geringen Erfolgen der italienischen Kinder haben die spanischen, kroatischen und griechischen Kinder in Deutschland gute Bildungserfolge, wenn auch etwas unterhalb der deutschen Werte (vgl. Tab. 3). Die divergenten Entwicklungen sind nicht mit den Ausgangsbedingungen zu erklären, die insbesondere für die spanische Gruppe eher negativ waren, da sie zum geringsten Teil aus Facharbeitern bestand (vgl. Tab. 2).

Tab. 2: Prozentsätze von Facharbeitern bei der Anwerbung 1955 – 1973

Spanier	7,7 %	Jugoslawen	29,0 %
Griechen	8,9 %	Tunesier	29,6 %
Portugiesen	22,3 %	Türken	30,9 %
Italiener	23,3 %	Marokkaner	33,4 %
Durchschnitt	21,2 %		

Quelle: Jamin 1998, S. 153

Die italienische Gruppe ist zudem am längsten in Deutschland und genießt vom Ruf ihres Heimatlandes her ein gewisses Prestige – sowohl in der Hochkultur wie auch in der Alltagskultur. Sie hatte auch den Vorteil, dass Italien im Unterschied zu Spanien und Jugoslawien seit 1945 durchgehend eine Demokratie war und von gewaltsamer Repression und Bürgerkrieg verschont blieb. Im Übrigen waren die Rahmenbedingungen für die drei großen Gruppen aus mehrheitlich katholischen Ländern Südeuropas ähnlich. Alle drei wurden von Anfang an von Sozialberatern der *Caritas* betreut, für alle drei Gruppen richtete die katholische Kirche gut ausgestattete separate Seelsorgestrukturen ein – wichtige soziale Zentren und Institutionen für praktische Orientierung (Thränhardt/Winterhagen 2011). Gleichwohl ist der Schulerfolg der italienischen Kinder – wie Tabelle 1 zeigt – über die Jahre kaum gestiegen (weitere Daten bei Pichler 2010), während Kroaten und Spanier gute Fortschritte machten.

Die spanische Gruppe ist in vielen neueren Berichten nicht mehr enthalten, weil sie aufgrund der hohen Zahl von Verbindungen mit Deutschen in der nächsten Generation nach den deutschen Statistiken sehr klein geworden ist. Sehr oft wird sie in neueren Untersuchungen statistisch mit den anderen südeuropäischen Gruppen zusammengefasst, darunter der zahlenmäßig stärkeren italienischen, wodurch die aufschlussreichen Divergenzen zwischen diesen Gruppen verschwinden. Das gilt etwa für PISA und für die Studie des *Berlin-Instituts* (2009). Die Kroaten wurden in der deutschen Statistik erst nach der Unabhängigkeit als eigenständige Gruppe erfasst, in vielen Analysen werden sie auch heute noch mit den anderen ehemals jugoslawischen Gruppen zusammengefasst, deren Bildungswerte aufgrund der Kriege und Bürgerkriege und der Unterentwicklung, insbesondere des Kosovo, sehr viel niedriger sind. Analytisch ist das unbefriedigend. Die Statistik zum Jahr 2002, auf die wir uns hier beziehen, ist auch deswegen aussagekräftig, weil sie zeitlich am Ende der »Gastarbeiter«-Periode steht und die schulische Situation der »zweiten Generation« wiedergibt (Tab. 3).

Tab. 3: Bildungswege italienischer, kroatischer und spanischer Kinder 2002

Staatsangehörigkeit	Sonderschule	Hauptschule	Realschule	Gymnasium	Gesamtschule	Prozent in weiterführende Schulen
Kroatien	833	3.922	3.227	3.539	839	62,5
Spanien	379	1.409	1.013	1.115	587	54,3
Italien	5.860	19.397	7.003	4.208	3.799	35,9

Quelle: Bundesministerium für Bildung und Forschung, Grund- und Strukturdaten 2003/04, Bonn 2004, S. 70

Offensichtlich gibt es bei der spanischen Gruppe keine »soziale Vererbung« von Bildung. Auch andere Erklärungen, wie höhere Mobilität der Italiener, konnten falsifiziert werden (Thränhardt 2000, S. 26). Die günstige Entwicklung der Bildungswerte für italienische Migranten in der Schweiz (Müller et al. 1998) zeigt auch, dass es keine »unentrinnbare süditalienische Mentalität« gibt.

Die wesentliche Erklärung liegt in der unterschiedlichen Dichte und Qualität der Gruppenbildung, des Aufbaus von sozialem Kapital. Migration führt zunächst in vielen Fällen zu Entwertung von kulturellem und sozialem Kapital, d.h. zum Verlust sozialer Bindungen und Beziehungen und zur partiellen Destrukturierung des kulturellen Umfeldes. Soziale Bindungen müssen neu geknüpft, kulturelle Orientierungen neu justiert werden. Individuell ist dies möglich, wenn man willentlich in ein soziales Umfeld in dem neuen Land wechselt und die entsprechenden sozialen Kontakte herstellt – etwa bei Heiratsmigration oder in einem studentischen Milieu.

Wandern ganze Gruppen (und dies geschieht meist als Kettenmigration), so ist dies ein kollektiver Prozess, und die Gruppe als Ganzes muss sich neu orientieren und neue Netzwerke schaffen, im Innern der Gruppe und zur Außenwelt. In anderer Terminologie wird dies mit »strong ties« und »weak ties« wiedergegeben, d.h. mit festen Bindungen innerhalb einer Gruppe, auch mit emotionalen Elementen, und eher losen funktionalen Verbindungen nach außen. Für die funktionalen Verbindungen sind Spezialisten oder Organisationseliten wichtig, die die Gruppe mit Institutionen und Organisationen der Gesamtgesellschaft, des Staates, der Kommunen verbinden. Das bedeutet, dass sie sowohl in der Einwanderergruppe und ihrer Kultur und Sprache zu Hause sein müssen als auch in der Kultur, Sprache und den Spielregeln der Gesamtgesellschaft.

Die Analysen zeigen, dass die erfolgreichen Gruppen dichte Organisationsnetze aufgebaut haben. Das geschah in unterschiedlicher Weise. In der spanischen Gruppe wurden im Zusammenwirken kirchlicher Exponenten, unterschiedlicher politischer Exponenten bis hin zu Exilkommunisten, staatlicher Stellen und vieler Ehrenamtlicher Anfang der 1970er-Jahre 132 Elternvereine gegründet. Schätzungsweise die Hälfte aller Eltern war organisiert, sie konnten damit erreicht und mobilisiert werden, bis hin zu Demonstrationen für die gemeinsame Beschulung der spanischen Kinder mit deutschen Kindern. Die Elternvereine entwickelten eine gemeinsame emanzipative Erziehungsphilosophie in Anlehnung an den brasilianischen Pädagogen Paolo Freire, führten Elternseminare durch und nutzten dazu auch die finanzielle Unterstützung der katholischen Kirche und deutscher staatlicher Stellen. Die spanische katholische »Mission« in Deutschland gab einen monatlich erscheinenden Elternbrief heraus, der Orientierung für die Erziehung brachte und über das deutsche Bildungssystem informierte. Missionen und Elternvereine organisierten Hausaufgabenhilfe und Betreuung für die Kinder am Nachmittag. Sie glichen damit die Defizite der deutschen Halbtagsschule aus (Thränhardt 2005; Sánchez Otero 2008).

Obwohl auch dem spanischen Sprachunterricht hohe Bedeutung zugemessen wurde, entwickelte sich die spanische Gemeinschaft in Deutschland in assimilativer Richtung, insbesondere mit einer sehr hohen Intermarriage-Rate. Wie die spanische und auch die deutsche Gesellschaft in dieser Zeit, säkularisierten sich die spanischen Einwanderer in Deutschland, und das Engagement der spanischen Priester entwickelte immer mehr innerweltliche Schwerpunkte. Viele von ihnen ließen sich laisieren und arbeiteten anschließend im Sozial- und Erziehungsbereich.

Ganz im Gegensatz zu den spanischen bildeten die kroatischen Gemeinden ein tiefes fundamental-religiöses nationales Bewusstsein aus und konzentrierten sich auf die Aufrechterhaltung der eigenen Sprache und Kultur mit dem Ziel einer Rückkehr in das Herkunftsland. Mit diesem Ziel – ganz im Gegensatz zu dem spanischen Ansatz – bauten sie ebenfalls ein dichtes Organisationsnetz auf, das einen großen Teil der kroatischen Migranten umfasste und ihnen vielfältige kulturelle Orientierungsmöglichkeiten bot (Winterhagen 2011). Obwohl das Ziel die Rückkehr in einen kroatischen Nationalstaat war, führte die von der katholischen Mission unterstützte Selbstorganisation zu einer funktionalen Integration der Kroaten in Deutschland und – angesichts der politischen Enttäuschungen nach dem Ende des Unabhängigkeitskrieges – schließlich auch zu einer Abschwächung der Heimatorientierung.

Die ebenfalls erfolgreiche griechische Gruppe hatte keine direkte kirchliche Stütze, da die orthodoxe Kirche sich mit der Militärdiktatur arrangierte, während die »griechischen Gemeinden« sich oppositionell verstanden. Auch hier finden wir eine starke Heimatorientierung und den Versuch, nationale Kohäsion in der Emigration zu schaffen. Die griechischen Gemeinden organisierten eine große Zahl eigener Kindergärten und Schulen bis hin zum Abitur, mit Bildungserfolgen in ihrem eigenen separaten Schulsystem.

Diese drei Gruppen wiesen alle eine hohe interne Gruppenkonsistenz auf, ihre Konzepte und Ziele waren allerdings extrem unterschiedlich. Für den funktionalen Erfolg war allerdings nicht so sehr die Richtigkeit des Konzepts relevant (Integration bei den Spaniern, nationale Rückbesinnung und Integration ins deutsche Schulsystem bei den Kroaten, Bewahrung der nationalen Identität und Aufbau eines eigenen Schulsystems bei den Griechen), sondern die Tatsache, dass überhaupt ein Konzept vorhanden war, dass die Gruppe Orientierung bieten konnte und die Menschen erreicht wurden. Dies war bei der italienischen Gruppe nicht der Fall. Ihre Organisationsdichte war gering, es gab kein gemeinsames Konzept, an dem sich die Migranten hätten orientieren können, sondern die zersplitterten Organisationseliten bekämpften sich und setzten die innenpolitischen italienischen Auseinandersetzungen im Ausland fort, auch vor der deutschen Öffentlichkeit (Rieker 2005). Wie sich dies auswirkte, macht eine Umfrage der Stadt München über die angestrebten Berufsziele für die Kinder deutlich, bei der fast ein Viertel der italienischen Eltern erklärte, das Ausbildungsziel für das eigene Kind sei ihnen nicht klar (Thränhardt 2000, 42).

Ein besonders positives Beispiel sind auch die vietnamesischen Einwanderer. Das gilt zum einen für die Nachfahren der *Boatpeople*, die in den 1970er-Jahren in die alte Bundesrepublik gekommen sind und vielfache Hilfen erhalten haben (Beuchling 2001). Es gilt auch für die Kinder der Vertragsarbeiter in der ehemaligen DDR, die ursprünglich isoliert untergebracht waren, am Ende der DDR ihre Arbeitsplätze verloren und ökonomisch randständig wurden (Weiss 2007). Beide Gruppen haben hohe Schulerfolgsraten. Nach einer regionalen Studie besuchten in Brandenburg 74 Prozent der vietnamesischen Jugendlichen Gymnasien, und 73 Prozent der Jugendlichen mit Schulabschluss hatten das Abitur bestanden (Integrationsbeauftragte 2008; Mäker 2009). Dieser Fall ist besonders deswegen interessant, weil es auch hier nicht um die Weitergabe schichtspezifischer Bildungsvorteile geht, die Eltern geringe Einkommen haben, wegen ihrer harten Arbeitsbedingungen als Selbstständige meist auch über wenig Zeit zur Kinderbetreuung verfügen und vielfach auch keine guten deutschen Sprachkenntnisse haben (Mäker 2009; Weiss 2009; Spiewak 2009). Bemerkenswert ist wiederum der enge Zusammenhalt der Gruppe – in den ersten Jahren informell, inzwischen aber auch in formal organisierten Vereinen, mit hohen Erwartungen an die Schulerfolge der Kinder im deutschen Schulsystem, aber auch mit dem Bemühen, die vietnamesische Sprache zu vermitteln (Weiss 2005).

Ähnlich hohe Bildungserfolge weisen auch die Kinder der russischen Juden auf. Eine regionale Studie der Integrationsbeauftragten des Landes Brandenburg (2009) weist für Jugendliche aus den jüdischen Gemeinden Brandenburgs eine Abiturquote von 69,8 Prozent aus. Razu (2009) konnte in einer explorativen Studie zeigen, dass hier oft die gesamte Familie planmäßig die Bildungskarriere der Kinder förderte und unterstützte, aber auch innerhalb der Gemeinden ein intensiver Austausch zum Thema Bildung und Schule bestand.

Ein besonders breites Spektrum unterschiedlicher Bildungserfolge finden wir bei der türkischstämmigen Migrantengruppe. Wie aus Tabelle 2 hervorgeht, wies sie anfangs einen besonders hohen Anteil an Facharbeitern auf, zudem gab es auch Bildungsmigration nach Deutschland (ein Beispiel bei Şenocak 2011, S. 9–19). In den Jahren vor und nach dem Militärputsch von 1980 kam andererseits eine große Zahl von Vertreibungsopfern aus dem kurdischen Südosten (Ayata 2011, S. 109–113) nach Deutschland – entweder als Flüchtlinge oder über Familienzusammenführung. Wegen des Verbots der kurdischen Sprache und der jahrzehntelangen Repression gab es dort viele Analphabeten und wenige formale Bildung. Türkischstämmige bildeten 2009 mit 15,9 Prozent die größte Zuwanderungsgruppe. 1 489 000 von ihnen sind selbst zugewandert, 1 012 000 schon in Deutschland geboren. 1 658 083 von ihnen sind Ausländer, davon 547 101 in Deutschland geboren (BAMF 2011, S. 219 f., S. 331).

Eine modernisierende Gruppe türkischer Herkunft sind die Aleviten, eine religiöse Minderheit, die in der Auswanderungssituation die Chance ergriffen hat, sich zu organisieren, an die Öffentlichkeit zu treten, und besondere Energie bei der Bildung ihrer Kinder entfaltet (Sökefeld 2005). Da die Aleviten sich bewusst von konservativen Moslems absetzen, die Gleichberechtigung der Geschlechter betonen und sich in Deutschland einbürgern lassen, finden sie leichter Anschluss in der deutschen Umgebung. Allem Anschein nach schneiden ihre Kinder im Bildungssystem gut ab, es existieren dazu allerdings keine präzisen Daten.

In den letzten Jahren hat sich eine reiche türkische Vereinslandschaft ausgebildet, zudem sind viel Türkischstämmige auch in deutschen Vereinen organisiert. Insgesamt entspricht die Organisationsrate etwa der der deutschen Bevölkerung, allerdings fällt die aktive Partizipation geringer aus (Halm/Sauer 2007). Nicht nur Elternvereine, sondern auch Sport- und Moscheevereine bemühen sich um Bildungsförderung und Hausaufgabenhilfe.

Eine neue Untersuchung zu türkisch geprägten Sportvereinen hebt die sozialpädagogischen Motive hervor.

»Dabei spielt zum einen die Erfahrung eine Rolle, dass türkische Jugendliche ... in deutsch geprägten Vereinen keinen Platz erhalten oder anstreben und ihre Freizeit auf der Straße verbringen. Zum anderen wurde die Erfahrung gemacht, dass viele Jugendliche kaum zu erreichen sind: ›Früher in unserem Alter haben wir ja Jugendräume gehabt. Die wurden ja von der Stadt oder von der Kirche oder so finanziert. Aber heute

ist das ja nicht mehr so. Heute: wo wollen sie hin, als Jugendlicher? Wenn ich mir die Jungs heute anschaue, sind die entweder auf großen Parkplätzen, wo Kaufhäuser sind, oder in Kneipen. Da kommt nur Mist bei raus. Die Jungs müssen von der Straße geholt werden, das ist unsere erste Aufgabe im Verein und das muss natürlich von der Politik auch unterstützt werden [...] Irgend jemand muss ja diese Sozialarbeit machen mit den Jugendlichen, wer macht das denn sonst? In der Schule der Lehrer? Hast du ein Problem, dann bekommst du eine fünf oder eine sechs, warum der ein Problem hat, danach fragt keiner.‹ Wie weit das sozialpädagogische Selbstverständnis einiger Vereine geht, zeigt ein Verein, der einmal pro Halbjahr die Eltern zu einem ›Elternsprechtag‹ bittet, um mit ihnen über die Entwicklung der Kinder zu beraten« (Huhn/Kunstreich/Metzger 2011, S. 25).

In Anlehnung an die Ideen des in den USA lebenden türkischen Theologen Gülen, der aktives Bildungsstreben mit konservativer religiöser Grundhaltung verbindet, sind in den letzten Jahren in vielen deutschen Städten Privatschulen und Hausaufgabenhilfen organisiert worden, in denen überwiegend türkischstämmige Jugendliche auf Deutsch unterrichtet werden. In Presseartikeln wird über sehr gute Unterrichtserfolge in diesen Schulen berichtet, auch von Schülern, die an den öffentlichen Schulen gescheitert sind (Spiewak 2010). Die Schulkonzepte beziehen sich auf die Bildungsideen Gülens, es gibt aber keine einheitliche Organisation. Die türkischstämmigen Eltern teilen die wachsende Präferenz für Privatschulen, die generell in Deutschland zu beobachten ist, einschließlich der Bereitschaft zu finanziellen Beiträgen und verbindlichen Schulkonzepten.

In individuellen Berichten über Schulerfolge von Kindern aus »bildungsfernen« Familien oder Gruppen wird immer wieder deutlich, wie wichtig persönliche Zuwendung, Vertrauensbildung und Ermutigung sind (Wasilewski 1982). Seit der Anfangszeit der türkischen Zuwanderung sind dazu viele Berichte über persönliche Zuwendung überliefert. So erinnert sich Cem Özdemir (2009):

»*Seit meiner Geburt hatte ich deutsche Tageseltern. Am längsten und intensivsten das Ehepaar Rehm, das ab meinem ersten Lebensjahr nur eine Etage über uns wohnte. Sie haben mich wie ihren Enkel aufgenommen. Für mich waren sie meine deutsche Oma und mein deutscher Opa. Durch ihren Einfluss waren mir Fahrradfahren, Butterbrezeln, Käsespätzle und die schwäbische Sprache alles andere als fremd*« (Özdemir 2009).

Ein 1950 geborener Mann erinnert sich: »*Ich kam mit 14 Jahren vom Schwarzen Meer nach Berlin und konnte kein Wort Deutsch. Jeden Nachmittag holte mich eine ältere Frau zu sich in die Wohnung über uns und übte mit mir Deutsch. Das half mir entscheidend weiter.*«

Was können wir aus diesen vergleichenden Beobachtungen schließen?

1. Bildungserfolge erfordern dichte Kommunikationsnetze, in denen Informationen, Handlungsanleitungen und beispielhafte Praxis zur Nachahmung weitergegeben werden können. Diese Kommunikation kann in der Schule stattfinden, in der Sozial- und Jugendarbeit, in freiwilligen Organisationen unterschiedlicher Art oder einfach in privaten zwischenmenschlichen Beziehungen.
2. Dazu sind Vertrauen und Orientierung an Zielen notwendig. In der Einwanderungssituation großer Gruppen geschieht dies am einfachsten und effektivsten durch Migrantenorganisationen, die in einer gemeinsamen Muttersprache kommunizieren, kollektive Übersetzungs- und Orientierungsfunktionen wahrnehmen und außerdem auch der gemeinsamen Interessenartikulation dienen können.
3. Eine besondere Rolle spielen in solchen Gruppen Organisationseliten, die in der Gruppe verankert sind und ihren Kurs mitbestimmen und kommunizieren, gleichzeitig aber die Spielregeln der Außenwelt verstehen und die Gruppe gegenüber der Außenwelt vertreten können.
4. Bildungserfolg ist nicht einfach die Weitergabe schichtspezifischen sozialen Kapitals. Soziales Kapital kann geschaffen oder auch zerstört werden. In der Migrationssituation ist die Gruppenbildung besonders relevant, da neue Spielregeln und neue Verhaltensweisen gelernt und mit dem Bestand an Gelerntem verknüpft werden müssen. Wie das Beispiel der bildungsaktiven Ostasiaten in den USA und in Europa lehrt, ist die ungeprüfte Übernahme aller Standards der Einwanderungsgesellschaft nicht immer die optimale Lösung. Sie halten stark an Bildungswillen und Bildungsintensität fest und setzen ihre Kinder weniger der *junk culture* aus als die einheimische Bevölkerung (Thränhardt 2011).
5. Religiöse oder andere weltanschauliche Gruppen und Organisationen können Integrationsprozesse funktionaler Art fördern, auch wenn ihre Programmatik nicht vollständig auf Integration ausgerichtet ist, sondern an einem Eigenleben der Gruppe oder an speziellen Zielen festhält. Allerdings ist ein Akkomodationsprozess nötig, der insbesondere von den Organisationseliten geleistet werden muss, die dazu Partner in der einheimischen Gesellschaft brauchen. In der Geschichte pluralistischer Gesellschaften gibt es in dieser Hinsicht viele historische und aktuelle Parallelen.
6. Für die »zweite Generation« sind die herkunftsorientierten Vereine vielfach weniger interessant. Eine Alternative bieten dann offene oder herkunftsheterogene Vereine, die auch der wachsenden Pluralität der heutigen Migrationsbevölkerung besser gerecht werden.
7. Bildungserfolg kann nicht ohne oder gegen die Eltern erreicht werden, wie dies in der gegenwärtigen Diskussion immer wieder anklingt. Ganztagsschulen sind gut und notwendig, damit die Schulen ihren Auftrag voll erfüllen können. Sie sind aber kein Ersatz für die Einbeziehung der Eltern.
8. Langfristig und vor allem intergenerational kommt es in offenen Gesellschaften zu assimilativen Prozessen. Insofern besteht kein Gegensatz zwischen unseren Argumenten und den Ergebnissen, die aus Daten des sozioökonomischen Panels oder ähnlichen Umfragen gewonnen werden und die für Esser (2009) den Königsweg der Assimilation begründen.

Literatur

Ayata, B. (2011): The Politics of Displacement: A Transnational Analysis of the Forced Migration of Kurds in Turkey and Europe. Diss., Baltimore: Johns Hopkins University.

Baier, D./Pfeiffer, C./Rabold, S./Simonson, J./Kappes, C. (2010): Kinder und Jugendliche in Deutschland: Gewalterfahrungen, Integration, Medienkonsum. Zweiter Bericht zum gemeinsamen Forschungsprojekt des Bundesministeriums des Innern und des KFN. Hannover: Kriminologisches Forschungsinstitut Niedersachsen.

BAMF (2011): Migrationsbericht des Bundesamtes für Migration und Flüchtlinge im Auftrag der Bundesregierung. Migrationsbericht 2009. Nürnberg: Bundesamt für Migration und Flüchtlinge.

Berlin-Institut für Bevölkerung und Entwicklung (2009): Ungenutzte Potentiale. Zur Lage der Integration in Deutschland. Berlin: Berlin-Institut für Bevölkerung und Entwicklung.

Beuchling, O. (2001): Vom Bootsflüchtling zum Bundesbürger. Migration, Integration und schulischer Erfolg der vietnamesischen Exilgemeinschaft. Münster: Waxmann.

Breitenbach, B. v. (1985): Italiener und Spanier als Arbeitnehmer in der Bundesrepublik Deutschland. Mainz: Grünewald.

Chua, A. (2011): Wie ich meine Kindern das Siegen beibrachte. Zürich: Nagel und Kimche.

Esser, H. (2001): Integration und ethnische Schichtung. Mannheim: Zentrum für europäische Sozialforschung.

Esser, H. (2009): Pluralisierung oder Assimilation? Effekte der multiplen Inklusion auf die Integration von Migranten. In: Zeitschrift für Soziologie 38, S. 358–379.

Halm, D./Sauer, M. (2007): Bürgerschaftliches Engagement von Türkinnen und Türken in Deutschland. Wiesbaden: VS Verlag für Sozialwissenschaften für Sozialwissenschaften.

Huhn, D./Kunstreich, H./Metzger S. (2011): »Türkisch geprägte Fußballvereine im Ruhrgebiet und Berlin: Im Abseits der Gesellschaft?« Münster: Monsenstein und Vannerdat.

Die Integrationsbeauftragte des Landes Brandenburg (2008): Zur Situation der ehemaligen vietnamesischen Vertragsarbeiter und ihrer Familienangehörigen im Land Brandenburg. Potsdam: Unveröffentlichte Studie.

Die Integrationsbeauftragte des Landes Brandenburg (2009): Zur Situation der jüdischen Zuwanderer und ihrer Familienangehörigen im Land Brandenburg. Potsdam: Unveröffentlichte Studie.

Jamin, M. (1998): Die deutsche Anwerbung. Organisation und Größenordnung. In. Fremde Heimat. Eine Geschichte der Wanderung aus der Türkei. Essen: Klartext.

Kristen, C. (2006): Ethnische Diskriminierung im deutschen Schulsystem? Theoretische Überlegungen und empirische Ergebnisse. Berlin: WZB.

MAIS (2010): Muslimisches Leben in Nordrhein-Westfalen. Düsseldorf: Ministerium für Arbeit, Integration und Soziales des Landes Nordrhein-Westfalen.

Mäker, M. (2009): Zuwanderer in Brandenburg. Bildungserfolg jungen Vietnamesen. Berlin: Diplomarbeit der FU Berlin.

Müller, H.-P. et al. (1998): Integrationsleitbild Zürich. Zürich: Stadt Zürich.

Özdemir, C. (2009): An Feiertagen war Rambazamba. In Süddeutsche Zeitung, 24.10.2009.

Pichler, E. (2010): Junge Italiener zwischen Inklusion und Exklusion. Berlin: Eigendruck.

Razu, G. (2009): Faktoren für eine erfolgreiche Bildungskarriere von Jugendlichen mit Migrationshintergrund im Land Brandenburg. Potsdam: Examensarbeit der FH Potsdam.

Rieker, Y. (2005): Betreuung statt Selbsthilfe. Die Organisationen von und für Italiener in Deutschland. In: Weiss, K./Thränhardt, D. (Hrsg.): Selbsthilfe. Wie Migranten Netzwerke knüpfen und soziales Kapital schaffen. Freiburg: Lambertus, S. 112–132.

Sánchez Otero, J. (2008): Eine erfolgreiche Integrationsgeschichte. Die spanischen Einwanderer in Deutschland. In: Thränhardt, D. (Hrsg.): Entwicklung und Migration. Münster: Lit-Verlag, S. 202–224.

Sarrazin. T. (2011): Deutschland schafft sich ab. Wie wir unser Land aufs Spiel setzen. München: Deutsche Verlags-Anstalt.

SVR (2010): Einwanderungsgesellschaft 2010. Berlin: Sachverständigenrat deutscher Stiftungen für Integration und Migration.

Senocak, Z. (2011): Deutschsein. Eine Aufklärungsschrift. Hamburg. Edition Körber.

Sökefeld, M. (2005): Integration und transnationale Orientierung: Alevitische Vereine in Deutschland. In: Weiss, K./Thränhardt, D. (Hrsg.): Selbsthilfe. Wie Migranten Netzwerke knüpfen und soziales Kapital schaffen. Freiburg: Lambertus, S. 47–68.

Spiewak, M. (2009): Das vietnamesische Wunder. Die Zeit, Nr. 5., 22.1.2009.

Spiewak, M. (2010): Die Streber Allahs. In: Die Zeit, Nr. 8, 18.2.2010.

Spiewak, M. (2008): Nachhilfe aus der alten Heimat. Dass Einwanderer aus Italien bei uns perfekt integriert seien, ist ein Vorurteil. In der Schule schneiden ihre Kinder am schlechtesten ab. In: Die Zeit, Nr. 7, 7.2.2008.

Thränhardt, D. (2000): Einwandererkulturen und soziales Kapital. Ein komparative Analyse. In. Thränhardt, D./Hunger. U. (Hrsg.): Einwanderer-Netzwerke und ihre Integrationsqualität in Deutschland und Israel. Münster: Lit-Verlag.

Thränhardt, D. (2005): Spanische Einwanderer schaffen Bildungskapital. Selbsthilfe-Netzwerke und Integrationserfolg in Europa. In: Weiss, K./Thränhardt, D. (Hrsg.): Selbsthilfe. Wie Migranten Netzwerke knüpfen und soziales Kapital schaffen. Freiburg: Lambertus, S. 93–111.

Thränhardt, D. (2010): Erfolge und Misserfolge im Bildungssystem. In: Weiss, K./Roos, A. (Hrsg.): Neue Bildungsansätze für die Einwanderungsgesellschaft. Erfahrungen und Perspektiven aus Ostdeutschland. Freiburg: Lambertus, S. 17–36.

Thränhardt, D. (2011): Integration in der pluralistischen Gesellschaft. In: Sieveking, K. (Hrsg.): Wechselwirkungen von Migration und Integration im europäischen Mehrebenensystem. Baden-Baden: Nomos, S. 97–106.

Thränhardt, D./Winterhagen, J. (2011): Die katholischen Migrantengemeinden in Deutschland und die Integration. In: Kreienbrink, A./Oltmer, J. (Hrsg.): Das ›Gastarbeiter‹-System nach dem Zweiten Weltkrieg: Westdeutschland im Bezugsfeld europäischer Migrationsverhältnisse, VfZG 2011.

Wasilewski, J. (1982): Effective Multicultural Coping and Adaptation by Native-African-, Hispanic- and Asian-Americans. Unpublished Doctoral Dissertation, University of Southern California.

Weiss, K. (2005): Strukturen der Selbsthilfe im ethnischen Netzwerk. In: Weiss, K./Dennis, M. (Hrsg.): Erfolg in der Nische? Vietnamesen in der DDR und in Ostdeutschland. Münster: LIT-Verlag, S. 137–150.

Weiss, K. (2007): Zwischen Vietnam und Deutschland – Die Vietnamesen in Ostdeutschland. In: Weiss; K./Kindelberger, H. (Hrsg.): Zuwanderung und Integration in den neuen Bundesländern – zwischen Transferexistenz und Bildungserfolg. Freiburg: Lambertus, S. 72–95.

Weiss, K. (2009): Ausländische Schüler in den neuen Bundesländern – eine Erfolgsstory. In: Auernheimer, G. (Hrsg.): Schieflagen im Bildungssystem. Wiesbaden: VS Verlag für Sozialwissenschaften für Sozialwissenschaften, S. 179–192.

Winterhagen, J. (2011): Nationalkatholizismus und Integration. Die kroatischen Kirchengemeinden in Deutschland. Bremen: Dissertation der Jacobs-Universität Bremen.

Dietrich Thränhardt

Zum Umgang des Bildungswesens mit Migration und ethnischer Differenz

In den ersten Jahrzehnten nach der Anwerbung von Arbeitskräften und der Familiengründung in Deutschland war die Diskussion von der Alternative gemeinsamer oder separater Beschulung der Kinder von Migranten bestimmt. Bayern verfocht bis in die 1990er-Jahre separate Nationalklassen in den Grund- und Hauptschulen, um die Kinder auf die »Reintegration« in den Heimatländern vorzubereiten (Rist 1989). Seit der Einbürgerungskontroverse 1999 ist diese Diskussion durch das allgemein anerkannte Ziel »Integration« abgelöst worden. Ironischerweise definieren nun gerade konservative Politiker die Weiterexistenz von Elementen der Herkunftskultur und -sprache vielfach als störenden Faktor, der Integration behindere. »Migrationshintergrund« wird weithin mit Problemen assoziiert, die pädagogisch zu lösen seien, »Ausländerpädagogik« wurde die entsprechende Spezialisierung bis in die 1990er-Jahre genannt. Defizitzuschreibungen wie Familismus, Autoritarismus, Männlichkeitsdenken, Bildungsferne, emotional statt rationaler Denkstile wurden in den ersten Jahrzehnten der Zuwanderung auf die Mittelmeerkulturen insgesamt bezogen, seit 2001 wird immer mehr der islamische Hintergrund thematisiert.

Während in derartigen pädagogischen Zugängen und im öffentlichen Diskurs die Ursachen für Defizite bei den Betroffenen gesucht werden, identifizieren Diskriminierungsforscher die Probleme im deutschen Schulsystem und im Verhalten der Lehrer. Gomolla/Radtke (2002) konstatieren systematische Benachteiligung auch durch fortschrittliche Lehrer, vor allem bei Entscheidungen über Einschulung, Förderschulüberweisung, Notengebung und Schulübergänge. »Der pädagogische Common Sense ist stark von den defizitorientierten Handlungsansätzen der Ausländerpädagogik und statischen, rückwärtsgewandten Konzepten kultureller Identität bestimmt. Solche [...] Differenzkonzepte tragen zur Produktion kulturalistischer Typisierungen bei und lassen ›die anderen‹ wiederum als Problemträgerinnen und -träger erscheinen« (Gomolla 2009, S. 97).

Ganz im Gegensatz dazu spricht Ditton (2010, S. 60, 66) »eher« von »positiver Diskriminierung« im Erziehungsbereich und schiebt das Problem »der Gesellschaft« zu, der »Visionen« fehlten. Kristen (2006b, S. 79) formuliert kategorisch: Von »einer systematischen Schlechterstellung von Migrantenkindern aufgrund von Diskriminierungen bei der Leistungsbeurteilung kann derzeit nicht ausgegangen werden«. Gresch/

Becker (2010) stellen ebenfalls keine Unterschiede fest, wenn die soziale Schicht berücksichtigt werde. Stocké (2009, S. 111) beobachtet Benachteiligung in bestimmten Fächern (Deutsch, aber nicht Mathematik) oder in bestimmten Zusammenhängen wie dem mangelnden Besuch von Elternabenden. Kristen/Dollmann (2010, S. 117) stellen beim Übergang zu weiterführenden Schulen dagegen »positive sekundäre Effekte der ethnischen Herkunft« fest. Beobachtet wurden auch Effekte von Schulkapazitäten, aufgrund deren etwa Gymnasien Schüler ablehnten oder suchten (Gomolla 2009, S. 96). Alle diese Studien beziehen sich allerdings auf begrenzte Schülergruppen in bestimmten Städten oder Regionen, was ihre Aussagekraft relativiert.

Kristen (2006a) schließt aber auch aufgrund einer Analyse der Daten der großen repräsentativen Studien PISA und IGLU, es sei keine »ethnische« Diskriminierung feststellbar, wenn man die soziale Schicht kontrolliere. Die Kritik an dieser These im Bericht des Sachverständigenrates 2010 (SVR 2010, S. 143) ist nur auf eine nordrhein-westfälische Schulformenstatistik gegründet, ohne Rücksicht auf die hohen Übergangsquoten von Migranten nach der zehnten Hauptschulklasse gerade dort.

Kern des Problems ist demnach die große soziale Selektivität des deutschen Schulsystems, die sich auf Migrantengruppen besonders auswirkt, die der Arbeiter- oder Unterschicht angehören. Dementsprechend stellt Strohmeier (2006) in einer geografischen Analyse des Ruhrgebiets fest, dass die stadträumlichen sozialen Strukturen über die Jahrzehnte gleich geblieben seien und sich nur die Herkunft der Bevölkerung verändert habe. An die Stelle der Zuwanderer aus Ostpreußen, Bayern oder Posen seien in den ärmeren Vierteln jetzt Zuwanderer aus Anatolien, Sizilien und Sibirien getreten.

Da das Schulsystem in Deutschland Ländersache ist, die Landesministerien eine große Regelungsdichte haben (Heidenheimer 1997; Thränhardt 1991) und die Länder in den letzten Jahrzehnten unterschiedliche Richtungen in Bezug auf Übergangsregelungen, Schultypen und Selektivität eingeschlagen haben, ist es erstaunlich, dass die meisten Arbeiten und Studien sich wenig mit den Länderregelungen und den sehr unterschiedlichen Ergebnissen befassen, obwohl vielfältige Statistiken der Kultusministerien existieren und die Ergebnisse zwischen den Ländern extrem variieren. Dabei besteht ein Spannungsverhältnis zwischen den Verwaltungsdaten und den Ergebnissen der PISA-Studien. Während nach PISA südliche Bundesländer bessere Ergebnisse aufweisen als nördliche Bundesländer, zeigen die Schulstatistiken gleichzeitig, dass Bayern und Baden-Württemberg extrem hohe Prozentzahlen von ausländischen Schülern ohne jeden Abschluss entlassen. In Bezug auf die PISA-Daten bestehen dabei Unsicherheiten, weil die Sonder- bzw. Förderschulen nicht in die Analyse einbezogen worden sind und auch bei der Auswahl der Schulen anscheinend einige Disparitäten bestanden. Zudem sind nur wenige Unterschiede zwischen Bundesländern für Kinder mit Migrationshintergrund signifikant (Hunger/Thränhardt 2009).

Mehr Datenkritik bei den großen empirischen Untersuchungsprogrammen wäre wünschenswert. Immerhin haben die PISA-Studien aber dazu geführt, dass ein Veränderungsbewusstsein entstanden ist und die lange Zeit stark fixierten ideologischen Bruchlinien ein Stück weit aufgebrochen wurden.

Inzwischen gibt es neue Datenquellen, die einen Vergleich zwischen den Bundesländern erlauben: zum einen das Integrationsmonitoring der Länder, zum anderen die große repräsentative Umfrage des »Kriminologischen Forschungsinstituts Niedersachsen«. Diese Daten bestätigen das Bild, das schon früher bei Ländervergleichen zu beobachten war: die extrem selektiven Bildungssysteme in Süddeutschland erzeugen extreme Unterschiede zwischen Kindern mit deutscher und ausländischen Staatsangehörigkeit (ältere Daten) bzw. Kindern mit einheimischem und mit Migrationshintergrund (neuere Daten). Über die Jahrzehnte sind diese Unterschiede stärker geworden. Die Veränderung der Schulstrukturen, insbesondere die Weiterentwicklung der Hauptschule zu einer weiterführenden Schule mit Fachoberschulreife in Nordrhein-Westfalen und anderen Ländern, hat hier einen entscheidenden Einschnitt gebracht. Schüler, die mit zehn Jahren der Hauptschule zugewiesen wurden, haben dadurch reale Chancen, weiterführende Abschlüsse und auch das Abitur zu erreichen. Gleiches gilt für die ostdeutschen Länder, in denen nicht das dreigliedrige, sondern ein zweigliedriges Schulsystem eingeführt worden ist. Zu wenig beachtet wird auch, das in den ostdeutschen Ländern Kinder mit Migrationshintergrund (überwiegend aus Polen, den GUS-Staaten und Vietnam) im Schnitt bessere Abschlüsse erzielen als im Westen, zum Teil auch bessere Abschlüsse als die Einheimischen (Weiss 2009).

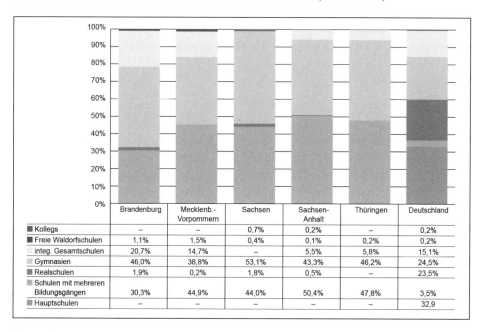

Abb 1: Schüler mit ausländischer Staatsangehörigkeit nach Schularten 2009: neue Länder und Durchschnitt in Deutschland (Quelle: Integrationsbeauftragte Brandenburg, nach statistischen Angaben der Länder [unveröffentlicht])

Alle diese Differenzen stehen nicht im Gegensatz zu den zitierten Forschungsergebnissen über Nichtdiskriminierung von Ausländern bzw. Menschen mit Migrationshintergrund als solche. Sie betreffen einheimische Deutsche ebenso oder sogar etwas mehr, wenn sie den entsprechenden sozialen Schichten angehören. Dahrendorfs inzwischen klassische Formel vom »katholischen Arbeitermädchen vom Lande« (Dahrendorf 1965), das die statistisch Benachteiligten zusammenfasste, könnte inzwischen durch den türkischstämmigen moslemischen jungen Mann und den italienischstämmigen katholischen jungen Mann aus benachteiligten Großstadtvierteln ersetzt werden, wobei diese Formeln als Kumulierungen statistischer Benachteiligungen verstanden werden müssen, die jeweils die Gesamtheiten dieser Gruppen umfassen. Zwei der dahrendorfschen Benachteiligungen sind inzwischen überwunden: Mädchen erreichen bessere Abschlüsse als Jungen, und Katholiken sind nicht mehr entscheidend im Rückstand. Dieser Wandel demonstriert, dass soziale Strukturen im Bildungssystem nicht unveränderbar sind.

Setzt man diese Fakten in Bezug zur langfristigen Veränderung des deutschen Bildungssystems von einem schichtenselektierenden Auslesesystem, das bis in die Mitte des 20. Jahrhunderts mit biologistischen Annahmen über die Vererbung von Begabungen gerechtfertigt wurde, zu einem Förderungssystem, das möglichst vielen zu optimaler Entfaltung verhelfen soll, so sind die Bundesländer auf diesem Weg unterschiedlich weit fortgeschritten. Diese Veränderung liegt im Interesse der betroffenen Jugendlichen ebenso wie im Interesse des »Standorts Deutschland«, der eine möglichst gute ausgebildete Bevölkerung braucht, und generell einer gut gebildeten Gesellschaft. Insofern ist der Umgang des Bildungssystems mit Migranten keine Frage einer Sonderpädagogik für Migranten, sondern ein Indiz für die Modernität und Qualität des Bildungssystems insgesamt.

Tab. 1: Kindergartenversorgung in den alten Bundesländern: Kinder mit und ohne Migrationshintergrund 2008

Land	Ohne Migrationshintergrund	Mit Migrationshintergrund	Schlechtere Versorgung	Anteil Migrationshintergrund
Berlin	100%	80%	-20%	39%
Rheinland-Pfalz	99%	89%	-10%	28%
Bremen	96%	75%	-21%	46%
Baden-Württemberg	95%	94%	-1%	34%
Hessen	95%	86%	-9%	38%
Bayern	95%	75%	-20%	27%
Saarland	94%	91%	-3%	30%
NRW	92%	88%	-4%	35%
Schleswig-Holstein	91%	60%	-31%	18%
Niedersachsen	90%	76%	-24%	26%
Hamburg	87%	72%	-15%	43%

Quelle: Bock-Famulla/Große-Wöhrmann 2010

Die Differenzen zwischen den Bundesländern beginnen bei den Kindergärten. Hier ist zunächst zu konstatieren, dass der Versorgungsgrad der Kinder ohne Migrationshintergrund in den alten Bundesländern zwischen 87 und 100 Prozent schwankt. In einigen Ländern ist das Versorgungsniveau der Kinder mit Migrationshintergrund annähernd gleich. Das beruht – z. B. in Nordrhein-Westfalen – auch auf politischen Entscheidungen und einem Aufholprozess in den letzten Jahren. In anderen Ländern gibt es dagegen starke Unterschiede, die Versorgung ist bis zu einem Drittel schlechter. Es kann davon ausgegangen werden, dass die deutschstämmigen Kinder in den entsprechenden Stadtvierteln oder Kommunen ebenso schlecht versorgt sind. In den neuen Bundesländern liegt die Versorgung der deutschstämmigen Kinder bei 98 Prozent, die der Kinder mit Migrationshintergrund dagegen nur bei 66 Prozent. Von diesem Problem sind hautsächlich die Kinder von Aussiedlern betroffen (BMFSFJ 2010, 85).

Auch bei den weiterführenden Schulabschlüssen gibt es große Diskrepanzen, die man über Jahrzehnte verfolgen kann. 1985 hatte ein ausländischer Schüler in Bayern 30,5 Prozent der Chancen eines deutschen Schülers, einen weiterführenden Schulabschluss zu erreichen. Bis 2003 war diese Chance auf 52,0 Prozent gestiegen. In Nordrhein-Westfalen stieg diese Chance im gleichen Zeitraum von 47,7 auf 72,5 Prozent (vgl. im Einzelnen Hunger/Thränhardt 2009, S. 61). Wie Schaubild 1 zeigt, ist die Verteilung auch heute höchst unterschiedlich. Während die Unterschiede in Bezug auf das angestrebte Abitur zwischen Nord- und Süddeutschland bei deutschen Schülern um weniger als ein Drittel differieren, ist es bei Schülern mit türkischem Hintergrund etwa die Hälfte. Die neuen Zahlen sind nach dem Migrationshintergrund erhoben und mit den Ausländerzahlen nicht direkt vergleichbar. Da seit dem 1.1.2000 Kinder von Ausländern als Deutsche geboren werden, wenn ein Elternteil seit acht Jahren legal in Deutschland lebt, und außerdem immer mehr Ausländer sich haben einbürgern lassen, vermitteln die Zahlen über Ausländer inzwischen ein immer eingeschränkteres Bild der Integrationssituation (Thränhardt 2008).

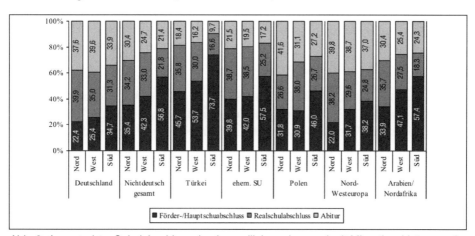

Abb. 2: Angestrebter Schulabschluss der Jugendlichen ohne und mit Migrationshintergrund nach Gebietskategorie (in Prozent, gewichtete Daten, nur Westdeutschland) (Quelle: Baier et al. 2010, Abb. 3.5)

Große Unterschiede zeigen sich auch, wenn man die Prozentsätze der Schulabgänger ohne Hauptschulabschluss betrachtet. In Brandenburg gehen als einzigem Bundesland prozentual weniger Ausländer ohne Abschluss von der Schule ab als Deutsche (Tabelle 2), in allen anderen Bundesländern sind es mehr. Die Unterschiede sind sowohl bei den deutschen als auch bei den ausländischen Schülern beträchtlich, und erneut sind auch die Differenzen erheblich. Ein Spitzenwert wird in Sachsen-Anhalt mit 20 Prozent ausländischen Abgängern ohne Schulabschluss erreicht.

Tab. 2: Schulabgänger ohne Hauptschulabschluss: ausländische und deutsche Staatsangehörigkeit 2009

Bundesland	Staatsang. ausländisch	Staatsang. Deutsch	Differenz
Brandenburg	5,4 %	8,7 %	- 3,3 %
Thüringen	10,4 %	7,2 %	+ 2,8 %
Bremen	11,8 %	5,4 %	+ 6,4 %
Sachsen	12,3 %	8,7 %	+ 3,6 %
Baden-Württemberg	13,0 %	4,4 %	+ 8,6 %
Schleswig-Holstein	13,4 %	6,7 %	+ 6,7 %
NRW	13,7 %	5,4 %	+ 7,7 %
Rheinland-Pfalz	14,0 %	6,2 %	+ 7,8 %
Saarland	14,3 %	4,8 %	+ 8,5 %
Hessen	14,5 %	5,5 %	+ 9,0 %
Bayern	15,0 %	5,1 %	+ 9,9 %
Hamburg	15,4 %	6,7 %	+ 8,8 %
Mecklenburg-Vorpommern	15,7 %	12,5 %	+ 3,2 %
Berlin	17,2 %	8,0 %	+ 9,2 %
Niedersachsen	17,4 %	5,7 %	+ 11,7 %
Sachsen-Anhalt	20,0 %	10,7 %	+ 9,3 %

Quelle: Integrationsmonitoring der Länder (2011), D 2

Finden wir bei den Schulabschlüssen Defizite bei den südlichen Bundesländern, so liegen sie andererseits bei der Ausbildungsbeteiligung weit vorne. Ein Blick auf die Statistiken zur Wirtschaftskraft und zur Arbeitslosigkeit bietet die Erklärung. In Ländern mit höherem Pro-Kopf-Einkommen und geringeren Arbeitslosenraten haben Jugendliche mit ausländischer Staatsangehörigkeit höhere Chancen auf Ausbildungsplätze. Interessanterweise gibt es hier keine statistischen Zusammenhänge mit den Werten für die deutschen Bewerber. Vielmehr finden sich die höchsten Ausbildungswerte bei den deutschen Männern sogar in ausgesprochen strukturschwachen Ländern: Bremen, Mecklenburg und Thüringen. Bei den Frauen ist ebenfalls Bremen Spitze. Dies ist – vor allem in den östlichen Bundesländern – ein Ergebnis der staatlichen Bereitstellung überbetrieblicher Ausbildungsplätze in strukturschwachen Gebieten, von denen allerdings ausländische Jugendliche nicht profitieren konnten.

Ausbildung ist im dualen System in privater Hand, sie ist nicht nach objektiven Wissens- oder Leistungskriterien organisiert, wie dies zumindest im Anspruch bei schulischen Entscheidungen der Fall ist. Vielmehr ist die Vermittlung stark von sozialen Beziehungen geprägt. Dies gilt vor allem für das Handwerk und für Kleinbetriebe, die den Großteil der Ausbildungsplätze stellen. Auch Besorgnisse hinsichtlich der Reaktionen von Kunden können Einfluss haben. Vermutlich spielt in den wirtschaftsstarken Gebieten auch eine Rolle, dass Migranten hier in den Unternehmen seit vier Jahrzehnten in großer Zahl stabil verankert sind.

Tab. 3: Ausbildungsbeteiligungsquote 18- bis 21-jähriger Jugendlicher nach Geschlecht und Staatsangehörigkeit

Land	Ausl. Männer	Deutsche Männer	Differenz	Ausl. Frauen	Deutsche Frauen	Differenz
Baden-Württemberg	22,7%	34,6%	-11,9%	18,4%	24,4%	-6,0%
Hessen	19,7%	32,1%	-12,5%	15,9%	23,3%	-7,3%
Bayern	18,1%	38,1%	-20,0%	14,5%	27,1%	-12,7%
Saarland	18,0%	35,6%	-17,6%	12,0%	26,0%	-14,8%
Rheinland-Pfalz	15,6%	35,3%	-19,7%	11,9%	23,6%	-11,7%
NRW	11,4%	32,0%	-20,7%	8,9%	21,4%	-12,5%
Hamburg	9,6%	33,9%	-24,3%	9,8%	26,6%	-16,8%
Niedersachsen	8,6%	35,1%	-26,4%	6,9%	24,7%	-17,7%
Schleswig-Holstein	8,5%	34,4%	-25,9%	7,6%	25,4%	-17,8%
Bremen	6,3%	41,4%	-35,1%	8,4%	30,2%	-21,9%
Berlin	6,1%	25,2%	-19,0%	6,6%	21,5%	-14,9%
Sachsen	5,6%	38,9%	-33,3%	4,4%	23,7%	-39,4%
Mecklenburg-Vorpommern	4,0%	41,3%	-37,3%	3,9%	24,8%	-25,3%
Brandenburg	3,7%	34,5%	-30,9%	2,3%	21,2%	-18,9%
Thüringen	3,2%	40,5%	-37,2%	2,9%	22,6%	-19,7%
Sachsen-Anhalt	3,2%	41,8%	-38,5%	29%	24,8%	-21,9%

Quelle: Integrationsmonitoring der Länder 2011, D 5.

Bewerber mit ausländischem Pass werden offensichtlich nachrangig eingestellt und haben dann eine Chance, wenn sie von der Marktlage her benötigt werden. Die geschilderten Unterschiede haben sich über lange Zeit aufgebaut, bei den Vermittlungen spielen eingespielte soziale Beziehungen eine wesentliche Rolle. Klar ist nach den Forschungsdaten, dass Jugendliche mit und ohne Migrationshintergrund sich in ihren Berufswünschen wenig unterscheiden und dass die große Mehrzahl beider Gruppen aktiv die Suche nach Ausbildungsplätzen betreibt (Beicht/Granato 2010).

Die Krise des Ausbildungssystems ist aber keineswegs nur ein Problem der Migranten, sondern eines großen Teils aller Jugendlichen und der deutschen Wirtschaft und Gesellschaft insgesamt. Bis 1994 stiegen die Ausbildungszahlen bei den Jugendlichen mit ausländischer Staatsangehörigkeit (Thränhardt 2010, S. 31). Angesichts des seither sinkenden Angebots an Ausbildungsplätzen hat der Staat ein »Übergangssystem« eingerichtet, bestehend unter anderem aus Berufsgrundbildungsjahr, Berufsvorbereitungsjahr, Berufseinstiegsjahr und Maßnahmepaketen der Bundesagentur für Arbeit, die die

> »Ausbildungsreife fördern sollen, tatsächlich aber teure Wartesäle sind. [...] Inzwischen erfasst dieses unter qualifikatorischem Gesichtspunkt weitgehend nutzlose ›Übergangssystem‹ nicht nur rund 40 Prozent der Neuzugänge im gesamten Berufsausbildungssystem – das bedeutet in etwa den gleichen Anteil von Bewerbern wie das Duale Ausbildungssystem [...]Als [...] Folge verschiebt es darüber hinaus das durchschnittliche Eintrittsalter der Jugendlichen in das Duale System um etwa drei Jahre. Dies bedeutet, dass die Berufsausbildung in der Bundesrepublik im Vergleich zu unseren Nachbarstaaten Österreich [und Schweiz] im Schnitt drei Jahre zu spät beginnt, mit weitgehend negativen Auswirkungen« (Greinert o. J.).

Auch hier geht es also in erster Linie nicht um Diskriminierung, sondern um Fehlsteuerung, die zu hohen menschlichen ebenso wie wirtschaftlichen Kosten führt. Auch wenn angesichts des Geburtenrückgangs die Zahlenverhältnisse für die Bewerber günstiger werden und die Betriebe beginnen, um Nachwuchs insbesondere auch bei Migranten zu werben, bedarf es des Aufbaus oder der Stärkung sozialer Beziehungsnetze, um das Ausbildungswesen in seiner Breite wiederherzustellen. Im internationalen Vergleich gilt es insgesamt immer noch als deutsches Erfolgsmodell, mit dem die Vermittlung zwischen Ausbildung und Beruf gelingt und die Jugendarbeitslosigkeit gering gehalten werden kann. Instruktiv ist hier das Beispiel der Kölner Ford-Werke, wo es eine informelle Vereinbarung gibt, dass wie bei der Belegschaft insgesamt etwa 40 Prozent der Ausbildungsstellen mit Türkischstämmigen besetzt werden.

Die meisten Phänomene, die zurzeit in Verbindung mit Migration diskutiert werden, beziehen sich auf Strukturen des Bildungs-, Wirtschafts- und Gesellschaftssystems. Sie zeigen sich in gleicher Weise auch in Gebieten ohne Migranten, illustriert etwa durch die Tatsache, dass das mecklenburgische Wismar im Jahr 2009 mit 25 Prozent den höchsten Anteil von Schulabgängern ohne Abschluss hatte. Im aktuellen öffentlichen und auch wissenschaftlichen Diskurs werden diese Probleme vielfach ethnisiert, während in den 1970er-Jahren, auf dem Höhepunkt der Einwanderung, von Klassen und Schichten die Rede war. Internationale und auch innerdeutsche Vergleiche zeigen, dass eine bessere Praxis möglich ist – im Interesse der Kinder und Jugendlichen ebenso wie der Lebensqualität und Leistungsfähigkeit des Landes – und dass optimale Entfaltung von richtigen politischen Entscheidungen ebenso abhängt wie von guter pädagogischer Praxis.

Literatur

Baier, D./Pfeiffer, C./Rabold, S./Simonson, J./Kappes, C. (2010): Kinder und Jugendliche in Deutschland: Gewalterfahrungen, Integration, Medienkonsum. Zweiter Bericht zum gemeinsamen Forschungsprojekt des Bundesministeriums des Innern und des KFN. Hannover: Kriminologisches Forschungsinstitut Niedersachsen.

Beicht, U./Granato, M. (2010): Ausbildungsplatzsuche: Geringere Chancen für junge Frauen und Männer mit Migrationshintergrund. BIBB-Analyse zum Einfluss der sozialen Herkunft beim Übergang in die Ausbildung unter Berücksichtigung von Geschlecht und Migrationsstatus. BIBB-Report 15, Bonn.

BMFSFJ (2010): Familien mit Migrationshintergrund. Lebenssituation, Erwerbsbeteiligung und Vereinbarkeit von Familie und Beruf. Berlin: Bundesministerium für Familie, Senioren, Frauen und Jugend.

Bock-Famulla, K./Große-Wöhrmann, K. (2010): Länderreport Frühkindliche Bildungssysteme 2009. Transparenz schaffen – Governance stärken. Gütersloh: Bertelsmann-Stiftung.

Dahrendorf, R. (1965): Bildung ist Bürgerrecht. Plädoyer für eine aktive Bildungspolitik. Hamburg: Nannen-Verlag.

Ditton, H. (2010): Wie viel Ungleichheit durch Bildung verträgt eine Demokratie? In: Zeitschrift für Pädagogik, 56. Jg., S. 53–68.

Gomolla, A. (2009): Fördern und Fordern allein genügt nicht! Mechanismen institutioneller Diskriminierung von Migrantenkindern und -jugendlichen im deutschen Schulsystem. In: Auernheimer, G. (Hrsg.): Schieflagen im Bildungssystem. Wiesbaden: VS Verlag für Sozialwissenschaften für Sozialwissenschaften, S. 87–102.

Gomolla, A./Radtke, F.-O. (2002): Institutionelle Diskriminierung. Die Herstellung ethnischer Differenz in der Schule. Opladen: Leske + Budrich.

Greinert, W.-D. (o. J.): Kernschmelze: Der drohende GAU unseres Berufsbildungssystems, http://www.ibba.tu-berlin.de/download/greinert/Kernschmelze.pdf (Abruf am am 7. 3. 2011).

Gresch, C./Becker, M. (2010): Sozial- und leistungsbedingte Disparitäten im Übergangsverhalten bei türkischstämmigen Kindern und Kindern aus (Spät-)Aussiedlerfamilien. In: Maaz, K./Baumert, J./Gresch, C./McElvany, N. (Hrsg.): Der Übergang von der Grundschule in die weiterführende Schule: Leistungsgerechtigkeit und regionale, soziale und ethnisch-kulturelle Disparitäten. Bonn: Bundesministerium für Bildung und Forschung, S. 181–200.

Heidenheimer, A. J. (1997): Disparate Ladders: Why School and University Differ in Germany, Japan, and Switzerland. Piscataway: Transaction.

Hunger, U./Thränhardt, D. (2009): Der Bildungserfolg von Einwandererkindern in den westdeutschen Bundesländern. Diskrepanzen zwischen der PISA-Studie und den amtliche Schulstatistiken. In: Auernheimer, G. (Hrsg.): Schieflagen im Bildungssystem. Wiesbaden: VS Verlag für Sozialwissenschaften für Sozialwissenschaften, S. 51–67.

Integrationsmonitoring der Länder (2011): Erster Bericht zum Integrationsmonitoring der Länder 2005–2009. Teil 2: Datenband. Mainz: Konferenz der für Integration zuständigen Ministerinnen und Minister/Senatorinnen und Senatoren der Länder (IntMK).

Kristen, C. (2006a): Ethnische Diskriminierung im deutschen Schulsystem? Theoretische Überlegungen und empirische Ergebnisse. Berlin: Wissenschaftszentrum Berlin.

Kristen, C. (2006b): Ethnische Diskriminierung in der Grundschule? Die Vergabe von Noten und Bildungsempfehlungen. In: Kölner Zeitschrift für Soziologie und Sozialpsychologie 58, S. 79–97.

Kristen, C./Dollmann, J. (2010): Sekundäre Effekte der ethnischen Herkunft: Kinder aus türkischen Familien am ersten Bildungsübergang. In: Becker, B./Reimer, D. (Hrsg.): Vom Kindergarten bis zur Hochschule. Die Generierung von ethnischen und sozialen Disparitäten in der Bildungsbiographie. Wiesbaden: VS Verlag für Sozialwissenschaften für Sozialwissenschaften, S. 117–144.

Rist, R. C. (1989): Die ungewisse Zukunft der Gastarbeiter. Stuttgart: Klett-Cotta.
Stocké, V. (2009): Schulbezogenes Sozialkapital und Schulerfolg der Kinder: Kompetenzvorsprung oder statistische Diskriminierung durch Lehrkräfte? In: Becker, B./Reimer, D. (Hrsg.): Vom Kindergarten bis zur Hochschule. Die Generierung von ethnischen und sozialen Disparitäten in der Bildungsbiographie. Wiesbaden: VS-Verlag für Sozialwissenschaften, S.81–115.
Strohmeier, K.-P. (2006): Segregation in den Städten. Bonn: Friedrich-Ebert-Stiftung.
SVR (2010): Einwanderungsgesellschaft 2010. Berlin: Sachverständigenrat deutscher Stiftungen für Integration und Migration.
Thränhardt, D. (1991): Länder-Differenzen in der Bildungspolitik. In: Blanke, B./Wollmann, H. (Hrsg.): Die alte Bundesrepublik. Kontinuität und Wandel, Leviathan Sonderheft 12, S. 409–419.
Thränhardt, D. (2008): Einbürgerung. Rahmenbedingungen, Motive und Perspektiven des Erwerbs der deutschen Staatsangehörigkeit. Bonn: Friedrich-Ebert-Stiftung.
Thränhardt, D. (2010): Erfolge und Misserfolge im Bildungssystem. In: Weiss, K./Roos, A. (Hrsg.): Neue Bildungsansätze für die Einwanderungsgesellschaft. Erfahrungen und Perspektiven aus Ostdeutschland. Freiburg: Lambertus, S. 17–36.
Weiss, K. (2009): Ausländische Schüler in den neuen Bundesländern - eine Erfolgsstory. In: Auernheimer, Georg (Hrsg.): Schieflagen im Bildungssystem. Wiesbaden: VS-Verlag für Sozialwissenschaften, S. 179–192.

3

Sprache und Sprachförderung

Hartmut Esser

Sprache und Integration. Eine Zusammenfassung und einige Anmerkungen[9]

Eine der auffälligsten Folgen im Zusammenhang der internationalen Migration ist die Entstehung von – mehr oder weniger stabilen – *vertikalen* ethnischen Ungleichheiten in den jeweiligen Aufnahmeländern, ethnischen Schichtungen also, bei denen ethnische und kulturelle Merkmale systematisch mit Ungleichheiten in Bildung, Einkommen, Zugang zu den zentralen Institutionen und gesellschaftlicher Anerkennung verbunden sind, gelegentlich auch in der Form von »Gettos« oder kastenartigen »Parallelgesellschaften«. Ethnische Schichtungen treten in so gut wie allen Einwanderungsländern und unter den unterschiedlichsten Bedingungen der jeweiligen Migrations-, Integrations- und Minderheitenpolitik, des öffentlichen Diskurses oder des rechtlichen Status der Migranten auf, wie unter anderem in Belgien, Australien, Deutschland, Frankreich, Großbritannien, Israel, Kanada, den Niederlanden, Schweden, der Schweiz oder den USA. Auch in den meisten neueren Zielländern der internationalen Migration, wie Griechenland, Italien, Portugal und Spanien, sind derartige Tendenzen zu beobachten. Sie sind letztlich über systematische Unterschiede zwischen den ethnischen Gruppen im Erfolg auf dem Arbeitsmarkt definiert, insoweit diese Unterschiede nicht durch arbeitsmarktrelevante Qualifikationen, wie insbesondere die Bildung und die betriebliche Erfahrung, erklärt werden können. Derart verbleibende Unterschiede können mit weiteren, meist nicht erfassten, arbeitsmarktrelevanten Hintergrundmerkmalen zu tun haben, wie andere Fertigkeiten oder Motivationen, aber auch mit sozialen Distanzen und Diskriminierungen der ethnischen Gruppen auf den jeweiligen Arbeitsmärkten. Eine weitere und – für kompetitive Arbeitsmärkte zumal – auch näherliegende Ursache könnten demgegenüber aber auch gewisse Defizite in den *sprachlichen* Kompetenzen der Migranten sein, die die Nutzung des jeweils verfügbaren Humankapitals auf den Arbeitsmärkten entweder nicht oder nicht

---

9 Der Beitrag ist die an verschiedenen Stellen aktualisierte und um einige Anmerkungen zum »Streitfall Zweisprachigkeit« bzw. zum »Linguizismus« erweiterte Wiedergabe des Kapitels 8 (»Zusammenfassung«) des Buchs »Sprache und Integration. Die sozialen Bedingungen und Folgen des Spracherwerbs von Migranten« (Esser 2006). Die in dem Beitrag benannten empirischen Zusammenhänge beruhen auf den in dem Buch zusammengestellten Ergebnissen entsprechender Untersuchungen und können dort im Detail nachgelesen werden.

vollständig erlauben. Sprachliche Defizite können dabei bereits beim Erwerb des arbeitsmarktrelevanten Humankapitals eine Rolle spielen, speziell bei den schulischen Leistungen und bei der daran hängenden Schulkarriere, sodass es sowohl direkte wie indirekte Einflüsse der Sprache auf die Arbeitsmarktintegration geben kann.

Das Ziel der hier vorgelegten Systematisierung des Forschungsstandes zum Problem »Sprache und Integration« ist die Untersuchung dieser Hypothese: Ethnische Schichtungen hängen eng mit sprachlichen Fertigkeiten zusammen und lassen sich darüber bereits weitgehend erklären, und erst wenn diese »meritokratischen« Einflüsse berücksichtigt sind, kann an andere Mechanismen gedacht werden, wie leistungsunabhängige Stereotype oder Diskriminierungen.

Die zentralen Ergebnisse der Untersuchung lassen sich in relativ wenigen Punkten zusammenfassen. Der Spracherwerb ist, unter Zusammenführung entsprechender Hypothesen aus der Linguistik, der Sprachpsychologie, der Ökonomie und der Soziologie, *theoretisch* als eine – mehr oder weniger intentionale – Investition unter bestimmten sozialen Bedingungen aufzufassen, die allgemein von der Motivation, dem Zugang, der Effizienz und den Kosten dieser Investition abhängig ist. Es ist ein Spezialfall der verschiedenen Prozesse der sozialen Integration allgemein, speziell der kulturellen Integration, und das Modell lässt sich für alle Formen des Spracherwerbs anwenden: Muttersprache, Zweit- und Drittsprache(n) und damit für alle Formen der Multilingualität. Bei den sozialen Bedingungen des besonders wichtigen Falles des (Zweit-)Spracherwerbs von Migranten sind vier Ebenen zu unterscheiden: die Familien- und Migrationsbiografien der individuellen Migranten, das Herkunftsland, das Aufnahmeland und der ethnische Kontext. Die sozialen Bedingungen bilden jeweils konkrete Exemplifizierungen der (vier) grundlegenden theoretischen Konstrukte des Spracherwerbs, und die mit ihnen verbundenen statistisch feststellbaren Wirkungen erhalten ihre theoretische Erklärung über entsprechende Zuordnungen (Brückenhypothesen) zum theoretischen Modell. Die in den verschiedenen Studien vor diesem Hintergrund vorfindbaren *empirischen* Ergebnisse konvergieren damit nicht nur nahezu ausnahmslos, auch im internationalen Vergleich und über verschiedene Konstellationen ethnischer Gruppen hinweg, sondern finden bis hinein in einige kaum zu erwartende Details, etwa bestimmter statistischer Interaktionseffekte bei den relevanten Bedingungen, eine nachhaltige Unterstützung. Das trifft auf alle vier behandelten inhaltlichen Felder zu: Zweitspracherwerb, Bilingualität und *language shift*, schulische (Sprach-)Leistungen beziehungsweise Bildungserfolg und die Positionierung und der Erfolg auf dem Arbeitsmarkt.

Für den *Zweitspracherwerb* erweisen sich die Bedingungen der Familien- und Migrationsbiografie und die des ethnischen Kontextes als besonders bedeutsam, darunter speziell das Einreisealter (auch das der Eltern der Migrantenkinder für deren Spracherwerb), die Bildung, die ethnische Konzentration und die ethnischen Binnenbeziehungen, dabei besonders die interethnischen Netzwerke und die Zwischengruppenheirat. Andere Faktoren sind die Aufenthaltsdauer, der Kontakt mit der Zweitsprache schon im Herkunftsland, Medienkontakte mit der Herkunftsgesellschaft und die linguistischen, räumlichen und sozialen Distanzen. Über die Wirkung von Sprach-

und Integrationskursen, wie sie in einigen Ländern, etwa in den Niederlanden oder in Schweden, eingerichtet wurden, kann kaum etwas gesagt werden, weil es hierzu (bisher) keine geeigneten empirischen Untersuchungen gibt. Das gilt auch immer noch für die Anfang 2005 eingerichteten und z. B. im Zuge der Sarrazin-Debatte als besonders erfolgreiches Beispiel der bundesdeutschen Integrationspolitik dargestellten Integrationskurse des Bundesamtes für Migration und Flüchtlinge. Die Bedingungen in der Herkunfts- und der Aufnahmegesellschaft spielen gegenüber den Umständen der Familien- und Migrationsbiografie für den Erwerb der Zweitsprache eine vergleichsweise geringere Rolle, und die zentralen Beziehungen sind über die verschiedenen Kontexte von Herkunfts- und Aufnahmeländern weitgehend stabil.

Der Erwerb einer (kompetenten) *Bilingualität* setzt die Pflege beziehungsweise die Beibehaltung der Muttersprache voraus. Auch das lässt sich mit dem theoretischen Modell erfassen, und die empirischen Zusammenhänge entsprechen dem: Je höher das Einreisealter und je stärker die Einbindung in den ethnischen Kontext sind, desto eher wird die Muttersprache beibehalten. Das führt jedoch – schon aus begriffslogischen Gründen – *nur* dann zur (kompetenten) Bilingualität, wenn es *auch* zum *Zweit*sprach erwerb kommt: »*Zwei*sprachigkeit« impliziert »*Zweit*sprachigkeit«, und sie ist, anders als das oft dargestellt wird, kein Synonym einfach nur dafür, dass Migranten eine andere Muttersprache haben als die Mitglieder der Aufnahmegesellschaft. Insofern bedeutet die »Bilingualität« immer auch schon eine Form der Akkulturation: die Übernahme kultureller Elemente der Aufnahmegesellschaft. Es ist aber natürlich auch keine (sprachliche) Assimilation, weil die Herkunftssprache ja nicht aufgegeben wird. Es ist ein Spezialfall einer multiplen Inklusion, ganz ähnlich wie bei gemischten Netzwerken oder Mehrfachidentitäten, die ebenfalls stets auch eine Aufnahme von Beziehungen zur Aufnahmegesellschaft implizieren (vgl. dazu systematisch etwa Esser 2006, S. 24 ff.).

Da die meisten Bedingungen für den Zweitspracherwerb einerseits und für die Beibehaltung der Muttersprache andererseits gegenläufig sind, findet der Erstspracherhalt empirisch in aller Regel, wenngleich nicht zwingend und ausnahmslos, auf Kosten des Zweitspracherwerbs statt (und umgekehrt). Über den Generationenverlauf vermindern sich meist die Gelegenheiten zur Pflege der Muttersprache, und daher wird meist über die Generationen hinweg eine deutliche Tendenz zur monolingualen Assimilation beobachtet. Nur in einigen Spezialfällen, etwa bei großen Gruppen oder bei andauernden transnationalen Beziehungen, bleibt es auch dauerhaft beim Erhalt der Muttersprache – jedoch dann vorwiegend als sprachliche Segmentation. Für zwei der im Zusammenhang der Bilingualität geführten Debatten – über die *Critical-Period*-Hypothese und über die *Interdependenz*-Hypothese – lassen sich nunmehr einige Klärungen absehen. Die stärkste Form der *Critical-Period*-Hypothese, wonach ein kompetenter Zweitspracherwerb nach der Pubertät schon neurophysiologisch ausgeschlossen sei, ist zwar kaum zu halten, aber es kann auch als gesichert gelten, dass ein bestimmtes Lernergebnis mit höherem Alter nur mit stark zunehmendem Aufwand und bei einer besonders hohen Motivation erreicht werden kann. Für die Interdependenz-Hypothese, wonach der Zweitspracherwerb nur im Rahmen von muttersprachlichen Kompetenzen möglich sei, gibt es allenfalls gemischte Resultate, aber letztlich keine gesicherten Erkenntnisse, auch weil es die dazu erforderlichen Längsschnittstudien mit multivariaten Kontrollen möglicher Hintergrundvariablen (bisher) nicht gibt.

Für die *schulischen (Sprach-)Leistungen* und den *Bildungserfolg* gelten, nicht unerwartet, im Wesentlichen die gleichen Bedingungen wie für den Zweitspracherwerb allgemein: Einreisealter, Bildung der Eltern, ethnischer Kontext und – zusätzlich – die intellektuelle, soziale und ethnolinguistische Konzentration in den Schulen und Schulklassen. Die anderen schulischen Leistungen und die gesamte Bildungskarriere folgen diesem Muster, auch weil diese jeweils eng mit dem Zweitspracherwerb zusammenhängen und von den gleichen Hintergrundfaktoren bestimmt werden. Andere Umstände der Bildungsungleichheit bei Migrantenkindern, wie der Vorschulbesuch, die Schulwahl, die schulische Organisation und eventuelle (institutionelle) Diskriminierungen, kommen hinzu, setzen aber den genannten Prozess der sprachlichen Vermittlung des Bildungserfolges und die Effekte der Familien- und Migrationsbiografie sowie der ethnischen Konzentration in den Schulen und Schulklassen nicht außer Kraft. Es sieht außerdem so aus, als würden gerade die vorschulischen Selektions- und Sozialisationsprozesse stark durch die jeweilige Wohnsituation gesteuert, weil die Migrantenfamilien, anders als die bessergestellten einheimischen Eltern, in besonderem Maße den jeweils vorgefundenen Opportunitäten folgen, speziell aus einem eklatanten Mangel an (Hintergrund-)Wissen über alternative Möglichkeiten. In den Vorschulen und Schulen finden sich daher die sozialen und ethnolinguistischen Strukturen der Wohnumgebung eher verstärkt wieder, wodurch sich (vermutlich) schon frühe Bifurkationen (Zweifachgabelungen) in den Chancen auf eine erfolgreiche Bildungskarriere einstellen, gesteuert vor allem über die soziale Segregation und die ethno-linguistische Konzentration in der Wohnumgebung und das (Vor-)Schulwahlverhalten der Migranten(eltern).

Es gibt so gut wie keine systematischen empirischen Belege für die Vermutung, dass bilinguale Fertigkeiten eine über die Effekte der Zweitsprachkompetenz hinausgehende positive Wirkung auf das soziale und psychische Wohlergehen der Migranten(kinder) haben. Das gilt auch für die subjektive Befindlichkeit. Es zeigt sich eher, dass nicht die Beibehaltung der Muttersprache, sondern die (sprachliche) Assimilation zu einem höheren Selbstwertgefühl und zu geringeren psychischen Problemen führt. Die Wirkung bilingualer Programme des Unterrichts mit einer expliziten muttersprachlichen Förderung ist trotz einer Vielzahl von Studien, (Meta-)Analysen und jahrelangen Debatten bisher nicht geklärt, vor allem weil es an methodisch geeigneten Studien, insbesondere auch für die deutsche Situation, mangelt (vgl. dazu und zu einigen Einwänden insgesamt auch noch Esser 2009). Es scheint aber, wenn überhaupt, keine nennenswerten Effekte zu geben – weder negative noch positive. Das entspricht der oben erwähnten Bedeutungslosigkeit der Bilingualität für die schulischen Leistungen über die Zweitsprachkompetenz hinaus. Durch den muttersprachlichen Unterricht wird – trivialerweise – allenfalls der Erhalt der Muttersprache gefördert, und es ist bisher nicht zweifelsfrei klar, ob das auf Kosten des Erwerbs anderer Fertigkeiten, etwa des Erlernens anderer Sprachen, geht oder nicht.

Ein Teil der – immer noch andauernden – Debatten zum »Streitfall Zweisprachigkeit« (Gogolin/Neumann 2009) und zu Hinweisen auf positive Effekte für kognitive Kompetenzen oder schulische Leistungen hat mit einem einfach zu vermeidenden, aber offenbar geläufigen Fehlverständnis zu tun: Empirisch lässt sich durchaus zeigen, dass der Erwerb einer neben der Muttersprache zweiten (oder weiteren) Sprache mit höheren kognitiven Leistungen einhergehen kann, wie bessere schulische Leistungen oder die Vermeidung von Demenz im Alter. Aber das ist kein Effekt der »Bilingualität« allgemein, sondern, wie sich empirisch zeigen lässt, allein der *Zweit*sprache, also der sprachlichen Akkulturation an die Aufnahmegesellschaft. Es ist damit jedoch *kein* Effekt der Beibehaltung oder Förderung der *Erst*sprache – was aber in dem Begriffsgebrauch der Vertreter/innen der *Bilingualitätshypothesen* stets gemeint ist. Vor diesem Hintergrund kann auch das – ebenfalls gerne als Beleg für die Vorzüge der »Bilingualität« zitierte – Ergebnis aus der DESI-Studie, wonach Migrantenkinder auch nach Kontrolle relevanter Hintergrundmerkmale gegenüber den einheimischen Kindern *bessere* Ergebnisse in Englisch erzielen (Hesse/Göbel/Hartig 2008), *nicht* als Effekte der *mutter*sprachlichen Kompetenzen gedeutet werden. Es ist, wenn überhaupt, ein Effekt des vorherigen Kontaktes schon mit einer *anderen* sprachlichen Kultur – nämlich der des Aufnahmelandes –, und das hat offenbar die Wirkung, dass der Erwerb weiterer, neuer kultureller Elemente leichter fällt als der Erwerb einer dritten Sprache. Würde es an der Muttersprache liegen, hätten die einheimischen Schüler nicht schlechter sein dürfen. In neueren, ähnlich angelegten Untersuchungen zeigt sich im Übrigen der in der DESI-Studie berichtete Effekt nicht mehr. Hier haben die Migrantenkinder fast ausnahmslos auch im Englischunterricht ähnliche Nachteile wie bei den anderen schulischen Leistungen (Böhme et al. 2010, S. 220 ff.).

Auf dem *Arbeitsmarkt* wirken sich Kenntnisse in der Sprache des Aufnahmelandes, neben den üblichen Einflussgrößen auf die Produktivität, wie Bildung und Berufserfahrung, und dem indirekten Effekt über die Bildung, noch einmal eigenständig aus, und das speziell in Berufsfeldern mit »kommunikativer Relevanz«. Defizite darin sind mit geringeren Chancen auf Beschäftigung und Positionseinnahme und mit Abschlägen beim Einkommen verbunden, abhängig stets auch von der kommunikativen Relevanz der Tätigkeit. Dabei spielen die mit sprachlichen Defiziten verbundenen Produktivitätsverluste die zentrale Rolle. Es gibt aber auch Hinweise auf (statistische) Diskriminierungen aus Unsicherheiten über die Bewerber und auf die Zurückhaltung von Bewerbern beim Angebot von Arbeit, vor allem wenn sie über weniger ertragreiche, aber sichere ethnische intervenierende Opportunitäten verfügen, in exklusive ethnische Netzwerke eingebettet sind und deshalb nicht über die relevanten Informationen verfügen. Bei sehr großen Gruppengrößen vermindern sich diese Nachteile aus der Verfügung über ethnische Alternativen, werden aber nicht ausgeglichen. Die Beziehungen gelten gleichermaßen für die Beschäftigung, den erreichten beruflichen Status und das erzielte Einkommen. Anders als beim »normalen« Arbeitsmarkt scheint es beim Übergang zwischen Schule und Beruf über eine berufliche Ausbildung zu stärkeren Problemen der ethnischen Diskriminierung zu kommen, wobei die Sprachkenntnisse, speziell für die Lehrstellensuche, von geringerer Bedeutung zu sein scheinen.

Eine mögliche Erklärung ist die bei eher technischen Berufen geringere kommunikative Relevanz, aber auch die geringere Bedeutung von Wettbewerb und Produktivität bei der beruflichen Ausbildung, aus der sich größere Spielräume für leistungsfremde Diskriminierungen ergeben. Bilinguale Kompetenzen sind auf dem Arbeitsmarkt über die Erträge der sprachlichen Assimilation an die jeweilige Landessprache hinaus so gut wie bedeutungslos, mit Ausnahme von Kenntnissen in Englisch zusätzlich zur jeweiligen Sprache des Aufnahmelandes oder in Kombination mit hohen Bildungsabschlüssen und einer in einem speziellen Segment nachgefragten Sprache. Das gilt auch für die (allophonen) Migranten in Kanada, deren Nachteile, nicht nur bei sprachlichen Defiziten, eher größer zu sein scheinen als andernorts. Die Arbeitsmarkteffekte der kanadischen Politik der Multilingualität beschränken sich offenbar auf die Aufwertung des Französischen bei der eingesessenen Bevölkerung in den frankophonen Provinzen; für die allophonen Migranten ist sie höchstens folgenlos.

Zusätzlich zu den genannten Einzeleffekten und im Einklang mit dem theoretischen Modell finden sich empirisch einige *Interaktionseffekte* der verschiedenen Bedingungen untereinander. Beim *Spracherwerb* und beim *Schulerfolg* werden dabei vor allem die sozialen und ethnolinguistischen Konzentrationen in der Wohnumgebung und in den Schulklassen bedeutsam. Sie führen zu einer wechselseitigen Verstärkung mit den jeweils schlechten anderen Bedingungen, wie einem höheren Einreisealter oder einer geringeren Bildung der Eltern. Umgekehrt profitieren gerade die schlechtergestellten Migranten(kinder) von der Verbesserung einzelner Umstände in besonderem Maße, etwa bei einer Verminderung der ethnischen Konzentrationen in problematischen Wohnumgebungen und Schulsituationen. Allerdings würden die bessergestellten einheimischen Kinder gleichzeitig einen Teil ihrer Vorteile verlieren, wenn sich ihre Schulen und Schulklassen stärker sozial und ethnisch mischen würden. Auf dem *Arbeitsmarkt* interagiert insbesondere die Bildung als wichtigste Humankapitalkomponente für Beschäftigung und Einkommen statistisch mit der Sprachkompetenz. Es scheint dabei, wie beim Spracherwerb und der Bildung, eine *kumulierte* Wirkung von Bildung und (Zweit-)Sprachkompetenz auf Beschäftigungschancen und Einkommen zu geben: Migranten mit höheren Bildungsqualifikationen profitieren besonders vom Abbau sprachlicher Defizite, und bei schlechten Sprachkenntnissen nutzt auch die beste Bildung kaum etwas. Entsprechend lassen sich Effekte der Bilingualität, wenn überhaupt, nur bei hohem sonstigem Humankapital beobachten, und dann auch nur in Sprachen mit einem hohen Verwendungswert – etwa im internationalen Handel oder in speziellen Tätigkeiten. Umgekehrt bleiben auch gute Sprachkenntnisse folgenlos, wenn der Bildungsstand schlecht ist und wenn es sich um Tätigkeiten mit geringer kommunikativer Relevanz handelt. So etwa bei den eher technischen Berufen und solchen mit allgemein geringeren Qualifikationsanforderungen, wie sie für die meisten Migrantengruppen (zumindest der ersten und der zweiten Generation) typisch sind.

Die Ergebnisse sind, soweit das empirisch überprüft wurde, für die verschiedensten *Aufnahmeländer* – wie die USA, Australien, Kanada, Israel, Deutschland – *stabil*, und zwar bis hinein in die Besonderheiten der beschriebenen Interaktionseffekte. Das gilt ebenso für spezielle Kategorien von Migranten, wie beispielsweise für später legalisierte Immigranten mit einer zum Teil längeren Vorgeschichte der illegalen Einwanderung, für Flüchtlinge, für temporäre oder für transnationale Migranten. Es sieht so aus, als wären die grundlegenden Prozesse des Zusammenhangs von Sprache und Integration von den institutionellen und historischen Besonderheiten der Aufnahmeländer weitgehend unabhängig. Nicht zuletzt ist das Beispiel Kanadas ein Beleg dafür, dass die offizielle Migrations- und Integrationspolitik die faktischen strukturellen Vorgänge kaum beeinflusst. Systematische *Geschlechts*effekte beim Erwerb und bei der Wirkung der Sprache werden (nach Kontrolle der Hintergrundvariablen) nicht festgestellt (außer bei den schulischen Sprachleistungen, bei denen die weiblichen Migrantenkinder durchweg besser sind, und bei der beruflichen Ausbildung, bei der die weiblichen Bewerber unterrepräsentiert sind, womöglich über Geschlechtsrollenstereotype bei der Akzeptanz, womöglich aber auch schon bei der Bewerbung selbst). Wenn es überhaupt einmal Differenzen gibt, sind sie gering. Es werden jedoch einige stabile Unterschiede zwischen bestimmten *ethnischen Gruppen* festgestellt, die sich auch über die Kontrolle der Hintergrundvariablen nicht immer auflösen lassen. Das gilt speziell für die ethnischen Nachteile der mexikanischen (und der meisten anderen lateinamerikanischen) Immigranten und für den großen Bildungs- und Arbeitsmarkterfolg der asiatischen Immigranten in den USA sowie für die relativ schlechte Position der türkischen Immigranten in Deutschland. Schlüssige Erklärungen für derartige ethnische Differenzen gibt es bisher nicht, wobei zu beachten ist, dass in den meisten Studien nicht alle relevanten Hintergrundfaktoren erfasst werden, darunter insbesondere auch die interethnischen Kontakte. Möglicherweise treffen jeweils sehr unterschiedliche Umstände beziehungsweise spezielle Kombinationen davon zu, wie z. B. geringe räumliche Entfernungen zur Herkunftsgesellschaft und der Erhalt transnationaler Kontakte, hohe linguistische, kulturelle und soziale Distanzen, große Gruppen und ethnische Enklaven, ethnisches Sozialkapital in Form familialer sozialer Kontrolle oder besondere Werthaltungen zu Bildungs- und Arbeitsmarkterfolg. An den grundlegenden Vorgängen ändern diese verbleibenden und bisher kaum geklärten ethnischen Unterschiede nichts.

Angesichts der Vielschichtigkeit der Aspekte und Zusammenhänge von »Sprache und Integration«, der zahllosen und oft unüberschaubar erscheinenden Beiträge variierender Qualität aus sehr unterschiedlichen Disziplinen und einer Reihe von zum Teil heftig ausgetragenen Kontroversen mag die Konvergenz der theoretischen und empirischen Ergebnisse, wie sie aus der Systematisierung insgesamt deutlich wird, überraschen. Manche der Ergebnisse sind auch keineswegs neu, wie die hohe Bedeutung der Bildung, des Einreisealters und der ethnischen Konzentration beziehungsweise der interethnischen Kontakte für den (Zweit-)Spracherwerb. Andere überraschen dagegen schon eher, wie der so gut wie gänzlich fehlende Effekt der (meisten) muttersprachlichen Kompetenzen für den Bildungserfolg und für die Positionierung und den Erfolg auf dem Arbeitsmarkt. Dass die empirischen Ergebnisse so gut wie ausnahmslos den Annahmen und Implikationen des allgemeinen theoretischen Modells der sozialen Integration von Migranten und des daran anknüpfenden des Modells des Spracherwerbs und seiner Wirkungen auf Bildungs- und Arbeitsmarkterfolg entsprechen, unterstützt zusätzlich die Belastbarkeit der gefundenen empirischen Beziehungen; dies auch in bestimmten, nicht unbedingt offenkundigen Details wie den beschriebenen Interaktionseffekten und der kumulativen Verstärkung von schlechten und guten Bedingungen.

Was folgt daraus? Internationale Migration, die Anwesenheit fremdethnischer Gruppen und die kulturelle Pluralisierung der (Aufnahme-)Gesellschaften sind inzwischen zum Normalfall geworden. Die damit mögliche kulturelle Vielfalt ist ein hohes Potenzial für die Innovationskraft und Dynamik der jeweiligen Gesellschaften und der weltweiten Entwicklungen insgesamt, das aber durch die Entstehung ethnischer Schichtungen und Fragmentierungen oft nicht genutzt werden kann oder neue Problemlagen schafft. Die Gefahr für die Entstehung ethnischer Schichtungen hat unmittelbar mit dem Migrationsgeschehen selbst zu tun: Jeder Wechsel der alltäglichen Lebensbezüge und des kulturell-institutionellen Kontextes bedeutet eine – mehr oder weniger gravierende – Entwertung oder gar den Verlust des mitgebrachten (kognitiven, kulturellen und sozialen) Kapitals. Oft fehlen dann die Möglichkeiten, diesen Verlust durch erfolgreiche Investitionen in ein (wieder) besser verwertbares Kapital auszugleichen. An der Sprache wird das Problem offensichtlich: Ihre Nutzbarkeit ist kontextgebunden, und so gut wie alles andere, vor allem soziale Kontakte, Bildungs- und Arbeitsmarkterfolg, hängt davon ab, ob es gelingt, diesen Verlust auszugleichen.

Für die Lösung des Problems werden im Grunde zwei verschiedene Perspektiven diskutiert: eine, die auf die Aufwertung des von Verlust bedrohten (sprachlichen) Kapitals in dem neuen Kontext abzielt und die ethnischen Gruppen als neue und eigenständige *kollektive* Einheiten und soziale (Unter-)Systeme »anerkennen« und damit die jeweilige soziale Differenzierung der Aufnahmegesellschaft um eine ethnische Dimension erweitern möchte; und eine, die an den *individuellen* Prozessen der Investition in ökonomischen Erfolg und sozialen Aufstieg orientiert ist und die ethnischen Besonderheiten nur als ein weiteres soziodemografisches Merkmal der sozialen Ungleichheit wertet.

Die erste Perspektive läuft auf eine – mehr oder weniger konsequente – Minderheitenpolitik für die verschiedenen ethnischen Gruppierungen hinaus. Die Lösung des Problems der Integration wird in der eigenen Organisation der ethnischen Gruppen, der damit einhergehenden institutionellen Aufwertung der jeweiligen ethnischen Kapitalien und einer eigenen politischen Repräsentation der ethnischen Gruppen gesehen. Das (vergangene) niederländische Versäulungssystem und die kanadische Sprachenpolitik mögen als die wohl deutlichsten Fälle dieser Strategie angesehen werden, auch wenn sie sich nicht auf die Anerkennung der Migranten, sondern auf die der Eigenständigkeit religiös-politischer Gruppen beziehungsweise Regionen und Provinzen beziehen. Praktische Konsequenzen in dieser Perspektive sind unter anderem die Ausrichtung auch der kulturellen Vorgaben des Bildungssystems an der Besonderheiten der ethnischen Gruppen, etwa in der gezielten Förderung der muttersprachlichen Fertigkeiten der Migranten(kinder) als Wert »an sich« und auch unabhängig von der weiteren Verwertbarkeit oder als Teil und Symbol der kollektiven Eigenständigkeit.

Die zweite Perspektive geht davon aus, dass eine derartige kollektive und die funktionale Differenzierung überlagernde Lösung des Problems mit den Mechanismen der Positionsvergabe nach universalen Kriterien in funktional differenzierten Gesellschaften nur schwer vereinbar ist und – mittelfristig – sowohl Nachteile für die Migranten, etwa über den Mechanismus der Mobilitätsfalle, wie Produktivitätsverluste insgesamt mit sich bringen, vor allem über die mit jeder askriptiven Grenzziehung verbundenen (politischen wie ökonomischen) Transaktionskosten. Die Systemintegration der derart kulturell und ethnisch pluralisierten Gesellschaften wird daher nicht über eine Anerkennung der ethnischen *Gruppen* als eigene kollektive Einheiten, sondern über die erfolgreiche Sozialintegration der *Individuen* in die relevanten Funktionssysteme hinein angestrebt. Ethnische und kulturelle Eigenheiten und die sprachliche Vielfalt sind in dieser Perspektive – vollkommen selbstverständliche – Formen der individuellen Lebensgestaltung, ganz so wie andere Lebensstile auch. Das Problem dabei ist die unter Umständen unterschiedlich große Nähe oder Ferne zu den jeweiligen institutionellen und kulturellen Vorgaben eines Aufnahmelandes, wodurch sich gewisse kulturell bedingte Startnachteile bei der strukturellen Integration ergeben. Eine politisch motivierte Unterstützung des Integrationsprozesses setzt daher an den *individuellen* Investitionen in das jeweilige *aufnahme*landspezifische Kapital (oder in andere, möglichst weltweit generalisierbare Kapitalien) an. Das aber nur, insoweit es diese Startnachteile ausgleicht. Insofern unterscheidet sich die entsprechende Integrationspolitik nicht grundlegend von anderen sozialen »Kompensationen«, wie etwa der Startnachteile von Kindern aus benachteiligten Familien allgemein. Die wichtigste praktische Konsequenz wäre in dieser Perspektive die Unterstützung des Erwerbs von aufnahmelandspezifischen Kapitalien, etwa der jeweiligen Zweitsprache, und der Verzicht auf jede besondere Förderung ethnisch-spezifischer Kapitalien, etwa über muttersprachlichen Unterricht, über eine bloße Kompensations- und Schutzfunktion hinaus.

Die Auseinandersetzung zwischen den beiden Modellen wird auch vor dem Hintergrund der geänderten Gesamtsituation geführt: Im Rahmen einer andauernden internationalen Migration und einer zunehmenden Transnationalisierung verlören die Vorgaben der jeweiligen Aufnahmeländer ihre prägende Kraft. Die ethnischen Gruppen und Netzwerke bekämen eine eigene strukturelle Grundlage in ihrer transnationalen Organisation, die sich sozusagen »über« die Grenzen der Nationalstaaten und deren Besonderheiten legten. Damit verfielen die Grundlagen aller jener Vorstellungen (der »old immigration«), wonach die langfristige Perspektive in der Integration in die Aufnahmegesellschaft hinein bestünde, und nur eine Politik der »Anerkennung« der ethnischen Gruppen als eigene Einheiten werde dieser geänderten Lage gerecht. Die Ergebnisse zum Zusammenhang von Sprache und Integration zeigen jedoch, wenigstens in der Tendenz und über die Generationen hinweg, dass die sprachliche Assimilation nach wie vor der *empirische* Regelfall ist, und das weitgehend unabhängig von der jeweiligen Migrations- und Integrationspolitik der Einwanderungsländer. Auch hat sich gezeigt, dass die ethnischen Ressourcen, darunter die muttersprachlichen Kompetenzen, wenn überhaupt, nur einen sehr begrenzten

Wert für die strukturelle Integration (und den ökonomischen Erfolg insgesamt) haben und dass der exklusive Verbleib in binnenethnischen Beziehungen ein deutliches Hindernis ist.

Diese *empirischen* Tendenzen stehen in Einklang mit den *theoretischen* Modellen von Spracherwerb und struktureller Integration, wonach sich die Orientierung an den herkunftslandspezifischen Ressourcen in der Regel nach wie vor nicht lohnt und der Erwerb der Sprache des Aufnahmelandes beziehungsweise des jeweiligen regionalen und lokalen Kontextes schon im Interesse der Migranten selbst liegt. Für eine dann auch *normative* Forderung nach einer Integrationspolitik als ethnischer Minderheitenpolitik sind das keine besonders guten Voraussetzungen: Sie liegen quer zu dem, was empirisch geschieht, nach bewährten Modellen theoretisch erwartet werden kann und in funktional differenzierten Gesellschaften produktiv ist.

Die kulturelle und ethnische Pluralisierung der Aufnahmegesellschaften (und der Welt insgesamt) wird gelegentlich auch als eine nachhaltige Gegenbewegung zu den Prozessen der ökonomischen Globalisierung und politischen Universalisierung beziehungsweise der »Modernisierung« allgemein angesehen, und das Aufkommen immer neuer ethnisch und religiös imprägnierter Konflikte scheint diese Auffassung zu unterstützen. Anders, als oft vermutet, widerspricht die Beobachtung der ethnischen Pluralisierung der (Aufnahme-)Gesellschaften und der Ethnisierung gesellschaftlicher Spaltungen jedoch *nicht* der Hypothese einer weiter voranschreitenden Modernisierung und funktionalen Differenzierung: So sind etwa die als dauerhaft und *kollektiv* verfestigt erscheinenden ethnischen Enklaven in den städtischen Zentren der Aufnahmegesellschaften meist nichts weiter als das Ergebnis des beständigen »replenishment« der Gruppen und Areale durch andauernde *individuelle* Neueinwanderungen; ebenso einer stetigen *individuellen* Absorption in die Aufnahme- (oder die Welt-)Gesellschaft hinein, eines Fließgleichgewichtes also, das der oberflächlichen Betrachtung punktueller Einzelfallstudien ebenso entgeht wie der groben statistischen Beschreibung im Vergleich von Querschnittsanalysen. Vieles spricht ferner dafür, dass bei diesem Prozess der individuellen Absorption *gerade* die Prinzipien und Mechanismen der modernen funktional differenzierten Gesellschaft helfen.

Die wirksamste Vorkehrung gegen leistungsfremde Diskriminierungen und ungerechtfertigte Ungleichheiten sind *kompetitive* Märkte. Kulturelle Variationen und Idiosynkrasien, religiöse Freiheiten und individuelle Identitäten aller Art haben – als individuelle Lebensstile – *nirgendwo* einen natürlicheren Platz als dort. Und die mit der Migration oft verbundene Mobilisierung der talentiertesten Personen lässt sich *gerade* in der auf Innovation beruhenden Dynamik der modernen Gesellschaften produktiv nutzen, wie die Geschichte der (klassischen) Einwanderungsgesellschaften trotz aller Abweichungen im Einzelnen zeigt. Die Dynamik der kulturellen Pluralisierung wird durch die kollektive Organisation der ethnischen Gruppen unter Umständen eher unterbunden, ebenso wie durch die ethnische Schichtung. Es gibt Hinweise darauf, dass die ethnische Organisation, etwa institutionell vollständiger ethnischer Enklaven, über den Mechanismus der Mobilitätsfalle einer der Gründe für die ethnische Schichtung sein kann.

Das alles heißt keineswegs, dass die intergenerationale Absorption kein Problem darstellte und man nur lange genug abzuwarten brauche. Das Problem und die Gefahr einer sich verfestigenden ethnischen Schichtung haben gerade damit zu tun, dass es, anders als die alte Assimilationstheorie angenommen hatte, einen solchen »unvermeidlichen« Weg in die soziale Integration nicht gibt, auch nicht in (primär) meritokratisch organisierten und (vergleichsweise) offenen Gesellschaften. Der Grund für die ethnischen Differenzierungen und Ungleichheiten sind aber nicht, wie gelegentlich angenommen wird, die Funktionsweisen der modernen (Markt-)Gesellschaft und die dadurch erzeugten Ungleichheiten. Es sind (wenigstens tendenziell: transitorische) Nebenprodukte des immer weiteren Einbezugs von Bevölkerungen unterschiedlichster kultureller Einbettung in den inzwischen weltweiten Prozess der funktionalen Differenzierung und internationalen Arbeitsteilung. In diesem Prozess ist die Entstehung von, auch starken, Ungleichheiten zwar unvermeidlich. Die Ungleichheiten bilden sogar einen zentralen Teil der Anreize, auf denen die Produktivitätsvorteile der Marktgesellschaften beruhen, deren Produktivität im Übrigen größere Ungleichheiten durch den höheren Surplus erst möglich macht. Doch nach den Prinzipien der funktionalen Differenzierung werden (oder sollen!) es eben nicht immer dieselben Gruppen, unabhängig von ihren Leistungen, sein, die gewinnen oder verlieren, und erst recht nicht solche, die ihre Vor- und Nachteile allein aufgrund kultureller, ethnischer oder religiöser Eigenschaften haben.

Das Problem für eine derartige »marktgerechte« funktionale Integration sind dann aber in der Tat der durch die Migrationssituation meist unvermeidliche Verlust an spezifischem Kapital und die damit einhergehenden kulturell und ethnisch verteilten Startnachteile in den (formal) meritokratischen Prozessen.

Gravierend werden diese askriptiven Gefährdungen des Absorptions- und Aufstiegsprozesses vor allem an bestimmten kritischen biografischen Schnittstellen – vornehmlich solchen, an denen die Migranten(kinder) oft noch nicht wettbewerbsfähig sein können. Beispiel hierfür ist die schulische Bildung. Ähnliches gilt für Schnittstellen, an denen die oft vorhandenen Tendenzen zur sozialen Distanz oder Diskriminierung nicht kompetitiv gebremst werden, wie bei der beruflichen Bildung. Allerdings fehlen bislang die wirklich belastbaren empirische Belege, speziell für die Vermutungen über institutionelle und andere Diskriminierungen in Schulen und Betrieben. Die Systematisierung der Zusammenhänge von Sprache und Integration hat zudem ergeben, dass an exakt diesen beiden Schnittstellen ein *Kollektivgut*problem aufseiten der *einheimischen* Bevölkerung besteht. Dieses kann die meritokratischen Prozesse und den Mechanismus der funktionalen Integration ernstlich bedrohen: Die Verbesserung der schulischen Chancen für die Migranten(kinder) geht – wenigstens teilweise – nicht ohne die Hinnahme gewisser Zugeständnisse an die Privilegien der einheimischen Kinder vonstatten, etwa durch die Zulassung bestimmter ethnischer Mischungen in den Vor- und Grundschulen oder den Verzicht auf die Meidung »problematischer« Schulen. Bei der Annahme von Bewerbungen auf Lehrstellen durch die Betriebe und Arbeitgeber kann es, weil Fehlplatzierungen dort für die einzelnen Akteure nicht besonders folgenreich sind beziehungsweise weil sich die berufliche

Ausbildung für die Betriebe und Arbeitgeber oft nicht (mehr) auszahlt, zu leistungsfremden Diskriminierungen kommen. Sie würde es auf stärker kompetitiven Feldern nicht geben (und in der Tat gibt es sie auch weitgehend nicht).

Insofern es jeweils um sehr entscheidende Verzweigungen in den biografischen Chancen der Migranten(kinder) geht und weil aufgrund des Kollektivgutcharakters des Problems eben *nicht* zu erwarten ist, dass sich diese Probleme endogen und von alleine lösen, kann man hier, sofern sich die Vermutungen in systematischen empirischen Untersuchungen erhärten lassen, auch *politische* Vorgaben und Eingriffe ins Auge fassen. Zu denken wäre etwa an Quoten für Ausländerkinder in Vor- und Grundschulen und bei der Vergabe von Lehrstellen und eine deutlich stärkere Unterstützung der Migranteneltern bei der Schul- und Berufswahl ihrer Kinder. Diese für funktional differenzierte Gesellschaften eigentlich »systemfremden« Eingriffe erhalten ihre Rechtfertigung aus der damit vermutlich tatsächlich wirksamen Vermeidung von ethnischen Schichtungen. Dies ist die Voraussetzung für die Nutzung der Potenziale der ethnischen und kulturellen Vielfalt und all der Talente, die die Migranten im Prinzip stets mitbringen. Das aber sind, neben der Unterbindung schon der strukturellen Ursachen von ethnischen Konflikten, gesellschaftliche Güter von kaum bezifferbarem Wert – einem Wert, der *allen* zugutekommt, nicht zuletzt auch denjenigen, die ohnehin die besseren Chancen haben und auch etwas tun müssten, aber dazu nicht leicht zu bewegen sind: den Einheimischen.

Die Identifikation der überragenden Bedeutung der Sprache des jeweiligen Aufnahmelandes für die Angleichung der Lebenschancen der Migrantenkinder in Bildung und Arbeitsmarkt und die allenfalls schwachen Belege für entsprechende Effekte der Herkunftssprachen bestätigen auf eine durchaus bemerkenswerte Weise die Hypothesen der Assimilationstheorie (vgl. unter anderem die Übersichten bei Alba und Nee 2003 oder bei Esser 2008). Sie war im Zuge der zunehmenden Verbreitung von pluralisierungstheoretischen Konzepten über eine längere Zeit hinweg für obsolet erklärt worden und wurde oft als Ergebnis machtgeleiteter ideologischer Verzerrungen angesehen: Zur sprachlichen Akkulturation gibt es für eine gelingende strukturelle Integration keine Alternative. Bei der »Zweisprachigkeit« kommt es dabei *nur* auf die Zweitsprache, auf die sprachliche *Assimilation,* an.

Pluralisierungstheoretische Konzepte sind seit jeher von der eher ethnografisch orientierten Migrationssoziologie und speziell der sogenannten »Migrationspädagogik« vertreten worden. Sie gehören zum – immer wieder neu bekräftigten – Grundbestand an Hintergrundüberzeugungen für die entsprechenden Konzepte, Forschungen und Lehrbücher. So ist es nicht sonderlich überraschend, dass die Hinweise auf die offenkundigen »assimilativen« Tendenzen bei der intergenerationalen Integration insgesamt und auf die Bedeutung speziell der sprachlichen Akkulturation für die Angleichung der Lebenschancen der Migrantenkinder nicht ohne Widerspruch bleiben (vgl. dazu die Debatten um den »Streitfall Zweisprachigkeit« bei Gogolin/Neumann 2008). Die Begründungen sind verschiedener Art: Es komme nicht nur auf »Kompetenzen« und ökonomische Effekte und Chancen an, sondern viel eher auf die »Anerkennung« der kulturellen Vielfalt und der ethnischen Ressourcen als »Wert an sich«. Der bloß empirisch-positivistische Zugriff und die Konzentration auf die nur wissenschaftliche Begründbarkeit verstellten den Blick für die eigentlich erforderliche gesellschaftliche Reflexion in interkulturellen Diskursen und Dialogen.

Und mit der Beschränkung bloß auf den empirischen Anschein unterstützten die Hinweise auf die Bedeutung der (sprachlichen) Akkulturation (bzw. Assimilation) und darauf, dass nicht alle Sprachen den gleichen Verwertungsgehalt hätten, normative Konzepte der (Zwangs-)Angleichung, der einseitigen Aufbürdung der Verantwortung für die Integration auf die Migrantenfamilien und der postkolonialen Unterdrückung oder gar der ethnisch-kulturellen Säuberung der Aufnahmegesellschaften. Diese seien letztlich über das Hegemoniebestreben der Eliten der Aufnahmegesellschaft motiviert, denen sich eine willige Wissenschaft legitimierend andiene und dabei, vielleicht nicht mit Absicht, einer Art wissenschaftlich verbrämtem Rassissimus (auch in der besonderen Gestalt des »Linguizismus«) Vorschub leiste.

Darauf gibt es eigentlich keine kurzen Antworten, aber in drei Anmerkungen soll abschließend versucht werden, die Einwände wenigstens so einzuordnen, dass man über sie diskutieren könnte. Erstens: Auch gut nachweisbare und stabile empirische Zusammenhänge können selbstverständlich nicht ohne Weiteres als Kausalzusammenhänge angesehen werden. Man muss immer damit rechnen, dass eine neue, zur Klärung der Frage auch geeignete Untersuchung, die Sachlage gänzlich ändern kann. Das ist aber bisher, trotz aller Anmahnungen dazu, nicht geschehen. Weder gibt es die entsprechenden Forschungsprojekte, noch Ergebnisse, die das Bild geändert hätten (vgl. dazu auch Esser 2009, S. 85 f.). Zweitens: Die Feststellung und Beschreibung bestimmter empirischer Zusammenhänge sind etwas grundsätzlich anderes als eine normative Bewertung oder eine daran orientierte praktische Entscheidung. Selbstverständlich muss man angesichts der offenkundigen Wirkungslosigkeit multikultureller Programme im Bildungsbereich oder muttersprachlicher Kompetenzen auf dem Arbeitsmarkt nicht den Schluss ziehen, die »Bilingualität« habe keinen eigenständigen Wert, etwa als politisches oder pädagogisches Konzept. Doch das setzt die empirischen Zusammenhänge, etwa der Mechanismen und Bedingungen des Spracherwerbs, nicht außer Kraft und ist damit auch kein Argument gegen die Widerlegung der zunächst sehr nachdrücklich behaupteten Bedingungen und Wirkungen der »Zweisprachigkeit«. Drittens: Jede Gesellschaft beruht auf einer Reihe von kulturellen Traditionen und institutionellen Regeln. Insofern sind Neuankömmlinge wie Migranten (oder auch neue Generationen) immer schon mit einer Vielzahl von vorgegebenen »soziologischen Tatbeständen« konfrontiert. Das würde sich auch nicht ändern, wenn im Zuge einer »multikulturellen« und »interaktiven« Neubestimmung der grundlegenden Institutionen, etwa des Bildungssystems, eine stärkere »Anerkennung« der von den Migranten jeweils neu eingebrachten Ressourcen stattfinden würde. Jede danach neu einwandernde ethnische Gruppe mit einem anderen kulturellen oder sprachlichen Hintergrund wäre erneut einem dann zwar durchaus »multikulturellen«, aber ebenfalls für andere schon etablierten Mainstream ausgesetzt.

Dabei stellt sich die Frage, wer sich an wen mit welchen Folgen »anpasst«, neu. Außerdem gibt es unvermeidlicherweise in jeder institutionellen Konstellation Gruppen, die einem jeweils gegebenen Mainstream näher oder ferner stehen. Das erzeugt stets unverdiente Nachteile für die einen wie ebenso unverdiente Vorteile für die anderen, auch, wenn sich alles ohne besondere Machtausübung, einen etablierten Soziozentrismus oder gar »Rassismus« herausbildet, wie bei der Entstehung einer Lingua Franca, die sich kaum allein über Machtprozesse, wohl aber über die Gruppengrößen und Differenzierungen von bereits vorhandenen Sprechern durchsetzt. Daher ist das Problem gewisser »Einseitigkeiten« in den Zumutungen nicht grundsätzlich aufzulösen: Man kann die Last der Anpassungen zwar verschieben, zu verringern und auszugleichen versuchen, beenden können wird man sie nicht.

Am Beispiel der Sprache lässt sich das besonders eindringlich zeigen. Vieles spricht dafür, dass der leichtere und effektivere Weg einer gelingenden Integration eher in einer individualistisch orientierten Integrationspolitik besteht, in der speziell diejenigen mit Startnachteilen alle nur denkbare Unterstützung erhalten müssten, aber sonst kaum etwas zu tun wäre. Das lässt sich von den an den Pluralisierungstheorien orientierten Vorschlägen für eine multikulturell-kollektivistische Minderheitenpolitik nicht sagen. Sie würden, nach allem, was man weiß, eher zu einer Verzögerung des Prozesses der Integration und zu »Mobilitätsfallen« führen – auch zum Schaden der Lebenschancen der Migrantenkinder. Die bereits angesprochene weitläufige Etablierung sozial und ethnisch gemischter vorschulischer Einrichtungen wäre daher signifikant. Sie würde aller Wahrscheinlichkeit nach vieles an den bisher erkennbaren Problemen in späteren Stadien von Bildung und Arbeitsmarktintegration gleich von Beginn an verhindern.

Alles andere kann man dann getrost der Initiativkraft, den Ambitionen und den Talenten der Migranten und ihrer Kinder überlassen. Sie brauchen weder motiviert noch beschützt, betreut, belehrt oder gar erzogen zu werden. Und sie müssen, wie alle Mitglieder der »civic society« einer funktional differenzierten modernen Gesellschaft, auch in keiner Weise in irgendeiner kollektiven Identität »anerkannt« werden. Ebenso wenig, wie man verlangen müsste, dass sie sich selbst mit irgendwelchen kollektiven Werten, etwa nationaler oder religiöser Art, identifizieren müssten, die über das hinausgehen, was dort als »Leitkultur« selbstverständlich ist: die Anerkennung der Prinzipien von Liberalität, Individualität und ausgleichender Gerechtigkeit.

Literatur

Alba, R./Nee, V. (2003): Remaking the American Mainstream: Assimilation and Contemporary Immigration. Cambridge/Mass.: Harvard University Press.
Böhme, K./Tiffin-Richards, S./Schipolowski, S./Leucht, M. (2010): Migrationsbedingte Disparitäten bei sprachlichen Kompetenzen. In: Köller, O./Knigge, M./Tesch, B. (Hrsg.): Sprachliche Kompetenzen im Ländervergleich. Münster/New York/München/Berlin: Waxmann, S. 203–225.
DESI-Konsortium (2006): Unterricht und Kompetenzerwerb in Deutsch und Englisch. Zentrale Befunde der Studie Deutsch-Englisch-Schülerleistungen-International. Frankfurt a.M.: Deutsches Institut für Internationale Pädagogische Forschung.
Esser, H. (2006): Sprache und Integration. Die sozialen Bedingungen und Folgen des Spracherwerbs von Migranten. Frankfurt a.M./New York: Campus.

Esser, H. (2008): Assimilation, ethnische Schichtung oder selektive Akkulturation? Neuere Theorien der Eingliederung von Migranten und das Modell der intergenerationalen Integration. In: Kalter, F. (Hrsg.): Migration und Integration. Sonderheft 48 der Kölner Zeitschrift für Soziologie und Sozialpsychologie. Wiesbaden: VS Verlag für Sozialwissenschaften für Sozialwissenschaften, S. 81–107.

Esser, H. (2009): Der Streit um die Zweitsprachigkeit: Was bringt die Bilingualität? In: Gogolin, I./Neumann, U. (Hrsg.): Streitfall Zweisprachigkeit – The Bilingualism Controversy. Wiesbaden: VS Verlag für Sozialwissenschaften für Sozialwissenschaften, S. 69–88.

Gogolin, I./Neumann, U. (Hrsg.) (2009): Streitfall Zweisprachigkeit – The Bilingualism Controversy. Wiesbaden: VS Verlag für Sozialwissenschaften für Sozialwissenschaften.

Mecheril, P./Mar Castro Varela, M./Dirim, I./Kalpaka, A./Melter, C. (Hrsg.) (2010): Migrationspädagogik. Weinheim und Basel: Beltz Verlag.

Heidi Rösch

Deutsch als Zweitsprache (DaZ): theoretische Hintergründe, Organisationsformen und Lernbereiche, Lehrerbildung

Deutsch als Zweitsprache (DaZ) verweist nicht auf alle Kinder, Jugendlichen oder auch Erwachsenen mit Migrationshintergrund, sondern nur auf die Gruppe derer, die einen zweiten Spracherwerb in Deutsch erleben. Wachsen Kinder von Anfang mit zwei Sprachen auf, spricht man von einem bilingualen Erstspracherwerb. Je jünger Kinder sind, wenn sie den zweiten Spracherwerb erleben, desto größer scheinen die Parallelen zu Kindern, die sich diese Sprache in ihrem ersten Spracherwerb aneignen. Dennoch gilt, dass der Zweitspracherwerb von Kindern, Jugendlichen und Erwachsenen bezogen auf Deutsch weitgehend unabhängig von der Erstsprache sehr große Parallelen aufweist.

Im Bildungskontext verweist DaZ in aller Regel wiederum auf eine Teilgruppe der genannten Gruppe der Zweitsprachlernenden – nämlich auf diejenigen, denen es nur bedingt gelingt, ihre Deutschkompetenz, trotz des Besuchs eines deutschen Kindergartens oder einer deutschen Schule, so weit auszubilden, dass sie ohne sprachliche Schwierigkeiten am Bildungsangebot partizipieren können. Da aber der Bildungserfolg von Schüler/innen mit Migrationshintergrund wesentlich von deren Sprachkompetenz im Deutschen abhängt, stellt DaZ eine der größten Herausforderungen für unser Bildungssystem dar. Dabei handelt es sich insofern um eine migrationspädagogische Aufgabe, als die betroffenen Schüler/innen einen Migrationshintergrund haben, auch wenn im Bereich DaZ nicht dieser, sondern ihre – sicher auch migrationsbedingte – Sprachsozialisation im Zentrum steht. Sie konzentriert sich in der Tat auf Deutsch, was aber nicht bedeuten muss, dass die andere/n Sprache/n völlig ausgeblendet wird/werden.

Leider führt die Fokussierung auf DaZ im pädagogischen Diskurs leicht zu einem Rückfall in die Defizithypothese, nach der Menschen mit Migrationsbiografie und ihrem Gebrauch des Deutschen als Zweitsprache gegenüber ihren Mitmenschen ohne Migrationsbiografie und ihrem Gebrauch des Deutschen als Erst- bzw. Muttersprache (DaM) als defizitär betrachtet werden. DaZ wird, gemessen an der erstsprachlichen Norm, als zweitrangiges Deutsch diffamiert, das es durch geeignete Fördermaßnahmen zu kompensieren gilt. Hier wird dagegen an der Diversitätshypothese festgehalten und die Auffassung vertreten, dass DaZ und DaM in Lerngruppen zum Regelfall geworden sind und im Unterricht gleichberechtigt zu behandeln sind. Damit verweist die Defizithypothese weniger auf die Lernenden als vielmehr auf die Institution, der es bislang nicht gelungen ist, die mit DaZ verbundenen Herausforderungen anzunehmen.

Auf dem Weg zu einem gleichberechtigten Umgang mit DaZ- und DaM-Kindern und -Jugendlichen scheint mir allerdings eine Unterscheidung zwischen DaZ und DaM und damit die Anwendung der Differenzhypothese durchaus sinnvoll – zumal eine unreflektierte Gleichbehandlung die Benachteiligung der DaZ-Lernenden eher begünstigt. Denn die Tendenz, sich in einer gemeinsamen Sprachförderung an der gesellschaftlich dominanten Gruppe, also den DaM-Kindern und -Jugendlichen, zu orientieren und die Lernbedürfnisse der DaZ-Kinder und -Jugendlichen (weiter) zu vernachlässigen, ist sehr groß. In diesem Sinne hat die Beschäftigung mit DaZ auch etwas damit zu tun, zwar nicht die Dominanz der einsprachigen Bildung, wohl aber die DaM-Dominanz in allen Bildungsbereichen infrage zu stellen.

Zweitspracherwerb und Zweitsprachunterricht[10]

Aktuell gibt es zwei »große« Hypothesen zur Erklärung des Zweitspracherwerbs, die im Kontext migrationspädagogischer Überlegungen durchaus kontrovers diskutiert werden: Die *Interlanguage*-Hypothese von Larry Selinker (1972) und die *Interdependenz*-Hypothese von James Cummins (1982, 2000). Nach der Interlanguage-Hypothese gestalten Lernende Hypothesen über die Struktur der Sprache, die zu Lernersprachen *(Interlanguages)* mit Elementen der Zielsprache, der Erstsprache und Elementen, die weder in der Ziel- noch in der Erstsprache zu finden sind, werden. Im Laufe des Zweitspracherwerbsprozesses nimmt die Integration der Lernersprache in die Zielsprache zu. Für den Sprachunterricht folgt aus dieser Hypothese ein differenziertes lernendenorientiertes Vorgehen, das Lernersprachen als Zwischenstadien nicht nur zulässt, sondern daraus resultierende Normabweichungen als Lernleistung betrachtet und den kreativen Prozess der Hypothesenbildung und -überprüfung zu nutzen versucht. Außerdem lassen sich Erkenntnisse über den Verlauf des Zweitspracherwerbs nutzen, um die Progression des Unterrichts am natürlichen Erwerbsprozess zu orientieren.

Relativ genau sind die Erwerbsstufen im Bereich der Syntax beschrieben und von Wilhelm Grießhaber (2009) zu einer Profilanalyse genutzt worden. Diese enthält sechs Profilstufen: Am Anfang formulieren die Lernenden bruchstückhafte Äußerungen ohne finites Verb *(Zimmer ge)*, schließlich kommen finite Verben in einfachen Äußerungen vor *(ich gehe)*, bevor dann mehrteilige Verbteile im Satz separiert werden (und ich habe dann geweint). Eine weitere Hürde stellt die Subjekt-Verb-Inversion dar *(dann habe ich geweint)* – und damit die im Deutschen übliche Verbzweitstel-

---

10 Ausführlicher werden die folgenden Punkte behandelt in: Rösch, Heidi (2011): Deutsch als Zweit- und Fremdsprache. Berlin: Akademie-Verlag.

lung. Anschließend wird die Verbendstellung im Nebensatz erworben (*dass ich gelacht habe*), bevor Nebensätze *(sie hat, als ich es ihr erzählt habe, laut gelacht)* oder erweiterte Partizipialattribute *(sie erzählt mit gepresster Stimme eine Geschichte)* integriert verwendet werden.

Aus jüngeren Studien (Montanari 2010) wissen wir, dass Kindergartenkinder, bevor sie das dreigliedrige Genus- und das komplexe Kasussystem der deutschen Sprache erwerben können, dieses kognitiv erfassen und begreifen müssen, dass Nomen ein festes grammatikalisches Geschlecht haben. Daraus folgt, dass Übungen zum Artikelgebrauch nicht auf Einschleifen allein zielen sollten, sondern darauf, die Struktur zu durchschauen und einen im Sinne der Interlanguage-Hypothese kreativen Umgang damit zu initiieren.

Bildungssprache als Herausforderung

Die *Schwellen*- oder *Interdependenz*-Hypothese beschreibt dagegen die bilinguale Entwicklung von einer niedrigen Kompetenz in beiden Sprachen (erste Schwelle: »Semilingualismus«) über eine hohe Kompetenz in einer Sprache (zweite Schwelle: dominante Zweisprachigkeit) zu einer hohen Kompetenz in beiden Sprachen (dritte Schwelle). Relevant ist außerdem die Unterscheidung zwischen einer situationsgebundenen und einer kognitiv-akademischen Sprachfähigkeit: BICS *(Basic Interpersonal Communicative Skills)* beziehen sich auf eine Bedeutungserschließung über den Kontext, eigene soziale und kulturelle Erfahrungen, Intonation oder nonverbales Verhalten. CALP *(Cognitive Academic Language Proficiency)* verlangt eine Bedeutungserschließung aus rein sprachlichen Informationen und setzt deshalb vor allem Grammatikkenntnisse voraus. Diese Unterscheidung hat in den 1980er-Jahren zu der Meinung geführt, das CALP-Niveau müsse in der Erstsprache ausgebildet werden, damit es als Grundlage für den Erwerb der Zweitsprache genutzt werden kann (Steinmüller 1981). Mittlerweile ist klar, dass der Transfer von CALP-Fähigkeiten in beide Richtungen möglich ist (Cummins 2000). Entscheidend ist, dass diese Sprachkompetenz, die aktuell mit dem Begriff »Bildungssprache« (Gogolin 2008) bezeichnet wird, überhaupt ausgebildet wird.

Damit wird ein sehr hoher Anspruch an Deutsch als Zweitsprache vor allem für Kinder und Jugendliche mit DaZ, die das deutsche Bildungssystem durchlaufen, erhoben. Sie müssen möglichst schnell ein bildungssprachliches Niveau erreichen, um an einem für sie zweitsprachlichen Unterricht erfolgreich partizipieren zu können. Während im Deutsch-als-Fremdsprache- und jedem anderen Fremdsprachenunterricht in der Regel eine Zeit des »reinen« Fremdsprachenlernens vorgesehen ist, bevor der Fachunterricht in der Fremdsprache erteilt wird, müssen DaZ-Lernende von Anbeginn ihrer Bildungslaufbahn im einsprachigen System nicht nur die zweite Sprache, sondern auch das Fachlernen in ihrer Zweitsprache bewältigen.

Input und Output im DaZ-Unterricht

Auch auf der konzeptionellen Ebene des Unterrichts lassen sich verschiedene Hypothesen unterscheiden, die die Interaktion zwischen Sprachlernenden und Sprachlehrenden beschreiben. Den Ausgangspunkt liefert die *Input*-Hypothese von Stephan Krashen (1985), die in der Umsetzung darauf reduziert worden ist, dass der Unterricht nur einen authentischen, mehr oder weniger nah auf das erreichte Sprachniveau abgestimmten Input bereitstellen muss und auf eine Regelvermittlung und Fehlerkorrektur verzichten kann.

Dagegen geht die *Interaktions*-Hypothese (Long 1985; Gass 1997), die die Bedeutung der Interaktion zwischen Lernenden und Lehrenden betont, davon aus, dass Input allein, auch wenn er noch so verständlich ist, in der Regel nicht ausreicht. Erst der Umgang mit dem Input führt z. B. zu klärenden Nachfragen, Wiederholungen, Bestätigungen, Verständnisüberprüfungen, Präzisierungen, Paraphrasen und stellt die Grundlage für das Üben dar. Die Lehrperson wird (im Unterschied zur Input-Hypothese) zur Moderatorin des Lernprozesses, wozu auch gehört, dass Fehler aufgegriffen und im Interaktionsprozess bearbeitet werden.

Ausgehend von Untersuchungen zum Immersionsunterricht, bei dem die Schüler/innen Fachunterricht in einer Fremdsprache erhalten, zeigten Merill Swain und Sharon Lapkin (2005), dass ein am Input orientierter Unterricht zwar eine hohe rezeptive, aber nur eine geringe produktive Kompetenz ausbildet. Entsprechend baut die *Output*-Hypothese darauf, dass Lernende zielsprachlich produzieren, Hypothesen testen, Feedback einholen; außerdem sollte der Unterricht die Automatisierung fördern. Es geht darum, Sprachgebrauch zu fordern, denn der zwingt Lernende, nicht nur – wie beim Verstehen – auf den Inhalt zu achten, sondern Sprache auch formal zu verarbeiten.

Nach der *Noticing*-Hypothese (Schmidt 1990, 2001) sollte der Input zum Intake[11] werden, indem Lernende ihre Aufmerksamkeit auf bestimmte Sprachphänomene richten, was allerdings einen gewissen Grad an Sprachbewusstheit voraussetzt. In der Konsequenz müssen Aufgaben im Sprachunterricht so beschaffen sein, dass sie die Aufmerksamkeit des Lernenden wecken und Lernende dazu bringen, ihr Interesse von der Bedeutung auch auf sprachliche Formen richten zu können. Dabei spielt die Lehrperson als diejenige, die dieses Lernarrangement gestaltet, eine zentrale Rolle.

Die Entwicklung in der Zweitsprachdidaktik geht von der Input- zur Output-Orientierung und damit auch vom Inhalt zur Form der Sprache, ohne dass dabei das jeweils erstgenannte Phänomen aufgegeben würde. Diese Akzentverschiebung wirkt sich auf die Unterrichtsinhalte, die Rolle der Lehrperson und die Übungsformen aus. Als durchgängiges Prinzip gilt die Orientierung an kognitiv-aktiven, sprachbewussten Lernenden sowie einer Lehrperson, die den Lernprozess gestaltet und moderiert.

---

11 »Intake« meint, dass die Lernenden den Input bzw. Teile davon aufnehmen und zum Gegenstand ihres Lernens machen.

Als Verfahren wird immer wieder *Scaffolding*[12] genannt, das den Lernenden eine Art Gerüst zur Verfügung stellt, bis der Lernprozess abgeschlossen ist. Die Lehrperson modelliert den Lernstoff und assistiert den Lernenden, wozu auch die Beobachtung und Einschätzung ihrer Lernfortschritte gehören. Im Verlauf des Prozesses erhöht sie die Komplexität der Aufgaben, reduziert ihre Unterstützung, damit die Lernenden zunehmend selbstständig arbeiten. Pauline Gibbons entfaltet dieses Verfahren im Unterricht mit Zweitsprachlernenden: Zunächst nutzen die Schüler/innen ihre aktuellen Sprachressourcen, während im späteren Verlauf eine Konzentration auf neue sprachliche Mittel erfolgt. Die Lehrperson führt diese kontextgebunden ein und unterstützt die Lernenden dabei, damit umzugehen und sie schließlich selbstständig zu gebrauchen (Gibbons 2006).

Form- und Bedeutungsorientierung

Es ist klar, dass Sprache nicht inhaltslos vermittelt werden kann. Umstritten ist aber, in welchem Verhältnis Bedeutung und Form der zu erlernenden Sprache stehen und worauf der Fokus bei der Sprachförderung von DaZ-Lernenden liegen soll. In der Zweitsprachdidaktik werden drei Ansätze unterschieden (Schifko 2008):

→ Das Konzept *Focus on Forms* geht von den grammatischen Regeln einer Sprache aus und vermittelt diese weitgehend kontextfrei. In der Regel basiert es nicht auf einer didaktischen, sondern einer normativen Grammatik, moderne Erkenntnisse über den Erwerb einer Zweitsprache finden kaum Beachtung.

→ Im Konzept *Focus on Meaning* wird die inhaltliche Bedeutung von Sprache in den Vordergrund gestellt, ohne die Aufmerksamkeit der Lernenden auf sprachliche Regeln zu lenken. In Anlehnung an den kommunikativen Ansatz gilt die Annahme, dass über das sprachliche Thematisieren von Inhalten und deren Bedeutung *(Meaning)* die Grammatik einer Sprache automatisch erworben wird.

→ Eine Zwischenstellung nimmt der Ansatz *Focus on Form* ein, in dem Sprachstrukturen zum Lerngegenstand werden und die Aufmerksamkeit der Lernenden darauf gelenkt wird. Dieses von Michael Long (1991) entwickelte Konzept verortet die Betrachtung von Sprachstrukturen situativ und bettet sie in einen primär bedeutungsorientierten Unterricht ein. Sprache wird nur thematisiert, wenn sie die Lernenden irritiert oder ein Verständigungsproblem gelöst werden muss, während in einem focus-on-forms-orientierten Unterricht Sprache isoliert, außerhalb ihrer Verwendungskontexte, betrachtet wird. Eine systematische Grammatikvermittlung erfolgt auch bei diesem Ansatz nicht. Stattdessen bieten kommunikative (integrierte) und nicht kommunikative (analytische) Aufgaben Gelegenheiten, um grammatische Strukturen anzuwenden. Außerdem werden kommunikative Kontexte geschaffen, in denen Strukturen zur Automatisierung geübt werden.

---

12 »Scaffolding« beschreibt ein Gerüst aus Aufgaben, die den Lernprozess unterstützen und die Lernenden gleichzeitig in die Lage versetzen, selbsttätig zu lernen.

Im Unterschied zum Focus-on-meaning-Ansatz beziehen sich Instruktionen der Lehrperson nicht ausschließlich auf die Inhalte und das Erfassen von fachlichen Konzepten und Begriffen, sondern auf Sprachstrukturen, wozu auch gehört, dass eine alters- und erwerbsangemessene Metasprache[13] verwendet wird (Rösch/Rotter 2010, S. 211).

Dabei geht es auch in einem formorientierten Ansatz darum, die Lernersprachen als Stadien des Spracherwerbs sowie individuelle Vorkenntnisse zu berücksichtigen und »sensible und konstruktive Korrekturstrategien« anzuwenden. Das Augenmerk ist auf sprachliche Erscheinungen zu lenken, die Lernende ohne unterrichtliche Unterstützung nicht erwerben wie Genusmarkierung, Stellung mehrteiliger Verbparadigmen in Hypotaxe und Parataxe (zusammengesetzte Zeitformen, Kompositaverben, Passiv), »sein« als Kopulaverb, präpositionale Verbindungen und Zusammensetzungen (vor allem Verb + Präposition, Präposition + Nomen, Nomen + Präposition) und Pronominalisierungen (Barkowski 2003, S. 159).

Organisationsformen und Lernbereiche

Innerhalb der Bildungslandschaft in Deutschland zeigen sich folgende Organisationsformen für Deutsch als Zweitsprache:

DaZ-Kurse als Vorbereitungskurse vor der Einschulung, als Eingliederungslehrgänge für Seiteneinsteiger oder als Teil des Unterrichts in Kleinklassen (Berlin), Sprachlernklassen (Bayern) oder Intensivklassen (Hessen) werden nur für einen begrenzten Zeitraum eingerichtet und bieten in reinen DaZ-Lerngruppen Sprachförderung und Fachunterricht in deutscher Sprache an. Daneben gibt es in einigen Bundesländern Förderunterricht für DaZ-Schüler/innen, die die Regelklasse besuchen, aber Förderbedarf in Deutsch haben. Außerdem gewinnen bundesweit Feriensprachcamps für DaZ-Schüler/innen an Bedeutung (Ballis/Spinner 2008), in denen die Sprachförderung im Zentrum steht.

In zweisprachigen Schulkonzepten wird **DaZ als Unterrichtsfach** erteilt, während Schüler/innen mit Deutsch als Muttersprache (DaM) ihre Zweitsprache ebenfalls als Unterrichtsfach erhalten. Auch dieser Unterricht folgt dem Lehrgangsprinzip, denn er fokussiert auf die Vermittlung zweitsprachlicher Kompetenzen und versteht sich als ergänzendes Angebot zum Fachunterricht in dieser Sprache, der in gemischten Gruppen erteilt wird. Dieser gemeinsame Fachunterricht folgt idealerweise dem Prinzip der Integration von Deutsch bzw. der anderen Zweitsprache in den Fachunterricht, denn dort wird die Sprachlernsituation von Kindern, die die Instruktionssprache des Faches als Erst- oder als Zweitsprache sprechen, berücksichtigt.

---

13 Metasprache ist eine Sprache, mit der man über Sprache sprechen kann. Dazu zählen auch bereits grundlegende grammatische Begriffe wie Wort, Satz, Verb, Endung …

In den meisten Bundesländern soll **DaZ als Prinzip im Fachunterricht** etabliert bzw. durchgängige Sprachbildung in allen Fächern realisiert werden. In DaZ-homogenen Lerngruppen (z. B. in Regelklassen in Ballungszentren) ergibt sich dabei unter Umständen eine dem DaZ-Kurs entsprechende Unterrichtssituation, d. h. dass der Fachunterricht dem Sprachstand der DaZ-Lernenden anzupassen und demzufolge nicht als muttersprachlicher, sondern als zweitsprachlicher Unterricht zu gestalten ist. In gemischten DaZ-DaM-Gruppen geht es darum, den Fachunterricht sprachsensibel zu gestalten und neben der Fachsprache und fachspezifischen Kommunikationsformen auch basale sprachliche Phänomene im Unterricht zu behandeln.

Die Organisationsform gibt den Rahmen für die Gestaltung der Sprachlernangebote vor, ohne diese festzulegen. DaZ-Kurse können als DaZ-Unterricht, als fachbezogene Förderung oder als Verbindung von beidem stattfinden. Das Fach DaZ kann wie Fremdsprachenunterricht gestaltet werden oder Sprachphänomene aus dem Fachunterricht in der Zweitsprache aufgreifen und vor- oder nachbereitet werden. DaZ als Prinzip des Fachunterrichts bewegt sich zwischen einem Fachunterricht für DaZ-Schüler/innen und einem Fachunterricht mit DaZ-didaktischen und/oder fachsprachlichen Anteilen, die für alle Schüler/innen sinnvoll sind.

Aus dieser Bandbreite lassen sich zwei unterschiedliche Prinzipien der DaZ-Förderung unterscheiden: das Lehrgangs- und das Integrationsprinzip, wobei sich jedes Prinzip grob einer Organisationsform zuordnen lässt: DaZ-Kurse folgen dem Lehrgangsprinzip, d. h. sie sind zweitsprachdidaktisch konzipiert und bearbeiten die Stolpersteine der deutschen Sprache für DaZ-Lernende, synchronisieren den gesteuerten und ungesteuerten Zweitspracherwerb. DaZ im Fachunterricht folgt dem Integrationsprinzip, d. h. sprachliche und fachliche Anforderungen werden gleichberechtigt berücksichtigt.

Beide Prinzipien fordern eine hohe didaktische Kompetenz der Lehrkräfte: Die Gefahr der Integration – verstanden als wechselseitige Annäherung – besteht darin, dass die weniger etablierte Seite (in diesem Fall DaZ) vernachlässigt wird und der integrative Ansatz wie in all den Jahren vor PISA als Unterricht mit DaZ-Schüler/innen, aber ohne DaZ-didaktisches Konzept realisiert wird. Die Konzeption von DaZ-Kursen darf sich auf der anderen Seite nicht darauf beschränken, eine z. B. am europäischen Referenzrahmen für Fremdsprachen orientierte fremdsprachliche Kompetenz auszubilden, die erst nach mehreren Jahren einen Unterricht mit Deutsch als Instruktionssprache ermöglicht, sondern sie muss von Anfang an den Anforderungen eines Fachunterrichts mit Deutsch als Instruktionssprache genügen.

Für Schüler/innen am Anfang ihres Zweitspracherwerbs, mit fossiliertem Zweitspracherwerb oder aber in kritischen Phasen (etwa beim Übergang vom Kindergarten in die Schule, von der Primar- auf die Sekundarstufe oder von der Schule in den Beruf) können DaZ-Kurse mit thematischem Bezug, wie etwa ein DaZ-Ferienkurs zur Berufsorientierung, genauso sinnvoll sein wie die Festigung und Bewusstmachung basaler DaZ-Kompetenzen (z. B. das Genus- und Kasussystem) im Fachunterricht. Sicher sollte das Verhältnis von Fach- und Sprachlernen möglichst ausgewogen sein, kann aber auch phasenweise in die eine oder auch in die andere Richtung ausschlagen.

Dabei lässt sich neben den schon genannten allgemeinsprachlichen Lernbereichen vor allem Fachsprache als zentrale Aufgabe nennen. Gemeint sind damit im Bereich der Lexik Fremdwörter, Abstrakta, Ober- und Unterbegriffe, mehrgliedrige Komposita *(Grundwasserspiegel)*, Verben mit komplexen Bedeutungsstrukturen *(dichten)* und fachsprachlich relevante Prä- bzw. Suffixe (*dis*qualifiziert, Fik*tion*, *ver*kraften). Im Bereich der Syntax geht es um Passiv (*Getreide wird gemahlen*), Passivsatzformen *(man, es)*, Verben mit passivischer Bedeutung *(erhalten, bekommen, erfolgen)*, Funktionsverbgefüge (*zur Anwendung kommen*), Partizipialkonstruktionen (*vergrößert, vergrößernd*), Nominalisierungen (*Herstellung, Veränderung*), Genitivattribute (Es bedarf *einer Neuregelung*), Präpositionalattribute (*über einer Aufgabe* sitzen), Bedingungssätze (mit *wenn – dann, hoffentlich – sonst, je mehr – um so*) und Pronomen *(diese, jene)*, Proformen für Satzglieder *(dadurch, dabei, dort)* und Signale für logische *Verknüpfungen (jedoch, aber, sodass etc.)*. Beim fachsprachlichen Handeln wird statt einer Erzählstruktur eine unpersönliche, deskriptive, analytische, verallgemeinernde Kommunikation bevorzugt.

In jedem Lehrbuchtext kommt eine Vielzahl dieser sprachlichen Mittel vor. Sie im Fachunterricht alle zu thematisieren wäre nicht nur viel zu zeitintensiv, sondern auch aus zweitsprachdidaktischer Perspektive wenig sinnvoll. Effektiver erscheint, sich über einen Zeitraum – wenn möglich in mehreren Fächern – auf einzelne Phänomene zu konzentrieren und diese systematisch zu bearbeiten. Damit dies möglich wird, müssen alle Schüler/innen und ihre Lehrkräfte eine Metasprache ausbilden und in den verschiedenen Lernsituationen konsequent verwenden.

Lehrerbildung

Die bisherigen Ausführungen unterstützen die Forderung, DaZ stärker als bisher in der Lehrerbildung zu verankern (vgl. z. B. Krüger-Potratz/Supik 2008, S. 306 ff.). Lehrerbildung muss sowohl auf DaZ-Unterricht in reinen DaZ-Lerngruppen als auch auf eine integrierte DaZ-Förderung vorbereiten. Beide Ansätze fordern eine angemessene Verankerung von DaZ in allen Phasen der Lehrerbildung: Die Maximalvariante stellt DaZ anderen im Lehramtsstudium zu studierenden Fächern gleich und bildet ausgewiesene DaZ-Fachlehrkräfte aus. Angebote in diese Richtung bieten Aufbau- bzw. Erweiterungsstudiengänge für das Lehramt an Grund- oder Hauptschulen (etwa an der Universität Augsburg) beziehungsweise an allgemeinbildenden Schulen (etwa an der TU Dresden) oder für Lehrkräfte mit einem sprachlichen Fach (etwa an der PH Weingarten). Des Weiteren gibt es Bachelor- und Master-Studiengänge für DaZ, oft in Kombination oder als Teilangebot im Bereich Deutsch als Fremdsprache. Allerdings stellt sich hier die Frage, ob diese Studienabschlüsse für die Absolventen auch tatsächlich in die Schule führen, d. h. von den Bildungsbehörden anerkannt werden und etwa zur Aufnahme eines Referendariats berechtigen.

Berlin hat als erstes Bundesland seit 2007 ein DaZ-Modul etabliert, an dessen Entwicklung ich als Leiterin der universitätsübergreifenden Kommission beteiligt war. Das Modul umfasst insgesamt nur sechs ECTS-Punkte und muss von Lehramtsstudierenden aller Lehrämter und Fachrichtungen absolviert werden. Es besteht aus einem Grundlagenmodul in der BA-Phase und einem Aufbaumodul in der MA-Phase mit je drei ECTS-Punkten. Trotz dieser Minimalausstattung, die zwar eine Sensibilisierung für, aber keine fundierte Ausbildung in DaZ erwarten lässt, wurde das Modul etabliert, um zu zeigen, wie es inhaltlich und bezogen auf das Qualifikationsprofil auszustatten ist (vgl. ausführlicher Rösch 2010).

In Hamburg werden Lehrkräfte zu Sprachkoordinatoren, in anderen Bundesländern zu DaZ-Moderatoren weitergebildet. Sie koordinieren an ihrer Schule oder in einem bestimmten Bezirk die DaZ-Förderung, unterstützen Kolleg/innen bei der Planung und Durchführung von integrierten Sprachförderangeboten und übernehmen auch selbst DaZ-Förderunterricht oder Förderunterricht mit DaZ-Kindern, was konzeptionell nicht dasselbe ist. Sie haben aber vor allem die Aufgabe, die Interessen der DaZ-Schüler/innen zu vertreten und DaZ als festen Bestandteil im schulinternen oder auch übergreifenden Curriculum zu etablieren. Diese Aufgabe setzt neben linguistischen und DaZ-didaktischen auch bildungspolitische Kompetenzen voraus, die nur Lehrkräfte bewältigen können, die ernsthaft damit beauftragt werden.

Es gibt zwei Varianten für die DaZ-didaktische Qualifizierung von Lehrkräften – die Ausbildung von DaZ-Experten und die Ausbildung von DaZ-Kompetenz bei allen Lehrkräften. Beides schließt sich keinesfalls aus, denn wenn es DaZ-Experten an einer Schule oder in einer anderen Bildungseinrichtung gibt, muss auch die Fachlehrperson die Lernsituation in ihrer Lerngruppe bewältigen. Deshalb plädiere ich für die Kooperation zwischen Lehrkräften statt der Delegation des Sprachproblems an die DaZ-Expertin oder gar die Deutschlehrkraft. Auf dem Weg dazu ist Teamteaching von DaZ- und Fachlehrkraft sicher ein sinnvoller Weg, bei dem die DaZ-Fachkraft Einblick in fachspezifische Sprachanforderungen und die Fachlehrkraft Einblick in sprachspezifische Anforderungen erhält und beide diese idealtypisch gemeinsam einer Lösung zuführen.

Schlussfolgerungen für die pädagogische Praxis

DaZ richtet sich an DaZ-Schüler/innen und nur an diese. Diese These schließt eine reflektierte Koedukation von DaM- und DaZ-Kindern und -Jugendlichen keinesfalls aus. Es geht darum, den betroffenen Schüler/innen zumindest phasenweise eine spezifische und Erfolg versprechende Sprachförderung anzubieten. Deshalb ist DaZ auch kein allgemeines Programm für Schüler/innen mit Migrationshintergrund und auf keinen Fall ein Gegenkonzept zur zweisprachigen Erziehung, sondern es kompensiert die spracherwerbsspezifisch bedingten schulischen Probleme, indem auf die in der Regelpraxis vernachlässigten Sprachbereiche fokussiert wird und im Bereich der Lexik nicht nur der Inhalts-, sondern auch der Strukturwortschatz (z. B. Proformen,

Partikeln) und die Wortbildung thematisiert werden. Im Bereich der Syntax geht es um Morphologie, Wortstellung im Satz und Satzverknüpfungen. Selbst Orthografie sollte grammatisch determiniert vermittelt werden. Im Bereich der Pragmatik geht es um Registergebrauch und die Bewältigung schriftlicher und mündlicher Kommunikation im Unterricht.

Wie intensiv und in welcher Organisationsform DaZ angeboten wird, hängt nicht zuletzt von der Gruppenkonstellation und der Qualifikation der Lehrperson ab. Je geringer die Möglichkeiten (etwa in Gruppen mit einem hohen Anteil an Sprecher/innen derselben Erstsprache) zum ungesteuerten Zweitspracherwerb sind, desto intensiver und kompetenter sollten die Angebote zum gesteuerten Zweitspracherwerb sein. Dabei gelten die Grundprinzipien: Die Förderung sollte lernendenorientiert gestaltet sein; es sollten erreichbare Forderungen gestellt und die Erfolge der Lernenden und damit auch des angebotenen Förderprogramms überprüft werden (bei Misserfolgen sollte das Programm überdacht werden). Sinnvoll erscheint der Weg von vorbereitenden über hinführende zu begleitenden DaZ-Angeboten – vor allem bei sogenannten »Seiteneinsteigern«. Werden externe DaZ-Lernangebote (etwa in Feriencamps) angeboten, gilt es, Gruppen bezogen auf die DaZ-Kompetenz möglichst homogen, bezogen auf die Herkunftssprachen möglichst heterogen zusammenzusetzen. Bei integrierten DaZ-Angeboten können DaZ-didaktische Schleifen zur Vor- oder Nachbereitung die Differenzierung erleichtern.

Es gilt: **So früh wie möglich mit DaZ beginnen und es so lange wie nötig durchführen.** Diese These bezieht sich nicht nur auf das Alter der Kinder, die Deutsch als Zweitsprache erwerben, sondern auch auf die Kontaktzeit. Hat ein Kind im Kindergarten bereits Deutsch gelernt, wird die Unterstützung, die es in der Schule braucht, anders aussehen als bei einem Kind, das mit sehr geringen Deutschkenntnissen in die Schule kommt, obwohl beide Kinder gleich alt sind. In der ersten Kontaktzeit ist ein intensiver, altersgerechter, bildungssprachlich orientierter Input genauso wichtig wie vielfältige Anregungen zum Sprachgebrauch, der durch sprachreflexive Phasen unterstützt werden sollte. Schreitet der Zweitspracherwerb fort, geht es nur noch darum, den Sprachschatz entlang den bildungsbedingten Anforderungen zu erweitern. Dazu gehören die Ausbildung von Sprachbewusstheit sowie eine Metasprache, um über Sprache sprechen zu können. Schreitet der Zweitspracherwerb nur langsam voran oder stagniert er, sind die Anstrengungen im Bereich der systematischen Förderung zu erhöhen.

DaZ braucht eigene Erfahrungs- und Handlungsräume. Da DaZ einen eigenständigen Lernbereich darstellt, bei dem es um die Synchronisation des gesteuerten und natürlichen Zweitspracherwerbs geht, braucht es entsprechend ausgebildete Lehrpersonen und Lernangebote. Orientiert an den externen Faktoren des Zweitspracherwerbs, werden negative Faktoren (wie ein geringer Zugang zur Zielsprache) kompensiert und positive (wie eine hohe Motivation zum Erwerb der deutschen Sprache) gestärkt. Bezogen auf die internen Faktoren werden die kreativen Aneignungsprozesse unterstützt. DaZ-Schüler/innen mit »versteinertem« Zweitspracherwerb sind als besondere Herausforderung anzunehmen und darin zu unterstützen, den Erwerbsprozess lebendig zu halten oder wiederzubeleben. Vor allem in kritischen Phasen sollte DaZ von anderen Lernprozessen entlastet werden, denn eine solche Aufgabe kann im gemeinsamen Unterricht höchstens angeregt, nicht aber tatsächlich geleistet werden, deshalb sind DaZ-Nachmittags- oder Ferienkurse eine geeignete Ergänzung.

Vor- und außerschulische Bildungsangebote können – anders als die Lernangebote in der Schule – dem Spracherwerb sehr viel mehr Freiräume einräumen als die einsprachig deutsche Schule, die auf die deutsche Sprache als Instruktionssprache zurückgreift bzw. deren Beherrschung voraussetzt.

DaZ unterstützt die Verbindung von Sprach- und Sachlernen. Das gilt für externe und interne Angebote gleichermaßen: Da Sprache nicht inhaltslos vermittelt werden kann, ist es sinnvoll, sich an bildungsrelevanten Inhalten zu orientieren und die Relevanz von sprachlichen Strukturen für fachliches Lernen zu nutzen und den Lernenden transparent zu machen, indem Unterrichtsthemen, Kommunikationsformen und Aufgabenformate (etwa Sachaufgaben aus dem Mathematikunterricht) verwendet werden oder konsequent auf Fachsprache (wie die Nominalisierung in Fachtexten) fokussiert wird. Dabei ist jeweils auszuloten, ob sprachliches und fachliches Lernen gleich gewichtet werden oder aber das eine auf Kosten des anderen ins Zentrum rückt. DaZ ist demzufolge nicht nur eine (migrations)pädagogische, sondern vor allem eine fachdidaktische Herausforderung, die nicht nur zu einem neuen Bereich innerhalb der Deutschdidaktik geworden ist, sondern im Sinne des favorisierten integrativen Anspruchs von allen Fachdidaktiken aufgegriffen und entfaltet werden muss.

Literatur

Ballis, A./Spinner, K. (Hrsg.) (2008): Sommerschule – Sommerkurse – Summer Learning. Deutsch lernen in außerschulischem Kontext. Baltmannsweiler: Schneider Hohengehren.
Barkowski, H. (2003): Zweitsprachenunterricht. In: Bausch, R./Christ, H./Krumm, H.J. (Hrsg.): Handbuch Fremdsprachenunterricht, Tübingen/Basel: Francke, S. 157–163.
Cummins, J. (1982): Die Schwellenniveau- und die Interdependenz-Hypothese: Erklärungen zum Erfolg zweisprachiger Erziehung. In: Swift, J. (Hrsg.): Bilinguale und multikulturelle Erziehung. Würzburg: Königshausen und Neumann, S. 34–43.
Cummins, J. (2000): Language, power, and pedagogy: bilingual children in the crossfire. Clevedon: Multilingual Matters.
Gass, S. (1997): Input, Interaction, and the Second Language Learner. New York: Mahwah.
Gibbons, P. (2006): Unterrichtsgespräche und das Erlernen neuer Register in der Zweitsprache. In: Mecheril, P./Quel, T. (Hrsg.): Die Macht der Sprachen. Englische Perspektiven auf die mehrsprachige Schule. Münster: Waxmann, S. 269–290.
Goglin, I. (2008): Förderung von Kindern und Jugendlichen mit Migrationshintergrund – ein länderübergreifendes Programm zur Optimierung der Sprachbildung. In: Gesellschaft, Wirtschaft, Politik, Heft 1, S. 65–75.

Grießhaber, W. (2009): L2-Kenntnisse und Literalität in frühen Lernertexten. In: Ahrenholz, B. (Hrsg.) Empirische Befunde zum DaZ-Erwerb und zur Sprachförderung. Beiträge aus dem 3. Workshop ›Kinder mit Migrationshintergrund‹. Freiburg i.B.: Fillibach, 115–135.

Krashen, S. (1985): The input hypothesis: Issues and implications. New York: Longman.

Krüger-Potratz, M./Supik, L. (2008): Deutsch als Zweitsprache in der Lehrerbildung. In: Ahrenholz, B./Oomen-Welke, I. (Hrsg.): Deutsch als Zweitsprache. Baltmannsweiler: Schneider Hohengehren, S. 298–311.

Long, M. (1985): A role for instruction in second language acquisition: task-based language teaching. In: Hyltenstam, K./Pienemann, M. (Hrsg.): Modeling and assessing second language development. Clevedon: Avon, S. 77–99.

Long, M. (1991): Focus on Form: A design feature in language teaching methodology. In: De Bot, K./Ginsberg, R./Kramsch, C. (Hrsg.): Foreign Language Research in Cross-Cultural Perspective. Amsterdam: John Benjamins, S. 39–52.

Montanari, E. (2010): Kindliche Mehrsprachigkeit – Determination und Genus. Münster: Waxmann.

Rösch, H. (2010): Deutsch als Zweitsprache in der Lehrerbildung. In: Arnold, K./Hauenschild, K./Schmidt, B./Ziegenmeyer, B. (Hrsg.): Zwischen Fachdidaktik und Stufendidaktik. Perspektiven für die Grundschulforschung (Jahrbuch Grundschulforschung, Bd. 14). Wiesbaden: VS-Verlag für Sozialwissenschaften, S. 145–150.

Rösch, H./Rotter, D. (2010): Formfokussierte Förderung in der Zweitsprache als Grundlage der BeFo-Interventionsstudie. In: Rost-Roth, M. (Hrsg.): DaZ – Spracherwerb und Sprachförderung Deutsch als Zweitsprache. Beiträge aus dem 5. Workshop ›Kinder mit Migrationshintergrund‹. Freiburg: Fillibach, S. 193–212.

Schifko, M. (2008): »... oder muss ich expliziter werden?« Formfokussierung als fremdsprachendidaktisches Konzept: Grundlagen und exemplarische Unterrichtstechniken. In: Fremdsprache Deutsch, Heft 38, S. 36–45.

Schmidt, R. (1990): The role of consciousness in second language learning. Applied Linguistics, Heft 11, S. 129–158.

Schmidt, R. (2001): Attention. In: Robinson, P. (Hrsg.): Cognition and second language instruction. Cambridge: University Press, S. 3–32.

Selinker, L. (1972): Interlanguage. In: International Review of Applied Linguistics in Language Teaching, Heft 3, S. 209–231.

Steinmüller, U. (1981): Begriffsbildung und Zweitspracherwerb. Ein Argument für den muttersprachlichen Unterricht. In: Essinger, H./Hellmich, A./Hoff, G. (Hrsg.): Ausländerkinder im Konflikt. Königstein: Scriptor, S. 83–97.

Swain, M./Lapkin, S. (2005): Multilingualism through immersion? In: Wolff, D. (Hrsg.): Mehrsprachige Individuen – vielsprachige Gesellschaften. Frankfurt am Main: Lang, S. 191–206.

Agi Schründer-Lenzen

Diagnose und Förderung der sprachlichen Entwicklung von Schülerinnen und Schülern mit Migrationshintergrund

Schul- und Unterrichtskonzepte zur Sprachförderung

Konzepte der Sprachförderung für Schülerinnen und Schüler aus sprachlichen Minderheiten lassen sich zunächst in vier unterschiedliche Strategien einordnen, die sich mit teilweise gegensätzlichen Zielstellungen verbinden:

Auf der einen Seite steht das Konzept der Sprachförderung in der jeweiligen Herkunftssprache von Migranten, das bis zu völlig separierenden Unterrichtsformen führen kann, in denen die Kinder einer sprachlichen Minderheit auch nach dem Lehrplan ihres jeweiligen Herkunftslandes unterrichtet werden. Derartige *Segregationsprogramme* waren während der 1970er-Jahre als »Ausländerregelklassen« in der Bundesrepublik Deutschland durchaus verbreitet, als davon ausgegangen wurde, dass die »Gastarbeiterkinder« in ihre Heimat zurückkehren würden.

Ebenfalls auf Stärkung der Herkunftssprache und Unterstützung der eigenen kulturellen Tradition ausgerichtet sind sogenannte »Spracherhaltungsprogramme« *(Language Maintenance Programmes)*, die z.B. in Australien für Aborigine-Kinder oder in den USA für indigene Kinder eingerichtet wurden. Hier kristallisierte sich ein Curriculum heraus, das als »koordinierte bilinguale Erziehung« bezeichnet werden kann, in der zumindest in den höheren Klassenstufen die sozial dominante Sprache mehr Gewicht erhält (McCarty 2003).

Während man sich in diesem Konzept von der Herkunftssprache ausgehend in Richtung Zweisprachigkeit bewegt, steht auf der anderen Seite das Konzept der *Submersion* (»sink-or-swim-program«), das den Herkunftssprachen keine Bedeutung zumisst und sich auf die Förderung der jeweiligen Verkehrssprache des Einwanderungslandes konzentriert. Diese Strategie wird hierzulande in einem ergänzenden Deutsch-als-Zweitsprache-Unterricht (DaZ) oder in den USA in einem »English as a Second Language«-Unterricht (ESL) praktiziert.

Argumente für diese monolinguale Ausrichtung der sprachlichen Förderung stützen sich auf die »time-on-task«-Hypothese, nach der jedes Mehr an Unterrichtszeit der Sprachkompetenz in der Zielsprache zugutekommt (Hopf 2005), die zugleich Voraussetzung für eine gelingende gesellschaftliche und berufliche Integration in das

Einwanderungsland ist (Esser 2006). Mehr oder weniger ausgesprochen wird dabei immer auch eine bestimmte Wertigkeit von Sprachen mittransportiert, denn die fehlende »Förderungswürdigkeit« wird immer nur für Sprachen von Minderheiten diskutiert, die für die Teilhabe an den internationalen wirtschaftlichen Prozessen keine Relevanz haben. Zwei- und Mehrsprachigkeit gelten eben nur dann als ein prestigeträchtiges Bildungsziel, wenn es sich auf die »richtigen« Sprachen bezieht.

Genau diese Konstellation liegt häufig in den sogenannten »Immersionsprogrammen« vor, so z. B. an der deutsch-italienischen Gesamtschule in Wolfsburg, der deutsch-französischen Grundschule in Freiburg oder dem international bekanntesten englisch-französischen Immersionsprojekt in Montreal, Kanada. An den staatlichen Europaschulen in Berlin werden insgesamt sieben unterschiedliche Sprachkombinationen angeboten, und es gibt weitere Besonderheiten: In jeder Klasse befinden sich Kinder beider Sprachgruppen in annähernd gleicher Anzahl, das Lehrerkollegium setzt sich ebenfalls aus Personen zusammen, die mindestens eine der beiden Sprachen muttersprachlich sprechen, und auch die Unterrichtszeit wird gleichmäßig auf beide beteiligten Sprachen aufgeteilt *(two-way-immersion* bzw. *dual language schools).*

Im Detail sind aber nicht nur die Immersionsprogramme nach Umfang und Zeitpunkt der unterrichtlichen Präsenz der beiden Sprachen *(early-, late-, partial-immersion)* nicht einheitlich, sondern auch die sprachdidaktischen Strategien sind in allen hier skizzieren Modellen durchaus unterschiedlich: So kann ein eher kommunikatives, auf Wortschatzförderung abzielendes Konzept verfolgt werden oder ein stärker grammatisch orientierter, systematisch-strukturierter Sprachunterricht oder auch das Sprachlernen im Fachunterricht im Fokus stehen. Die beiden zuletzt genannten Förderstrategien finden auch Eingang in den Anspruch einer *durchgängigen* Sprachbildung in der Zielsprache Deutsch, mit dem Sprachförderung nicht nur für alle Fächer und Schulstufen, sondern auch eine Schwerpunktsetzung auf bildungssprachliche Fähigkeiten im Deutschen gefordert werden.

Die Unterschiedlichkeit der Sprachfördermaßnahmen, aber auch die Heterogenität der Spracherwerbskontexte (mehrsprachige Länder versus Migrationskontext versus Schutz von Ureinwohnern) machen es jedoch schwer, zu einer empirisch gestützten Aussage über die Effekte von Schul- und Unterrichtsmodellen auf die sprachliche Entwicklung von Kindern und Jugendlichen zu kommen. Der wissenschaftliche Diskurs über die Wirksamkeit von Sprachförderung hat sich deshalb bisher vornehmlich auf eine Abwägung des Nutzens und der Integrationsleistung von herkunftssprachlichen Kompetenzen konzentriert, wobei immer auch Erklärungsmodelle für den geringen Bildungserfolg von Kindern mit Migrationshintergrund angeboten wurden.

Forschungszugänge zur Wirksamkeit von Zwei- und Mehrsprachigkeit

Eine der prominentesten Thesen, um den geringen Schulerfolg von sprachlichen Minderheiten zu erklären, wurde von Toukomaa und Skutnabb-Kangas (1997) bereits vor 30 Jahren entwickelt und als *Schwellen- und Entwicklungsinterdependenz-Hypothese* bezeichnet. Ausgangspunkt der Argumentation ist dabei die Überlegung, dass die sprachliche und die kognitive Entwicklung eines Kindes sich wechselseitig beeinflussen. Bei einem zweisprachig aufwachsenden Kind ist zudem von einer Interaktion zwischen beiden Sprachen auszugehen. Entscheidend für eine gelingende Bildungskarriere ist – so die These – die Chance, in beiden Sprachen, der Herkunftssprache und der Zweitsprache, einen jeweils elaborierten Sprachstand zu erreichen. Nur so kann es zur Stimulierung der allgemeinen kognitiven Entwicklung kommen. Wird hingegen in beiden Sprachen nur ein geringes Kompetenzniveau erreicht (»doppelte Halbsprachigkeit«), dann sind ungünstige Effekte auf die allgemeine kognitive Entwicklung zu erwarten. Hieraus wird die Forderung abgeleitet, eine Alphabetisierung in der jeweiligen Herkunftssprache vorzunehmen, um so zumindest in einer Sprache den Grundstein für den Erwerb eines kognitiv-akademischen Sprachniveaus, der schulischen Bildungssprache, zu legen.

Zweisprachigkeit soll sich zumindest auf sprachnahe Kompetenzen, insbesondere metasprachliche Fähigkeiten (Mohanty/Perregaux 1997) und den weiteren Fremdsprachenerwerb (Bialystock 2005), positiv auswirken. Cummins (1991) argumentiert in diesem Zusammenhang mit einer sozusagen starken Transferannahme, indem er davon ausgeht, dass es einen positiven Transfer von Sprachstrukturen und sprachlich-konzeptuell gebundenen Wissensbestandteilen zwischen den Sprachen gibt, die ein Lernender zur Verfügung hat. Die Interdependenz des Sprachlernens in zwei und gegebenenfalls mehreren Sprachen gilt dabei als besonders günstig, wenn in der Erstsprache ein hohes Sprachniveau, eine *Cognitive Academic Language Profiency* (CALP) entwickelt wurde, auf die eine andere Sprache aufbauen kann.

Die strikte Forderung nach der Priorität der Erstsprachförderung steht aber aus der Sicht der linguistischen Spracherwerbsforschung in der Tradition einer überholten Theoriebildung (auch Roche 2005) und ist auch unter soziologischen Gesichtspunkten problematisch (Esser 2006). Insbesondere das Erreichen einer bestimmten Schwelle oder Niveaustufe der Sprachkompetenz in der Erstsprache kann nicht als notwendige Voraussetzung für einen erfolgreichen Zweitspracherwerb gelten (Tracy 2005, S. 67, Söhn 2005).

Grundsätzlich geht es in dieser Auseinandersetzung um die Frage einer sprachspezifischen oder einer sprachübergreifenden Abspeicherung von Sprache(n), die Vernetzung der sprachlichen Informationen und die Speicherung von Sprachwissen in Erst- und Zweitsprache. Neurologische Befunde zur Sprachverarbeitung von Erst- und Zweitsprache können zeigen, dass bereits ab sechs Jahren eigene Verarbeitungszentren zur Prozessierung grammatischer Informationen aufgebaut werden. Die bildgebenden Verfahren der Hirnforschung erklären zwar nicht, wie Sprache verarbeitet wird, sie veranschaulichen aber, welche Gehirnareale bei der Verarbeitung von Sprache aktiviert werden. Dementsprechend ist bereits ab dem sechsten Lebensjahr der Zweitspracherwerb auf eine »kompensatorische Ressourcennutzung« (Grießhaber 2002) von Hirnarealen angewiesen, die eigentlich nicht für diese Aufgabe spezialisiert sind. Insbesondere die Verarbeitung grammatischer Informationen erfolgt bei späterem Zweitspracherwerb (sukzessiver Bilingualismus) für beide Sprachen getrennt, während sie bei parallelem Erwerb von zwei Sprachen (simultaner Bilingualismus) im Wesentlichen integriert verläuft. Bereits mit Schuleintritt bedeutet damit der Erwerb einer zweiten Sprache einen höheren kognitiven und emotionalen Aufwand als der Erstspracherwerb im privilegierten frühkindlichen Sprachlernfenster.

Gerade in dieser höheren kognitiven Herausforderung könnte aber auch ein Grund für ein Mehr an Sprachsensibilität und metasprachlicher Kompetenz von Mehrsprachigen liegen. Die Frage, ob es die besseren kognitiven bzw. sprachlernspezifischen Voraussetzungen bei Bilingualen sind, die ihnen die Bilingualität ermöglicht haben, oder ob es die Bilingualität selbst ist, die die kognitive Leistungsfähigkeit gefördert hat, ist aber bisher ungelöst (Baker/Prys 1998). Zumindest ist aber sicher, dass Kinder mit Migrationshintergrund, die erst mit Schuleintritt eine zweite Sprache lernen, fünf bis zehn Jahre brauchen, um ein muttersprachliches Sprachniveau zu erreichen (Hakuta/ Buttler/Witt 2000). Zweitsprachkompetenz bedarf generell eines längerfristigen und intensiven Lernprozesses, dessen Ergebnis zudem individuell sehr unterschiedlich ist. Kompetente, balancierte Bilingualität, d.h. mündliche und schriftliche Sprachkompetenz in zwei Sprachen auf vergleichbar hohem Niveau, ist faktisch eher die Ausnahme als die Regel (Hopf 2005).

Metaanalysen der Effekte bilingualer Schulprogramme in den großen Einwanderungsländern der Welt zeigen, dass bilingualer Unterricht zumindest »kein Allheilmittel zum Ausgleich von familiär bedingten schlechteren Lernausgangslagen etwa aufgrund eines bildungsfernen Elternhauses ist« (Söhn 2005, S. 5). Die in den internationalen Schulleistungsstudien deutlich gewordenen Kompetenzunterschiede zwischen Jugendlichen mit und ohne Migrationshintergrund lassen sich nicht *ursächlich* auf die in den Ländern jeweils verfolgten schulischen Konzepte zurückführen (van Ackern 2006, S. 73). Keineswegs sind einzelne Faktoren allein für die Benachteiligung von Kindern und Jugendlichen mit Migrationshintergrund verantwortlich, etwa auf der individuellen Ebene die Nationalität oder die Herkunftssprache oder auf der Ebene des Schulsystems die Dreigliedrigkeit (Stanat 2006). Hierfür spricht auch das gut belegte Faktum der enormen Varianz des Bildungserfolgs von Migranten (Portes/ Rumbaut 2001, Stanat/Christensen 2006), die mitnichten durchgängig »Bildungsverlierer« sind. So sind beispielsweise immigrierte Schülerinnen und Schüler im kanadischen und australischen Bildungssystem erfolgreich integriert, was auch im Kontext einer selektiven Einwanderungspolitik zu sehen ist, die dazu geführt hat, dass Migranten in diesen Ländern über einen relativ hohen sozioökonomischen Status und Bildungshintergrund verfügen (Cummins 2008, S. 45).

Diese Konfundierung von Bedingungen der sprachlichen Lernumwelt sowie der sozialen und kulturellen Herkunft ist in bisher vorliegenden Untersuchungen vielfach nicht berücksichtigt worden, sodass an dieser Stelle insbesondere die Befunde der DESI-Studie von Interesse sind, in der die Leistungen in der ersten Fremdsprache, Englisch, von Mehrsprachigen (simultan Bilingualen) und Nicht-Deutsch-Erstsprachigen (sukzessiv Bilingualen) gegenüber Monolingual-Deutschsprachigen verglichen wurden. Hier zeigten sich unter Kontrolle von Bildungsgang, sozioökonomischem Hintergrund, kognitiver Grundfähigkeit und Geschlecht zwar die erwarteten besseren Deutschleistungen der Monolingualen, aber gleichzeitig eine Leistungsüberlegenheit der Mehrsprachigen im Englischen (Hesse/Göbel/Hartig 2008, S. 218). Aus den Querschnittsdaten der DESI-Studie lassen sich zwar keine Schlussfolgerungen über einen Vorteil der Erstsprachförderung für den Erwerb des Deutschen und einer Fremdsprache ableiten, aber der teilweise auch angenommene negative Zusammenhang zwischen der Sprachvitalität in der Erstsprache und dem Erlernen weiterer Sprachen (Geldern/Schoonen/Glopper 2003) kann zumindest nicht bestätigt werden (Hesse/Göbel/Hartig 2008, S. 228).

Didaktische Prinzipien des Sprachlernens

Schülerinnen und Schüler mit Migrationshintergrund verfügen nicht selten über eine relativ gut ausgebildete umgangssprachliche Kompetenz in der Zweitsprache, die über grammatische Fehler, lexikalische Ungenauigkeiten und erfahrungsbezogene Wissenslücken hinwegtäuscht. Deutlich sichtbar wird diese Distanz zur zielsprachlichen Norm im Verlauf der Grundschule, wenn die Anforderungen an das Sprachverstehen und die Textproduktion stark zunehmen. Die Komplexität dieser Lernaufgabe wäre aber nicht richtig verstanden, würde man hierunter nur die vier Grundfertigkeiten des Zweitspracherwerbs verstehen: Hörverständnis, Sprechen, Lesen und Schreiben. Das Erlernen der schulischen Bildungssprache ist weitaus anspruchsvoller und setzt im Verlauf der Bildungskarriere zunehmend den Erwerb von Fachsprache, das damit verbundene Begriffslernen, das Verständnis spezifischer Textsorten und ein kategorial strukturiertes Fachwissen voraus.

Diese Zielperspektive und die damit gegebene Notwendigkeit eines sprachbewussten Unterrichts in allen Fächern und auf allen Schulstufen findet sich in der neuen Generation der Rahmenlehrpläne und ministeriellen Handreichungen: So sind bereits 1999 in NRW die »Empfehlungen zur Förderung der deutschen Sprache als Aufgabe des Unterrichts in allen Fächern« erschienen, und auch die Berliner »Handreichung Deutsch als Zweitsprache« versucht, Grundlagenwissen für einen »integrativen« Sprachunterricht zu vermitteln. Der sächsische Rahmenplan zeigt Möglichkeiten der Verbindung von *DaZ*-Unterricht und Fachunterricht auf. Auch der Hamburger Grundschullehrplan Deutsch weist in diese Richtung, indem Sprachförderung im Deutschen als Querschnittsaufgabe aller Fächer gesehen und explizit mit dem Ziel »Mehrsprachigkeit« verbunden wird. Weitere Konkretisierungen dieser Zielperspektive finden sich in den umfangreichen Materialien, die im Kontext des *FörMig*-Programms entwickelt wurden (www.blk-foermig.uni-hamburg.de).

Der Blick in Rahmenlehrpläne ermöglicht Hinweise auf unterschiedliche didaktische Schwerpunktsetzungen der Sprachförderung: So orientiert sich der bayerische Rahmenlehrplan, der 2002 von Berlin und Niedersachsen übernommen wurde, an einem *kommunikativ-pragmatischen Sprachförderkonzept,* das von Themen der kindlichen Lebenswelt ausgeht. Diese Orientierung des Sprachlernens an erfahrungsbezogenen, thematisch strukturierten Lernsituationen lässt sich von dem *sprachsyste-*

matischen Konzept der Berliner DaZ-Handreichung unterscheiden, das besonderes Gewicht auf den Erwerb grammatischer Strukturen legt.

Für den Unterricht im Sekundarstufenbereich findet sich eine vergleichbare Ausrichtung, die sich auf den Aufbau einer Fachsprache richtet. Hierfür gibt es praxisnahe unterrichtsmethodische Anregungen von Leisen (2003, 2009). Grundprinzip ist die variantenreiche Visualisierung von Aufgabenformaten, die zusätzlich durch lexikalische, morphologische und syntaktische Hilfestellungen sprachlich entlastet, aber auch bewusst für Sprachlernen gestaltet sind. Damit werden sprachliche Lerngerüste für die fachlichen Anforderungen angeboten, d.h. es kommt zu einem *Scaffolding*, einer Unterstützung gerade jener Sprachstrukturen wie z.B. Pluralbildung, Kasusmorphologie, Nominalisierungen, Passivkonstruktionen, die typischerweise schwierig sind für den Erwerb des Deutschen als Zweit- oder Fremdsprache (Kniffka/Siebert-Ott 2007).

Die beiden konkurrierenden Konzepte der Zweitsprachförderung, kommunikativ-pragmatisch versus sprachsystematisch, spiegeln eine Kontroverse, die aus der Fremdsprachendidaktik bekannt ist: Einerseits wird argumentiert, dass sich sprachliche Korrektheit bei ausreichendem Input und Wortschatzprogression (*focus on meaning*) quasi von selbst, intuitiv, durch implizite Lernprozesse einstellt (Krashen 1985). Im Kontrast dazu stehen Ansätze, bei denen die Vermittlung grammatischer Strukturen den Lernprozess leitet (*focus on form*). Hier wird von der Steuerbarkeit des Sprachlernens durch ein Lehrgangskonzept ausgegangen, das von der sprachlichen Systematik der jeweiligen Zielsprache ausgeht.

Eine vermittelnde Position nehmen Ansätze wahr, die der *Interlanguage*-Hypothese folgen und der sprachkonstruktiven Leistung des Sprachlernenden besondere Bedeutung zuweisen: Basierend auf der Feststellung, dass alle Lernenden eine bestimmte, durch die Struktur der Zielsprache präformierte Reihenfolge des Erwerbs sprachlicher Strukturen durchlaufen, wird die Bedeutung der Instruktion in sprachlichen Lernprozessen modifiziert. Pienemann (1989) und Clahsen/Meisel/Pienemann (1983) konnten zeigen, dass Lernprozesse durch gezielte Grammatikübungen beschleunigt werden können, wenn die natürlichen Entwicklungssequenzen beachtet werden (*Teachability-Hypothese*). Wenn jedoch das Lernangebot Sprachstrukturen enthält, die mehr als eine Stufe über dem jeweils aktuellen Sprachstand liegen, dann ist der Unterricht bestenfalls wirkungslos, wenn er nicht sogar zu einer Beeinträchtigung der weiteren Sprachentwicklung führt.

Eine weitere didaktische Variante kann in einem eher handlungsorientierten, sprachpragmatischen Zugang gesehen werden, in dem es zu aufgabenzentrierten Strukturierungen des Sprachunterrichts kommt (*task-based approach*). Die sprachliche Bearbeitung möglichst authentischer Problemsituationen aus der Lebenswelt der Kinder steht dann im Mittelpunkt des Unterrichts (Long 2007) bzw. Konzepte eines fremdsprachigen Sachfachunterrichts werden favorisiert, in dem Sprachlernen in konkrete sprachliche Handlungen eingebunden ist.

Ehlich (2007) hat dafür plädiert, Sprache nicht auf »Grammatik« und »Wortschatz« zu reduzieren, sondern sprachliche Qualifizierung umfassend als einen »Qualifikationsfächer« zu fassen, indem er insgesamt sechs Basisqualifikationen mit teilweise mehreren Niveaustufen unterscheidet:

→ Die phonische Basisqualifikation umfasst die Lautlichkeit von Sprache.
→ Die pragmatische Basisqualifikation wird auf zwei Ebenen als Herausbildung spezifischer sprachlicher Handlungsmuster verstanden,
→ die semantische Basisqualifikation im weitesten Sinne als Wortschatzentwicklung,
→ die morphologisch-syntaktische Basisqualifikation als Teil der grammatischen Kompetenz,
→ die diskursive Basisqualifikation als Aneignung der Abläufe von sprachlichen Interaktionen und
→ die literale Basisqualifikation, die schon vorschulisch als Kompetenz grundgelegt wird und sich als rezeptiver und produktiver Umgang mit Texten bis ins Erwachsenalter weiterentwickelt (vgl. Ehlich/Trautmann 2005, S. 47 ff.).

Dieses Votum für ein breites, pragmatisch akzentuiertes Konzept der Sprachaneignung findet sich auch in dem kommunikativen Fremdsprachenunterricht wie er von Piepho (2003) vertreten wurde. Sein Konzept eines interaktiven Spracherwerbs hat in der Form von »Lernszenarien« Eingang in die DaZ-Rahmenlehrpläne vieler Bundesländer gefunden. Lernszenarien werden dabei als ein offenes Lernangebot verstanden, das ausgehend von realen Lebenssituationen sprachliches Handeln ermöglicht. In Korrespondenz zu einigen Kernthemen wie »Miteinander leben« oder »Sich orientieren« werden lebensnahe Inhalte und Handlungsoptionen, aber auch lexikalische Bereiche und syntaktische Mittel als Übungsaufgabe vorgegeben. Im Mittelpunkt des Unterrichtsgeschehens sollen der kommunikative Zweck und die Sprachanwendung stehen, denn die Vertreter einer Szenariendidaktik gehen davon aus, dass sich die Grammatik beim Spracherwerb »fast von alleine« mitentwickelt solange der Input stimulierend ist (Hölscher/Piepho/Roche 2006, S. 7). Zur Umsetzung des Lehrplankonzepts sind umfangreiche spielerische Sprachlernmaterialien entwickelt worden, die den thematischen Lernfeldern des DaZ-Curriculums entsprechen (Hölscher/Piepho 2003). Die Grundidee des Konzepts basiert auf der Annahme impliziter Spracherwerbsprozesse, die allerdings den Sprachkontakt zu kompetenten Sprechern voraussetzen, eine Situation, die in vielen Schulen nicht mehr gegeben ist.
 Die unterschiedlichen didaktischen Schwerpunktsetzungen korrespondieren mit unterschiedlichen diagnostischen Orientierungen im Kontext des Zweitspracherwerbs. So gibt es sowohl diagnostische Verfahren, die eher global auf die Erfassung kommunikativ-pragmatischer Sprachkompetenzen gerichtet sind, als auch Verfahren, die sich an grundlegenden grammatischen Erwerbsstufen des Deutschen orientieren. Forschungsgrundlagen für einen umfassenden diagnostischen Rahmen der altersspezifischen Sprachaneignung liegen zwar vor (Ehlich/Bredel/Reich 2008a, b), sind aber noch nicht vollständig in entsprechenden Verfahren der Sprachstandsanalyse umgesetzt (zu den Anforderungen an Verfahren der regelmäßigen Sprachstandsfeststellung

Ehlich 2007). Einige diagnostische Instrumente sollen im Folgenden exemplarisch vorgestellt werden (zu einer ausführlichen Darstellung aller aktuell verfügbaren Verfahren der Sprachstandsdiagnostik: Schnieders/Komor 2007).

Diagnose der sprachlichen Entwicklung von Schülerinnen und Schülern mit Migrationshintergrund

Insbesondere im Vorschulbereich hat sich die Sprachstandsdiagnostik in den letzten Jahren fest etablieren können, wobei diese Verfahren in der Regel nur den Stand der Sprachentwicklung im Deutschen messen und sich auf alle Kinder eines Altersjahrgangs beziehen. Orientiert am Maßstab der monolingualen Sprachentwicklung erscheint der Sprachstand der Kinder mit Migrationshintergrund vielfach unzureichend, zumal die Sprachkompetenz in der Herkunftssprache im Verborgenen bleibt. Die Formate der diagnostischen Verfahren sind unterschiedlich: Es gibt Beobachtungsverfahren, Selbsteinschätzungsskalen, standardisierte Tests, Erzähl- und Schreibimpulse.

Das Sprachverhalten und das Interesse an Sprache bei Migrantenkindern in Kindergarteneinrichtungen *(SISMIK)* werden z. B. anhand eines Beobachtungskatalogs erhoben, mit dem bei dreieinhalb- bis sechsjährigen Kindern verbales und nonverbales Handeln, Wortschatz, Aussprache, morphologische, syntaktische und (prä-)literale Fähigkeiten in offenen Kommunikationssituationen erfasst werden. Im Vordergrund dieses Verfahrens stehen der Prozess der Sprachentwicklung und seine Förderung. Es gibt zwar altersbezogene Vergleichsnormen zur Interpretation der Beobachtungsergebnisse, aber dies soll vornehmlich Orientierung bieten für die Beurteilung der Lernfortschritte; es stellt keine Selektionsdiagnostik dar. Diese Funktion hat vielmehr das *Bayern-Hessen-Screening*, das bei den Sechsjährigen die Zuweisung in Sprachförderklassen regelt.

Einige Bundesländer verbinden die vorschulische Sprachstandsdiagnostik mit einer Verpflichtung zur Teilnahme an Sprachfördermaßnahmen noch vor Schuleintritt. So wird z. B. in Berlin das Verfahren *Deutsch Plus* bei den Fünfjährigen durchgeführt – und zwar flächendeckend für alle Kinder. Außerdem sind die Erzieherinnen aufgefordert, ein Sprachlerntagebuch für jedes Kind zu führen, in dem die Entwicklung der phonologischen Bewusstheit, Sprachhandeln, erste Erfahrungen mit Bild- und Schriftsprache und die Entwicklungsstufen bei der Satzbildung notiert werden. Das Instrument verbindet damit sowohl empirisch abgesicherte Erkenntnisse über Vorläuferfähigkeiten des Schriftspracherwerbs als auch aus der Spracherwerbsforschung. So wird von Regelmäßigkeiten des Zweitspracherwerbs ausgegangen, die sich in einer Progression der Stellungsregeln von finiten und infiniten Verbteilen zeigen (Grieshaber 2007, S. 33):

➔ bruchstückhafte Äußerungen
➔ einfache Hauptsätze mit einteiligem Prädikat (»ich Auto fahr«)

→ Sätze mit mehrteiligem Prädikat (Verbklammer: »ich habe gestern geweint«)
→ Inversion: Nach vorangestellten Adverbien werden Verb und Subjekt vertauscht (»Montags spiele ich Fußball«).
→ Verbindung von Haupt- und Nebensatz, dabei Nebensätze mit finitem Verb in Endstellung (»Sie wünschte, dass es wieder hell wird.«)

Die Annahme eines *stufenförmigen* Verlaufs des Spracherwerbs verbindet sich mit einer anderen Wahrnehmung von Fehlern im Prozess der Sprachaneignung: der »Könnens-Diagnostik«. Es wird nicht mehr nach Abweichungen von der monolingualen Sprachentwicklungsnorm gesucht, sondern die jeweils erreichte Kompetenzstufe sprachlicher Progression wird diagnostiziert und zum Bezugspunkt der Förderung für den nächsten Entwicklungsschritt.

Diese diagnostische Basisorientierung findet sich auch in dem Europäischen Referenzrahmen für Sprachen, in dem die Erwerbsreihenfolge in sechs Stufen (A 1 – C 2) für die Bereiche Hören, Sprechen, Lesen und Schreiben beschrieben wird. Dieser Beschreibungsmodus hat insbesondere Eingang in die Sprachenportfolios der Sekundarstufe I gefunden (z.B. Sprachenportfolio Thüringen), die den Schülern eine Selbsteinschätzung ihres sprachlichen Lernprozesses anhand von »Ich-kann-Skalen« ermöglichen.

Das didaktisch interessanteste Gesamtkonzept für eine durchgängige Sprachstandsdiagnostik bieten die Baseler Sprachprofildeskriptoren, die Standards bildungssprachlicher Kompetenzentwicklung vom Kindergarten bis zum Abschluss der Sekundarstufe I beschreiben. Es ist ein Instrument, das auf der Analyse der Rahmenlehrpläne und Fachlehrpläne basiert und so »schulische Bildungssprache« zum expliziten diagnostischen Gegenstand macht.

Ein ebenfalls sprachprofilorientiertes Instrument ist das Hamburger Verfahren zur Analyse des Sprachstandes bei Fünfjährigen (HAVAS 5), das explizit für die Erfassung von Mehrsprachigkeit entwickelt wurde. Neben dem Deutschen kann die Sprachkompetenz in Italienisch, Polnisch, Portugiesisch, Russisch, Spanisch und Türkisch gemessen werden. Erhebungsprinzip ist die Stimulierung von Äußerungen zu einer Bildergeschichte, die aufgenommen, transkribiert und mit einem Auswertungsschlüssel hinsichtlich des Entwicklungsstandes in den Bereichen Wortschatz, Morphologie und Syntax interpretiert werden. Das ist ohne Zweifel aufwendig und anspruchsvoll für den Kindergartenalltag und ohne entsprechende Vorbereitung der Erzieherinnen nicht leistbar. Die Auswertung der herkunftssprachlichen Profile ermöglicht, Differenzen der Sprachstandsentwicklung in Erst- und Zweitsprache festzustellen und so ggf. Anhaltspunkte für eine Sprachentwicklungsstörung zu gewinnen, sofern in beiden Sprachen Auffälligkeiten vorliegen.

Während mit dem HAVAS 5 gerade produktive und kommunikativ-pragmatische Sprachkompetenzen erfasst werden können, richtet sich der CITO-Sprachtest ausschließlich auf die Erfassung rezeptiver Fähigkeiten. Dies ergibt sich aus dem standardisierten Format des Verfahrens, das völlig automatisiert am Computer durchführbar ist. Das Programm ermittelt sofort die Ergebnisse der Testung in den Bereichen phonologische Bewusstheit, passiver Wortschatz, kognitive Begriffe und Textverständnis und ordnet sie in einer Skala von »Förderbedarf« bis »gut« ein. Das Verfahren richtet sich an fünf- bis siebenjährige Kinder, ist einfach zu bedienen, kindgemäß, kann in mehreren Sprachen durchgeführt und gut als Grobscreening zur Feststellung eines Förderbedarfs eingesetzt werden.

Für das Grundschulalter gibt es eine Reihe von Schulleistungstests, die speziell Rechtschreiben (z.B. HSP, DRT) und Lesen (z.B. Würzburger Leise Leseprobe, ELFE, SLRT) erfassen, teststatistischen Gütekriterien entsprechen, aber keine separaten Normen für Kinder mit Migrationshintergrund ausweisen. Dies ist aber ein generelles Problem der Sprachstandsdiagnostik bei Zweisprachigkeit, da bisher kaum empirisch abgesichertes Wissen darüber besteht, welcher Mindeststandard der Sprachentwicklung in der Zweitsprache gegeben sein muss, um problemlos die Schule durchlaufen zu können.

Verfahren, um gerade die bildungssprachlich relevanten Sprachkompetenzen für ältere Kinder und Jugendliche zu erfassen, sind bisher noch rar. Im Rahmen des BLK-Modellprogramms »Förderung von Kindern und Jugendlichen mit Migrationshintergrund« (FörMig) sind aber förderdiagnostische Instrumente entwickelt worden, die speziell auf die Erfassung der schriftsprachlichen Fähigkeiten von Schülerinnen und Schülern zum Ende der Grundschule bzw. der Sekundarstufe I zielen.

Die beiden Schreibimpulse »Tulpenbeet« bzw. »Bumerang« erfassen Wortschatz und morphosyntaktische Strukturen, Textmusterwissen, literale und pragmatische Basisqualifikationen, und zwar grundsätzlich auch in mehreren Sprachen, wenn die Texte auch in der Herkunftssprache geschrieben werden. Es gibt also – ähnlich wie beim HAVAS 5 – Auswertungsschlüssel für mehrere Sprachen.

Selbst wenn entsprechende mehrsprachige Kompetenzen bei den Testdurchführenden vorhanden sind, werden damit aber nicht kommunikative Ressourcen von Mehrsprachigen erfasst, die in ihrem Codeswitching oder auch im Verwenden nicht standardsprachlicher Varianten der Migrantensprachen gesehen werden. So plädieren Schroeder/Stölting (2005, S. 67) für eine »bilinguistische« Konzeption von Sprachstandsanalysen, die von einem Kontinuum der Sprachmittel ausgeht, über die der Bilinguale verfügt, nämlich vom monolingualen Modus in der Erstsprache über verschiedene Ausprägungen des bilingualen Modus bis zum monolingualen Modus in der Zweitsprache.

Schlussfolgerungen für die pädagogische Praxis

Ausgangspunkt jeder Sprachförderung sollten individuelle Sprachstandsanalysen sein, die nicht nur die sprachlichen Basisqualifikationen erfassen, sondern die Schülerinnen und Schüler jeweils als gesamte Person in den Blick nehmen: ihre Sprachlernmotivation, ihr familiales und kulturelles Milieu, ihre Familiensprache, die Art und Altersspezifik der Peer-Kommunikation. Sprachstandsdiagnostik ist dabei notwendig prozessbegleitend zu gestalten, und zwar durchgängig über die gesamte Schulzeit.

Die Bildung sprachlich heterogener Lerngruppen unter Einbezug kompetenter Sprecher der Zielsprache scheint implizite Sprachlernprozesse anregen zu können. Gleichwohl wird eine strukturierte und systematische Sprachförderung notwendig bleiben, um eine Stagnation des Sprachlernprozesses zu verhindern. Bewusstmachen und Üben zielsprachlicher Register, d. h. nicht formaler Grammatikunterricht, sondern eine an der sprachlichen Progression des Zweitspracherwerbs ausgerichtete, fachlich integrierte Vermittlung sprachsystematischer Strukturen, sind unabdingbar. Anders als Monolinguale können Zweitsprachlernende nicht in gleichem Maße auf sprachkonstruktive Leistungen aufbauen, sodass ihr Lernen auf ein Mehr an sachstruktureller Vorentlastung und an Unterstützung angewiesen ist.

Erzieherinnen und Lehrkräfte aller Schulstufen und Fächer brauchen dafür aber auch weitere Kenntnisse über Prozesse altersspezifischer Sprachaneignung, um einen sprachbewussten Unterricht durchführen zu können (zu weiteren didaktischen Konkretisierungen Schründer-Lenzen 2008, 2010). Eine professionalisierte Sprachförderung allein ist aber nicht hinreichend. Ergänzend sind die Bereitstellung von kulturgebundenem Weltwissen, die Vermittlung von Toleranz gegenüber unterschiedlichen religiösen und säkularen Orientierungen und die Erziehung zur Akzeptanz und Umsetzung demokratischer Grundrechte als Bildungsauftrag von Schule zu leisten, um eine »Integration durch Sprache« (Der Nationale Integrationsplan 2007) erreichen zu können.

Literatur

Ackeren, I. van (2006): Migranten in Bildungssystemen. In: Die Deutsche Schule 98, Heft 1, S. 61–76.
Baker, C./Prys, J. S. (1998): Encyclopaedia of Bilingualism and Bilingual Education. Clevedon: Multilingual Matters Ltd.
Bialystock, E. (2005): Consequences of bilingualism for cognitive development. In: Kroll, J.F./de Groot, A. M. B. (Hrsg.): Handbook of Bilingualism. Psycholinguistic approaches. Oxford: Oxford University Press, S. 417–432.
Clashen, H./Meisel, J./Pienemann, M. (1983): Deutsch als Zweitsprache. Der Spracherwerb ausländischer Arbeiter. Tübingen: Narr.
Cummins, J. (1991): Interdependence of first- and second-language proficiency in bilingual children. In: Bialystok, E. (Hrsg.): Language Processing in Bilingual Children. Cambridge: Cambridge University Press, S. 70–89.
Cummins, J. (2008): Total Immersion or Bilingual Education? Findings of International Research on Promoting Immigrant Children's Achievement in the Primary School. In: Ramseger, J./Wagener, M. (Hrsg.): Chancenungleichheit in der Grundschule. Ursachen und Wege aus der Krise. Wiesbaden: VS Verlag für Sozialwissenschaften für Sozialwissenschaften, S. 45–55.
Der Nationale Integrationsplan (2007): http://www.bundesregierung.de/Content/DE/Publikation/IB/Anlagen/nationaler-integrationsplan,property=publicationFile.pdf (Abruf 1.3.2011).
Ehlich, K. (2007): Anforderungen an Verfahren der regelmäßigen Sprachstandsfeststellung als Grundlage für die frühe und individuelle Förderung von Kindern mit und ohne Migrationshintergrund. Eine Expertise für das Bundesministerium für Bildung und Forschung, Bonn/Berlin http://www.bmbf.de/publikationen/index.php?ABC=A&T=2#pub (Abruf 1.3.2011).

Ehlich, K./Bredel, U./Reich, H. H. (Hrsg.) (2008 a, b): Referenzrahmen zur altersspezifischen Sprachaneignung, Bildungsforschung Band 29/I und II, Bonn/Berlin http://www.bmbf.de/publikationen/index.php?ABC=R&T=2#pub (Abruf 1.3.2011).

Ehlich, K./Trautmann, C. (2005): Sprachaneignung beobachten, Sprachstand erheben: linguistische Sicht. In: Bartnitzky, H./Speck-Hamdan, A. (Hrsg.) (2005): Deutsch als Zweitsprache lernen, Frankfurt a. M.: Grundschulverband – Arbeitskreis Grundschule e.V., S. 44–52.

Esser, H. (2006): Migration, Sprache und Integration. AKI-Forschungsbilanz 4. Wissenschaftszentrum Berlin (www.wzb.eu/zkd/aki/files/aki_forschungsbilanz_4.pdf) (Abruf 1.3.2011)

Geldern A. van /Schoonen, R./Glopper, K. de (2003): Roles of linguistic knowledge, metacognitive knowledge ans processing speed in L3, L2 und L1 reading comprehension: A structural equation modelling approach. In: The International Journal of Bilingualism 7, Heft 1, S. 7–25.

Grießhaber, W. (2002): Erwerb und Vermittlung des Deutschen als Zweitsprache. In: Deutsch in Armenien Teil 1: 2001/1, S. 17–4; Teil 2: 2001/2, S. 5–15 Jerewan: Armenischer Deutschlehrerverband; www.uni-muenster.de/ griesha/pub/tdaz-eri.pdf (Abruf 1.3.2011).

Grießhaber, W. (2007): Zweitspracherwerbsprozesse als Grundlage der Zweitsprachförderung. In: Ahrenholz, B. (Hrsg.): Deutsch als Zweitsprache. Voraussetzungen und Konzepte für die Förderung von Kindern und Jugendlichen mit Migrationshintergrund, Freiburg im Breisgau: Fillibach, S. 31–48.

Hölscher, P./Piepho, H.-E./Roche, J. (2006): Handlungsorientierter Unterricht mit Lernszenarien. Kernfragen zum Spracherwerb. Oberursel: Finken Verlag. http://www.finken.de/download/daz/lernszenarien.pdf (Abruf 1.3.2011).

Hakuta, K./Butler, Y./Witt, D. (2000): How long does it take English learners to attain profiency? University of California Linguistic Minority Research Institute Policy Report 2000-1.

Hesse, H.-G./Göbel, K./ Hartig, J. (2008): Sprachliche Kompetenzen von mehrsprachigen Jugendlichen und Jugendlichen nicht-deutscher Erstsprache. In: DESI-Konsortium (Hrsg.): Unterricht und Kompetenzerwerb in Deutsch und Englisch. Ergebnisse der DESI-Studie. Weinheim/Basel: Beltz, S. 208–230.

Hölscher, P./Piepho, H.-E./Roche, J. (2006): Handlungsorientierter Unterricht mit Lernszenarien. Kernfragen zum Spracherwerb. Oberursel: Finken.

Hölscher, P/Piepho, H.-E. (2003): DaZ. Lernen aus dem Koffer. Lernszenarien für Deutsch als Zweitsprache Oberursel: Finken. http://www.finken.de/cgi-bin/show_page/show.cgi?bereich=schule&page=http://www.finken.de/schule/daz/lernen_aus_dem_koffer.htm (Abruf 1.3.2011).

Hopf, D. (2005): Zweisprachigkeit und Schulleistung bei Migrantenkindern. In: Zeitschrift für Pädagogik 51, 2, S. 236–251.

Kniffka, G./Siebert-Ott, G. (2007): Deutsch als Zweitsprache Lehren und Lernen. Paderborn, München, Wien, Zürich: Schöningh.

Krashen, St. (1985): The input hypothesis: Issues and implications, London: Longman.

Leisen, J. (2009): Handbuch Sprachförderung im Fach. Sprachsensibler Fachunterricht in der Praxis. Hintergrundwissen, Anregungen und Beispiele für die Unterstützung von sprachschwachen Lernern und Lernern mit Zuwanderungsgeschichte beim Sprechen, Lesen, Schreiben und Üben im Fach. Bonn: Varius.

Leisen, J. (Hrsg.) (2003): Methodenhandbuch Deutschsprachiger Fachunterricht. Bonn: Varius.

Long, M.H. (2007): Problems in SLA. Mahwah/New Jersey/London: Erlbaum.

Mohanty, A. K./Perregaux, C. (1997): Language acquisition and bilingualism. In: Berry, J.W./Dasen, P.R./Saraswathi, T.S. (Hrsg.): Handbook of cross-cultural psychology (Vol. 2: Basic Processes and Human development). Boston, MA: Allyn & Bacon, S. 217–253.

McCarty, T.L. (2003): Revitalising indigenious languages in homogenizing times. In: Comparative Education 39, H. 2, S. 147–163.

Pienemann, M. (1989): Is language teachable? Psycholinguistic experiments and hypotheses. In: Applied Linguistics 10/1, S. 52–79.

Piepho, H.-E. (2003): »Von der Übungs- und Aufgabentypologie zur Szenariendidaktik – es hat sich etwas entwickelt«. In: Legutke, M./Schocker-v. Ditfurth, M. (Hrsg.): Kommunikativer Fremdsprachenunterricht: Rückblick nach vorn. FS Christoph Edelhoff, Tübingen: Narr, S. 59–68.

Portes, A./Rumbaut, R.G. (2001): Legacies. The story of the immigrant second generation. Berkeley: University of California Press.

Roche, J. (2005): Fremdsprachenerwerb – Fremdsprachendidaktik. Tübingen/Basel: Francke.

Schnieders, G./Komor, A. (2007): Eine Synopse aktueller Verfahren der Sprachstandsfeststellung. In: Ehlich, K. (2007): Anforderungen an Verfahren der regelmäßigen Sprachstandsfeststellung als Grundlage für die frühe und individuelle Förderung von Kindern mit und ohne Migrationshintergrund. Eine Expertise für das Bundesministerium für Bildung und Forschung, Bonn/Berlin http://www.bmbf.de/publikationen/index.php?ABC=A&T=2#pub (Abruf 1.3.2011).

Schroeder, Ch./Stölting, W. (2005): Mehrsprachig orientierte Sprachstandsfeststellung für Kinder mit Migrationshintergrund. In: Gogolin, I./Neumann, U./Roth, H.-J. (Hrsg.): Sprachdiagnostik bei Kindern und Jugendlichen mit Migrationshintergund, Münster: Waxmann, S. 59–74.

Schründer-Lenzen, A. (2008): Sprachbewusster Unterricht in der mehrsprachigen Klasse. In: Kiper, H./Miller, S./Palentien, C./Rohlfs, C. (Hrsg.): Lernarrangements für heterogene Gruppen – Lernprozesse professionell gestalten, Bad Heilbrunn: Klinkhardt, S. 184–198.

Schründer-Lenzen, A. (2010): Konzepte der Sprachförderung für Kinder mit Migrationshintergrund. In: Weiss, K./ Ross, A. (Hrsg.): Neue Bildungsansätze für die Einwanderungsgesellschaft, Freiburg im Breisgau: Lambertus, S. 175–202.

Stanat, P. (2006): Schulleistungen von Jugendlichen mit Migrationshintergrund: Die Rolle der Zusammensetzung der Schülerschaft. In: Baumert, J./Stanat, P./Watermann, R. (Hrsg.) (2006): Herkunftsbedingte Disparitäten der Bildungsbeteiligung. Vertiefende Analysen im Rahmen von PISA 2000. Wiesbaden: VS Verlag für Sozialwissenschaften, S. 189–220.

Stanat, P./Christensen, G. (2006): Where immigrant students succeed. A comparative review of performance and engagement in PISA 2003. Paris: Organisation for Economic Cooperation and Development.

Söhn, J. (2005): Zweisprachiger Schulunterricht für Migrantenkinder: Ergebnisse der Evaluationsforschung zu seinen Auswirkungen auf Zweitspracherwerb und Schulerfolg. Berlin: Arbeitsstelle Interkulturelle Konflikte und gesellschaftliche Integration. Wissenschaftszentrum Berlin für Sozialforschung (WZB).

Tracy, R. (2005): Spracherwerb bei 4- bis 8-jährigen Kindern. In: Guldimann, T./Hauser, B. (Hrsg.): Bildung 4- bis 8-jähriger Kinder. Münster: Waxmann, S. 59–75.

Toukomaa, P./Skutnabb-Kangas, T. (1997): The intensive Teaching of the mother Tongue to Migrant Children of Pre-School Age and Children in the Lover Level of Comprehensive School, Helsinki: The Finish National Commission for UNESCO.

Diagnostische Instrumente

Sprachlerntagebuch Berlin: http://www.berlin.de/imperia/md/content/sen-bildung/bildungswege/vorschulische_bildung/meinsprachlerntagebuch.pdf?start&ts=1298641314&file=meinsprachlerntagebuch.pdf (Abruf 1.3.2011).

Sprachenportfolio Thüringen: http://www.thueringen.de/de/tmbwk/eu_internationales/bildung/allgemein_bildende_schulen/mobilitaet_mehrsprachigkeit/sprachenportfolio/ (Abruf 1.3.2011).

Baseler Sprachprofildeskriptoren: http://sdu.edubs.ch/projekte/die-sprachprofile-basel-stadt (Abruf 1.3.2011)

HAVAS 5 deutschsprachige Version: http://li-hamburg.de/projekte/projekte.Foer/projekte.Foer.havas/index.html (Abruf 1.3.2011)
CITO-Sprachtest: http://www.de.cito.com/leistungen_und_produkte/cito_sprachtest.aspx (Abruf 1.3.2011).
ELFE 1-6 (Lesetest): http://www.psychometrica.de/elfe1-6.html (Abruf 1.3.2011).
Hamburger Schreibprobe (HSP): http://www.arge.schule-hamburg.de/Archiv/STIHamburger-Schreibprobe.html (Abruf 1.3.2011).
Alle weiteren Schulleistungstests wie Deutscher Rechtschreibtest (DRT), Würzburger Leise Leseprobe (WLT), Salzburger Lese-/Rechtschreibtest (SLRT) siehe: http://www.testzentrale.de/
Schreibimpuls »Tulpenbeet« und »Bumerang«: http://www.blk-foermig.uni-hamburg.de/web/de/handicap/mat/diag/tulp/index.html (Abruf 1.3.2011).

4

Kinder und junge Menschen aus Einwandererfamilien

in Elementarbereich, Schule und Berufsausbildung

Doris Edelmann

Frühe Förderung von Kindern aus Familien mit Migrationshintergrund: Ansätze zwischen Integration, Kompensation und Befähigung

In aktuellen sozialwissenschaftlichen und bildungspolitischen Diskussionen wird der frühen Förderung von Kindern aus Familien mit Migrationshintergrund national und international eine wachsende Bedeutung zugesprochen. Die frühe Kindheit wird dabei als wichtige Lebensphase erkannt, in der »für die gesamte intellektuelle und sozial-emotionale Entwicklung bedeutsame und nachhaltig wirksame Grundlagen gelegt werden« (Viernickel/Simoni 2008, S. 20), die für die weitere Entwicklung der Bildungsbiografie von entscheidender Bedeutung sind. Frühkindliche Förderung soll den Individuen Optionen zur Entfaltung ihrer Potenziale, zur Realisierung ihrer Lebensentwürfe sowie zur gesellschaftlichen Integration und Partizipation eröffnen und letztlich zur sozialen Kohäsion sowie zur wirtschaftlichen Prosperität beitragen. Im Zusammenhang mit der frühen Förderung von Kindern aus Familien mit Migrationshintergrund ist darüber hinaus die große Hoffnung verbunden, dass sie zur Erhöhung der Chancengerechtigkeit und zur Unterstützung von Integrationsprozessen beitragen kann.

Im Folgenden werden zunächst drei zentrale Entwicklungslinien aufgezeigt, die die wachsende Bedeutung der frühkindlichen Bildung von Kindern aus Familien mit Migrationshintergrund verdeutlichen. Danach erfolgt ein Einblick in die internationale Forschungslage zur frühkindlichen Förderung, wobei der Fokus auf Erkenntnisse in Bezug auf Kinder aus Familien mit Migrationshintergrund gerichtet ist. Abschließend werden frühkindliche Förderprojekte vorgestellt und dabei ihre Chancen und Herausforderungen beleuchtet.

An dieser Stelle ist anzumerken, dass die nachfolgende Fokussierung auf Familien mit Migrationshintergrund sehr wohl im Bewusstsein geschieht, dass es sich dabei um eine heterogene Bevölkerungsgruppe handelt, beispielsweise in Bezug auf die Familienformen, die Herkunftsländer, die Migrationshintergründe, die Sprachen, die religiösen Orientierungen sowie die sozioökonomischen und kulturellen Bedingungen, die das familiale Leben prägen. Trotzdem gibt es Besonderheiten, die vor allem auf Familien mit Migrationshintergrund zutreffen, wie beispielsweise Familiensprachen, die in der Regel nicht der lokalen Landessprache entsprechen, was dazu führt, dass die Kinder spätestens beim Schuleintritt eine Zweitsprache erwerben müssen, wobei ihre Eltern die lokale Landessprache vielfach selbst nur lückenhaft beherrschen. In der Regel stehen die Eltern auch vor der Herausforderung, dass sie ihre Kinder in ein Bildungssystem einschulen müssen, das sie selbst nicht oder nur teilweise durchlaufen haben. Kinder aus diesen Familien sind daher auf eine frühe Förderung angewiesen, insbesondere wenn sie einer sozioökonomisch benachteiligten und/oder bildungsfernen Schicht angehören.

Gründe für das wachsende Interesse an der frühen Förderung

Das wachsende Interesse an der frühen Förderung von Kindern aus Familien mit Migrationshintergrund basiert vor allem auf drei Entwicklungslinien: der Förderung von Chancengerechtigkeit, der Einforderung von Integrationsprozessen sowie der Erwartung von Bildungsrenditen.

Förderung von Chancengerechtigkeit

Seit den ernüchternden Ergebnissen der internationalen Leistungsstudien (z.B. PISA und PIRLS) wird in den deutschsprachigen Ländern der frühen Förderung von Kindern aus Familien mit Migrationshintergrund eine große bildungspolitische Bedeutung zugesprochen. Ein zentraler Grund dafür liegt in der Tatsache, dass Nationen, die über ein qualitativ hochstehendes System der frühkindlichen Bildung verfügen, in den internationalen Leistungsvergleichen besonders gut abgeschnitten haben. Es wird folglich angestrebt, allen Kindern einen vorschulischen Zugang zu Bildung zu ermöglichen, um dadurch herkunftsbedingte Bildungsnachteile abzuschwächen, denn »für Kinder aus anregungsarmen familialen Milieus erhofft man sich vom Besuch einer Tageseinrichtung zusätzlich kompensatorische Effekte, die sozial bedingte Ungleichheiten mindern« (Roßbach/Riedel 2011, S. 11). Die aktuelle Hochkonjunktur der frühkindlichen Bildungsdebatten kann daher auch als »sekundärer PISA-Gewinn« (Diehm/Magyar-Haas 2011, S. 217) interpretiert werden. Neben dem Ausbau frühkindlicher Angebote werden vor allem auch neue pädagogische Akzentuierungen deutlich, die eine Förderung schulrelevanter sozialer und kognitiver Basiskompetenzen beinhalten, da junge Kinder besonders lernfähig sind. Inzwischen gehört in Diskussionen um vorschulische Betreuung und Erziehung die Einforderung von Bildung selbstverständlich dazu.

Einforderung von Integrationsprozessen

Im Kontext von Diskussionen um frühkindliche Bildung, Betreuung und Erziehung zeichnet sich, bezogen auf Kinder aus Familien mit Migrationshintergrund, ein zusätzlicher Anspruch ab. Er besteht in der Erwartung, dass der Besuch einer frühkindlichen Einrichtung dazu beiträgt, integrative Prozesse dieser Kinder und ihrer Familien in die Mehrheitsgesellschaft zu unterstützen. Die Integrationserwartungen beinhalten insbesondere den Anspruch, dass bereits in der ersten Phase der Bildungsbiografie Kontakte zu lokalen Bildungseinrichtungen, zum pädagogischen Fachpersonal sowie zu anderen, vor allem auch einheimischen Familien, entstehen sollen. Besonders deutlich wird in diesem Zusammenhang die Förderung der lokalen Landessprache eingefordert, sowohl für die Kinder als auch für ihre Eltern, was zur Verbesserung von Integrations- und Bildungschancen beitragen soll, wie es etwa im »Deutschen Nationalen Integrationsplan« festgehalten wird (Betz 2010b). Aus diesem Grund hat sich im wissenschaftlichen Diskurs zunehmend eine Erweiterung der etablierten Abkürzung FBBE (= Frühkindliche Bildung, Betreuung und Erziehung) in FIBBE durchgesetzt: Frühkindliche Integration, Bildung, Betreuung und Erziehung (Edelmann 2010). Damit sich die gewünschten Integrationsprozesse entwickeln können, müssen allerdings über wirtschaftliche und rechtliche Dimensionen hinaus auch kulturelle, soziale und emotionale Aspekte berücksichtigt werden (Esser 2006). Ebenso muss Integration als ein gegenseitiger Prozess verstanden werden, der die Mitglieder der Mehrheitsgesellschaft ebenso betrifft wie die Zugewanderten. Frühkindliche Bildung, »die sich einem integrativen Bildungsauftrag in einer Einwanderungsgesellschaft verpflichtet fühlt«, kann sich daher »nicht auf Sprachförderung reduzieren lassen« (Diehm 2008, S. 209). Zudem bedingt ein professioneller Umgang mit der soziokulturellen Vielfalt, dass das pädagogische Personal in frühkindlichen Einrichtungen über »ausreichend Differenzsensibilität und Vorurteilsbewusstsein« verfügt und mit »Diskriminierungserfahrungen der Kinder und Eltern umzugehen« (Diehm 2008, S. 210) versteht.

Erwartungen an Bildungsrenditen

Aus ökonomischer Perspektive wird frühkindliche Bildung als Investition in zukünftiges Humankapital verstanden. Sie soll einen ökonomischen Nutzen erbringen und zur wirtschaftlichen Prosperität sowie zur sozialen Kohäsion in der Gesellschaft beitragen. Hintergrund dieser Entwicklung sind volkswirtschaftliche Studien, beispielsweise des Bildungsökonomen James Heckman (2008), die nachweisen, dass Bildungsinvestitionen den größten sozialen und wirtschaftlichen Gewinn einbringen, wenn sie auf die Vorschulzeit ausgerichtet sind, da ein enger Zusammenhang zwischen dem Bildungsniveau der Bevölkerung und der wirtschaftlichen Prosperität eines Landes besteht. Seine umfassenden Analysen über Kosten und Nutzen im Rahmen des kostenintensiven US-amerikanischen »Perry-Preschool-Project« haben gezeigt, dass die Kosten deutlich unter dem Nutzen liegen. Ein anderes Beispiel sind die ökonomischen Analysen im Rahmen des »Abecedarian Program« (Barnett/Masse 2007), bei dem die Förderung von benachteiligten Kindern bereits im ersten Lebensjahr einsetzte. Auch in diesem aufwendigen Projekt fielen die finanziellen Bilanzen positiv aus. Zudem zeigt sich, dass Investitionen zu Beginn der Bildungslaufbahn deutlich günstiger sind als spätere Versuche, Bildungsversäumnisse zu kompensieren. Letztlich sollen Investitionen in die frühe Förderung dazu beitragen, dass eine gut gebildete innovative Generation im Sinne produktiver Arbeitskräfte heranwächst, die unabhängig von staatlicher Unterstützung agieren kann, was auf gesellschaftlicher Ebene für die Bevölkerung mit Migrationshintergrund besonders nachdrücklich eingefordert wird.

Einblicke in den Stand der Forschung

Da die frühkindliche Bildungsforschung im deutschsprachigen Raum eine relativ junge Forschungsrichtung ist, wird nachfolgend ein starker Bezug auf den internationalen Kontext hergestellt. Exemplarisch werden vier relevante Ergebnisbereiche im Kontext der Förderung von jungen Kindern und ihren Familien mit Migrationshintergrund aufgezeigt. Es stehen zunächst Fragen zur Nutzung von familienexternen Betreuungsangeboten im Zentrum. Danach werden Studien über längerfristige Wirkungen von frühkindlicher Bildung auf die kognitive Entwicklung aufgezeigt und dabei mögliche Fördereffekte für Kinder aus benachteiligten Familienverhältnissen fokussiert. Anschließend werden die Bedeutung der pädagogischen Qualität frühkindlicher Angebote sowie empirische Erkenntnisse zur Bedeutung des Bildungsortes der Familie thematisiert.

Erkenntnisse zur Nutzung von frühkindlichen Angeboten

Bildungsstatistische Erkenntnisse zum frühkindlichen Bereich verweisen auf deutliche soziale und regionale Disparitäten in Bezug auf die Nutzung familienexterner Betreuungsangebote. Es kann insbesondere festgestellt werden, dass junge Kinder aus den unteren sozialen Schichten – davon viele mit Migrationshintergrund – seltener und oftmals erst im späteren Alter eine familienexterne Bildungs- und Betreuungseinrichtung besuchen als einheimische Kinder. Im Jahr 2009 lag in Deutschland die Quote der Bildungsbeteiligung von drei- bis fünfjährigen Kindern bei rund 95 Prozent (Autorengruppe Bildungsberichterstattung 2010, S. 49). Eine detaillierte Auswertung zeigte allerdings, dass im selben Zeitraum die Quote von Kindern mit Migrationshintergrund nur bei 85 Prozent lag. Dabei manifestieren sich deutliche regionale Unterschiede bezüglich der Differenzen zwischen diesen beiden Gruppen, die »von einer fast unterschiedslosen Quote in Baden-Württemberg bis zu Unterschieden von über 20 Prozentpunkten in Bayern und Schleswig-Holstein« (Autorengruppe Bildungsberichterstattung 2010, S. 52) reichen. Bei der Gruppe der Null- bis Dreijährigen liegt die Besuchsquote für Kinder mit Migrationshintergrund bei zehn Prozent, bei den deutschen Kindern bei 25 Prozent (Grgic/Rauschenbach/Schilling 2010). Ein Grund für die geringere Inanspruchnahme von familienexternen Betreuungsangeboten durch Familien mit Migrationshintergrund wird vor allem darin gesehen, dass »ihre Vorstellungen von guter Bildung, Betreuung und Erziehung nicht umgesetzt werden«, da »Einrichtungen auf die Wünsche der Eltern aus prekären sozialen Gruppen in geringerem Maße eingehen« (Betz 2010a, S. 125) und sie daher private Betreuungsmöglichkeiten vorziehen.

Weiterhin ist die Tatsache relevant, dass im Elementarbereich häufig segregierte soziale Milieus vorzufinden sind, da frühkindliche Einrichtungen ungleichmäßig von Kindern mit und ohne Migrationshintergrund besucht werden. Diesbezüglich zeigt der deutsche Bildungsbericht, dass in elf Prozent aller Einrichtungen mehr als 75 Prozent aller betreuten Kinder zu Hause eine andere Sprache als Deutsch sprechen. In weiteren 23 Prozent der Einrichtungen liegt dieser Anteil zwischen 50 und 75 Prozent (Autorengruppe Bildungsberichterstattung 2010, S. 52 f.).

Zusammengefasst weisen diese Zahlen darauf hin, dass in Deutschland rund ein Drittel aller Kinder, die zu Hause nicht Deutsch sprechen, in einem familienexternen Umfeld betreut werden, in dem nur die Minderheit der Gleichaltrigen Deutsch als Erstsprache spricht. Dies erschwert die alltagsnahe Sprachförderung deutlich. Da diese selektive Nutzung in der Regel die Zusammensetzung der Bevölkerung im Wohnumfeld der Kinder und ihrer Familien abbildet, lässt sich eine andere Verteilung der Kinder nicht auf eine einfache Weise realisieren.

Darüber hinaus verweisen verschiedene Studien darauf, dass Kinder aus sozioökonomisch schwächeren Familien mit einem niedrigeren Bildungsniveau – viele mit Migrationshintergrund – nicht nur einen eingeschränkten Zugang zur frühkindlichen Bildung erhalten, sondern häufig auch an qualitativ schlechteren Angeboten teilnehmen (Betz 2010a). Dies hängt einerseits damit zusammen, dass diese Familien oftmals nicht über ausreichende finanzielle Ressourcen verfügen, damit sie für ihre Kinder alternative Betreuungsmöglichkeiten wählen können. Andererseits fehlt ihnen in vielen Fällen der Zugang zu relevanten Informationen bezüglich qualitativ hochstehender Alternativen, da sie nicht über entsprechende soziale Netzwerke verfügen, die sie »als Unterstützungssystem und Wissenspool heranziehen können, um Empfehlungen und Ansichten auszutauschen« (Betz 2010a, S. 127).

Studien zur Qualität von frühkindlicher Bildung, Betreuung und Erziehung

Der internationale Forschungsstand verdeutlicht, dass qualitativ hochwertige frühkindliche Angebote eine Voraussetzung sind, damit sich positive Effekte zeigen, wobei Kinder aus benachteiligten Familienverhältnissen besonders davon profitieren. Vor allem in den USA verweisen die Ergebnisse zahlreicher differenzierter Längsschnittuntersuchungen auf positive und langfristige Effekte (Roßbach/Kluczniok/Kuger 2008).

Für den deutschsprachigen Raum ist insbesondere die längsschnittlich angelegte Kindergartenstudie von Tietze, Roßbach und Grenner (2005) von Relevanz, die Auswirkungen der pädagogischen Qualität auf die soziale und kognitive Entwicklung von vierjährigen Kindern in der Familie, im Kindergarten und in der Grundschule untersuchte. Sie wurde im Kontext des international vergleichenden Projektes »European Child Care and Education« durchgeführt, an der sich auch Österreich, Portugal,

Spanien und die USA beteiligten. In Deutschland wurden über 400 Kinder aus mehr als 100 verschiedenen Kindergartengruppen sowie rund 100 sogenannte »Nicht-Kindergartenkinder« und ihre Familien untersucht (Tietze 1998). Die Ergebnisse der Studie verweisen auf einen positiven Einfluss der pädagogischen Qualität in den Kindergärten auf den Bildungs- und Entwicklungsstand von Kindern, der mindestens bis zum Ende der zweiten Klasse anhält. Allerdings konnten keine Effekte für Kinder aus benachteiligten Familien festgestellt werden, weil dafür offenbar gezieltere Interventionen notwendig gewesen wären. Hinsichtlich der pädagogischen Qualität wurde in dieser Untersuchung deutlich, dass sich eine Betreuung der Kinder in kleineren Gruppen mit gut qualifizierten Fachpersonen besonders günstig auswirkt.

Studien zur Wirksamkeit frühkindlicher Förderung

Zahlreiche methodisch kontrollierte Studien weisen nach, dass frühkindliche Förderangebote für Kinder aus benachteiligten Familienverhältnissen besonders wirksam sind und dazu beitragen können, ihren kognitiv-leistungsbezogenen Entwicklungsstand zu fördern. Positive Einflüsse einer Teilnahme an frühkindlicher Bildung in Kindertageseinrichtungen zeigen sich vor allem dann, wenn die familienexterne Lernumgebung entwicklungsfördernder ist als das häusliche Umfeld. Frühe Förderprogramme erhöhen dann nicht nur die Startchancen bei Schuleintritt, sondern leisten auch mittel- und längerfristig einen Beitrag zum schulischen Erfolg.

US-amerikanische Untersuchungen

In den Vereinigten Staaten erfolgte die Implementierung erster frühkindlicher Bildungsprogramme bereits in den 1960er-Jahren. Sie waren vor allem darauf ausgerichtet, einen Beitrag zur Förderung der Chancengerechtigkeit zu leisten, indem sozial benachteiligte Kinder gezielt und intensiv gefördert wurden. Verschiedene längsschnittliche Untersuchungen, bei denen die Kinder teilweise bis ins mittlere Erwachsenenalter untersucht wurden, verweisen auf ein beachtliches Potenzial dieser frühkindlichen Fördermaßnahmen. Zu den bekanntesten experimentellen Untersuchungen zählen die »Carolina Abecedarian Study« sowie das »Perry Preschool Project«, das als besonders sorgfältig kontrollierte Wirksamkeitsstudie zur frühkindlichen Förderung gilt (Roßbach 2011).

Das »Perry Preschool Project« wurde 1963 als eine Art Experiment in Ypsilanti/Michigan initiiert. Von den 123 Kindern, die ins Projekt aufgenommen wurden, erhielt knapp die Hälfte eine Förderung – eine Vorgehensweise, die aus heutiger Perspektive sicher ethische Fragen aufwirft. Die geförderten Kinder zeigten im Vergleich zur Kontrollgruppe bessere Schulleistungen, sie wiesen höhere Bildungsabschlüsse auf und waren gesünder. Selbst im mittleren Erwachsenenalter zeigten sich noch positive Effekte, z. B. die seltenere Betroffenheit von Arbeitslosigkeit, weniger Inanspruchnahme von Sozialleistungen oder niedrigere Kriminalitätsquoten. Auch andere aufwendige Programme (z. B. »Head Start«; »NICHD«) führten zu positiven Ergebnissen, wobei immer zum Ausdruck kommt, dass die schwächsten Kindern die größten Fortschritte erzielen. Trotzdem liegen ihre kognitiven Leistungen bei Schuleintritt oftmals noch immer unter dem nationalen Durchschnitt und verdeutlichen somit, dass eine weitere durchgängige Förderung erforderlich ist (Roßbach/Kluczniok/Kuger 2008).

Untersuchungen in Deutschland

In Deutschland sind es vor allem zwei aktuelle Untersuchungen, die zu neuen Erkenntnissen im frühkindlichen Bereich führen werden. Mit der laufenden Querschnittstudie »NUBBEK« (= »Nationale Untersuchung zur Bildung, Betreuung und Erziehung in der frühen Kindheit«) werden rund 2000 Kinder im Alter zwischen zwei und vier Jahren untersucht, davon etwa ein Drittel mit Migrationshintergrund. Im Mittelpunkt der Untersuchung stehen Fragen zur pädagogischen, bildungsfördernden und familiengerechten Qualität von öffentlich verantworteten Angeboten für junge Kinder und ihre Familien. Untersucht werden die kognitiven und sozialen Kompetenzen der Kinder sowie die pädagogische Qualität in den Betreuungseinrichtungen (siehe http://www.nubbek.de).

Unter der besonderen Berücksichtigung der Bildungsübergänge werden mit der längsschnittlich angelegten »BiKS-Studie« (= »Bildungsprozesse, Kompetenzentwicklung und Selektionsentscheidungen im Vor- und Grundschulalter«) die kognitive und soziale Entwicklung von Kindern untersucht. Die Erhebungen begannen im Herbst 2005 mit 550 Kindern im Alter von drei Jahren, die bis zur zweiten Klasse untersucht werden (= »BiKS 3–8«). Auch in dieser Studie wird eine Gruppe von Kindern und Familien mit Migrationshintergrund untersucht (siehe http://www.uni-bamberg.de/biks).

Untersuchungen zum Bildungsort von Familien mit Migrationshintergrund

Die Familie ist derjenige Ort, an dem ein Kind in der Regel die meiste Zeit verbringt, weshalb die familialen Bildungs-, Erziehungs- und Betreuungsanregungen für die Entwicklung von jungen Kindern von größerer Relevanz sind als diejenigen in den familienexternen Betreuungsorten. Aus zahlreichen Untersuchungen über den Bildungserfolg von Kindern mit Migrationshintergrund ist bekannt, dass bezüglich des Umfangs an bildungsrelevanten Kapitalien (Bourdieu 1982) zwischen den einzelnen Familien maßgebliche Unterschiede bestehen. Sie sind zu einem großen Teil Ursache dafür, dass die Bildungschancen zwischen verschiedenen Bevölkerungsgruppen ungleich verteilt sind. Leseman (2008, S. 128) verweist im Anschluss an seine umfassenden Analysen zum internationalen Forschungsstand über junge Kinder mit Migrationshintergrund auf die folgenden Faktoren, die zu Benachteiligungen führen können: »Armut, niedrige soziale Schicht, niedriger Bildungsstand der Eltern, ein nicht dem

Mainstream entsprechender kultureller Hintergrund, besondere religiöse Traditionen und ein wenig von Bildungsgütern geprägter Lebensstil.« Diese Bedingungen können insbesondere in ihrer kumulativen Wirkung dazu führen, dass junge Kinder aus Familien mit Migrationshintergrund weniger gut vorbereitet in die Schule übertreten als einheimische Kinder. Zudem besteht für viele Kinder und ihre Familien mit Migrationshintergrund das potenzielle Risiko, dass sie von der Mehrheitsgesellschaft als ethnische Minderheit wahrgenommen und in diesem Zusammenhang »marginalisiert, diskriminiert und respektlos behandelt werden« (Leseman 2008, S. 126).

Empirische Erkenntnisse zu Sozialisations- und Bildungsprozessen in Familien mit Migrationshintergrund sind bislang nur vereinzelt vorhanden und müssen daher als »ein Dunkelfeld« (Herwartz-Emden/Schurt/Warburg 2010, S. 43) der Forschung bezeichnet werden. Eine Ausnahme bildet die bislang größte europäische Studie »EPPE« (= »Effective Provision of Preschool Education«), mit der in Großbritannien die soziale und kognitive Entwicklung von rund 3 000 Kindern im Alter zwischen drei und sieben Jahren längsschnittlich untersucht wurden. Dabei wurde auch der Einfluss des Bildungsortes der Familie anhand von qualitativen Fallstudien systematisch untersucht (Sylva et al. 2010). Die Ergebnisse verdeutlichen, dass es weniger wichtig ist, über welche ökonomischen und sozialen Ressourcen eine Familie verfügt, als welche Bildungsanregungen im familialen Bildungsort vorhanden sind wie Vorlesen, Lieder singen, Verse, Zahlen und Buchstaben lernen oder Malen und Zeichnen. Damit zeigt sich zum einen das große Potenzial, das Programmen zugrunde liegt, die den Anregungsgehalt des Bildungsortes der Familie unterstützen. Zum anderen wird deutlich, dass die generative Weitergabe von Bildungserfolg nicht unausweichlich und stabil erfolgt, sondern durchaus positiv beeinflusst werden kann.

Weitere Untersuchungen zum Bildungsort der Familie finden im Rahmen der vom Schweizerischen Nationalfonds geförderten Längsschnittstudie »CANDELA« statt, die Veränderungen der familialen Anregungsprozesse sowie mögliche Integrationsprozesse von Familien mit Migrationshintergrund untersucht, deren Kinder vorschulische Einrichtungen besuchen, in denen die deutsche Sprache explizit gefördert wird (Edelmann et al. 2011).

Frühkindliche Förderprojekte

Im Folgenden werden Bildungsangebote aufgezeigt, die sich an junge Kinder und ihre Familien mit Migrationshintergrund – hauptsächlich ihre Mütter – richten. In der Regel fördern die Projekte sprachliche und kognitive, etwas seltener soziale und motorische Kompetenzen, um damit die kindliche Entwicklung im Hinblick auf den Schuleintritt zu unterstützen. Die bestehenden Programmangebote können in Anlehnung an Leseman (2008) in vier verschiedene Fördermodelle eingeteilt werden:
➜ kindzentriert: frühpädagogische Einrichtungen wie Kinderkrippen, Tagesstätten, Kindergärten und Spielgruppen
➜ elternzentriert: Beratungsstellen und informelle Treffen

→ kind- und elternzentriert: häusliche Unterstützungsprogramme
→ kind- und elternzentriert: Förderung in frühpädagogischen Einrichtungen und in der Familie

Kindzentriert: Förderung in der frühpädagogischen Einrichtung

International findet die Förderung von jungen Kindern aus Familien mit Migrationshintergrund am häufigsten in einer frühpädagogischen Einrichtung statt. Unter der Voraussetzung, dass die Angebote über eine hohe Qualität verfügen, liegt diesen Programmen eine beachtliche kompensatorische Wirkung zugrunde, von der insbesondere sozial benachteiligte Kinder profitieren. Die wichtigsten Angebote für junge Kinder mit Migrationshintergrund sind Sprachprogramme zur Förderung der lokalen Landessprache, da die Beherrschung dieser Sprache als Schlüssel zum Bildungserfolg verstanden wird. Kritisch anzumerken gilt es, dass mit Ausnahme einzelner regionaler Projekte (z. B. Förderprojekt »KIKUS« in München) die Erstsprachen von jungen Kindern mit Migrationshintergrund weitgehend unbeachtet bleiben und damit das Potenzial dieser Kinder zum mühelosen Erwerb mehrerer Sprachen ungenutzt bleibt (Gogolin 2008). Kinder und Familien mit Migrationshintergrund erfahren durch die Nichtbeachtung ihrer Sprache zudem eine eingeschränkte gesellschaftliche Anerkennung ihrer »kulturellen, lingualen und identitätsbildenden Disponiertheiten« (Mecheril/Plößer 2009, S. 199), was sich auf die Selbstwahrnehmung und die Integrationsbereitschaft negativ auswirken kann. Die einseitige Berücksichtigung der lokalen Sprache erlaubt es den Eltern zudem kaum, sich aktiv an der sprachlichen Förderung ihrer Kinder zu beteiligen. Weiterhin gilt es zu beachten, dass Sprachförderprojekte, die sich ausschließlich an Kinder mit Migrationshintergrund richten, zu einer Segregation beitragen und die intendierten Zielsetzungen der Integration durch frühe Förderung verhindern können. Nicht zuletzt ist es wichtig zu beachten, dass die frühe Sprachförderung nur den Anfang einer durchgängigen Förderung darstellt, die sich während der späteren Schulzeit systematisch auf die Bildungssprache konzentrieren sollte (Gogolin 2008).

Elternzentriert: Beratungsstellen und informelle Treffen

Angebote zur Elternbildung umfassen vielfältige Programme, die nur indirekt auf die Förderung der Kinder ausgerichtet sind. Im deutschsprachigen Raum sind vor allem Deutschkurse für Mütter weit verbreitet, die häufig in Kindergärten und Schulen durchgeführt werden und den Müttern dadurch einen engeren Kontakt zu den lokalen Bildungseinrichtungen ermöglichen. Ebenfalls etabliert haben sich verschiedene Angebote, die den informellen Austausch zwischen Müttern über Erziehungs- und Bildungsfragen unterstützen. Diese Treffen finden zum Teil in öffentlichen Räumen statt (z. B. Elterncafés) oder auch zu Hause bei den Müttern.

In der Schweiz besteht seit zehn Jahren das Projekt »FemmesTISCHE«, bei dem sich die teilnehmenden Mütter in regelmäßigen Abständen gegenseitig nach Hause einladen. Die informellen Treffen richten sich an Migrantinnen und Schweizerinnen, allerdings finden sie meistens in kulturell homogenen Gruppen statt. Insgesamt markiert die Elternbildung – respektive die Mütterbildung – einen wichtigen Schritt in Richtung Chancenförderung von jungen Kindern mit Migrationshintergrund. Kritisch anzumerken ist, dass mit diesen Programmen die Kontakte zwischen einheimischen und anderen Familien kaum gefördert und damit die erwünschten Integrationsprozesse wenig unterstützt werden. Zudem stehen vielfach Erziehungs- und Gesundheitsfragen und seltener Bildungsfragen im Zentrum dieser Förderprogramme. Weiterhin wird die Möglichkeit, die anwesenden Kinder während der Elterntreffen zu fördern, noch zu wenig systematisch genutzt. Es ist daher leicht nachvollziehbar, dass in einer Metaanalyse über die Wirkungen solcher Programme keine signifikanten Einflüsse auf die kognitive und sprachliche Entwicklung der Kinder gefunden werden konnten. Allerdings führen sie zu positiven Veränderungen in Bezug auf die Erziehungsbedingungen, was sicher auch beachtenswert ist (Blok et al. 2005).

Kind- und elternzentriert: Förderung in der häuslichen Umgebung

Eine andere Variante der frühkindlichen Förderung sind sogenannte »aufsuchende Programme«, bei denen Familien respektive die Mütter und ihre jungen Kinder zu Hause unterstützt werden. In Anlehnung an das ursprünglich in Israel entwickelte Projekt »Hippy« hat sich das Projekt in Deutschland und Österreich unter dem Namen »Opstapje« und in der Schweiz unter der Bezeichnung »Schritt:weise« etabliert. Diese Programme richten sich ausschließlich an sozial benachteiligte Familien, darunter auch solche mit Migrationshintergrund, die sich im Rahmen von Hausbesuchen Kenntnisse über Spiel- und Fördermöglichkeiten erwerben, die sie mit ihren Kindern im Alter ab zwei Jahren durchführen können. Die Hausbesucherinnen, die in der Regel über den gleichen sprachlichen Hintergrund wie die besuchten Familien verfügen, bestärken die Mütter darin, die Kinder in der Erstsprache zu fördern. Ergänzend zu den Hausbesuchen, die während rund zwei Jahren durchschnittlich alle vierzehn Tage stattfinden, finden Gruppentreffen statt, bei denen die Mütter ihre Erfahrungen austauschen und Informationen über andere Förderangebote erhalten können. Sehr ähnlich konzipiert ist das Projekt »PAT« (= »Parents as Teachers«), das sich an Familien mit Kindern bis zum dritten Lebensjahr richtet (Friedrich/Siegert 2009).

Auch wenn Untersuchungen zu den häuslichen Bildungsprogrammen aufzeigen, dass diese weniger effektiv sind als frühkindliche Förderprogramme, die in familienexternen Betreuungseinrichtungen stattfinden (Blok et al. 2005), ist das Programm als eine wertvolle Maßnahme einzuschätzen, weil es die Bildungsanregungen in der Familie unterstützt – an dem Ort also, an dem das junge Kind die meiste Zeit verbringt. Zudem findet eine Anerkennung des familialen Umfeldes statt, indem den

Eltern die Expertenrolle für die Förderung ihrer Kinder im Allgemeinen und der Familiensprache im Besonderen zugesprochen wird.

Kritisch anzumerken ist, dass diese Projekte nur in Kombination mit anderen Programmen zur effektiven Unterstützung von schulischen Startchancen und zur sozialen Integration von Kindern und ihren Familien mit Migrationshintergrund beitragen können, da dafür Kenntnisse in der lokalen Sprache und Kontakte zur Mehrheitsgesellschaft unerlässlich sind. Es muss auch davon ausgegangen werden, dass die Förderanregungen nicht in allen Familien optimal umgesetzt werden können und dass nicht alle Hausbesucherinnen über eine optimale Qualifizierung verfügen, was die Wirkung des Programms beeinträchtigen kann.

Kind- und elternzentriert

Bestehende Erkenntnisse zur Wirksamkeit früher Förderprogramme verdeutlichen, »dass ein auf Bildung in einer Betreuungseinrichtung ausgerichtetes Konzept, kombiniert mit Bemühungen, die Eltern zu beteiligen, zu bilden und zu unterstützen, am effektivsten ist« (Leseman 2008, S. 132). Als positives Beispiel sind diesbezüglich die sogenannten »Early Excellence Centres« zu nennen, die in Großbritannien bereits Mitte der 1990er-Jahre implementiert wurden. Diese Zentren bieten integrierte Leistungen für Kinder und ihre Eltern an, die von Kindertagesstätten und Programmen zur Elternbildung bis hin zu gesundheitlichen Vorsorgeangeboten reichen. Im deutschsprachigen Raum sind solche integrierten Konzepte der frühen Förderung noch wenig verbreitet, aber erste Zentren, wie beispielsweise das Modellprojekt »Kinder- und Familienzentrum – Schillerstraße« in Berlin, das seit 2001 in Betrieb ist, sind für die Entwicklung solcher Angebote wegweisend.

Auch das Projekt »Rucksack«, das speziell für Familien mit Migrationshintergrund entwickelt wurde, bezieht sich auf die gleichzeitige Förderung der Eltern und ihrer Kinder. Das primäre Ziel dieses Projektes besteht darin, Kinder im Alter von drei bis sechs Jahren parallel in ihrer Erst- und Zweitsprache zu fördern. Die Mütter werden für die Förderung ihrer Kinder in der Familiensprache in speziellen Kursen geschult. Danach können sie die Sprachförderung zu Hause eigenverantwortlich durchführen. Ergänzend besuchen die Kinder eine Kindertagesstätte, in der sie in der Zweitsprache gefördert werden. Das Programm dauert insgesamt neun Monate und ist für zahlreiche Sprachgruppen verfügbar (Friedrich/Siegert 2009).

Dem Anspruch eines Förderdialogs zwischen der frühkindlichen Einrichtung und dem Bildungsort der Familie wird in der Schweiz – zumindest ansatzweise – mit dem Spielgruppen-Projekt »Spiki« der Stadt St. Gallen entsprochen, bei dem die Eltern regelmäßig in die Spielgruppe eingeladen werden, die ihre Kinder besuchen. Durch gemeinsame Aktivitäten und Informationsgespräche werden den Eltern Kenntnisse vermittelt, wie sie das Kind auch zu Hause fördern können. Damit wird die Kooperation zwischen der pädagogischen Einrichtung und dem Bildungsort der Familie gestärkt (Edelmann et al. 2011). Kritisch anzumerken ist, dass diese umfassenden

Förderprogramme bislang nur an gewissen Standorten – vor allem in Städten – angeboten werden und vielen Kindern aus Familien mit Migrationshintergrund aufgrund dieser regionalen Disparitäten eine Teilnahme nicht möglich ist.

Resümee

Zusammenfassend kann festgehalten werden, dass zahlreiche methodisch kontrollierte Studien nachweisen, dass die frühkindliche Förderung von Kindern aus Familien mit Migrationshintergrund dazu beitragen kann, familiär bedingte Bildungsnachteile zu reduzieren. Sie führt dadurch nicht nur zur Erhöhung der Chancengerechtigkeit, sondern auch zur Unterstützung von Integrationsprozessen in die Mehrheitsgesellschaft. Damit die intendierten Wirkungen der frühkindlichen Förderung von Kindern aus Familien mit Migrationshintergrund tatsächlich eintreten können, müssen bei der Konzeption der Förderprogramme wichtige Bedingungen erfüllt werden. So ist es empirisch erwiesen, dass die hohe Qualität der Angebote eine entscheidende Voraussetzung für den Erfolg der frühen Förderung darstellt. Sie bedingt gut qualifiziertes pädagogisches Fachpersonal – insbesondere eine hohe Qualifikation der Leitung –, das in der Lage ist, alle Kinder ihren individuellen Lernvoraussetzungen entsprechend zu fördern. Ebenso sollte die Förderung den verschiedenen familialen Lebenslagen entsprechen und mit den nachfolgenden Bildungsstufen vernetzt sein. Darüber hinaus ist eine Verzahnung der Förderung in pädagogischen Einrichtungen mit dem Bildungsort der Familie anzustreben.

Für die zukünftige Förderung von Chancengerechtigkeit und Integration ist es zudem eine Bedingung, dass die Angebote flächendeckend und in Einrichtungen angeboten werden, die von einer heterogenen Kindergruppe besucht werden, damit sich der angestrebte Austausch zwischen Eltern und Kindern mit und ohne Migrationshintergrund entwickeln kann. Die Erfüllung solcher Ansprüche setzt ein bildungspolitisches Interesse voraus, insbesondere die Bereitschaft zu Investitionen in Einrichtungen und Projekte. Darüber hinaus ist es für die Konzeption von Projekten zur frühen Förderung von Kindern mit Migrationshintergrund unerlässlich, dass ihre Familien erreicht werden, was die Anerkennung ihrer Werte und Normen sowie die gezielte Nutzung ihrer Ressourcen bedingt. Nicht zuletzt ist mit frühkindlicher Förderung die Entfaltung umfassender Verwirklichungschancen anzustreben, die neben der lokalen Sprache auch die Mehrsprachigkeit sowie weitere kognitive, soziale und motorische Kompetenzen bedingt.

Literatur

Autorengruppe Bildungsberichterstattung (2010): Bildung in Deutschland 2010. Ein indikatorengestützter Bericht mit einer Analyse zu Perspektiven des Bildungswesens im demografischen Wandel. Bielefeld: Bertelsmann.

Barnett, W. S./Masse, L. N. (2007): Comparative Benefit-Cost Analysis of the Abecedarian Program and its Policy Implications. In: Economics of Education Review 26, S. 113–125.

Betz, T. (2010a): Kindertageseinrichtung, Grundschule, Elternhaus: Erwartungen, Haltungen und Praktiken und ihr Einfluss auf schulische Erfolge von Kindern aus prekären sozialen Gruppen. In: Bühler-Niederberger, D./Mierendorff, J./Lange, A. (Hrsg.): Kindheit zwischen fürsorglichem Zugriff und gesellschaftlicher Teilhabe. Wiesbaden: VS Verlag für Sozialwissenschaften für Sozialwissenschaften, S. 117–144.

Betz, T. (2010b): Kompensation ungleicher Startchancen: Erwartungen an institutionalisierte Bildung, Betreuung und Erziehung für Kinder im Vorschulalter. In: Cloos, P./Karner, B. (Hrsg.): Erziehung und Bildung von Kindern als gemeinsames Projekt. Zum Verhältnis familialer Erziehung und öffentlicher Kinderbetreuung. Baltmannsweiler: Schneider Hohengehren, S. 113–134.

Blok, H./Fukkink, R./Gebhardt, E./Leseman, P. (2005): The relevance of delivery mode and other program characteristics for the effectiveness of early childhood interventions with disadvantaged children. In: International Journal of Behavioral Development 29, S. 35–47.

Bourdieu, P. (1982): Ökonomisches Kapital – kulturelles Kapital – soziales Kapital. In: Bourdieu, P. (Hrsg.): Die verborgenen Mechanismen der Macht. Hamburg: VSA, S. 49–75.

Diehm, I. (2008): Pädagogik der frühen Kindheit in der Einwanderungsgesellschaft. In: Thole, W./Roßbach, H.-G./Fölling-Albers, M./Tippelt, R. (Hrsg.): Bildung und Kindheit. Pädagogik der frühen Kindheit in Wissenschaft und Lehre. Opladen/Farmington Hills: Barbara Budrich, S. 203–213.

Diehm, I./Magyar-Haas, V. (2011): (Sprachliche) Bildung und Befähigung: Reichweite und Leistungsfähigkeit des Capability Approach für die Pädagogik der Frühen Kindheit. In: Ludwig, L./Luckas, H./Hamburger, F./Aufenanger, S. (Hrsg.): Bildung in der Demokratie II. Tendenzen – Diskurse – Praktiken. Opladen/Farmington Hills: Barbara Budrich, S. 217–228.

Edelmann, D. (2010): Frühe Förderung von Kindern aus Familien mit Migrationshintergrund – von Betreuung und Erziehung hin zu Bildung und Integration. In: Stamm, M./Edelmann, D. (Hrsg.): Frühkindliche Bildung, Betreuung und Erziehung. Was kann die Schweiz lernen? Zürich: Rüegger, S. 197–219.

Edelmann, D./Fehr, J./Moll, R./Schilter, M./Wetzel, M. (2011): Chancengerechtigkeit und Integration durch frühkindliche Bildung? Längsschnittliche Fallstudien über Familien mit Migrationshintergrund. In: Geisen, T./Studer, T./Yildiz, E. (Hrsg.): Migration and Family – Theory, Research, and Fields of Action. Wiesbaden: VS Verlag für Sozialwissenschaften für Sozialwissenschaften, in Druck.

Esser, H. (2006): Sprache und Integration: die sozialen Bedingungen und Folgen des Spracherwerbs von Migranten. Frankfurt am Main: Campus.

Friedrich, L./Siegert, M. (2009): Förderung des Bildungserfolgs von Migranten: Effekte familienorientierter Projekte. Working Paper 24. Nürnberg: Bundesamt für Migration und Flüchtlinge.

Gogolin, I. (2008): Förderung von Kindern mit Migrationshintergrund im Elementarbereich. In: Zeitschrift für Erziehungswissenschaft, Sonderheft 11, S. 79–90.

Grgic, M./Rauschenbach, T./Schilling, M. (2010): Nachwuchs im Nachteil. In: DJI Bulletin 90, S. 4–7.

Heckman, J. (2008): Schools, Skill and Synapses. In: Economic Inquiry 46, S. 289–324.

Herwartz-Emden, L./Schurt, V./Warburg, W. (2010): Aufwachsen in heterogenen Sozialisationskontexten. Zur Bedeutung einer geschlechtergerechten interkulturellen Pädagogik. Wiesbaden: VS Verlag für Sozialwissenschaften für Sozialwissenschaften.

Leseman, P. (2008): Integration braucht frühkindliche Bildung: Wie Einwandererkinder früher gefördert werden können. In: Bertelsmann Stiftung/Migration Policy Institute (Hrsg.): Migration und Integration gestalten. Transatlantische Impulse für globale Herausforderungen. Gütersloh: Verlag Bertelsmann Stiftung, S. 125–150.

Mecheril, P./Plößer, M. (2009): Differenz. In: Andresen, S./Casale, R./Gabriel, T./Horlacher, R./Larcher Klee, S./Oelkers, J. (Hrsg.): Handwörterbuch Erziehungswissenschaft. Weinheim/Basel: Beltz, S. 194–208.

Roßbach, H.-G. (2011): Auswirkungen öffentlicher Kinderbetreuung auf Kinder. In: Wittmann, S./Rauschenbach, T./Leu H. R. (Hrsg.): Kinder in Deutschland. Bilanz empirischer Studien. Weinheim und München: Juventa, S. 173–180.

Roßbach, H.-G./Kluczniok, K./Kuger, S. (2008): Auswirkungen eines Kindergartenbesuchs auf den kognitiv-leistungsbezogenen Entwicklungsstand von Kindern. In: Zeitschrift für Erziehungswissenschaft, Sonderheft 11, S. 139–158.

Roßbach, H.-G./Riedel, B. (2011): Mehr Plätze alleine reichen nicht. In: DJI Impulse 1, S. 10–12.

Sylva, K./Melhuish, E./Sammons, P./Siraj-Blatchford, I./Taggart, B. (Hrsg.) (2010): Early Childhood Matters: Evidence from the Effective Pre-school and Primary Education Project. London: Routledge.

Tietze, W. (Hrsg.) (1998). Wie gut sind unsere Kindergärten? Eine Untersuchung zur pädagogischen Qualität in deutschen Kindergärten. Weinheim/Basel: Beltz.

Tietze, W./Roßbach, H.-G./ Grenner, K. (2005): Kinder von 4 bis 8 Jahren. Zur Qualität der Erziehung und Bildung in Kindergarten, Grundschule und Familie. Weinheim/Basel: Beltz.

Viernickel, S./Simoni, H. (2008): Frühkindliche Erziehung und Bildung. In: Eidgenössische Koordinationskommission für Familienfragen (Hrsg.): Familie – Erziehung – Bildung. Bern: EKFF, S. 22–33.

Klaudia Schultheis

Die Situation von Grundschulkindern mit Migrationshintergrund – dargestellt an ausgewählten Aspekten

Der Grundschule kommt im Integrationsprozess von Kindern mit Migrationshintergrund aufgrund ihrer Stellung und Struktur im deutschen Bildungssystem eine zentrale Rolle zu. Sie ist die erste und verpflichtende Schule für alle Kinder.[14] Seit ihrer Verankerung in der Weimarer Verfassung 1919 ist die Grundschule als Einheitsschule konzipiert, wobei bereits damals ihre vierjährige Dauer festgeschrieben wurde. Diese im internationalen Vergleich kurze gemeinsame Grundschulzeit prägt den pädagogischen Umgang der Grundschule mit den heterogenen Ausgangslagen der Schülerinnen und Schüler. So hat die Grundschule bis heute zwei Hypotheken in der Form von Übergängen zu bewältigen: Die eine liegt in der Gestaltung des Schuleintritts, d.h. des Übergangs vom Kindergarten in die Grundschule, wobei diese Aufgabe durch die Tatsache, dass der Elementar- bzw. Vorschulbereich in Deutschland nicht zum Bildungssystem zählt, nicht unbedingt erleichtert wird. Die zweite Hypothek ist die Aufgabe der Selektion der Schülerinnen und Schüler für die weiterführenden Schulen nach dem vierten Grundschuljahr.

Selektionserfordernisse zu Beginn und am Ende der vierjährigen gemeinsamen Grundschulzeit erschweren den Umgang mit Heterogenität. Heterogene Lernvoraussetzungen entstehen in der Grundschule insbesondere durch differente biografische Erfahrungen, die gerade Schülerinnen und Schüler unterschiedlicher Nationalitäten oder mit Migrationshintergrund mitbringen. Sie haben entweder eigene Migrationserfahrungen oder zumindest Elternteile, die in die Bundesrepublik zugewandert sind. Bezogen auf die Gesamtzahl aller Kinder, die die Grundschule besuchen, hatten im Jahr 2008 insgesamt 30,8 Prozent der Kinder einen Migrationshintergrund. Der An-

---

14 Dies spiegelt sich in den statistischen Daten zum Schulbesuch wieder: 33 Prozent aller Schülerinnen und Schüler der allgemeinbildenden Schulen besuchen die Grundschule (Statistisches Bundesamt 2010, S. 142). Es besteht eine weitgehende Kohärenz der Angaben der Befragten zum gegenwärtigen Besuch einer allgemeinbildenden und beruflichen Schule mit administrativen Daten der Schulstatistik (vgl. Statistisches Bundesamt 2010, S. 140). Die Daten der Kultusministerkonferenz weisen für 2009 einen Anteil von ca. 2.952.693 Grundschülern an einer Gesamtzahl von ca. 11.672.952 Schülern an allgemeinbildenden und beruflichen Schulen aus (Sekretariat der Ständigen Konferenz der Kultusminister 2010, S. 22).

teil türkischstämmiger Schülerinnen und Schüler betrug an den Grundschulen 7,5 Prozent (Statistisches Bundesamt 2010, S. 148). Dabei versteht die offizielle Bildungsberichterstattung im Auftrag der »Ständigen Konferenz der Kultusminister der Länder in der Bundesrepublik Deutschland« und des »Bundesministeriums für Bildung und Forschung« unter Personen mit Migrationshintergrund jene, die selbst oder deren Eltern nach 1949 nach Deutschland zugewandert sind, ungeachtet ihrer gegenwärtigen Staatsangehörigkeit. Es wird so ein weites Migrationsverständnis zugrunde gelegt, das neben dem rechtlichen Status der Personen (deutsch versus nicht deutsch) auch die Zuwanderungskonstellation nach der individuellen (ersten Generation) und familialen Migrationserfahrung (zweite oder dritte Generation) berücksichtigt (Autorengruppe Bildungsberichterstattung 2010, S. IX).

Eine Erhebung an 30 Augsburger Grundschulen im Jahr 2003 (Herwartz-Emden 2007, S. 11), bei welcher von über 5000 Schülern soziodemografische Merkmale erfasst wurden, kann einen Einblick davon vermitteln, dass auch bezüglich des Migrationshintergrundes nicht von homogenen Bedingungen ausgegangen werden kann. Die Studie ermittelte 22 religiöse Glaubensgemeinschaften und 72 verschiedene Staatsbürgerschaften. 30,1 Prozent der Kinder besaßen keine deutsche Staatsbürgerschaft, 50 Prozent der Kinder gaben an, Migrationshintergrund zu haben, 15 Prozent davon hatten einen Aussiedlungshintergrund. Es wurden 115 Familiensprachen erfasst.

Einen Migrationshintergrund zu haben bedeutet für die Grundschulkinder sehr häufig, besonderen Risikolagen ausgesetzt zu sein. Das zentrale Problem im Kontext von Migration ist im Vergleich mit den deutschen Kindern und Jugendlichen das schlechtere Abschneiden der Migrantenkinder im deutschen Bildungssystem. Die Ergebnisse der Schulleistungsstudien zeigen, dass die Unterschiede hinsichtlich des Leistungsstandes und der Kompetenzentwicklung in der Sekundarstufe I am stärksten ausgeprägt sind. Gerade in den weiterführenden Schulen sind Kinder mit Migrationshintergrund deutlich unterrepräsentiert, während sie Haupt- oder Förderschulen überproportional häufig besuchen (Herwartz-Emden/Küffner 2006, S. 241). Wie die IGLU-Studie deutlich macht, bestehen die Disparitäten zwischen Kindern mit Migrationshintergrund und deutschen Kindern aber bereits in der Grundschule, wenn auch nicht so ausgeprägt (Schwippert et al. 2007).

Der folgende Beitrag zeigt die Situation von Kindern mit Migrationshintergrund an deutschen Grundschulen an einigen ausgewählten Aspekten auf. Er versucht, die aktuelle empirische Forschungslage zu sichten und dabei spezifische Problemlagen für die Grundschule zu kennzeichnen.

Migrationshintergrund als Risikofaktor für Grundschulkinder

Für eine allgemeine Einschätzung der Situation von Grundschulkindern mit Migrationshintergrund muss man davon ausgehen, dass viele dieser Kinder besonderen sozialen, finanziellen und/oder kulturellen Risikolagen ausgesetzt sind. Dabei gilt gerade auch ein Migrationshintergrund als Risikofaktor. Der Bildungsbericht 2010 zeigt auf, dass sich fast jedes dritte Kind unter 18 Jahren in Deutschland in mindestens einer Risikolage befindet. Seit 2000 in etwa gleichbleibend, leben 3,5 Prozent der Kinder in allen drei Risikolagen (Autorengruppe Bildungsberichterstattung 2010, S. 6). In Familien mit Migrationshintergrund betrifft dies 42 Prozent der Kinder. Das bedeutet unter anderem, dass bei Migrantenkindern im Vergleich zu deutschen Kindern doppelt so häufig beide Eltern erwerbslos sind (16 Prozent zu acht Prozent). 2008 lebten 25 Prozent aller Kinder in Deutschland in einer Familie, die über weniger als 60 Prozent des Familienäquivalenzeinkommens (Armutsgefährdungsgrenze) verfügt. In Familien mit Migrationshintergrund sind es 35 Prozent (Autorengruppe Bildungsberichterstattung 2010, S. 27).

Als eine der wichtigsten Ressourcen für Bildungsinvestitionen wird die von den Eltern gesammelte eigene Bildungserfahrung angesehen. Dazu zählt auch Wissen über die Struktur des Bildungssystems (Kristen/Granato 2007, S. 27). Gerade hier fallen Migranteneltern stark zurück. Dies spiegelt sich zentral im Bildungsprofil der Menschen mit Migrationshintergrund wieder: In der Altersgruppe von 25 bis 65 Jahren haben 31 Prozent der Migranten aus der Türkei keinen Schulabschluss und 68 Prozent keinen beruflichen Abschluss. Dem stehen 3,6 Prozent der (Spät-)Aussiedler und 1,4 Prozent der Deutschen ohne Schulabschluss und 23 Prozent der (Spät-)Aussiedler bzw. 13,2 Prozent der Deutschen ohne abgeschlossene Berufsausbildung gegenüber (Alt 2006, S. 10).

Diese Daten verweisen darauf, dass zur Erklärung der schlechteren Bildungsbeteiligung von Kindern mit Migrationshintergrund nicht allein der Faktor »Migration« ausschlaggebend ist. Von zentraler Bedeutung ist, dass sich Migrationsstatus und Sozialstatus vermengen. Die Milieuzugehörigkeit hat generell weitreichende Konsequenzen für individuelle Bildungsbiografien – nicht nur für Migranten. So zeigte das Kinderpanel des Deutschen Jugendinstituts (DJI) auf, dass die türkischen Kinder zu 41 Prozent dem untersten sozialen Milieu angehören. Kinder von Aussiedlern aus Russland hingegen gehören überwiegend dem mittleren sozialen Milieu an. Nur bei deutschen Kindern sind nennenswert auch Kinder aus dem obersten Milieu vorhanden (Alt 2006, S. 11). Das bedeutet, dass die deutsche Gesellschaft durch Migranten tendenziell unterschichtet ist: »Dadurch sind große Teile der jungen Menschen mit Migrationshintergrund mit ähnlichen Benachteiligungen im Bildungssystem konfrontiert wie Einheimische aus Familien mit niedrigem sozioökonomischem Status« (Geißler/Weber-Menges 2008, S. 18). Zu den Faktoren, die den Schulerfolg der Kinder begünstigen, zählen insbesondere die kulturellen und materiellen Angebote und Anregungen, die kognitive und sprachliche Fähigkeiten sowie die Ausbildung von Leistungsmotivation oder Anstrengungsbereitschaft fördern (Geißler/Weber-Menges 2006, S. 19). Hier erfahren Kinder aus sozial schwachen Milieus deutliche Benachteiligungen.

Zu berücksichtigen ist ein weiterer Faktor, der sich insbesondere in Städten und Ballungsgebieten auswirkt. Hier kommt es zum Teil zu einer sozialräumlichen Segregation von Migranten in »ethnischen Kolonien« (Luft 2009, S. 7). Der Bildungsbericht 2010 verweist darauf, dass in Ballungsräumen die Gruppe der unter Dreijährigen mit Migrationshintergrund am stärksten zugenommen hat. In Frankfurt am Main haben inzwischen 72 Prozent aller Dreijährigen einen Migrationshintergrund; in Frankfurt am Main, München und Stuttgart haben über 50 Prozent der Kinder und Jugendlichen unter 15 Jahren einen Migrationshintergrund (Autorengruppe Bildungsberichterstattung 2010, S. 18 f.). Für die Grundschulen führt dies zu Klassen mit hohen Anteilen von Kindern mit Migrationshintergrund. Ob sich dies nachteilig auf das Leistungsabschneiden auswirkt, ist allerdings empirisch unklar. Einzelne empirische Befunde deuten darauf hin, dass hier eine Korrelation besteht. So zeigte die PISA-2000-E-Studie, dass in Schulen ab einem Anteil von 20 Prozent Schülern mit Migrationshintergrund, deren Umgangssprache in der Familie nicht Deutsch ist, schwächere Leistungen im Lesen erzielt wurden (Diefenbach 2007b, S. 47, mit Verweis auf Stanat 2003, S. 256). Disparate Ergebnisse zeigen auch die Studien zu Übertrittsempfehlungen in der vierten Jahrgangsstufe.[15]

Als ein möglicher Risikofaktor für Grundschulkinder mit Migrationshintergrund wird im Anschluss an Gomolla/Radtke (2000, 2002) die »institutionelle Diskriminierung« genannt. So fanden Gomolla/Radtke, dass Erfolg in der Schule nicht nur von den eigenen Leistungen der Schüler, sondern auch von spezifischen Entscheidungspraktiken der Schulen abhängt, die in deren institutionellen und organisatorischen Strukturen eingelassen sind (Gomolla/Radtke 2000, S. 334). Sie konnten zeigen, dass zwar von Lehrerinnen und Lehrern vermeintlich neutrale Leistungs- und Beurteilungskriterien angewendet werden, aber gerade bei Kindern mit Migrationshintergrund aufgrund von Sprachdefiziten Ungleichbehandlung, z. B. bei Zurückstellungen oder Klassenwiederholungen, erfolgt. Sie schreiben diese Diskriminierung bestimmten institutionellen und organisatorischen Strukturen und Handlungslogiken zu.

Es ist allerdings zu berücksichtigen, dass die Schülerschaft in Schulen mit einem hohen Migrantenanteil häufig auch bezüglich des sozioökonomischen Hintergrunds und der kognitiven Grundfähigkeiten benachteiligt ist. So verweisen Söhn/Özcan (2007, S. 120) darauf, dass bei vergleichbarer sozialer und kognitiver Zusammensetzung der Schülerschaft der Einfluss des Migrantenaspekts nicht mehr signifikant ist. Sie werten dies als deutlichen Hinweis darauf, dass die Zahl der Kinder und Jugendlichen mit Migrationshintergrund an einer Schule oder in einem Stadtteil weniger wichtig ist als die sozial-ökonomische Situation der Schülerschaft bzw. Bevölkerung. Diefenbach (2007a, S. 131) konstatiert diesbezüglich: »Angesichts des Wenigen, was die empirische Forschung zu den Effekten der ethnischen Zusammensetzung der Schülerschaft auf den Schulerfolg von Schülern aussagt, ist es – gelinde gesagt – voreilig, wenn Politiker eine Quote für ausländische Schüler an Schulen oder in Schulklassen fordern (…).«

Empirisch gut abgesichert ist die Beobachtung, dass die in der Familie gesprochene Sprache Bildungschancen wesentlich beeinflusst. PISA zeigte deutlich, dass Schülerinnen und Schüler eine viel geringere Lesekompetenz aufweisen, wenn die Umgangssprache in der Familie nicht Deutsch ist (Söhn/Özan 2007, S. 120). Gerade für den

---

15 Die Problematik der Übertrittsempfehlungen wird nachfolgend ausführlich thematisiert.

Schriftspracherwerb in der Grundschule haben demnach differente Herkunfts- und Familiensprachen eine zentrale Bedeutung (vgl. die Beiträge von Esser, Schründer-Lenzen und Rösch in diesem Band.

Übertrittsempfehlungen bei Kindern mit Migrationshintergrund

Bei der Entscheidung, in welche Schulart ein Kind nach dem Besuch der Grundschule wechselt, kommt der Übertrittsempfehlung der Grundschule eine bedeutende Rolle zu, auch wenn diese, wie dies in manchen Bundesländern der Fall ist, durch die Entscheidung der Eltern umgangen werden kann. In der Regel sind für die Übertrittsempfehlung die Noten in Deutsch und Mathematik ausschlaggebend. Nachdem durch die PISA-Studien der Zusammenhang zwischen den Bildungschancen und der sozialen Herkunft[16] offengelegt wurde (Baumert/Schümer 2002), stellt sich die Frage, inwieweit der sozioökonomische Status der Eltern die Übergangsempfehlungen der Grundschule beeinflusst. In der Tat belegte die IGLU-Studie, dass neben den Noten und der Beurteilung der Lernmotivation auch die soziale Herkunft der Eltern in die Übergangsempfehlung einfließt (Bos et al. 2004). Es gibt deshalb die Annahme, dass Kinder mit Migrationshintergrund bei gleichen Leistungen seltener eine Gymnasialempfehlung erhalten (Tiedemann/Billmann-Mahecha 2007, S. 109). Die empirischen Ergebnisse dazu sind jedoch sehr widersprüchlich.

Nach der IGLU-Studie haben deutsche Kinder im Vergleich zu Kindern mit Migrationshintergrund bei gleicher Leseleistung eine 1,66-mal so hohe Chance, eine Gymnasialempfehlung zu bekommen (Bos et al. 2004, S. 211 ff.). Die Hamburger LAU-Studie (Tiedemann/Billmann-Mahecha 2007, S. 110) konnte im Vergleich dazu jedoch keine Benachteiligung finden. Werden neben der Leseleistung nämlich noch weitere Variablen in die Berechnung einbezogen (z.B. die mathematische Testleistung, Schulnoten), dann fällt der Migrationshintergrund kaum noch ins Gewicht. In Bayern haben Kinder mit Migrationshintergrund hier sogar einen leichten Vorteil (Ditton/Krüsken/Schauenberg 2005). Folglich kommen Tiedemann und Billmann-Mahecha (2007, S. 110) zu dem Schluss:

»Nach einer Zusammenschau der vorliegenden Studien kann demnach festgehalten werden, dass weder beim Kriterium Testverfahren noch beim Kriterium Noten Kinder mit Migrationshintergrund benachteiligt zu werden scheinen, vor allem dann nicht, wenn man den Sozialstatus kontrolliert, der nach allen bekannten Befunden nach wie vor einen nicht zu vernachlässigenden Einfluss auf die Schullaufbahnempfehlung hat« (Tiedemann/Billmann-Mahecha 2007, S. 110).

---

16 Das bedeutet, dass Kinder und Jugendliche, deren Eltern einen geringeren sozioökonomischen Status aufweisen, einem weitaus höheren Risiko unterliegen, statt der Realschule oder des Gymnasiums die Hauptschule zu besuchen, als dies bei Kindern aus einer höheren sozioökonomischen Schicht der Fall ist.

Eine Studie von Kristen (2002) mit Daten aus 150 vierten Klassen in sechs baden-württembergischen Grundschulen berücksichtigte auch die Rolle von Kontextfaktoren auf Klassenebene, insbesondere die Zusammensetzung der Schülerschaft. Der Befund der Studie war, dass ein höherer Anteil von Schülerinnen und Schülern nicht deutscher Herkunft in der Schulklasse die relative Chance vermindert, in eine Realschule oder ein Gymnasium zu wechseln. Mit einer Zunahme des Migrantenanteils um zehn Prozent ist demnach eine Reduzierung der Chance des Übergangs in die Realschule oder das Gymnasium um zwanzig Prozent verbunden (Kristen 2002, S. 548).

In einer eigenen Studie untersuchten Tiedemann und Billmann-Mahecha (2007), ob Kinder mit Migrationshintergrund bei den von den Grundschullehrkräften ausgesprochenen Übergangsempfehlungen »aufgrund individueller Migrationskriterien oder aber gar kollektiver Kriterien« bezüglich der Art der Klassenzusammensetzung benachteiligt werden (Tiedemann/Billmann-Mahecha 2007, S. 111). Im Ergebnis hatten bei Schülerinnen und Schülern mit vergleichbaren Testleistungen weder die Familien- und Freizeitsprache noch die Klassenzusammensetzung im Hinblick auf Migrationskriterien Einfluss auf die Empfehlung.

Der Befund von Kristen (2002), dem zufolge Kinder mit Migrationshintergrund eine ungünstigere Chance haben, auf Realschule oder Gymnasium zu wechseln, wenn sie sich in einer Klasse mit hohem Migrantenanteil befinden, konnte nicht bestätigt werden (Tiedemann/Billman-Mahecha 2007, S. 118 f.). Dies liege daran, das Kristen (2002) die Vorkenntnisse über bezugsgruppenabhängige Noten operationalisiert habe und nicht über Testwerte, die unabhängig vom Lehrerurteil seien. Insgesamt kommen die Autoren zu dem Schluss, dass man nach ihren Befunden nicht von einer institutionellen Diskriminierung speziell bei der Übergangsempfehlung in die Sekundarstufe I ausgehen könne.

Ebenso unklar ist die empirische Forschung hinsichtlich des Einflusses der Bildungsabschlüsse bei Migranteneltern auf die Übertrittsempfehlung. Nach Braun/Mehringer (2010, S. 71) zeigte die SOKKE-Studie, dass sich der Schulabschluss der Mutter am stärksten auf die Übertrittsempfehlung auswirkt. Der Schulabschluss des Vaters beeinflusst dagegen die Vergabe nur bei Kindern ohne Migrationshintergrund und auch viel geringer als der Abschluss der Mutter. Dieser Befund widerspreche in Teilen anderen Studien, die den Bildungsabschluss des Vaters als dominanten Einflussfaktor nennen. Letztlich wirke sich aber der Schulabschluss der Migranteneltern deutlich weniger auf die Übertrittsempfehlungen ihrer Kinder aus als bei Kindern ohne Migrationshintergrund.

Selbstwertgefühl bei Kindern mit Migrationshintergrund

Es ist belegt, dass bei Kindern mit Migrationshintergrund die Selbsteinschätzung der eigenen Fähigkeiten am Schulanfang sehr hoch ist und dass diese im Laufe der Grundschule abnimmt (Herwartz-Emden/Küffner 2006, S. 241). Ein entscheidender

Einbruch ist in der ersten Jahrgangsstufe zu verzeichnen. Hier gleicht sich die Selbsteinschätzung der eigenen Fähigkeiten zunehmend der schulischen Leistungsbeurteilung an. Der Eintritt in die Grundschule ist für die Kinder ein langer Prozess, in dem der Einflussbereich der Familie zunehmend relativiert und durch andere Erfahrungsräume erweitert wird. So stellen Herwartz-Emden/Küffner (2006, S. 244) fest: »Das Kind mit Migrationshintergrund verlässt den Schoß der Herkunftsfamilie und muss sich in neue Kontexte einfügen, was von ihm eine sehr spezifische ›Brückenleistung‹ verlangt. Die Familie bietet soziale und ethnische Identifikation im Zusammenhang mit der Verarbeitung von Differenzerfahrungen und Diskriminierungen und ist somit eine unersetzliche Ressource im Rahmen der Identitätsbildung.« Im Sinne einer positiven Entwicklung des Selbstkonzepts müsse die Familie bei Migrantenkindern ethnische Diskriminierungen und negative Einflüsse auffangen und eine positive Bildungsaspiration vermitteln. Ebenso wichtig für die Entwicklung eines positiven Selbstkonzeptes seien die Peer-Beziehungen, in denen es durch Aussehen, Verhalten oder andere Herkunftssprache zu Diskriminierungen und damit zu Einbrüchen im Selbstkonzept kommen könne.

Zentrale Bedeutung komme jedoch gerade auch dem Grundschulunterricht zu: »Für eine positive kindliche Selbstwertentwicklung sind Responsivität und Anforderungen im Unterricht in eine günstige Balance zu bringen. Diese Voraussetzung für jede/n Schüler/in in jeder Lernsituation zu schaffen, ist in einer heterogen zusammengesetzten Schulklasse nicht immer gewährleistet« (Herwartz-Emden/Küffner 2006, S. 244). Für Kinder mit Migrationshintergrund, so die Autoren, könne vermutet werden, dass sie in vielen Situationen, wie z.B. im Schriftspracherwerb, in ganz besonderer Weise gefordert oder überfordert seien und möglicherweise nicht die angemessene Rückmeldung über ihre Leistung erhalten. Herwartz-Emden/Küffner sind deshalb der Auffassung, dass für diese Gruppe eine individuelle Bezugsnorm bei der Leistungsbewertung angebracht wäre.

Für die Selbstwertentwicklung spielen auch das Geschlecht und der kulturelle Kontext eine Rolle. Zum einen weisen Jungen am Ende der Grundschulzeit ein höheres Selbstwertgefühl auf, das auf ihre Tendenz zurückgeführt werden könnte, dass sie die eigenen Fähigkeiten und Möglichkeiten überschätzen, während dies bei Mädchen genau umgekehrt ist (Herwartz-Emden/Küffner 2006, S. 245). Weiter wird die Auffassung vertreten, dass das Selbstwertgefühl von Kindern mit Migrationshintergrund sich stärker aus kollektiven Erwartungen und der Verankerung in einem Kontext speist, während das Selbstwertgefühl autochtoner Kinder stärker autonom und kontextunabhängig agiert. Letzteres könne möglicherweise anfälliger für Störungen sein, da es nicht aus der Verwurzelung in einem Kontext Unterstützung erfahre. Studien verweisen darauf, dass das Selbstkonzept bei Kindern aus Kulturen mit interdependenten Orientierungen in der Tat anders konstruiert sein könnte. Kinder mit Migrationshintergrund zeigen demnach vor allem im familiären Bereich eher die Tendenz zur Selbstüberschätzung, während das Selbstwertgefühl in außerfamiliären Räumen, in denen die Kinder Akkulturationsanstrengungen zu vollbringen haben, niedrigere Mittelwerte aufweist (Herwartz-Emden/Küffner 2007, S. 252).

Eltern von Grundschulkindern mit Migrationshintergrund

Die Ursachen des schlechteren Bildungsabschneidens von Kindern mit Migrationshintergrund werden aus bildungsökonomischer Perspektive unter anderem in deren geringerer Ausstattung mit Humankapital gesehen. Demnach beeinflussen Bildungsabschlüsse der Eltern und das Haushaltseinkommen die Investitionen der Eltern in ihre Kinder, z.B. in Form von Zeit und Aufmerksamkeit, von Bildungsanregungen oder schulischer Unterstützung. Die empirischen Erkenntnisse darüber, ob die Ressourcen des Elternhauses (wie z.B. der sozioökonomische Status oder der Bildungsstand der Eltern) Einfluss auf die schulischen Leistungen und die Bildungsbeteiligung von Kindern mit Migrationshintergrund haben, sind unklar (Diefenbach 2007a, S. 108). Das bedeute aber nicht, so Diefenbach, dass diese Faktoren keine Rolle spielten. Sie seien jedoch nicht entscheidend für das schlechtere Bildungsabschneiden von Kindern mit Migrationshintergrund verantwortlich zu machen. Vielmehr scheinen hier auch andere Bedingungsfaktoren, wie z.B. die Effekte von Schule und Unterricht, eine Rolle zu spielen (Schründer-Lenzen 2008, S. 109).

Darüber hinaus lässt sich auch annehmen, dass Migrantenfamilien ein anderes Investitionsverhalten in Bildung zeigen als deutsche Familien (Diefenbach 2007a, S. 110). In diesem Kontext scheint ein wesentlicher Faktor die Zugehörigkeit der Familie zu stark traditionsverwurzelten sozialen Milieus zu sein. Die Sinus-Milieu-Studie »Eltern unter Druck« (Merkle/Wippermann 2008) spricht hier vom *religiös-verwurzelten Milieu* sowie vom *traditionellen Gastarbeitermilieu*, die beide aufgrund der Einstellungen der Eltern zu Partnerschaft und Familie sowie der Einstellungen und Praktiken in der Kindererziehung problematisch für das Aufwachsen von Kindern und ihre Bildungsbiografie sein können. Im *religiös-verwurzelten Milieu* stehen die Familiendisziplin, geschlechtskonformes Verhalten und die Einhaltung der moralischen und religiösen Gebote stark im Vordergrund. Die Erziehungspraktiken sind streng und autoritär. Die Kinder sollen, so die Erwartung der Eltern, durch Bildung eine bessere Stellung im Gesellschaftssystem als sie selbst erreichen. Im *traditionellen Gastarbeitermilieu* wird die Familie als Solidar- und Versorgungsgemeinschaft gesehen, wobei auch hier die traditionellen Geschlechterrollen dominieren. Die Kinder werden zu Gehorsam, Respekt, Höflichkeit, Anstand und Treue, aber auch zu Ehrlichkeit, Selbstständigkeit, Verantwortungsbewusstsein und Hilfsbereitschaft erzogen (Merkle/Wippermann 2008, S. 62 f.).

Das Problem, so die Studie, entsteht dadurch, dass die Kinder und Jugendlichen zu Hause eine rigide Moral lernen, die vom Einzelnen verlangt, sich und seine Bedürfnisse der vorgegebenen autoritären Ordnung zu unterwerfen. Das Elternhaus wird von den Kindern und Jugendlichen als »kulturelle Enklave« in der Mehrheitsgesellschaft erlebt (Merkle/Wippermann 2008, S. 75). In den Schulen werden hingegen die Werte vermittelt, die in den Familien und in den Koranschulen tabuisiert und diffamiert werden. Für die Kinder und Jugendlichen sind die westlichen (Freiheits-)Werte und Lebensstile aber hochattraktiv. Sie müssen eine Balance zwischen zwei unvereinbaren Lebenswelten finden, fühlen sich gleichzeitig aber den Eltern durch ihre Zweisprachigkeit, die Kenntnis beider Kulturen und ihre Netzwerke überlegen. Für die Eltern bedeutet das die Erfahrung, bezüglich der Erziehung ihrer Kinder zu versagen, wenn sich ihre Kinder von der familialen Lebenswelt abwenden. Sie fühlen sich hilflos und greifen häufig zu autoritären Erziehungsmitteln (Merkle/Wippermann 2008, S. 76).

Gerade für die beiden traditionsverwurzelten Migrantenmilieus kann deshalb das Verhältnis zur Schule problematisch werden. So zeigt die im Jahr 2004 durchgeführte Nürnberger Elternstudie von Sacher (2008), dass Migranteneltern der Schule insgesamt weniger Achtung und Vertrauen entgegenbringen und signifikant häufiger der Meinung sind, Erziehung sei Sache der Eltern, und Schule solle sich auf Bildung beschränken.

Ein zentraler Unterschied zeigt sich bei einer Bochumer Untersuchung (Leyendecker 2008) bei Eltern von im Jahr 2007 eingeschulten Kindern im Hinblick auf die Zuständigkeit für Lernen und den Erwerb von Disziplin. Eltern, die aus der Türkei, Polen oder der ehemaligen Sowjetunion stammten, waren der Meinung, dass Disziplin vor allem in der Schule gelernt werden solle. Auch bei ähnlicher Schulbildung war der Unterschied zwischen deutschen und türkischen Eltern auffallend. Türkische Eltern delegieren die Verantwortung für das Lernen an die Schule. Diese Auffassung steht aber quer zum deutschen Schulsystem, das durch die Halbtagsschule die Betreuung der Hausaufgaben, die Vorbereitungen für den Unterricht und die Leistungskontrollen an die Eltern delegiert. Deutsche Eltern sind weitgehend darauf eingestellt. Sie sorgen für Nachhilfe, halten den Kontakt zur Schule, um informiert zu sein. Eltern von Kindern mit Migrationshintergrund scheint diese Besonderheit des deutschen Schulsystems nicht immer vertraut zu sein (Leyendecker 2008, S. 46 f.).

Umso bedeutender müsste, so könnte man annehmen, demnach der Kontakt der Schule zu Eltern mit Migrationshintergrund sein. Einen Überblick zum Forschungsstand zur schulischen Arbeit mit Eltern mit Migrationshintergrund gibt Pfaller-Rott in einer Studie zur migrationsspezifischen Elternarbeit im Elementar- und Primarbereich (Pfaller-Rott 2010). In einer eigenen Untersuchung stellte sie fest, dass beim Transitionsprozess der Kinder vom Kindergarten in die Grundschule für Eltern mit Migrationshintergrund gerade die Atmosphäre in der jeweiligen Bildungsinstitution ihrer Kinder von hoher Bedeutung ist. Schätzen Eltern diese positiv ein, so verfügen sie in der Regel auch über mehr Wissen zum Übergang und zur Schulfähigkeit (Pfaller-Rott 2010, S. 279). Sowohl Eltern von Kindern im Elementarbereich als auch Eltern von Kindern im Primarbereich favorisieren dabei dialogische Formen der Elternarbeit. Pfaller-Rott stellte fest, dass Eltern mit Migrationshintergrund, die einem eher niedrigen sozioökonomischen Status zuzurechnen sind, deutlich mehr Hindernisse bei der Kooperation mit der Institution ihrer Kinder artikulieren. Hier sind die türkischen Eltern am stärksten vertreten. So sind auch Eltern mit Verständigungsproblemen eher misstrauisch gegenüber der Institution ihrer Kinder (Pfaller-Rott 2010, S. 281 ff.). Insgesamt erleben Migranteneltern die migrationsspezifische Atmosphäre im Kindergarten positiver als in der Grundschule.

In das Blickfeld der Diskussion geriet in letzter Zeit stärker auch die Diskrepanz zwischen hohen Bildungsaspirationen von Eltern mit Migrationshintergrund und dem gleichzeitigen schlechten Bildungsabschneiden ihrer Kinder.

In der bereits erwähnten in Bochum durchgeführten Studie (Leyendecker 2008) wurde auch deutlich, dass türkische Eltern in Interviews viel stärker als deutsche Eltern den Wert von Bildung betonen. Der zentrale Unterschied zwischen türkischen und deutschen Eltern besteht darin, dass türkische Eltern durch die Bildung ihrer Kinder die Familie insgesamt stärken wollen. Für deutsche Eltern hingegen steht im Vordergrund, dass ihre Kinder emotionales und physisches Wohlbefinden sowie Autonomie erlangen (Leyendecker 2008, S. 45 f.). Für türkische Eltern ist Bildung eine wichtige Voraussetzung, um einen Beruf zu erlernen, der ökonomische Sicherheit bringt. Dabei stehen solche Berufswünsche für die eigenen Kinder im Vordergrund, die einen angemessenen Platz in der gesellschaftlichen Hierarchie vermitteln. Am häufigsten werden von türkischen Eltern deshalb Ärztin/Arzt oder Rechtsanwältin/Rechtsanwalt genannt. Die berufliche Situation wird im Kontext der Familie gesehen: Die Kinder sollen sich durch die erlangte Bildung nicht von der Familie und den kulturellen Wurzeln entfernen. Eltern, die bereits einen mittleren oder höheren Bildungsabschluss haben und dadurch schon über mehr gesellschaftliche Anerkennung verfügen, betonen hingegen generell häufiger die Bedeutung des individuellen Glücks. Gute Schulleistungen ermöglichen mehr Optionen für die Berufswahl und können damit letztlich besser zur individuellen Selbstentfaltung beitragen. So stehen für deutsche Eltern mit einem höheren Bildungsstand auch stärker die Kreativität und die Förderung und Entfaltung individueller Fähigkeiten und Kompetenzen im Vordergrund (Leyendecker 2008, S. 44).

Die Bochumer Studie konnte einen Zusammenhang zwischen dem Bildungsstand der Väter mit Migrationshintergrund und der Entwicklung der Kinder ausmachen: Je höher die Bildung des Vaters, desto größer ist die Wahrscheinlichkeit, dass dieser selber liest, dass den Kindern vorgelesen wird und dass das Kind höhere Werte bei Entwicklungstests für Kognition erreicht. Ähnliches gelte, so Leyendecker (2008, S. 46) für die deutschen Sprachkenntnisse. Insgesamt ist aber auch hier der Forschungsstand sehr heterogen und zum Teil widersprüchlich.

Fazit

Sowohl der Forschungsstand als auch die bildungspolitischen Maßnahmen geben gegenwärtig für die Grundschulen im Hinblick auf den Umgang mit dem Heterogenitätsfaktor Migrationshintergrund keinen Anlass für allzu große Hoffnungen auf neue Lösungen und eine grundsätzliche Änderung der aktuellen Situation. Gerade in Ballungsräumen wird die Zahl der Grundschulkinder mit Migrationshintergrund noch stärker ansteigen. Familiennachzug und Heiratspraktiken der hier lebenden Migranten werden in absehbarer Zeit die familiären und sprachlichen Voraussetzungen insbesondere der Kinder türkischer Herkunft nicht verändern. So wird weiter infrage stehen, inwieweit Maßnahmen der individuellen Sprachförderung, auch wenn sie bereits im Elementarbereich ansetzen, Ganztagsschulkonzepte, veränderte Unterrichtsformen oder pädagogische Programme zur interkulturellen Erziehung positive Wirkungen hinsichtlich des Bildungsabschneidens und damit letztlich auch der beruflichen und gesellschaftlichen Integration von Kindern mit Migrationshintergrund bringen können. Die Problematik ist zu komplex und gesellschaftspolitisch zu tief verankert, als dass sie allein mit schulorganisatorischen Maßnahmen oder mit pädagogischen Programmen gelöst werden könnte. Mit ihrer nur vierjährigen Dauer und der Selektionsaufgabe am Ende der Grundschulzeit kann die Grundschule nur in beschränktem Maße zur Förderung der individuellen Lernentwicklung der Grundschulkinder beitragen.

Viele Grundschulen leisten hier durch den Einsatz ihrer Lehrerinnen und Lehrer hervorragende Arbeit. Darin liegt die grundlegende Voraussetzung, die Diskrepanz zwischen wohlgemeinten Programmen zur Vermittlung interkultureller Kompetenz und den konkreten Problemen, die sich im Alltag des Zusammenlebens von Kindern und Eltern mit Migrationshintergrund stellen, zu überwinden. Daraus erwächst aber auch die Erfahrung, dass sich nicht alle Probleme mit pädagogischen, didaktischen und schulorganisatorischen Mitteln lösen lassen.

Literatur

Alt, C. (2006): Milieu oder Migration – was zählt mehr? In: Deutsches Jugendinstitut e.V. (Hrsg.): DJI Bulletin 76. Jugend und Migration. Heft 3/2006, S. 10/11.

Autorengruppe Bildungsberichterstattung (2010): Bildung in Deutschland 2010. Ein indikatorengestützter Bericht mit einer Analyse zu Perspektiven des Bildungswesens im demografischen Wandel. Online-Version unter: http://www.bildungsbericht.de.

Baumert, J./Schümer, G. (2002): Familiäre Lebensverhältnisse, Bildungsbeteiligung und Kompetenzerwerb. In: Baumert, J./Artelt, C./Klieme, E./Neubrand, M./Prenzel, M./Schiefele, U./Schneider, W./Tillmann, K.-J./Weiß, M. (Hrsg.): PISA 2000. Die Länder der Bundesrepublik im Vergleich. Opladen, S. 159–202.

Bos, W./Voss, A./Lankes, E.-M./Schwippert, K./Thiel, O./Valtin, R. (2004): Schullaufbahnempfehlungen von Lehrkräften für Kinder am Ende der vierten Jahrgangsstufe. In: Bos, W./Lankes, E.-M./Prenzel, M./Schwippert, K./Valtin, R./Walther, G. (Hrsg.): IGLU. Einige Länder der Bundesrepublik Deutschland im Vergleich. Münster, S. 191–228.

Braun, C./Mehringer, V. (2010): Familialer Hintergrund, Übertrittsempfehlungen und Schulerfolg bei Kindern mit und ohne Migrationshintergrund. In: Hagedorn, J./Schurt, V./Steber, C./Waburg, W. (Hrsg): Ethnizität, Geschlecht, Familie und Schule. Heterogenität als erziehungswissenschaftliche Herausforderung. Wiesbaden: VS Verlag für Sozialwissenschaften für Sozialwissenschaft, S. 55–79.

Diefenbach, H. (2007a): Kinder und Jugendliche aus Migrantenfamilien im deutschen Bildungssystem. Erklärungen und empirische Befunde. Wiesbaden: VS Verlag für Sozialwissenschaften für Sozialwissenschaft.

Diefenbach, H. (2007b): Schulerfolg von ausländischen Kindern und Kindern mit Migrationshintergrund als Ergebnis individueller und institutioneller Faktoren. In: Bundesministerium für Bildung und Forschung (BMBF) (Hrsg.): Migrationshintergrund von Kindern und Jugendlichen: Wege zur Weiterentwicklung der amtlichen Statistik. Bonn/Berlin, S. 43–57.

Ditton, H./Krüsken, J./Schauenberg, M. (2005): Bildungsungleichheit – der Beitrag von Familie und Schule. In: Zeitschrift für Erziehungswissenschaft, 8(2), S. 285–304.
Exekutivagentur für Bildung, Audiovisuelles und Kultur (2009): Die schulische Integration von Migrantenkindern in Europa. Maßnahmen zur Förderung der Kommunikation mit Migrantenfamilien und des muttersprachlichen Unterrichts für Migrantenkinder. Brüssel.
Geißler, R./Weber-Menges, S. (2008): Migrantenkinder im Bildungssystem: doppelt benachteiligt. In: Aus Politik und Zeitgeschichte 49/2008, S. 14–22.
Gomolla, M./Radtke, O. (2000): Mechanismen institutionalisierter Diskriminierung in der Schule. In: Gogolin, I./Nauck, B. (Hrsg.): Migration, gesellschaftliche Diskriminierung und Bildung. Opladen: Leske + Budrich, S. 321–341.
Gomolla, M./Radtke, O. (2002): Institutionelle Diskriminierung. Die Herstellung ethnischer Differenz in der Schule. Opladen: Leske + Budrich.
Herwartz-Emden, L. (2007): Migrant/innen im deutschen Bildungssystem. In: Bundesministerium für Bildung und Forschung (BMBF) (Hrsg.): Migrationshintergrund von Kindern und Jugendlichen: Wege zur Weiterentwicklung der amtlichen Statistik. Bonn/Berlin, S. 7–24.
Herwartz-Emden, L./Küffner, D. (2006): Schulerfolg und Akkulturationsleistungen von Grundschulkindern mit Migrationshintergrund. In: Zeitschrift für Erziehungswissenschaft, neunter Jahrgang, Heft 2/2006, S. 240–254.
Informations- und Dokumentationsstelle gegen Gewalt, Rechtsextremismus und Ausländerfeindlichkeit in Nordrhein-Westfalen – IDA-NRW (Hrsg.): Multikulti ade? Neue Ansätze Interkultureller Pädagogik in Schule und Jugendarbeit. IDA-NRW Tagungsbericht Nr. 4/2000. Düsseldorf, S. 6–11.
Kristen, C. (2002): Hauptschule, Realschule oder Gymnasium? Ethnische Unterschiede am ersten Bildungsübergang. In: Kölner Zeitschrift für Soziologie und Sozialpsychologie. 54. Jahrgang. Heft 3/2002, S. 534–552.
Kristen, C./Granato, N. (2007): Bildungsinvestitionen in Migrantenfamilien. In: Bundesministerium für Bildung und Forschung (BMBF) (Hrsg.): Migrationshintergrund von Kindern und Jugendlichen: Wege zur Weiterentwicklung der amtlichen Statistik. Bonn/Berlin, S. 25–42.
Leyendecker, B. (2008): Bildungsziele von türkischen und deutschen Eltern. In: Heinrich-Böll-Stiftung (Hrsg.): Schule mit Migrationshintergrund. Dossier. Berlin, S. 43–48
Luft, S. (2009): Staat und Migration. Zur Steuerbarkeit von Zuwanderung und Integration. Frankfurt am Main: Campus.
Merkle, T./Wippermann, C. (2008): Eltern unter Druck. Selbstverständnisse, Befindlichkeiten und Bedürfnisse von Eltern in verschiedenen Lebenswelten. Stuttgart: Lucius & Lucius.
Neumann, U. (2008): Schülerinnen und Schüler mit Migrationshintergrund in der Sekundarstufe I. In: Lehberger, R./Sandfuchs, U. (Hrsg): Schüler fallen auf. Heterogene Lerngruppen in Schule und Unterricht. Bad Heilbrunn: Klinkhardt, S. 249–263.
Pfaller-Rott, M. (2010): Migrationsspezifische Elternarbeit beim Transitionsprozess vom Elementar- zum Primarbereich. Eine explorative Studie an ausgewählten Kindertagesstätten und Grundschulen mit hohem Migrationsanteil. Berlin: Wvb.
Sacher, W. (2008): Elternarbeit. Gestaltungsmöglichkeiten und Grundlagen für alle Schularten. Bad Heilbrunn: Klinkhardt.
Schründer-Lenzen, A. (2008): Erklärungskonzepte migrationsbedingter Disparitäten der Bildungsbeteiligung. In: Ramseger, J./Wagener, M. (Hrsg.): Chancenungleichheit in der Grundschule. Ursachen und Wege aus der Krise. Wiesbaden: VS Verlag für Sozialwissenschaften, S. 107–116.
Schwippert, K./Hornberg, S./Freiberg, M./Stubbe, T.C. (2007): Lesekompetenzen von Kindern mit Migrationshintergrund im internationalen Vergleich. In: Bos, W./Hornberg, S./Arnold, K.-H./Faust, G./Fried, L./Lankes, E.-M./Schwippert, K./Valtin, R. (Hrsg.): IGLU 2006. Lesekompetenzen von Grundschulkindern in Deutschland im internationalen Vergleich. Münster: Waxmann, S. 249–269.

Sekretariat der Ständigen Konferenz der Kultusminister der Länder in der Bundesrepublik Deutschland (Hrsg.) (2010): Dokumentation Nr. 190: Schüler, Klassen, Lehrer und Absolventen der Schulen 2000 bis 2009. Berlin. Online unter: http://www.kmk.org/fileadmin/pdf/Statistik/SKL_2009_Dok_Nr_190.pdf.

Söhn, J./Özan, V. (2007): Bildungsdaten und Migrationshintergrund. Eine Bilanz. In: Bundesministerium für Bildung und Forschung (BMBF) (Hrsg.): Migrationshintergrund von Kindern und Jugendlichen: Wege zur Weiterentwicklung der amtlichen Statistik. Bonn/Berlin, S.117–128.

Stanat, P. (2003): Schulleistungen von Jugendlichen mit Migrationshintergrund. Differenzierung deskriptiver Befunde aus PISA und PISA-E. In: Deutsches PISA-Konsortium (Hrsg.): PISA 2000. Ein differenzierter Blick auf die Länder der Bundesrepublik Deutschland. Opladen: Leske + Budrich, S. 243–260.

Statistisches Bundesamt (2010): Sozioökonomischer Status von Schülerinnen und Schülern 2008. Ergebnisse des Mikrozensus. Online unter: http://www.destatis.de/jetspeed/portal/cms/Sites/destatis/Internet/DE/Content/Publikationen/Querschnittsveroeffentlichungen/WirtschaftStatistik/BildungForschung Kultur/StatusSchueler__22010,property=file.pdf.

Tiedemann, J./Billmann-Mahecha, E. (2007): Zum Einfluss von Migration und Schulklassenzugehörigkeit auf die Übergangsempfehlung für die Sekundarstufe I. In: Zeitschrift für Erziehungswissenschaft, 10. Jahrgang, Heft 1/2007, S. 108–120.

Ursula Neumann / Marika Schwaiger

Schülerinnen und Schüler mit Migrationshintergrund in der Sekundarstufe I[17]

Einleitung

»Die Leistungen von Schülerinnen und Schülern in Deutschland haben sich seit PISA 2000 kontinuierlich verbessert – zugleich ist das Bildungssystem gerechter geworden« (KMK 2009), lautet die Pressemitteilung der KMK bei Erscheinen der neuesten PISA-Daten Ende des Jahres 2010. Der Aufstieg vom Verliererstaat in Richtung OECD-Mittelfeld (oder sogar darüber) lässt aufatmen und ermutigt zur Fortsetzung Erfolg versprechender Schulentwicklungsprozesse und Fördermaßnahmen. Damit diese positive Bewegung nicht ins Stocken gerät, gilt es nun, sowohl die Gründe für den kontinuierlichen Aufwärtstrend als auch die noch bestehenden Hindernisse und ungelösten Probleme zu identifizieren, statt die Kompetenzfortschritte der Schülerinnen und Schüler vorschnell einer erfolgreichen Bildungspolitik zuzuschreiben. Ist das deutsche Bildungssystem tatsächlich gerechter geworden?

PISA 2009 erlaubt eine »Bilanz nach einem Jahrzehnt« (Klieme et al. 2010). Inzwischen kann ein differenzierterer Blick auf die Schülerinnen und Schüler der Sekundarstufe I geworfen werden, als es nach Erscheinen der ersten PISA-Ergebnisse möglich war. Die Leistungen der im Rahmen der vierten PISA-Studie (PISA 2009) an Deutschlands Schulen getesteten Fünfzehnjährigen steigerten sich in den letzten Jahren zwar insgesamt leicht, im internationalen Vergleich reichen sie aber bei Weitem noch nicht für Positionen auf den oberen Rängen aus. Weiterhin ungelöst ist das Problem der ungleichen Chancenverteilung in Deutschland. Die seit PISA 2000 gemessenen Kennwerte belegen zwar einen kontinuierlichen Rückgang der sozialen Disparitäten im deutschen Bildungssystem[18], im Vergleich zu den diesbezüglich er-

---

17 Der Beitrag basiert auf dem gleichnamigen Aufsatz von Prof. Dr. Ursula Neumann (Neumann 2008), erschienen in Lehberger/Sandfuchs 2008. Darin aufgeführte und diskutierte Daten wurden auf der Grundlage neuerer Untersuchungen aktualisiert und ergänzt.

18 Der Anteil von Schülerinnen und Schülern, die einen Hauptschulabschluss anstreben, verringerte sich signifikant von 22 Prozent im Jahr 2000 auf 19 Prozent im Jahr 2009, die Gymnasialbeteiligung hingegen steigerte sich in diesem Zeitraum – ebenfalls signifikant – von 28 auf 33 Prozent. Dieser Zuwachs ist insbesondere in der Unter- und Mittelschicht zu verzeichnen (Ehmke/Jude 2010, S. 248).

folgreichen Staaten Finnland, Island, Japan, Kanada und Korea, die bei einem hohen Durchschnittsniveau im Lesen die geringste Kopplung zwischen dem sozioökonomischen Status des Elternhauses der Jugendlichen und den erreichten Kompetenzen aufweisen, sind die statusbedingten Kompetenzunterschiede insgesamt aber immer noch sehr groß (Ehmke/Jude 2010, S. 249). Da die soziale Lage von zugewanderten Familien in Deutschland seit 2000 nahezu unverändert blieb (Stanat/Rauch/Segeritz 2010, S. 219), sind Jugendliche mit Migrationshintergrund von sozialen Disparitäten nach wie vor stark betroffen. Zwischen Jugendlichen aus zugewanderten Familien und Schülerinnen und Schülern ohne Migrationshintergrund bestehen nachweisliche Unterschiede hinsichtlich ihres familiären Kontextes. Alle drei in PISA erhobenen Kontextmerkmale (sozioökonomischer Status, kulturelle Ressourcen und Bildungshintergrund der Eltern) fallen für Jugendliche mit Migrationshintergrund sowohl der ersten als auch der zweiten Generation deutlich ungünstiger aus[19], und so zieht der in Deutschland nach wie vor enge Zusammenhang zwischen sozialer Herkunft und Bildungserfolg auch für diese Jugendlichen benachteiligende Effekte nach sich. Der »Nationale Bildungsbericht« (Autorengruppe Bildungsberichterstattung 2010, S. 27) unterscheidet drei familiär bedingte Risikolagen, durch die die Bildungschancen von Kindern beeinträchtigt sein können: Ein soziales Risiko besteht, wenn die Eltern nicht in das Erwerbsleben integriert sind, ein finanzielles, wenn in der Familie ein geringes Einkommen zur Verfügung steht, und vom Risiko der Bildungsferne wird gesprochen, wenn die Eltern über eine geringe Ausbildung verfügen. Im Jahr 2008 wuchsen insgesamt 29 Prozent der 13,6 Millionen in Deutschland lebenden Kinder unter 18 Jahren mit mindestens einer Risikolage auf. Beachtlich ist der Anteil an gefährdeten Kindern mit Migrationshintergrund: 42,2 Prozent der unter 18-Jährigen aus Zuwandererfamilien waren von mindestens einer Risikolage betroffen (im Gegensatz zu 22,8 Prozent der Gleichaltrigen ohne Migrationshintergrund). Während rund ein Fünftel (20,3 Prozent) der Kinder ohne Migrationshintergrund mit dem finanziellen Risiko konfrontiert war, lag über ein Drittel (35,4 Prozent) der Kinder mit Migrationshintergrund unterhalb der Armutsgefährdungsgrenze. Die enorme sekundäre Benachteiligungsgefahr hinsichtlich der Bildungschancen zeigt sich auch darin, dass Kinder mit Migrationshintergrund von der sozialen Risikolage mehr als doppelt und vom Risiko der Bildungsferne sogar mehr als viermal so häufig betroffen waren als Kinder ohne Migrationshintergrund (Autorengruppe Bildungsberichterstattung 2010, S. 220).

Die Frage, ob es dem deutschen Schulsystem gelingt oder gelungen ist, mit der »Unterschiedlichkeit [der Schülerinnen und Schüler mit Migrationshintergrund] in Sprache, Kultur und sozialer Lage umzugehen und sie entsprechend ihrer Kompetenzen, ihres Leistungsstrebens und ihres Wunsches nach sozialer Gleichberechtigung zu

---

19 Von sozioökonomischer Benachteiligung besonders betroffen sind Familien türkischer Herkunft – selbst dann, wenn nur ein Elternteil im Ausland geboren ist, was bei den Familien der anderen untersuchten Herkunftsgruppen (ehemalige UdSSR, Polen und andere Herkunftsländer) nicht der Fall ist (Stanat/Rauch/Segeritz 2010, S. 218 f.).

fördern« (Neumann 2008, S. 249), kann auch aus heutiger Sicht (noch) nicht durchweg positiv beantwortet werden.

Im Folgenden soll ein differenzierter Blick auf die Schülerinnen und Schüler der Sekundarstufe I mit Migrationshintergrund geworfen werden. Neben einer statistischen Beschreibung der Gruppe wird auf die Verteilung der Jugendlichen auf die unterschiedlichen Schulformen der Sekundarstufe eingegangen. Darauf folgt ein Überblick über die zentralen Befunde hinsichtlich der Schulleistungen der Jugendlichen mit Migrationshintergrund – sowohl im internationalen Vergleich als auch bezogen auf deren Entwicklung im Verlauf des letzten Jahrzehnts. Herkunftsspezifische Aspekte werden dabei berücksichtigt. In Anlehnung an Neumann 2008 folgen auf die Darstellung sowohl struktureller als auch inhaltlicher Aspekte der Benachteiligung von Schülerinnen und Schülern mit Migrationshintergrund der Sekundarstufe I daraus resultierende migrationspädagogische Konsequenzen sowie ein Blick darauf, welche Maßnahmen bereits ergriffen wurden und was noch unternommen werden kann, um zu mehr Chancengerechtigkeit im Bildungssystem zu gelangen.

Schülerinnen und Schüler mit Migrationshintergrund in der Sekundarstufe I

Zusammensetzung der Schülerschaft

Während in den letzten zwei Jahrzehnten die Anzahl der in Deutschland geborenen Kinder insgesamt um rund 18 Prozent zurückging, stieg der Anteil an Kindern und Jugendlichen mit Migrationshintergrund – insbesondere in den Ballungsräumen – stark an (Autorengruppe Bildungsberichterstattung 2010, S. 5). Inzwischen hat rund ein Viertel aller Bildungsteilnehmerinnen und -teilnehmer in Deutschland einen Migrationshintergrund. In Frankfurt, München, Stuttgart und Köln haben inzwischen mehr als die Hälfte aller Kinder und Jugendlichen unter 15 Jahren einen Migrationshintergrund, in Hamburg, Berlin und im Ruhrgebiet jeweils knapp die Hälfte (Autorengruppe Bildungsberichterstattung 2010, S. 214). Eine Differenzierung nach Altersgruppen ergibt ein genaueres Bild: Den höchsten Anteil an Schülerinnen und Schülern mit Migrationshintergrund findet man in den Grundschulen. Rund ein Drittel (32 Prozent) der Fünf- bis Zehnjährigen stammt aus einer Familie mit Zuwanderungsgeschichte. Die Schulen der Sekundarstufen weisen einen etwas geringeren prozentualen Anteil an Kindern und Jugendlichen mit Migrationshintergrund auf: Knapp 30 Prozent der Zehn- bis Fünfzehnjährigen und ein gutes Viertel (25,9 Prozent) der Fünfzehn- bis Zwanzigjährigen haben einen Migrationshintergrund. Diese Größenordnungen sind aus den Schulleistungsuntersuchungen des vergangenen Jahrzehnts bekannt: Der Anteil der fünfzehnjährigen Schülerinnen und Schüler mit Migrationshintergrund lag in PISA 2009 in Deutschland bei 25,6 Prozent (Stanat/Rauch/Segeritz 2010, S. 208). Seit der Durchführung der ersten PISA-Studie im Jahr 2000 ist dieser Anteil signifikant um vier Prozentpunkte gestiegen; diese Veränderung setzt sich aus einer bedeutsamen Zunahme (um 6,7 Prozentpunkte) der Jugendlichen mit Migrationshintergrund der zweiten Generation (beide Elternteile im Ausland, Jugendliche(r) in Deutschland geboren), einem leichten Anstieg (um 1,7 Prozentpunkte) der Jugendlichen mit einem im Ausland geborenen Elternteil und einer Reduktion (um 4,3 Prozentpunkte) des Anteils der ersten Generation (beide Elternteile und Jugendliche[r] im Ausland geboren) zusammen. Wenn von Schülerinnen und Schülern mit Migrationshintergrund der Sekundarstufe I die Rede ist, handelt es sich also zunehmend um Jugendliche, die in Deutschland geboren und aufgewachsen sind und in der Regel ähnlich viele Jahre Elementar- und Primarbildung im deutschen Schulsystem absolviert haben wie Gleichaltrige ohne Migrationshintergrund.

Sowohl in Bezug auf den Anteil an Schülerinnen und Schülern mit Migrationshintergrund als auch im Hinblick auf den Anstieg während des letzten Jahrzehnts verhält sich Deutschland im Vergleich zu den anderen mittel- und nordeuropäischen PISA-Teilnehmerstaaten durchschnittlich. Die sprachliche und kulturelle Heterogenität der Schülerschaft in den deutschen Sekundarschulen sind also ähnlich wie in anderen Staaten (Stanat/Rauch/Segeritz 2010, S. 224), wenngleich die nationale und sprachliche Zusammensetzung in den einzelnen PISA-Teilnehmerstaaten sehr unterschiedlich geprägt sind (Stanat/Christensen 2003, S. 206 f.). Die drei häufigsten Herkunftsländer der in Deutschland lebenden Schülerinnen und Schüler mit Migrationshintergrund sind die Türkei, die ehemalige Sowjetunion und Polen.

Einer von enormer sprachlicher und kultureller Heterogenität geprägten Schülerschaft steht laut »Nationalem Bildungsbericht« (Autorengruppe Bildungsberichterstattung 2010) eine immer noch relativ homogene Lehrerschaft gegenüber: Lediglich sieben Prozent aller pädagogisch tätigen Personen des formalen Bildungswesens und nur knapp fünf Prozent aller Lehrkräfte haben einen Migrationshintergrund. Der Anteil an Lehrkräften mit Migrationshintergrund im Sekundarbereich I fällt mit 4,1 Prozent am geringsten aus (Autorengruppe Bildungsberichterstattung 2010, S. 8 und S. 259).

Verteilung der Schülerinnen und Schüler auf die Schulformen der Sekundarstufe I

Hinsichtlich der Verteilung aller Jugendlichen auf die verschiedenen Schulformen der Sekundarstufe I zeichnet sich in Deutschland insgesamt ein positiver Trend ab, denn in den letzten Jahren ist eine Zunahme der Übergänge an höher qualifizierende Schularten zu beobachten. Während die Schülerzahlen an den Hauptschulen – wo es sie noch gibt – weiter sinken, hält der Trend zum Gymnasium an. Anhand der Verteilung von Jugendlichen mit und ohne Migrationshintergrund auf die Schulformen im Sekundarbereich I lassen sich jedoch ethnische und soziale Segregationstendenzen aufzeigen: Kinder mit Migrationshintergrund sind selbst bei gleichem sozioökonomischem Status bis zu doppelt so häufig an Hauptschulen zu finden wie Kinder ohne Migrationshintergrund. Dem aktuellen »Nationalen Bildungsbericht« zufolge besuchen rund 37 Prozent der Jugendlichen ohne Migrationshintergrund ein Gymnasium, aber lediglich 22 Prozent derjenigen mit Migrationshintergrund (Autorengruppe Bildungsberichterstattung 2010, S. 65). Die Verteilung auf die unterschiedlichen Schulformen der Sekundarstufe I fällt für Jugendliche mit Migrationshintergrund in allen Statusgruppen ungünstiger aus als für diejenigen, deren Eltern beide in Deutschland geboren wurden. Die Autoren des Bildungsberichts sehen darin primäre Disparitäten, d. h. sie gehen davon aus, dass die ungleiche Verteilung auf die Schularten in erster Linie auf Ungleichheiten in den erworbenen Kompetenzen zurückzuführen sei, da die Jugendlichen mit Migrationshintergrund PISA-Ergebnissen zufolge bei gleichem sozioökonomischem Status auch schwächere Leseleistungen aufweisen. Inwiefern darüber hinaus auch unterschiedliche Übergangsentscheidungen in Abhängigkeit von ethnisch-kultureller Orientierung und sozioökonomischer Lage der Familien getroffen wurden (sekundäre Disparitäten), bleibe zu untersuchen (Autorengruppe Bildungsberichterstattung 2010, S. 65 f.).[20]

Hinsichtlich der Realschulen ergibt sich ein anderes Bild. Diese werden von beiden Schülergruppen gleich häufig besucht (jeweils 27 Prozent). Die Besuchsquoten von Sekundarschülerinnen und -schülern mit Migrationshintergrund an Sonder- und Förderschulen können anhand von PISA-Daten nicht hinreichend analysiert werden. Die hierfür vorhandenen Zahlen des »Nationalen Bildungsberichts« beziehen sich auf alle schulpflichtigen Kinder und Jugendlichen von der ersten bis zur zehnten Jahrgangsstufe, enthalten demnach auch die Schülerinnen und Schüler der Primarstufe, liefern aber hinsichtlich der Verteilung auf den Migrationshintergrund (bzw. hier auf die Nationalität) der Kinder und Jugendlichen einen ersten Überblick: Während im Jahr 2008 4,1 Prozent der deutschen Schülerinnen und Schüler eine Förderschule besuchten, erreichen andere Herkunftsgruppen die doppelte oder sogar eine mehr als dreimal so hohe Quote. Nur wenige Gruppen – darunter Schülerinnen und Schüler aus dem Iran, aus Polen, der ehemaligen Sowjetunion, der Ukraine und aus Vietnam – liegen darunter. Zu den Herkunftsgruppen mit den höchsten Förderschulbesuchsquoten zählen Albanien (13,2 Prozent), der Libanon (13 Prozent), die Nachfolgestaaten Jugoslawiens (9,6 Prozent), Marokko (8,2 Prozent) und die Türkei (7 Prozent).

Schulische Leistungen von Jugendlichen mit Migrationshintergrund

Stanat/Rauch/Segeritz (2010) nennen für die Lesekompetenzentwicklung der in Deutschland lebenden Jugendlichen mit Migrationshintergrund zwei zentrale Befunde: Die Kompetenznachteile von Jugendlichen mit Migrationshintergrund gegenüber ihren Mitschülerinnen und -schülern ohne Migrationshintergrund sind sowohl in der ersten als auch in der zweiten Generation nach wie vor sehr groß, fallen

---

20 Erste Ansätze hierfür sind bei Kristen/Dollmann (2010) zu finden, die die sekundären Effekte ethnischer Herkunft am Beispiel von Kindern aus türkischen Familien untersucht haben (vgl. das Kapitel zur Benachteiligung von Schülerinnen und Schülern mit Migrationshintergrund in der Sekundarstufe II in diesem Band).

aber signifikant geringer aus als noch im Jahr 2000. Im Lesen liegen die Jugendlichen mit Migrationshintergrund um 44 Punkte hinter den gleichaltrigen Einheimischen zurück, was nach Schätzung der OECD (2011) einem Lernrückstand von mehr als einem Schuljahr entspricht. Allerdings konnten sie sich seit der ersten PISA-Studie signifikant um 26 Punkte verbessern – im Vergleich zu nur fünf Punkten Steigerung bei den Jugendlichen ohne Migrationshintergrund (Stanat/Rauch/Segeritz 2010, S. 212). Innerhalb der Gruppe der Schülerinnen und Schüler mit Migrationshintergrund waren es hauptsächlich diejenigen der ersten Generation, die sich verbesserten (um 33 gegenüber 24 Punkten der zweiten Generation). Bezogen auf die einzelnen Herkunftsgruppen[21] zeigen sich große Unterschiede: Schülerinnen und Schüler türkischer Herkunft bleiben im Lesen mehr als zwei Schuljahre hinter ihren einheimischen Mitschülerinnen und Mitschülern zurück, selbst dann, wenn sie in Deutschland geboren und aufgewachsen sind, und nach Kontrolle sozioökonomischer Merkmale. Auch diejenigen Jugendlichen, von denen nur ein Elternteil aus der Türkei zugewandert ist, sind bezüglich ihrer Lesekompetenz stark benachteiligt.[22] Schülerinnen und Schüler polnischer Herkunft sind insgesamt weniger im Nachteil als ihre türkischen Mitschülerinnen und Mitschüler. Der Rückstand im Lesen in der zweiten Generation ist nicht erheblich; lediglich in der ersten Generation zeigen sich ähnliche Kompetenzunterschiede zu den Jugendlichen ohne Migrationshintergrund wie bei den türkischstämmigen Gleichaltrigen. Die Jugendlichen, deren Familien aus der ehemaligen Sowjetunion zugewandert sind, zeigen nur noch sehr geringfügige Rückstände im Bereich des Lesens, in der zweiten Generation sind diese gänzlich zu vernachlässigen. Völlig ungeklärt sind die Gründe für diese Unterschiede. Da Begabungen und kognitive Kapazitäten nicht nationalspezifisch verteilt sein können, wären die Lebensumstände dieser Gruppen, z. B. in Bezug auf ihre rechtliche Situation, die Zukunftsorientierung und die Diskriminierungserfahrungen in Schule und Gesellschaft als mögliche Erklärungsfaktoren zu untersuchen.

Vertiefende Analysen der in PISA 2009 erhobenen Daten ergaben, dass das relative Leistungsniveau von Schülerinnen und Schülern mit Migrationshintergrund nicht allein mit der Herkunft variiert (OECD 2011, S. 82 ff.), sondern dass die Leistungen von Schülerinnen und Schülern aus ein und demselben Herkunftsland je nach Aufnahmeland starke Unterschiede zeigen. Jugendliche türkischer Herkunft schneiden beispielsweise in den Niederlanden besser, in Österreich – selbst nach Kontrolle des sozioökonomischen Hintergrunds der Schülergruppen – deutlich schlechter ab als in Deutschland. Worauf diese Disparitäten im Einzelnen zurückzuführen sind, bleibt zu untersuchen. Bisheri-

---

21 Analysen liegen nur für die drei am stärksten vertretenen Herkunftsgruppen vor: Türkei (Anteil an allen Fünfzehnjährigen mit Migrationshintergrund: ca. 6 Prozent), ehemalige Sowjetunion (ca. 5 Prozent) und Polen (ca. 3 Prozent). Der Anteil Jugendlicher türkischer Herkunft hat sich seit PISA 2000 fast verdoppelt, während die Anteile der übrigen Gruppen in etwa konstant geblieben sind.

22 109 Kompetenzpunkte Unterschied in der ersten Generation, 94 in der zweiten, 51 bei Jugendlichen, von denen nur ein Elternteil in der Türkei geboren ist (Stanat/Rauch/Segeritz 2010, S. 222).

gen Analysen zufolge konnte weitestgehend ausgeschlossen werden, dass Leistungsunterschiede zwischen Schülerinnen und Schülern mit und ohne Migrationshintergrund durch eine ungleiche Verteilung von Bildungsressourcen (Lehr- und Sachmittelausstattung, Personalausstattung) bedingt sind (OECD 2011, S. 86).

Ein weiterer beachtenswerter Befund ist der sichtlich nachlassende Effekt der Familiensprache: Während Schülerinnen und Schüler, die im Jahr 2000 in der Familie eine andere Sprache als Deutsch sprachen, noch etwa 60 Punkte weniger im Lesekompetenztest erzielten, liegt der aktuelle Unterschied nur noch bei rund 24 Punkten. Ob dieser Befund als Hinweis darauf interpretiert werden kann, dass es im letzten Jahrzehnt möglicherweise gelungen ist, mangelnde Lerngelegenheiten für den Erwerb der Zweitsprache Deutsch im häuslichen Umfeld durch institutionelle Förderung zu kompensieren (Stanat/Rauch/Stegeritz 2010, S. 226), ist fraglich, denn die Maßnahmen richteten sich meist auf Vorschulkinder, die heute noch nicht zur Gruppe der Fünfzehnjährigen gehören.

Wenn die beobachteten Leistungsunterschiede nicht allein durch den sozioökonomischen Hintergrund, die verfügbaren Ressourcen im Bildungssystem und die Sprache der Schülerinnen und Schüler erklärt werden können, muss davon ausgegangen werden, dass zwischen dem Migrationsstatus der Schülerinnen und Schüler und ihren Leistungen ein anderer, von diesen Faktoren weitestgehend unabhängiger Zusammenhang besteht.

Analysen, die den Zusammenhang zwischen Lesemotivation, der Beherrschung von Lernstrategien und der Lesekompetenz untersuchten, ergaben, dass sich sowohl die Lesemotivation als auch das Wissen über Lernstrategien als mögliche Erklärungsfaktoren für Geschlechterunterschiede, für soziale Disparitäten und für Effekte des Migrationshintergrunds erweisen. Dieser Erklärung folgend, schnitten Schülerinnen und Schüler mit Migrationshintergrund unter anderem deshalb schlechter ab, weil es ihnen im Vergleich zu den gleichaltrigen Einheimischen an Motivation – mangelndes Vertrauen in die eigenen Leistungen inbegriffen – und Strategiewissen mangelte. Als Konsequenz müssten für Schülerinnen und Schüler mit Migrationshintergrund entsprechende Maßnahmen implementiert werden, die nicht nur auf der Ebene der sprachlichen, sondern auch der überfachlichen Kompetenzen ansetzen (Artelt/Naumann/Schneider 2010, S. 111).

Benachteiligung von Schülerinnen und Schülern mit Migrationshintergrund (nicht erst) in der Sekundarstufe I

Weniger Risikoschüler – weniger Spitzenreiter[23]

Die geschilderten Befunde zeigen, dass sich die Situation der Schülerinnen und Schüler mit Migrationshintergrund in Deutschland im letzten Jahrzehnt verbessert hat,

---
23 vgl. Schwaiger/Neumann 2011, S. 206.

dass aber immer noch großer Handlungsbedarf besteht, der aufgrund differenzierter Ergebnisse inzwischen aber besser bestimmt werden kann, als dies in Zeiten des ersten PISA-Tests möglich war. Die Anzahl der extrem leistungsschwachen Schülerinnen und Schüler konnte insgesamt verringert werden, die Nachteile der Jugendlichen mit Migrationshintergrund gegenüber den einheimischen Gleichaltrigen sind aber sowohl in der ersten als auch in der zweiten Generation immer noch signifikant. Der Anteil derjenigen Kinder und Jugendlichen, die nur auf sehr niedrigem Niveau über Kompetenzen im Leseverstehen verfügen und als Risikoschüler/innen[24] eingestuft werden, ist unter den Kindern mit Migrationshintergrund (rund 32 Prozent) nach wie vor bedeutend höher als unter den Jugendlichen ohne Migrationshintergrund (14 Prozent) (Naumann et al. 2010, S. 48). Damit bewegt sich Deutschland allerdings im üblichen Muster: In den meisten PISA-Teilnehmerstaaten ist der Anteil der schwächsten Leserinnen und Leser (Jugendliche unter Kompetenzstufe Ia) in den beiden Gruppen mit Migrationshintergrund deutlich höher als in der Gruppe ohne Migrationshintergrund. Mit dem Anteil von knapp zehn Prozent an Schülerinnen und Schülern mit Migrationshintergrund (sowohl der ersten als auch der zweiten Generation) liegt Deutschland hierbei wiederum im mittleren Bereich. Auf vergleichsweise ungünstige Verhältnisse trifft man z. B. in Österreich: Knapp 17 Prozent der in Österreich geborenen Jugendlichen mit Migrationshintergrund und ein Drittel aller selbst Zugewanderten erreichen nicht die unterste Kompetenzstufe. Günstige Werte erzielen hingegen Kanada, Neuseeland und die Vereinigten Staaten von Amerika sowie im europäischen Raum Portugal und die Niederlande, wo jeweils deutlich weniger als zehn Prozent der jugendlichen Migrantinnen und Migranten sowohl erster als auch zweiter Generation zu den schwächsten Leserinnen und Lesern zählen (Naumann et al. 2010, S. 48). Aufholbedarf seitens der in Deutschland lebenden Jugendlichen mit Migrationshintergrund der ersten und zweiten Generation besteht auf den Kompetenzstufen V oder VI. Auf dem hohen und höchsten Leistungsniveau sind sie deutlich unterrepräsentiert: Fast viermal so viele Jugendliche ohne Migrationshintergrund (9,4 Prozent im Vergleich zu 2,5 Prozent der ersten bzw. 2,6 Prozent der zweiten Generation) sind hier vertreten (Naumann et al. 2010, S. 48). Die Tatsache, dass die Jugendlichen, deren Eltern bereits vor ihrer Geburt nach Deutschland migrierten, nicht signifikant besser abschneiden als diejenigen, die in einem anderen Land geboren sind und erst im Laufe ihrer Kindheit oder Jugend nach Deutschland kamen, deutet unmissverständlich darauf hin, dass die Verantwortung für den mangelnden Bildungserfolg aller Jugendlichen mit Migrationshintergrund beim deutschen Schul- und Bildungssystem liegt (Neumann 2008, S. 250). Die in PISA gemessenen Chancenungleichheiten und Benachteiligungen entstehen in der Regel nicht erst an den weiterführenden Schulen, sondern bereits sehr viel früher, und werden in der Sekundarstufe fortgeführt oder sogar verstärkt.

---

24 In den PISA-Analysen werden jene Schülerinnen und Schüler zur Risikogruppe zusammengefasst, denen es im Alter von 15 Jahren an Grundkompetenzen mangelt, d. h. die in den jeweiligen Kompetenzbereichen maximal die unterste Kompetenzstufe Ia erreichen.

Selektion schon vor Schuleintritt

Selektion findet häufig bereits vor Schuleintritt statt, wenn es beispielsweise aufgrund eines unzureichenden Sprachstands im Deutschen zu verspäteten Einschulungen kommt. »Nur wer Deutsch kann, kommt in die erste Klasse«, lautete das Motto der hessischen Kultusministerin, mit dem sie die 2003 erlassene »Verordnung zum Schulbesuch von Schülerinnen und Schülern nichtdeutscher Herkunftssprache« verteidigte, mit der unter dem Deckmantel der Integrationsförderung ein Sprachtest für Schulanfängerinnen und Schulanfänger eingeführt wurde, der die Zurückstellung vom Schulbesuch aufgrund mangelnder Deutschkenntnisse zur Folge haben kann. Solchen Selektionsverfahren stehen zahlreiche pädagogische Argumente sowie die Forderung nach einer bereits im Primarbereich einsetzenden grundlegenden Schulreform entgegen. Abgesehen davon, dass von einer Zurückstellung kein Fördereffekt, sondern vielmehr negative Nebenwirkungen zu erwarten sind, ersetzt sie weder die gezielte vorschulische Sprachförderung noch die durchgängige Sprachbildung (vgl. z. B. Gogolin et al. 2010), die für Schülerinnen und Schüler (nicht nur) mit Migrationshintergrund auf allen Stufen des Bildungssystems unerlässlich ist. Inzwischen wird in nahezu allen Bundesländern durch Screening-Verfahren versucht, diejenigen Kinder zu identifizieren, die gezielte Förderung noch vor Eintritt in die Grundschule benötigen, um dann gegebenenfalls spezifischere Diagnoseverfahren durchzuführen und gezielte Fördermaßnahmen einzuleiten (Lisker 2010; 2011). Problematisch dabei ist jedoch, dass der Umfang der Förderung häufig nicht vom Bedarf der Kinder, sondern von den zur Verfügung gestellten Ressourcen abhängt. Die Etablierung vorschulischer Förderprogramme darf zudem nicht davon ablenken, dass es Aufgabe der (Grund-)Schule bleibt, sich den zum Zeitpunkt des Schuleintritts bzw. Übertritts vorhandenen ungleichen Eingangsvoraussetzungen zu stellen, sprachlich und kulturell bedingte Heterogenität als Chance statt als Hindernis zu begreifen und ihr auf Schul- und Unterrichtsebene so zu begegnen, dass jedes Kind und jede(r) Jugendliche gemäß seinem/ihrem Potenzial die höchstmöglichen Leistungen erzielen kann.

Im Hinblick auf das Zusammenwirken von Sprachstandserhebungen und Einschulungsentscheidung ist vor allem der Hinweis, dass Migrantenkinder beim Schuleintritt anderen Sprachtests unterzogen werden müssen als Kinder, deren Erstsprache Deutsch ist, entscheidend: Um den sprachlichen Entwicklungsstand eines Kindes als altersgemäß beurteilen zu können, müssen sowohl der Sprachstand in der Erstsprache als auch der in der Zweitsprache gemessen werden. Reich (2007, S. 160 ff.) kommt jedoch zu dem Schluss, dass nur sehr wenige Verfahren der Sprachstandsdiagnose die Herkunftssprachen der Kinder einbeziehen und eine gleichberechtigte Behandlung von Erst- und Zweitsprache die Ausnahme bildet – so z. B. »HAVAS« (Reich/Roth 2004) und »SISMIK« (Ulich/Mayr 2004). Der Einsatz solcher Instrumente setzt voraus, dass die durchführenden Bildungsinstitutionen über qualifiziertes Personal verfügen, das diese kennt und anwenden kann.

Zu geringe Deutschkenntnisse bei Migrantenkindern führen in nicht wenigen Fällen auch zur Einleitung eines Förderschulaufnahmeverfahrens, weil fehlerhaftes

Sprachverhalten allzu häufig mit generellen Lernschwierigkeiten oder gar Lernstörungen verwechselt wird. Dies ist auf den an deutschen Schulen weitverbreiteten Missstand zurückzuführen, dass vielerorts interkulturell kompetentes und sprach- bzw. zweitsprachdidaktisch ausgebildetes pädagogisches Personal fehlt, das sowohl kulturell bedingte als auch durch den Zweitspracherwerb verursachte Normabweichungen als solche erkennt, diese von anderen kindlichen Entwicklungsstörungen abzugrenzen weiß und als Normalität und nicht als Defizit begreift. Das Risiko für Migrantenkinder gegenüber deutschen Kindern, eine Zuweisung zu einer Förderschule zu erhalten, berechnete Kornmann mithilfe des sogenannten »RRI« (»Relativer Risiko-Index«). Seinen Ausführungen zufolge ist das Risiko für die Gruppe der ausländischen Schülerinnen und Schüler im bundesweiten Durchschnitt fast doppelt so hoch wie das der Gruppe der deutschen Schülerinnen und Schüler (Kornmann 2006, S. 82 f.). Diese Formen der »institutionellen Diskriminierung«, d. h. – in diesem Falle – der kategorischen Benachteiligung von Migrantenkindern an den Schnittstellen des Bildungssystems (Einschulung, Übertritt von der Primar- in die Sekundarstufe, Sonderschulaufnahmeverfahren), haben unter anderem Gomolla und Radtke (2002) untersucht.

Bildungsbenachteiligung von Schülerinnen und Schülern mit Migrationshintergrund am Beispiel von Kindern und Jugendlichen türkischer Herkunft

Die auffällige Benachteiligung von Kindern und Jugendlichen türkischer Herkunft wurde bereits thematisiert. Einer Untersuchung von Kristen/Dollmann (2010) zufolge lassen sich die Unterschiede zu den Gleichaltrigen ohne Migrationshintergrund, die am ersten Bildungsübergang deutlich werden, vollständig auf Disparitäten in den schulischen Leistungen (primäre Effekte) und auf die mit der sozialen Herkunft verbundenen unterschiedlichen Übergangsbedingungen (sekundäre Effekte) zurückführen. Zusätzliche negative Sekundäreffekte durch Bildungsentscheidungen konnten hierbei ausgeschlossen werden. Vielmehr zeigte sich bei Kindern aus türkischen Zuwandererfamilien sogar ein positiver sekundärer ethnischer Herkunftseffekt: Wenngleich das bildungsorientierte Entscheidungsverhalten türkischer Familien die ungleichen Ausgangsbedingungen am ersten Bildungsübergang nicht kompensieren kann, wiesen diese Kinder aufgrund ihrer ausgeprägten Bildungsmotivation sogar höhere Chancen auf den Übertritt in einen anspruchsvolleren Bildungszweig auf als gleichaltrige einheimische Kinder (Kristen/Dollmann 2010, S. 133 f.). Kristen/Dollmann 2010 plädieren für eine vertiefte Auseinandersetzung mit der Entstehung ethnischer und sozialer Disparitäten in den schulischen Leistungen von Schülerinnen und Schülern mit Migrationshintergrund über die ersten Lebensjahre hinweg.

Maßnahmen zur Förderung von Schülerinnen und Schülern mit Migrationshintergrund in der Sekundarstufe I

Seit Bekanntgabe der ersten PISA-Ergebnisse vor mehr als einem Jahrzehnt wurden unterschiedliche Sondermaßnahmen und Anpassungskonzepte entwickelt und erprobt, um der zunehmend heterogenen Schülerschaft und den daraus resultierenden Schwierigkeiten zu begegnen (Neumann 2008, S. 256). Der zu verzeichnende Aufwärtstrend kann ein Indiz dafür sein, dass einige Anstrengungen bereits Früchte tragen. Um den Lernerfolg von Jugendlichen mit Migrationshintergrund auch weiterhin zu steigern und nicht nur die Reduzierung von Risikoschüler/innen, sondern auch die Erhöhung der Spitzenreiter in ihren Reihen fortzusetzen, muss auf unterschiedlichen Ebenen gehandelt werden.

Strukturelle Erfordernisse

Die von Neumann (2008, S. 256 ff.) skizzierten strukturellen Erfordernisse haben an Aktualität nicht verloren. Am gegliederten Schulsystem wird immer noch festgehalten, wenngleich die Dreigliedrigkeit immer häufiger infrage gestellt wird. Viele Bundesländer haben angesichts des Schülerzahlenrückgangs inzwischen Schulentwicklungsprozesse in Gang gesetzt, die darauf abzielen, das regionale Schulangebot auf zwei Schularten zu reduzieren (Autorengruppe Bildungsberichterstattung 2010, S. 172). Hinzu kommt, dass Hauptschulen vielerorts den Status der »Auslaufschulen« innehaben und nur noch unter Sonderbedingungen weitergeführt werden können, da sie die vorgeschriebenen Mindestschülerzahlen unterschreiten (vgl. z. B. Ridderbusch 2009). Bleiben die derzeit existierenden Schulformen bestehen, muss gewährleistet sein, dass sich jede einzelne Schulform – auch das Gymnasium – »als eine fördernde Institution begreift, die ihre Schülerinnen und Schüler nicht an eine niedrigere Schulform abgeben kann, sondern angemessen mit der Heterogenität ihrer Schülerschaft in Bezug auf Sprache, soziale Lage und Leistung bis zum Abschluss umgehen muss« (Neumann 2008, S. 256 f.). Weitere Vorschläge betreffen den Ausbau der Ganztagsschulen und die Ausweitung der verpflichtenden Elementarbildung, die bessere Verzahnung aller Bildungsübergänge und nicht zuletzt die Stärkung der Heterogenität des pädagogischen Personals an den Schulen – sowohl im Hinblick auf dessen professionelle Ausrichtung als auch auf dessen sprachliche und kulturelle Vielfalt. Lehrkräfte, die selbst einen Migrationshintergrund haben und mehrsprachig sind, können sich nicht nur gut in die Lage von Schülerinnen und Schülern mit Migrationshintergrund versetzen, sie dienen auch als Vorbilder für sozialen Erfolg und eine akademische Laufbahn (Neumann 2008, S. 257).

Inhaltliche Erfordernisse

Nur wenn die »Gestaltung der Schule als interkulturelle Institution« (Neumann 2008, S. 256) gelingt und diese nicht nur Schülerinnen und Schüler mit Migrationshintergrund aufnimmt und ausbildet, sondern sich selbst als »Schule mit Migrationshintergrund« (Neumann/Schneider 2011a) versteht, die die Potenziale aller Kinder und Jugendlichen erkennt und insbesondere auch die vom Normalbild abweichenden Merkmale wie z. B. die Mehrsprachigkeit vieler Schülerinnen und Schüler sowie Lehrerinnen und Lehrer als Ressourcen und kreatives Potenzial betrachtet und nutzt, kann Deutschland im internationalen Vergleich wettbewerbsfähig bleiben. Angesichts fortschreitender Globalisierungsprozesse, der europäischen Integration sowie der Flüchtlings-, Arbeits- und Aussiedlermigration und dem Vorbild erfolgreicher Bildungssysteme folgend, bedarf es in Deutschland einer Umorientierung sowohl auf politischer und gesellschaftlicher Ebene als auch bezüglich der pädagogischen Zielsetzungen, die in den Bildungsplänen, im Bildungsangebot, im Unterricht selbst, in den Lehr- und Lernmaterialien für die Schülerinnen und Schüler und nicht zuletzt in der Lehrerbildung sichtbar werden muss (Neumann 2008, S. 256).

Auf eine additive, schulbegleitende Förderung von Kindern und Jugendlichen mit Migrationshintergrund wird man vorerst nicht verzichten können. Programme, die diese Schülerinnen und Schüler gezielt und individuell unterstützen und fördern, müssen fortgesetzt, evaluiert und auf der Basis neuester wissenschaftlicher Erkenntnisse weiterentwickelt, sowohl auf überregionaler als auch regionaler Ebene in die Regelstrukturen des Bildungssystems integriert und – um wertvolle Synergien zu erzeugen – aufeinander abgestimmt und miteinander verzahnt werden. Den neuesten Ergebnissen aus PISA folgend, wird zu einer besonderen Berücksichtigung der Schülerinnen und Schüler mit Migrationshintergrund der zweiten Generation sowie der Kinder und Jugendlichen aus Familien türkischer Herkunft geraten (Stanat/Rauch/Segeritz 2010, S. 227).

Erwiesen hat sich die Wirksamkeit von Mentoring-Programmen für Schülerinnen und Schüler mit Migrationshintergrund (Neumann/Schneider 2011b), was bei einer Evaluation des 2004 von der Stiftung Mercator initiierten und bundesweit an rund 30 Standorten in elf Bundesländern durchgeführten »Mercator-Förderunterrichts« sehr deutlich wurde (Stiftung Mercator 2010; efms 2009). Die Besonderheit dieses Programms liegt in der Verzahnung der Förderung von Schülerinnen und Schülern mit Migrationshintergrund mit einer praxisnahen universitären Lehrerbildung (Michalak 2010; Seipp 2010; Riebling 2011; Schwaiger/Neumann 2011). Der Unterricht wird durch Studierende des Lehramts verschiedener Fächer erteilt, von denen viele selbst einen Migrationshintergrund haben und über wertvolle mehrsprachige und interkulturelle Kompetenzen verfügen. In einem der beiden Modellprojekte, dem »Interkulturellen Schülerseminar [iks] an der Universität Hamburg« (Riebling 2011; Schwaiger/Neumann 2011) stehen die Verbindung sprachlichen und fachlichen Lernens, die Vermittlung allgemeiner Lerntechniken und -strategien, der Ausbau bildungs- und fachsprachlicher Kompetenzen und die Förderung der Mehrsprachigkeit der Schülerinnen und Schüler im Vordergrund. Für diese anspruchsvolle Tätigkeit werden die studentischen Lehrkräfte durch ein eigens entwickeltes Seminar- und Beratungsangebot umfassend qualifiziert. Sowohl die bundesweite Evaluation (efms 2009) als auch interne Befragungen und Erfahrungsberichte teilnehmender Studierender zeigen, dass nicht nur die Schülerinnen und Schüler, sondern auch die angehenden Lehrerinnen und Lehrer stark von der Teilnahme am Projekt profitieren (Riebling 2011). Die hohe Nachfrage – sowohl seitens der Kinder und Jugendlichen, deren Eltern und Lehrer als auch der Studierenden – bestätigt den großen Bedarf und die hohe Lernbereitschaft: In Hamburg nehmen derzeit rund 600 Schülerinnen und Schüler und 80 Studierende am Projekt teil; die Plätze in den Schülerkursen und Fortbildungsveranstaltungen sind so begehrt, dass auch in Zukunft mit einem enormen Zustrom gerechnet werden muss.

Die Förderung von Schülerinnen und Schülern mit Migrationshintergrund darf sich nicht in additiven Fördermaßnahmen erschöpfen. Langfristiges Ziel muss die integrative und individuelle sprachliche, fachliche und überfachliche Förderung aller Schülerinnen und Schüler im Regelunterricht sein, die – anknüpfend an Maßnahmen der frühkindlichen Förderung – alle Stufen der vorschulischen und schulischen Bildung umfasst. Das im Rahmen des BLK-Programms »Förderung von Kindern und Jugendlichen mit Migrationshintergrund FörMig« entwickelte Prinzip der »durchgängigen Sprachbildung« (Lange/Gogolin 2010) vereint all diese Ziele, liefert theoretisch fundierte Qualitätsmerkmale für den Unterricht (Gogolin et al. 2010), diagnostische Instrumente zur Sprachstandserhebung (Reich/Roth 2004; Reich/Roth/Gantefort 2008; Reich/Roth/Döll 2009) sowie zur Beobachtung sprachlicher Entwicklungen (Lengyel et al. 2009; Döll 2009; Sächsisches Bildungsinstitut 2009) und zahlreiche Beispiele guter Praxis, die zur Nachahmung empfohlen werden.

Bei allen schulischen und außerschulischen Unterstützungsmaßnahmen dürfen die Eltern, Familien und das soziale Umfeld der Schülerinnen und Schüler nicht vernachlässigt werden. Die Bedeutung der Familie und der *Community* für den Bildungserfolg von Kindern und Jugendlichen ist seit vielen Jahrzehnten bekannt und wurde auch unter besonderer Berücksichtigung zugewanderter Familien vielfach untersucht und analysiert (vgl. z. B. Fürstenau/Gomolla 2009; Schwaiger/Neumann 2010; Schwaiger 2011). Auch hier kann auf zahlreiche internationale Vorbilder – insbesondere aus Kanada und den USA – verwiesen werden (vgl. z. B. Löser 2008; 2009). Maßnahmen zur stärkeren Einbeziehung der Eltern in die Lern- und Bildungsprozesse Ihrer Kinder, die über die Grundschulzeit hinausgehen, fehlen vielerorts, wenngleich sie insbesondere für Familien mit Zuwanderungsgeschichte von großer Bedeutung sind; diese gilt es unter Berücksichtigung altersspezifischer Voraussetzungen zu entwickeln, zu erproben und zu etablieren (Schwaiger/Neumann 2010, S. 273 ff.).

Insgesamt kann festgehalten werden, dass sich das deutsche Bildungssystem auf einem guten Weg befindet, aber noch viele Schritte gegangen, Hindernisse überwunden und Maßnahmen ergriffen werden müssen. Fest steht, dass dies ohne die skizzierte generelle Umorientierung nicht möglich ist und dass es umfassender Anstrengungen und individueller und regionalspezifischer Lösungen bedarf. Einem aktuellen

OECD-Bericht zufolge bestehen bei der Unterstützung gefährdeter Schülerinnen und Schüler mit Migrationshintergrund die größten Herausforderungen darin, das »richtige Verhältnis zwischen universell anwendbaren und gezielten Maßnahmen zu finden« (OECD 2011, S. 72), bildungspolitische Entscheidungen im Zusammenhang mit anderen Arten von Politikinterventionen zu betrachten und auf allen Ebenen (in Schulen und Gemeinschaften sowie auf den kommunalen, regionalen und nationalen Verwaltungsebenen) aktiv zu werden.

Literatur

Artelt, C./Naumann, J./Schneider, W. (2010): Lesemotivation und Lernstrategien. In: Klieme, E./Artelt, C./Hartig, J./Jude, N./Köller, O./Prenzel, M./Schneider, W./Stanat, P. (Hrsg.): PISA 2009. Bilanz nach einem Jahrzehnt. Münster: Waxmann, S. 73–112.

Autorengruppe Bildungsberichterstattung (2010): Bildung in Deutschland. Ein indikatorengestützter Bericht mit einer Analyse zu Perspektiven des Bildungswesens im demografischen Wandel. Bielefeld: W. Bertelsmann (Auch online unter www.bildungsbericht.de/daten2010/bb_2010.pdf, Abruf 17.6.2011.).

Berthold, B. (2008): Einschulungsregelungen und flexible Eingangsstufe. Recherche für den Nationalen Bildungsbericht 2008 im Auftrag des Deutschen Jugendinstituts. München: DJI. (Auch online unter www.dji.de/bibs/01_natBild_Expertise_Berthold.pdf, Abruf am 17.6.2011.).

Döll, M. (2009): Beobachtung und Dokumentation von Kompetenz und Kompetenzzuwachs im Deutschen als Zweitsprache mit den Niveaubeschreibungen DaZ. In: Lengyel, D./Reich, H. H./Roth, H.-J./Döll, M. (Hrsg.): Von der Sprachdiagnose zur Sprachförderung. FöRMIG Edition Band 5. Münster: Waxmann, S. 109–114.

efms (Europäisches Forum für Migrationsstudien) (2009): Förderunterricht für Kinder und Jugendliche mit Migrationshintergrund. Evaluation des Projekts der Stiftung Mercator. Kurzbericht der Evaluation. www.mercator-foerderunterricht.de/fileadmin/user_upload/INHALTE_UPLOAD/Microsite%20Foerderunterricht/Kurzbericht%20der%20Evaluation.pdf (Abruf am 17.6.2011).

Ehmke, T./Jude, N. (2010): Soziale Herkunft und Kompetenzerwerb. In: Klieme, E./Artelt, C./Hartig, J./Jude, N./Köller, O./Prenzel, M./Schneider, W./Stanat, P. (Hrsg.): PISA 2009. Bilanz nach einem Jahrzehnt. Münster: Waxmann, S. 231–254.

Fürstenau, S./Gomolla M. (Hrsg.) (2009): Migration und schulischer Wandel: Elternbeteiligung. Wiesbaden: VS Verlag für Sozialwissenschaften für Sozialwissenschaften, S. 21–49.

Gogolin, I./Lange, I./Hawighorst, B./Bainski, C./Heintze, A./Rutten, S./Saalmann, W. in Zusammenarbeit mit der FöRMIG-AG »Durchgängige Sprachbildung« (2010): Durchgängige Sprachbildung: Qualitätsmerkmale für den Unterricht. Hamburg. (Auch online unter www.blk-foermig.uni-hamburg.de/cosmea/core/corebase/mediabase/foermig/Modellschulen/QM_1_10.pdf, Abruf am 17.6.2011.).

Gomolla, M./Radtke, F.-O. (2002): Institutionelle Diskriminierung. Die Herstellung ethnischer Differenz in der Schule. Wiesbaden: VS Verlag für Sozialwissenschaften für Sozialwissenschaften.

Klieme, E./Artelt, C./Hartig, J./Jude, N./Köller, O./Prenzel, M./Schneider, W./Stanat, P. (Hrsg.) (2010): PISA 2009. Bilanz nach einem Jahrzehnt. Münster: Waxmann.

KMK (2009): Deutschland holt auf. www.kmk.org/presse-und-aktuelles/meldung/pisa-2009-deutschland-holt-auf.html (Abruf 17.6.2011).

Kornmann, R. (2006): Zur Überrepräsentation ausländischer Kinder und Jugendlicher in Sonderschulen mit dem Schwerpunkt Lernen. In: Auernheimer, G. (Hrsg.): Schieflagen im Bildungssystem. Die Benachteiligung der Migrantenkinder. Wiesbaden: VS Verlag für Sozialwissenschaften für Sozialwissenschaften, S. 71–85.

Kristen, C./Dollmann, J. (2010): Sekundäre Effekte der ethnischen Herkunft: Kinder aus türkischen Familien am ersten Bildungsübergang. In: Becker, B./Reimer, D. (Hrsg.): Vom Kindergarten bis zur Hochschule. Die Generierung von ethnischen und sozialen Disparitäten in der Bildungsbiographie. Wiesbaden: VS Verlag für Sozialwissenschaften für Sozialwissenschaften, S. 117–145.

Lange, I./Gogolin, I. (2010): Durchgängige Sprachbildung. Eine Handreichung. FÖRMIG Material 2. Münster: Waxmann.

Lehberger, R./Sandfuchs U. (Hrsg.) (2008): Schüler fallen auf. Heterogene Lerngruppen in Schule und Unterricht. Bad Heilbrunn: Klinkhardt.

Lengyel, D./Heintze, A./Reich, H. H./Roth, H.-J./Scheinhardt-Stettner, H. (2009): Prozessbegleitende Diagnose zur Schreibentwicklung. Beobachtung schriftlicher Sprachhandlungen in der Sekundarstufe I. In: Lengyel, D./Reich, H. H./Roth, H.-J./Döll, M. (Hrsg.): Von der Sprachdiagnose zur Sprachförderung. FÖRMIG Edition Band 5. Münster: Waxmann, S. 131–138.

Lisker, A. (2010): Sprachstandsfeststellung und Sprachförderung im Kindergarten und beim Übergang in die Schule. Expertise im Auftrag des Deutschen Jugendinstituts. München: DJI. (Auch online unter www.dji.de/bibs/Expertise_Sprachstandserhebung_Lisker_2010.pdf, Abruf am 17.6.2011.).

Lisker, A. (2011): Additive Maßnahmen zur Sprachförderung im Kindergarten – Eine Bestandsaufnahme in den Bundesländern. Expertise im Auftrag des Deutschen Jugendinstituts. München: DJI. (Auch online unter www.dji.de/bibs/Expertise_Sprachfoerderung_Lisker_2011.pdf, Abruf am 17.6.2011.).

Löser, J. M. (2008): Der Settlement Worker in School. Ein kanadisches Unterstützungsmodell für Familien mit Migrationshintergrund. In: Dirim, I./Hauenschild, K./Lütje-Klose, B./Löser, J. M./Sievers, I. (Hrsg.): Ethnische Vielfalt und Mehrsprachigkeit an Schulen. Frankfurt a.M: Brandes & Apsel, S. 55–65.

Löser, J. M. (2009): A warm welcome for parents from abroad. Integrationshelfer an kanadischen Schulen. In: Tillmann, K.-J./Wohne, K. (Hrsg.): Schüler 2009. Migration. Seelze: Friedrich, S. 48/49.

Michalak, M. (2010): Zum Anforderungsprofil für Lehrkräfte in mehrsprachigen Klassen. In: Stiftung Mercator (Hrsg.)(2010): Der Mercator-Förderunterricht. Sprachförderung für Schüler mit Migrationshintergrund durch Studierende. Münster: Waxmann, S. 141–158.

Naumann, J./Artelt, C./Schneider, W./Stanat, P. (2010): Lesekompetenz von PISA von 2000 bis 2009. In: Klieme, E./Artelt, C./Hartig, J./Jude, N./Köller, O./Prenzel, M./Schneider, W./Stanat, P. (Hrsg.): PISA 2009. Bilanz nach einem Jahrzehnt. Münster: Waxmann, S. 23–72.

Neumann, U. (2008): Schülerinnen und Schüler mit Migrationshintergrund in der Sekundarstufe I. In: Lehberger, R./Sandfuchs U. (Hrsg.): Schüler fallen auf. Heterogene Lerngruppen in Schule und Unterricht. Bad Heilbrunn: Klinkhardt, S. 249–263.

Neumann, U./Schneider, J. (Hrsg.) (2011a): Schule mit Migrationshintergrund. Münster: Waxmann.

Neumann, U./Schneider, J. (Hrsg.) (2011b): Mentoring-Projekte: Einschätzung der Forschungslage. In: Neumann, U./Schneider, J. (Hrsg.): Schule mit Migrationshintergrund. Münster: Waxmann, S. 220–231.

OECD (2011): PISA 2009 Ergebnisse: Potenziale nutzen und Chancengerechtigkeit sichern – Sozialer Hintergrund und Schülerleistungen, Band II. dx.doi.org/10.1787/9789264095359-de (Abruf am 17.6.2011).

Reich, H. H. (2007): Forschungsstand und Desideratenaufweis zu Migrationslinguistik und Migrationspädagogik für die Zwecke des »Anforderungsrahmens«. In: Ehlich, K. (Hrsg.): Anforderungen an Verfahren der regelmäßigen Sprachstandsfestellung als Grundlage für die frühe und individuelle Förderung von Kindern mit und ohne Migrationshintergrund. Bildungsreform Band 11. Berlin: Bundesministerium für Bildung und Forschung, S. 121–169.

Reich, H. H./Roth, H.-J. (2004): HAVAS 5 – Hamburger Verfahren zur Analyse des Sprachstandes bei 5-Jährigen. Hamburg.

Reich, H. H./Roth, H.-J./Döll, M. (2009): Fast Catch Bumerang. Deutsche Sprachversion. Auswertungsbogen und Auswertungshinweise. In: Lengyel, D./Reich, H. H./Roth, H.-J./Döll, M. (Hrsg.): Von der Sprachdiagnose zur Sprachförderung. FörMig Edition Band 5. Münster: Waxmann, S. 209–241.

Reich, H. H./Roth, H.-J./Gantefort, C. (2008): Der Sturz ins Tulpenbeet. Deutsche Sprachversion. Auswertungsbogen und Auswertungshinweise. In: Klinger, T./Schwippert, K./Leiblein, B. (Hrsg.): Evaluation im Modellprogramm FörMig. FörMig Edition Band 4. Münster: Waxmann, S. 209–237.

Ridderbusch, J. (2009): »Auslaufmodell Hauptschule?« – Zur Situation der Hauptschule in Deutschland. In: Statistisches Monatsheft Baden-Württemberg 11/2009, S. 18–28.

Riebling, L. (2011): In sprachlich heterogenen Schülergruppen lehren lernen. Praxisnahe Lehrerbildung am Beispiel des [iks] an der Universität Hamburg. In: Neumann, U./Schneider, J. (Hrsg.): Schule mit Migrationshintergrund. Münster: Waxmann, S. 232–244.

Sächsisches Bildungsinstitut (Hrsg.) (2009): Niveaubeschreibungen Deutsch als Zweitsprache für die Sekundarstufe I. Zur Beobachtung von Kompetenz und Kompetenzzuwachs im Deutschen als Zweitsprache. Transferfassung 2009. Druck: MAXROI Graphics GmbH, Görlitz.

Schwaiger, M. (2011): Regionale Bildungsgemeinschaften statt interkultureller Elternarbeit. In: Neumann, U./Schneider, J. (Hrsg.): Schule mit Migrationshintergrund. Münster: Waxmann, S. 264–275.

Schwaiger, M./Neumann, U. (2010). Regionale Bildungsgemeinschaften. Gutachten zur interkulturellen Elternbeteiligung der RAA. Universität Hamburg: Institut für International und Interkulturell Vergleichende Erziehungswissenschaft. www.raa.de/fileadmin/dateien/pdf/service/downloads/2010/UHH-Gutachten-zur-interkulturellen-Elternbeteiligung.pdf (Abruf am 17.6.2011).

Schwaiger, M./Neumann, U. (2011): Sprachbildung für Kinder und Jugendliche mit Migrationshintergrund im Interkulturellen Schülerseminar [iks] an der Universität Hamburg. In: Diskurs Kindheits- und Jugendforschung 2/2011, S. 206–212.

Seipp, B. (2010): Förderunterricht – vom Projekt zur Lehrerbildung: Verstetigung des Projekts »Förderunterricht für Kinder und Jugendliche mit Migrationshintergrund« der Stiftung Mercator in der Lehrerbildung am Beispiel der Technischen Universität Dortmund. In: Stiftung Mercator (Hrsg.) (2010): Der Mercator-Förderunterricht. Sprachförderung für Schüler mit Migrationshintergrund durch Studierende. Münster: Waxmann, S. 121–140.

Stanat, P./Christensen, G. (2003): Schulerfolg von Jugendlichen mit Migrationshintergrund im internationalen Vergleich. Eine Analyse von Voraussetzungen und Erträgen schulischen Lernens im Rahmen von PISA 2003. Bildungsforschung Band 19. Berlin: Bundesministerium für Bildung und Forschung. (Auch online unter www.bmbf.de/pub/bildungsforschung_band_neunzehn.pdf, Abruf am 17.6.2011.).

Stanat, P./Rauch, D./Segeritz, M. (2010): Schülerinnen und Schüler mit Migrationshintergrund. In: Klieme, E./Artelt, C./Hartig, J./Jude, N./Köller, O./Prenzel, M./Schneider, W./Stanat, P. (Hrsg.): PISA 2009. Bilanz nach einem Jahrzehnt. Münster: Waxmann, S. 200–230.

Stiftung Mercator (Hrsg.) (2010): Der Mercator-Förderunterricht. Sprachförderung für Schüler mit Migrationshintergrund durch Studierende. Münster: Waxmann.

Ulich, M./Mayr, T. (2004): SISMIK – Sprachverhalten und Interesse an Sprache bei Migrantenkindern in Kindertageseinrichtungen. Freiburg: Herder.

Paul Walter

Gymnasialbesuch und seine Bedingungen bei Schülerinnen und Schülern mit Migrationshintergrund

Die unzureichende Integration von Schülerinnen und Schülern mit Migrationshintergrund in das deutsche Bildungswesen manifestiert sich in ihrem vergleichsweise geringen Gymnasialbesuch und in ihrer relativ niedrigen Abiturientenquote. Nicht nur aus sozialpolitischen Gründen, sondern auch wegen des demografischen Wandels wird beiden Indikatoren Bedeutung beigemessen, wenn etwa die Bildung der zugewanderten Bevölkerung als »großes Entwicklungspotenzial für die deutsche Gesellschaft« bezeichnet (Konsortium Bildungsberichterstattung 2006, S. 137) oder wenn auf das unzureichend ausgeschöpfte »Humankapitalpotenzial« der Bevölkerung mit Migrationshintergrund verwiesen wird (Erdmann et al. 2010, S. 85 ff.).

Wie sich die Beteiligung und der Bildungsverlauf von Schülerinnen und Schülern mit Migrationshintergrund in deutschen Gymnasien darstellen, ist Gegenstand der ersten beiden Abschnitte. Danach werden Daten zu den Abschlüssen im Gymnasium referiert. Im zweiten Abschnitt erfolgt eine Diskussion wichtiger Faktoren, die dafür verantwortlich sein könnten, dass relativ wenige Schülerinnen und Schüler mit Migrationshintergrund Gymnasien besuchen. Daran schließt ein dritter Abschnitt an, der Aussagen bildungserfolgreicher Migrantinnen und Migranten aufnimmt und damit die Bildungsthematik aus einem anderen Blickwinkel als dem von Statistiken und »large scale assessments« beleuchtet. Abschließend wird auf beachtenswerte pädagogische und bildungspolitische Anstrengungen für (potenzielle) Gymnasiastinnen und Gymnasiasten mit Migrationshintergrund eingegangen.

Schülerinnen und Schüler mit Migrationshintergrund im Gymnasium: Beteiligung und Abschlüsse

Wie generell bei migrationsspezifischen Bildungsstatistiken ist zu berücksichtigen, dass bei der Gymnasialbeteiligung eine heterogene Gruppe unter dem Label »Schülerinnen und Schüler mit Migrationshintergrund« zusammengefasst wird. Darüber hinaus wird je nach Statistik diese Personengruppe unterschiedlich definiert. Dementsprechend variieren die referierten Zahlen erheblich und gewinnen an zusätzlicher Komplexität, wenn man die jeweils herangezogene Referenzgruppe in Rechnung stellt.

Bildungsbeteiligung im Gymnasium

Nimmt man mit Diefenbach die Daten des »Statistischen Bundesamtes« als Quelle, so können die Schülerinnen und Schüler nur nach Staatsangehörigkeit, also nach »deutsch versus andere Staatsangehörigkeit« unterschieden werden. Diefenbach kommt für das Jahr 2006 für die deutschen Gymnasiastinnen und Gymnasiasten auf einen Anteil von rund 47 Prozent unter den Besuchern einer Sekundarschulform. Von den ausländischen Schülerinnen und Schülern der Sekundarstufe besuchten im selben Jahr dagegen nur knapp 23 Prozent das Gymnasium (Diefenbach 2010, S. 59 ff.). Nach ihren Berechnungen zeigen sich seit 1992 nur leichte Erhöhungen der Besuchsquote im Gymnasium. Das gilt sowohl für die deutschen als auch für die ausländischen Schülerinnen und Schüler.

Wenn eine Unterscheidung nach familialem Migrationshintergrund erfolgt, werden etwas andere Zahlen genannt. Der im Auftrag der Kultusministerkonferenz und des Bundesforschungsministeriums erstellte *Bildungsbericht 2010* greift auf Daten aus PISA-E 2003 und PISA-E 2006 mit insgesamt rund 80 000 getesteten Schülerinnen und Schülern im Alter von 15 Jahren zurück. Danach besuchten 34,7 Prozent (2003) bzw. 36,6 Prozent (2006) der 15-jährigen Schülerinnen und Schüler ohne Migrationshintergrund ein Gymnasium, wohingegen es bei den Gleichaltrigen mit Migrationshintergrund (mit mindestens einem im Ausland geborenen Elternteil) nur 22,6 Prozent (2003) bzw. 22,1 Prozent (2006) waren (Autorengruppe Bildungsberichterstattung 2010, S. 247). Es zeigt sich jedoch auch hier die große Differenz in den Anteilen der jeweiligen Schülergruppen. Anzumerken ist in diesem Zusammenhang zweierlei:

→ Während der Anteil der *ausländischen* Schülerinnen und Schüler in allgemeinbildenden Schulen in Deutschland 2006 wie die Jahre davor mit knapp zehn Prozent zu beziffern ist, beträgt der Anteil der Schülerinnen und Schüler mit Migrationshintergrund rund das Doppelte, also über 20 Prozent.

→ Die divergierenden Zahlen belegen, dass es nicht unerheblich ist, welche statistische Quelle herangezogen wird, also entweder die Gruppe aller Schülerinnen und Schüler der Sekundarstufe, unterschieden nach Staatsangehörigkeit, oder wie bei PISA, eine große, wenn auch nicht völlig repräsentative Stichprobe aller Fünfzehnjährigen.

Für eine Bewertung der Unterrepräsentation von Jugendlichen mit Migrationshintergrund bzw. von ausländischen Jugendlichen im Gymnasium ist es weiterhin aufschlussreich, die Anteile in der besuchten Schulform zu bestimmen. In ihren Berechnungen kommt Diefenbach so auf einen Anteil von etwas über vier Prozent *ausländischen* Jugendlichen an Gymnasien im Jahre 2006 (Diefenbach 2010, S. 61 f.). Dieser Anteil hat sich seit 1992 nur im Dezimalstellenbereich verändert und erreichte im Schuljahr 2008/2009 4,4 Prozent (BBMFI 2010, S. 91). Selbst wenn man berücksichtigt, dass es sich hier um einen Durchschnittswert über die verschiedenen Regionen Deutschlands handelt und dass die Werte bei Berücksichtigung des Migrationshintergrundes höher wären, ist zu vermuten, dass die Migrationsthematik in der Wahrnehmung des gymnasialen Schulalltags und für die Gymnasialpädagogik eine eher untergeordnete Rolle spielen dürfte.

Klassenwiederholung und Schulformwechsel

Nach erreichtem Übergang von der Grundschule ins Gymnasium, der eine erhöhte Barriere für Schülerinnen und Schüler mit Migrationshintergrund bedeutet und wesentlich zu ihrer geringeren Beteiligung an dieser Schulform beiträgt, zeigen sich Besonderheiten für diese Gruppe der Gymnasiastinnen und Gymnasiasten in weiteren Bildungsindikatoren.

Ein Umstand, der die Bildungslaufbahn verzögert oder den Wechsel auf niedrigere Schulformen veranlasst, ist das sogenannte »Sitzenbleiben«. Daten der nationalen PISA-Erweiterungsstudie 2000 zufolge haben in Deutschland immerhin um die 20 Prozent der 15-jährigen Gymnasiastinnen und Gymnasiasten mit Migrationshintergrund bereits eine Klasse wiederholt, während der Wert der Vergleichsgruppe ohne Migrationshintergrund bei etwa neun Prozent liegt (Krohne/Meier/Tillmann 2004, S. 383). Die PISA-Daten offenbaren ferner, dass die erhöhten Wiederholungsquoten der Jugendlichen mit Migrationshintergrund zum Teil auf häufigen Klassenwiederholungen in der Grundschulzeit beruhen. Gymnasiasten ohne Migrationshintergrund wiederholten dagegen in der Grundschule erwartungsgemäß nur selten eine Klasse. Für das erhöhte und veränderte Muster der Klassenwiederholung spielen die sich bis ins Jugendalter kumulierenden Leistungsrückstände im Lesen eine zentrale Rolle. Bisher unzureichend erklärt ist das Faktum, dass die Wiederholungsquoten weiblicher und männlicher Migranten – auch im Gymnasium – näher beieinanderliegen als bei Jugendlichen ohne Migrationshintergrund, bei denen die weiblichen Jugendlichen deutlich seltener wiederholen.

Amtliche regionale Statistiken ergänzen und differenzieren diese Ergebnisse von Krohne/Meier/Tillmann (2004). Beispielsweise zeigt die amtliche Statistik Bayerns einen deutlichen Rückgang der jährlichen Wiederholungsquoten in den Gymnasien (bis zum elften Schuljahr, da es danach nur »freiwillige Wiederholungen« gibt) zwischen Schuljahr 2002/03 und 2007/08 von 3,4 auf zwei Prozent und außerdem große Unterschiede in den Landkreisen. Auch die Wiederholungsraten für Migranten im Gymnasium sind dort bis 2007/08 gesunken, liegen jedoch immer noch doppelt so hoch wie für Gymnasiasten ohne Migrationshintergrund (vier zu 1,9 Prozent) (ISB 2009, S. 137 ff.). Werden die bayerischen Wiederholer nach ethnischen Gruppen und nach Migrantengenerationen aufgeschlüsselt, ergeben sich zum Teil schwer interpretierbare Differenzen, die, ohne den Gesamtbefund zu verändern, auf eine bisher nicht völlig aufgeklärte Faktorenkomplexion verweisen.

Eine ähnlich differenzierte Befundlage zeigt sich beispielsweise auch für Frankfurt am Main. Nach Staatsangehörigkeit aufgeschlüsselt, sind für deutsche Gymnasiasten zwischen dem Schuljahr 2000/01 und 2005/06 die jährlichen Klassenwiederholungen von 5,0 auf 3,8 Prozent, für die vergleichbare Gruppe ausländischer Jugendlicher von 8,6 auf 5,2 Prozent zurückgegangen (Dezernat für Bildung und Frauen o. J., S. 207). Zu relativieren ist diese prozentuale Annäherung insofern, als in Frankfurt am Main zu den deutschen Jugendlichen zunehmend auch Jugendliche mit Migrationshintergrund zählen. Weiterhin bestätigen die Frankfurter Daten das skizzierte Ergebnis der PISA-Studie 2000, wonach sich die Geschlechterdifferenzen bei den Wiederholungsraten der Migranten verringern. In Frankfurt am Main könnte diese Nivellierung durch die im Vergleich zur deutschen Gruppe noch deutlichere Überrepräsentation von Schülerinnen in der gymnasialen Oberstufe mitbedingt sein. Das heißt, nur relativ leistungsstarke männliche Jugendliche mit Migrationshintergrund, die kaum versetzungsgefährdet sind, verbleiben dort bis zur Oberstufe im Gymnasium.

Mit der Nichtversetzung im Gymnasium sind nicht nur Klassenwiederholungen verbunden, sondern auch Schulwechsel auf einen »niedrigere« Schulform oder der (vorläufige) Abbruch des Schulbesuchs. Beim Schulwechsel überwiegt im deutschen Schulsystem generell die »abwärts« gerichtete Mobilität, die im Gymnasium besonders ausgeprägt ist: Auf einen Aufstieg von der Realschule ins Gymnasium in den Klassenstufen 7 bis 9 kommen rund elf Abstiege vom Gymnasium (Konsortium Bildungsberichterstattung 2006, S. 51). Nach Daten der Erweiterungsstudie PISA 2000 waren von den Abstiegen die 15-jährigen Gymnasiastinnen und Gymnasiasten mit Migrationshintergrund stärker betroffen (Konsortium Bildungsberichterstattung 2006, S. 152 und S. 294). Abwärtsgerichtete Schulwechsel tragen mithin zusätzlich zu ihrer Unterpräsentation im Gymnasium bei.

Streben die ehemaligen Gymnasiasten mit Migrationshintergrund trotzdem die Hochschulreife an, müssen sie zeitliche Verzögerungen oder Umwege, z. B. über Aufbau- oder Abendgymnasien, in Kauf nehmen. In solchen Schulen finden sich denn auch relativ viele Jugendliche mit Migrationshintergrund (Maaz et al. 2006, S. 62; Dezernat für Bildung u. Frauen o. J., S. 174 ff.).

Zu berücksichtigen ist hierbei jedoch, dass die deutschlandweite Datenlage nach der ersten PISA-Erhebung in Bezug auf abwärtsgerichtete migrationsspezifische Schulwechsel vom Gymnasium weiterer aktueller Analysen bedarf.

Migration und Abiturientenquote

Die Unterrepräsentation der Jugendlichen mit Migrationshintergrund im Gymnasium manifestiert sich am Ende der Schulzeit bei den Bildungsabschlüssen. Bei Unterscheidung nach Staatsangehörigkeit erreichten im Jahr 2008 14,1 Prozent der deutschen Schülerinnen und Schüler die Fachhochschulreife und 33,9 Prozent die allgemeine Hochschulreife, gemessen an der altersentsprechenden Wohnbevölkerung. Bei den ausländischen Schulabsolventen lauten die entsprechenden Zahlen 7,2 und

11,2 Prozent. Während also rund 48 Prozent der deutschen Schulabgänger Zugang zu einer Hochschule hatten, waren es bei ausländischen Schulabgängern nur etwas über 18 Prozent (Autorengruppe Bildungsberichterstattung 2010, S. 270).

Diese beträchtliche Differenz spricht jedoch nicht für sich. Bei statistischer Kontrolle des sozioökonomischen Status nähern sich die Prozentwerte für Jugendliche mit und ohne Migrationshintergrund, die die Hochschulreife erreichen, in den unterschiedenen Statusgruppen stark an (Autorengruppe Bildungsberichterstattung 2010, S. 92 f.). Die Zahlendifferenz zwischen deutschen und nicht deutschen Absolventen entsteht also auch deswegen, weil die sozioökonomischen Bedingungen zwischen der Migranten- und der Mehrheitsbevölkerung zuungunsten der ersten Gruppe differieren.

Bedeutend geringere Prozentwerte bei beiden Absolventengruppen erhält man allerdings, wenn man auf vergleichbarer Datengrundlage nur die Abschlüsse untereinander prozentuiert. So kommt Diefenbach für das Jahr 2006 zu einem Anteil von rund 28 Prozent deutschen Schulabsolventen mit Abitur oder Fachhochschulreife und von 11,4 Prozent ausländischen Schulabsolventen mit diesen Abschlüssen (Diefenbach 2010, S. 72 ff.). Der Abstand zwischen deutschen und ausländischen Jugendlichen bleibt auch bei diesen Vergleichswerten beeindruckend. Beeindruckend ist hier jedoch auch die Differenz zu den Berechnungen der Autorengruppe Bildungsberichterstattung, was einen vorsichtigen Umgang mit bloßen Zahlen aus Bildungsstatistiken nahelegt.

Der Vollständigkeit halber ist zu erwähnen, dass die Absolventen mit Hochschulreife mehrheitlich – zu zwei Dritteln oder mehr – ein grundständiges Gymnasium besucht haben. Andere Bildungseinrichtungen, die zur Hochschulreife führen, besitzen, wie erwähnt, eine relativ große Bedeutung für Schülerinnen und Schüler mit Migrationshintergrund und können deren Nachteile beim Gymnasialbesuch zum Teil kompensieren (Trautwein et al. 2006, S. 154).

Zur schulischen Integrationsbilanz der Bundesländer

Je nach Bundesland unterscheiden sich nicht nur die Anteile der Schülerinnen und Schüler mit Migrationshintergrund, sondern auch deren Bildungsverläufe in erheblichem Maße.

In der Längsschnittuntersuchung »Aspekte der Lernausgangslage und der Lernentwicklung« (»LAU«) im Stadtstaat Hamburg in den Jahren 1996 bis 2005 zeigte sich zum letzten Erhebungszeitpunkt in der Jahrgangsstufe 13, dass es dem dortigen Schulsystem offenbar gelingt, einen annähernd angemessenen Anteil von Jugendlichen mit Migrationshintergrund bis zum Abitur zu bringen. Als Bezugsgröße fungierte der Prozentsatz der Jugendlichen mit Migrationshintergrund in der Studie »PISA 2003«. Danach unterschied sich der Anteil von 33,3 Prozent an Abiturienten mit Migrationshintergrund nur unerheblich von den 34,5 Prozent Schülerinnen und Schülern mit Migrationshintergrund, die sich nach der PISA-Studie in Hamburg auf alle allgemeinbildenden Schularten verteilten.

Deutlich niedriger lagen dagegen die entsprechenden Zahlen für Baden-Württemberg, die – allerdings schon 2002 – im Rahmen der Studie »TOSCA« (»Transformation des Sekundarschulsystems und akademische Karrieren«) erhoben wurden. Während PISA 2003 für Baden-Württemberg knapp 32 Prozent 15-jährige Schülerinnen und Schüler mit Migrationshintergrund ermittelte, betrug hier der Anteil der Abiturienten mit Migrationshintergrund lediglich 21,4 Prozent (Maaz et al. 2006, S. 60 ff.). Gegenüber der PISA-Studie ging in Baden-Württemberg der Anteil bei denjenigen Abiturient/innen zurück, die mit ihren Familien selbst zugewandert waren oder die im Gegensatz zu ihren Eltern bereits in Deutschland geboren wurden. Überproportional vertreten waren unter den Abiturienten mit Migrationshintergrund Jugendliche mit einem in Deutschland geborenen Elternteil. In Hamburg waren die Untergruppen mit Migrationshintergrund gleichmäßiger unter den Abiturientinnen und Abiturienten vertreten.

Mit Hamburg und Baden-Württemberg wurden zwei der »alten« Bundesländer gegenübergestellt, die sich hinsichtlich der Integration von Migranten im Bildungssystem stark zu unterscheiden scheinen. Nach Daten des Statistischen Bundesamtes erlangen in den Stadtstaaten Bremen, Berlin und Hamburg vergleichsweise viele *ausländische* Schülerinnen und Schüler die allgemeine Hochschulreife (2009 liegt der »Spitzenreiter« Hamburg bei knapp 20 Prozent ausländischer Abiturienten, bei einer auf derselben Datenbasis errechneten Abiturientenquote von 30.5 Prozent bei den deutschen Jugendlichen). Im Vergleich dazu kommt Baden-Württemberg im selben Jahr nur auf eine Quote von etwas über fünf Prozent ausländischer Abiturienten und erreicht damit den niedrigsten Wert unter den Bundesländern (BBMFI 2010, S. 96). Eine ähnliche Rangfolge ergibt sich schon in den Jahren zuvor (BBMFI 2005, S. 574) und zeigt sich nicht nur bei den Absolventen, sondern auch generell im Gymnasialbesuch der ausländischen Schülerinnen und Schüler (Diefenbach 2010, S. 63).

Heterogenität der Schülerinnen und Schüler mit Migrationshintergrund

Ist eine differenzierte Einschätzung der Bildungsbeteiligung in Gymnasien schon wegen der unterschiedlichen Datenbasis und der länderspezifischen Besonderheiten des Schulsystems schwierig und zugleich notwendig, so wird ein Überblick über die Bildungssituation weiter erschwert, wenn man die Schülerinnen und Schüler nach ihrer Migrationsgeschichte und/oder nach Herkunftsländern unterscheidet.

Wegen der in amtlichen Statistiken berücksichtigten Staatsangehörigkeit der Bevölkerung sind Differenzen hinsichtlich des Gymnasiumsbesuchs zwischen Jugendlichen unterschiedlicher Staatsangehörigkeit bekannt. Beispielsweise wurde bereits Anfang der 1990er-Jahre ein umfassender »Ausländerreport« für Hessen erstellt, dem zu entnehmen war, dass iranische und polnische Schülerinnen und Schüler in Hessen vergleichbare Prozentanteile im Gymnasium erreichten wie die deutschen Mitschülerinnen und Mitschüler (Jungblut 1993, S. 89). Die damals für Hessen festgestellte Unterrepräsentation vor allem von Schülerinnen und Schülern italienischer und türkischer Nationalität von unter zehn Prozent im Gymnasium zeigt sich erstaunlicherweise in allen Bundesländern noch heute. So weist der *Bericht der Beauftragten der Bundesregierung für Migration, Flüchtlinge und Integration* (2010) für das Schuljahr 2008/09 unter den Schülerinnen und Schülern türkischer Staatsangehörigkeit etwas über neun Prozent Gymnasiasten auf; und auch bei den Schülerinnen und Schülern mit italienischer Staatsangehörigkeit sind es nur knapp zehn Prozent. Des Weiteren ist an der aktuellen Statistik auffällig, dass fast 40 Prozent der vietnamesischen Schülerinnen und Schüler ein Gymnasium in Deutschland besuchen und damit die deutschen Schülerinnen und Schüler (mit und ohne Migrationshintergrund) um über zehn Prozent übertreffen (BBMFI 2010, S. 96). Dass sich trotz solcher konstanter und starker Differenzen vereinfachende populärwissenschaftliche Deutungen verbieten, zeigt etwa der Sachverhalt, dass z. B. in der Schweiz italienische Jugendliche ungefähr dasselbe Bildungsniveau erreichen wie ihre einheimischen Altersgenossen (Bolzman/Fibi/Vial 2005, S. 87).

Wie erwähnt, wird durch den Rekurs auf die Staatsangehörigkeit nur etwa die Hälfte der Schülerinnen und Schüler mit Migrationshintergrund erfasst. Werden verschiedene Konstellationen des Migrationshintergrunds unterschieden, ist festzustellen, dass Schülerinnen und Schüler aus binationalen Familien mit einem deutschen Elternteil beim Gymnasialbesuch weniger benachteiligt sind als Jugendliche, die zwar in Deutschland geboren, deren Eltern aber aus dem Ausland zugewandert sind (zweite Generation) oder die gemeinsam mit ihren Eltern immigrierten (erste Generation). Tendenziell scheint sich eine strukturelle Angleichung der Bildungsbiografien von der ersten Generation zur zweiten Generation an die Bildungsbeteiligung der Gleichaltrigen ohne Migrationshintergrund zu vollziehen; diese Tendenz scheint jedoch in Abhängigkeit vom Herkunftsland bzw. von – damit verbundenen – familialen Immigrationsmotiven unterschiedlich stark ausgeprägt zu sein.

Am Datensatz der nationalen Erweiterungsstudie von »PISA 2003« untersuchten Segeritz/Walter/Stanat (2010) die Veränderung der Bildungsbeteiligung von jugendlichen Migranten von der ersten zur zweiten Generation – mit der für Querschnittuntersuchungen allerdings eingeschränkten Aussagekraft. Gesondert berücksichtigt wurden Jugendliche aus interethnischen Familien und Jugendliche der »1.5. Generation«, d. h. Jugendliche, die mit ihren Familien vor dem Schuleintritt zugewandert waren. Die Wahrscheinlichkeit eines Gymnasialbesuchs stieg für polnisch- und russischstämmige Jugendliche von der ersten zur zweiten Generation auf das Niveau der Jugendlichen ohne Migrationshintergrund. Bei statistischer Kontrolle des soziokulturellen Familienhintergrunds übertraf die Bildungsbeteiligung im Gymnasium bei den polnischstämmigen Jugendlichen der 1.5. und der zweiten Generation und bei den russischstämmigen Jugendlichen der zweiten Generation die Bildungsbeteiligung der Jugendlichen ohne Migrationshintergrund.

Bei den türkischstämmigen Jugendlichen blieb auch bei Kontrolle des Familienhintergrunds die Bildungsbeteiligung im Gymnasium unterdurchschnittlich. Für die übrigen Jugendlichen mit sehr heterogenen ethnischen Wurzeln fielen die Ergebnisse weniger eindeutig aus, ähnelten jedoch denen der türkischstämmigen Jugendlichen.

War ein Elternteil in Deutschland geboren, glichen die Wahrscheinlichkeiten für einen Gymnasialbesuch denen bei Jugendlichen ohne Migrationshintergrund. Dieser positive Befund ergab sich jedoch nicht bei interethnisch zusammengesetzten Familien, in denen ein Elternteil türkischstämmig war.

Differenzielle Herkunftseffekte waren auch bei den PISA-Testleistungen für Mathematik zu verzeichnen. Darüber hinaus erwähnen Segeritz/Walter/Stanat (2010) Studien, die ebenfalls eine verzögerte bzw. fehlende Angleichung der Bildungsbeteiligung bei Migrantengruppen mit italienischen Wurzeln oder mit Wurzeln im ehemaligen Jugoslawien vermuten lassen.

Mögliche Ursachen für die geringe Bildungsbeteiligung von Schülerinnen und Schülern mit Migrationshintergrund im Gymnasium

Die unterschiedliche Befundlage für die Migrantengruppen hinsichtlich Bildungsbeteiligung und Bildungserfolg führte in der Vergangenheit zu zahlreichen Hypothesen über mögliche Ursachen und veranlasste empirische Analysen.

Sozioökonomischer Hintergrund der Familie

Spätestens seit Veröffentlichung der ersten PISA-Ergebnisse ist es offensichtlich, dass der Erwerb fachlicher Kompetenzen bei Kindern und Jugendlichen in den europäischen Staaten mit dem soziökonomischen Status der Familie verknüpft ist. Besonders eng ist dieser Zusammenhang in Deutschland. Die skizzierten Befunde von Segeritz/Walter/Stanat (2010) stützen und relativieren zugleich diesen Zusammenhang. Zwar belegen ihre Analysen, dass der ökonomische (und kulturelle) Status der Familie wichtig sowohl für die fachlichen Kompetenzen der Kinder als auch für deren Chance für den Besuch eines Gymnasiums ist. Doch dieser Faktor erklärt die Bildungsungleichheiten nicht für alle Migrantengruppen in gleicher und befriedigender Weise. So scheint bei der großen Gruppe türkischstämmiger Jugendlicher mit Migrationshintergrund ein niedriger sozioökonomischer Status allein nicht für deren Unterrepräsentation in höheren Schulen verantwortlich zu sein.

Unterschiedliche Integrationsmuster legen auch Berechnungen nahe, die die »Autorengruppe Bildungsberichterstattung« an Daten des Mikrozensus und der statistischen Ämter für das Jahr 2004 vornahm – bei Unterscheidung der Gruppen nach der Nationalität:

> »*Bei Annahme vergleichbarer sozioökonomischer Lebensverhältnisse wäre die relative Chance, im Alter von 18 bis unter 21 Jahren einen zur Hochschulreife führenden Bildungsgang zu besuchen bzw. erfolgreich beendet zu haben, für Jugendliche aus EU-Staaten, Amerika und Ostasien kaum größer als für Deutsche. Zudem lassen sich für Jugendliche aus den Staaten der ehemaligen Sowjetunion, aus Italien, der*

Türkei, Marokko und Ost- und Mitteleuropa unter Kontrolle der sozioökonomischen Herkunft kaum mehr Nachteile feststellen. Für junge Vietnamesen, sonstige Südasiaten, Griechen, Spanier und Portugiesen ergibt sich hingegen bei Berücksichtigung der sozioökonomischen Charakteristika der Familie ein signifikant positiver Effekt der Nationalität. Diese Jugendlichen erlangen sogar häufiger die Hochschulreife. als aufgrund ihrer sozioökonomischen Bedingungen zu erwarten wäre« (Autorengruppe Bildungsberichterstattung 2008, S. 91).

Die Autoren des Bildungsberichts kontrollierten in den Berechnungen das Geschlecht der Jugendlichen und berücksichtigten den Faktor »Bildungsniveau der Eltern«, der sich als besonders starker Einzelprädiktor für die geschilderten Ergebnisse erwies. Insgesamt legen diese, wie Befunde aus anderen Studien, jedoch nahe, dass neben der familialen Ressourcenausstattung weitere Faktoren für die Bildungsungleichheiten von Jugendlichen mit anderer Staatsangehörigkeit oder mit Migrationshintergrund mitverantwortlich sein müssen (Diefenbach 2010, S. 109 f.; Stanat/Christensen 2006, S. 77 ff.).

Sprachliche Praxis

Auf die Bedeutung der zu Hause gesprochenen Umgangssprache für die fachlichen Kompetenzen machen z.B. die PISA-Studien aufmerksam: Jugendliche mit Migrationshintergrund schnitten in den meisten an PISA 2003 beteiligten Staaten in den Lese- und Mathematiktests besser ab, wenn die in der Familie gesprochene Sprache mit der Test- bzw. Schulsprache übereinstimmte (Stanat/Christensen 2006, S. 52 ff.). Warum die familiale Sprachpraxis jedoch nicht alle Disparitäten zu den Jugendlichen ohne Migrationshintergrund in den Testleistungen zu beseitigen vermochte, diskutiert Gogolin, die sich dabei auf Studien in anderen Ländern bezieht:

»Es spricht einiges dafür, dass nicht die Sprache, die im Elternhaus bevorzugt gesprochen wird, an sich einen relevanten Einfluss auf die schulische Leistung der Kinder besitzt, sondern dass vielmehr die literalen Praktiken der Familie diesen Einfluss ausüben. Kinder aus Familien, in denen schul- und bildungsnahe literale Praktiken üblich sind, besitzen nach vorliegenden Studien einen nachhaltigen Vorteil für die schulische Leistungsfähigkeit gegenüber jenen Kindern, die keine literale Sozialisation erfahren. Dieser Vorteil besteht anscheinend unabhängig von der Sprache, in der die Einführung in literale Praktiken geschieht« (Gogolin 2008, S. 47).

Gerade für ein erfolgreiches Bestehen im Gymnasium dürfte – unabhängig vom Migrationsstatus – relevant sein, nicht nur über umgangssprachliche Deutschkenntnisse, sondern auch über das Register der »Bildungssprache« zu verfügen. Auf eine gezielte Förderung einer solchen Sprachentwicklung scheint jedoch das deutsche Bildungssystem bisher nicht hinreichend eingestellt zu sein. Eine bessere Sprachförderung fordern auch Lehmann et al. (2004) angesichts der relativ schwachen Sprachleistungen von Jugendlichen mit Migrationshintergrund in Hamburger Gymnasien.

Was die Sprachgelegenheiten betrifft, ist auch der von bildungspolitischer Seite eingebrachte Vorschlag zu relativieren, die Anteile von Kindern und Jugendlichen mit Migrationshintergrund an einer Schule zu begrenzen. Nach einer Bilanz der PISA-Ergebnisse scheint der Prozentsatz an Schülerinnen und Schülern mit Migrationshintergrund an einer Schule seine Bedeutung für die getesteten Kompetenzen zu verlieren, wenn das Vorwissen der Schülerinnen und Schüler und der sozioökonomische Hintergrund der Schülerschaft kontrolliert werden (Stanat/Rauch/Segeritz 2010, S. 202). Nach Inspektion weiterer Studien gelangt Diefenbach ebenfalls zu einer zurückhaltenden Einschätzung des zu erwartenden positiven Effekts, wenn die Migrantenanteile an einer Schule begrenzt würden (Diefenbach 2010, S. 135f.).

Übergang in das Gymnasium: Primäre und sekundäre Herkunftseffekte

Der Übertritt in Schulen der Sekundarstufe, in den Bundesländern meist nach dem vierten Schuljahr, stellt im deutschen Schulsystem bisher entscheidende Weichen für die weitere Schullaufbahn – auch deshalb, weil nachträgliche Wechsel in eine höhere Schulform eher selten geschehen. Interessiert hat in der wissenschaftlichen Diskussion vor allem, welchen Einfluss die bis zum Wechsel erreichten fachlichen Kompetenzen, die sogenannten »primären Herkunftseffekte«, und welchen Einfluss sekundäre Herkunftseffekte auf die geringeren Gymnasialempfehlungen und Übergangsquoten von Schülerinnen und Schülern mit Migrationshintergrund ausüben. Zu den sekundären Effekten zählen unter anderem leistungsfremde Einflüsse bei der Notenvergabe sowie Kosten-Nutzen-Überlegungen der Eltern bezüglich höherer Bildung oder Bildungsaspirationen.

Wesentliche Impulse für diese Diskussion liefert die »TIMSS-Übergangsstudie« (»Trends in International Mathematics and Science Study«), die 2007 und 2008 neben standardisierten Leistungstests Noten, Übergangsempfehlungen und realisierte Übergänge in die weiterführenden Schulen erhob. Der Studie gelang es, den durch den sozioökonomischen Status der Familie bedingten Einfluss auf das Übergangsverhalten statistisch aufzuspalten und so den Einfluss fachlicher Kompetenzen (primärer Herkunftseffekte) und sekundärer Effekte auf das Übergangsverhalten abzuschätzen. Sekundäre Effekte erklärten knapp 60 Prozent, primäre Effekte gut 40 Prozent der Varianz beim Übergangsverhalten (Maaz/Nagy 2010).

Obwohl diese Varianzaufspaltung den Migrationshintergrund nicht explizit mit einbezog, ist sie grundsätzlich für die Beurteilung des Übergangsverhaltens von Schülerinnen und Schülern mit Migrationshintergrund bedeutsam. So fanden sich in der »TIMSS-Übergangsstudie« (für türkischstämmige Kinder und Kinder aus osteuropäischen Aussiedlerfamilien) (Gresch/Becker 2010) und auch in einer Kölner Studie (für türkischstämmige Kinder) (Dollmann 2010) Belege, dass sich bei der Gymnasialempfehlung eher eine positive Diskriminierung der Kinder ohne Migrationshintergrund einstellt, wenn die negativen primären Herkunftseffekte, d. h. die per Test ermittelten schulischen Leistungen, kontrolliert werden. Wie zuvor schon in der »LAU-Studie« (Lehmann/Peek/Gänsfuß 1997) ließ sich in beiden aktuellen Untersuchungen kein diskriminierendes Empfehlungsverhalten der Lehrkräfte bei den Kindern mit Migrationshintergrund nachweisen. Eine entscheidende Hürde beim Übergang ins Gymnasium scheint demnach bei Kindern mit Migrationshintergrund in der nicht rechtzeitigen Förderung schulisch relevanter Kompetenzen zu bestehen.

Schulerfahrungen bildungserfolgreicher Migrantinnen und Migranten

Subjektive Erfahrungen rücken mehrheitlich qualitative Studien in den Vordergrund, in denen bildungserfolgreiche Migrantinnen und Migranten meist retrospektiv über ihre Schulzeit berichten (Leenen/Grosch/Kreidt 1990; Uysal 1998; Hesse 2001; Badawia 2002; Raiser 2007; Boos-Nünning/Karakaşoğlu 2005; Hummrich 2008; Behrensen/Westphal 2009). Zum Teil ergänzen diese Studien die Ergebnisse aus »large scale assessments« und verweisen vor allem auf dort nicht erfasste »sekundäre Herkunftseffekte«. Für mitunter differierende Aussagen und Interpretationen mögen jedoch auch die gewählte Erhebungsform sowie Stichproben- und Generationeneffekte mitverantwortlich sein. Versucht man das inzwischen angesammelte Datenmaterial aus Befragungen und Beobachtungen erfolgreicher Migrantinnen und Migranten zu ordnen, lassen sich – ohne Anspruch auf Vollständigkeit – zentrale gemeinsame Themen im Hinblick auf die Schulerfahrungen erkennen.

Unisono berichten die Befragten von erlebten Diskriminierungen und Vorurteilen während ihrer Bildungslaufbahn. Neben dem diskriminierenden Verhalten von Gleichaltrigen ohne Migrationshintergrund werden entsprechende Äußerungen von Lehrkräften genannt: Beispielsweise musste der Gymnasialbesuch entgegen der expliziten und – aus späterem Blickwinkel betrachtet – unzulänglichen Empfehlung der Grundschule durchgesetzt werden. Oder es werden nicht perfekte Sprachkenntnisse im Deutschen zum generellen Begabungsmangel »naturalisiert« (Weber 2005, S. 72) und als fehlende Eignung für das Gymnasium überinterpretiert.

Bildungserfolgreiche Personen scheinen sich jedoch durch solche negativen Erfahrungen nicht in eine Opferrolle drängen zu lassen, sondern dadurch eher zusätzliche Bildungsmotivation zu gewinnen. Darüber hinaus werden Lehrpersonen auch ausdrücklich als Unterstützer wahrgenommen, die den Weg zu einer erfolgreichen Bildungskarriere ebneten oder begleiteten. Allerdings scheint die Begegnung mit einer solchen unterstützenden Person im deutschen Bildungssystem vom Zufall abzuhängen (Behrensen/Westphal 2009, S. 114), was als ein Indiz für *institutionelle* Diskriminierung gewertet werden könnte.

Unterschiedlich wird die Rolle der Familie während der Schulzeit bewertet. Während einige Autoren berichten, dass die befragten bildungserfolgreichen Migrantinnen die Bindung an die Herkunftsfamilie als Ressource erlebten (z. B. Boos-Nünning/Karakaşoğlu 2005; Behrensen/Westphal 2009), werden in anderen Studien Entfremdungen der aufstiegsorientierten Migrantinnen und Migranten von Familientraditionen und mangelnde familiale Unterstützung betont (z. B. Hummrich 2008). Offen bleibt hier, inwieweit solche innerfamilialen Konfliktkonstellationen typisch für Migrantenfamilien sind oder mehr oder minder generell in aufstiegsorientierten, jedoch bildungsfernen Familien auftreten.

Insofern ist auch der von Leenen/Grosch/Kreidt (1990) – in der ersten deutschen qualitativen Studie zu bildungserfolgreichen Migranten – eingeführte Begriff der »Selbstplatzierung« etwas unglücklich gewählt. Wenn Bildung in der Moderne autonome Verantwortungsübernahme bedeutet, sind eine gewisse Abgrenzung von elterlichen Vorstellungen und eine Selbstplatzierung in der Gesellschaft unumgänglich, wenngleich in aufstiegsorientierten Migrantenfamilien, zumal in den 1980er-Jahren, die Eigenverantwortung der Jugendlichen für ihre Bildungslaufbahn ziemlich prekär und vordringlich gewesen sein könnte. Hesse (2001) und Raiser (2007) versuchen die Rolle bildungserfolgreicher Migranten stattdessen als einen Balanceakt zwischen Individualismus und Kollektivismus zu kennzeichnen. Badawia (2002) wiederum interpretiert die gleichzeitigen Anforderungen der Herkunftskultur und der deutschen Schulkultur als identitätsstiftende Herausforderung. Erfolgreiche Gymnasialbesucher mit Migrationshintergrund könnten durch die unumgängliche Auseinandersetzung mit den erlebten Kultursystemen eine besondere Befähigung zur Selbstaktualisierung und Reflexion gewinnen.

Bildungspolitische und pädagogische Erfordernisse

Das primäre bildungspolitische Problem in Bezug auf den Gymnasialbesuch von Schülerinnen und Schülern mit Migrationshintergrund besteht darin, dass sie in dieser Schulform unterrepräsentiert sind. Nicht zuletzt wegen des wachsenden Anteils von Kindern und Jugendlichen mit Migrationshintergrund im schulpflichtigen Alter ist es eine vorrangige bildungs- und sozialpolitische Aufgabe, für diese Gruppe die Chancen auf höhere Bildungsabschlüsse zu verbessern. Die Beförderung dieses Anliegens muss und müsste zum Teil vor dem Besuch des Gymnasiums erfolgen. Beispielsweise wird stets auf die Notwendigkeit frühzeitiger und angemessener Sprachförderung von Kindern aus Migrantenfamilien hingewiesen. Zudem verfolgen einzelne Bundesländer mit Reformen im Sekundarschulwesen die Strategie, mehr Schülerinnen und Schülern – nicht zuletzt denen mit Migrationshintergrund – auch außerhalb des Gymnasiums die Hochschulreife und den Hochschulzugang zu ermöglichen. Derartige Versuche könnten als notwendige Maßnahmen zur Kompensation eklatanter Bildungsungleichheiten bezeichnet werden.

Um das Entwicklungspotenzial der seit den 1960er-Jahren zugewanderten Bevölkerung zu entfalten, sind aber auch eigenständige Anstrengungen des Gymnasiums erforderlich. Solche Aktivitäten sind in den letzten Jahren in wahrnehmbarem Umfang zu verzeichnen, wenngleich es keine bundeseinheitlichen oder bildungspolitisch koordinierten Förderansätze zu geben scheint. Möglicherweise werden derartige regional oder thematisch begrenzte Aktivitäten den heterogenen Migrationssituationen auch besser gerecht als ein bundeseinheitliches Vorgehen.

Förderansätze für Gymnasiastinnen und Gymnasiasten mit Migrationshintergrund zielen meist auf eine Sprachförderung ab, die mit fachdidaktischen Themen und/oder mit Bildungsberatung verbunden ist. Einschlägig sind hier die in zehn Bundesländern ab 2004 durchgeführten fünfjährigen Modellversuche im Programm der Bund-Länder-Kommission »Förderung von Kindern und Jugendlichen mit Migrationshintergrund« (»FörMig«), das eine durchgängige Sprachförderung im Deutschen, in den Muttersprachen und Fremdsprachen auch in verschiedenen Gymnasien anstrebte. Nach Abschluss wird das Programm von einem Kompetenzzentrum an der Universität Hamburg in Hinblick auf Transfer weiterbetreut (BLK-FörMig o. J.). In Bayern läuft seit 2008 an insgesamt 27 Schulen, darunter fünf Gymnasien, der Schulversuch »Kommunikation, Integration, Teilhabe« (»KommMIT«), der neben sprachlicher Förderung Beratungsaktivitäten und die Förderung interkultureller Kompetenz vorsieht (ISB o. J.). Von der Stiftung *Mercator* – zum Teil im Verbund mit lokalen Trägern – wurden bisher über das Programm »Förderunterricht für Kinder und Jugendliche mit Migrationshintergrund« 7 700 Schülerinnen und Schüler, darunter zu 15 Prozent aus Gymnasien, gefördert. Die Besonderheit dieses Programms ist, dass es sich bei den Betreuern um studentische Tutor/innen handelt, die nach Möglichkeit selbst einen Migrationshintergrund aufweisen. Hinsichtlich der Notenentwicklung hat sich das Projekt bisher als effektiv erwiesen (www.mercator-foerderunterricht.de/projekt.html).

Zum Teil andere Förderwege beschreiten Schulen, die sich auf eine bestimmte Nationalität beschränken und eine bilinguale Bildung anstreben. In Berlin sind beispielsweise die staatlichen »Europaschulen« zu nennen, die mittlerweile über gymnasiale Züge für Italienisch-Deutsch, Griechisch-Deutsch, Portugiesisch-Deutsch, Spanisch-Deutsch verfügen. Voraussetzung für die Teilnahme an diesem Programm sind hinreichende Kenntnisse beider Sprachen. Auf eine bestimmte ethnische Klientel zielen auch private deutsch-türkische Gymnasien ab, die bisher jedoch nur selten von Jugendlichen ohne Migrationshintergrund besucht werden und die in der deutschen Öffentlichkeit auf Akzeptanzprobleme stoßen. Gezielt an griechische Migranten wenden sich die mindestens zwanzig privaten griechischen Gymnasien und Lyzeen in Deutschland (www.griechenland.net/index.php), die sich entweder an griechischen oder deutschen Bildungsplänen orientieren. Diese Privatschulen gelten als mitverantwortlich für den relativ guten Bildungserfolg griechischer Migrant/innen.

Beachtung verdienen auch fachdidaktische Projekte auf internationaler Ebene, die beispielsweise naturwissenschaftlich interessierte Schülerinnen mit Migrationshintergrund ansprechen und durch Austausch und über die Betreuung durch Studierende und Doktorand/innen unterstützen (Tajmel 2009).

Literatur

Autorengruppe Bildungsberichterstattung (2010): Bildung in Deutschland 2010. Ein indikatorengestützter Bericht mit einer Analyse zu Perspektiven des Bildungswesens im demografischen Wandel. Bielefeld: Bertelsmann.

Autorengruppe Bildungsberichterstattung (2008): Bildung in Deutschland 2008. Ein indikatorengestützter Bericht mit einer Analyse zu Übergängen im Anschluss an den Sekundarbereich I. Bielefeld: Bertelsmann.

Badawia, T. (2002): »Der Dritte Stuhl«. Eine Grounded Theory-Studie zum kreativen Umgang bildungserfolgreicher Immigrantenjugendlicher mit kultureller Differenz. Frankfurt a.M.: IKO.

BBMFI (Beauftragte der Bundesregierung für Migration, Flüchtlinge und Integration) (Hrsg.) (2010): 8. Bericht der Beauftragten der Bundesregierung für Migration, Flüchtlinge und Integration über die Lage der Ausländerinnen und Ausländer in Deutschland. Berlin.

BBMFI (Beauftragte der Bundesregierung für Migration, Flüchtlinge und Integration) (Hrsg.) (2005): Bericht der Beauftragten der Bundesregierung für Migration, Flüchtlinge und Integration über die Lage der Ausländerinnen und Ausländer in Deutschland (2005). Berlin.

Behrensen, B./Westphal, M. (2009): Beruflich erfolgreiche Migrantinnen. Rekonstruktion ihrer Wege und Handlungsstrategien. IMIS-Beiträge, Heft 35/2009.

BLK-FörMig (o.J.): www.blk-förmig.uni-hamburg.de (Abruf 20.3.2011).

Bolzman, C./Fibi, R./Vial, M. (2005): Bildungsprozesse und berufliche Integration der »Zweiten Generation«. In: Hamburger, F./Badawia, T./Hummrich, M. (Hrsg.): Migration und Bildung. Wiesbaden: VS Verlag für Sozialwissenschaften, S.83–103.

Boos-Nünning, U./Karakaşoğlu, Y. (2005): Viele Welten leben. Zur Lebenssituation von Mädchen und jungen Frauen mit Migrationshintergrund. Münster: Waxmann.

Dezernat f. Bildung u. Frauen der Stadt Frankfurt a. M. (o.J.): Studien zur Situation ausländischer Schülerinnen und Schüler an Frankfurter Schulen. www.frankfurt.de/schulen (Abruf 11.3.2011).

Diefenbach, H. (^{3}2010): Kinder und Jugendliche aus Migrantenfamilien im deutschen Bildungssystem. Erklärungen und empirische Befunde. Wiesbaden: VS Verlag für Sozialwissenschaften.

Dollmann, J. (2010): Türkischstämmige Kinder am ersten Bildungsübergang. Primäre und sekundäre Herkunftseffekte. Wiesbaden: VS Verlag für Sozialwissenschaften.

Erdmann, V./Plünnecke, A./Riesen, I./Stettes, O.: Bildungsmonitor 2010. Bessere Bildung trotz Haushaltskonsolidierung – Die Chancen des demografischen Wandels nutzen. Forschungsbericht, Institut der deutschen Wirtschaft Köln. www.insm-bildungsmonitor.de/files/downloads/bildungsmonitor_2010.pdf (Abruf 8.2.2011).

Gogolin, G. (2008): Die Chancen der Integrationsförderung und der Bildungserfolg der zweiten Generation. In: IMIS-Beiträge, H. 34, S. 41–56.

Gresch, C./Becker, M. (2010): Sozial- und leistungsbedingte Disparitäten im Übergangsverhalten bei türkischstämmigen Kindern und Kindern aus (Spät-)Aussiedlerfamilien. In: Maaz, K./Baumert, J./Gresch, C./McElvany, N. (Hrsg.): Der Übergang von der Grundschule in die weiterführende Schule. Berlin: Bundesministerium f. Bildung u. Forschung, S. 181–200.

Hesse, H.H. (2001): Methodologische Konsequenzen aus der Unterrichtsbeobachtung in multikulturellen Schulklassen: Eine Analyse des Konstrukts: »Individualismus – Kollektivismus«. In: Auernheimer, G.,/van Dick, R./Petzel, T./Wagner, U. (Hrsg.): Interkulturalität im Arbeitsfeld Schule. Opladen: Leske + Budrich, S. 141–160.

Hummrich, M. (2008). Jugendliche Bildungsräume unter Bedingungen der Migration. In: bildungsforschung 5. www.bildungsforschung.org/Archiv/2008-01/jugend/ (Abruf 1.2.2011).

ISB – Staatsinstitut für Schulqualität und Bildungsforschung Qualitätsagentur (2009): Bildungsbericht Bayern 2009. München. www.isb.bayern.de (Abruf 31.1.2011).

ISB – Staatsinstitut für Schulqualität und Bildungsforschung (o.J.): Infos zum Schulversuch KommMIT. www.isb.bayern.de/isb/download.aspx?DownloadFileID= 27df2ff7ed4806a7126c 81892c1d7479 (Abruf 23.3.2011).

Jungblut, G. (1993): Zugewanderte Kinder und Jugendliche in hessischen Schulen. In: Koch-Arzberger. C./Böhme, K./Hohmann, E./Schacht, K. (Hrsg.): Einwanderungsland Hessen? Daten, Fakten, Analysen. Opladen: Westdeutscher Verlag, S. 75–92.

Konsortium Bildungsberichterstattung (2006): Bildung in Deutschland. Ein indikatorengestützter Bericht mit einer Analyse zu Bildung und Migration. Bielefeld: Bertelsmann.

Krohne, J.A./Meier, U./Tillmann, K.J. (2004): Sitzenbleiben, Geschlecht und Migration – Klassenwiederholungen im Spiegel der PISA-Daten. In: Zeitschrift für Pädagogik 50, S. 373–391.

Leenen, W. R./Grosch, H./Kreidt, U. (1990): Bildungsverständnis, Plazierungsverhalten und Generationskonflikt in türkischen Migrantenfamilien. Ergebnisse qualitativer Interviews mit »bildungserfolgreichen« Migranten der Zweiten Generation. In: Zeitschrift für Pädagogik 36, S. 753–771.

Lehmann, R. H./Hunger, S./Ivanov, S./Gänsfuß, R./Hoffmann, E. (2004): Aspekte der Lernausgangslage und der Lernentwicklung – Klassenstufe 11. Ergebnisse einer längsschnittlichen Untersuchung in Hamburg. Hamburg: Behörde für Bildung und Sport.

Lehmann, R. H./Peek, R. /Gänsfuß, R. (1997): Aspekte der Lernausgangslage von Schülerinnen und Schülern der fünften Klassen an Hamburger Schulen. Bericht über die Untersuchung im September 1996. Hamburg: Behörde für Bildung und Sport.

Maaz, K./Hausen, C./Köller, O./Trautwein, U. (2006): Schullaufbahnen, soziokulturelle Merkmale und kognitive Grundfähigkeiten. In: Trautwein, U./ Köller, O./Lehmann, R./Lüdtke, O. (Hrsg.): Der Leistungsstand Hamburger Abiturienten: Vertiefende Analysen und ein Benchmark-Vergleich auf Grundlage der Studie. Aspekte der Lernausgangslage und der Lernentwicklung – Klassenstufe 13. Hamburg: Behörde für Bildung und Sport, S. 47–76.

Maaz, K./Nagy, G. (2010): Der Übergang von der Grundschule in die weiterführenden Schulen des Sekundarschulsystems: Definition, Spezifikation und Quantifizierung primärer und sekundärer Herkunftseffekte. In: Maaz, K./Baumert, J./Gresch, C./McElvany, N. (Hrsg.): Der Übergang von der Grundschule in die weiterführende Schule. Berlin: BMBF, S. 152–180.

Raiser, U. (2007): Erfolgreiche Migranten im deutschen Bildungssystem – es gibt sie doch. Lebensläufe von Bildungsaufsteigern türkischer und griechischer Herkunft. Münster: LIT.

Segeritz, M./Walter, O./Stanat, P. (2010): Muster des schulischen Erfolgs von jugendlichen Migranten in Deutschland: Evidenz für segmentierte Assimilation? In: Kölner Zeitschrift für Soziologie u. Sozialpsychologie 62, S.113–138.

Stanat, P./ Christensen, G (2006): Schulerfolg von Jugendlichen mit Migrationshintergrund im internationalen Vergleich. Bonn: Bundesministerium f. Bildung u. Forschung.

Stanat, P./Rauch, D./Segeritz, M. (2010): Schülerinnen und Schüler mit Migrationshintergrund. In: Klieme, E./Artelt, C./Hartig, J./Jude, N./Köller, O./Prenzel, M./Schneider, W./Stanat, P. (Hrsg.): PISA 2009. Bilanz nach einem Jahrzehnt. Münster: Waxmann, S. 200–230.

Tajmel, T. (2009): Ein Beispiel: Physikunterricht. In: Fürstenau, S./Gomolla, M. (Hrsg.): Migration und schulischer Wandel: Unterricht. Wiesbaden: VS Verlag für Sozialwissenschaften, S. 139–155.

Trautwein, U./ Köller, O./Lehmann, R./Lüdtke O. (2006): Öffnung von Bildungswegen und Vergleichbarkeit von Leistungsniveaus: Zusammenfassung und Ausblick. In: Trautwein, U./ Köller, O./Lehmann, R./Lüdtke, O. (Hrsg.): Der Leistungsstand Hamburger Abiturienten: Vertiefende Analysen und ein Benchmark-Vergleich auf Grundlage der Studie. Hamburg: Behörde für Bildung und Sport, S. 153–163.

Uysal, Y. (1998): Biografische und ökologische Einflussfaktoren auf den Schulerfolg türkischer Kindern in Deutschland. Eine empirische Untersuchung in Dortmund. Münster: LIT.

Weber, M. (2005): »Ali Gymnasium« – Soziale Differenzen von SchülerInnen aus der Perspektive von Lehrkräften. In: Hamburger, F./Badawia, T./Hummrich, M. (Hrsg.): Migration und Bildung. Wiesbaden: VS Verlag für Sozialwissenschaften, S.69–79.

www.griechenland.net/index.php (Abruf 20.3.2011).

www.mercator-foerderunterricht.de/projekt.html (Abruf 20.3.2011).

Ulrich Schröder

Schülerinnen und Schüler mit Migrationshintergrund in Förderschulen

Sonderpädagogische Förderung in Deutschland – Begriffe und Schulformen

Das System der deutschen Sonderschulen hat sich historisch in mehreren Schüben entwickelt: Bereits auf das 18. Jahrhundert geht die schulische Förderung Blinder und Gehörloser zurück. Das 19. Jahrhundert brachte insbesondere die »Hilfsschule« hervor, die spätere Schule für Lernbehinderte. Der auffälligsten Form der Sprachbehinderung, dem Stottern, versuchte man zwar schon früh abzuhelfen, eine schulische Einrichtung für Sprachbehinderte insgesamt gab es jedoch erst im 20. Jahrhundert. Noch deutlicher ist der zeitliche Abstand zwischen »Krüppelheimen« und »Idiotenanstalten« einerseits und der Gründung öffentlicher Schulen für Körperbehinderte und Geistigbehinderte in Westdeutschland nach dem Zweiten Weltkrieg anderseits. Ähnlich kompliziert ist die Vorgeschichte der Schule für Verhaltensauffällige (Schule für Erziehungshilfe) (Schröder 2003, S. 748 ff.).

Dazu kommt, dass in der DDR die Schaffung der jüngeren Sonderschulformen kaum mitvollzogen wurde, sodass z. B. die Schule für Geistigbehinderte nach der Wiedervereinigung in den neuen Bundesländern erst eingerichtet werden musste.

Nachdem die separierte sonderpädagogische Förderung in der damaligen Bundesrepublik von den späten 1960er-Jahren an in die Kritik geriet, wurden bald auch Zweifel an der Berechtigung der Überweisung ausländischer Schülerinnen und Schülern auf eine Sonderschule laut. Sander konnte 1975 – offenbar schon vorhergehende – Vorwürfe noch zurückweisen, »Kinder aus Gastarbeiterfamilien würden in überproportionalem Ausmaß in Sonderschulen abgeschoben« (Sander 1975, S. 215 f.). Sowohl bei der allgemeinen Kritik an separaten Sonderschulen als auch bei dem Vorwurf des »Abschiebens« wurde besonders die Schule für Lernbehinderte zur Zielscheibe.

Zur Thematik des vorliegenden Kapitels sind einige Vorbemerkungen inhaltlicher und terminologischer Art erforderlich:

Erstens: Es geht hier nur um allgemeinbildende Schulen, nicht um berufsbildende. Daneben spielt der Begriff »Allgemeine Schule« eine Rolle, der für die umgangssprachliche, aber bedenkliche Bezeichnung »Normalschule« steht (das dafür häufig zu findende Wort »Regelschule« wäre hier falsch verwendet).

Zweitens: Die Unzufriedenheit mit älteren Datenerhebungen, die nur Ausländer erfassten, sich also auf das Merkmal »Staatsangehörigkeit« beschränkten, hat mit zur Konzeption des »Migrationshintergrundes« geführt. Doch ist diese neuere Begrifflichkeit keineswegs so problemlos, wie *Political Correctness* glauben machen möchte: Logisch betrachtet, sind »deutsch« und »mit Migrationshintergrund« keine disjunkten Begriffe: Würde man analog den Begriff »mit deutschem Hintergrund« bilden, ergäbe die Summe beider Personengruppen mehr als 100 Prozent der Bevölkerung, da viele Menschen beiden Gruppen zuzurechnen wären. Und die Gruppe der Schülerinnen und Schüler mit Migrationshintergrund ist so heterogen, dass kaum allgemeine Aussagen über sie möglich sind. Schließlich stellt die »Staatsangehörigkeit [...] weiterhin ein aussagekräftiges Merkmal« dar (Söhn/Özcan 2005, S. 121; vgl. auch Diefenbach 2005, S. 44). Aufgrund des verfügbaren Datenmaterials wird im Folgenden fast ausschließlich das Merkmal »ausländisch« benutzt. Für die hier verfolgten Fragestellungen sind dadurch wohl keine Nachteile in Kauf zu nehmen.

Drittens: Seit den »Empfehlungen zur sonderpädagogischen Förderung in den Schulen der Bundesrepublik Deutschland« der »Ständigen Konferenz der Kultusminister der Länder der Bundesrepublik Deutschland« (im Folgenden kurz »KMK« genannt) soll statt der herkömmlichen Formulierungen »Behinderung« oder »Sonderschulbedürftigkeit« diejenige eines »sonderpädagogischen Förderbedarfes« im Mittelpunkt stehen (KMK 1994). Statt eines Defizits soll in positivem Sinne die pädagogische Aufgabe betont werden.

Schulorganisatorisch ist damit verbunden, dass die Feststellung des Bedürfnisses einer sonderpädagogischen Förderung von der Festlegung des Ortes, an dem sie erfolgt, getrennt werden soll. Demgemäß hört die Sonderschule auf, die einzige schulorganisatorische Konsequenz aus der Feststellung eines sonderpädagogischen Förderbedarfes zu sein, sie ist vielmehr nur noch *ein* »Förderort« (wenn auch der faktisch weiterhin dominierende!) neben anderen, etwa einer allgemeinen Schule. Diese anderen Förderorte und die dort vielleicht integrativ geförderten Schülerinnen und Schüler bleiben im Folgenden jedoch ausgeklammert. Zugleich wurden die sonderpädagogischen Fachrichtungen, wie beispielsweise »Lernbehindertenpädagogik«, durch sehr langatmig formulierte »Sonderpädagogische Förderschwerpunkte« ersetzt, welche die Kultusministerkonferenz freilich weiterhin als »behinderungsspezifisch« verstand.

Nun ist Förderung der Entwicklung ihrer Schülerinnen und Schüler die Aufgabe *jeder* Schule und ist – auch über das durchschnittliche Maß hinaus – von der allgemeinen Schule zu leisten. Bei Kindern und Jugendlichen mit Migrationshintergrund wird ebenfalls mit Recht von einem besonderen Förderbedarf gesprochen (Halbhuber 2005, S. 71; Söhn/Özcan 2005, S. 120 ff.). Es ist also notwendig, wenigstens ungefähr zu bestimmen, von welchem Ausmaß des Förderungsbedürfnisses an eine *sonderpädagogische* Intervention einsetzen muss. Dieses Problem konnten die KMK-Empfehlungen nicht befriedigend lösen (vgl. zur Diskussion der gesamten angezielten Neuorientierung Schröder 2005; 2009a).

Anschließend wurde in den deutschen Bundesländern nach und nach die Bezeichnung »Sonderschule« ersetzt durch »Förderschule« (dass es davon Ausnahmen und sogar auch ganz andere Bedeutungen dieses Begriffes gibt, zählt zu den Auswüchsen des Föderalismus und bleibt hier unbeachtet). Obwohl das Motiv, nach einer nicht negativ klingenden Benennung der sonderpädagogischen Institution zu suchen, ehrenwert ist, halte ich diese Wortwahl für verfehlt. Bedeutet sie etwa, dass andere Schulformen nicht die Aufgabe des Förderns haben (zur ausführlicheren Kritik: Schröder 2005, S. 93 f.; 2009a)? Im Folgenden werde ich gleichwohl der Verständigung halber die nun geläufige Benennung »Förderschule« übernehmen.

Ebenfalls zur Vermeidung negativer Konnotationen wurden die verschiedenen Sonderschultypen mithilfe der von der KMK 1994 formulierten Förderschwerpunkte, die allerdings verkürzt zitiert wurden, umbenannt. Demnach gibt es – unter Ausklammerung des Unterrichts für Kranke – die folgenden sonderpädagogischen Schulen (in Klammern füge ich frühere Benennungen der Schulen hinzu):

→ Förderschule, Förderschwerpunkt Lernen (Schule für Lernbehinderte)
→ Förderschule, Förderschwerpunkt geistige Entwicklung (Schule für geistig Behinderte)
→ Förderschule, Förderschwerpunkt emotionale und soziale Entwicklung (Schule für Erziehungshilfe)
→ Förderschule, Förderschwerpunkt Sprache (Schule für Sprachbehinderte, Sprachheilschule)
→ Förderschule, Förderschwerpunkt körperliche und motorische Entwicklung (Schule für Körperbehinderte)
→ Förderschule, Förderschwerpunkt Sehen (Schule für Blinde, Schule für Sehbehinderte)
→ Förderschule, Förderschwerpunkt Hören (Schule für Gehörlose, Schule für Schwerhörige)

Neben den umständlichen und eher verschwommenen neuen Bezeichnungen werde ich im Folgenden auch die alten Begriffe verwenden.

Ausländische Schülerinnen und Schüler in den Förderschulen

Wie stark sind nun ausländische Kinder und Jugendliche in den deutschen Förderschulen vertreten? Zur Beantwortung dieser Frage bedarf es des Vergleiches mit der entsprechenden Gesamtzahl dieser Kinder und Jugendlichen sowie mit dem allgemeinen Ausmaß sonderschulischer Förderung in Deutschland. Um Letzteres wiederum einschätzen zu können, müssen die absoluten Zahlen der Förderschüler/innen in Bezug gesetzt werden zur Größe der vergleichbaren gesamten Schülerpopulation, und das ist die Anzahl aller Schülerinnen und Schüler der Primar- und Sekundarstufe I (also ohne die der Sekundarstufe II, aber einschließlich der Förderschüler/innen auf diesen Stufen). Der prozentuale Anteil der Förderschüler/innen daran wird »Förderschulbesuchsquote« genannt. Analog können für die hier interessierende Teilpopulation Förderschulbesuchsquoten ausländischer Schülerinnen und Schüler bestimmt werden.

Es lassen sich nun zwei verschiedene Fragestellungen verfolgen: Wieviel Prozent der Förderschüler/innen sind Ausländer? Anderseits kann gefragt werden: Wie hoch ist innerhalb der ausländischen Schülerschaft der Prozentanteil der Förderschüler/innen (d. h. ihre Förderschulbesuchsquote)?

2008/2009 sind 14,4 Prozent der Förderschüler/innen Ausländer (berechnet nach KMK 2010).[25] Dieser Prozentsatz lag zwei Jahre zuvor noch bei 15,3 Prozent (Schröder 2009b, S. 353) und 2002/2003 bei 15,8 Prozent (Schröder 2005, S. 116); er scheint seitdem abzunehmen (z. B. Baden-Württemberg 2009, S. 66). In Bundesländern mit allgemein hohem Ausländeranteil liegen die Werte deutlich höher: in den Stadtstaaten sowie in Baden-Württemberg und Hessen über 20 Prozent, in Nordrhein-Westfalen knapp darunter. Dabei ist von einem Zuwachs von der Primar- zur Sekundarstufe I auszugehen (vgl. z. B. NRW 2010). Diese Daten sind allerdings in Relation zu setzen zum Anteil der ausländischen Schülerinnen und Schüler insgesamt von nur etwa neun Prozent (Statistisches Bundesamt 2010), im Falle z. B. Baden-Württembergs oder Nordrhein-Westfalens über elf Prozent (Baden-Württemberg 2010; NRW 2010).

Aussagekräftiger ist freilich die zweite Betrachtungsweise, die direkt nach den Förderschulbesuchsquoten fragt. Die Berechnung nach den vorliegenden Statistiken hat allerdings meistens den Mangel, die Quote zu unterschätzen, weil bei der Gesamtzahl ausländischer Schülerinnen und Schüler die Gymnasien ungeteilt bis zur höchsten Klasse enthalten sind, der Grundwert für die Prozentberechnung also zu groß ist und den Prozentsatz senkt.

Danach gehen in Deutschland mehr als 7,1 Prozent der ausländischen Schülerinnen und Schüler auf eine Förderschule. Dieser nach KMK und Statistischem Bundesamt errechnete Prozentsatz lässt die insgesamt geltende (und korrekt kalkulierbare) Förderschulbesuchsquote von 4,9 Prozent weit hinter sich. Auf noch weiteres Auseinanderklaffen der Quoten werden wir bei der Analyse einzelner Bundesländer stoßen.

Anhand früherer Datenanalysen (Schröder 1993, S. 136 f.; 2005, S. 114 f.) ließ sich die Hypothese aufstellen, dass mit gesteigerter Förderschulbesuchsquote ein zunehmender Einfluss unkontrollierter Selektionsmechanismen, z. B. geschlechtsspezifischer Art, einhergeht. Wenn also allgemein in Förderschulen schon ein Übergewicht der Jungen von etwa 60 Prozent besteht, erscheint dieses dann noch ausgeprägter bei den in Förderschulen überrepräsentierten ausländischen Schülerinnen und Schülern? Zur Beantwortung dieser Frage stehen mir aktuelle Daten nur aus Niedersachsen und Nordrhein-Westfalen zur Verfügung (Niedersachsen 2010; Nordrhein-Westfalen 2010). Der männliche Anteil fällt dort jedoch bei Ausländern sowohl in den Förderschulen im Allgemeinen als auch in den Schulen für Lernbehinderte im Besonderen niedriger aus als bei den Förderschüler/innen insgesamt. So liegt z. B. der Anteil der Jungen in den niedersächsischen Schulen für Lernbehinderte bei knapp 60 Prozent, bei

---

25 Der in dieser Publikation (S. XVI) selbst angegebene Prozentsatz von 11,7 Prozent beruht auf dem falschen Vergleich der ausländischen Förderschüler/innen mit den insgesamt, also auch an allgemeinen Schulen und sonstigen Förderorten sonderpädagogisch geförderten Schülerinnen und Schülern.

den ausländischen Lernbehinderten aber unter 55 Prozent. Dieses Ergebnis ist überraschend und schwer zu interpretieren. Gibt es eine irgendwie geartete Interaktion zwischen den beiden Tendenzen zur Überrepräsentation nach Geschlecht bzw. nach Nationalität? Oder wird vielmehr von den ausländischen Familien gegen die Förderschulüberweisung eines Sohnes eher Widerspruch eingelegt als bei einer Tochter?

Als Ergebnis dieser Datenvergleiche ist zweifellos eine Überrepräsentierung von ausländischen Schülerinnen und Schülern an Förderschulen festzuhalten. Es ist allerdings durch weitere Vergleiche zu ergänzen: Einerseits muss nach ihren Anteilen an anderen Schulformen gefragt werden, um Hinweise darauf zu bekommen, ob die Überrepräsentierung nur für die Förderschule gilt; anderseits sind die Verhältnisse dort nach sonderpädagogischen Förderschwerpunkten, nach Bundesländern und nach Herkunftsländern zu differenzieren.

Wie stark sind ausländische Schülerinnen und Schüler an anderen allgemeinbildenden Schulen vertreten? Von Interesse ist bei dieser Frage insbesondere die Hauptschule. Und hier findet sich mit fast 20 Prozent eine Überrepräsentierung, welche diejenige von 14,4 Prozent an Förderschulen noch deutlich übersteigt. Knapp über dem Anteil an Förderschulen liegen auch Schulkindergärten. Konträr dazu ist die Situation auf Gymnasien, die zu weniger als fünf Prozent von Ausländern besucht werden (Statistisches Bundesamt 2010). Diese Feststellungen waren schon seit Ende der 1970er-Jahre zu treffen (Schröder 1981, S. 838; 1993, S. 137).

Dass demnach nicht von einem Problem auszugehen ist, das spezifisch die sonderpädagogischen Einrichtungen beträfe, sondern von einem »generell ungünstigen Abschneiden ausländischer Schüler und Schülerinnen im deutschen Schulsystem« (Schröder 2005, S. 116), wird auch durch Untersuchungen außerhalb der Sonderpädagogik gestützt: Nach Roßbach/Tietze (1996) zählt auf der Grundschule der Ausländeranteil in einer Klasse zu den Merkmalen, von denen ein durchgängiger Effekt auf schulische Segregationsformen ausgeht, und zwar gleichermaßen auf die Überweisung zur Schule für Lernbehinderte, auf die Zurückstellung und auf das Sitzenbleiben (Roßbach/Tietze 1996, S. 155 f.). Und auch außerhalb Deutschlands, z. B. für Frankreich und die Schweiz, gilt Entsprechendes (Schröder 2005, S. 43–72).

Die Differenzierung nach sonderpädagogischen Förderschwerpunkten konzentriert sich auf die Lernbehinderten: diejenigen Schülerinnen und Schüler, die trotz zusätzlicher Lernhilfen nicht zu gerade noch tolerierten Leistungen auf der allgemeinen Schule gelangen und bei deren Lernschwierigkeiten neben kognitiven und metakognitiven Faktoren insbesondere auch solche soziokultureller bzw. sozioökonomischer Art eine bedeutende Rolle spielen (Schröder 2005, S. 97–192).

In Klassen mit dem Förderschwerpunkt »Lernen« beträgt der Ausländeranteil 18,2 Prozent, erheblich mehr als die genannten 14,4 Prozent für die Gesamtheit der Förderschüler/innen. Damit sind sie in Schulen für Lernbehinderte um rund 60 Prozent stärker vertreten als in den übrigen Förderschwerpunkten und mindestens doppelt so stark, wie ihrem Anteil an der Gesamtschülerschaft entspräche. In den Bundesländern mit hohen Ausländeranteilen steigt der Prozentsatz sogar auf 26,3 (Nordrhein-Westfalen), 27,2 (Hessen), 30,0 (Baden-Württemberg) und 32,7 Prozent (Hamburg)

(Berechnungen nach den absoluten Zahlen in KMK 2010). Einen erstaunlichen Kontrast dazu bilden die relativ geringen Ausländeranteile an Förderschulen mit dem Schwerpunkt »emotionale und soziale Entwicklung« (Baden-Württemberg 2009; NRW 2010).

Die Frage, wie groß der Anteil der Lernbehinderten an der Gesamtheit der Förderschüler im Allgemeinen und bei Ausländern ist, führt ebenfalls zu dem Ergebnis, dass der Förderschwerpunkt Lernen herausragt: Während lernbehinderte Schülerinnen und Schüler insgesamt 43,5 Prozent aller Förderschüler ausmachen, sind es bei ausländischen Kindern und Jugendlichen 55 Prozent. In einigen Bundesländern ist diese Diskrepanz noch ausgeprägter (KMK 2010).

Schließlich resultiert aus dem Vergleich der Förderschulbesuchsquoten der dritte Beleg: Insgesamt besuchen 2,1 Prozent der Schülerinnen und Schüler eine Schule für Lernbehinderte, aber mehr als 3,9 Prozent der ausländischen Schülerschaft. Auch hier ist wieder auf negative Auffälligkeiten bei einigen Bundesländern zu verweisen. Wenn also Ausländer auf eine Förderschule überwiesen werden, dann ist dies eher als bei der Gesamtbevölkerung die Schule für Lernbehinderte und nicht eine andere Förderschule. Die Schule für Lernbehinderte dominiert bei Ausländern viel stärker das Förderschulsystem als in der Gesamtbevölkerung; sie hat bei ihnen noch viel von der einst beklagten »Sammelbeckenfunktion« für jedwede »Schulversager« (Schröder 2005, S. 38).

Auch bei der Differenzierung nach Bundesländern konzentriere ich mich auf eine enge Auswahl. Die östlichen Bundesländer bleiben ohnehin außer Betracht, weil sie bis auf Berlin kaum ausländische Schülerinnen und Schüler aufweisen und weil deshalb ein Vergleich mit den Ländern der früheren Bundesrepublik nicht sinnvoll ist. Innerhalb dieser stehen Nordrhein-Westfalen als größtes Land sowie Baden-Württemberg und Niedersachsen wegen auffälliger Daten im Mittelpunkt.

Gemessen an der bundesweit ermittelten Förderschulbesuchsquote ausländischer Kinder und Jugendlicher von über 7,1 Prozent, liegen Nordrhein-Westfalen (ca. acht Prozent), Baden-Württemberg (über 8,2 Prozent) und Niedersachsen (8,8 Prozent) mit ihren Quoten erheblich über dem Durchschnitt (NRW 2010; Baden-Württemberg 2010; Niedersachsen 2010). Was den Anteil der größten Teilgruppe der Förderschüler/innen, der Lernbehinderten, an der Gesamtheit der Förderschüler/innen betrifft, so ist zunächst an den erhöhten Prozentsatz bei Ausländern zu erinnern: 55 Prozent der ausländischen Förderschüler/innen besuchen eine Schule für Lernbehinderte gegenüber nur 43,5 Prozent in der Gesamtheit der Förderschüler. In den drei ausgewählten Bundesländern ist die Diskrepanz noch ausgeprägter: Nordrhein-Westfalen: 56,4 Prozent gegenüber 41,4 Prozent; Baden-Württemberg: 58,4 gegenüber 41,2 Prozent; Niedersachsen: 69,8 gegenüber 53,7 Prozent (Berechnung nach den Daten in KMK 2010).

Die Bedeutung dieser Anteile Lernbehinderter an den Förderschüler/innen insgesamt sei am Beispiel Baden-Württembergs erläutert: Wenn gut 41 Prozent eine Schule für Lernbehinderte besuchen, dann erhalten fast 59 Prozent der sonderpädagogisch Geförderten schulische Angebote in den übrigen Förderschulen mit ihren weit günstigeren schulischen Bedingungen (z.B. bessere Lehrer-Schüler-Relation, geringere Klassenfrequenz) und teilweise spezifischen, auf den Förderbedarf ausgerichteten Maßnahmen; bei Ausländern sind dies aber nur etwas mehr als 40 Prozent. Noch misslicher ist in dieser Hinsicht die Situation in Niedersachsen mit fast 70 Prozent Anteil in Schulen für Lernbehinderte.

Die Förderschulbesuchsquoten der ausländischen Lernbehinderten übersteigen in den genannten Ländern den (schon erhöhten) Bundesdurchschnitt von mehr als 3,9 Prozent. Hier seien zum Vergleich die allgemeinen Förderschulbesuchsquoten der betreffenden Länder für den Schwerpunkt Lernen in Klammern hinzugefügt:

> Nordrhein-Westfalen: mehr als 4,5 Prozent (2,2 Prozent);
> Baden-Württemberg: mehr als 4,8 Prozent (1,9 Prozent);
> Niedersachsen: 6,1 Prozent (2,4 Prozent)
> (Baden-Württemberg 2010; Niedersachsen 2010; NRW 2010; KMK 2010)

Während also in Nordrhein-Westfalen 2,2 Prozent aller Schülerinnen und Schüler eine Schule für Lernbehinderte besuchen, sind es bei Ausländern über viereinhalb Prozent. Und in Baden-Württemberg und Niedersachsen ist die Förderschulbesuchsquote ausländischer Schülerinnen und Schüler sogar auf das mehr als Zweieinhalbfache überhöht; in dieser extremen Überrepräsentierung sind diese beiden Bundesländer bereits seit Jahren auffällig (Schröder 1993, S. 138; 2005, S. 117; 2009b). Dabei könnte man in Niedersachsen nicht einmal wie in Baden-Württemberg mit dem Argument um Verständnis werben, die Belastung durch hohe Ausländeranteile wüchse den allgemeinen Schulen über den Kopf. Niedersachsen weist vielmehr für ein westliches Bundesland einen recht niedrigen Ausländeranteil in der Schülerschaft auf (unter sieben Prozent).

Der dritte Differenzierungsaspekt ist derjenige nach Herkunftsländern bzw. Nationalitäten. Schon seit Jahrzehnten schnitten Italiener bezüglich des Sonderschulbesuches auffallend schlechter ab als der Durchschnitt der Ausländer. Den Gegenpol bildete ein anderes Mittelmeerland, nämlich Griechenland (Schröder 1980, S. 139; 1981, S. 840–844; 1993, S. 138). In jüngeren Datenerhebungen fällt vor allem auf, wie verschieden sich die schulischen Situationen der Schülerinnen und Schüler des ehemaligen Jugoslawien nach dem Auseinanderbrechen dieses Vielvölkerstaates entwickelt haben: Serbien/Montenegro und Albanien sind extrem überrepräsentiert in Förderschulen (und umgekehrt sehr selten auf Gymnasien vertreten), während Kroaten und Bosnier innerhalb der Ausländer besonders gut abschneiden (Baden-Württemberg 2009, S. 66 f.; BMBF 2005; Halbhuber 2005; Niedersachsen 2010; NRW 2010). In Niedersachsen musste 2005 von den albanischen und serbischen Schülerinnen und Schülern jeweils etwa jede(r) sechste eine Schule für Lernbehinderte besuchen. Türkische Schülerinnen und Schüler liegen dagegen eher nahe dem bundesweiten Mittelwert für Ausländer (was auch daran liegt, dass sie aufgrund ihrer quantitativen Dominanz diesen Mittelwert wesentlich mit bestimmen).

Italienische Kinder und Jugendliche sind bis in die jüngste Zeit »an den Sonderschulen deutlich überrepräsentiert« (Baden-Württemberg 2009, S. 67; siehe auch Halbhuber 2005, S. 70; Schröder 2005, S. 117; 2009b). Zumindest in Niedersachsen und Nordrhein-Westfalen stellt sich die Situation jedoch neuerdings uneinheitlich dar: An Förderschulen scheint das Übermaß bekämpft worden zu sein; der allgemeine Schulerfolg ist jedoch – z. B. gemessen am Besuch von Gymnasien – weiterhin schlechter als bei anderen Nationalitäten (Niedersachsen 2010; NRW 2010).

Die beiden zuletzt behandelten Differenzierungsgesichtspunkte hängen insofern zusammen, als Bundesländer, in denen eine übermäßig belastete Nationalität – wie etwa die Serben – besonders stark vertreten ist, auch im Ländervergleich tendenziell einen höheren Anteil ausländischer Förderschüler/innen aufweisen könnten. Umgekehrt wird eine Nationalität höher belastet erscheinen, wenn sie in einem Bundesland mit der Neigung zu überdurchschnittlichen Förderschulbesuchsquoten besonders zahlreich vertreten ist. Ob diese Interdependenz Niedersachsen, das relativ hohe Anteile von Schülerinnen und Schülern aus Serbien aufweist, im Ländervergleich in etwas günstigerem Licht erscheinen lässt, kann hier nicht entschieden werden, sei aber als Möglichkeit genannt.

Knapp zusammengefasst ergibt die statistische Analyse, dass ausländische Schülerinnen und Schüler an deutschen Förderschulen weit stärker vertreten sind, als es ihrem Anteil an der Schülerschaft im Ganzen entspräche (es ist davon auszugehen, dass diese globale Aussage auch gelten würde, wenn die Daten eine Erhebung mit der Klassifizierung »Schülerinnen und Schüler mit Migrationshintergrund« zulassen würden). Die Überrepräsentierung wird gesteigert in den Schulen mit dem sonderpädagogischen Förderschwerpunkt »Lernen«, den Schulen für Lernbehinderte. Der dagegen erheblich geringere Ausländeranteil in Schulen für Erziehungshilfe verleitet zu der sarkastischen Frage, ob es etwa nicht so viele ausländische Schülerinnen und Schüler mit Verhaltensauffälligkeiten gebe.

Untersucht man, wie stark Ausländer an anderen, nicht sonderpädagogischen Schulen vertreten sind, relativiert sich die Lage, und man muss bei Schülerinnen und Schülern aus einem nicht deutschsprachigen und kulturell nicht mitteleuropäischen Milieu eine allgemein nachteilige Situation in deutschen Bildungsinstitutionen konstatieren. Unterschiede im Ausmaß der Überrepräsentierung zeigen sich sowohl bei der Differenzierung nach Bundesländern als auch bei derjenigen nach Herkunftsländern. In Niedersachsen und Baden-Württemberg (sowie, aber erst in jüngerer Zeit, in Nordrhein-Westfalen) werden ausländische Kinder und Jugendliche besonders zahlreich und offenbar bereitwillig auf eine Förderschule überwiesen; und das ist ohne Verweis auf eine entsprechende Schulpolitik wohl kaum erklärbar. Die Unterschiede zwischen den Nationalitäten sind ebenfalls erheblich und gehen vor allem zulasten von Menschen aus Serbien/Montenegro, Albanien und Italien, ohne dass diese Differenzen bisher aufzuklären wären.

Diskussion und Interpretationsansätze

Die Zahlen scheinen eine deutliche Sprache zu sprechen, ihre Interpretation aber ist keineswegs eindeutig. Zunächst ist der gegen die Sonderpädagogik nicht selten laut gewordene Vorwurf, Kinder von Migranten würden in Förderschulen abgeschoben, in seiner Absolutheit nicht zu halten. Das Problem des im Durchschnitt negativ auffälligen Schulerfolges betrifft vielmehr das Schulsystem im Ganzen: Dem übergroßen Anteil ausländischer Schülerinnen und Schüler an Förderschulen, Schulkindergärten und Hauptschulen entspricht auf der anderen Seite ihre Unterrepräsentation auf Gymnasien.

Der allgemeine Vorwurf einer Diskriminierung ist damit jedoch nicht vom Tisch. Das deutsche Schulsystem gilt aufgrund seiner Organisation als sehr selektiv. Daraus können durchaus ungewollte, aber auch planmäßige Benachteiligungen resultieren. Ein Blick in Länder wie Frankreich, dessen Schulsystem weniger selegierend organisiert ist, aber durchaus ähnliche Probleme aufweist, lehrt allerdings, das Gewicht dieses Argumentes nicht zu überschätzen. Und für ganz abwegig halte ich es, bei der hohen Bedeutung der deutschen Sprache im Unterricht an »institutionelle Diskriminierung« zu denken (Diefenbach 2005, S. 50).

Schwerwiegend ist dagegen innerhalb des Förderschulsystems der Vergleich der Bundesländer: Angesichts der langjährigen (vgl. z. B. Schröder 1993, S. 138) Spitzenposition Niedersachsens und Baden-Württembergs bezüglich der Überrepräsentation von Ausländern in Förderschulen wird man »nicht umhinkönnen, von einer praktizierten Schulpolitik zu sprechen, die bei den Sprach- und Akkulturationsproblemen ausländischer Schulkinder allzu leicht geneigt ist, eine Separierung« in einer Förderschule und insbesondere »in einer Schule für Lernbehinderte anzuordnen« (Schröder 2005, S. 117).

Eine Benachteiligung ausländischer Schülerinnen und Schüler erkenne ich auch in den übermäßigen Überweisungen auf Schulen für Lernbehinderte: Das in Deutschland sehr differenzierte sonderpädagogische Förderangebot der übrigen Förderschulen wird dieser Schülerschaft damit zum Teil vorenthalten.

Ein weiterer Punkt der statistischen Analyse, der je nach Herkunftsland so unterschiedliche Förderschulbesuch, entzieht sich weitgehend einer Bewertung. Eine stichhaltige Erklärung scheint mir nicht in Sicht zu sein. Weder die Hypothese »Wer dauerhaft in Deutschland lebt, plant Bildungsprozesse vermutlich anders als nur für kurze Zeit zugelassene Bürgerkriegsflüchtlinge« (Söhn/Özcan 2005, S. 120) noch die einer Abhängigkeit von der (tatsächlichen oder vermuteten) kulturellen Nähe oder Ferne (Schröder 1981, S. 843; 1993, S. 138) vermögen die oben aufgezeigten Unterschiede zwischen den Nationalitäten verständlich zu machen. Wenn auch oft eine Benachteiligung durch den Status als Ausländer zu kritisieren ist, so vermengt diese sich auf jeden Fall mit einer Reihe faktischer Erschwernisse für die Schulkarriere der betroffenen Kinder und Jugendlichen, die ohne besonderes Zutun aus der Situation von Migranten erwachsen. Dabei hat das im Folgenden zur Erklärung des insgesamt schwachen, aber sehr unterschiedlichen Schulerfolges ausländischer Schülerinnen und Schüler Vorgetragene weitgehend den Charakter von Hypothesen aus sonderpädagogischer, insbesondere lernbehindertenpädagogischer Sicht.

Es ist davon auszugehen, dass die Sozialschichtverteilung der Ausländer einen erhöhten Unterschichtanteil aufweist. Würde man die ausländischen Förderschüler/innen nur mit Kindern aus deutschen Familien mit identischer Zusammensetzung der Sozialschichten vergleichen, fiele die Überrepräsentierung wohl geringer aus (vgl., allerdings ohne Bezug auf Förderschulen, Söhn/Özcan 2005, S. 120). Mit dem sozialen Status sind in der Regel eine gering qualifizierte berufliche Stellung des Vaters bzw. der Eltern und eine größere Gefährdung durch Arbeitslosigkeit verbunden, die Kornmann (1998, S. 62 f.) direkt mit erhöhten Förderschulbesuchsquoten bei Ausländern in Zusammenhang gebracht hat. Von hoher Bedeutung ist, dass die Zugehörigkeit zu unteren sozialen Schichten allgemein für eine erfolgreiche Teilhabe am Bildungssystem tendenziell ungünstiger ist; in der Herkunftsfamilie mangelt es bereits an »familiäre[n] Ressourcen wie die elterliche Bildungserfahrung« (Söhn/Özcan 2005, S. 118).

Speziell bei Migrantenfamilien ist mit abweichenden subkulturellen Sozialisationsmustern zu rechnen. Die Rollenverständnisse von Jungen und Mädchen in der Familie können gegenüber denen in der Schule sehr diskrepant und mit ihnen nicht zu vereinbaren sein. Die Beherrschung und Praxis der deutschen Sprache sind oft unzureichend. »Dabei sind die Nachteile für diejenigen Schülerinnen und Schüler [...] besonders groß, die zu Hause nicht die Unterrichtssprache sprechen« (Stanat/Christensen 2006, S. 52). Doch auch wenn der deutsche Sprachgebrauch äußerlich erreicht sein mag, geschieht inneres Denken oft in der Muttersprache, sodass die Vermittlung zwischen beiden nicht funktioniert. Und oft werden aufgrund der besonderen Lebenssituation weder Deutsch noch die Primärsprache richtig beherrscht. Die vor allem sprachlich vermittelten schulrelevanten Anregungen durch die Eltern, insbesondere durch die Mutter, entfallen dann, wenn diese nicht der deutschen Sprache mächtig sind.

All solche erschwerenden Bedingungen für ausländische Schüler und Schülerinnen betreffen das Alltagsleben, das Selbstverständnis und Selbstgefühl sowie die (oft genug eher pessimistische) Zukunftsorientierung – und damit auch indirekt die schulischen Lernmöglichkeiten. Sie betreffen diese schulischen Lernmöglichkeiten aber auch direkt. Zum Verständnis der Zusammenhänge kann ein in den 1970er-Jahren entwickeltes Konzept der Lernbehindertenpädagogik dienen, das neben einer »Lernbehinderung im engeren Sinne« eine Vielzahl (noch) nicht so schwerwiegender »Lernstörungen« benannte, die aber bei mangelnder Förderung sich ausweiten und verfestigen können zu – dann schwerwiegenden – sogenannten »generalisierten Lernstörungen« (Kanter 1977). Man kann nun im Hinblick auf die angesprochenen Lebens- und Lernbedingungen für ausländische und vielleicht auch für die Schülerinnen und Schüler mit Migrationshintergrund insgesamt durchaus von Bedingungsfaktoren für Lernstörungen sprechen, die sich bei ungünstigen Verläufen zur Lernbehinderung ausweiten und verfestigen.

In der zitierten Konzeption liegt aber auch die Aufforderung an die Schule, es durch frühzeitige Förderung nicht zu ungünstigen Verläufen kommen zu lassen. Insbesondere ist der »sprachbezogene Förderbedarf« (Söhn/Özcan 2005, S. 122) sowohl bereits in der allgemeinen Schule als auch in den Förderschulen zu erfüllen.

Literatur

Baden-Württemberg (2010): Statistische Berichte Baden-Württemberg: Unterricht und Bildung. www.statistik.baden-wuerttemberg.de/Veroeffentl/Statistische_Berichte/3231_08001 (Abruf 5.2.2011).

Bundesministerium für Bildung und Forschung (BMBF) (2005): Grund- und Strukturdaten 2005. Bonn/Berlin: BMBF.

Diefenbach, H. (2005): Schulerfolg von ausländischen Kindern und Kindern mit Migrationshintergrund als Ergebnis individueller und institutioneller Faktoren. In: Bundesministerium für Bildung und Forschung (Hrsg.): Migrationshintergrund von Kindern und Jugendlichen: Wege zur Weiterentwicklung der amtlichen Statistik. Bonn/Berlin: BMBF, S. 43–54.

Halbhuber, W. (2005): Die Schulstatistik der Kultusministerkonferenz. In: Bundesministerium für Bildung und Forschung (Hrsg.): Migrationshintergrund von Kindern und Jugendlichen: Wege zur Weiterentwicklung der amtlichen Statistik. Bonn/Berlin: BMBF. S. 67–74.

Kanter, G. O. (1977): Lernbehinderungen und die Personengruppe der Lernbehinderten. In: Kanter, G. O./Speck, O. (Hrsg.): Pädagogik der Lernbehinderten, Handbuch der Sonderpädagogik, Band 4. Berlin: Marhold, S. 34–64.

KMK (1994): Sekretariat der Ständigen Konferenz der Kultusminister der Länder der Bundesrepublik Deutschland: Empfehlungen zur sonderpädagogischen Förderung in den Schulen in der Bundesrepublik Deutschland. www.kmk.org/fileadmin/veroeffentlichungen_beschluesse/1994 (Abruf 4.2.2011).

KMK (2010): Statistische Veröffentlichungen der Kultusministerkonferenz. Dokumentation Nr. 189: Sonderpädagogische Förderung in Schulen 1999 bis 2008. ISSN 1617-0652. Berlin. www.kmk.org/statistik/schule/statistische-veroeffentlichungen (Abruf 20.11.2010).

Kornmann, R. (1998): Wie ist das zunehmende Schulversagen bei Kindern von Migranten zu erklären und zu beheben? In: Vierteljahrsschrift für Heilpädagogik und ihre Nachbargebiete 67, S. 55–68.

Landesbetrieb für Statistik und Kommunikationstechnologie Niedersachsen (2010): Allgemein bildende Schulen am 04.09.2008. www.nls.niedersachsen.de/Tabellen/Bildung (Abruf: 5.2.2011).

Landesinstitut für Schulentwicklung und Statistisches Landesamt Baden-Württemberg (2009): Bildungsberichterstattung 2009. Sonderpädagogische Förderung in Baden-Württemberg. www.statistik.baden-wuerttemberg.de/Veroeffentl/000009001 (Abruf 5.2.2011).

Ministerium für Schule und Weiterbildung des Landes Nordrhein-Westfalen (³2010): Das Schulwesen in Nordrhein-Westfalen aus quantitativer Sicht 2009/10. Statistische Übersicht 371. www.schulministerium.nrw.de/BP/Schulsystem/Statistik/2009_10 (Abruf 19.1.2011).

Roßbach, H.-G./Tietze, W. (1996): Schullaufbahnen in der Primarstufe – Eine empirische Untersuchung zu Integration und Segregation von Grundschülern. Münster: Waxmann.

Sander, A. (1975): Zum Stand der Erfassung sonderschulbedürftiger Behinderter. In: Zeitschrift für Heilpädagogik 26, S. 214–221.

Schröder, U. (1980): Zum statistischen Überblick über die Sonderschulen in der Bundesrepublik Deutschland von W. Kerkhoff in H. 1/1980. Sonderpädagogik 10, S. 138/139.

Schröder, U. (1981): Sonderschüler und »Schulversager« – Statistische Daten aus den Jahren 1977–1979. In: Zeitschrift für Heilpädagogik 32, S. 830–850.

Schröder, U. (1993): Alle reden von Integration – und die Zahl der Sonderschüler steigt!? In: Sonderpädagogik 23, S. 130–141.
Schröder, U. (2003): Die Sonderschule als Lernort für Kinder und Jugendliche mit besonderem Förderbedarf. In: Leonhardt, A./Wember, F. B. (Hrsg.): Grundfragen der Sonderpädagogik. Bildung – Erziehung – Behinderung. Weinheim/Basel/Berlin: Beltz, S. 743–769.
Schröder, U. (^{2}2005): Lernbehindertenpädagogik – Grundlagen und Perspektiven sonderpädagogischer Lernhilfe. Stuttgart: Kohlhammer.
Schröder, U. (2009a): Schulformen und organisatorische Strukturen. In: Stein, R./Orthmann Bless, D. (Hrsg.): Schulische Förderung bei Behinderungen und Benachteiligungen. Basiswissen Sonderpädagogik, Band 2. Baltmannsweiler: Schneider Hohengehren. S. 64–84.
Schröder, U. (2009b): Sonderpädagogische Förderung in der statistischen Erfassung – Anmerkungen zum Beitrag von Urs Haeberlin: Förderschulen – wohin geht der Trend? In: Vierteljahresschrift für Heilpädagogik und ihre Nachbargebiete 78, S. 350–355.
Söhn, J./Özcan, V. (2005): Bildungsdaten und Migrationshintergrund: Eine Bilanz. In: Bundesministerium für Bildung und Forschung (Hrsg.): Migrationshintergrund von Kindern und Jugendlichen: Wege zur Weiterentwicklung der amtlichen Statistik. Bonn/Berlin: BMBF, S. 117–128.
Stanat, P./Christensen, G. (2006): Schulerfolg von Jugendlichen mit Migrationshintergrund im internationalen Vergleich – Eine Analyse von Voraussetzungen und Erträgen schulischen Lernens im Rahmen von PISA 2003. In: Bundesministerium für Bildung und Forschung (Hrsg.): Bildungsforschung Band 19. www.bmbf.de (Abruf 20.11.2010).
Statistisches Bundesamt Deutschland (2010): Allgemeinbildende Schulen. www.destatis.de/jetspeed/portal (Abruf 5.2.2011).

Michael Matzner

Junge Menschen aus Einwandererfamilien im Übergang von der Schule in die Berufsausbildung

Die Berufstätigkeit ist für das Leben von Erwachsenen von zentraler Bedeutung. Über ihre berufliche Tätigkeit und berufliche Position gewinnen Menschen Anerkennung, Selbstbewusstsein und Lebenssinn. Die Berufstätigkeit sichert die materielle Existenz, strukturiert den Alltag und stellt die soziale Integration sicher. Ganz besonders gilt das für Menschen mit Migrationshintergrund. Deren Einbindung in die Arbeitswelt ist ein besonders wirksamer Integrationsfaktor (Birg 2009), da »die soziale Integration in der Form der Plazierung auf den zentralen Positionen der Aufnahmegesellschaft« die »Bedingung für alle anderen Formen der sozialen Integration von Migranten und ethnischen Minderheiten in die Aufnahmegesellschaft« ist (Esser 2001, S. 66). Damit stellt die berufliche Bildung – neben der schulischen Bildung – für junge Menschen aus Einwandererfamilien »das zentrale Instrument für die gesellschaftliche Integration dar« (BMBF 2010, S. 40). Dem erfolgreichen Übergang von der Schule in Ausbildung, Studium und Arbeitswelt kommt infolgedessen aus individueller sowie aus gesellschaftlicher Perspektive eine zentrale Bedeutung zu.

Bis Ende der 1970er-Jahre, damals war die Arbeitslosenquote bei Ausländern geringer als bei Deutschen, stellten die Erwerbstätigkeit und berufliche Integration für die damaligen »Gastarbeiter« kein besonderes Problem dar – sie waren ja schließlich von der deutschen Regierung und Wirtschaft zur Arbeit angeworben worden. Viele von ihnen stammten aus abgelegenen und unterentwickelten ländlichen Regionen Südeuropas, Vorderasiens und Nordafrikas und hatten oft nur eine geringe bzw. gar keine Schulbildung. Als Arbeiter in der Montanindustrie, im verarbeitenden Gewerbe oder auf dem Bau, als Reinigungskraft oder Hilfsarbeiterin arbeiteten sie in Wattenscheid, Berlin, Rüsselsheim, Mannheim und anderswo.

Die berufliche Integration von Einwanderern wurde mit Beginn der 1980er-Jahre zum Problem, als es zu massiven wirtschaftlichen Einbrüchen, Krisen und Strukturveränderungen in den westlichen Industriestaaten kam. Die »Gastarbeiter« wurden damit konfrontiert, dass der Wandel von der Industriegesellschaft zur globalisierten Dienstleistungs- und Wissensgesellschaft eine Erosion »ihrer« typischen Berufstätigkeiten und Arbeitsplätze bewirkte. Hatten sie als junge Männer und Frauen in den Bergwerken und Fabrikhallen sowie auf den Baustellen der Industriegesellschaft

»passende« Arbeit gefunden, so wurde dies in den folgenden Jahrzehnten immer schwieriger. Arbeitsplätze, die keine Berufsausbildung voraussetzen, wurden erheblich abgebaut, bzw. ganze Branchen verlagerten ihre Produktion ins Ausland.

Infolgedessen stehen die Kinder und Enkel der »Gastarbeitergeneration« sowie junge Menschen aus anderen Einwanderergruppen vor der Herausforderung, den Übergang von der Schule in die Berufswelt innerhalb einer hoch dynamischen Dienstleistungs- und Wissensgesellschaft zu realisieren. Jedoch ist das vielfältige Angebot beruflicher Bildung – betrieblich, schulisch oder akademisch – quantitativ begrenzt und an bestimmte Voraussetzungen, zumal Bildungszertifikate gebunden. Außerdem sind die Strukturen der beruflichen Bildung sowie der Arbeitswelt komplex, dynamisch und nicht immer leicht durchschaubar. Infolgedessen ist eine frühzeitig beginnende und vertiefte berufspädagogische Begleitung für junge Menschen, zumal aus Einwandererfamilien von zentraler Bedeutung. Letztere verfügen seltener über wichtige soziale und kulturelle Kapitalien wie z.B. die wirkungsvolle Unterstützung aus dem Elternhaus oder Beziehungen zu Arbeitgebern.

Arbeitswelt und berufliche Bildung im kommenden Jahrzehnt

Die Arbeitswelt und die Berufsstruktur der näheren Zukunft werden dadurch gekennzeichnet sein, dass produktionsnahe Tätigkeiten weiter zurückgehen und wissensintensive Arbeitsformen an Bedeutung gewinnen werden. Das durchschnittliche Qualifikationsniveau der Beschäftigten steigt weiter an. Es kommt zu einem Bedeutungszuwachs höherer beruflicher Bildung, während die mittlere und vor allem die niedrige berufliche Bildung an Bedeutung einbüßen. Für Menschen ohne Berufsausbildung sind die Perspektiven besonders schlecht. Im Jahr 2020 wird ihr Anteil an allen Beschäftigten bei nur noch neun Prozent liegen.[26] Das duale System wird in Zukunft quantitativ eher stagnieren, während die Akademisierung der beruflichen Bildung weiter zunimmt. Praktisches Wissen und Erfahrungswissen sind zwar auch in Zukunft unverzichtbar, trotzdem gewinnt systematisches, theoretisches und damit akademisches Berufswissen weiter an Bedeutung: »Für nachindustrielle Gesellschaften ist systematisches Wissen strukturbestimmend« (Baethge/Solga/Wieck 2007, S. 75). Infolgedessen geht in die Exportgüter Deutschlands in wachsendem Umfang qualifizierte und hochqualifizierte Arbeit ein, während Import-Güter in höherem Maße mit geringer qualifizierter Arbeit erstellt werden (Baethge/Solga/Wieck 2007, S. 21). Prognosen zufolge kommt es bis 2025 zu einem Beschäftigungszuwachs im Westen Deutschlands – vor allem in den unternehmensbezogenen Dienstleistungen – wobei gleichzeitig das Erwerbspersonenpozential von rund 44,8 Millionen Personen im Jahr 2008 über 42,8 Millionen Personen im Jahr 2020 auf 41,1 Millionen Personen im Jahr 2025 sinken wird (Fuchs/Zika 2010, S. 3ff.). Infolgedessen werden junge

---

26   Im Jahr 1980 betrug der Anteil der Ungelernten an den Erwerbstätigen in Westdeutschland noch 29 Prozent, im Jahr 2000 18 Prozent (Geißler 2002, S. 339).

Menschen bessere berufliche Chancen als in den vergangenen zwei Jahrzehnten haben – vorausgesetzt, sie verfügen über die nachgefragten Fähigkeiten und Qualifikationen. Angesichts der wesentlich höheren Arbeitslosenquote bei Ausländern bzw. Migranten stellt deren erfolgreiche Integration in die Arbeitswelt *die* entscheidende Herausforderung des Bildungs- und Berufsbildungssystems dar, zumal der Anteil junger Menschen mit Migrationshintergrund in den westdeutschen Ballungsräumen kontinuierlich zunimmt.[27]

Ausbildungsbeteiligung und Übergänge junger Menschen mit Migrationshintergrund

Berufsplanung

Die Berufs- und Lebensplanung junger Migranten unterscheidet sich zum Teil von derjenigen deutschstämmiger Schulabsolventen. Beispielsweise bewerben sich Migranten seltener auf betriebliche Lehrstellen (Ahrens 2011, S. 24; Beicht/Granato 2009, S. 12). Auf *ausländische* Jugendliche mit niedrigen Schulabschlüssen treffen »überproportional« die folgenden vier Verhaltensweisen nach dem Ende der Schulzeit zu: Es wird nichts Konkretes unternommen, es wird einer Gelegenheitsarbeit nachgegangen, es beginnt eine Phase der Arbeitslosigkeit und Arbeitssuche, bzw. der Kindererziehung und Mutterschaft. Alle diese Verhaltensweisen erhöhen das Risiko, dauerhaft ausbildungslos zu bleiben. Besondere Unterschiede zeigen sich bei jungen Frauen. So zählten im Jahr 2005 bei den deutschstämmigen Frauen im Alter von 20 bis unter 26 Jahren lediglich 8,9 Prozent zu den »Nichterwerbspersonen«, während dieser Anteil bei Frauen mit Migrationshintergrund bei 23,1 Prozent lag (türkischstämmige Frauen: 36,8 Prozent). Lediglich 52,1 Prozent der 20- bis 25-jährigen Türkinnen waren berufstätig oder in Ausbildung bzw. Studium, bei den jungen Frauen ohne Migrationshintergrund betrug dieser Anteil 83,7 Prozent (Autorengruppe 2008, S. 302).

Beicht und Granato (2010) zufolge sind junge Migranten häufig sehr motiviert, einen qualifizierten Beruf zu erlernen, was oft mit einem hohen Engagement bei der Suche nach einem Ausbildungsplatz einhergehe: »Jugendliche mit Migrationshintergrund engagieren sich vielfach besonders stark« (Beicht/Granato 2010, S. 9; vgl. auch Beicht/Ulrich 2008). Jedoch bleiben entsprechende Bemühungen nicht selten erfolglos bzw. der Erfolg tritt zeitlich deutlich verzögert ein. Nicht wenige finden sich nach entsprechenden Enttäuschungen in einem Ausbildungsberuf wieder, den sie nicht anstrebten, was die Wahrscheinlichkeit eines Ausbildungsabbruchs erhöht.

---

27 Im April 2011 betrug die Arbeitslosenquote in Westdeutschland bei Deutschen 5,4 Prozent und bei Ausländern 14,1 Prozent, in Ostdeutschland lagen diese Quoten bei 11,3 Prozent bzw. 24,4 Prozent (Bundesagentur für Arbeit 2011, S. 52 f.).

Ausbildungsbeteiligung

Junge Menschen mit Migrationshintergrund, zumal solche mit ausländischer Staatsbürgerschaft, absolvieren wesentlich seltener eine Berufsausbildung. Während im Jahr 2008 in der Gruppe der 25- bis 34-jährigen Deutschen ohne Migrationshintergrund 89,2 Prozent über eine abgeschlossene Berufsausbildung bzw. einen Studienabschluss verfügten, galt dies für die entsprechende Altersgruppe mit Migrationshintergrund zu 62,7 Prozent und für junge Ausländer nur zu 53,1 Prozent. Erweitert man die Perspektive auf die Gruppe der 20- bis 64-Jährigen, so steigen die Differenzen weiter an. Bei den Menschen ohne Migrationshintergrund waren im Jahr 2008 lediglich 15 Prozent ohne Ausbildung, bei denjenigen mit Migrationshintergrund 44 Prozent (Italiener 56 Prozent, Griechen 61 Prozent, Türken 72 Prozent) (Beauftragte für Migration 2010, S. 125 f.; BMBF 2010, S. 39).

Bei der Analyse und Beurteilung dieser Zahlen und Unterschiede ist zu beachten, dass der Ungelerntenanteil bei denjenigen Migranten deutlich niedriger ist, die schon in ihrer (frühen) Kindheit nach Deutschland einreisten. In einer repräsentativen Untersuchung lag z. B. der »Ungelerntenanteil« von Migranten, die bis zu ihrem elften Lebensjahr eingereist waren, bei 24,6 Prozent (Troltsch 2003).

Schulabgänger ohne Studienberechtigung, besonders junge Männer sowie solche mit niedrigen schulischen Qualifikationen, streben häufig eine Ausbildung im dualen System an[28] (Beicht/Granato 2010, S. 8). Jedoch bleiben nicht wenige bei ihren Bemühungen erfolglos. So ergab die BIBB-Übergangsstudie 2006 – hier wurden 5 500 Schulabsolventen, davon 1 000 mit Migrationshintergrund befragt – Folgendes: Von den Jugendlichen aus Einwandererfamilien, die am Ende der Schulzeit einen betrieblichen Ausbildungsplatz suchten, konnten 41 Prozent innerhalb der folgenden zwölf Monate eine betriebliche Ausbildung beginnen. Bei den deutschstämmigen Befragten waren dies 61 Prozent. Drei Jahre nach Schulabschluss waren 63 Prozent der Migranten und 81 Prozent der Deutschstämmigen in eine Berufsausbildung eingemündet (Beicht/Granato 2009, S. 19).

Im Jahr 2008 lag die sogenannte »Ausbildungsbeteiligungsquote« (zur Berechnung BAMF 2009, S. 29) bei jungen Deutschen bei 68,2 Prozent, während sie bei jungen *Ausländern* lediglich 32,2 Prozent betrug (Frauen 28,9 Prozent, Männer 35,4 Prozent) (BMBF 2010, S. 39; BIBB 2010, S. 185). In den vergangenen 20 Jahren war diese Quote insgesamt bzw. bei jungen Migranten niedriger, seit einiger Zeit legt sie wieder zu (Sachverständigenrat 2010, 162; Granato 2007, S. 6).

---

28 Junge Frauen mit Hauptschul- oder Realschulabschluss haben seltener als junge Männer Interesse an Berufen, die im dualen System ausgebildet werden. Sie besuchen häufiger eine weiterführende Schule oder absolvieren eine Berufsausbildung an einer Fachschule, zum Beispiel in Gesundheits-, Erziehungs- und Sozialberufen. »Diese schulischen Ausbildungen verschaffen jungen Frauen eine größere Konjunkturunabhängigkeit auf dem Arbeitsmarkt, sodass sie deutlich häufiger in einer regulären Ausbildung zu finden sind als junge Männer« (Expertenrat 2011, S. 131; Ahrens 2011, S. 19).

Nachdem der Anteil junger *Ausländer* an allen Auszubildenden seit den 1970er-Jahren bis zum Jahr 1994 kontinuierlich bis auf acht Prozent angestiegen war, kam es in den folgenden Jahren zu einem Rückgang bis auf vier Prozent im Jahr 2006 (Autorengruppe 2006, S. 159). Man sprach von einem »Abwärtstrend der Ausbildungsteilhabe bei jungen Migranten«. Besonders betroffen waren junge Männer, da es in handwerklichen und industriellen Berufen zu großen Einbußen an Arbeits- und Ausbildungsplätzen kam (BAMF 2009, S. 25). So ging in Westdeutschland im Bereich der Ausbildungsplätze in Handwerkskammer-Berufen das Angebot zwischen 1977 und 2004 um 32 Prozent zurück. In Berufen, die von jungen Migranten besonders oft erlernt wurden, waren die Rückgänge noch stärker: Kfz-Mechaniker/Kfz-Elektriker -44 Prozent, Elektroinstallateur -62 Prozent, Maurer -65 Prozent, Zerspanungsmechaniker -68 Prozent, Industriemechaniker -43 Prozent (Baethge/Solga/Wieck 2007, S. 31 f.). Gewisse Zunahmen in anderen Bereichen (z. B. Chemikant, Kaufmann im Einzelhandel, Versicherungskaufmann, Hotel- und Gaststättenfachberufe, Koch) konnten diese Verluste – bezogen auf junge Menschen mit Migrationshintergrund – nur in geringem Maße kompensieren. Darüber hinaus sind Hauptschüler/innen und junge Migranten seit den 1990er-Jahren einer wachsenden Konkurrenz und Verdrängung durch Bewerber mit höheren Schulabschlüssen ausgesetzt (Baethge/Solga/Wieck 2007, S. 42).

Zusammenfassend lässt sich feststellen, dass strukturelle Probleme am Ausbildungs- und Arbeitsmarkt existieren, von denen im Prinzip *alle* jungen Menschen, besonders solche mit niedrigen und schlechten Schulabschlüssen, betroffen sind, wobei sich die Problematik bei denjenigen mit Migrationshintergrund besonders zuspitzt (Autorengruppe 2008, S. 165).

Verzögerte Übergänge

Der Übergangsprozess Schule – Ausbildung/Berufstätigkeit verläuft für junge Migranten bzw. Ausländer nach Dauer und Ergebnis oft schwieriger. Auch bei letztendlich »erfolgreichen« jungen Migranten ist die Übergangsphase oft langwieriger, problematischer und damit auch belastender (BIBB 2010, S. 186). So hatten im DJI-Übergangspanel 2004 (es umfasste 1 616 Hauptschulabgänger des Sommers 2004) 15 Monate später lediglich 37 Prozent der Schüler mit Migrationshintergrund einen Ausbildungsplatz (Schüler ohne Migrationshintergrund: 53 Prozent). Ähnliche Unterschiede existieren auch beim Vorhandensein eines mittleren Bildungsabschlusses (Granato 2007, S. 3 f.). »Junge Migrantinnen und Migranten münden erheblich seltener in betriebliche, außerbetriebliche oder schulische Berufsausbildung ein« (Beicht/Granato 2010, S. 10). Eine aktuelle Befragung von 1 152 Hauptschulabsolventen vier Jahre nach ihrem Schulabschluss (Gaupp et al. 2011) bestätigt diesen Sachverhalt. Lediglich 28 Prozent der Befragten konnten dem Verlaufstyp »direkt in Ausbildung« zugeordnet werden. Neben drei weiteren Verlaufstypen ergab sich auch ein Verlaufstyp »Wege in Ausbildungslosigkeit«. Diesem wurden 18 Prozent zugeordnet, wobei Migranten deutlich überrepräsentiert waren. Der Verlaufstyp zeichnet sich aus durch

»häufige Wechsel von Bildungs- und Ausbildungsstationen, das Fehlen von erkennbaren Logiken in den Abfolgen der Bildungs- und Ausbildungsstationen sowie längere und häufigere Zeiten, in denen Jugendliche unversorgt waren und sich nicht in schulischer, berufsvorbereitender oder beruflicher Bildung befanden« (Gaupp et al. 2011, S. 178).

Unterschiedliche Ausbildungsbeteiligung in einzelnen Teilgruppen

Insgesamt betrachtet sind die Chancen auf einen Ausbildungsplatz bei jungen Menschen aus Einwandererfamilien deutlich geringer als bei Deutschen ohne Migrationshintergrund, wobei allerdings – wie das auch in anderen Bereichen der Bildung und sozialen Platzierung der Fall ist – große Unterschiede zwischen einzelnen Teilgruppen existieren. So liegt z. B. die Gruppe der Spätaussiedler gleichauf mit Deutschen ohne Migrationshintergrund, und auch junge Menschen, deren Familien aus den EU-Ländern stammen, schneiden beim Übergang Schule–Beruf nicht wesentlich schlechter ab. Dagegen bleiben Jugendliche aus türkischen, griechischen und serbischen Familien besonders oft ohne Ausbildung, während bei einer Abstammung aus Italien oder Kroatien die Ausbildungsbeteiligung derzeit deutlich höher ist (Ahrens 2011, S. 21). Dieses Phänomen existiert nicht nur in Deutschland, sondern auch in anderen OECD-Ländern (Sachverständigenrat 2010, S. 167).

Orientieren wir uns am Konzept der *Intersektionalität* und kombinieren soziale Differenzkategorien wie Schicht, Geschlecht, nationaler/ethnischer/kultureller Hintergrund und Region miteinander, so stellen wir fest, dass »der« türkische bzw. arabische junge Mann mit maximal Hauptschulabschluss, der aus einer Arbeiterfamilie bzw. einer Familie mit arbeitslosen Eltern stammt und in einem westdeutschen Ballungsraum lebt, das größte Risiko hat, ausbildungslos zu bleiben. Expert/innen sprechen vom »neuen Elend der jungen Männer«, von einer »massiven Benachteiligung von jungen Männern« sowie von einem »hochdringlichen Problem, das sich – ohne gezielte Interventionen – zukünftig eher noch weiter verschärfen dürfte« (Baethge/Solga/Wieck 2007, S. 9, S. 44 ff.). Im Bildungsbericht 2008 heißt es dazu: »Die geschlechtsspezifischen Disparitäten beim Übergang in die Berufsausbildung decken eine Konstellation auf, die in dem öffentlichen Geschlechterdiskurs der letzten Jahrzehnte, der auf die Ausbildungsbenachteiligung der Mädchen und jungen Frauen ausgerichtet war, kaum thematisiert worden ist. Diese neue Konstellation zeigt sich in den erhöhten Scheiternsrisiken von Jungen und jungen Männern im Übergang von der allgemeinbildenden Schule in eine Ausbildung und betrifft vor allem Jungen aus dem unteren schulischen Vorbildungsniveau, insbesondere noch einmal diejenigen mit Migrationshintergrund.« (Autorengruppe 2008, S. 160; vgl. auch Sachverständigenrat 2010, S. 162; Diehl/Friedrich/Hall 2009). Klaus Klemm spricht von den »Kellerkindern« und bestätigt, dass Jungen aus sozial schwachen Familien, oft mit Migrationshintergrund, das größte Übergangsrisiko haben (Klemm 2010a, S. 101). Im Unterschied zu seiner »Schwester« oder »Cousine«, die oft über einen besseren

Schulabschluss verfügt und eine Berufsausbildung oder ein Studium absolviert oder sich in der türkischen Community nicht selten frühzeitig auf Mutterschaft und Familie konzentriert, steht dieser Sozialtypus oft vor einer unbefriedigenden Zukunft, da er lediglich eine schlecht bezahlte Berufstätigkeit, z. B. als Gebäudereiniger, finden wird.

Junge Menschen mit Migrationshintergrund im »Übergangssystem«

Wenn Schulabgänger/innen bzw. unvermittelte Ausbildungsplatzbewerber/innen keine weiterführende Schule besuchen, ist für sie die Teilnahme an einem Angebot des sogenannten »Übergangssystems«[29] obligatorisch. Unter dieser Bezeichnung fasst man diverse »berufsvorbereitende« Angebote der Berufsschulen und Arbeitsagenturen zusammen. Dazu gehören vor allem das Berufsvorbereitungsjahr (BVJ), das Berufseinstiegsjahr (BEJ), das Berufsgrundbildungsjahr (BGJ), die EQ (Einstiegsqualifizierung Jugendlicher) sowie berufsvorbereitende Bildungsmassnahmen (BVB). Faktisch handelt es sich um »Warteschleifen« vor den Toren der Berufsausbildung (vgl. auch BIBB 2011, S. 11).

In den letzten Jahren befanden sich jeweils bis zu einer halben Million junger Menschen im Übergangssystem, neben den Schulabgänger/innen des vergangenen Schuljahres auch ein großer Teil sogenannter »Altbewerber«. Dabei sind junge Menschen mit Migrationshintergrund erheblich überrepräsentiert, zumal in den westdeutschen Ballungsräumen: »Verteilt sich die Gesamtheit der Neuzugänge zu 43,5 Prozent auf die duale Ausbildung, zu knapp 17 Prozent auf das Schulberufs- und zu 40 Prozent auf das Übergangssystem, so sind die entsprechenden Werte für ausländische Jugendliche 28 Prozent, 11,5 Prozent und gut 60 Prozent. Dies bedeutet auch, dass sie im vollqualifizierenden (dualen und schulischen) Berufsausbildungssystem deutlich unter-, im Übergangssystem stark überrepräsentiert sind« (Autorengruppe 2008, S. 159). In den letzten Jahren ist die Zahl der Neuzugänge in das »Übergangssystem« aufgrund kleinerer Jahrgänge rückläufig; »nur« 34,1 Prozent der Schulabgänger landeten dort im Jahr 2008. Das entsprach allerdings 397 000 jungen Menschen, wobei wiederum Migranten deutlich überrepräsentiert waren (Autorengruppe 2010, S. 97; BIBB 2011, S. 7 ff.).

Obwohl im »Übergangssystem« eine »soziale Segregation« sowie eine »lernungünstige Zusammensetzung der Schülerschaft« anzutreffen ist, schafft es die Mehrheit der jungen Menschen am Ende doch noch – zum Teil jedoch erst nach drei bis fünf Jahren –, eine Ausbildung zu beginnen, und sei es eine staatlich geförderte, überbetriebliche Ausbildung oder eine solche in einem eigentlich nicht angestrebten Beruf. Gleichwohl bleibt in Deutschland ein nicht unbedeutender Anteil – ca. 15 Prozent *aller* jungen Menschen – trotz umfangreicher sozial- und berufspädagogischer Bemühungen dau-

---

[29] Der Begriff »Übergangssystem« ist irreführend, da es sich nicht um ein geplantes System sinnvoll strukturierter Bildungsangebote handelt (Autorengruppe BIBB 2011, S. 11).

erhaft ohne Berufsausbildung (Beicht/Ulrich 2008, S. 1; Klemm 2010a, S. 102). Bei jungen Menschen mit Migrationshintergrund beträgt dieser Anteil derzeit ca. 37 Prozent (Beauftragte für Migration 2010, S. 125 f.; BMBF 2010, S. 39).

Ursachen des geringeren Erfolgs beim Übergang Schule – Berufsausbildung

Schlechtere Schulabschlüsse und Schulleistungen sind die Hauptursache

Die Daten und Fakten der empirischen Bildungsforschung belegen, dass in erster Linie niedrigere Schulabschlüsse sowie schlechtere Schulleistungen für die Unterschiede beim Übergangserfolg ursächlich sind:

»*Die beobachteten Disparitäten beim Übergang von der Schule in die Berufsausbildung können zu einem großen Teil auf diese Leistungsunterschiede zurückgeführt werden*« (Stanat 2008, S. 730; vgl. auch Sachverständigenrat 2010, S. 160 f.).

»*Für die bereits vor dem 6. Lebensjahr in Deutschland lebenden Jugendlichen mit Migrationshintergrund ist dagegen im Vergleich zu den einheimischen Jugendlichen – bei Kontrolle der anderen Einflussfaktoren – kein signifikant größeres Risiko der Ausbildungslosigkeit zu verzeichnen*« (Beicht/Ulrich 2008, S. 4; vgl. auch Krekel/Ulrich 2009, S. 18).

Die ins Detail gehenden BIBB-Übergangsstudien belegen diesen Sachverhalt ebenfalls: »Durchgängig zeigt sich, dass schlechtere Schulnoten die Chancen auf einen raschen Übergang in betriebliche bzw. vollqualifizierende Ausbildung merklich vermindern« (Beicht/Granato 2010, S. 11).

Junge Menschen haben in Deutschland vor allem dann gute berufliche Chancen, wenn sie sich mit einem guten oder sehr guten Realschulabschluss oder einem höheren Abschluss bewerben. Es kommt also primär auf die schulische Vorbildung und die Qualität der Schulleistungen an (Beicht/Granato 2010, S. 11 f.). So wurden im Jahr 2009/2010 in Baden-Württemberg 60,5 Prozent aller dualen Ausbildungsplätze mit Jugendlichen, die über mindestens einen mittleren Abschluss verfügten, besetzt: »Die Betriebe sind also eindeutig auf den mittleren Abschluss orientiert« (Expertenrat 2011, S. 125).

Gleichwohl weisen empirische Untersuchungen darauf hin, dass weitere Faktoren die Erfolgschancen beeinflussen (Beicht/Granato 2010, S. 12). Dies gilt vor allem für Bewerber mit mittelmäßigen oder schlechten Schulabschlüssen. Faktoren wie die regionale Angebot-Nachfrage-Relation, Kontakte zu Arbeitgebern, die Unterstützung der Familie sowie die Akzeptanz der Persönlichkeit der Bewerber/innen bei Ausbildern und Personalmanagern sind hier von großer Bedeutung und wirken sich, insgesamt betrachtet, eher zum Nachteil junger Migranten aus: »Jugendliche mit Migrationshintergrund weisen selbst unter Kontrolle der übrigen Merkmale wesentlich ungünstigere Chancen als Jugendliche ohne Migrationshintergrund auf, in eine betriebliche bzw. vollqualifizierende Berufsausbildung einzumünden« (Beicht/Granato 2010, S. 12).

Junge Migranten leben oft in Regionen mit einer ungünstigen Angebot-Nachfrage-Relation am Ausbildungsmarkt

Viele Migranten leben in westdeutschen Ballungsräumen mit einem angespannten Ausbildungsmarkt. Besondere Probleme haben die »Enkel« der früheren »Gastarbeiter« aus den Anwerbestaaten. Nicht alle Regionen, in denen die Arbeitskraft ihrer Großväter und Großmütter nachgefragt wurde (z. B. Berlin, Saarland, Ruhrgebiet, Hessen, Baden-Württemberg, Bayern), konnten den Strukturwandel erfolgreich gestalten. Hunderttausende, ja Millionen von Arbeitsplätzen gingen verloren und konnten nur teilweise durch neue ersetzt werden, wobei diese oft eine wesentlich höhere Qualifikation voraussetzen (z. B. Biosciences, Mikroelektronik, Medien, Bildung und Soziales). Dem Bildungsbericht 2008 (Autorengruppe 2008, S. 102) zufolge ist der Ausbildungsstellenmarkt in westdeutschen Großstädten wie Hamburg, Dortmund, Köln, Hannover und Berlin besonders ungünstig. Doch auch in Frankfurt, Mannheim, Stuttgart oder Nürnberg ist die Angebot-Nachfrage-Relation nicht optimal. Gerade in diesen Bundesländern und Stadtstaaten (Hessen, Nordrhein-Westfalen, Baden-Württemberg, Bremen, Berlin) sind die Anteile von Migranten bei den Schulentlassenen besonders hoch. »Hauptrisikozonen« für die Ausbildungsversorgung junger Migranten sind die großstädtischen Ballungszentren (Autorengruppe 2006, S. 159). Eine Ausnahme stellt der Raum München dar. In dieser prosperierenden Region haben junge Menschen aus Einwandererfamilien wesentlich bessere Übergangschancen als z. B. in Berlin, im Saarland oder im Ruhrgebiet.

Mangelnde Unterstützung in den Familien

Eltern können eine große Bedeutung in der Phase der Berufsorientierung und -findung ihrer Kinder haben. Keine andere Instanz wird von Jugendlichen so häufig genutzt und als hilfreich empfunden (Matzner 2010, S. 213). Für zugewanderte Familien gilt das jedoch nur eingeschränkt. So können junge Migranten von ihren Eltern seltener bzw. nicht so wirkungsvoll im Berufsfindungsprozess unterstützt werden wie Kinder aus deutschstämmigen Familien. In manchen ethnischen Gruppen und Milieus verfügen die Eltern, zumal die Mütter, über wenige hilfreiche Ressourcen und Erfahrungen. Ihnen fehlen Kenntnisse über das deutsche Schul- und Berufsbildungssystem sowie die Arbeitswelt, seien es Schularten, Schulabschlüsse, schulische und sonstige Voraussetzungen oder berufliche Bedingungen, Voraussetzungen und Abläufe (vgl. auch Expertenrat 2011, S. 130 sowie Birgit Leyendecker in diesem Band).

Viele Mütter und Väter haben das deutsche Schul- und Berufsbildungssystem selbst gar nicht kennengelernt bzw. ihre Erfahrungen beschränken sich auf die Haupt- oder Förderschule und eine Anlerntätigkeit.

Nicht wenige Eltern sind mit dem Arbeitsmarkt nicht (mehr) verbunden bzw. sie nehmen dort randständige Positionen ein. So übten in einer Untersuchungsgruppe lediglich 12 Prozent der Mütter von islamischen Jugendlichen einen qualifizierten Beruf aus (Granato/Skrobanek 2007, S. 241). Infolgedessen verfügen sie seltener als einheimische Eltern über die so wichtigen sozialen Beziehungen zu Betrieben und deren Personal. Die BIBB-Übergangsstudie bestätigt diesen Sachverhalt. Während deutschstämmige Schüler zu 70 Prozent von Eltern und anderen Bezugspersonen dabei unterstützt wurden, Kontakte zu Betrieben herzustellen, erhielten Migranten »deutlich seltener eine solche Unterstützung durch ihr privates Umfeld« (Beicht/Granato 2010, S. 9).

Die geringere Vernetzung von Einwanderern in Vereinen und Organisationen mit deutschen Mitgliedern sowie das Leben in der »eigenen« Community schränken die Übergangschancen der Kinder zusätzlich ein. Hunkler (2010, S. 218) spricht hier vom mangelnden Zugang zu »Aufnahmeland-spezifischen Kapitalien« wie beispielsweise den »Aufnahmeland-spezifischen Netzwerkressourcen«.

Bewerber und Bewerberinnen mit Migrationshintergrund haben ein gewisses Risiko, im dualen System diskriminiert zu werden

Vorliegende Studien und Befragungen deuten darauf hin, dass junge Menschen mit Migrationshintergrund unter Umständen damit rechnen müssen, aufgrund ihrer ethnischen Herkunft, ihres Phänotypus und Habitus, ihres »Andersseins« bei Einstellungen benachteiligt zu werden. So lässt sich z. B. »eine deutliche Schlechterstellung bei gleicher Qualifikation [...] für Zuwanderer türkischer Herkunft sowie für solche aus dem nichteuropäischen Ausland feststellen« (Sachverständigenrat 2010, S. 167). Jugendliche türkischer, afghanischer und iranischer Herkunft bzw. junge Frauen mit Kopftuch berichten von diskriminierenden Einstellungspraktiken (Baethge/Solga/Wieck 2007, S. 43; Expertenrat 2011, S. 129; Ahrens 2011, S. 21). Jeder fünfte Bewerber mit Migrationshintergrund vermutet, dass er wegen der Herkunft, der Nationalität oder des Geschlechts diskriminiert werde, bei Bewerbern mit türkischer oder arabischer Herkunft äußerte dies jeder vierte (BIBB 2010, S. 187).[30]

Ein wissenschaftliches Experiment (Kaas/Manger 2010) zeigte auf, dass schriftliche Bewerbungen mit einem türkischstämmigen Hintergrund bzw. Namen im »High-Skill-Bereich«, also bei Positionen, die einen Studienabschluss voraussetzen, bei gleicher Qualifikation eine um 14 Prozent geringere Chancen hatten, zum Vor-

---

30 Diese Zahlen zeigen, dass Diskriminierungen existieren, jedoch in einem begrenzten Umfang. Außerdem muss nicht jede vermutete bzw. subjektiv empfundene Diskriminierung tatsächlich real sein.

stellungsgespräch eingeladen zu werden. Bei kleineren Firmen betrug dieser Unterschied 24 Prozent. Den Autoren zufolge schwinde eine solche Diskriminierung, sobald die Bewerber über positive Referenzen von Betrieben verfügten. Damit handele es sich nicht um Rassismus im Sinne einer grundsätzlichen Ablehnung von Türken als Fremde, sondern um eine sogenannte »statistische Diskriminierung« (vgl. den Beitrag von Mario Peucker in diesem Band), indem man aufgrund eigener Stereotypen mit unbekannten türkischstämmigen Menschen negative Assoziationen verknüpfe. Die Autoren weisen außerdem darauf hin, dass solche Diskriminierungen in anderen Ländern erheblich stärker ausgeprägt seien, z. B. in den USA, Großbritannien oder Schweden.

Aufgrund eigener beruflicher Beobachtungen und Erfahrungen im dualen System teile ich die Auffassung von Kaas und Manger, dass solche Diskriminierungen außerhalb des akademisch ausgebildeten Managements international agierender Unternehmen unter Umständen stärker ausgeprägt sein könnten, zum Beispiel in kleineren Unternehmen. In Regionen oder Betrieben mit geringerer kultureller Diversität und damit einhergehenden fehlenden realen Erfahrungen existieren – das ist soziologisch plausibel – höhere Integrationsrisiken (Autorengemeinschaft 2010, S. 253ff.).

Dies untermauert auch die Studie von Imdorf (2010) zur Vergabe betrieblicher Ausbildungsplätze in Schweizer Klein- und Mittelbetrieben. Die in ihrer sozialen Umgebung und Heimat verwurzelten Betriebe und Einstellenden assoziierten mit ausländischen Bewerbern die Möglichkeit berufsschulischer Probleme aufgrund schulischer und sprachlicher Defizite sowie eine mangelnde »Passung« zum Familienbetrieb, die durch soziale Nähe in Form von Abstammung, Herkunft, Tradition, Sprache, Gemeinschaftsgefühl (»Wir und die Anderen«) gekennzeichnet ist. Insofern »passen« Bewerber mit gleichen oder ähnlichen Merkmalen besser ins Team als solche mit »abweichenden« Merkmalen. Dabei wird auch die Perspektive der jeweiligen Kunden mit einbezogen. Auch aus deren Sicht sollen Bewerber in die Kanzlei, den Laden, die Praxis oder die Werkstatt »passen«, sei es hinsichtlich des Aussehens, der Umgangsformen oder der Sprechweise.

Nicht nur Betriebe und Personen, die bisher wenig Erfahrungen im beruflichen Alltag mit »Anderen« oder »Fremden« machen konnten, unterliegen der Gefahr, dass sie sich von Stereotypen, Vorurteilen oder Dramatisierungen leiten lassen. So sind bei jeder Bewerberauswahl auf der Grundlage schriftlicher Bewerbungen und Vorstellungsgespräche neben der objektiven Qualifikation vor allem auch persönliche und soziale Merkmale relevant, sei es die Nationalität, die Hautfarbe, der Vor- und Nachname, die Religion, das Geschlecht, die Herkunftsfamilie, die Bekleidung, das Aussehen und vor allem das Verhalten. Mit bestimmten Merkmalen werden unter Umständen bestimmte (negative bzw. positive) Eigenschaften assoziiert und Bewerber deswegen eingeladen bzw. nicht eingeladen. Beicht und Granato (2009, S. 28) sprechen von »negativen ethnischen Leistungsannahmen« der Arbeitgeber. »Insbesondere Jugendlichen mit türkischem Migrationshintergrund werden solche störenden Sozialisationsfaktoren und durch sie bedingtes Verhalten unterstellt, wie unzureichende Kenntnis der deutschen (Betriebs-)Kultur und das Fehlen von Fertigkeiten, die außerhalb der

Bildungsinstitutionen erworben werden. Außerdem werden aufgrund der Zugehörigkeit zu einer anderen Kultur spezifische Schwierigkeiten erwartet (z.B. Überziehung des Urlaubs, Verweigerung von Tätigkeiten, Nichtakzeptanz von Arbeitszeiten insbesondere bei Mädchen und jungen Frauen)« (Boos-Nünning 2008, S. 26).

Das Konzept der Intersektionalität, d.h. die Analyse des Zusammenwirkens mehrerer sozialer Differenzkategorien, ist auch in Bezug auf den Aspekt der Diskriminierung von Bedeutung. Einer aktuellen Untersuchung (Diehl/Friedrich/Hall 2009, S. 61 ff.) zufolge haben Ausländerinnen »unter Kontrolle ihrer Schulabschlüsse und -noten keine statistisch signifikant geringeren Chancen auf einen Ausbildungsplatz als weibliche deutsche Jugendliche«. Dagegen würden männliche ausländische Bewerber mitunter benachteiligt, da sie »in der Regel habitusmäßig als bedrohlicher erlebt« würden (vgl. auch Attia et al. 2000, S. 80). Hunkler (2010, S. 246) bestätigt eine solche statistische Diskriminierung junger Männer mit Migrationshintergrund.

Junge Menschen aus Einwandererfamilien in der Berufsausbildung

Junge Migranten können nur halb so oft wie deutschstämmige Jugendliche ihren Wunschberuf realisieren. Auch deswegen ist ihre Konzentration auf bestimmte Berufe stärker ausgeprägt als bei Nichtmigranten. Sie sind vor allem dort stark vertreten, wo deutsche Jugendliche seltener Interesse zeigen. Im Jahr 2008 konzentrierten sich 44 Prozent der *ausländischen* Auszubildenden in zehn Ausbildungsberufen.

Tab. 1: Die zehn am stärksten von ausländischen Auszubildenden besetzten Ausbildungsberufe im Jahr 2008

→ Kauffrau/-mann im Einzelhandel

→ Friseurin

→ Verkäufer/-in

→ Medizinische Fachangestellte

→ Zahnmedizinische Fachangestellte

→ Kraftfahrzeugmechatroniker

→ Bürokaufmann/-frau

→ Kauffrau für Bürokommunikation

→ Fachverkäufer/-in im Lebensmittelhandwerk

→ Anlagenmechaniker für Sanitär-, Heizungs- und Klimatechnik

Quelle: BIBB 2010, S. 185

Vor allem ausländische junge Frauen arbeiten in relativ wenigen Berufen und Berufsfeldern. So konzentrierten sich im Jahr 2008 50,9 Prozent aller ausländischen weiblichen Auszubildenden auf lediglich fünf Berufe (deutsche weibliche Auszubildende: 31,3 Prozent) (Sachverständigenrat 2010, S. 163).

Hinsichtlich des Ablaufes und des Erfolgs der Ausbildung bei jungen Migranten verfügen wir kaum über empirische Daten. Man kann aber davon ausgehen, dass Schwierigkeiten häufiger im berufsschulischen/-theoretischen als im berufspraktischen Bereich auftreten können. Der Anteil der vorzeitig aufgelösten Ausbildungsverträge war im Jahr 2008 bei *ausländischen* Auszubildenden mit 12,3 Prozent etwas höher als bei deutschen Auszubildenden (8,5 Prozent) (Sachverständigenrat 2010, S. 163).

Empirische Daten belegen, dass beim Übergang über die sogenannte »zweite Schwelle« – vom erfolgreichen Ausbildungsabschluss in die betriebliche Tätigkeit hinein – im Unterschied zur »ersten Schwelle« – von der Schule in die Berufsausbildung – relativ geringe Unterschiede zwischen Migranten und Deutschstämmigen bestehen: »Für den Übergang ins Erwerbsleben ist der Migrationsstatus, sofern ein Abschluss in Deutschland erworben wurde, offenbar kaum relevant. Auch die Bildungsrendite von Beschäftigten mit Migrationshintergrund ist dann identisch mit derjenigen von Deutschen« (Autorengruppe 2008, S. 11; vgl. auch Ahrens 2011, S. 25). Besonders geringe Unterschiede existieren in Süddeutschland (Autorengemeinschaft 2010, S. 253). Eine Ausnahme stellen türkischstämmige männliche Ausbildungsabsolventen dar. Sie werden nach Abschluss ihrer Ausbildung seltener übernommen und häufiger arbeitslos als Facharbeiter aus anderen Herkunftsgruppen. Sie wechseln weitaus häufiger als Deutschstämmige das erlernte Berufsfeld, was oft mit einer Abwertung ihrer Qualifikation einhergeht. Als Erklärung für dieses Phänomen wird der Mangel an sozialen Netzwerkressourcen, zumal deutschen Freunden, diskutiert. So erfolgte ein Drittel aller Neueinstellungen über soziale Netzwerke (vgl. auch Peucker in diesem Band).

Zusammenfassend urteilt der Sachverständigenrat deutscher Stiftungen für Integration und Migration folgendermaßen: »Ausbildungsabsolventen mit Migrationshintergrund haben gute Chancen beim Einstieg in den Arbeitsmarkt, besonders wenn sie eine betriebliche Ausbildung absolviert haben. Die duale Ausbildung erleichtert somit Jugendlichen mit Migrationshintergrund die Teilhabe am Erwerbsleben – wenn sie die erste Schwelle in die berufliche Ausbildung geschafft haben« (Sachverständigenrat 2010, S. 165).

Berufs- und migrationspädagogische Strategien

Im internationalen Vergleich schneidet Deutschland trotz aller Probleme bei der beruflichen Integration von Menschen mit Migrationshintergrund gar nicht so schlecht ab. Dazu trägt vor allem die Existenz des dualen Systems bei (Sachverständigenrat 2010, S. 164f.). So gelingt die Arbeitsmarktintegration von Migrant/innen der zweiten Generation in Deutschland besser als in Österreich, den Niederlanden, Belgien und Frankreich, jedoch schlechter als in der Schweiz. Das deutsche Berufsbildungssystem scheint die Abstände zwischen Migranten und Nichtmigranten in Bezug auf die schulischen Voraussetzungen etwas aufzufangen (Liebig/Widmaier 2009).

Faktoren eines erfolgreichen Übergangs in die Berufsausbildung

Bei einem begrenzen Angebot an Ausbildungsplätzen hängen die individuellen Erfolgschancen vor allen von den folgenden Faktoren ab:
→ Persönlichkeit des Jugendlichen (individuelle Merkmale, Fähigkeiten, Kompetenzen und formelle Qualifikationen)
→ sozialer Hintergrund des Jugendlichen (soziales, kulturelles und ökonomisches Kapital der Herkunftsfamilie, Unterstützung durch die Familie)
→ regionaler Ausbildungsmarkt (Angebot-Nachfrage-Relation im angestrebten Ausbildungsberuf)
→ Erwartungen der entsprechenden Ausbildungsbetriebe an Auszubildende (persönliche Merkmale, Eigenschaften, Fähigkeiten, schulische Qualifikation, sozialer Hintergrund)

Damit sind bezüglich der Person der Bewerberin/des Bewerbers die folgenden Aspekte entscheidend:
→ die Existenz eines realisierbaren Berufswunsches, der auf einer fundierten beruflichen Orientierung basiert
→ die Fähigkeit und Absicht, den Arbeits- und Ausbildungsmarkt zu erkunden und in Bezug auf den Berufswunsch und die schulische Qualifikation »passende« Ausbildungsplätze zu suchen
→ die Fähigkeit und Absicht, sich kompetent zu bewerben, schriftlichen und persönlichen Kontakt zu Betrieben aufzunehmen und sich von Absagen nicht enttäuschen zu lassen
→ die Fähigkeit und Absicht, sich auf Vorstellungsgespräche und Tests vorzubereiten und diese erfolgreich zu bestehen

Infolgedessen benötigen Bewerberinnen und Bewerber folgende Kompetenzen:
→ *personale Kompetenzen* (z.B. Selbstvertrauen, Eigeninitiative, Leistungsbereitschaft, Zuverlässigkeit, psychische Belastbarkeit)
→ *kognitive Kompetenzen* (z.B. Beherrschen der deutschen Sprache, Rechnen, Fremdsprachenkenntnisse, EDV-Wissen)
→ *methodische Kompetenzen* (z.B. Beschaffung von Informationen, Erstellung von Bewerbungsunterlagen)
→ *soziale Kompetenzen* (z.B. Empathie, Hilfsbereitschaft, Toleranz, Kommunikationsfähigkeit)

Die aufgeführten Kompetenzen sind unter jungen Menschen bekanntlich nicht gleich verteilt. Es existieren erhebliche Unterschiede, häufig in Abhängigkeit von der sozialen und familialen Herkunft und den damit einhergehenden Lebenserfahrungen und Prägungen. Da junge Menschen mit Migrationshintergrund häufiger von sozialen, finanziellen oder kulturellen Risikolagen ihrer Herkunftsfamilien betroffen sind (vgl. Klaudia Schultheis in diesem Band), existiert bei ihnen nicht nur in Bezug auf kognitive Kompetenzen, sondern auch hinsichtlich personaler und methodischer Kompetenzen ein besonderer Förderbedarf.

Strategien zur Förderung der beruflichen Integration junger Migrant/innen

Verstärkte Förderung der kognitiven, personalen, sozialen und methodischen Kompetenzen in der Schule und im Elternhaus

Es wurde dargelegt, dass die geringere schulische Qualifikation junger Migrant/innen die mit Abstand wichtigste Einzelursache für die größeren Schwierigkeiten beim Übergang Schule–Berufsausbildung ist. Eine gute Schulbildung ist die Voraussetzung für eine berufliche Ausbildung. Infolgedessen besteht die wirkungsvollste Strategie darin, die schulische Qualifikation der jungen Migrantinnen und Migranten weiter zu erhöhen. Der Anteil von Absolventen ohne Schulabschluss bzw. lediglich mit (schlechtem) Hauptschulabschluss ist zu verringern, jedoch nicht durch eine weiter fortschreitende Aufweichung von Leistungsstandards, sondern durch die Förderung der schulischen Leistungsfähigkeit und -willigkeit. Das bedeutet, dass auch personale, soziale und methodische Kompetenzen verstärkt gefördert werden müssen, denken wir z. B. an Aspekte wie Leistungsbereitschaft und Eigeninitiative, die Beschaffung von Informationen oder Toleranz und Kommunikationsfähigkeit. Allerdings heißt das nicht, dass Väter und Mütter aus ihrer elterlichen Verantwortung entlassen werden sollen. Im Gegenteil: Eltern sind als Erziehende verstärkt in die Pflicht zu nehmen. Entgegen gesellschaftlich dominierenden Perspektiven, in denen die Verantwortung für Bildungserfolge und -misserfolge von Kindern einseitig »dem Staat«, dessen Schulen und Lehrkräften zugewiesen wird, haben – sozialisationstheoretisch betrachtet – die Entwicklungsbedingungen in den Familien den größten Einfluss. Dabei ist zu betonen, dass Zuwendung, Unterstützung, Anregung und Erziehung grundsätzlich von *jeder* Mutter und *jedem* Vater realisiert werden kann, und zwar auch in »armen« oder »sozial benachteiligten« Familien. Dies zeigen die positiven Entwicklungsverläufe von Kindern, die mit »armen«, aber engagierten und zugewandten Müttern und Vätern aufwachsen. [31]

Verbesserung der Berufsorientierung in den Schulen

In einer aktuellen Untersuchung schrieben Schüler/innen ihren Schulen »kaum nennenswerte Beiträge zur beruflichen Orientierung« zu (von Wensierski/Schützler/Schütt 2008, S. 51). Ob man dies verallgemeinern darf, kann hier nicht beantwortet

---

[31] »Pflege und Erziehung der Kinder sind das natürliche Recht der Eltern und die zuvörderst ihnen obliegende Pflicht. Über ihre Betätigung wacht die staatliche Gemeinschaft.« (Grundgesetz, Artikel 6 [2])

werden. Was wir aber wissen, ist Folgendes: Schüler der Haupt- und Realschulen wünschen sich eine kompetente und kontinuierliche Begleitung bei der Berufsfindung, da sie frühzeitig eine berufliche Entscheidung treffen müssen. Auch Gymnasiasten benötigen bereits in der Sekundarstufe I berufspädagogische Unterstützung, die Studien- und Berufswahl beginnt ja faktisch mit der Wahl der Leistungskurse. Bergzog (2008) zufolge verlassen 40 Prozent der Jugendlichen die Real- und Hauptschule ohne einen konkreten bzw. realistischen Berufswunsch.

Es wäre sehr sinnvoll, wenn der Schule eine größere Bedeutung im Bereich der Berufsfindung zukäme. Nur in der Schule haben wir Zugang zu *allen* jungen Menschen und damit auch zu *allen* jungen Migrant/innen. Die Schule sollte ein zentraler Ort zur Anregung der beruflichen Entwicklung sein – natürlich nicht allein auf sich gestellt, sondern mit Unterstützung durch externe Institutionen wie Berufsberatung, Kammern, Betriebe und Jugendberufshilfe.

In den Bundesländern, Regionen und Kommunen existieren diverse Konzepte zur Berufsorientierung und Berufsfindung (Bundesregierung 2008), wobei viele erst gegen Ende der Schulzeit oder gar danach ansetzen. Idealerweise sollte die Berufsorientierung schon in der Grundschule beginnen. In ersten Begegnungen mit der Arbeitswelt können Schüler/innen und Schüler ihre Neigungen und Fähigkeiten erfahren und berufliche Realitäten kennenlernen. Dies fördert den Aufbau eines aktiven Verhältnisses zur Arbeitswelt und die Entwicklung einer beruflichen Identität schon weit vor Ausbildungsbeginn. Außerdem kann sich eine früh beginnende Berufsorientierung positiv auf die schulische Motivation auswirken. Wenn man ein Berufsziel hat, strengt man sich unter Umständen in der Schule mehr an.

Praktika, die von der Schule bzw. der Jugendberufshilfe gut vorbereitet und begleitet werden sollten, sind von größter Bedeutung, zumal für junge Migranten, denen es oft an Beziehungen zu Betrieben fehlt. Über Praktika können Vorurteile von Arbeitgebern über »Hauptschüler/innen« oder »Migrant/innen« wirkungsvoll abgebaut werden, dies belegen die Erfahrungen mit sogenannten »Berufsstarterklassen« mit zwei Praktikumstagen in der Woche: »Ausschlaggebend für den größeren Erfolg der Berufsstarterschüler/innen waren nicht die fachlichen Schulnoten, sondern dass die Berufsstarterschüler/innen zwei betriebliche Praxistage pro Woche hatten und diese Praxistage – wenn möglich – über eine längere Dauer im selben Betrieb absolvierten. […] Erst wenn Betriebe den einzelnen Hauptschüler wieder ›sehen‹, werden Vorurteile abgebaut und Lernbereitschaft und -potenziale dieser Jugendlichen beidseitig entdeckt« (Expertenrat 2011, S. 129).

Im Idealfall werden – wie in der dualen Berufsausbildung – praktische Erfahrungen am Lernort Betrieb in das schulische Lernen im Kontext eines handlungsorientierten Unterrichts integriert, »um auf diese Weise neue Motivation für Jugendliche zu mobilisieren« (Klemm 2010b, S. 28). So gewinnt ein »schulmüder« Jugendlicher wieder Motivation für den Mathematik- oder Physikunterricht, wenn er dort zum Beispiel die Notwendigkeit des Beachtens einer bestimmten Schnittgeschwindigkeit an einer Drehmaschine im Praktikumsbetrieb theoretisch nachvollziehen kann. Entsprechende Konzepte wie »Berufsstarterklassen«, »Duales Lernen«, »Praxisklassen«,

»Kooperationsklassen«, »SchuB-Klassen« (Schule und Betrieb) zeigen positive Ergebnisse.

Darüber hinaus sollte für jeden Schüler eine individuelle Berufs- und Bildungsplanung *spätestens* ab Beginn der achten Klasse obligatorisch werden. Methodisch könnte sich diese an die in der Jugendberufshilfe praktizierte Förderplanung anlehnen. Dabei hätte man die Möglichkeit, schon während der Schulzeit auf sich abzeichnende Probleme beim Übergang in die Berufsausbildung adäquat zu reagieren (vgl. auch Beicht/Ulrich 2008, S. 12).

Aktivierung der Eltern

Eltern mit Migrationshintergrund sollten in den Prozess der Berufsfindung ihrer Kinder mehr als bisher einbezogen und regelmäßig über schulische und berufliche Entwicklungsmöglichkeiten informiert werden (vgl. auch Esser in diesem Band), wobei dies nicht einseitig als Bringschuld der Schule zu verstehen ist. Bei Bedarf sollten desinteressierte Eltern durch geeignete Massnahmen dazu angehalten werden, sich mehr mit der Zukunft ihrer Kinder auseinanderzusetzen. Schließlich hängt die für eine erfolgreiche Berufsfindung notwendige Beharrlichkeit der Bewerber auch von der emotionalen Unterstützung der Eltern ab. Diese sollten sich um ihre Kinder kümmern, ohne deren Eigeninitiative und Interessen einzuschränken. Ganz wichtig ist es, dass Eltern das Selbstvertrauen ihrer Söhne und Töchter stärken, und zwar auch dann, wenn diese einen »untypischen« Beruf anstreben. Insofern muss Eltern vermittelt werden, dass sie dafür Verantwortung tragen und Vorbild sind.

Bildungspolitisch ist es beabsichtigt, die Elternarbeit und die Ansprache von Eltern mit Migrationshintergrund zu intensivieren. Dazu sollen jährlich in Zusammenarbeit mit diversen Migranten- und Elternverbänden und den Integrationsbeauftragten der Länder und Kommunen Elternkonferenzen durchgeführt werden. »Darin sollen vor allem die Eltern der Jugendlichen mit Migrationshintergrund über das deutsche Ausbildungssystem informiert und beraten werden« (Deutscher Bundestag 2011, S. 21).

Verbesserung der Dienstleistungen der Berufsberatung

Die Berufsberatung der Agentur für Arbeit soll junge Menschen bei der Berufsfindung durch Information und Beratung unterstützen, Eigeninitiative fördern, Kompetenzfeststellungen durchführen und Ausbildungsplätze vermitteln. Da die personellen Ressourcen recht knapp sind, ist eine zeitnahe und intensive Beratung nicht unbedingt die Regel. Rückmeldungen von Adressaten bestätigen den begrenzten Wert der Berufsberatung (Beinke 2008, S. 127; Prager/Wieland 2005, S. 10; von Wensierski 2008, S. 153 ff.). Es gibt Hinweise auf einen »sinkenden Einschaltungsgrad der BA«. Die Ausbildungsplatzvermittlung werde sowohl von Betrieben als auch von Jugendlichen seltener in Anspruch genommen. Die Agenturen und ihr Personal seien oft zu bürokratisch und unflexibel (BMBF 2010, S. 36). Jugendliche Migranten – sie stellen einen großen Teil der »Kundschaft« – können infolgedessen besonders benachteiligt sein. Benötigen doch gerade sie eine besonders intensive Begleitung, im Idealfall durch Fachkräfte mit interkulturellen und fremdsprachlichen Kompetenzen. In der sozialen Realität mangelt es jedoch oft daran. Damit besteht die Gefahr, dass sich nicht nur Arbeitgeber, sondern auch Berufsberaterinnen oder Arbeitsvermittler von stereotypen Bildern und Auffassungen über »Migranten« und »Migrantinnen« leiten lassen (Ahrens 2011, S. 23; Attia et al. 2000, S. 84).

Intensivierung adressatenbezogener Angebote für junge Migranten

Aufgrund ihrer spezifischen Lebens-, Problem- und Bedarfslagen benötigen junge Migrant/innen vertiefte und adressatenbezogene Angebote und Hilfen. In den Bundesländern und Kommunen existiert eine Vielzahl von Angeboten der Berufsorientierung und -findung. Diese sind jedoch oft zeitlich begrenzt, zum Beispiel im Rahmen von Projekten des Europäischen Sozialfonds oder der Bundesregierung. Zwar umfassen die Angebote (zum Beispiel die sogenannte *Vertiefte Berufsorientierung und Berufswahlvorbereitung* oder das Programm *Berufseinstiegsbegleiter*) (Bundesregierung 2008) auch immer die Zielgruppe der jungen Migranten, was aber noch nicht bedeuten muss, dass auf der operativen Ebene der einzelnen Projekte auf ihre spezifischen Problem- und Bedarfslagen kompetent eingegangen wird, z.B. in Form einer berufsbezogenen Sprachförderung, welche ein zentrales Element der beruflichen Integration von Migranten darstellt (Bundesregierung 2008, S. 36; Ahrens 2011, S. 32). Der Einsatz ehrenamtlicher Mentoren mit und ohne Migrationshintergrund ist ein weiteres Beispiel eines adressatenbezogenen Angebots. Mentoren können als Begleiter der Jugendlichen mangelndes soziales Kapital der Herkunftsfamilie kompensieren, indem sie ihre Schützlinge bei der Herstellung von Kontakten zu Unternehmen unterstützen und in der Übergangsphase »coachen« (Bundesregierung 2008, S. 38; Krekel/Ulrich 2009, S. 27).

Die notwendige Intensivierung adressatenbezogener Angebote sollte meines Erachtens jedoch nicht zur Bevorzugung junger Menschen mit Migrationshintergrund führen. Arbeitgeberverbände und Betriebe sowie viele Jugendliche lehnen eine Reglementierung der betrieblichen Vergabepraxis zugunsten von Migranten, zum Beispiel in Form von Quoten, ab. So sind 68 Prozent der Jugendlichen ohne Migrationshintergrund dagegen, »einen bestimmten Anteil der Ausbildungsplätze für Jugendliche mit Migrationshintergrund zu reservieren«. Jugendliche mit Migrationshintergrund halten dies zu 60 Prozent für wünschenswert (BIBB 2010, S. 23).

Abbau von Vorurteilen bei Arbeitgebern

Bei manchen Personen oder Betrieben existieren einseitig negative Bilder von »Hauptschülern« als Angehörigen einer »leistungsschwachen Minderheit« (Expertenrat 2011, S. 129), »familiär benachteiligten türkischen Mädchen« oder »machohaften, gewaltaffinen türkischen Jungs« (Ahrens 2011, S. 31). Junge Türken, Albaner oder Araber sowie Frauen mit Kopftuch müssen besonders mit skeptischen Haltungen rechnen. Infolgedessen kommt es darauf an, dass Betriebe und Personen, die bisher vorwiegend auf deutschstämmiges Personal gesetzt haben, von Verbänden und Kammern gezielt angesprochen und für die Thematik sensibilisiert werden. Dies sieht auch der Nationale Pakt für Ausbildung und Fachkräftenachwuchs vor (Deutscher Bundestag 2011, S. 21). Angesicht der demografischen Entwicklung kann dies nur im Interesse der Unternehmen und Betriebe sein.

Literatur

Ahrens, P. (2011): Soziale Integration von Migrantinnen und Migranten. Berlin: Agentur für Gleichstellung im ESF. http://www.esf-gleichstellung.de/fileadmin/data/Downloads/Aktuelles/expertise_soziale_integration_migrant_innen.pdf (Abruf 13.05.2011).

Attia, I./Aziz, L./Marburger, H./Menge, J. (2000): Auf Ausbildungsplatzsuche. In: Attia, I./Marburger, H. (Hrsg.): Alltag und Lebenswelten von Migrantenjugendlichen. Frankfurt am Main: IKO, S. 71–100.

Autorengemeinschaft (2010): Zuwanderung und Arbeitsmarkt: Integration von Migranten in Bildung, Ausbildung und Arbeitsmarkt. In: Luft, S./Schimany, P. (Hrsg.): Integration von Zuwanderern. Erfahrungen, Konzepte, Perspektiven. Bielefeld: Transcript, S. 243–273.

Autorengruppe BIBB/Bertelsmann Stiftung (Hrsg.) (2011): Reform des Übergangs von der Schule in die Berufsausbildung. Aktuelle Vorschläge im Urteil von Berufsbildungsexperten und Jugendlichen. http://www.bertelsmann-stiftung.de/bst/de/media/xcms_bst_dms_33060_33061_2.pdf (Abruf am 20.01.2010).

Autorengruppe Bildungsberichterstattung (Hrsg.) (2008): Bildung in Deutschland. Bielefeld: Bertelsmann.

Baethge, M./Solga, H./Wieck, M. (2007): Berufsbildung im Umbruch. Signale eines überfälligen Aufbruchs. Berlin: Friedrich-Ebert-Stiftung. http://library.fes.de/pdf-files/stabsabteilung/04258/ (Abruf 15.06.2009).

Beauftragte für Migration, Flüchtlinge und Integration (Hrsg.) (2010): 8. Bericht der Beauftragten der Bundesregierung für Migration, Flüchtlinge und Integration über die Lage der Ausländerinnen und Ausländer in Deutschland (Juni 2010) http://www.bundesregierung.de/Content/DE/__Anlagen/2010/2010-07-07-langfassung-lagebericht-ib,property=publicationFile.pdf (Abruf 20.02.2011).

Beicht, U./Granato, M. (2010): Ausbildungsplatzsuche: Geringere Chancen für junge Frauen und Männer mit Migrationshintergrund. BIBB-Report 15/10. http://www.bibb.de/dokumente/pdf/a12_bibbreport_2010_15.pdf (Abruf 20.01.2010).

Beicht, U./Granato, M. (2009): Übergänge in eine berufliche Ausbildung. Geringere Chancen und schwierige Wege für junge Menschen mit Migrationshintergrund. Bonn: Friedrich-Ebert-Stiftung. http://library.fes.de/pdf-files/wiso/06687.pdf (Abruf 10.02.2011).

Beicht, U./Ulrich, J. (2008): Welche Jugendlichen bleiben ohne Berufsausbildung? Analyse wichtiger Einflussfaktoren unter besonderer Berücksichtigung der Bildungsbiografie. In: BIBB-Report. Forschungs- und Arbeitsergebnisse aus dem Bundesinstitut für Berufsbildung. Heft 6, Oktober 2008, S. 1–16.

Beinke, L. (2008): Der Einfluss der Eltern und der Peer-groups. In: Jung, E. (Hrsg.): Zwischen Qualifikationswandel und Marktenge. Konzepte und Strategien einer zeitgemäßen Berufsorientierung. Baltmannsweiler: Schneider Hohengehren, S. 130–144.

Bergzog, T. (2008): Beruf fängt in der Schule an. Die Bedeutung von Betriebspraktika im Rahmen der Berufswahlorientierungsphase. Bielefeld: Bertelsmann.

Birg, H. (2009): Integration und Migration im Spiegel harter Daten. In: FAZ, 09.04.2009, Nr. 84, S. 37.

Boos-Nünning, U. (2008): Jugendliche mit Migrationshintergrund im Übergang in eine berufliche Ausbildung: fehlende Kompetenzen oder Diskriminierung? In: AntiDiskriminierungsBüro (ADB) (Hrsg.): Wir haben sie gefragt ... Diskriminierungserfahrungen von Kölner Schüler/innen im Übergang von der Schule in eine Berufsausbildung. Köln: Eigenverlag. http://www.noemat.de/Oegg_Caritas/Studie_ADB_Caritas_final_druck.pdf (Abruf 01.03.2011).

Bundesagentur für Arbeit (2011): Der Arbeits- und Ausbildungsmarkt. April 2011. http://statistik.arbeitsagentur.de/Statischer-Content/Arbeitsmarktberichte/MonatsberichtArbeits-Ausbildungsmarkt-Deutschland/Monatsberichte/Generische-Publikationen/Monatsbericht-201104.pdf (Abruf 13.05.2011).

Bundesamt für Migration und Flüchtlinge (BAMF) (Hrsg.) (2009): Berufliche und akademische Ausbildung von Migranten in Deutschland. Working Paper 22. Nürnberg. http://www.bamf.de/DE/Infothek/Informationsservice/Integrationsreport/BeruflicheAusbildung/berufliche-ausbildung-node.html

Bundesinstitut für Berufsbildung (BIBB) (Hrsg.)(2010): Datenreport zum Berufsbildungsbericht 2010. Bonn. http://datenreport.bibb.de/a12voe_datenreport_bbb_2010.pdf (Abruf 21.01.2011).

Bundesministerium für Bildung und Forschung (BMBF)(Hrsg.)(2010): Berufsbildungsbericht 2010. Berlin.

Bundesregierung (Hrsg.) (2008): Nationaler Integrationsplan. Erster Fortschrittsbericht. Berlin.

Deutscher Bundestag (2011): Drucksache 17/5344. Ursachen und Perspektiven für 1,5 Millionen junge Menschen ohne Schul- und Berufsabschluss. http://dipbt.bundestag.de/dip21/btd/17/053/1705344.pdf (Abruf 10.05.2011).

Diehl, C./Friedrich, M./Hall, A. (2009): Jugendliche ausländischer Herkunft beim Übergang in die Berufsausbildung: Vom Wollen, Können und Dürfen. In: Zeitschrift für Soziologie, Jg. 38, Heft 1, S. 48–67.

Esser, H. (2001): Integration und ethnische Schichtung. Mannheimer Zentrum für Europäische Sozialforschung. Working Paper Nr. 40/2001. http://www.mzes.uni-mannheim.de/publications/wp/wp-40.pdf (Abruf 20.03.2009).

Expertenrat (2011): Expertenrat »Herkunft und Bildungserfolg«. Empfehlungen für Bildungspolitische Weichenstellungen in der Perspektive auf das Jahr 2020 (BW 2020). Leitung: Prof. Dr. Jürgen Baumert. Stuttgart: Ministerium für Kultus, Jugend und Sport.

Fuchs, J./Zika, G. (2010): Arbeitsmarktbilanz bis 2025. Demografie gibt die Richtung vor. IAB-Kurzbericht 12/2010. Institut für Arbeitsmarkt- und Berufsforschung. http://doku.iab.de/kurzber/2010/kb1210.pdf (Abruf 30.12.2010).

Gaupp, N./Geier, B./Lex, T./Reißig, B. (2011): Wege in Ausbildungslosigkeit. In: Zeitschrift für Pädagogik, 57. Jahrgang, Heft 2, S. 173–186.

Geißler, R. (2002): Die Sozialstruktur Deutschlands. 3. Auflage. Wiesbaden: Westdeutscher Verlag.

Granato, M. (2007): Integration und berufliche Ausbildung. Expertise. BIBB. Bonn. http://www.bibb.de/dokumente/pdf/a24_integration-und-berufliche-ausbildung.pdf (Abruf am 02.02.2011)

Granato, M./Skrobanek, J. (2007): Junge Muslime auf dem Weg in eine berufliche Ausbildung – Chancen und Risiken. In: Wensierski, H. von/Lübcke, C. (Hrsg.): Junge Muslime in Deutschland. Opladen: Barbara Budrich, S. 231–249.

Hunkler, C. (2010): Ethnische Unterschiede beim Zugang zu Ausbildung und Erwerb von Ausbildungsabschlüssen. In: Becker, B./Reimer, D. (Hrsg.): Vom Kindergarten bis zur Hochschule. Die Generierung von ethnischen und sozialen Disparitäten in der Bildungsbiographie. Wiesbaden: VS-Verlag für Sozialwissenschaften, S. 213–250.

Imdorf, C. (2010): Die Diskriminierung ›ausländischer‹ Jugendlicher bei der Lehrlingsauswahl. In: Hormel, U./Scherr, A. (Hrsg.): Diskriminierung. Grundlagen und Forschungsergebnisse. Wiesbaden: VS Verlag für Sozialwissenschaften, S. 197–219.

Kaas, L./Manger, C. (2010): Ethnic Discrimination in Germany's Labour Market: A Field Experiment. Forschungsinstitut zur Zukunft der Arbeit. Discussion Paper No. 4741. February 2010. Bonn. http://ftp.iza.org/dp4741.pdf (Abruf 02.02.2011)

Klemm, K. (2010a): »Kellerkinder« – Jugendliche ohne Zukunft. In: Bickelbach, K./Bolder, A./Düsseldorf, K. (Hrsg.): Berufliche Bildung in Zeiten des Wandels. Baltmannsweiler: Schneider-Verlag, S. 99–105.

Klemm, K. (2010b): Jugendliche ohne Hauptschulabschluss. Analysen – Regionale Trends - Reformansätze. Bielefeld: Bertelsmann Stiftung. http://www.bertelsmann-stiftung.de/bst/de/media/xcms_bst_dms_32343_32344_2.pdf (Abruf 20.01.2011).

Krekel, E./Ulrich, J. (2009): Jugendliche ohne Berufsabschluss. Handlungsempfehlungen für die berufliche Bildung. Kurzgutachten. Berlin: Friedrich-Ebert-Stiftung. http://library.fes.de/pdf-files/stabsabteilung/06430.pdf (Abruf 11.02.2011).

Liebig, T./Widmaier, S. (2009): Children of Immigrants in the Labour Markets of EU and OECD Countries: An Overview. OECD Social, Employment and Migration Working Papers no. 97. www.oecd.org/els/workingpapers. (Abruf am 15.02.2011).

Matzner, M. (2010): Mädchen und junge Frauen im Übergang von der Schule in die Arbeitswelt. In: Matzner, M./Wyrobnik, I. (Hrsg.): Handbuch Mädchen-Pädagogik. Weinheim/Basel: Beltz, S. 197–217.

Prager, J./Wieland, C. (2005): Jugend und Beruf. Repräsentativumfrage zur Selbstwahrnehmung der Jugend in Deutschland. Bertelsmann Stiftung. http://www.bertelsmann-stiftung.de/bst/de/media/Studie_Jugend_und_Beruf.pdf, (Abruf 15.06.2009).

Sachverständigenrat deutscher Stiftungen für Integration und Migration (Hrsg.) (2010): Einwanderungsgesellschaft 2010. Jahresgutachten mit Integrationsbarometer. Berlin. http://www.svr-migration.de/wp-content/uploads/2010/05/einwanderungsgesellschaft_2010.pdf (Abruf 31.01.2010).

Schnur, P./Zika, G. (2007): Arbeitskräftebedarf bis 2025. Die Grenzen der Expansion. IAB-Kurzbericht 26/2007. Nürnberg. http://doku.iab.de/kurzber/2007/kb2607.pdf (Abruf 20.01.2011).

Stanat, P. (2008): Heranwachsende mit Migrationshintergrund im deutschen Bildungswesen. In: Cortina, K./Baumert, J./Leschinsky, A./Mayer, K.U./Trommer, L. (Hrsg.): Das Bildungswesen in der Bundesrepublik Deutschland. Reinbek bei Hamburg: Rowolt, S. 685–742.

Troltsch, K. (2003): Bildungsbeteiligung und -chancen von ausländischen Jugendlichen und jungen Erwachsenen mit Migrationshintergrund. In: Bundesinstitut für Berufsbildung (Hrsg.): Integration durch Qualifikation. Chancengleichheit für Migrantinnen und Migranten in der beruflichen Bildung. Bonn.

Wensierski, H.J. von/Schützler, C./Schütt, S. (2008): Berufsorientierende Jugendbildung. Weinheim/München: Juventa.

Wensierski, H.J. von (2008): Berufsorientierende Jugendbildung – Jugendbildung zwischen Sozialpädagogik, Schule und Arbeitswelt. In: Diskurs Kindheits- und Jugendforschung. 3 (2008), H. 2, S. 149–166.

Yasemin Karakaşoğlu / Anna Wojciechowicz

Studierende mit Migrationshintergrund an deutschen Hochschulen im Spiegel der aktuellen Datenlage

Der vorliegende Beitrag beschäftigt sich mit den Hintergründen der geringen Bildungsbeteiligung von Migrantinnen und Migranten im tertiären Bildungsbereich. Dabei werden verschiedene neuere Forschungsergebnisse zu Bedingungen des Studierens, zum Studienverlauf und zum Studienerfolg von Studierenden mit Migrationshintergrund zusammengetragen. In diesem Kontext wird insbesondere die Übergangsphase Schule – Studium studieninteressierter Schülerinnen und Schülern mit Migrationshintergrund als eine kritische Schnittstelle in der Bildungslaufbahn betrachtet. Durch einen Vergleich zur Studiensituation der Studierenden ohne Migrationshintergrund können spezifische Entwicklungen für die Studierendengruppe mit Migrationshintergrund herausgearbeitet werden. Den Abschluss dieses Beitrags bildet ein Ausblick auf Praxisbeispiele, anhand derer konkrete Maßnahmen zur Verbesserung des Studienerfolgs und Förderung der persönlichen Potenziale sowie Strategien zum verbesserten Zugang zu Hochschulbildung junger Migrantinnen und Migranten dargestellt werden. Da im vorliegenden Beitrag der Begriff »Studierende mit Migrationshintergrund« verwendet wird, möchten wir mit der näheren Beschreibung dieser Personengruppe beginnen.

Von Bildungsinländerinnen und -inländern zu Studierenden mit Migrationshintergrund – terminologische und methodologische Herausforderungen

Um die Differenzierung der Zuwanderungskonstellationen sowie den rechtlichen Status von Studierenden mit Migrationshintergrund an deutschen Hochschulen statistisch zu erfassen, werden bislang zwei Wege beschritten. Die erste Möglichkeit besteht darin, Studierende ausländischer Herkunft im Hochschulbereich statistisch über das Kriterium der Staatsbürgerschaft zu beschreiben. Hierbei hat sich eine Operationalisierung etabliert, die nach Bildungs*auslä*nderinnen und -*auslä*ndern und Bildungs*inlä*nderinnen und -*inlä*ndern unterscheidet. Nach dieser Unterscheidung sind Bildungsausländerinnen und -ausländer Personen nicht deutscher Nationalität, die ihre Hochschulzugangsberechtigung im Ausland erworben haben und in der Regel für den Zweck des Studiums und damit für einen begrenzten Zeitraum nach Deutschland kommen. Eine weitere Kategorie bilden ausländische Bildungsinländerinnen und -inländer. Diese sind ebenfalls nicht im Besitz einer deutschen Staatsbürgerschaft, haben jedoch ihre bisherige formelle Bildungsbiografie im deutschen Bildungssystem durchlaufen, ihre Studienberechtigung in Deutschland erlangt und absolvieren nun ihr Studium an einer deutschen Hochschule (Isserstedt et al. 2007, S. 434). Der Begriff Bildungsinländerinnen und -inländer als eigenständige statistische Kategorie wurde im Jahre 1994 eingeführt. Dies ging einher mit einer hochschulrechtlichen Änderung, wonach junge Menschen, die in Deutschland ihre Hochschulzugangsberechtigung erlangt haben, nicht mehr eine Studienplatzzuweisung auf der Basis des Ausländerkontingents der jeweiligen Hochschule erhielten, sondern gleichberechtigt mit deutschen Staatsangehörigen und deutscher Hochschulzugangsberechtigung behandelt wurden. Die ersten Bildungsinländerinnen und -inländer waren Kinder der ehemaligen »Gastarbeiter und -arbeiterinnen«, die im Zuge der Anwerbephase auf der Basis von bilateralen Anwerbeabkommen der Bundesrepublik mit südeuropäischen Staaten, der Türkei und einigen nordafrikanischen Staaten in der Zeit des ersten wirtschaftlichen Aufschwungs nach dem Zweiten Weltkrieg zwischen 1955 und 1973 nach Deutschland kamen. Der prozentuale Anteil von Bildungsinländerinnen und -inländern an der Gesamtheit aller Studierenden ist über die Jahre mit minimalen prozentualen Verschiebungen in beide Richtungen bei rund 3,3 Prozent stabil geblieben (DAAD/HIS 2010, S. 8 f.).

Die zweite Möglichkeit besteht in der Anwendung erweiterter Kriterien (Einbürgerung, Besitz mehrerer Staatsbürgerschaften, Staatsbürgerschaft der Eltern etc.) zur detaillierten Erfassung von Migrationsdaten von Studierenden ausländischer Herkunft. Die vom HIS durchgeführten Sozialerhebungen des Deutschen Studentenwerkes (DSW) von 2007 und 2010 legten erstmals eine differenzierte Datenlage zu Studierenden mit Migrationshintergrund vor. Die 18. Sozialerhebung unterscheidet dabei zwischen den Gruppen:

»1) Studierende mit ausländischer Staatsangehörigkeit, die in Deutschland die Hochschulzugangsberechtigung erworben haben – so genannte Bildungsinländerinnen und -inländer. 2) Eingebürgerte Studierende – also solche Studierende, die ihre ursprüngliche zugunsten der deutschen Staatsangehörigkeit aufgaben. 3) Studierende, die neben der deutschen, eine weitere Staatsangehörigkeit besitzen« (Isserstedt et al. 2007, S. 433).

Dieser Definition nach hatten acht Prozent aller Studierenden an deutschen Hochschulen im Jahre 2006 einen Migrationshintergrund. Die 19. Sozialerhebung ergänzt diese dreiteilige Gruppierung der Studierenden mit Migrationshintergrund um die Kategorie der deutschen Studierenden, bei denen zumindest ein Elternteil eine ausländische Staatsangehörigkeit besitzt. Mit diesem erweiterten Konstrukt vom Migrationshintergrund konnte für das Jahr 2009 ein Studierendenanteil von elf Prozent an Migrantinnen und Migranten festgestellt werden (Isserstedt et al. 2010, S. 500 f.). Wird der Anteil von jungen Erwachsenen mit Migrationshintergrund in der Altersgruppe der 20- bis unter 25-Jährigen, der im Jahre 2009 auf 24,1 Prozent bundesweit gestiegen ist (Statistisches Bundesamt 2009, S. 32), als Richtwert herangezogen, muss auch der Anteil von Studierenden mit Migrationshintergrund von elf Prozent als unterdurchschnittlich bewertet werden.

Dem Bericht »Bildung in Deutschland 2010« zufolge, der auf Basis einer Sonderauswertung des Mikrozensus des Statistischen Bundesamtes zu Studierenden mit Migrationshintergrund Personen berechnet, die eine eigene oder familiäre Migrationserfahrungen nachweisen können, hatten von den 20- bis unter 25-jährigen Studierenden im Jahre 2008 16,7 Prozent einen Migrationshintergrund (Autorengruppe Bildungsberichterstattung 2010, S. 124, S. 294). Ob der so ermittelte »Höchststand« der Studierenden mit Migrationshintergrund nun eine positive Entwicklung der Studierendenzahlen und ein steigendes Interesse am Hochschulstudium widerspiegelt, ist fraglich. Vielmehr kann vermutet werden, dass die sogenannten »doppelten Abiturientenjahrgänge«, die durch die Umstellung des Schulsystems von der neun- auf die achtjährige Gymnasialausbildung in bestimmten Bundesländern zustande kamen, einen gewissen Effekt auch auf die Steigerung des »Migrantenanteils« an den Studierenden hatten (Autorengruppe Bildungsberichterstattung 2010, S. 121).

Wahrscheinlicher ist jedoch, dass die unterschiedlichen Anteile von Studierenden mit Migrationshintergrund von den im Zeitverlauf unterschiedlichen, für die Operationalisierung des Migrationshintergrundes herangezogenen migrationsrelevanten Merkmalen abhängen. Somit hat die dem Berechnungsverfahren zugrunde liegende Definition vom »Migrationshintergrund« immer einen entscheidenden Einfluss auf die Berechnung der Beteiligungsquote an Hochschulbildung von Studierenden aus Zuwandererfamilien.

Für einen weiterdifferenzierenden Blick auf die Geschlechterverteilung sowie die nationale Herkunft der Studierenden mit Migrationshintergrund muss erneut auf die Daten über Bildungsinländerinnen und -inländer zurückgegriffen werden. Im Wintersemester 2009/10 waren laut den Daten des Statistischen Bundesamtes insgesamt 63 526 Bildungsinländerinnen und -inländer an deutschen Hochschulen immatrikuliert, davon 47 Prozent weiblich und 53 Prozent männlich. Diese ungleiche Geschlechterrelation ist kein Spezifikum dieser Gruppe, sondern findet sich in gleicher Weise bei deutschen Studierenden wieder (47,5 Prozent weiblich, 52,5 Prozent männlich) (Destatis 2010, S. 13, 390). Den mit 27,6 Prozent größten Anteil unter den Bildungsinländerinnen und -inländern im Wintersemester 2009/10 stellen Studierende mit einer türkischen Staatsbürgerschaft, gefolgt von kroatischen (5,5 Prozent) und italienischen (5,5 Prozent) Studierenden. Die prozentuale Verteilung der Studierendenzahlen nach Geschlecht fällt auch bei türkischen Bildungsinländerinnen und -inländern zugunsten der männlichen Studenten mit 54,8 Prozent aus (Destatis 2010, S. 391). Allerdings hat die Zahl der Studentinnen mit einem türkischen Pass im Zeitraum vom Wintersemester 1980/81 (811) bis zum Wintersemester 2009/10 (7.926) um das 9,5-Fache zugenommen, während die Zahl der männlichen Studierenden der gleichen Herkunftsgruppe nur um das 2,5-Fache anstieg. Für andere Staatsangehörigkeiten, etwa einiger mittel- und osteuropäischer Staaten, ergeben sich andere Geschlechterrelationen. So sind weibliche Studierende mit einem polnischen (54,3 Prozent), slowakischen (60 Prozent) oder litauischen (64,8 Prozent) Pass und Studentinnen, die eine Staatsbürgerschaft der Russischen Föderation (55 Prozent) besitzen, im tertiären Bildungsbereich deutlich überrepräsentiert (Destatis 2010, S. 391).

Selektionsprozesse vor dem Hochschuleingangstor

Bildungsübergänge im dreigliedrigen Schulsystem haben einen Charakter der Vorentscheidung für die zukünftigen institutionellen Bildungswege eines Kindes. Mit einem gelungenen Übergang von der Grundschule in das Gymnasium geht eine höhere Wahrscheinlichkeit einher, auf die gymnasiale Oberstufe zu wechseln, das Abitur zu erlangen und letztendlich eine Hochschule zu besuchen. Die Aufnahme eines Hochschulstudiums ist damit in hohem Maße durch »die Summe der in den Stufen bis zum Abitur akkumulierten Disparitäten und der durch das Bildungsverhalten nach dem Abitur noch hinzukommenden Disparitäten« (Müller et al. 2009, S. 291) geprägt. Abiturientinnen und Abiturienten, ob mit oder ohne Migrationshintergrund, stellen eine bereits hoch vorselektierte Population dar. Dieser Aspekt muss Berücksichtigung finden, sollen Erklärungen für die geringere Studienbeteiligung von Personen mit Migrationshintergrund vorgenommen werden. Vor diesem Hintergrund stellt sich in erster Linie die Frage, wie viele Schülerinnen und Schüler mit Migrationshintergrund die Schule mit einem Abitur verlassen und schließlich, wie viele Studienberechtigte nach dem Schulabschluss in die Hochschule übergehen?

Statistische Daten zeigen, dass die Schülerschaft mit Migrationshintergrund im Vergleich zu derjenigen ohne Migrationshintergrund insgesamt ein niedrigeres Bildungsniveau aufweist. Jugendliche ohne Migrationshintergrund verlassen fast doppelt so häufig die Schule mit einer allgemeinen Hochschulreife als Migrantenjugendliche. Werden Abgängerinnen und Abgänger allgemeinbildender Schulen nach der Staatsangehörigkeit betrachtet, so kann festgestellt werden, dass deutsche Jugendliche (33,9 Prozent) dreimal häufiger die allgemeine Hochschulreife erwerben als Jugendliche mit einem ausländischem Pass (11,2 Prozent) (Autorengruppe Bildungsberichterstattung 2010, S. 92). Was die Übergangsquote in den Hochschulbereich der relativ wenigen Studienberechtigten mit Migrationshintergrund anbelangt, kann jedoch eine höhere Studierneigung als bei den deutschen Studienberechtigten mit einer vergleichbaren Bildungsherkunft des Elternhauses festgestellt werden (Autorengruppe Bildungsberichterstattung 2010, S. 119; Konsortium Bildungsberichterstattung 2006, S. 157). Auffällig ist darüber hinaus, dass Migrantenjugendliche den Zugang zur Hochschule weniger häufig mit einer allgemeinen Hochschulreife erreichen als solche ohne Migrationshintergrund (77 Prozent vs. 83 Prozent) (Isserstedt et al. 2010, S. 506).

Eine qualitative Detailanalyse zur Übergangssituation Schule-Studium zeigt, dass Abiturientinnen ethnischer Minderheiten, die aus einem bildungsfernen Milieu stammen, keinerlei Vorbilder und Hilfen für die Bewältigung des akademischen Studienalltags aus dem Elternhaus mitbringen und höhere Zukunftsängste, Desorientierung und Entscheidungsunsicherheit bei der Berufs- bzw. Studienwahl aufweisen, die als Mechanismen der »Selbsteliminierung« (Bourdieu/Passeron 1971, S. 180) verstanden werden müssen. Dabei wirken schulische Belastungen und Schwierigkeiten in der bildungsrelevanten Sprache, die als Zweitsprache gelernt wurde, als kumulierte Unsicherheiten bei der fähigkeitsbezogenen Selbsteinschätzung. Die eigene Studierfähigkeit wird überkritisch betrachtet und infrage gestellt (Wojciechowicz 2010, S. 39 f.). Qualitative Studien geben darüber hinaus Hinweise darauf, dass auch Lehrerinnen und Lehrer zu dieser Selbsteinschätzung beitragen, indem sie mit Blick auf die soziale wie auch die ethnische Herkunft ihrer Schülerinnen und Schüler häufig dazu neigen, diesen seltener den Übergang auf ein Gymnasium zu empfehlen – selbst dann, wenn die Noten auf ein akademisches Leistungspotenzial hinweisen und damit eine Gymnasialempfehlung zumindest formal gegeben wäre (Gomolla/Radtke 2002, S. 262). Annahmen über ungünstige soziale und kulturelle Herkunftsbedingungen verdichten sich hier zu kulturalisierten Interpretationsmustern hinsichtlich der Leistungserwartungen und Unterstützungsmöglichkeiten des Elternhauses und können so die Bildungschancen von jungen Frauen (und auch Männern) mit spezifischen Migrationshintergründen, häufig belegt für die türkische Herkunftsgruppe, behindern (Weber 2003, S. 266 ff.). Hier werden Mechanismen »Institutioneller Diskriminierung« (Gomolla/Radtke 2002) sowie des »Stereotype Threat« (Schofield 2006) wirksam.

Bildungserfolg trotz benachteiligender Herkunftsbedingungen

Es ist kein neuer empirischer Befund, dass die soziale Herkunft und die damit zur Verfügung stehenden innerfamiliären kulturellen, materiellen und sozialen Ressourcenbestände die Chancen, ein Hochschulstudium aufzunehmen und erfolgreich abzuschließen, bestimmen. Bereits die im Jahre 1965 erschienene Untersuchung »Arbeiterkinder an deutschen Universitäten« von Ralf Dahrendorf wies die soziale Herkunft für Bildungskarrieren im Hochschulbereich als einschlägig aus. Im Zeitverlauf lässt sich eine Homogenisierung im Sinne einer zunehmenden Akademisierung der Bildungsherkunft unter den neubeginnenden deutschen Studienanfängerinnen und -anfängern an deutschen Universitäten beobachten. »Insgesamt stammen heute mit 56 Prozent deutlich über die Hälfte der Studienanfänger aus Elternhäusern, in denen wenigstens ein Elternteil einen Universitäts-, Fachhochschul- oder analogen Bildungsabschluss erworben hat« (Lewin/Heublein/Sommer 2000, S. 4). Hier ist nach der sozialen Zusammensetzung von Studierenden mit Migrationshintergrund zu fragen.

Bei der Betrachtung des sozialen Hintergrundes von Studierenden aus Zuwanderungsfamilien, der im Rahmen der »DSW-Sozialerhebung« nach beruflicher Stellung und dem Bildungsniveau der Eltern in vier Herkunftsgruppen klassifiziert wird, fällt auf, dass diese überproportional aus einkommensschwachen und hochschulbildungsfernen Elternhäusern kommen. Insbesondere der Anteil von Bildungsinländerinnen und -inländern (44 Prozent) und der eingebürgerten Studierenden mit Migrationshintergrund (46 Prozent), die der sozial schwächsten Herkunftsgruppe zuzuordnen sind, ist fast viermal so hoch wie bei den deutschen Studierenden (13 Prozent). Bildungsinländerinnen und -inländer kommen zu 17 Prozent aus akademisch gebildeten Elternhäusern, dies gilt für 37 Prozent der Studierenden ohne Migrationshintergrund (Isserstedt et al. 2010, S. 506). Ausgehend von der These, dass die Bildungsferne des Elternhauses den Bildungserfolg eher behindert als fördert, erscheint erklärungsbedürftig, warum die Beteiligungsquote von Studierenden aus nicht akademischen Migrantenfamilien in Gegenüberstellung zur Studierendenquote ohne Migrationshintergrund mit vergleichbarem niedrigem Sozialstatus höher ausfällt. Angesichts ihrer bildungsbenachteiligten Herkunftsbedingungen, bei denen die Eltern keine formale Bildung nachweisen können, gegebenenfalls kaum über Erfahrungen im schulischen Lernen verfügen und teilweise nicht alphabetisiert sind, drängt sich hier die Frage auf, über welche »unsichtbaren« bildungsrelevanten Ressourcen die studierenden Migrantinnen und Migranten sonst verfügen, die ihnen den Zugang zum Hochschulstudium dennoch ermöglicht haben.

Hier kann vermutet werden, dass die hohen Bildungsaspirationen und ein stark ausgeprägter Bildungswille bei Eltern mit Migrationshintergrund zum Bildungsaufstieg der Kinder wesentlich beitragen. Nachgewiesen wurde dies in verschiedenen Studien z. B. für Eltern mit türkischem Migrationshintergrund (Dollmann 2010; Pott 2009; Hummrich 2002). Erklären lässt sich dies wie folgt: Migranteneltern der ersten Bildungsinländerinnen und -inländer kamen in den 1960er-Jahren als Gastarbeiterinnen und -arbeiter nach Deutschland mit der Hoffnung auf materielle Besserstellung und sozialen Aufstieg. Doch statt erhoffter Aufstiegsprozesse folgte häufig eine Erstarrungs- und Abstiegsspirale der sozialen Lebenssituation von Migrantenfamilien. Üblich blieb der einwanderertypische Aufstiegsehrgeiz bzw. ein »mobilitätsspezifischer Habitus« (Juhasz/Mey 2003, S. 330), der von der Folgegeneration als eine Grundhaltung in der Bildungsorientierung, gleichsam einem Bildungsauftrag »verinnerlicht« wird. Als eine weitere bildungsrelevante Ressource kann die Fähigkeit zum eigenständigen Akt der »Selbstplatzierung« (Leenen/Grosch/Kreidt 1990, S. 762) angesehen werden. Zwar bekommen Jugendliche mit Migrationshintergrund eine »indirekte Unterstützung« (Ofner 2003, S. 244) von ihren Eltern, die in liebevoller und emotionaler Zuwendung und starker Befürwortung des Bildungsaufstiegs zum Ausdruck kommt, eine praktische oder inhaltliche Unterstützung bei Hausaufgaben oder bei der Orientierung für die Auswahl geeigneter Bildungsangebote fehlt dagegen häufig. Um ihre Bildungslaufbahn erfolgreich zu gestalten, müssen die Jugendlichen daher schon sehr früh lernen, die Steuerung ihrer Bildungsziele und deren Umsetzung in Entscheidungen über Schulformen und Schullaufbahnen in eigener Regie zu führen. Zudem zeigen bildungserfolgreiche Migrantinnen und Migranten in schwierigen Lebenslagen eine enorme Durchsetzungsfähigkeit und Frustrationstoleranz, gerade bei der Bewältigung von Diskriminierungserfahrungen im schulischen Kontext (Ofner 2003, S. 265).

Hohe Abbrecherquote im Studium aufgrund von Leistungs- und Finanzierungsproblemen

Unter den »bildungserfolgreichen« Studierenden mit Migrationshintergrund gibt es jedoch eine Vielzahl an Studierenden, die zwar den Zugang in die Hochschule erfolgreich geschafft haben, die aber im Studienverlauf an Anforderungen des Studienalltags scheitern und ihr Studium ohne Hochschulabschluss vorzeitig beenden. »Im Jahre 2000 nahmen bundesweit rund 9 800 Bildungsinländerinnen [und -inländer] ein Studium auf. Die Absolventenzahl lag fünf Jahre später bei 5 400, so dass von einem Schwund[32] von etwa 45 Prozent ausgegangen werden muss« (Meinhardt/Zittlau 2009, S. 22). Auch die aktuelle 19. »DSW-Sozialerhebung« belegt, dass Bildungsinländerinnen und -inländer (16 Prozent) in einem deutlich höheren Maße ihr Studium *unter*brechen als Studierende ohne Migrationshintergrund (zehn Prozent). Allerdings mangelt es an detaillierten Rahmendaten zum Abbruchverhalten von Studierenden mit Migrationshintergrund, analysiert nach geschlechtsspezifischen Unterschieden, sozialer Herkunft oder nach fächerspezifischem Hintergrund.

Als häufigsten Grund für die Studienunterbrechung geben Migrantinnen und Migranten finanzielle Probleme (31 Prozent) an, und zwar deutlich häufiger als Studierende ohne Migrationshintergrund (17 Prozent) (Isserstedt et al. 2010, S. 510). Das Scheitern an Leistungsanforderungen scheint laut einer Oldenburger Pilotstudie (2009) als schwerwiegendstes Problem zum Studienabbruch beizutragen. Ein wesentlicher Anteil unter den Bildungsinländerinnen und -inländern hat trotz hoher Studienmotivation Schwierigkeiten mit der Bewältigung der Anforderungen im Studium. Die Schwierigkeiten äußern sich darin, dass die Studierenden angaben, Sorgen zu haben, Klausuren und Prüfungen nicht zu bestehen oder den Leistungsanforderungen in dem von der Studienordnung vorgesehenen zeitlichen Rahmen nicht erfüllen zu können (Meinhardt/Zittlau 2009, S. 140). Weiter erweisen sich Studienstruktur und -aufbau der neu eingeführten Bachelor- und Masterstudiengänge mit festgelegten Modulabfolgen für Studierende mit Migrationshintergrund, die aufgrund der fehlenden materiellen Unterstützungsmöglichkeit der Familie häufiger als solche ohne Migrationshintergrund auf die eigene Erwerbstätigkeit als Studienfinanzierung angewiesen sind, als studienerfolgshemmende Faktoren (Meinhardt/Zittlau 2009, S. 141 f.).[33]

Bereits ältere Untersuchungen stellen fest, dass es Studierenden mit Migrationshintergrund vor allem in den ersten zwei Semestern schwerfällt, ihr Studium effektiv

---

32 Die Schwundquote fasst all die Studienabbrecherinnen und -abbrecher sowie Fachwechslerinnen und -wechsler eines bestimmten Jahrgangs zusammen, denen es nicht gelungen ist, einen Hochschulabschluss zu erreichen.

33 Nach Studienfinanzierungsquellen sortiert, werden Studierende ohne Migrationshintergrund zu 49 Prozent von ihren Eltern finanziell unterstützt, während der Elternanteil an der Studienfinanzierung bei Bildungsinländerinnen und -inländern 31 Prozent beträgt. Der von den Eltern monatlich bereitgestellte Betrag zur Studienfinanzierung fällt bei den Studierenden mit Migrationshintergrund (387 Euro) geringer aus als bei den Studierenden ohne Migrationshintergrund (450 Euro) (Isserstedt et al. 2010, S. 512).

zu organisieren. »Die Probleme [reichen] von der Gestaltung des Studienplanes bis zum Erwerb der Leistungsnachweise, Feststellung der Relevanz von Lehrveranstaltungen sowie die Wichtigkeit der Lehrveranstaltungen für die Prüfungen« (Alkozei 1998, S. 138). Potenziert wird die empfundene Belastung der Studiensituation durch Sprachprobleme, die insbesondere beim Verfassen und Anfertigen wissenschaftlicher Studienarbeiten auftreten. Den Studierenden mit Migrationshintergrund, die meist Deutsch als Zweitsprache gelernt haben, fehlt häufig ein elaborierter Sprachstil in der deutschen Fachschriftsprache (Alkozei 1998, S. 141 f.).

Die Schwierigkeiten in der Bewältigung des Studienalltages können auch mit »gebrochenen« Schulbiografien der Studierenden mit Migrationshintergrund im Zusammenhang stehen. Viele von ihnen haben keinen gradlinigen Bildungsweg über den gymnasialen Schulzweig durchlaufen, sondern sind auf »Umwegen« (z. B. Besuch der ersten Schuljahre im Herkunftsland, Besuch einer nationalhomogenen Klasse in Deutschland, Wechsel auf das Gymnasium von Haupt-, Real- und Gesamtschulen) zum Studium gekommen (Alkozei 1998, S. 103; Karakaşoğlu-Aydin/Neumann 2000, S. 5). Hier kann nur vermutet werden, dass solche »gebrochenen« Bildungswege bis dahin kaum merkliche Lücken im Lernprozess hinterlassen haben, die nun einen erfolgreichen Studienverlauf verhindern. Auch Erfahrungen bzw. Empfindungen der Nichtzugehörigkeit zum akademischen Feld (akademischer Habitus) können zu einem Studienabbruch führen. Eine Untersuchung bei türkischstämmigen Studierenden ergab, dass viele von ihnen das Gefühl eint, in der Bildungsstätte Universität nicht am richtigen Ort zu sein – gepaart mit starken Selbstzweifeln bezüglich der eigenen Fähigkeiten. Eine akademische Integration in das studierte Fach mit der Aneignung eines fachspezifischen Habitus im Sinne einer erfolgreichen Hochschulsozialisation findet so teilweise nicht statt. Dies äußert sich unter anderem darin, dass die Entscheidung, ein Universitätsstudium begonnen zu haben, bereut wird (Niehaus 2008, S. 128).

Von der Randgruppe zum Fokus bildungspolitischer Debatten: Das Beispiel der Lehramtsstudierenden mit Migrationsgeschichte

Vor dem Hintergrund des bildungspolitischen Diskurses um die Bildungsbenachteiligung von Schülerinnen und Schülern mit Migrationshintergrund im Schulsystem hat sich die Nachfrage nach Lehrkräften mit Migrationshintergrund deutlich erhöht. Die Bildungspolitik sieht in Lehrerinnen und Lehrern mit Migrationshintergrund ein großes, unausgeschöpftes Potenzial, denn ihnen kommt »eine wichtige Rolle bei der Interkulturellen Öffnung der Schulen, bei der Stärkung der Zusammenarbeit mit Eltern mit Migrationshintergrund, der Förderung der Wertschätzung von Mehrsprachigkeit und als Rollenvorbilder für erfolgreiche Bildungskarrieren zu« (Bundesamt für Migration und Flüchtlinge 2010). Damit wird gleichzeitig ein besonderes Augenmerk auf Lehramtsstudierende mit Migrationshintergrund gelegt. Statistische Daten zeigen jedoch, dass Studierende mit Migrationshintergrund mit sechs Prozent im

Vergleich zu deutschen Studierenden (12 Prozent) deutlich seltener den Lehrerberuf ergreifen wollen. Als mögliche Ursachen für das geringe Interesse am Lehrerberuf werden vermutet: das geringe gesellschaftliche Prestige, das der Lehrerberuf unter bestimmten Migrantengruppen genießt, wenige Möglichkeiten, im Beruf aufzusteigen, schlechte Vorerfahrungen mit Lehrenden sowie auch Ängste vor den Anforderungen im Staatsdienst, eingeschränkte Möglichkeiten der internationalen Verwertbarkeit des Bildungsabschlusses und schließlich die große Bedeutung sehr guter Deutschkenntnisse (Karakaşoğlu 2011, S. 123).

Die Bremer Regionalstudie zum Studienverlauf von Lehramtsstudierenden mit und ohne Migrationshintergrund kommt dagegen zu einem überraschenden Ergebnis: Von 304 befragten Lehramtsstudierenden konnte sie für 25 Prozent einen Migrationshintergrund ermitteln (Karakaşoğlu 2011, S. 128). Damit steht dieses Ergebnis im Widerspruch zu den Analysen der 18. und 19. DSW-Sozialerhebung und wirft die Frage auf, ob dieser Widerspruch auf methodische Mängel zurückzuführen ist. Andere Hypothesen beziehen sich auf Unterschiede in der regionalen Verteilung der Bevölkerung mit Migrationshintergrund oder aber darauf, dass es bestimmte Migrantengruppen sind, denen der Lehrerberuf wenig attraktiv erscheint. Diese Argumentationslinie stützen eigene, nach nationaler Zugehörigkeit und Geschlecht differenzierte Berechnungen aktueller Daten des Statistischen Bundesamtes (2010) zu Bildungsinländerinnen und -inländern in lehramtsbezogenen Studiengängen. Diese zeigen, dass der Frauenanteil bei türkischen Studierenden 13,5 Prozent im Wintersemester 2009/10 betrug. Ihr Studienfachwahlverhalten ist damit auffällig ähnlich dem der deutschen Studentinnen (15,3 Prozent). Überraschend ist dagegen, dass z. B. polnische Bildungsinländerinnen mit 6,4 Prozent wesentlich seltener in den Lehramtsstudiengängen vertreten sind. Auch zwischen männlichen Studierenden zeigen sich Unterschiede nach Staatsangehörigkeit. Deutlich mehr deutsche Studenten (6,8 Prozent) als türkische (5,2 Prozent) und polnische Bildungsinländer (1,8 Prozent) sind in lehramtsbezogenen Studiengängen eingeschrieben.

Doch wenn der Lehrerberuf und damit das Lehramtsstudium bei bestimmten Migrantengruppen auf wenig Interesse stoßen, dann stellt sich die Frage, welche Studiengänge bzw. -fächer bevorzugt werden. Mehr als ein Drittel der studierenden Bildungsinländerinnen und -inländer bevorzugen die Fächergruppe Rechts- und Wirtschaftswissenschaften. Vor allem bei den weiblichen Studierenden mit Migrationshintergrund ist diese Fächergruppe besonders beliebt. Mit 31 Prozent ist ihr Anteil um elf Prozentpunkte höher als bei ihren deutschen Kommilitoninnen (20 Prozent). Ferner zeigt sich, dass sich Bildungsinländerinnen und -inländer mit acht Prozent im Vergleich zu deutschen Studierenden mit 15 Prozent seltener für ein Studium aus der Fächergruppe Pädagogik oder Psychologie entscheiden. Unterschiede gibt es darüber hinaus in den Anteilen der Studierenden, die das Fach Medizin oder Gesundheitswissenschaften studieren. So belegen deutsche Studierende (sieben Prozent) zweimal so häufig Medizin oder Gesundheitswissenschaften als Bildungsinländerinnen und -inländer (drei Prozent) (Isserstedt et al. 2007, S. 439 f.).

Studium und dann? Brüche an der Schnittstelle Studium–Beruf

Nach einem erfolgreich bestandenen Hochschulstudium ist die Frage interessant, wie sich der Übergang in eine reguläre Erwerbstätigkeit von Absolventinnen und Absolventen mit Migrationshintergrund gestaltet. Sichere Aussagen zur Übergangssituation ins Beschäftigungssystem können aufgrund der lückenhaften Datenlage nicht getroffen werden. Statistische Berechnungen zeigen jedoch, dass Akademikerinnen und Akademiker mit Migrationshintergrund (12,5 Prozent) fast dreimal so hoch von Arbeitslosigkeit betroffen sind als Hochqualifizierte ohne Migrationshintergrund (4,4 Prozent) (OECD 2007). Die hohe Auswanderungsbereitschaft aus Deutschland bei hochqualifizierten Deutschtürken ist ein gut dokumentiertes, wenn auch noch nicht zu quantifizierendes Phänomen. In Deutschland aufgewachsene und ausgebildete Transmigrantinnen und -migranten türkischer Herkunft fühlen sich trotz ihres erreichten akademischen Grades nicht »integriert«, weil sie Erfahrungen kollektiver Entwertung durch Zuschreibungen über Mitglieder der Mehrheitsgesellschaft machen. Auch die Nichtanerkennung ihrer interkulturellen Potenziale auf dem deutschen Arbeitsmarkt bewegt hochqualifizierte Deutschtürken aus Deutschland auszuwandern und sich im Herkunftsland ihrer Eltern beruflich zu verorten (Sievers et al. 2010).

Handlungserfordernisse – Individuelle Unterstützungsmodelle und institutionelle Steuerungsstrategien

Vor diesem Hintergrund stellt sich unter anderem die Frage, welche Unterstützungsmöglichkeiten seitens der Hochschule notwendig sind, um den Studienerfolg dieser Studierendengruppe effektiv zu fördern. Was kann die Universität darüber hinaus leisten, um nach Abschluss des Studiums den Übergang in den Beruf zu erleichtern? Unter den skizzierten Gesichtspunkten zu Studienbedingungen von Migrantinnen und Migranten würde die Formulierung pädagogischer Förderkonzepte für den Hochschulbereich zu kurz greifen, ohne strukturelle Veränderungen für das Bildungssystem insgesamt anzustreben. In den aktuellen Diskussionen um die Herstellung von Chancengerechtigkeit im Schulwesen unabhängig von ethnischen und sozioökonomischen Zugehörigkeiten wird der Ansatz einer interkulturellen Öffnung von Schule propagiert. Mit interkultureller Öffnung als Rahmenbedingung für die Umsetzung von Bildungsgerechtigkeit in Schule unter Bedingungen von Migration wird eine umfassende und konsequente Neuorientierung des institutionell-professionellen Selbstverständnisses im Sinne einer grundlegenden Organisationsentwicklung verstanden (Neumann/Schneider 2011). Pädagogisches Ziel ist immer die Verbesserung der Lernleistungen von Schülerinnen und Schülern mit Migrationshintergrund mit dem Ziel der Ermöglichung höherer Bildungswege über die Berücksichtigung, Unterstützung und Förderung spezifischer Bildungsdispositionen. In Prozesse interkultureller Öffnung von Schule fließen strukturelle Veränderungen, die Entwicklung und Evaluierung von Ablauf- und Entscheidungsprozessen ein, die als Querschnittsaufgaben in allen schulischen Bereichen von allen Beteiligten verpflichtend angegangen werden müssen (Handschuck/Schröer 2003, S. 15).

Dabei steht im Zentrum die Frage, ob Räume, Leitideen, Regeln, Methoden, Curricula, Routinen, Führungsstile, die Ressourcenverteilung sowie die Kommunikation nach außen und die Einstellungen der Akteurinnen und Akteure im Hinblick auf die migrationsbedingte Vielfalt ihrer Schülerschaft gerecht und effektiv sind. Zentral sind die Wendung der Wahrnehmung der Schülerinnen und Schüler als Gruppe mit einem besonderen pädagogischen Förderbedarf hin zu ihrer Wahrnehmung als »Normalfall« und die Wendung von der notwendigen Anpassung der Schülerinnen und Schüler an die Anforderungen der Schule hin zur Anpassung der Schule an der Schülerinnen und Schüler, um eine adäquate Förderung ihrer Bildungschancen zu sichern (Karakaşoğlu/Wojciechowicz 2011).

Ähnlich wie im Hinblick auf die interkulturelle Öffnung von Schule sind auch an Hochschulen Ansätze erforderlich, die einen Wandel in den Organisationsstrukturen und Verfahren der Hochschulen selbst unterstützen. Wichtig erscheint hier, dass kompensatorische Fördermaßnahmen, die sich langfristig gleichstellungsfördernd auswirken sollen, keine nachhaltige Wirkung auf die Regelabläufe in der Hochschule, äußere Rahmenbedingungen sowie auf die Einstellungsmuster der Hochschuldozentinnen und -dozenten und die Gestaltung ihrer Lehrveranstaltungen haben. Ferner bergen langfristig entlang ethnischen Gruppenmerkmalen bzw. der externen Zuschreibung eines Migrationshintergrundes konzipierte Angebote die Gefahr einer Zementierung der Zuschreibung kollektiver Zugehörigkeiten. An ihre Stelle müssen vielmehr »Praxen der Infragestellung« (Mecheril/Klingler 2011, S. 85) derartiger Zuschreibungen treten. Migrantenförderung kann daher nur als ein erster Impuls der Neuorientierung notwendiger Modernisierungs- und Reorganisationsprozesse im Rahmen einer Hochschulentwicklung, nicht aber als das Kernziel, verstanden werden.

Wie die vorangegangenen Ausführungen zum Übergang Schule–Studium zeigen, müssen an der sensiblen Schnittstelle Beratungsmaßnahmen zur Öffnung des Hochschulzugangs ergriffen werden, um Abiturientinnen und Abiturienten mit Migrationshintergrund in größerer Zahl für ein Hochschulstudium zu gewinnen. Als besonders erfolgreich erweisen sich hier individuell ausgerichtete Mentoring-Konzepte. Als ein Best-Practice-Beispiel kann das »MiCoach«-Beratungsprojekt zur Studienorientierung angeführt werden, das bereits seit drei Jahren an der Universität Bremen erfolgreich durchgeführt wird. Die grundlegende Idee des Beratungsprojektes basiert auf dem Prinzip der persönlichen Beratung, Unterstützung und Begleitung. Lehramtsstudierende mit und ohne Migrationshintergrund stehen ein bis zwei Jugendlichen mit Migrationshintergrund, die die gymnasiale Oberstufe besuchen, beim Übergang von der Schule in ein Studium als Coach zur Verfügung.

Die »MiCoach«-Beratung besteht nicht aus einer reinen Information über Studienmöglichkeiten und ihre Inhalte, Aufbau und Anforderungen eines Studiums. Die Zielsetzung einer individuellen Beratungsform, die sich an die Zielgruppe der Abiturientinnen mit Migrationshintergrund wendet, berücksichtigt, dass die Berufs- bzw. Studienwahlentscheidung nicht als isolierter Beratungsanlass in Erscheinung tritt. Vielmehr werden die spezifischen Beratungsbedürfnisse der Zielgruppe, bestehend aus einer Konfiguration der Elemente Berufs- bzw. Studienwahlentscheidung, Schulbelastungen und Sprachproblematik, in die individuelle Beratungsperspektive einbezogen. Das bedeutet, dass neben einer Ansprechperson bei organisatorischen Fragen rund um das Studium und Interventionsmaßnahmen zur Verbesserung des Selbstwertgefühls ein Coaching zum wissenschaftlichen Arbeiten sowie Schreiblernberatung für das Verfassen wissenschaftlicher Texte, in der die Besonderheiten des Erwerbs des Deutschen als Zweitsprache Berücksichtigung finden, immer integriert werden. Des Weiteren fungieren Coachs mit Migrationshintergrund für junge Migrantinnen als diejenige authentische Identifikationsfigur für eine gelungene akademische Bildungslaufbahn, die im familiären Umfeld oft nicht vorhanden ist (Wojciechowicz 2010, S. 37 ff.).

Als ein weiteres, aus unserer Sicht gelungenes Beispiel für eine Bildungslaufbahnberatung an der Universität kann das »Hochschullotsen«-Programm der Universität Oldenburg genannt werden. Durch differenzierte Angebote und Aktivitäten der ehrenamtlichen Hochschullotsinnen und -lotsen (häufig Seniorenstudierende) wie z. B. individuelle Betreuung über mehrere Semester, Informationen über Studiengänge, Hilfe bei der Anfertigung von wissenschaftlichen Hausarbeiten, Vermittlung von Kontakten zu Universitätseinrichtungen und gemeinsame Besuche von Kultur- und Sportveranstaltungen, wird versucht, die Chancen auf einen erfolgreichen Hochschulabschluss von Studierenden aus Zuwandererfamilien nachhaltig zu erhöhen (Meinhardt/Zittlau 2009, S. 145 f.).

Die Förderung der persönlichen und beruflichen Entwicklung durch Coaching und/oder Patenschaftsprogramme beschränkt sich jedoch nicht auf die Übergangsphase Schule–Studium, sondern kann grundsätzlich im Sinne einer individuell orientierten akademischen Bildungslaufbahnberatung auf weitere Handlungsfelder (z. B. Übergang Studium–Arbeitsleben) erweitert werden.

Die Aufgabe einer den Studienerfolg unterstützenden, akademischen Bildungsberatung für Studierende mit Migrationshintergrund kann jedoch nicht ausschließlich den neu implementierten Maßnahmen übertragen werden. Es ist erforderlich, im Rahmen der universitären Personalentwicklung Mitarbeiterinnen und Mitarbeiter der regulären Unterstützungsangebote in Fortbildungen zu interkulturellen Fragen dafür zu qualifizieren, die eigene Beratungspraxis unter einer differenzsensiblen Perspektive kritisch zu überprüfen und in konkreten Beratungsgesprächen mit Studierenden kultursensibel zu handeln. Auch Stipendien können eine gleichstellungsfördernde Maßnahme im Rahmen einer interkulturellen Hochschulentwicklung darstellen, wenn

---

34 Hier kommt auch die Evaluation des Start-Stipendiums der Hertie-Stiftung, das an besonders leistungsstarke und zugleich sozial engagierte junge Migrantinnen und Migranten vergeben wird, zu dem Ergebnis, dass die Unterstützung durch das Start-Programm lediglich 15 Prozent der Migrantenjugendlichen mit niedrigem Bildungshintergrund erreicht. Die anderen Stipendiatinnen und Stipendiaten kommen aus einem Elternhaus, in dem die Eltern einen mittleren, aber vor allem einen hohen Bildungsabschluss nachweisen können (Bommes/Grünheid/Wilmes 2008, S. 105 ff.).

sie als »Ermöglichung akademischer Bildungsprozesse« (Mecheril/Klingler 2011, S. 111) für sozial benachteiligte Jugendliche verstanden werden und nicht ausschließlich nach dem Kriterium der herausragenden Leistungen vergeben werden (vgl. etwa die Vergabe von Deutschlandstipendien an der Universität Bremen, bei der soziales Engagement und soziale Dispositionen besonders berücksichtigt werden).[34]

Weitere Überlegungen zur interkulturellen Öffnung im Hochschulraum zielen dagegen auf »radikale« Veränderungen auf der strukturellen Ebene. So schlagen Darowska und Machold (2011, S. 28) vor, wenigstens über eine »temporäre Einführung unterschiedlicher Benotungskriterien der sprachlichen Qualität von schriftlichen Arbeiten und mündlichen Beiträgen sowie Einräumen längerer Regelstudienzeiten« nachzudenken. Auch die Auseinandersetzung mit der Frage, inwieweit die familiäre sozialisationsbedingte Mehrsprachigkeit von Studierenden mit Migrationshintergrund beim Zugang zum Studium und im Seminarraum Berücksichtigung finden könnte, ist Gegenstand der Debatte um eine differenzsensible Hochschule. Dies sind Fragen, die infolge der im Rahmen des Bologna-Prozesses verstärkten Internationalisierung von Hochschulen an Bedeutung gewinnen. Darüber hinaus könnten Studierende mit Migrationshintergrund durch Lehrangebote in den Herkunftssprachen als Wissenschaftssprachen (vor allem in den Studiengängen mit internationaler Ausrichtung) an eine mehrsprachige fachliche Terminologie herangeführt werden, um ihnen somit berufliche Perspektiven auch auf einem internationalen Arbeitsmarkt zu eröffnen (Karakaşoğlu-Aydın/Neumann 2000, S. 10).

Insgesamt erfordern Strategien zur Überwindung von Chancenungleichheit den flankierenden Einsatz eines institutionellen Monitoring-Systems. Die mit dem Monitoring gewonnen Daten ermöglichen die Identifizierung disproportionaler (Miss-)Erfolgsquoten im Hochschulbereich. Dabei ist nachdrücklich darauf hinzuweisen, dass von Bildungsbenachteiligung nicht alle Migrantinnen und Migranten im gleichen Maße betroffen sind, sondern insbesondere diejenigen aus bildungsfernen Elternhäusern oder deren Umgangssprache im familiären Umfeld nicht Deutsch ist. Für die statistischen Analysen sind daher nicht einzelne Differenzmerkmale wie der Migrationshintergrund gleichsam isoliert zu erheben und damit »abzuhaken«, sondern ihre intersektionale Verschränkung mit anderen Ungleichheitsdimensionen wie z. B. der sozioökonomische Status, Bildungshintergrund der Eltern, Aufenthaltsstatus in Deutschland, Geschlecht ebenso in den Blick zu nehmen wie die Gültigkeit von Benachteiligung in spezifischen Phasen und Bereichen des Studiums.

Literatur

Alkozei, M. T. (1998): Zur Studiensituation der Studierenden aus Migrantenfamilien an der Heinrich-Heine-Universität Düsseldorf. Düsseldorf.

Autorengruppe Bildungsberichterstattung (2010): Bildung in Deutschland 2010. Ein indikatorengestützter Bericht mit einer Analyse zu Perspektiven des Bildungssystems im demographischen Wandel. Bielefeld: Bertelsmann.

Bommes, M./Grünheid, I./Wilmes, M. (2008): Migranten am START – Bildungskarrieren von begabten Zuwandererkindern. Eine Studie. Institut für Migrationsforschung und Interkulturelle Studien. Osnabrück.

Bourdieu, P./Passeron, J. C. (1971): Die Illusion der Chancengleichheit. Untersuchung zur Soziologie des Bildungswesens am Beispiel Frankreichs. Stuttgart: Klett.

Bundesamt für Migration und Flüchtlinge (2010): Lehrkräfte mit Migrationshintergrund. (URL: http://www.integration-in-deutschland.de/nn_282926/SubSites/Integration/ DE/03__Akteure/ Programm/Bildung/Lehrkraefte/lehrkraefte-node.html?__nnn=true, Abruf am 20.05.2011).

DAAD/HIS (2010): Wissenschaft Weltoffen. Daten und Fakten zur Internationalität von Studium und Forschung. Bielefeld.

Darowska, L./Machold, C. (2011): Hochschule als transkultureller Raum unter den Bedingungen von Internationalisierung und Migration – eine Annäherung. In: Darowska, L./Lüttenberg, T./ Machold, C. (Hrsg.): Hochschule als transkultureller Raum? Kultur, Bildung und Differenz in der Universität. Bielefeld: Transkript, S. 19–38.

Dahrendorf, R. (1965): Arbeiterkinder an deutschen Universitäten. Tübingen: Mohr & Siebeck.

Destatis (2010): Bildung und Kultur. Studierende an Hochschulen. Wintersemester 2009/2010. Wiesbaden: Statistisches Bundesamt.

Dollmann, J. (2010): Türkischstämmige Kinder am ersten Bildungsübergang. Primäre und sekundäre Herkunftseffekte. Wiesbaden: VS Verlag für Sozialwissenschaften für Sozialwissenschaften.

Gomolla, M./Radtke, F.-O. (2002): Institutionelle Diskriminierung. Die Herstellung ethnischer Differenz in der Schule. Opladen: Leske + Budrich.

Handschuck, S./Schröer, H. (2003): Qualitätsmanagement in München: Vom instrumentellen Gebrauch zur strategischen Orientierung. In: Landeshauptstadt München – Sozialreferat/Jugendamt (Hrsg.): Offen für Qualität. Interkulturell orientiertes Qualitätsmanagement in Einrichtungen der Migrationssozialarbeit. München, S. 5–18.

Hummrich, M. (2002): Bildungserfolg und Migration. Biographien junger Frauen in der Einwanderungsgesellschaft. Opladen: Lesken + Budrich.

Isserstedt, W./Middendorff, E./Fabian, G./Wolter, A. (2007): Die wirtschaftliche und soziale Lage der Studierenden in der Bundesrepublik Deutschland 2006. 18. Sozialerhebung des Deutschen Studentenwerks. Durchgeführt durch HIS Hochschul-Informations-System, hrsg. vom Bundesministerium für Bildung und Forschung. Bonn/Berlin.

Isserstedt, W./Middendorf, E./Kandulla, M./Borschert, L./Leszczensky, M. (2010): Die wirtschaftliche und soziale Lage der Studierenden in der Bundesrepublik Deutschland 2009. 19. Sozialerhebung des Deutschen Studentenwerks. Durchgeführt durch HIS Hochschul-Informations-System, hrsg. vom Bundesministerium für Bildung und Forschung. Bonn/Berlin.

Juhasz, A./Mey, E. (2003): Die zweite Generation: Etablierte oder Außenseiter? Biografien von Jugendlichen ausländischer Herkunft. Wiesbaden: Westdeutscher Verlag.

Karakaşoğlu, Y. (2011): Lehrer, Lehrerinnen und Lehramtsstudierende mit Migrationshintergrund. Hoffnungsträger der interkulturellen Öffnung von Schule. In: Neumann, U./Schneider, J. (Hrsg.): Schule mit Migrationshintergrund. Münster: Waxmann, S. 121–135.

Karakaşoğlu, Y./Wojciechowicz, A. (2011): Entwicklungslinien und Perspektiven pädagogischer Diskurse interkultureller Bildung. In: Lehmann-Wermser, A./Niessen, A. (Hrsg.): Interkulturalität in der Musikpädagogik. Ein Studienbuch. Reihe: Musikpädagogik im Fokus. Band 2, Augsburg: Wißner-Verlag (in Vorbereitung).

Karakaşoğlu-Aydın, Y./Neumann, U. (2000): Bildungsinländerinnen und Bildungsinländer. Situation, Datenlage und bildungspolitische Anregungen. In: BMBF (Hrsg.): Bildung und Qualifizierung von Migranten und Migrantinnen, Materialien des Forum Bildung 11/2001, S. 61–74.

Konsortium Bildungsberichterstattung (Hrsg.) (2006): Bildung in Deutschland 2006. Bielefeld: Bertelsmann.

Leenen, W./Grosch, H./Kreidt, U. (1990): Bildungsverständnis, Platzierungsverhalten und Generationenkonflikt in türkischen Migrantenfamilien. Ergebnisse qualitativer Interviews mit »bildungserfolgreichen« Migranten der Zweiten Generation. In: Zeitschrift für Pädagogik 36. Jg., S. 753–769.

Lewin, K./Heublein, U./Sommer, D. (2000): Differenzierung und Homogenität beim Hochschulzugang. Hannover: Hochschul-Informations-System (HIS-Kurzinformation A7/2000).

Mecheril, P./Klingler, B. (2011): Universität als transgressive Lebensform. Anmerkungen, die gesellschaftliche Differenz- und Ungleichheitsverhältnisse berücksichtigen. In: Darowska, L./Lüttenberg, T./Machold, C. (Hrsg.): Hochschule als transkultureller Raum? Kultur, Bildung und Differenz in der Universität Bielefeld: Transcript, S. 83–116.

Meinhardt, R./Zittlau, B. (2009): BildungsinländerInnen an deutschen Hochschulen am Beispiel der Universität Oldenburg. Eine empirische Studie zu den erfolgshemmenden Faktoren im Studienverlauf und Empfehlungen zur Verbesserung der Studienleistungen durch HochschullotsInnen. Schriftenreihe des Interdisziplinären Zentrums für Bildung und Kommunikation in Migrationsprozessen.

Müller, W./Pollak, R./ Reimer, D./ Schindler, S. (2009): Hochschulbildung und soziale Ungleichheit. In: Becker, R. (Hrsg.): Lehrbuch der Bildungssoziologie. Opladen: Leske + Budrich, S. 281–319.

Neumann, U./Schneider, J. (Hrsg.) (2011): Schule mit Migrationshintergrund. Münster: Waxmann.

Niehaus, I. (2008): Grenzgänger. Geglückte Bildungskarrieren türkischstämmiger Migrantenkinder. Marburg: Tectum Verlag.

OECD (2007): Nachkommen von Migranten: schlechtere Perspektiven auf dem Arbeitsmarkt auch bei gleichem Bildungsniveau. (URL: http://www.oecd.org/document/63/0,3746,de_34968570_35008930_43880255_1_1_1_1,00.html; Abruf am 20.05.2011).

Ofner, U. (2003): Akademikerinnen türkischer Herkunft. Narrative Interviews mit Töchtern aus zugewanderten Familien. In: Berliner Beiträge zur Ethnologie. Band 3. Berlin.

Pott, A. (2009): Tochter und Studentin. Beobachtungen zum Bildungsaufstieg in der zweiten türkischen Migrantengeneration. In: King, V./Koller, H. (Hrsg.): Adoleszenz, Migration, Bildung. Bildungsprozesse Jugendlicher und junger Erwachsener mit Migrationshintergrund. Wiesbaden: VS Verlag für Sozialwissenschaften für Sozialwissenschaften, S. 47–65.

Schofield, J. (2006): Migrationshintergrund, Minderheitenzugehörigkeit und Bildungserfolg. Forschungsergebnisse der pädagogischen, Entwicklungs- und Sozialpsychologie. AKI-Forschungsbilanz 5. Berlin: Wissenschaftszentrum Berlin für Sozialforschung. www2000.wzb.eu/alt/aki/files/aki_forschungsbilanz_5.pdf (Abruf: 12.10.2011).

Sievers, I./Griese, H. M./Schulte, R. (2010): Bildungserfolgreiche Transmigranten. Eine Studie über deutsch-türkische Migrationsbiographien. Frankfurt a.M.: Brandes & Apsel.

Statistisches Bundesamt (2009): Bevölkerung und Erwerbstätigkeit. Bevölkerung mit Migrationshintergrund – Ergebnisse des Mikrozensus 2009. Fachserie 11; Reihe 2.2, Wiesbaden.

Statistisches Bundesamt (2010): Studienfachwahl deutscher und ausländischer Studierender im Wintersemester 2009/2010, Fachserie 11, Reihe 4.1.

Weber, M. (2003): Heterogenität im Schulalltag. Konstruktion ethnischer und geschlechtlicher Unterschiede. Opladen: Leske + Budrich.

Wojciechowicz, A. (2010): Welchen Bedarf an Beratung haben studieninteressierte Schülerinnen mit Migrationshintergrund beim Übergang Schule-Studium? In: Zeitschrift für Beratung und Studium – Handlungsfelder, Praxisbeispiele und Lösungskonzepte. 5. Jg./H. 2, S. 35–40.

Isabel Sievers

Zum Umgang von Lehrkräften mit migrationsbedingter Vielfalt und Differenz

Globalisierungs- und Migrationsprozesse und der damit einhergehende gesellschaftliche Wandel führen in allen Industrienationen zu einer zunehmenden soziokulturell, ethnisch und sprachlich gemischten Schülerschaft. Diese Heterogenität stellt für jedes nationale Bildungssystem große Herausforderungen dar, vor allem in Bezug auf Chancengerechtigkeit. In Deutschland ist die Lage verschärft: Die soziale und ökonomische Herkunft bestimmen hier im Vergleich zu anderen Industrienationen wesentlich stärker den Bildungserfolg. Daher verwundert es nicht, dass die Leistungsunterschiede von Schüler/innen ohne und mit Migrationshintergrund in Deutschland besonders groß sind (OECD 2006, S. 9; Konsortium Bildungsberichterstattung 2008, S. 11).

Die Frage, welche Hürden es genau sind, an denen bestimmte Gruppen von Schüler/innen scheitern, die mit unterschiedlichem ethnischem und soziokulturellem Herkunftshintergrund in die Schulen kommen, wird vielfältig diskutiert. Neben einzelnen Faktoren – z. B. mangelnde Sprachkenntnisse oder Bildungsferne der Familien – gerät immer wieder das deutsche Bildungssystem als Ganzes ins Blickfeld (Konsortium Bildungsberichterstattung 2006, S. 137 ff.). Doch insbesondere auch Lehrkräfte scheinen eine Schlüsselposition in soziokulturell gemischten Klassen einzunehmen. Lehrer/innen und Schüler/innen beeinflussen sich bekanntermaßen gegenseitig. Allerdings scheint der Einfluss von Lehrererwartungen auf die Schülerleistung tendenziell größer zu sein als der Einfluss, den das Schülerverhalten auf die Einstellungen von Lehrkräften hat.

Die Schweizer Moser und Ryhn (2000) stellten fest, dass Lehrpersonen und ihre Art des Unterrichtens für die Schulleistungen der Kinder von entscheidender Bedeutung sind. Die Unterrichtsqualität wirke zwar nicht direkt, aber indirekt: Über die Leistungsbereitschaft der Schulkinder beeinflusst sie deren Lernerfolg. In ihrer Untersuchung gab es Lehrkräfte, die trotz einer ungünstigen Zusammensetzung der Klasse hinsichtlich der durchschnittlichen Klassenleistung sehr erfolgreich waren, und andere, die weniger erfolgreich waren. Bos und Pietsch (2004) weisen auf ähnliche Zusammenhänge in Deutschland hin: So habe die »KESS-Studie« (»Kompetenzen und Einstellungen von Schülerinnen und Schülern der Jahrgangsstufe 4«) für Hamburger Grundschulen ergeben, dass bei sehr ähnlichen Voraussetzungen der Schulen, etwa der Zahl der Kinder mit Migrationshintergrund, an rund 50 Schulen besonders gute und an rund 50 Schulen außergewöhnlich schlechte Ergebnisse erzielt wurden. Dass es trotz der vergleichbaren Voraussetzung dennoch solche Unterschiede gibt, legt den Schluss nahe, dass der Lernerfolg neben der Ressourcenausstattung der Schulen und der sozialen Situation des Stadtteils auch besonders an der Lehrperson und der Qualität des Unterrichts liegen muss (Bos/Pietsch 2004, S. 58). Und auch bei Untersuchungen zu bildungserfolgreichen Personen mit Migrationshintergrund zeigt sich der starke Einfluss von Lehrkräften auf die Schulkarriere der Befragten, sowohl positiv als auch negativ (Griese/Schulte/Sievers 2007, S. 103 f.; Sievers/Griese/Schulte 2010, S. 90 f.).

Doch wie lassen sich Zusammenhänge zwischen der Lehrerhaltung und dem Schulerfolg und -misserfolg einer soziokulturell und ethnisch stark gemischten Schülerschaft belegen und erklären? In Deutschland ist bisher nur wenig darüber bekannt, wie Lehrkräfte tatsächlich gegenüber einer heterogenen Schülerschaft eingestellt sind und welchen Einfluss ihre Erwartungen, ihre Haltungen sowie eventuelle ethnische Vorurteile auf die Schüler/innen haben. Lüddecke konstatiert sogar:

»Mit Blick auf die in der Bundesrepublik Deutschland fehlenden empirischen Untersuchungen über ethnische Vorurteile von Lehrerinnen und Lehrern kann von einem im Wissenschaftsbetrieb weitgehend tabuisierten Forschungsfeld gesprochen werden.« (Lüddecke 2007, S. 69)

Der vorliegende Beitrag nähert sich diesem Themenfeld anhand nationaler und internationaler Erkenntnisse, um anschließend danach zu fragen, über welche Kompetenzen Lehrkräfte in der heutigen von Heterogenität geprägten Gesellschaft verfügen sollten, um konstruktiv mit einer ethnisch und soziokulturell gemischten Schülerschaft umgehen zu können.

Forschungsstand und Forschungszugänge zum Thema

Es existieren einzelne empirische Untersuchungen, die in direkter oder indirekter Form Auskunft über die Einstellungen deutscher Lehrkräfte hinsichtlich der ethnischen Heterogenität von Schulklassen geben können, da sie sich mit der Frage nach der Wahrnehmung ethnischer Vielfalt in der Klasse befassen oder die Rolle der Lehrkraft bei der sozialen Platzierung bestimmter Schüler/innen und Schülergruppen problematisieren. Sie weisen auf eine institutionelle Benachteiligung bestimmter Schüler/innen infolge ethnisch gefärbter Negativerwartungen und Vorurteilen von Lehrpersonen oder von eingeschränkten interkulturellen Unterrichtskompetenzen hin.

Bereits 1994 stellten Alba/Handl/Müller (S. 235) fest, dass kulturelle Eigenheiten als Zeichen der Andersartigkeit auffallen und zu unterschwelligen Diskriminierungen führen, die in schulischen Benachteiligungen von Minderheiten enden können. Auch Roebers (1997, S. 24 f.) vermutet eine systematische Verzerrung der Lehrerurteile durch Stereotype, da Kinder mit Migrationshintergrund im Lehrerurteil bei gleicher Leistung schlechter abschnitten als deutsche Schüler/innen. Auernheimer et al. bemerken bei ihrer Lehrerbefragung, dass Lehrkräfte zwar für Ausländerfeindlichkeit und außerschulische gesellschaftliche Benachteiligung sensibilisiert sind und dieses auch bereit sind zu thematisieren, dass sie jedoch kein Interesse an der Konfrontation mit kulturellen Differenzen zeigen (Auernheimer et al. 1998; S. 610). In einer Studie zur Umgangsweise von Referendaren im Unterricht und mit Kindern mit Migrationshintergrund stellt Bender-Szymanski (2002) einen ethnozentrierten Umgang eines Teils der Lehrenden fest und spricht von einer ethno- und einem synergieorientierten Handlungsmodus, der sich bei den Lehrpersonen im Umgang mit kultureller und ethnischer Vielfalt ihrer Schülerschaft zeigt. Ebenso aufschlussreiche Erkenntnisse erbringt die empirische Studie von Weber (2003; 2005). Sie konnte in ihrer Untersuchung zur Wahrnehmung von Heterogenität im Schulalltag deutlich machen, wie Gymnasiallehrkräfte an der Konstruktion ethnischer und geschlechtlicher Unterschiede beteiligt sind. Auch hier seien kulturelle Praxen das dominierende Erklärungsprinzip für die Deutung der Lebenslagen von Migranten. Weber resümiert:

»In einem zusammenfassenden Vergleich […] kann als Fazit konstatiert werden, dass die Betonung ethnischer Herkunft von SchülerInnen zu einer Dramatisierung kultureller Differenzen führen kann und damit zu einer Ethnisierung pädagogischer Differenzen, aus der eine Diskriminierung und Bildungsbenachteiligung allochthoner SchülerInnen resultiert.« (Weber 2003, S. 117).

Weitere Ergebnisse zum Themenfeld finden sich bei Auernheimer et al. (2001), Wagner et al. (2000, 2001) sowie in der Arbeit von Lüddecke (2007) mit dem Titel »Ethnische Vorurteile in der Schule«, in der er sich mit ethnischen Vorurteilen bei Schüler/innen und Lehrkräften befasst, um ein Präventionskonzept im Rahmen interkultureller Pädagogik zu entwickeln.

Zusammenfassend zeigen die genannten deutschen Studien vielfach kulturalisierende und konfliktorientierte Einstellungen von Lehrkräften gegenüber einer soziokulturell stark gemischten Schülerschaft. Solche Ergebnisse müssen sich aber der Kritik von Walter stellen, dass häufig versucht werde, die Haltung und Einstellung von Lehrpersonen »auf einer bipolaren Dimension als ›diskriminierend‹ – ›nicht-diskriminierend‹, ›vorurteilsbehaftet‹ – ›vorurteilsfrei‹ o. Ä. abzubilden« (Walter 2005, S. 55 f.). Die Äußerungen von Lehrkräften würden so unter den Verdacht des Ethnozentrismus gestellt. Walter zufolge gelange man so nur schwer zu Hinweisen auf Arbeitsbedingungen, zu Erfahrungszusammenhängen und zu konkreten Veränderungsvorschlägen für die Schulpraxis. Über solche Beschreibungen der Lehrerhaltung begünstige man möglicherweise sogar öffentliche Überreaktionen (Walter 2005, S. 56 f.). Die deutsche Migrationsforschung habe sich Walter zufolge bisher nicht angemessen mit dem Denken und den Urteilen von Lehrkräften in soziokulturell gemischten Klassen auseinandergesetzt. Hier seien von der empirischen Wissenschaft insbesondere eine große Genauigkeit und Sensibilität im Umgang mit Daten zu fordern:

Es »sollte – weder vorverurteilend noch beschönigend – das interkulturelle Denken von Lehrpersonen in Zusammenhang mit ihren pädagogischen Aufgaben untersucht werden, um daraus angemessene pädagogische Folgerungen ziehen zu können« (Walter 2005, S. 56).

Doch wie lassen sich die Zusammenhänge zwischen Lehrereinstellungen und dem Schulerfolg bzw. -misserfolg einer soziokulturell und ethnisch gemischten Schülerschaft möglichst differenziert analysieren und erklären?

Bereits 1968 untersuchten Rosenthal und Jacobsen in den USA in ihrer weltbekannten Studie »Pygmalion im Unterricht«, wie sich Lehrererwartungen auf die schulischen Leistungen von Volksschulkindern auswirken (Rosenthal/Jacobsen 1968). Durch die Ergebnisse ihrer Arbeit wurde das Interesse vieler Wissenschaftler für diesen Forschungsbereich geweckt, und bis heute gibt es zahlreiche Untersuchungen zum Thema »Lehrererwartungseffekt« (vgl. zu Prozessen der Lehrer-Schüler-Interaktion auch das Sechs-Phasen-Modell nach Brophy/Good [1976] sowie Jussim/Harber [2005], die in einem Literaturbericht den aktuellen Erkenntnisstand zu Erwartungseffekten zusammenfassen).

Eine Studie der Arbeitsstelle »Interkulturelle Konflikte und gesellschaftliche Integration« (AKI) des »Wissenschaftszentrums Berlin für Sozialforschung« liefert hierzu ebenfalls einen Überblick (Schofield et al. 2006). Im Mittelpunkt der Forschungsbilanz stehen die Phänomene *Stereotype Threat* (Negative Stereotype) und *Erwartungseffekte*. Die Sichtung und Bewertung internationaler Forschung, allerdings zumeist in den USA durchgeführter empirischer Studien, zeige, dass die Erwartungen, die Lehrkräfte in Bezug auf die Potenziale und Leistungen ihrer Schüler/innen haben, die Bildungsverläufe dieser Kinder beeinflussen können. Diese Effekte seien in unterschiedlichen Kontexten unterschiedlich stark, träten aber besonders häufig im Zusammenhang mit Schüler/innen aus unteren sozialen Schichten und aus eingewanderten Familien oder ethnischen Minderheiten auf, denen Lehrkräfte weniger zutrauen (Alexander/Schofield 2006, S. 50f.). Gleichzeitig scheinen diese Schüler/innen besonders sensibel für Lehrererwartungen zu sein. Aus diesem Grund sei es sehr wahrscheinlich, dass diese Erwartungseffekte die Bildungschancen von weniger privilegierten Schüler/innen noch einmal stärker beeinflussen.

Die von Schofield (2006) zusammengefassten empirischen Ergebnisse stützen ferner die Annahmen, dass Kinder an (ihre) Ethnizität geknüpfte Stereotype kennen; schon Kinder ab dem Alter von fünf Jahren sind dafür sensibilisiert. Wie stark und in welchem Kontext sie *Stereotype Threat* erfahren, hänge einerseits davon ab, ob sie sich dieser bewusst sind und andererseits wie sehr sie sich mit der von Stereotypen betroffenen Gruppe identifizieren (Schofield et al. 2006, S. ii). Doch auch die vermittelten Lerninhalte und die emotionale Atmosphäre, die die Lehrkräfte in ihrem Unterricht schaffen, beeinflussen deren Leistungen. Alexander und Schofield schreiben zwar, dass es »leider kaum Forschungsarbeiten gibt, die die Existenz und den Einfluss von Erwartungseffekten auf die Leistungen von SchülerInnen mit Migrationshintergrund speziell in Deutschland untersuchen« (Schofield et al. 2006, S. 53), und geben zu bedenken, dass »man nicht davon ausgehen kann, dass der Einfluss von Erwartungseffekten auf die schulischen Leistungen von SchülerInnen mit Migrationshintergrund in allen nationalen Kontexten der gleiche ist« (Schofield 2006, S. 53). Es sei aber wahrscheinlich, dass es auch in Deutschland zu Erwartungseffekten komme, denn diese oder sehr ähnliche Phänomene hätten neben den USA auch in zahlreichen anderen Ländern nachgewiesen werden können, beispielsweise in den Niederlanden (Jungbluth 1994). Inwieweit diese Effekte aber abhängig von den jeweiligen Rahmenbedingungen eines Landes sind, wird nicht thematisiert. Erkenntnisse werden hingegen häufig unhinterfragt auf andere Länder übertragen und die Lehrereinstellung nicht ausdrücklich in Zusammenhang mit dem jeweiligen Bildungssystem bzw. den Rahmenbedingungen der Lehrperson gesehen. So konstatiert Lüddecke, dass bei dieser stark psychologisch orientierten Auseinandersetzung mit den Einstellungen und dem Handeln der Lehrkräfte überwiegend die individuelle Dimension ethnischer Vorurteile in den Mittelpunkt gerückt werde (2007, S. 12). Er verweist auf Heckmann, der konstatiert, dass Vorurteile gegen Ethnien aber nicht nur als Einstellungen von Personen oder Personengruppen gesehen werden dürfen, sondern immer auch die übergeordneten Strukturen und Rahmenbedingen mitberücksichtigt werden müssen (Heckmann 1992, S. 138 f. zit. n. Lüddecke 2007, S. 12).

Mithilfe einer ländervergleichenden Studie konnte die Autorin dieses Artikels einen großen Einfluss der übergeordneten Rahmenbedingungen auf die Einstellungen von Lehrkräften und ihren pädagogischen Umgang mit ethnischer Vielfalt nachweisen (Sievers 2009). Bei den befragten deutschen und französischen Lehrkräften konnten verschiedene Deutungsmuster und Differenzlinien herausgearbeitet werden, welche stark länderspezifisch geprägt sind und bei der Wahrnehmung, Beschreibung und Beurteilung der eigenen Schüler/innen und deren Eigenschaften eine entscheidende Rolle spielen. Auf französischer Seite stehen z. B. sozialschichtorientierte Differenzlinien im Mittelpunkt, d. h., dass die Schüler/innen insbesondere im Hinblick auf ihre soziale Herkunft und das Wohnviertel wahrgenommen werden und kulturelle bzw. ethnische Aspekte von den französischen Lehrkräften kaum beachtet bzw. thematisiert werden. Diese Erkenntnisse müssen vor dem Hintergrund des republikanischen Selbstverständnisses Frankreichs gelesen werden, wonach die französische Bevölkerung zu einer Nation gehört, die im öffentlichen Leben und somit auch dem Bildungssystem keine Rücksicht auf ethnische, religiöse oder kulturelle Besonderheiten nimmt. Das französische Bildungssystem gilt als die entscheidende Institution Frankreichs, durch welche die Bevölkerung zu französischen Staatsbürgern geformt wird (vgl. hierzu ausführlich Sievers 2009, S. 163 ff.). Dagegen überwiegen auf deutscher Seite ethnischkulturalisierende Differenzlinien und Deutungsmuster (ebd. S. 157 ff.).

Migrant/innen und ihre Kinder bzw. Enkelkinder werden von den Lehrkräften auch noch in der zweiten und dritten Generation vorwiegend als kulturell und ethnisch »Andere« wahrgenommen. Mit der Betonung von Kultur oder Nationalität wird hier eine Distanz geschaffen und der Eindruck erweckt, dass sich zwei oder mehrere homogene Kulturen gegenüberstehen (»die Deutschen«, »die Türken«, »die Russen«). Dies zeigt sich neben den Wahrnehmungsmustern in Bezug auf die Schülerschaft beispielsweise auch in Vorstellungen zu pädagogischen Ansätzen wie der interkulturellen Pädagogik oder dem Umgang mit Mehrsprachigkeit, wo es zwar um einen »Austausch zwischen den Kulturen« geht, Kultur aber als etwas Statisches wahrgenommen und beschrieben wird (Sievers 2009, S. 130 ff.). Bei häufig defizitorientierten Vorschlägen der Lehrkräfte zur Verbesserung der Situation von »Migrantenkindern« wird deutlich, dass der eigene idealisierte homogene Lebensstil zum Maßstab erhoben und der Blick auf soziale, politische und ökonomische Aspekte verstellt wird.

Die Ergebnisse zu den Lehrereinstellungen müssen aber, wie die Autorin in ihrer Studie zeigen konnte, immer länderspezifisch analysiert und kontextualisiert werden, um konstruktive Rückschlüsse daraus ziehen zu können. Tiemann bietet hierzu z. B. folgende Erklärung: »Die politische Einheit in Deutschland ist Ausdruck einer Nation, die auf einer ethno-kulturellen Basis gründet. Auf der Grundlage dieses nationalen Wir-Bewusstseins bestimmt Deutschland die Gesamtheit seiner Staatsbürger und schließt damit alle Nichtstaatsbürger aus« (Tiemann 2004, S. 33). Und so verdeutlichen auch Leiprecht und Lutz, dass die oben beschriebenen Alltagstheorien in Deutschland der Grundidee entstammen, dass

»die Angehörigen der eingewanderten Gruppen eine von der autochthonen deutschen Mehrheit abzugrenzende Identität besitzen, und sich damit Eingewanderte (und deren Nachkommen) in erster Linie dadurch auszeichnen, dass sie (kulturell, sozial, äußerlich sichtbar) anders sind« (Leiprecht/Lutz 2003, S. 1).

Richten wir den Blick auf die Schulen, so ist festzustellen, dass auch hier eine Reihe historisch herausgebildeter Normalitätsvorstellungen bestehen (Krüger-Potratz 2003, S. 83), die sich deutlich auf den pädagogischen Umgang von Lehrkräften mit soziokultureller Vielfalt auswirken. Die »Schule für alle« (ab Ende des 18. Jh.) ist laut Krüger-Potratz von einem Ideal ethnischer, nationaler, sprachlicher und kultureller Homogenität ausgegangen. Krüger-Potratz zufolge wirken diese Auffassungen auch noch heute nach, denn sie hätten strukturell und inhaltlich auch die Lehrer(aus)bildung bestimmt. Hinzu kommt, dass Migrant/innen in pädagogischen Veröffentlichungen in der Bundesrepublik Deutschland insbesondere ab den 1980er-Jahren eine hohe Aufmerksamkeit erfuhren. In diesen Arbeiten werden ethnisch-kulturelle Besonderheiten Zugewanderter beschrieben, die sich bei den Kindern als Persönlichkeitsprobleme und schulische Leistungsdefizite auswirken. Ethnisch-kulturalisierende Denkfiguren sind sowohl in der sogenannten »Ausländerpädagogik« als auch in der interkulturellen Pädagogik (allerdings mit unterschiedlichen Perspektiven) dominant und werden auch in der Öffentlichkeit breit rezipiert (Leiprecht/Lutz 2003, S. 1).

Wie sich anhand der dargestellten Studien zeigt, scheinen diese Positionen noch heute in den Vorstellungen deutscher Lehrkräfte von hoher Relevanz zu sein, obwohl es seit den 1990er-Jahren immer wieder zur Ausdifferenzierung und partiellen Überwindung dieses Ansatzes kam (vgl. Welsch 1995; Griese 2002; Datta 2005; 2010).

Hieran wird zum einen deutlich, in welchen Punkten Lehrkräfte von den Konstruktionsmodalitäten des Nationalstaates und den sozialen Strukturen eines Landes beeinflusst werden. Zum anderen ist für die Einstellungsmuster der Lehrkräfte die institutionelle Tradition des jeweiligen Bildungssystems entscheidend. Es spielt eine Rolle, wie das System gegliedert ist, inwieweit es eine starke oder eine schwache Selektion praktiziert und welche Ziele und Aufgaben der Schule innerhalb der Gesellschaft zukommen. Hier zeigt sich, dass nicht nur die Nationalstaaten als solche, sondern auch die Schulen eigenständigen Traditionen und Kulturen verpflichtet sind. Und so gehen z. B. auch der Stellenwert von Sprache, Kultur und Religion innerhalb der Schule und die Vorstellungen der Verantwortung von Schule in verschiedenen Ländern stark auseinander (vgl. hierzu auch die ländervergleichenden Studien von Allemann-Ghionda 2002 und Löser 2010 oder die Untersuchung von Edelmann 2007 in der Schweiz). Die Lehrkräfte nehmen unterschiedliche Rollen und Aufgaben ein, ihr Verhältnis zu den Schüler/innen gestaltet sich höchst verschieden. Der Umgang der Lehrkräfte mit soziokultureller Vielfalt wird somit gleichzeitig zum Analysefaktor der nationalen Erziehungs- und Gesellschaftssysteme.

Zur Erweiterung einseitig gesetzter Differenzlinien

Die genannten Erkenntnisse verdeutlichen aber auch, dass die Deutungsmuster und Differenzlinien von Lehrkräften nicht als etwas Statisches zu fassen sind. Da sich Wahrnehmungsmuster, Einstellungen und subjektive Theorien aus Versatzstücken unterschiedlichen Ursprungs- und Reflexionsniveaus zusammensetzen, können in einigen Fällen oder aber Bereichen stärkere reflexive Eigenschaften bei den Lehrpersonen angenommen werden als in anderen. Schofield et al. (2006) sehen hier einen Zusammenhang zur Bildungssituation der Schüler/innen: einzelne Lehrkräfte würden durch eine geringe reflexive Haltung dazu beitragen, welche Bildungschancen Kindern mit unterschiedlichem soziokulturellem Herkunftshintergrund in den Schulsystemen zukommen. In Deutschland können einseitig gesetzte Differenzlinien von Lehrkräften und damit verbundene negative Erwartungseffekte besonders schwerwiegende Konsequenzen haben, da die Kinder mit in der Regel zehn Jahren, also relativ früh, auf die unterschiedlichen Schultypen der Sekundarstufe aufgeteilt werden. Die Selektion geschieht in einem Alter, in dem Erwartungseffekte stark wirken. Gerade die Leistungsdifferenzierung führt laut Schofield et al. dazu, dass die mit schwächeren Leistungen startenden Schüler/innen ihre Potenziale nicht optimal ausschöpfen können (Schofield et al. 2006, S. iii; S. 55; vgl. hierzu auch die Untersuchung zur institutionellen Diskriminierung in der Schule von Gomolla/Radtke 2002; 2007).

Bei besonders einseitigen Deutungsmustern ist zu bedenken, dass das jeweilige Unterscheidungskriterium eine Kategorie neben anderen darstellt, denn

> »das, was man gemeinhin einen Unterschied nennt, also ein bestimmtes, meist als angeboren betrachtetes Einstellungs- und Verhaltensmuster [...] ist in Wirklichkeit nur eine Differenz [...] ein relationales Merkmal, das nur in der und durch die Relation zu anderen Merkmalen existiert« (Bourdieu 1998b, S. 18).

Bei Lehrkräften, die eine stark einseitige Setzung ihrer Denkfiguren vornehmen, werden die jeweils anderen Faktoren wie das Geschlecht, Alter, Sozialschicht, Herkunft, Religion in den Hintergrund gerückt, was zu einer verzerrten Wahrnehmung führt. Dieser Gefahr monofaktorieller Überbetonung unterliegen selbst pädagogische Ansätze wie die interkulturelle Pädagogik und dies ist auch einer der Hauptkritikpunkte an dem Ansatz der interkulturellen Kompetenz. Als besonders problematisch werden Prozesse der Kulturalisierung sozialer Phänomene (Personen, Konflikte etc.) herausgestellt, welche durch den Kulturfokus interkultureller Konzepte quasi automatisch hervorgerufen werden: Personen, Situationen, Kommunikationsschwierigkeiten oder Ähnliches werden auf der Folie von »Kultur« wahrgenommen, interpretiert und erklärt; so werden soziale, politische oder ähnliche Themen in kulturelle übersetzt, und damit kann oftmals die Ausblendung gesellschaftlicher (struktureller) Machtverhältnisse verbunden sein (Kalpaka/Mecheril 2010, S. 79 ff.).

In diesem Zusammenhang bietet ein in den Sozialwissenschaften im Rahmen der Genderforschung vor allem durch US-amerikanische Feministinnen vorangetriebener Diskurs über die Erweiterung von Differenzlinien Anknüpfungspunkte für Verbesserungen: Kimberlé Crenshaw und auch Valerie Smith fordern eine sogenannte »Intersektionalitätsanalyse« (*intersectionality*). Sie gehen davon aus, dass es notwendig ist, verschiedene Differenzlinien in ihrem Zusammenspiel und in ihrer Wirkung zu untersuchen (Lutz 2001, S. 222; Winkler/Degele 2009). Zunehmend werden auch in der erziehungswissenschaftlichen Debatte die Erweiterung und Öffnung der Differenzlinien diskutiert. So fordern Lutz und Wenning (2001), dass nicht jeweils exklusiv und isoliert beispielsweise auf Klasse, Ethnizität, Nationalität, Geschlecht, Kultur fokussiert werden kann und darf, da

»die verschiedenen (Differenz-)linien allesamt Resultate sozialer Konstruktionen sind; sie sind miteinander verbunden oder verstärken sich gegenseitig« (Lutz/Wenning 2001, S. 21).

Prengel (2008) schreibt: »Wenn von Intersektionalität die Rede ist, wird eine Pluralität von Heterogenitätsdimensionen ins Spiel gebracht. [...] Damit entsteht ein hoher Anspruch an die Berücksichtigung von Komplexität« (Prengel 2008, S. 108). Sie macht darauf aufmerksam, von Pauschalisierungen und Reduktionen in bestimmten Kategorien Abstand zu nehmen, und fordert, dass die fixe Vorstellung von Schulklassen als homogene Lerngruppen fallen gelassen wird. Und auch das pädagogische Konzept der éducation à la diversité, das Allemann-Ghionda (2002) aufgrund der Kritik an der interkulturellen Pädagogik vorschlägt, bietet hier Anknüpfungspunkte. Diese verschiedenen Ansätze, denen die Flexibilisierung und Erweiterung von Differenzlinien gemein sind, sollten insbesondere im Hinblick auf die Aus- und Weiterbildung von Lehrkräften berücksichtigt werden (vgl. auch Karakaşoğlu 2009, S. 2). Insgesamt dürfen auch hier nicht nur die Differenzen als separate Linien gesehen werden, sondern es müssen auch die Kreuzungen und Verschränkungen derselben bedacht werden.

Schlussfolgerungen und Ausblick

Im Zusammenhang mit der Zunahme der soziokulturellen Heterogenität in westeuropäischen Einwanderungsländern scheint es, dass sich in diesem Punkt die Aus- und Weiterbildung von Lehrkräften nur zögerlich verändern. Bei bisherigen Untersuchungen zur Haltung von Lehrpersonen bleibt wiederum häufig offen, wo ein reklamierter Handlungsbedarf in der Lehrerausbildung konkret ansetzen sollte (vgl. Walter 2005, S. 57).

Im Rahmen ihrer Forschungsbilanz zu Erwartungseffekten leiten Alexander und Schofield Schlussfolgerungen für die Aus- und Weiterbildung von Lehrkräften ab und beschreiben verschiedene Strategien, um die Wirkungen negativer Stereotype auf Schüler/innen abzuschwächen. So lautet ihr Vorschlag, dass positive Identitäten gestärkt sowie eine Unterrichtspraxis gefördert werden soll, die das Vertrauen der Lehrkräfte in die intellektuellen Fähigkeiten der Schüler zum Ausdruck bringt. Bildungseinrichtungen könnten zur Verringerung negativer Stereotype Maßnahmen einsetzen wie z. B. Unterrichtsmethoden des kooperativen Lernens und eine schulische Praxis, die die Wertschätzung kultureller Vielfalt unterstreichen und den Aufbau positiver Beziehungen zwischen Kindern mit und ohne Migrationshintergrund fördern. Die Einstellung gut qualifizierter Lehrkräfte mit Migrationshintergrund könnte für Kinder mit ähnlichem Hintergrund ein starkes Vorbild sein (Alexander/Schofield 2006, S. 64 f.; vgl. hierzu auch Georgi 2010, o. S.). Diese Vorschläge können grundsätzlich unterstützt werden. Alexander und Schofield begründen ihre Schlussfolgerungen allerdings damit, dass insbesondere eine Veränderung des Verhaltens angestrebt werden solle, da zur Veränderung der Einstellung kaum empirische Wirksamkeitsstudien zur Verfügung stünden: »Nach dem derzeitigen Stand der Forschung scheint es aussichtsreicher zu sein, eine Veränderung des Verhaltens und weniger der Einstellungen der LehrerInnen anzustreben.« (Schofield u.a. 2006, III Vorwort; Alexander/Schofield 2006, S. 65 f.). Dieser Auffassung kann aufgrund der oben dargestellten Erkenntnisse nicht zugestimmt werden. Die verschiedenen Untersuchungen sollten gezeigt haben, dass die Handlungsorientierungen von Lehrkräften in sehr engem Zusammenhang mit ihren Wahrnehmungs- und Einstellungsmuster stehen und nicht losgelöst von ihnen gesehen werden dürfen. Eine Veränderung bestimmter Verhaltensweisen sollte aufgrund der hier präsentierten Ergebnisse immer mit einer Bewusstmachung der eigenen Wahrnehmungs- und Einstellungsmuster einhergehen. Die kritische Berücksichtigung und Thematisierung der eigenen Haltung und Differenzlinien sind unverzichtbar, um nicht bei einem sehr einseitigen Alltagsverständnis stehen zu bleiben und um geeignete Wege zu finden, dieses zu überschreiten.

Infolge der oben beschriebenen Erkenntnisse für Deutschland scheint es ein aussichtsreicher Ansatz zu sein, Maßnahmen in die Aus- und Weiterbildung von Lehrern aufzunehmen, in denen sie für ihre eigenen Wahrnehmungen intersektionell und diversitätsorientiert sensibilisiert werden und diese praxisnah und kontinuierlich zu reflektieren lernen. Die Erkenntnisse unterstreichen ferner die Notwendigkeit, Aussagen von Lehrkräften nicht als lineare Abbildungen von Meinungen zu interpretieren, sondern zu bedenken, dass sich in ihnen z.B. Wünsche, Urteile, Vorurteile, Erwartungshaltungen zusammenführen. Welche Aspekte in den Vordergrund treten, ist sehr stark vom jeweiligen Kontext der Aussage abhängig. Daher muss auch der Einfluss der Rahmenbedingungen und der Historie auf die Wahrnehmungs-, Einstellungs- und Handlungsorientierungen sichtbar gemacht werden (vgl. hierzu auch Messerschmidt 2009, S. 133). So zeigt auch die aktuelle Studie von Viola Georgi, dass Lehrkräfte, die selbst einen Migrationshintergrund haben, für sprachliche und kulturelle Unterschiede sensibilisiert sind. Aber Georgi macht auch darauf aufmerksam, dass sie zwar einen bewussten Umgang damit haben, aber nicht notwendigerweise einen reflektierten (2010). Die Wissenschaftlerin warnt sogar davor, darauf zu vertrauen, dass Lehrkräfte allein mit ihrer Intuition und ihren persönlichen Erfahrungen zu einer besseren Integration beitragen. Auch Georgi plädiert für eine methodisch-didaktische Reflexion und das Einbinden der Arbeit in das Curriculum. Es sei eine Aufgabe für das gesamte Kollegium und für alle Schüler/innen (Georgi 2010 sowie Karakaşoğlu 2009).

Die Reflexion über das Vorhandensein bestimmter Einstellungen und subjektiver Theorien zum Umgang mit soziokultureller Vielfalt und verschiedenen Differenzlinien wird bisher zu wenig in die Konzeptentwicklung der Aus- und Weiterbildung von Lehrkräften einbezogen. In dem Zusammenhang bedarf es ferner eines Perspektivenwechsels auf die Infragestellung der geschilderten historisch herausgebildeten Normalitätsvorstellungen, die strukturell und inhaltlich die deutsche Lehrerbildung bestimmt haben und bis heute nachwirken, wie es z.B. Krüger-Potratz fordert (2003, S. 83). Fragen und Prozesse in Schulen dürfen wiederum nicht losgelöst von den jeweiligen länderspezifischen Rahmenbedingungen gesehen und unhinterfragt auf andere Länder übertragen werden.

Literatur

Alba, R. D./Handl, J./ Müller, W. (1994): Ethnische Ungleichheit im deutschen Bildungssystem. In: Kölner Zeitschrift für Soziologie und Sozialpsychologie 46 (2), S. 209–237.
Alexander, K./Schofield, J. W. (2006): Erwartungseffekte: Wie Lehrerverhalten schulische Leistungen beeinflusst. In: Schofield, J. W./Alexander, K./Bangs, R./Schauenburg, B. (2006): Migrationshintergrund, Minderheitenzugehörigkeit und Bildungserfolg. Forschungsergebnisse der pädagogischen, Entwicklungs- und Sozialpsychologie. AKI-Forschungsbilanz 5. Berlin. S. 47–71.
Auernheimer, G./van Dick, R./Petzel, T./Sommer, G./Wagner, U. (1998): Wie gehen Lehrer/innen mit kulturellen Differenzen um? Ergebnisse aus einer Lehrerbefragung. In: Zeitschrift für Erziehungswissenschaft. H. 4, S. 597–611.
Auernheimer, G,/van Dick, R./Petzel, T./Sommer, G./Wagner, U. (2001): Interkulturalität im Arbeitsfeld Schule. Empirische Untersuchungen über Lehrer und Schüler. Opladen: Leske + Budrich.
Allemann-Ghionda, C. (2002): Schule, Bildung und Pluralität. Sechs Fallstudien im europäischen Vergleich. Bern: Peter Lang Verlag.
Bender-Szymanski, D. (2002): Interkulturelle Kompetenz bei Lehrerinnen und Lehrern aus Sicht der empirischen Bildungsforschung. In: Auernheimer, G. (Hrsg): Interkulturelle Kompetenz und pädagogische Professionalität. Opladen: Leske & Budrich, S. 153–179.

Bos, W./Pietsch, M. (2004): Erste Ergebnisse aus KESS 4 – Kurzbericht – Hamburg, September 2004. www.ggg-nrw.de/Qual/KESS4.Kurzbericht.pdf (Abruf 22.02.2011).

Brophy, J. E./Good, T. L. (1976): Lehrer-Schüler-Interaktion. München: Urban & Schwarzenberg (Originalausgabe: Teacher-Student-Relationships 1974).

Bourdieu, P. (1998b): Praktische Vernunft. Zur Theorie des Handelns. Frankfurt a.m.: Suhrkamp.

Datta, A. (Hrsg.) (2005): Transkulturalität. Bildungsprozesse zwischen Exklusion und Inklusion. Frankfurt a.M.: Brandes & Apsel.

Ders. (Hrsg.) (2010): Zukunft der transkulturellen Bildung – Zukunft der Migration. Frankfurt a.M.: Brandes & Apsel.

Edelmann, D. (2007): Pädagogische Professionalität im transnationalen sozialen Raum. Eine qualitative Untersuchung über den Umgang von Lehrpersonen mit der migrationsbedingten Heterogenität in Klassen. Münster: LIT-Verlag.

Georgi, V. (2010): »Lehrende mit Migrationshintergrund in Deutschland: Eine empirische Untersuchung zu Bildungsbiographien, professionellem Selbstverständnis und schulischer Integration«. Pressemitteilung. www.fu-berlin.de/presse/fup/2010/fup_10_281/index.html (Abruf 22.02.2011).

Gomolla, M./Radtke, F.-O. (2002): Institutionelle Diskriminierung. Die Herstellung ethnischer Differenz in der Schule. 1. Auflage. Wiesbaden: VS Verlag für Sozialwissenschaften für Sozialwissenschaften.

Gomolla, M./Radtke, F.-O. (2007): Institutionelle Diskriminierung. Die Herstellung ethnischer Differenz in der Schule. 2. Auflage. Wiesbaden: VS Verlag für Sozialwissenschaften für Sozialwissenschaften.

Griese, H. (2002): Kritik der ›Interkulturellen Pädagogik‹. Essays gegen Kulturalismus, Ethnisierung, Entpolitisierung und einen latenten Rassismus. Münster: LIT-Verlag

Griese, H. M./Schulte, R./Sievers, I. (2007): »Wir denken deutsch und fühlen türkisch«. Sozio-kulturelle Kompetenzen von Studierenden mit Migrationshintergrund Türkei. Frankfurt a.M.: IKO-Verlag.

Heckmann, F. (1992): Ethnische Minderheiten, Volk und Nation. Soziologie inter-ethnischer Beziehungen. Stuttgart: Lucius & Lucius.

Jungbluth, P. (1994): Lehrererwartungen und Ethnizität. Innerschulische Chancendeterminanten bei Migrantenschülern in den Niederlanden. In: Zeitschrift für Pädagogik 40 (1), S. 113–125.

Jussim, L./Harber, K. D. (2005): Teacher expectations and self-fulfilling prophecies. Knows and unknows, resolved and unresolved controversies. In: Personality and Social Psychology Review, 9 (2), S. 131–155.

Kalpaka, A./Mecheril, P. (2010): »Interkulturell«. Von spezifisch kulturalistischen Ansätzen zu allgemein reflexiven Perspektiven. In: Mecheril, P. et al.: Migrationspädagogik. Weinheim und Basel: Beltz, S. 77–98.

Karakaşoğlu, Y. (2009): »Das multikulturelle Klassenzimmer – Realität oder Vision?« Vortrag im Rahmen der Veranstaltung »Ein Lehrer, zwanzig Länder, keine Ahnung? – Perspektiven einer Lehrerausbildung für den Umgang mit kultureller Vielfalt« der ZEIT-Stiftung und der Stiftung der deutschen Wirtschaft im Auditorium Maximum der Bucerius Law School in Hamburg, 15. Januar 2009. Vortragsmanuskript. www.li-hamburg.de/fix/files/doc/Das%20multikulturelle%20 Klassenzimmer%20_%20Yasemin%20Karakaşoğlu.pdf (Abruf 25.02.2011).

Konsortium Bildungsberichterstattung (2006): Bildung in Deutschland. Ein indikatorengestützter Bericht mit einer Analyse zur Bildung und Migration. Bielefeld. Bertelsmann.

Konsortium Bildungsberichterstattung (2008): Bildung in Deutschland. Ein indikatorengestützter Bericht mit einer Analyse zu Übergängen im Anschluss an den Sekundarbereich II. Bielefeld: Bertelsmann.

Krüger-Potratz, M. (2003): Lehrerbildung im Zeichen von Pluralität und Differenz. In: Beillerot, J./Wulf, C (Hrsg.): Erziehungswissenschaftliche Zeitdiagnosen. Deutschland und Frankreich. Münster: Waxmann, S. 83–94.

Leiprecht, R./Lutz, H. (2003): Generationen- und Geschlechterverhältnisse in interkulturellen Ansätzen. In: Neue Praxis – Zeitschrift für Sozialarbeit, Sozialpädagogik und Sozialpolitik, Nr. 2/2003, S. 199–208.

Löser, J. (2010): Der Umgang mit kultureller und sprachlicher Vielfalt an Schulen. Ein Vergleich zwischen Kanada, Schweden und Deutschland. Frankfurt a.M.: Brandes & Apsel.

Lüddecke, J. (2007): Ethnische Vorurteile in der Schule. Entwicklung eines Präventionskonzepts im Rahmen Interkultureller Pädagogik. Frankfurt/M.: IKO-Verlag.

Lutz, H. (2001): Differenz als Rechenaufgabe: Über die Relevanz der Kategorien Race, Class, Gender. In: Lutz, H./Wenning, N. (Hrsg.): Unterschiedlich verschieden. Differenz in der Erziehungswissenschaft. Opladen: Leske + Budrich, S. 215–230.

Lutz, H./Wenning, N. (Hrsg.) (2001): Unterschiedlich verschieden. Differenz in der Erziehungswissenschaft. Opladen: Leske & Budrich Verlag.

Messerschmidt, A. (2009): Weltbilder und Selbstbilder. Bildungsprozesse im Umgang mit Globalisierung, Migration und Zeitgeschichte. Frankfurt a.M.: Brandes & Apsel.

Moser, U./Ryhn, H. (2000): Lernerfolg in der Primarschule. Eine Evaluation der Leistungen am Ende der Primarschule. Aarau: Sauerländer.

OECD (Hrsg.) (2006): Wo haben Schüler mit Migrationshintergrund die größten Erfolgschancen: Eine vergleichende Analyse von Leistung und Engagement in PISA 2003. (Originaltitel: Where Immigrant Students Succeed – a comparative Review of Performance and Engagement from PISA 2003). www.oecd.org/dataoecd/2/57/36665235.pdf (Abruf 15.02.11).

PISA-Konsortium Deutschland (Hrsg.) (2007): PISA 2006. Die Ergebnisse der dritten internationalen Vergleichsstudie. Münster: Waxmann Verlag.

Prengel, A. (2008): Intersektionalität und Sonderpädagogik – Ein Beitrag zur Debatte um prekäre Bildungssituationen von Jungen. In: Reiser, H./Dlugosch, A./Willmann, M. (Hrsg.): Professionelle Kooperation bei Gefühls- und Verhaltensstörungen. Hamburg: Kovac.

Roebers, C. M. (1997): Migrantenkinder im vereinigten Deutschland. Münster: Waxmann Verlag.

Rosenthal, R./Jacobson, L. (1968): Pygmalion in the classroom. New York: Crown House Publishing.

Schofield, J. W./Alexander, K./Bangs, R./Schauenburg, B. (2006): Migrationshintergrund, Minderheitenzugehörigkeit und Bildungserfolg Forschungsergebnisse der pädagogischen, Entwicklungs- und Sozialpsychologie. AKI-Forschungsbilanz 5. Berlin. www.wzb.eu/alt/aki/files/aki_forschungsbilanz_5.pdf (Abruf 22.02.2011).

Sievers, I. (2009): Individuelle Wahrnehmung, nationale Denkmuster. Einstellungen deutscher und französischer Lehrkräfte zu Heterogenität im Unterricht. Frankfurt a. M.: Brandes & Apsel.

Sievers, I./Griese, H./Schulte, R. (2010): Bildungserfolgreiche Transmigranten. Eine Studie über deutsch-türkische Migrationsbiographien. Frankfurt a.M.: Brandes & Apsel.

Tiemann, S. (2004): Die Integration islamischer Migranten in Deutschland und Frankreich. Ein Situationsvergleich ausgewählter Bevölkerungsgruppen. Berlin: Wostock.

Wagner, U./van Dick, R./Petzel, T./Auernheimer, G. (2000): Der Umgang von Lehrerinnen und Lehrern mit interkulturellen Konflikten: Die Bedeutung von ethnischen Einstellungen. In: Psychologie in Erziehung und Unterricht 47, S. 46–65.

Wagner, U./van Dick, R./Petzel, T./Auernheimer, G. (2001): Der Umgang von Lehrerinnen und Lehrern mit interkulturellen Konflikten. In: Auernheimer, G./van Dick, R./Petzel, T./Sommer, G./Wagner, U. (2001): Interkulturalität im Arbeitsfeld Schule. Empirische Untersuchungen über Lehrer und Schüler. Opladen: Leske + Budrich Verlag.

Walter, P. (2005): Urteile und Fehlurteile von Lehrpersonen in der multikulturellen Schulwirklichkeit. In: Hamburger, F./Badawia T./Hummerich, M. (Hrsg.) (2005): Migration und Bildung. Über das Verhältnis von Anerkennung und Zumutung in der Einwanderungsgesellschaft. Wiesbaden: VS Verlag für Sozialwissenschaften für Sozialwissenschaften, S. 55–67.

Weber, M. (2003): Heterogenität im Schulalltag. Konstruktion ethnischer und geschlechtlicher Unterschiede. Opladen: Leske & Budrich.

Weber, M. (2005): »Ali Gymnasium« – Soziale Differenzen von SchülerInnen aus der Perspektive von Lehrkräften. In: Hamburger, F./Badawia T./Hummerich, M. (Hrsg.) (2005): Migration und Bildung. Über das Verhältnis von Anerkennung und Zumutung in der Einwanderungsgesellschaft. Wiesbaden: VS Verlag für Sozialwissenschaften für Sozialwissenschaften, S. 69–79.

Welsch, Wolfgang (1995): Transkulturalität. Zur veränderten Verfaßtheit heutiger Kulturen. In: Institut für Auslandsbeziehungen (Hrsg.): Migration und kultureller Wandel, Schwerpunktthema der Zeitschrift für Kulturaustausch, 45 Jg. 1995/1. Stuttgart.

Winkler, G./Degele, N. (2009): Intersektionalität. Zur Analyse sozialer Ungleichheiten. Bielefeld: Transcript.

Werner Sacher

Elternarbeit mit Migranten

Elternarbeit war und ist im deutschsprachigen Raum eher selten Gegenstand empirischer Forschung. Die Mehrzahl der wenigen Untersuchungen beschäftigt sich nur mit ausgewählten Schularten, verfolgt sehr spezifische Fragestellungen und hat nur eine relativ schmale Datenbasis. Umfassender angelegte Arbeiten sind an einer Hand abzuzählen:
→ die Befragung von Elternvertretern und Schulleitungen mehrerer Bundesländer durch Witjes/Zimmermann (2000)
→ die Befragung österreichischer Elternvertreter, Schulsprecher und Klassensprechervertreter durch Svecnik und Stanzel-Tischler (Svecnik/Stanzel-Tischler 1995; Svecnik 2002)
→ die Untersuchung der Eltern-Lehrer-Zusammenarbeit und ihrer Auswirkungen auf Schülerleistungen und Unterrichtsstörungen in der Schweiz durch Neuenschwander et al. (2004)
→ unsere eigene repräsentative Befragung von Eltern, Elternvertretern, Lehrkräften und Schulleitern an allgemeinbildenden Schulen in Bayern (Sacher 2004; Sacher 2005)
→ die Erhebungen im Zusammenhang eines daran anschließenden Modellprojektes in den Jahren 2006 und 2007 (Ergebnisse z.T. in Sacher 2008a und Sacher 2008b)

Migrationsspezifische Aspekte von Elternarbeit wurden bisher kaum untersucht. Lediglich in unseren eigenen Arbeiten wurden auch einige Daten erhoben, welche Rückschlüsse auf die Kooperation der Schule mit Migranteneltern erlauben. So ist es nicht verwunderlich, dass sich der praktische Diskurs über Elternarbeit und insbesondere über Elternarbeit mit Migrant/innen weitgehend unabhängig von der Forschungslage entwickelte – mit der Gefahr des Tradierens ungesicherter Praxistipps und willkürlicher Aneinanderreihung von Handlungsvorschlägen.

Die folgenden Ausführungen sind ein Versuch, Umrisse eines Konzeptes für die Elternarbeit mit Migrant/innen auf der Grundlage der wenigen verfügbaren Forschungsergebnisse und der entsprechenden Theoriediskussion zu skizzieren.

Aufgabenbereiche der Elternarbeit – Ideal und Wirklichkeit

Seit einem halben Jahrhundert wird immer wieder nachgewiesen, dass Familie und Elternhaus die Leistungen von Schüler/innen weitaus stärker beeinflussen als Schul-, Lehrer- und Unterrichtsmerkmale (Krumm 2003, S. 4). Erst kürzlich wieder ergaben PISA-Begleituntersuchungen, dass die Lesekompetenz zu 31 Prozent durch Schule, Lehrkräfte und Unterricht, aber zu 66,1 Prozent durch die Familie bedingt ist. Ein ähnliches Bild ergibt sich hinsichtlich der mathematischen und naturwissenschaftlichen Kompetenzen (OECD 2001, S. 356 f.).

Allerdings ist dieser große Einfluss von Familie und Elternhaus nicht ohne Weiteres identisch mit dem Effekt von Elternarbeit. Zwar steht außer Zweifel, dass Elternarbeit in beträchtlichem Maße zum Schulerfolg und zu einer günstigen Entwicklung der Kinder beitragen kann: Schüler/innen, deren Eltern eng mit der Schule kooperieren, erzielen bessere Noten, entwickeln günstigere Einstellungen zur Schule, bewältigen Übergänge leichter, machen höhere und bessere Abschlüsse, absolvieren häufiger ein Studium, schmieden realistischere Pläne für ihre Zukunft und sind zu geringeren Anteilen Schulabbrecher (Henderson/Mapp 2002; Henderson et al. 2007; Sacher 2008a, S. 47–58). All dies gilt auch für Migrant/innen (Henderson et al. 2007, S. 3), deren geringerer Schulerfolg häufig auf Diskrepanzen zwischen ihrem schulischen, familiären und kommunalen Kontext zurückzuführen ist (Saad/Leumer 1997; Lanfranchi 2001; Boethel 2003, S. 15 ff.). Gleichwohl ist die entscheidende Frage, die hier verfolgt werden soll, welches Konzept von Elternarbeit am ehesten geeignet ist, das »kulturelle Kapital« des Elternhauses zu mobilisieren bzw. ungünstige Einflüsse zu kompensieren.

Das Potenzial von Elternarbeit hängt entscheidend davon ab, welche Zielsetzung sie verfolgt. Elternarbeit bleibt noch im Vorfeld stecken, wenn sie lediglich auf häufige und freundliche Kontakte der Eltern mit der Schule ihrer Kinder abzielt. *Elternarbeit muss letztlich bei den Schülerinnen und Schülern ankommen, d. h. dazu beitragen, ihre Leistungen und ihre Persönlichkeitsentwicklung zu optimieren.*

Um dieses Ziel der Elternarbeit zu erreichen, bedarf es der Vergegenwärtigung ihrer verschiedenen Aufgabenbereiche und systematischer und kontinuierlicher Arbeit in diesen. Der US-amerikanischen *National Parent Teacher Association* kommt das Verdienst zu, die Aufgabenbereiche der Elternarbeit 1997 auf der Grundlage internationaler Forschung formuliert und 2008 fortgeschrieben zu haben (PTA 1997; PTA 2008):

Klima des Willkommenseins

Elternarbeit hat dafür zu sorgen, dass an der Schule ein Klima herrscht, das allen Eltern das Gefühl gibt, willkommen zu sein. Auch Migrantenfamilien sollten sich als Teil einer Schulgemeinschaft fühlen, die von wechselseitigem Respekt geprägt ist und niemanden ausgrenzt.

Zu einem solchen Klima trägt die Gestaltung des Schulgeländes, des Schulgebäudes und des Empfangs- und Wartebereiches ebenso bei wie die freundliche Begrüßung und bereitwillige Information durch das Schulpersonal, das Führen von Elterngesprächen in angenehmer, beruhigter Umgebung und offener, respektvoller Atmosphäre. Zum Willkommensklima gehört auch, dass Hilfsangebote von Eltern aller Wohngegenden, Bevölkerungsschichten und Herkunftsländer gerne angenommen werden und dass alle kulturellen und religiösen Traditionen, Ethnien, Schichten und Familienstrukturen gleichermaßen Achtung und Unterstützung erfahren und auf besondere soziale und ökonomische Situationen einzelner Familien Rücksicht genommen wird – z. B. dadurch, dass Kontaktmöglichkeiten auch von Eltern, die voll im Arbeitsleben stehen, problemlos zu nutzen und Veranstaltungen und Angebote der Schule möglichst kostenfrei oder allenfalls mit geringen Kosten verbunden sind, damit einkommensschwache Familien nicht ausgegrenzt werden.

Ganz entscheidend wird das Willkommensklima auch durch die Elternschaft der Schule geprägt: Im Idealfall treten Aktiveltern, Elternmentoren, Bildungslotsen und Bildungspaten, Elternlotsen und Stadtteilmütter aus verschiedenen Wohnvierteln und unterschiedlichen Herkunftsländern in Kontakt zu den Eltern und Familien, deren Kinder neu an die Schule kommen, und helfen ihnen, sich zu orientieren und zu engagieren.

Die Realität an deutschen Schulen bleibt in vielfacher Hinsicht hinter diesem Idealzustand zurück. Viele Schulen zeigen wenig Entgegenkommen hinsichtlich angebotener Gesprächskontakte: Knapp drei Viertel der Eltern von Grund- und Hauptschülern und 90 Prozent der Eltern von Realschülern und Gymnasiasten bekommen von Lehrkräften nie oder kaum jemals Gesprächstermine außerhalb der Sprechzeiten angeboten. Elternhilfe wird in deutschen Schulen hauptsächlich in peripheren Bereichen (bei Klassenfahrten, Ausflügen und Schulfesten) in Anspruch genommen, kaum jedoch in größerer Nähe zum »Kerngeschäft« des Unterrichts (beim Förderunterricht, bei Nachhilfemaßnahmen, bei der Hausaufgabenbetreuung, in Arbeitsgemeinschaften oder im regulären Unterricht). Und selbst Hilfsangebote in peripheren Bereichen werden von Migrant/innen seltener angenommen als von Eltern ohne Migrationshintergrund.

Migrantinnen und Migranten fühlen sich oft gegenüber Lehrkräften besonders unsicher. Fast ein Viertel der Migrant/innen unserer Ausgangserhebung von 2006 fühlte sich bei Kontakten mit Lehrkräften als unbequeme Bittsteller, und nahezu ein Fünftel war froh, wenn es mit Lehrkräften nichts zu tun hatte. Entsprechend begegnen Migrant/innen – wie unsere Repräsentativuntersuchung zeigte – der Schule und den Lehrkräften mit größerem Misstrauen und schlagen schneller Beschwerdewege ein.

Auch innerhalb der Elternschaft fühlen sich Migrant/innen häufig ausgegrenzt: Reichlich die Hälfte vermisst, dass Eltern an der Schule ihres Kindes sich gegenseitig informieren, und gut zwei Drittel haben den Eindruck, dass sich die Eltern an der Schule ihres Kindes nur für ihre eigenen Kinder interessieren.

Effektive Kommunikation

Eine weitere Aufgabe der Elternarbeit besteht darin, einen regelmäßigen und intensiven Informationsaustausch zwischen Eltern und Lehrkräften über alle wichtigen Angelegenheiten in der Schule und in der häuslichen Umgebung des Kindes sicherzustellen. Dazu sollten vielfältige Kommunikationswege und Kontaktmöglichkeiten genutzt werden: beispielsweise Sprechstundengespräche, Elternabende, Elternsprechtage, Eltern-Lehrer-Schüler-Gespräche, Elternstammtische, Hospitation von Eltern im Unterricht, Gespräche bei schulischen Veranstaltungen und bei zufälligen Begegnungen außerhalb der Schule, Briefe, Telefonanrufe, E-Mails, SMS, die Schul-Homepage, Rundschreiben (sogenannte »Elternbriefe«), Hausbesuche, schriftliche Befragungen der Eltern, Rückmeldebögen. Entscheidend ist, dass Lehrkräfte und Eltern aktiv aufeinander zugehen und einander wichtige Informationen auch dann geben, wenn sie nicht von der anderen Seite ausdrücklich erbeten werden, und benötigte Informationen im Bedarfsfall einholen, wenn sie nicht spontan angeboten werden.

Den Sprachproblemen von Migrant/innen ist dadurch Rechnung zu tragen, dass Informationsmaterial und Einladungen möglichst mehrsprachig verfasst werden und bei wichtigen Anlässen ein Dolmetscher zur Verfügung steht.

Zu einer effektiven Kommunikation gehören auch von der Schulleitung und von Elternvertretern organisierte intensive Kontakte der Eltern untereinander – etwa besondere Kontaktveranstaltungen, Patenschaften, Helfer- und Besucherdienste, Nachbarschaftsnetzwerke, Fahrgemeinschaften. Elternvertreter sollten für alle Eltern gut erreichbar sein, regelmäßige Sprechzeiten anbieten, zumindest telefonisch und per E-Mail kontaktierbar sein.

Auch hinter diesem Idealzustand bleibt die Realität an deutschen Schulen in vielfacher Hinsicht zurück: Kontakte und Informationsaustausch zwischen Eltern und Lehrkräften beschränken sich in Deutschland größtenteils auf die vorgeschriebenen Sprechstunden, Elternabende und Elternsprechtage. Sonstige Kontakte – etwa durch individuelle Briefe, durch Anrufe, E-Mails oder SMS und durch Gespräche bei zufälligen Begegnungen – pflegt nur eine Minderheit der Eltern und Lehrkräfte. Diese Beschränkung ist bei Migrant/innen noch ausgeprägter als bei Nichtmigrant/innen: Migrantinnen und Migranten nutzen informelle Kommunikationsmöglichkeiten noch weniger als Eltern ohne Migrationshintergrund, und auch Lehrkräfte greifen bei Migrant/innen seltener auf informelle Kommunikationsmöglichkeiten zurück.

Anstelle eines Informations*austausches* zwischen Lehrkräften und Eltern findet man an vielen deutschen Schulen nur einen einseitigen Informations*fluss* von den Lehrkräften zu den Eltern: Eltern mit und ohne Migrationshintergrund ist es wichtiger, von den Lehrkräften informiert als von ihnen um Informationen gebeten zu werden, und Lehrkräfte geben Eltern häufiger und bereitwilliger Informationen über die Leistungen ihrer Kinder und über ihr Verhalten im Unterricht, als dass sie Informationen über den familiären Hintergrund, den sozialen Umgang und das außerschulische Verhalten der Kinder von den Eltern erbitten.

Außerdem ist die Kommunikation zwischen Eltern und Lehrkräften häufig problemveranlasst und defizitorientiert. Das heißt, Eltern und Lehrkräfte nehmen oft erst Kontakt auf, wenn Kinder Probleme in der Schule haben oder bereiten, und man lässt die Kontakte wieder einschlafen, wenn die Probleme behoben sind. Bei Migrant/innen ist diese Defizitorientierung der Kontakte und der Kommunikation noch stärker ausgeprägt als bei Nichtmigrant/innen. Diese Defizitorientierung ist aber hochgradig riskant: Es ist nämlich nahezu unmöglich, einander in Situationen noch unvoreingenommen kennenzulernen und Vertrauen aufzubauen, in denen schon Probleme zu bewältigen und Konflikte zu lösen sind.

Lern- und Erziehungskooperation

Elternarbeit hat auch darauf hinzuwirken, dass Eltern und Lehrkräfte sich gemeinsam um die effektive Förderung, den Lernerfolg und die gute Entwicklung der Kinder bemühen. Die Kooperation sollte sich sowohl auf das unterrichtliche als auch auf das häusliche Lernen beziehen, d. h. Eltern sollten im Unterricht, bei unterrichtsergänzenden Maßnahmen und bei schulischen Veranstaltungen mitwirken, und Lehrkräfte sollten Eltern bei der häuslichen Förderung ihrer Kinder beraten und unterstützen.

Die derzeitige Wirklichkeit der Kooperation zwischen Eltern und Lehrkräften sieht an deutschen Schulen allerdings weithin völlig anders aus: Eine Unterstützung des Lernens im Unterricht durch die Familien findet nur ausnahmsweise statt: Noch nicht einmal ein Zehntel der Eltern kann im Unterricht ihrer Kinder hospitieren. Lediglich ein Viertel der Grundschuleltern und kaum ein Zehntel der Sekundarschuleltern haben die Möglichkeit, im Unterricht mitzuarbeiten. Von einer Kooperation mit den Lehrkräften bei den Hausaufgaben berichten nur die Hälfte der Grundschul- und ein Viertel der Sekundarschuleltern, von einer auf das allgemeine Lernengagement der Kinder und Jugendlichen gerichteten Kooperation nur die Hälfte der Grundschul- und drei Achtel der Sekundarschuleltern. Kooperation bei Erziehungsfragen bestätigen in der Grundschule zwei Drittel, in den Sekundarschulen aber nur knapp drei Fünftel der Eltern.

Dem starken Wunsch der Eltern, dass in Gesprächen mit Lehrkräften nicht nur die Leistungen und Lernfortschritte der Kinder, Fragen der Hausaufgaben und der Disziplin thematisiert werden, sondern auch Fragen der kindlichen Entwicklung und der Erziehung, Bildungs- und Berufslaufbahnen sowie Gewalt- und Drogenprobleme, kommen die meisten Lehrkräfte nur sehr unzureichend nach.

Teilweise wird die Kooperation zwischen Schule und Elternhaus durch antiquierte und bei Migrant/innen besonders stark ausgeprägte Vorstellungen von einer Arbeitsteilung erschwert, welche die Erziehung den Eltern und Bildung und Lernen der Schule vorbehält: In unserer Repräsentativuntersuchung waren 23 Prozent der Eltern ohne Migrationshintergrund uneingeschränkt der Meinung, dass Erziehung Sache der Eltern sei, und 14 Prozent erwarteten von den Lehrkräften lediglich, dass diese ihren Kindern etwas beibringen. Die entsprechenden Zustimmungsraten der Eltern mit Migrationshintergrund aber lagen bei jeweils 28 Prozent.

Zudem stehen der Kooperation zwischen Lehrkräften und Eltern mit Migrationshintergrund noch besondere Hindernisse entgegen: Nicht selten haben Migranten andere Wertsysteme als Nichtmigranten, in welchen traditionelle Werte wie Autorität und familiärer Zusammenhalt einen viel höheren Stellenwert als Selbstverwirklichungs- und Freiheitswerte haben. Damit hängt oft auch ein anderes, aus deutscher Sicht nicht mehr zeitgemäßes Verständnis der Erziehung und der Geschlechterrollen zusammen. Die unzureichende Beherrschung des Deutschen und die geringe eigene Schulbildung (z. T. vor allem vieler Mütter) machen es Migranten oft unmöglich, ihren Kindern beim Lernen zu helfen.

Umso beachtlicher ist ein Befund unserer Ausgangserhebung von 2006, dem zufolge Lehrkräfte mit Migrant/innen häufiger kooperieren als mit Nichtmigrant/innen – und dies, obwohl die von Migrant/innen erklärte Kooperationsbereitschaft geringer ist als die von Nichtmigrant/innen. Anscheinend gelingt es den Lehrkräften in vielen Fällen trotzdem, eine zufriedenstellende Kooperation zu organisieren.

Fürsprecher für alle Kinder

Elternarbeit muss auch dafür Sorge tragen, dass Eltern darin bestärkt und dazu befähigt werden, Fürsprecher ihrer eigenen und anderer Kinder zu sein, auf ihre gerechte Behandlung zu dringen und ihnen Zugang zu Lernangeboten zu verschaffen, die ihnen zustehen und mit denen sie ihre Chancen verbessern können.

Die Eltern kennen und begleiten das Kind länger als jeder andere, sind ihm in der Regel am stärksten emotional verbunden und können deshalb auch am besten seine Interessen vertreten – vorausgesetzt, sie verfügen über die erforderlichen Kenntnisse und die Mittel, sich effektiv für ihr Kind einzusetzen. Deshalb sollte Elternarbeit bemüht sein, Eltern zu stärken, ihnen z. B. zu helfen, das Schulsystem so gut zu verstehen, dass sie sachkundige Entscheidungen für ihre Kinder treffen können, sie insbesondere über die Dreigliedrigkeit des Schulsystems aufklären, über die Wertigkeit der verschiedenen Abschlüsse, die Bedingungen, welchen die Wahl einer Schullaufbahn unterliegt, und die Konsequenzen, die daraus resultieren. In diesem Zusammenhang sollten Eltern auch darüber informiert werden, welche Korrekturmöglichkeiten für Fehlentscheidungen es gibt und wie Abschlüsse auf dem zweiten Bildungsweg nachgeholt werden können. Schulen sollten Eltern befähigen, mit ihrem Kind gemeinsam dessen Zukunft zu planen, also z. B. Bildungswege und Berufsausbildungen zu erörtern und zu organisieren, und sie über Angebote und Hilfen informieren, die sie und ihre Kinder in Anspruch nehmen können. Eltern sollten sowohl ihre Pflichten als auch ihre Rechte kennen – auch die Möglichkeiten, gegen Entscheidungen der Schule und der Schulaufsicht vorzugehen und bei Problemen und Konflikten ihre Position durchzusetzen – und man sollte ihnen Gesprächstechniken und Konfliktlösungsstrategien vermitteln, um gegenüber Lehrkräften und Schulverwaltungsbeamten als kompetente Gesprächspartner auftreten zu können. Eltern sollten schließlich auch ermutigt und befähigt werden, sich in der Öffentlichkeit für die erfolgreiche Arbeit der Schule einzusetzen, sich politisch zu engagieren, bei Hearings und Diskussionen mitzuwirken, sich zu solidarisieren und sich öffentliches Gehör zu verschaffen.

Allerdings darf durch die Fürsprache der Eltern nicht der Selbstvertretungsanspruch der Schüler/innen beschränkt werden. In unserer Ausgangserhebung von 2006 erklärten 54 Prozent der Sekundarschüler/innen und 51 Prozent der Grundschüler/innen, ihre Angelegenheiten in der Schule mit den Lehrkräften am liebsten alleine regeln zu wollen. Ihre besten Erfolge erzielt Elternarbeit nur dann, wenn man die Schüler/innen einbezieht. Eine Evaluation von Familienbildungsprojekten durch eine Forschungsgruppe am Bundesamt für Migration und Flüchtlinge zeigt: »Bei Projekten, in deren Rahmen nicht nur die Eltern, sondern gleichzeitig auch die Kinder gefördert wurden, zeigten sich bei den Kindern größere Effekte als bei Projekten, die sich nur auf die Eltern konzentrierten« (Friedrich/Siegert 2009, S. 61).

In der Schulwirklichkeit allerdings entsprechen starke Eltern, die als kompetente und engagierte Fürsprecher ihrer eigenen und anderer Kinder auftreten, offensichtlich nicht gerade dem Wunschbild der Lehrkräfte. Dabei hätten einige Schülergruppen starke Fürsprache durch ihre Eltern besonders nötig – unter anderem Kinder aus »bildungsfernen« und unteren Sozialschichten und nicht zuletzt Kinder aus Familien mit Migrationshintergrund: Seit Langem ist z.B. bekannt, dass der sogenannte »sekundäre Herkunftseffekt«[35] bei Migrant/innen besonders groß ist und dass diese sich unverhältnismäßig wenig an höheren Bildungsangeboten beteiligen (vgl. z.B. Bildungsbericht 2008, S. 11).

Auch ganz allgemein erhalten Eltern in Gesprächen mit den Lehrkräften ihrer Kinder viel zu wenig Informationen über Bildungswege und berufliche Möglichkeiten. Dabei gereicht es deutschen Lehrern zur Ehre, dass sie mit Migrant/innen berufliche Möglichkeiten immerhin noch häufiger erörtern als mit Nichtmigrant/innen. Da sie mit ihnen aber zugleich weniger über Bildungswege sprechen, drängt sich allerdings auch der Eindruck auf, dass sie häufig davon ausgehen, für Kinder von Migrant/innen komme eher eine an die Pflichtschule anschließende Berufsausbildung als ein höherer Bildungsweg infrage.

Macht teilen

Schule und Elternhaus sollten gleichberechtigte Partner bei Entscheidungen sein, welche die Kinder und die Familien betreffen. In diesem Zusammenhang sind auch ethnische, kulturelle, religiöse und ökonomische Hindernisse zu beseitigen, welche es

---

35 Nach einer von Boudon (1974, S. 29 ff.) eingeführten Unterscheidung bezeichnet man mit dem primären Herkunftseffekt die Einflüsse der Sozialisation im Elternhaus, mit dem sekundären die je nach Bevölkerungsgruppe unterschiedlich ausfallenden Entscheidungen und Empfehlungen von Eltern und Lehrkräften hinsichtlich weiterführender Bildungswege.

Eltern bestimmter Gruppen erschweren, ein Mandat in Elternvertretungen wahrzunehmen. Die Elternschaft einer Schule und das Lehrerkollegium sollten gemeinsam um eine Elternvertretung bemüht sein, die alle Schichten und Gruppen der Elternschaft repräsentiert. Außerdem sollten Elternvertreter in Teamentwicklung, Personalführung, Gesprächs- und Moderationstechniken und in Fragen des Schulrechts geschult und mit Vertretern von Behörden und anderen Einrichtungen am Ort, mit Politikern, Unternehmern, Würdenträgern usw. bekannt gemacht werden, um ebenfalls jene sozialen und politischen Netzwerke nutzen zu können, über welche die Schulleitungen in der Regel verfügen.

Die Realität an deutschen Schulen ist weit entfernt von einer angemessenen Machtverteilung zwischen Lehrkräften und Eltern: Wie in den meisten übrigen europäischen Ländern gibt es auch in Deutschland für Elternvertreter keinerlei Schulungs- und Fortbildungsangebote seitens der Schule und der Schulverwaltung (Eurydice 1997, S. 9 ff.). Dass Angehörige unterer Schichten zu wenig in Elternvertretungen repräsentiert sind, ist lange bekannt (Mohrhart 1980, S. 15). Unseren Daten zufolge gehören auch Migrant/innen in viel geringerer Zahl (nur halb so oft) Elterngremien an, wie es ihnen aufgrund des Schüleranteils eigentlich zustünde. Elternvertreter haben zudem nur wenig Kontakt zu den Eltern, die sie eigentlich vertreten sollten: Sie sind vielen Eltern noch nicht einmal namentlich bekannt, werden wenig von Eltern kontaktiert und pflegen auch von sich aus nur sporadische Kontakte mit ihrer Klientel. Stattdessen missverstehen sie sich gewöhnlich als Unterstützer der Schulleitung und des Lehrerkollegiums. Kontakte mit Migrant/innen werden von Elternvertretern besonders stark vernachlässigt – oft auch von den wenigen Elternvertreter/innen, die selbst einen Migrationshintergrund haben.

Deutsche Eltern, die keinem Elterngremium angehören, haben lediglich ein Mitbestimmungsrecht bei der Schulwahl ihrer Kinder, ein Recht auf Auskunft über deren Lernfortschritte, auf Informationen über die Schulorganisation, über Aufnahme- und Übertrittsverfahren und Lehrpläne sowie das Recht, die Elternvertreterinnen und Elternvertreter zu wählen. Dabei gäbe es eine Fülle von Möglichkeiten, alle Eltern an Entscheidungen des Schulalltags zu beteiligen (im Einzelnen vgl. Sacher 2008a, S. 212 f.). So werden z. B. Eltern von Lehrkräften nur ziemlich selten um Rückmeldungen gebeten, und nur sehr wenige Lehrkräfte sind bereit, Eltern an der Gestaltung ihres Unterrichts mitwirken zu lassen. Die Hälfte wünscht nicht einmal, dass Eltern ihnen helfen.

Zusammenarbeit mit der Gemeinde und der Region

Schulen müssen mit Vertretern und Einrichtungen der Gemeinde und der Region zusammenarbeiten – Arztpraxen, psychologischen Praxen, Erziehungsberatungsstellen, Jobcentern, Gesundheits-, Sozial- und Jugendämtern, Justizbehörden, Polizeidienststellen, kirchlichen Gemeinschaften und Kulturvereinen, Betrieben usw. –, um Schüler, Familien und Lehrkräfte mit zusätzlichen Einrichtungen und erweiterten

Lernangeboten und mit Möglichkeiten der Teilnahme am öffentlichen Leben bekannt zu machen.

Eine solche Kooperation ist unter anderem im Hinblick darauf unerlässlich, dass sich in einer zunehmenden Anzahl von Familien Probleme häufen: ökonomische Notlagen, geringes Bildungsniveau, gescheiterte Partnerbeziehungen, psychosoziale Folgeschäden, Drogenkonsum, Gewaltprobleme und vieles andere mehr. Unter solchen Umständen ist es beinahe zynisch und jedenfalls ineffektiv, sich nur mit Schulproblemen der Kinder zu befassen, die für diese Familien oft nachrangige Bedeutung haben und auch nicht für sich alleine zu lösen sind. Besonders bei Migrant/innen ist die ganzheitliche Inangriffnahme ihrer Probleme oft der entscheidende Faktor für den Schulerfolg ihrer Kinder (López/Scribner/Mahitivanicha 2001, S. 261).

Zugleich sollten Schule und Elternschaft zusammen mit Partnern am Ort und in der Region auch Dienstleistungen für die Gemeinde erbringen und sich für die Allgemeinheit engagieren. Im Idealfall wird die Schule zum Mittelpunkt des Gemeindelebens. Zwar pflegen die meisten deutschen Schulen Kooperationen der einen oder anderen Art – so sind etwa Kooperationen mit Firmen und Betrieben, Sportvereinen, Kirchen und Glaubensgemeinschaften, kulturellen Einrichtungen, Polizei, Feuerwehr, Gemeindeverwaltungen, Einrichtungen der Justiz einer Untersuchung des Deutschen Jugendinstituts zufolge (Behr-Heintze/Lipski 2005, S. 17) ziemlich verbreitet. Weniger gut funktioniert die Zusammenarbeit mit sogenannten »schulunterstützenden Diensten«, d.h. mit Schulpsychologen, Erziehungsberatern, Sozialarbeitern, Horten, Förderzentren, Mediationsstellen oder Schulstationen: 21 Prozent der deutschen Schulen kooperieren mit keinem, 18 Prozent lediglich mit einem einzigen dieser Partner (Behr-Heintze/Lipski 2005, S. 16).

Wie intensiv auch immer solche Kooperationen sind: Die allerwenigsten Schulen betrachten sie als Teil ihrer Elternarbeit, was zur Folge hat, dass die Familien und Elternhäuser dabei außen vor bleiben.

Schlussfolgerungen und Handlungsempfehlungen

Bereits die vorstehenden Ausführungen legen viele Handlungsmöglichkeiten unmittelbar nahe. Hier sollen abschließend nur noch einige generelle Strategien aufgezeigt werden.

Intensivierung der Intragruppenbeziehungen in der Elternschaft

Deutsche Lehrkräfte bemühen sich im Großen und Ganzen nach Kräften um Kinder und Eltern mit Migrationshintergrund. Die größeren Probleme bestehen zwischen Migrant/innen und autochthonen Deutschen. Deshalb muss sich ein Großteil der Bemühungen darauf richten, die Beziehungen der Migrant/innen zu den übrigen Eltern der Klasse und der Schule zu intensivieren. Gemeinsam gefeierte Feste und kulturelle

Veranstaltungen in der Schule (z. B. Schultheater, Schulkonzerte) und in den Wohngebieten der Migrant/innen mit spezifischen kulturellen Beiträgen der Migranteneltern und -kinder sind erste Schritte, bei denen es nicht bleiben darf. Im Extremfall läuft man sonst Gefahr, Migrantenfamilien zu »exotisieren«, statt sie zu integrieren (Schreiner 1996, S. 138). Letztlich muss es auch zu einer Auseinandersetzung mit ihrer aktuellen Situation in Deutschland kommen. Interkulturelle Schulcafés, informelle »Samstags-« oder »Sonntagstreffs«, Familiennachmittage und gemeinsame Ausflüge und Exkursionen können zielführende Wege sein.

Aufsuchende Elternarbeit

Migrant/innen stehen zu Unrecht im Ruf, »schwer erreichbar« zu sein. Die Daten unserer Untersuchungen belegen, dass ähnliche Anteile »schwer erreichbarer« Eltern unter allen Bevölkerungsgruppen, in allen Schichten und in allen Bildungsniveaus zu finden sind. Offenbar sind Lehrkräfte lediglich stärker irritiert, wenn Eltern mit Migrationshintergrund dem Kontakt mit der Schule aus dem Wege gehen. Dabei kann auf den Kontakt mit anderen »schwer erreichbaren« Eltern ebenso wenig verzichtet werden – auch wenn keine Verhaltens- und Leistungsprobleme der Kinder vorliegen. Wenn nicht bereits in alltäglichen Kontakten eine vertrauensvolle Beziehung aufgebaut wurde, dürfte es nämlich sehr schwer sein, Probleme konstruktiv anzugehen, die sich eines Tages vielleicht doch einstellen.

Oft führt der Weg zu »schwer erreichbaren« Eltern über die genauere Analyse ihrer Kontaktbarrieren, die von sehr unterschiedlicher Art sein können. Harris und Goodall (2007) haben sieben solcher Barrieren identifiziert:

→ Am häufigsten ist »Schwererreichbarkeit« darauf zurückzuführen, dass Eltern schlechte Erfahrungen mit der Schule gemacht haben – seien es schlechte Erfahrungen in der eigenen Schul- und Ausbildungszeit oder aktuelle schlechte Erfahrungen mit der Schule des Kindes.

→ Sehr oft ergeben sich praktische Kontakthindernisse aus bestimmten Familiensituationen und Lebenslagen – z.B. aus der Betreuung von Kleinkindern oder anderen Angehörigen, Verpflichtungen am Arbeitsplatz, fehlenden Fahrmöglichkeiten.

→ Nicht selten sehen sich auch Eltern mit unangemessenen Ansprüchen der Schule an ihre Kompetenzen konfrontiert – hinsichtlich ihrer eigenen Kenntnisse in den Unterrichtsfächern, bezüglich Lerntechniken und Lernstrategien, hinsichtlich sozialer und kommunikativer Kompetenzen.

→ Teilweise verhalten sich Lehrkräfte kontakterschwerend – durch allzu überlegenes, distanziertes oder dominantes Auftreten oder durch Schuldzuweisungen an die Eltern.

→ Manchmal ist die »Schwererreichbarkeit« der Eltern auch auf reservierte und ablehnende Einstellungen der Schüler/innen zurückzuführen, die einen allzu engen Kontakt zwischen ihren Eltern und Lehrkräften gar nicht wünschen und zu hintertreiben versuchen.

→ Dazu kommen kontakterschwerende Merkmale der Organisation Schule, vor allem ihre immer noch ausgeprägte Mittelschichtorientierung.
→ Zum Teil liegt tatsächlich ein ausgesprochenes Desinteresse der Eltern an der Schule vor. Mitunter haben Eltern auch den Eindruck, dass die Schule nicht wirklich an Kontakten interessiert ist.

Auf »schwer erreichbare« Eltern muss zugegangen werden, statt nur abzuwarten, ob sie Kontaktmöglichkeiten wahrnehmen. Das heißt, es braucht beispielsweise persönliche Ansprache, Anrufe, individuelle Briefe, E-Mails, SMS, Präsenz an Plätzen und bei Veranstaltungen in ihrem Stadtteil. Eine sehr effektive Form des Aufsuchens ist der leider kaum mehr praktizierte Hausbesuch. Erfolgreich ist aber oft auch schon eine an der Schwelle zur Wohnung ausgesprochene oder übergebene Einladung. Dabei ist entscheidend, dass alle diese Kontaktinitiativen nicht erst problemveranlasst, sondern routinemäßig erfolgen.

Aktivierende Elternarbeit

Es genügt aber nicht, Eltern zu kontaktieren und zu informieren. Sie müssen darüber hinaus aktiv in die Bildungs- und Erziehungsarbeit der Schule eingebunden und angeleitet werden, ihre Kinder auch zu Hause optimal zu fördern. Eltern und andere Familienmitglieder können zu einzelnen Unterrichtsstunden etwas beitragen, deren Themen in ihre Fachkompetenz fallen, Gruppen im binnendifferenzierten Unterricht übernehmen (z. B. als Lese- oder Spielmütter), Förder-, Nachhilfe- oder Hausaufgabengruppen in der Schule betreuen, in Projekten und Arbeitsgemeinschaften mitarbeiten oder solche auch leiten. Andererseits sollten Eltern ihren Kindern ein warmes und unterstützendes Zuhause organisieren, für eine klare und förderliche Strukturierung des Familienalltags sorgen, den Kindern Mitverantwortung in der Familie übertragen, außerschulische Aktivitäten der Kinder organisieren und überwachen, eine Lese-, Schreib- und Diskussionskultur in der Familie entwickeln und pflegen, hohe, aber realistische Leistungserwartungen gegenüber den Kindern zum Ausdruck bringen und ihre schulischen Fortschritte mit Interesse und Wohlwollen verfolgen. Einer Hausaufgabenhilfe der Eltern kommt in diesem Zusammenhang nur eine sehr nachgeordnete Bedeutung zu. Bei alledem aber sollten die Lehrkräfte den Eltern beratend zur Seite stehen oder sie zumindest auf Unterstützungsangebote verweisen.

Netzwerkarbeit

Insbesondere bei der Elternarbeit mit Migrant/innen müssen sich Lehrkräfte häufig mit anderen Professionals und Institutionen vernetzen, um auf die oftmals komplexen Problemlagen der Familien umfassend eingehen zu können. Für deutsche Schulen – insbesondere für staatliche Halbtagsschulen – ist die Forderung einer so weit gespannten Kooperation eine große Herausforderung. Als eine erste Maßnahme in dieser Richtung sollte es wenigstens möglich sein, ein Verzeichnis etwa von Psychologen, Kinderärzten, Psychiatern, Ansprechpartnern in Jugend- und Sozialämtern, Arbeitsagenturen, Erziehungsberatungsstellen, kirchlichen Gemeinschaften anzulegen, an welche guten Gewissens weiterverwiesen werden kann. Eine solche Dokumentation bewährter und erprobter Kontakte käme auch neuen Kolleginnen und Kollegen sehr zugute, die sich in der Region erst orientieren.

Andererseits sollten Lehrkräfte ihre Bemühungen nicht nur auf Sorge- und Erziehungsberechtigte beschränken, sondern auch weitere Partner aus den Familien und aus ihrem Umkreis einbeziehen – Großeltern, Onkel und Tanten, Cousins und Cousinen, Freunde und Nachbarn. In türkischen Familien z. B. spielen häufig ältere Brüder und Schwestern eine zentrale Rolle bei der Erziehung ihrer jüngeren Geschwister. Darüber hinaus sollten Eltern in Netzwerke von Elternbetreuern, Aktiveltern, Bildungslotsen, Elternmentoren, Nachbarschafts- und Stadtteilgruppen, Institutionen, Organisationen und weiteren Professionals eingebunden werden.

Elternarbeit als Schulentwicklungsaufgabe

Der Erfolg von Elternarbeit hängt entscheidend davon ab, dass den einzelnen Maßnahmen ein wohlüberlegtes Konzept zugrunde liegt. Guter Wille und selbst massiver Krafteinsatz allein genügen nicht. Aussichtsreicher ist es, zunächst ein Leitungsteam zu bilden, dann den Handlungsbedarf zu diagnostizieren, einen längerfristigen Plan auszuarbeiten und gegebenenfalls mit dem Schulprogramm abzustimmen, der alle Bereiche der Elternarbeit berücksichtigt (wenn auch nicht gleichzeitig bearbeitet!), Fortbildungsmöglichkeiten für das Kollegium zu organisieren, regelmäßige Evaluationen der Initiativen durchzuführen (am besten durch das Organisationsteam selbst) und sich der Unterstützung der Schuladministration, der Öffentlichkeit und einflussreicher Persönlichkeiten zu versichern, um auch erforderliche Rahmenbedingungen und Ressourcen zu erhalten. Ohne uneingeschränkte Unterstützung der Schulleitung und ohne Identifikation des gesamten Kollegiums mit dieser Schulentwicklungsaufgabe wird all dies kaum zu bewerkstelligen sein.

Literatur

Autorengruppe Bildungsberichterstattung (2008): Bildung in Deutschland 2008. Ein indikatorengestützter Bericht mit einer Analyse zu Übergängen im Anschluss an den Sekundarbereich I. Bielefeld: Bertelsmann [Zitiert »Bildungsbericht 2008«] http://www.bildungsbericht.de/zeigen.html?seite=6153 (Abruf am 21.6.2011).

Behr-Heintze, A./Lipski, J. (2005): Schulkooperationen. Stand und Perspektiven der Zusammenarbeit zwischen Schulen und ihren Partnern. Schwalbach: Wochenschau-Verlag.

Boethel, M. (2003): Diversity and School, Family, and Community Connections. Southwest Educational Development Laboratory. Annual Synthesis 2003. Austin. http://www.sedl.org/connections/resources/diversity-synthesis.pdf (Abruf am 22.05.07).

Boudon, R. (1974): Education, Opportunity, and Social Inequality. Changing Prospects in Western Society. New York: Wiley.
Eurydice/Education Information Network in the European Community (1997): Elternmitwirkung in den Bildungssystemen der Europäischen Union. Unter Einbeziehung der EFTA/EWR-Staaten. Brüssel: Europäische Informationsstelle von Eurydice.
Friedrich, L./Siegert, M./unter Mitarbeit von Schuller, K. (2009): Förderung des Bildungserfolgs von Migranten: Effekte familienorientierter Projekte. Nürnberg: Bundesamt für Migration und Flüchtlinge. (Working Paper 24 der Forschungsgruppe des Bundesamtes für Migration und Flüchtlinge) http://www.bamf.de/nn_444062/SharedDocs/Anlagen/DE/Migration/Publikationen/Forschung/WorkingPapers/wp24-f_C3_B6rderung-bildungserfolge.html (Abruf am 21.6.2011).
Harris, A./Goodall, J. (2007): Engaging Parents in Raising Achievement. Do Parents Know They Matter? University of Warwick. http://www.dcsf.gov.uk/research/data/uploadfiles/DCSF-RW004.pdf (Abruf am 21.6.2011).
Henderson, A. T./Mapp, K. L. (2002): A New Wave Of Evidence: The Impact Of School, Family And Community Connections On Student Achievement. CL, Austin. http://www.sedl.org/connections/research-syntheses.htm (Abruf am 21.6.2011).
Henderson, A. T./Johnson, V./Mapp, K. L./Davies, D. (2007): Beyond the Bake Sale: The Essential Guide to Family/School Partnerships. New York.
Krumm, V. (2003): Erziehungsverträge – ein Blick über die Grenzen. http://www.ziehen-eltern.de/texte/Krumm.pdf (Abruf am 02. 02. 2007).
Lanfranchi, A. (2001): Schulerfolg durch Kooperation zwischen Migrationseltern und Schule. In: Rüegg, S. (Hrsg.): Elternmitarbeit in der Schule. Erwartungen, Probleme, Chancen. Bern, Stuttgart, Wien: Haupt, S. 23–34.
López, G. R./Scribner, J. D./Mahitivanicha, K. (2001): Redefining parental involvement: Lessons from high-performing migrant-impacted schools. In: American Educational Research Journal 38 (2), S. 253–288.
Mohrhart, D. (1980): Elternmitwirkung, Mitverwaltung oder Miterziehung? In: Aus Politik und Zeitgeschichte. Beilage zur Wochenzeitung »Das Parlament« 47, S. 3–22.
Neuenschwander, M. P./Balmer, T./Gasser, A./Goltz, S./Hirt, U./Ryser, H./Wartenweiler, H. (2004): Forschung und Entwicklung. Eltern, Lehrpersonen und Schülerleistungen. Schlussbericht. Bern: Institut Lehrerinnen- und Lehrerbildung.
OECD Organisation for Economic Cooperation and Development (2001): Lernen für das Leben. Erste Ergebnisse der internationalen Schulleistungsstudie PISA 2000. Paris: OECD.
PTA/National Parent Teacher Association (1997): National Standards for Parent Family Involvement Programs. Chicago. [http://www.ptasonline.org/kspta/national_standards.pdf (Abruf am 21.6.2011).
PTA/Parent Teacher Association (2008): National Standards for Family-School Partnerships Assessment Guide. Chicago http://www.pta.org/Documents/National_Standards_Assessment_Guide.pdf (Abruf am 21.6.2011).
Saad, H./Leumer, W. (1997): Lernen, in einer multikulturellen Gesellschaft zu leben: Der Bezug Elternhaus-Schule, Leicester. National Institute of Adult Continuing Education.
Sacher, W. (2004): Elternarbeit in den bayerischen Schulen. Repräsentativ-Befragung zur Elternarbeit im Sommer 2004. Nürnberg: Lehrstuhl für Schulpädagogik. (SUN Schulpädagogische Untersuchungen Nürnberg, Nr. 23).
Sacher, W. (2005): Erfolgreiche und misslingende Elternarbeit. Ursachen und Handlungsmöglichkeiten. Erarbeitet auf der Grundlage der Repräsentativbefragung an bayerischen Schulen im Sommer 2004. Nürnberg: Lehrstuhl für Schulpädagogik (SUN Nürnberger Schulpädagogische Untersuchungen, Nr. 24).
Sacher, W. (2008a): Elternarbeit. Gestaltungsmöglichkeiten und Grundlagen für alle Schularten. Bad Heilbrunn: Klinkhardt.

Sacher, W. (2008b): Schüler als vernachlässigte Partner der Elternarbeit. Nürnberg: Lehrstuhl für Schulpädagogik. (SUN Nürnberger Schulpädagogische Untersuchungen, Nr. 29).

Schreiner, M. (1996): Zusammenarbeit mit ausländischen Eltern. In: Schulverwaltung. Ausgabe Bayern, 19, 4, S. 138–140.

Svecnik, E.; Stanzel-Tischler, E. (1995): Zur Evaluation der Schulversuche »Neue Mittelschule – Schulverbund Graz-West« und »Realschule« in der Steiermark. Graz: Zentrum für Schulentwicklung, Abt. II Evaluation und Schulforschung.

Svecnik, E. (Red.) (2002): Monitoring zur Schuldemokratie. Ergebnisse einer Befragung von Eltern- und Schülervertretern im Schuljahr 2000/2001. Graz: Zentrum für Schulentwicklung, Abt. II Evaluation und Schulforschung.

Witjes, W./Zimmermann, P. (2000): Elternmitwirkung in der Schule - Eine Bestandsaufnahme in fünf Bundesländern. In: Jahrbuch der Schulentwicklung, Band 11, Weinheim und Basel: Beltz, S. 221–256.

Haci-Halil Uslucan

Islam in der Schule: Ängste, Erwartungen und Effekte

Einführung

Die Diskussion um den Islam ist längst kein theologisches Thema mehr, sondern vielfach ein politisches und ein pädagogisches. So mehren sich seit einigen Jahren in der Öffentlichkeit Stimmen, die von bedrohlichen und wachsenden Islamisierungstendenzen in der deutschen Gesellschaft bzw. von einer »islamischen Unterwanderung« sprechen. Kommen jedoch Muslime als Akteure selbst zu Wort, so berichten diese ihrerseits von zunehmend stärker gewordenen islamophoben Einstellungen und Haltungen, von Ablehnungserfahrungen sowie offenen wie subtilen Diskriminierungen. Für einige dieser Positionen gibt es auch empirisch gesichertes Material; andere lassen sich eher rekonstruktiv ableiten.

Aus einer psychologischen Perspektive, die menschliches Handeln als eine Interaktion zwischen der Person und ihrer materiellen wie sozialen Umwelt deutet, scheinen sich beide Positionen nicht auszuschließen, sondern gleichermaßen wahr sein zu können. Denkbar ist, dass Muslime sich, aus einer wahrgenommenen Ablehnung heraus, stärker zurückziehen, sich eher in eigenkulturellen Netzwerken engagieren und religiöse Verhaltensweisen zeigen und somit zu einer ungewollten Distanzmaximierung zwischen ihnen und den Vertretern der Mehrheitsgesellschaft beitragen. Dieser Rückzug kann dann jedoch zu einer erhöhten Fremdheitswahrnehmung und weiterer Ablehnung führen.

Doch bleibt die Frage, wie sich eine Islamisierung oder Reislamisierung der bundesrepublikanischen Gesellschaft – jenseits von Bauchgefühlen und sporadischer unsystematischer Alltagsbeobachtung – belegen ließe? Wie müsste die empirische Datenlage aussehen, um hier einigermaßen fundierte Urteile zu fällen?

Denkbar – für den Beleg einer stärkeren Islamisierung der Gesellschaft – sind unter anderen folgende Überlegungen:
1. Demografisches Argument: Um eine Islamisierung in den letzten Jahren zu belegen, ließen sich der zahlenmäßige Anstieg der Muslime sowie ihr Anteil in der Bevölkerung heranziehen. So sind beispielsweise lange Zeit die Zahl der Muslime und folgerichtig auch ihr Anteil an der Gesamtbevölkerung unterschätzt worden. Die jüngste, im Auftrag der »Deutschen Islam Konferenz« erstellte Studie (Bun-

desamt für Migration und Flüchtlinge 2009) zeigt, dass gegenwärtig zwischen 3,8 und 4,3 Millionen Muslime in Deutschland leben und damit rund eine Million mehr als lange Zeit angenommen. Kann das jedoch als eine Islamisierung hinreichen? Natürlich spricht allein eine zahlenmäßige Zunahme noch keineswegs für eine »Islamisierung« der Gesellschaft. Denn zu bedenken ist, dass die Bevölkerung mit Migrationshintergrund (und natürlich auch muslimische Migrant/innen, von denen rund zwei Millionen einen ausländischen Pass haben und die anderen zwei Millionen eingebürgert sind) deutlich jünger und kinderreicher ist als Einheimische und die Zunahme einfach nur eine Folge dieses demografischen Anstiegs bedeutet. Gleichzeitig ist eine höhere Mortalität der Einheimischen aufgrund des höheren Anteils in der ältesten Gruppe der Bevölkerung zu verzeichnen. Stärkere gesellschaftliche Präsenz und Wahrnehmung des Islam ist vor diesem Hintergrund zunächst noch kein (radikaler) Einstellungswandel in der Gesellschaft. Um eine Islamisierung oder Reislamisierung methodisch sauber belegen zu können, bräuchten wir Längsschnittstudien mit einer Kontrollgruppe (muslimische Migrant/innen vs. Einheimische), die von der Stichprobenzusammensetzung, was Merkmale wie Bildungsstand, Schicht oder Geschlecht betrifft, ähnlich zusammengesetzt sind. Darin müsste sich zum einen zeigen, dass die religiösen Orientierungen der Muslime mit der Zeit deutlich stärker anwachsen als die der Kontrollgruppe, und es müsste sich zeigen, dass aus ehemals eher liberalen oder religionsindifferenten Personen mit einem muslimischen familialen Hintergrund allmählich gläubige bzw. stark gläubige Personen werden. Und um die eventuelle stärkere Neigung zu Religiosität der (muslimischen) Migrantengruppe nicht als migrations- bzw. minderheitenspezifische Verhaltensweisen zu deuten (Konservierungstendenz eigenkultureller/religiöser Inhalte in der Minderheitensituation), müssten diese darüber hinaus auch mit Gruppen bzw. Entwicklungen in den Herkunftsländern verglichen werden; d.h. eine stärkere Islamisierung müsste auch in den Herkunftsländern der Muslime zu beobachten sein.

2. Ferner ist denkbar, dass die Beobachtung einer stärkeren Islamisierung auch der wachsenden Einflussnahme und des gewachsenen Selbstbewusstseins von muslimischen Migrant/innen in den Aufnahmeländern geschuldet ist; d.h. die religiösen Neigungen bestanden möglicherweise auch bei der Ankunft, wurden jedoch aufgrund der zu Beginn der Migration geringen rechtlich-politischen und sozialen Einflussnahme sowie des geringen Organisationsgrades von Muslimen eher unterdrückt. Das gegenwärtig eher offensive Eintreten für die eigene Religion ist insofern ein Zeichen, dass dieses Land nun auch zur eigenen Heimat geworden ist und deshalb Rechte gefordert werden, die lange eher als ein Privileg der Einheimischen betrachtet wurden, so etwa die Forderungen nach der Einführung eines islamischen Religionsunterrichts.

3. Als eine weitere Erklärung für das Gefühl einer stärkeren Islamisierung der Gesellschaft kann der – in der gesamten Welt zu beobachtende psychologische Vorgang des »Alterskonservatismus« herangezogen werden: Das heißt, Migrant/innen aus islamischen Herkunftsländern, denen lange Zeit religiöse Bindungen im Leben

nicht wichtig waren, akzentuieren mit fortschreitendem Alter (wie übrigens andere Menschen auch) stärker die religiöse Dimension ihrer Identität und erlangen dadurch eine stärkere gesellschaftliche Sichtbarkeit.

Diese kurzen Ausführungen zeigen, wie schwierig es ist, methodisch die These der Islamisierung oder Reislamisierung der Gesellschaft auf empirisch gesicherter Basis zu diskutieren. Dennoch lassen sich in der Literatur, ohne jeweils das Konstrukt der Reislamisierung selbst zu hinterfragen, folgende Deutungen und Erklärungen finden:
1. Reaktionshypothese: Hier wird Reislamisierung verstanden als ein direkter Reflex auf die Ausgrenzungstendenzen und verweigerte Identitätsangebote in der Mehrheitsgesellschaft (Heitmeyer/Müller/Schröder 1997). Diese Lücke werde von muslimischen Immigrant/innen durch eine kosmopolitisch-religiöse Identität gefüllt, die zugleich die Grenzen einer ethnisch definierten Identität (z. B. das Selbstverständnis als »Türke«) überschreite.
2. Modernisierungshypothese: Reislamisierung wird als eine Folge der Erosion der sozialen Zusammenhänge im kapitalistischen Modernisierungsprozess verstanden; sie stellt dann vielmehr eine Suche nach neuen Verbindlichkeiten, Gewissheiten und Sinnzusammenhängen dar.
3. Geopolitische Hypothese: Hier wird Reislamisierung in einen größeren politischen und transnationalen Kontext gestellt und auf die wachsende Bedeutung islamischer Staaten in der Welt zurückgeführt. Diese seien nun bestrebt, ihren ideologischen und religiösen Einfluss in Europa bzw. in Deutschland durch finanzielle und propagandistische Mittel geltend zu machen (Meyer/Weil 2000).

Islam im pädagogischen Alltag

Trotz der erwähnten methodischen Bedenken lässt sich aus einer psychologischen Perspektive die Frage stellen, welche Folgen die angenommene Islamisierung insbesondere in der Erziehung von Kindern hat. Dabei ist zunächst die lebensweltliche Situation von Migrant/innen mit muslimischem Hintergrund zu skizzieren. Festzuhalten ist, dass von gegenwärtigen Verunsicherungen, Ambivalenzen und Desintegrationserfahrungen Migrant/innen deutlich stärker betroffen sind als Einheimische. Damit sind sowohl die materielle Ressourcendeprivation wie höhere Arbeitslosigkeits- und Armutsraten, aber auch normative Verunsicherungen gemeint. Die pluralen Lebensentwürfe, der stärkere Individualisierungsschub führen insbesondere bei Menschen, die aus eher homogenen kulturellen Umwelten stammen, wo die Gewissheiten des Alltags stärker verbürgt sind, zu Verunsicherung und einer Wahrnehmung der deutschen Gesellschaft als ungeordnet. Die das soziale Leben leitenden Werte und Regeln scheinen für sie eher diffus und undurchsichtig zu sein. So meinten beispielsweise in einer eigenen früheren Studie (Uslucan 2005) zwischen 60 bis 80 Prozent aller befragten Türkeistämmigen, das soziale Leben in Deutschland sei für sie undurchschaubar, außerhalb ihrer persönlichen Kontrolle und eine Quelle von Verunsicherung. Insbesondere die Zustimmung zum Ausmaß des »moralischen Verfalls« in Deutschland war mit fast 80 Prozent recht hoch. In diesem Kontext hat Religion bzw. die Orientierung am Islam eine große Ordnungsfunktion: Er gibt ihnen klare Regeln und Orientierung und reduziert ein wenig die Komplexität des Alltags. Diese Schutz- und Orientierungsfunktion hatte der Islam insbesondere im Leben vieler türkischer Migrant/innen der ersten Generation, die – in räumlich geschlossenen Kontexten lebend – durch Errichtung von Gebetsstätten sowohl Orte sozialen Kontaktes als auch spiritueller Seelsorge um die Religion herum schufen (Akbulut 2003).

Gerade in einer Minderheitenposition bekommt der Islam – unter anderem auch bedingt durch erlittene Kränkungen und Entwertungen – eine Überhöhung und wird stärker identitätsrelevant als in der Herkunftskultur: Viele Migrant/innen aus islamischen Ländern erleben in der Fremde die Religion bewusster; das, was bislang voraussetzungslos und unreflektiert Teil und Tradition einer die unmittelbare Gemeinschaft betreffenden Gruppe war, wird in der Situation der auffälligen Minderheit reflexiv. Insofern erscheint Religiosität, auch wenn sie aus einer Situation der »geistigen Obdachlosigkeit« heraus erfolgt, nunmehr als eine frei gewählte und nicht nur von der sozialen Mitwelt getragene Option. Diese Formen der bewussten Rückwendung sind jedoch nicht islam-, sondern vielmehr migrationsspezifisch, d. h. sie betreffen auch andere Migrant/innen in anderen Teilen der Welt.

Besonders durch den Familiennachzug stellt sich für viele (muslimische) Migranten die Frage der Weitergabe der eigenen Tradition und Religion an die nachwachsende Generation, dies umso mehr, je stärker sich die Familien in der Fremde bedroht erleben, Rückzugstendenzen in eigene kulturelle Muster zeigen und ein deutlicheres Abgrenzungsbedürfnis erleben. Dabei werden durch die stärkere religiöse Orientierung der Erziehung der Kinder auch eine Rückbindung und ein Verstehen der Lebenswelt der Eltern gewährleistet, und den Kindern wird eine Möglichkeit der intellektuellen Auseinandersetzung mit der eigenen Tradition geschaffen. Während eine religiöse Sozialisation in den islamischen Ländern vielfach vom Kontext unterstützt sowie zum Teil unreflektiert als eine Alltagsgewissheit übernommen wird und durch die umgebende Gesellschaft eine Koedukation erfolgt, ist davon auszugehen, dass in der Migrationssituation – dort, wo der bestätigende und unterstützende Kontext entfällt – eine gezielte islamische Erziehung erfolgt (Schiffauer 1991). Durch einen Rückzug in eigenkulturelle und eigenreligiöse Kontexte machen Muslime dann die Erfahrung der Zugehörigkeit zur Umma, zu einer religiös qualifizierten Gemeinschaft.

Folgerichtig wird in diesem Kontext, in dieser religiös verstandenen Gemeinschaft – jenseits von Integrationsgedanken – die eigene Identität unter seinesgleichen bewahrt und bestärkt. Praktizierte Religiosität kann dann auch als ein Schutz vor einer Identitätskrise fungieren. Moscheen beispielsweise können als ein »Umschlagplatz des Alltagswissens« zum einen Muslimen bei der praktischen Bewältigung des Alltags helfen sowie zum anderen ein Ort sein, an dem soziale Netze geknüpft, das Sozialkapital des Einzelnen gestärkt und somit die Binnenintegration gefestigt wird. Die Erfahrung der Zugehörigkeit zur Umma (Gemeinschaft) ist insbesondere dann von Bedeutung, wenn der Alltag den Muslimen Vorurteile und Ausgrenzungen bereitet bzw. Unterlegenheitsgefühle produziert. Dann kann eine Reaktion auf wahrgenommene Bedrohung der Identität in der Steigerung des Selbstwerts, in der positiveren Bewertung der eigenen Gruppe liegen.

In der Untersuchung von Heitmeyer/Müller/Schröder (1997) berichteten beispielsweise zwischen 34 Prozent und 39 Prozent der befragten Jugendlichen von Diskriminierungserfahrungen in Deutschland; rund zwei Drittel der Befragten bekundeten, der Islam bzw. die Zugehörigkeit zum muslimischen Religionskreis stärke ihr Selbstvertrauen. Auch Studien zu Konversionserfahrungen zeigen, dass sich eine neue Religiosität vielfach als eine Bewältigungsstrategie bzw. als Überwindung einer Identitätskrise deuten lässt (Bucher 2005).

Mit Blick auf die Erfahrungen der Sinnhaftigkeit des eigenen Lebens können Formen religiöser Überzeugungen auch im Leben von Risikokindern (in diesem speziellen Fall von Migrantenkindern) auch als ein Schutzfaktor betrachtet werden (King/Furrow 2004). Sie geben ihnen ein Gefühl, dass ihr Leben einen Sinn und eine Bedeutung hat, vermitteln die Überzeugung, dass sich die Dinge trotz Not und Schmerz am Ende zum Guten wenden können. Religiosität von Migrantenkindern in Bildungseinrichtungen ist daher nicht von vornherein argwöhnend oder irritiert zu registrieren.

Islamischer Religionsunterricht in Grundschulen

Zunächst ist daran zu erinnern, dass Schule der exemplarische Ort ist, an dem sich Schüler/innen verschiedener kultureller und religiöser Bezüge begegnen; sie ist der Ort, in dem das multikulturelle und multireligiöse Zusammenleben am besten und tagtäglich eingeübt werden kann. Daher stellt sie par excellence das Feld gelingender oder misslingender Integration dar. Der Übergang vom Elternhaus zur Schule bzw. der Schuleintritt stellt für Kinder ein kritisches Lebensereignis dar. Dabei stehen Schülerinnen und Schüler mit Migrationshintergrund vor der besonderen Herausforderung, das doppelte Verhältnis, einerseits zur eigenen Ethnie, andererseits zur Aufnahmegesellschaft, eigenaktiv gestalten zu müssen. Hierbei lassen sich kulturpsychologischen Forschungen folgend in idealisierter Form vier Optionen unterscheiden, wie dieses Verhältnis gestaltet werden kann: Integration, Assimilation, Separation und Marginalisierung (Bourhis et al. 1997). Bei den Orientierungen »Integration« und »Assimilation« sind die Handlungsoptionen stärker auf die aufnehmende Gesellschaft bezogen, wobei Integration zugleich Bezüge zur Herkunftskultur bzw. zur eigenen Ethnie stärker berücksichtigt. Separation hingegen ist durch eine stärkere Abgrenzung zur aufnehmenden Gesellschaft bei gleichzeitiger Hinwendung zur eigenen Ethnie gekennzeichnet. Schließlich bezeichnet Marginalisierung eine Abgrenzung sowohl von dem eigenen ethnischen Hintergrund als auch eine Ablehnung von Beziehungen zur Mehrheitsgesellschaft. Auf die empirische Umsetzung bzw. die Orientierungen der Schüler/innen entlang diesem theoretischen Rahmen wird bei den empirischen Ergebnissen der wissenschaftlichen Begleitung des Modellversuchs in Niedersachsen eingegangen.

Zunächst sollen jedoch einige Argumente für einen solchen Unterricht sowie auch kritische Anmerkungen zu einem Religionsunterricht bzw. religiöser Erziehung vorgestellt werden:
1. Muslimische Schülerinnen und Schüler könnten sich gleichberechtigt bzw. auf gleicher Augenhöhe mit den evangelischen oder katholischen Schüler/innen fühlen; sie werden nicht ausgegrenzt, sondern haben auch Religionsunterricht, wenn die anderen Religionsunterricht haben.
2. Sie können durch diesen Unterricht auch eine religiöse Mündigkeit bekommen und die eigene Religion in interreligiösen Diskussionen offen vortragen.
3. Dadurch erfahren auch deutsche Schüler/innen mehr von ihren muslimischen Mitschüler/innen und können Vorurteile bezüglich des Islam abbauen.
4. Muslimische Kinder mit verschiedenen herkunftskulturellen Bezügen, so etwa bosnische, afghanische, tunesische oder türkische, machen im islamischen Religionsunterricht die Erfahrung der Vielfalt innerhalb des Islam und können über diese Irritationen noch stärker in einen Dialog über ihr eigenes Islamverständnis (z. B. türkische vs. afghanische) treten (Mohr 2010).
5. Durch die schulische Anknüpfung an die religiöse Orientierung der Eltern werden für die Schüler/innen zugleich auch eine Rückbindung und ein Verstehen der Lebenswelt der Eltern gewährleistet und eine Möglichkeit der intellektuellen Auseinandersetzung mit der eigenen Tradition geschaffen.
6. Bei einer Gestaltung des Religionsunterrichts auf Deutsch könnten Schüler/innen mit muslimischem Hintergrund als Nebeneffekt eine weitere Förderung ihrer Deutschkompetenzen bekommen.

Nicht zuletzt ist daran zu erinnern, dass mit diesem Schritt, der Einführung eines islamischen Religionsunterricht den rund vier Millionen Muslimen eine im Artikel 3 des Grundgesetzes garantierte, aber bislang vorenthaltene, Gleichbehandlung nunmehr gewährt wird.

Unbestritten ist, dass den Gefahren einer stärkeren Segregation der muslimischen Kinder vorgebeugt werden kann, wenn die religiöse Unterweisung in der Schule (und nicht in Hinterhofmoscheen) stattfindet sowie in deutscher Sprache erteilt wird. Dadurch wird – neben einer stärkeren Beheimatung des Islam in Deutschland – auch eine deutlichere Transparenz der Lehrinhalte geschaffen und eine angemessene Qualifizierung der Lehrkräfte in den Mittelpunkt gerückt. Ferner können durch diese Implementierung in den Schulalltag eventuelle Indoktrinationen anderer religiöser Einrichtungen mit eindeutigen Segregationstendenzen, in denen versucht wird, muslimische Kinder von Einflüssen der deutschen Gesellschaft und demokratischer Prinzipien fernzuhalten, abgewehrt werden. Allerdings wäre es ein unberechtigter Optimismus, die erwarteten Wirkungen lediglich positiv zu formulieren. Islamischer Religionsunterricht vermag vielleicht kulturelle Konflikte abzufedern; er kann sie aber auch verschärfen bzw. bewusst werden lassen, worauf der Entwicklungspsychologe Oerter (2010) hinweist.

Lehrkräfte und Lehrmaterialien

Was die transparente und angemessene Qualifizierung der Lehrkräfte betrifft, so ist die Forderung nach einer Ausbildung an deutschen Universitäten im Fach »Islamische Theologie« bislang noch nicht vollends in Wirkung getreten. Zwar wird an der Westfälischen Wilhelms-Universität Münster seit dem Wintersemester 2004/2005 das Fach »Islamische Theologie« unterrichtet, hat jedoch aufgrund der jungen Installierung des Faches bislang noch keine Absolventen. Perspektivisch betrachtet, könnte dieses Problem in den nächsten Jahren gelöst werden, wenn die ersten Lehrer/innen ihre Examen bestanden haben. Auch die Universität Osnabrück hat im Wintersemester 2007/2008 begonnen, islamische Lehrkräfte auszubilden, und führt seit 2011 eine Fortbildung der Imame durch. Ebenfalls bietet die Universität Nürnberg-Erlangen seit einigen Jahren ein Graduiertenkolleg, um Nachwuchswissenschaftler in der islamischen Theologie auszubilden.

Als wesentliche Kritik an dem bisherigen Islamunterricht ist die geringe Vielfalt des deutschsprachigen didaktischen Lehrmaterials festzuhalten; und auch das wenige verfügbare ist erst in den letzten Jahren ansatzweise entwickelt worden, so etwa das Schulbuch »Saphir 5/6« von Kaddor/Müller/Behr (2008) oder auch die Studie von Bartsch (2009) sowie einige ausführlichere Beiträge von Ucar (2008).

Die Anforderungen an eine islamische Fachdidaktik sieht Ucar (2008) in der Erfüllung folgender Aufgaben: Sie soll einen theoretischen Rahmen leisten, um das theologische Wissen auf den Unterricht abzubilden; und sie soll das theologische Wissen so aufbereiten, dass Schüler/innen in ihrer individuellen Situation sich diese auch zu eigen machen können.

Die bisherige Praxis der Organisationen dieses Unterrichts

Hierzu gibt es bereits einige erste Zusammenstellungen, die aber verdeutlichen, dass – neben dem einheitlichen zeitlichen Umfang von zwei bis drei Unterrichtsstunden in der Woche – keine bundesweit einheitlichen Standards zu beobachten sind. Exemplarisch für diese Unterschiedlichkeit seien folgende Regelungen in Nordrhein-Westfalen, Baden-Württemberg, Bayern und Niedersachsen genannt:

In Nordrhein-Westfalen wird seit 1999 im Modellversuch »Islamkunde« unterrichtet; ab dem Schuljahr 2012/13 soll dagegen flächendeckend für die rund 320 000 Schüler/innen mit muslimischem Hintergrund ein bekenntnisorientierter islamischer Religionsunterricht durchgeführt werden. Bereits seit 1986 gab es die Überlegungen, wie über eine religiöse Unterweisung für Schüler/innen islamischen Glaubens ihre islamische Identität in einer nicht muslimischen Umwelt gestärkt werden kann, wobei zunächst diese Unterweisung muttersprachlich erfolgte (für ausführliche Darlegungen vgl. Mohr/Kiefer 2009).

In Baden-Württemberg wird der Unterricht seit 2006 an 12 Grundschulen erteilt und am Ende des Schuljahres evaluiert. Dabei werden die Schüler/innen, Eltern und die Lehrkräfte befragt. Einheitlich zeigen hier die Ergebnisse eine große Zufriedenheit, und als ein besonderer »Mehrwert« des islamischen Religionsunterrichts wird das interreligiöse Lernen, die Kenntnis religionsspezifischer Begrifflichkeit und Namen (so etwa, dass Isa und Jesus dieselbe Person meinen) und dadurch die Möglichkeit der Kommunikation über Religion mit den anderen, nicht muslimischen Schulkameraden angeführt (Müller 2010b).

Der islamische Religionsunterricht in Bayern hat eine lange Tradition; bereits 1986 hat es »Islamkunde/islamische religiöse Unterweisung in türkischer Sprache« (ISUT) gegeben; dann ab 2001 »islamische religiöse Unterweisung in deutscher Sprache«, und seit 2003 gibt es den Modellversuch »Islamunterricht« (Müller 2010). Während sich die ersten Formen (ISUT) noch an Lehrplänen aus der Türkei orientierten und von aus der Türkei entsandten Lehrkräften erteilt wurden, also weniger eine integrationsorientierte, sondern stärker eine rückkehrorientierte Perspektive boten, ist das Fach ab 2001 von türkischen Lehrkräften mit guten Deutschkenntnissen und entsprechender Nachqualifizierung auf Deutsch erteilt worden. Deutlich wird hier jedoch, dass auch dieser Unterricht nicht alle Muslime, sondern spezifisch die Türkeistämmigen im Blick hat. Abhilfe sollte hier mit dem ab 2003 errichteten Modellversuch »Islamunterricht« geschaffen werden, der alle Muslime erreichen sollte. Durch die Entkopplung des Islamunterrichts von der türkischen Sprache wird den Schüler/innen indirekt auch die Differenz von Religion und Nation bzw. Sprache des Islam und Sprache eines spezifischen Volkes nahegebracht und die Disparität zwischen sprachlicher und religiöser Identität verdeutlicht. Als Voraussetzung für die Einrichtung dieses zwei- bis dreistündigen, in der regulären Unterrichtszeit stattfindenden Unterrichts werden die Existenz eines Elternvereines als Ansprechpartners, die persönliche schriftliche Anmeldung des Kindes durch seine Eltern sowie eine Mindestanzahl von 12 Schüler/innen genannt.

Der Lehrplan für die Jahrgangsstufen 1 bis 4 ist um folgende acht Themen gruppiert:
→ das Zusammenleben mit anderen Menschen
→ zentrale Themen der Religion wie Gott, Sinn des Lebens, Schöpfung oder Natur
→ Praxis des rituellen und freien Betens
→ zentrale Bereiche des muslimisch-religiösen Handelns
→ die Bedeutung Mohammeds in historischer und religiöser Hinsicht
→ Hinführung an ausgewählte Suren des Koran
→ Hinführung an ausgewählte Prophetenerzählungen aus dem Koran
→ wesentliche Inhalte anderer Religionen und das Zusammenleben mit ihren Angehörigen (vgl. Lehrplan für die Jahrgangsstufe 1 bis 4; online abrufbar: http://www.isb.bayern.de/isb/download)

Die Evaluation auch dieses Unterrichts hat sowohl seitens der Schüler/innen, der Eltern, aber auch der Schul- wie Klassenleitungen weitestgehend positive und zufriedenstellende Ergebnisse gezeitigt und die Integration muslimischer Schüler/innen und Familien in das Schulleben gefördert.

Die expliziten Zielsetzungen des islamischen Religionsunterrichts in Niedersachsen lassen sich aus den rechtlichen Grundlagen des Schulversuches, dem Bildungsauftrag der Schule (§ 2 Niedersächsisches Schulgesetz) und den damit verbundenen Aufgaben des islamischen Religionsunterrichts ableiten:

> Als Ziele stehen – exemplarisch – folgende im Fokus:
> 1. Die Schülerinnen und Schüler sollen mit diesem Unterricht befähigt werden, die Grundrechte sowohl für sich als auch für jeden anderen wirksam werden zu lassen.
> 2. Die Schülerinnen und Schüler sollen nach ethischen Grundsätzen handeln und religiöse wie kulturelle Werte erkennen bzw. anerkennen.
> 3. Die Schülerinnen und Schüler sollen ihre Beziehungen zu anderen Menschen den Grundsätzen der Gerechtigkeit, Solidarität und Toleranz wie der Gleichberechtigung der Geschlechter entsprechend gestalten.
> 4. Bildung der Schülerinnen und Schüler über islamische Glaubensinhalte, wie sie insbesondere im Koran und in der prophetischen Tradition zum Ausdruck gebracht werden.
> 5. Altersgemäße Auseinandersetzung mit dem Glauben und Befähigung zu mündigen Glaubensentscheidungen und einsichtigem eigenverantwortlichem Verhalten.
> 6. Beitrag zur Persönlichkeitsbildung und religiöser Identitätsfindung über die Auseinandersetzung mit der eigenen Religion leisten.
> 7. Respekt und Verständnis gegenüber anderen Religionen und Weltanschauungen entwickeln.
> 8. Toleranz gegenüber den unterschiedlichen Traditionen innerhalb des Islam entwickeln.
>
> (Niedersächsisches Kultusministerium, Rahmenrichtlinien für den Schulversuch »Islamischer Religionsunterricht«, Stand 27.05.2003, Az.: 305-82161/1-15)

In Niedersachsen ist der Unterricht von Lehrkräften durchgeführt worden, die zuvor einen muttersprachlichen Unterricht erteilt hatten und die begleitend in einem Zeitraum von etwa zwei Jahren Fortbildungen zu islamischer Theologie, Religionsdidaktik und Fragen der gesellschaftlichen Integration von Muslimen besucht haben.

Tab. 1: Akkulturationsorientierungen der dritten und vierten Klassen zum Zeitpunkt t1

Orientierung	Itemwortlaut	stimmt sehr	manchmal	stimmt nicht
Integration	Ich möchte gut Deutsch sprechen können und auch Türkisch nicht vergessen.	83,2 %	8,6 %	8,1 %
	Mir ist beides wichtig, türkische und deutsche Freunde zu haben.	73,0 %	18,4 %	8,6 %
	Meine Familie sollte sowohl die türkische Lebensweise bewahren und auch die deutsche annehmen.	40,7 %	29,7 %	29,7 %
Assimilation	Ich möchte auch in meiner Familie Deutsch sprechen und nicht Türkisch.	22,8 %	28,3 %	48,9 %
	Ich möchte eher deutsche Freunde haben als türkische.	17,2 %	24,7 %	58,0 %
	Meine Familie sollte leben wie Deutsche und nicht wie Türken.	9,8 %	6,3 %	83,9 %
Separation	Ich spreche lieber Türkisch; Deutsch spreche ich nur, wenn es unbedingt nötig ist.	49,7 %	31,6 %	18,7 %
	Für mich ist es wichtiger, türkische Freunde zu haben als deutsche.	31,1 %	31,7 %	37,2 %
	Meine Familie sollte nur ihre türkische Lebensart behalten.	71,5 %	17,3 %	11,2 %
	In meiner Familie soll alles bleiben, wie es in der Türkei war.	72,7 %	22,4 %	4,9 %
Marginalisierung	Ich möchte weder mit Türken noch mit Deutschen befreundet sein.	14,3 %	14,3 %	71,4 %
	Meine Familie sollte ihre Lebensweise aufgeben, aber auch die deutsche nicht annehmen.	17,3 %	11,7 %	70,9 %
	Weder das türkische noch das deutsche Familienleben ist gut.	31,8 %	20,5 %	47,7 %

Ergebnisse einer empirischen Untersuchung zum Modellversuch »Islamischer Religionsunterricht«

In diesem Teil werden Ergebnisse einer eigenen Untersuchung referiert, die von 2005 bis 2008 im Rahmen der wissenschaftlichen Begleitung des Modellversuchs »Islamischer Religionsunterricht« an zehn Grundschulen in Niedersachsen durchgeführt wurde (für detaillierte Angaben vgl. Uslucan 2007). An der Befragung der ersten Welle nahmen 215 Schülerinnen und Schüler teil (105 Jungen und 108 Mädchen; zwei machten keine Angaben zum Geschlecht). In der zweiten Welle nahmen 216 Schülerinnen und Schüler aus acht Grundschulen teil (104 Jungen und 99 Mädchen; dreizehn Schülerinnen und Schüler machten keine Angaben zum Geschlecht). Schließlich beteiligten sich in der dritten Welle insgesamt 235 Schülerinnen und Schüler aus sieben Grundschulen an der Untersuchung (120 Jungen und 114 Mädchen; ein Schüler machte keine Angaben zum Geschlecht). Bei allen Befragungswellen besuchte der größte Teil der Schülerschaft (ca. 85 Prozent) die dritte und vierte Klasse.

Im Folgenden konzentriert sich die Auswertung auf die integrationsrelevanten Fragestellungen; die pädagogisch-psychologisch ebenfalls wichtigen Aspekte des Projektes, etwa die Zufriedenheit mit dem Unterricht, mit dem Lehrpersonal, der Kenntniszuwachs durch den islamischen Religionsunterricht über islamische Inhalte, die Wahrnehmung des Klassenklimas, sind hier für diese Auswertung nicht berücksichtigt worden.

Für die weitere Diskussion der Ergebnisse werden die einzelnen Items zu Konstrukten zusammengefasst:

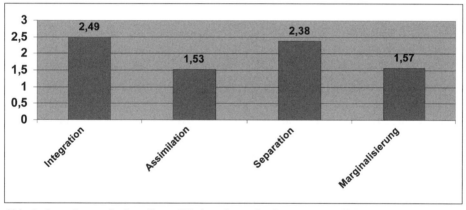

Abb. 1: Ausprägung der jeweiligen Akkulturationsorientierungen zum Zeitpunkt t1

Die Abbildung zeigt (einzelne Itemmittelwerte der jeweiligen Dimension wurden addiert und dann gemittelt), dass in den untersuchten dritten und vierten Klassen die Orientierung in Richtung Integration die stärkste Dimension bildet, gefolgt von eher separationsorientierten Tendenzen. Das heißt, in ihrer Beziehungsgestaltung zu relevanten Aspekten der Mehrheitsgesellschaft möchten die Schülerinnen und Schüler in erster Linie sowohl Bezüge zu ihrer eigenen familialen Tradition als auch Bezüge zu Deutschen bzw. zur Mehrheitsgesellschaft. Was Schüler/innen dieser Jahrgänge jedoch auf jeden Fall ablehnen, ist eine eindeutige Assimilationshaltung, d. h. die Aufgabe der eigenkulturellen Bezüge und eine völlige Identifikation mit mehrheitskulturellen Aspekten. Doch auch die Haltung der Marginalisation, d. h. eine gleichzeitige skeptische

Haltung zur eigenen wie der Mehrheitskultur, wird deutlich abgelehnt. Zum besseren Verständnis der Daten ist anzuführen, dass diese Orientierungen keine Ausschlussverhältnisse anzeigen, d. h. die befragten Schülerinnen und Schüler sich nicht beispielsweise weder zu Integration noch Assimilation zu äußern hatten, sondern eher für sich quantitativ die Relevanz dieser Orientierungen gewichten sollten. Bei der ein Jahr später erfolgenden Befragung gab es folgende Ergebnisse:

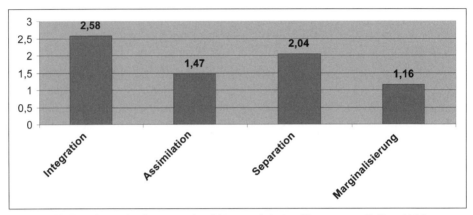

Abb. 2: Akkulturationsorientierungen der dritten und vierten Klassen zum Zeitpunkt t 2

Auch in der zweiten Erhebung wird deutlich, dass über alle Items die stärksten Zustimmungswerte der Akkulturationsorientierung »Integration« gelten. Die Schülerinnen und Schüler möchten nach wie vor die eigenethnischen Netzwerke und Ressourcen (wie etwa Freundschaften und sprachliche Fähigkeiten) erhalten wissen, sind jedoch zugleich offen für Netzwerke und Kontakte zur Mehrheitsgesellschaft. Tendenziell ist nach der Integration als die favorisierte Akkulturationsstrategie erneut die Separation.

Was Schülerinnen und Schüler dieser Jahrgänge erneut auf jeden Fall ablehnen, ist eine »kulturelle Orientierungslosigkeit«, d. h. die Marginalisation bzw. eine überzogen kritisch-skeptische Haltung zu mehrheitskulturellen und eigenkulturellen Bezügen. Dies ist entwicklungspsychologisch von Kindern dieser Altersstufe auch kaum leistbar. Zugleich werden jedoch auch eindeutige Assimilationshaltungen, d. h. die Aufgabe der eigenkulturellen Bezüge und eine völlige Identifikation mit mehrheitskulturellen Aspekte sehr skeptisch betrachtet.

Bei genauerer Betrachtung werden darüber hinaus auch Unterschiede im Hinblick auf individuelle vs. familiale Orientierungen deutlich: Was die familialen Haltungen betrifft, so sind die Schülerinnen und Schüler weniger geneigt, im Familiensystem ethnisch-kulturelle Durchdringungen und Mischungen zuzulassen, als in der individuellen Lebensführung und Haltung. Die auf das Individuum bezogenen Items weisen deutlich stärkere Integrationsoffenheit auf als die familienbezogenen Aussagen.

Auch die Daten der dritten Erhebung belegen, dass über alle Items die stärksten Zustimmungswerte der Akkulturationsorientierung nach wie vor der »Integration« gelten. Nach den Integrationshaltungen ist auch diesmal tendenziell Separation die

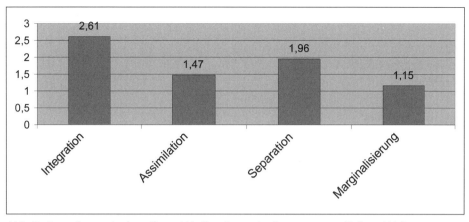

Abb. 3: Ausprägung der jeweiligen Akkulturationsorientierungen zum Zeitpunkt t 3

zweitstärkste favorisierte Orientierung. Gleichwohl ist hier insbesondere bei dem Wunsch nach Freundschaftsgestaltung mit Deutschen die Separationstendenz im Zeitvergleich deutlich zurückgegangen. Die ethnische Separierung bei der Wahl der Freunde scheint für Schülerinnen und Schüler dieser Altersphase kaum eine Rolle zu spielen. Zuletzt sind nach wie vor die Orientierungen in Richtung Assimilation und Marginalisierung, d.h. die Ablehnung beider kulturellen Referenzsysteme, für die Befragten deutlich unattraktiver.

Fasst man alle drei Erhebungen grafisch zusammen, so wird der folgende Verlauf der Akkulturationsorientierungen ersichtlich:

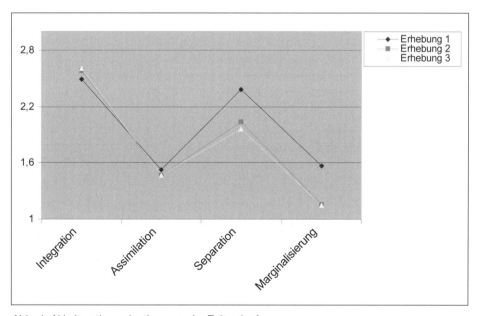

Abb. 4: Akkulturationsorientierungen im Zeitverlauf

Die Ergebnisse der drei Messungen im Zeitverlauf unterstreichen, dass die Orientierung in Richtung Integration am stärksten von der ersten zur zweiten Messung zugenommen hat und sogar – trotz eines recht hohen Levels – leichte Zuwächse auch bei der dritten Erhebung zu verzeichnen waren. Bei den ohnehin ziemlich niedrigen Assimilationshaltungen haben sich kaum Veränderungen ergeben, jedoch konnte – wie im Vergleich der ersten mit der zweiten Erhebung – erneut eine Abnahme bei den separationistischen Orientierungen beobachtet werden. Die Marginalisierungstendenzen blieben bei der dritten Erhebung konstant gering.

Das sind insgesamt äußerst positive, erfreuliche Befunde. Aus integrationspolitischer wie psychologischer Perspektive lässt sich somit festhalten, dass aufgrund dieser Datenlage bei muslimischen Schülerinnen und Schülern keineswegs antiintegrative Haltungen und Entwicklungen zu beobachten sind, sondern im Zuge des islamischen Religionsunterrichts am stärksten eher eine Reduktion separationistischer Tendenzen beobachtet wurde sowie eine Abnahme der Marginalisierung zu verzeichnen war, was im Gegenzug als eine Stärkung der kulturellen Identität von Schülerinnen und Schülern zu werten ist. Insofern lassen sich diese Daten auch als ein Hinweis für einen integrativen Effekt des islamischen Religionsunterrichts deuten.

Darüber hinaus wurden die Schüler/innen zu ihrem Verhältnis zur eigenen wie zu der jeweils anderen Religion befragt. So gaben auf die Frage, ob andere Religionen genauso wichtig seien wie der Islam, rund 61 Prozent der Schülerinnen und Schüler eine eindeutig befürwortende Haltung, knapp 18 Prozent hatten eher eine einschränkende Haltung, und rund 20 Prozent lehnten dies jedoch ab bzw. drückten aus, dass andere Religionen für sie nicht genauso wichtig wie der Islam seien (Uslucan 2007). Die Befunde zeigen eindeutig, dass für die Schülerinnen und Schüler des Islamunterrichts die Beschäftigung mit dem Islam keineswegs eine selbstgenügsame Haltung bedeutet, sondern sie weitestgehend offen für Kenntnisse anderer Religionen sind.

Abschließend kann festgehalten werden, dass mit Blick auf diese Ergebnisse die Rede von der Gefahr einer »Islamisierung« sich als überzogen darstellt, wenngleich sich in der muslimischen Community unverkennbar auch Separationstendenzen zeigen und konzeptionell die Gefahren einer eng verstandenen Religiosität bedenklich sind. Gleichwohl ist der (pädagogische) Alltag häufig überzogen von Stereotypen und Diskriminierungen. Erleiden Muslime im Alltag trotz ihrer prinzipiell integrationsoffenen Orientierung soziale Diskriminierungen, so löst das nicht nur Ärger und Frustration über die Mehrheitsgesellschaft aus, sondern solche Erfahrungen führen auch zu einer Festigung der sozialen Identifikation mit der Herkunftsgesellschaft und zu einer stärkeren Selbstsegregation.

Nun könnte man geneigt sein, und das wird in der öffentlichen Diskussion auch immer wieder gefordert, dass doch die Migranten/Muslime selbst an der Änderung ihres Bildes zu arbeiten haben und dadurch die Stereotype über sie verändern, indem sie beispielsweise sich darüber Informationen verschaffen und erkennen, welche Stereotype über sie existieren und sich dann konträr zu diesen Bildern verhalten. Zwar ist aus einer sozialpsychologischen Perspektive eine interaktionsorientierte, beide Seiten berücksichtigende Sicht zwingend, um soziale Prozesse angemessen zu verstehen, andererseits ist auch zu bedenken, dass unter bestimmten Konstellationen Migrant/innen bzw. Muslim/innen nur wenig Möglichkeiten haben, diese Stereotype über sie zu korrigieren. Und dies umso weniger, wenn im Kontext von selbsterfüllenden Prophezeiungen sie gerade angemessen auf das Verhalten des anderen reagieren. Konkret heißt das: Wenn beispielsweise Muslim/innen mit Ablehnung begegnet wird (aufgrund des negativen Stereotyps über sie) und sie auf diese Ablehnung ihrerseits zurückhaltend und ablehnend reagieren, was eine angemessene Reaktionsweise auf Ablehnung darstellt, dann wird das negative Bild über sie nur bestätigt. Vom Stereotyp abweichende Personen werden dagegen recht schnell individualisiert und isoliert; es geschieht ein »Subtyping«; d.h. sie werden als abweichend von der großen Gruppe der »Muslime« wahrgenommen, aber dadurch bleibt das allgemeine und gängige Stereotyp bestehen (Sassenberg et al. 2007). Theoretisch ist darüber hinaus die Messung eines Anfangspunktes, eines »Nullpunktes« von Ausgrenzung und Selbstausgrenzung äußerst schwer zu bestimmen; denn menschliches Handeln erfolgt nicht immer aufgrund objektiver Sachlage, sondern, wie die Soziologie dies seit den 1920er-Jahren unter dem »Thomas-Theorem« kennt, interpretativ, d.h. aufgrund der subjektiven Definition und Erklärung der jeweiligen Situation (Skrobanek 2007). Diese Aspekte gilt es zu bedenken, wenn in medialen, politischen und gesellschaftlichen Kontexten vorschnell von Bedrohungsszenarien bzw. wachsenden Islamisierungstendenzen gesprochen wird.

Literatur

Akbulut, D. (2003): Türkische Moslems in Deutschland. Ein religionssoziologischer Beitrag zur Integrationsdebatte. Ulm: Verlag Ulmer Manuskripte.

Baumann, U. (Hrsg.) (2001): Islamischer Religionsunterricht. Grundlagen, Begründungen, Berichte, Projekte, Dokumentationen. Frankfurt a.M.: Lembeck.

Bartsch, D. (2009): Konzepte und Modelle zur Vermittlung der Lerninhalte im deutschsprachigen Islamkunde-Unterricht. Hamburg: Dr. Kovac.

Bucher, A. (2005): Religiosität verstehen. In: Frey, D./Hoyos, C. G. (Hrsg.): Psychologie in Gesellschaft, Kultur und Umwelt. Weinheim: Beltz Verlag, S. 253–258.

Bundesamt für Migration und Flüchtlinge (2009): Muslimisches Leben in Deutschland. Im Auftrag der Deutschen Islam Konferenz. Forschungsbericht 6. Nürnberg: BAMF.

Bourhis, R. Y./Moise, C. L./Perreault, S./Senécal, S. (1997): Immigration und Multikulturalismus in Kanada: Die Entwicklung eines interaktiven Akkulturationsmodells. In: Mummendey, A./Simon, B. (Hrsg.): Identität und Verschiedenheit. Zur Sozialpsychologie der Identität in komplexen Gesellschaften. Bern: Huber, S. 63–108.

Ekinci-Kocks, Y. (2009): Integration islamischer Schüler in deutschen Schulen. In: Hess-Lüttich, E./Natarajan, A. (Hrsg): Der Gott der Anderen. Interkulturelle Transformationen religiöser Traditionen in literarischen Texten. Cross Cultural Communication. Frankfurt a.M.: Peter Lang, S. 283–300.

Gebauer, K. (1989): Islamische Unterweisung in deutschen Klassenzimmern. In: Recht der Jugend und des Bildungswesens, 37, S. 263–276.

Heitmeyer, W./Müller, J./Schröder, H. (1997): Verlockender Fundamentalismus. Türkische Jugendliche in Deutschland. Frankfurt a.M.: Suhrkamp.

Kaddor, L./Müller, R./Behr, H. H. (2008): Saphir 5/6. Religionsbuch für junge Musliminnen und Muslime. München: Kösel.

King, P. E./Furrow, J. (2004): Religion as a Resource for Positive Youth Development: Religion, Social Capital, and Moral Outcomes. In: Developmental Psychology 40, 703–713.

Korioth, S. (2006): Islamischer Religionsunterricht. In: Bock, W. (Hrsg.): Islamischer Religionsunterricht? Tübingen: Mohr Siebeck, S. 33–53.

Meyer, C./Weil, G. (2000): Islam und muslimische Schüler in der Schule. In: Busch, R. (Hrsg.): Integration und Religion. Islamischer Religionsunterricht an Berliner Schulen. Berlin: Dahlem University Press, S. 135–158.

Mohr, I./Kiefer, M. (Hrsg.) (2009): Islamunterricht – Islamischer Religionsunterricht – Islamkunde. Viele Titel - Ein Fach? Bielefeld: Transcript.

Mohr, I. (2010): Muslimische Schülerinnen und Schüler, ihre Identitäten und Lebenswelten. Wie Lehrpläne für den Islamunterricht sie darstellen und wie muslimische Lehrkräfte sie sehen. In: Behr, H./Bohringer, C./Rohe, M./Schmid, H. (Hrsg.): Was soll ich hier? Lebensweltorientierung muslimischer Schülerinnen und Schüler als Herausforderung für den Islamischen Religionsunterricht. Berlin: LIT Verlag, S. 159–170.

Müller, I. (2010): »Natürlich ist ein Religionsunterricht im eigenen Glauben besser«. Schwerpunkt Bayern. In: Behr, H./Bohringer, C./Rohe, M./Schmid, H. (Hrsg.): Was soll ich hier? Lebensweltorientierung muslimischer Schülerinnen und Schüler als Herausforderung für den Islamischen Religionsunterricht. Berlin: LIT Verlag, S. 15–24.

Müller, P. (2010): »Christen sind trotzdem unsere Freunde«. Schwerpunkt Baden-Württemberg. In: Behr, H./Bohringer, C./Rohe, M./Schmid, H. (Hrsg.): Was soll ich hier? Lebensweltorientierung muslimischer Schülerinnen und Schüler als Herausforderung für den Islamischen Religionsunterricht. Berlin: LIT Verlag, S. 9–14.

Oerter, R. (2010): Identitätsentwicklung im Spannungsfeld von Enkulturation und Akkulturation: Zur Rolle der religiösen Erziehung. In: Behr, H./Bohringer, C./Rohe, M./Schmid, H. (Hrsg.): Was soll ich hier? Lebensweltorientierung muslimischer Schülerinnen und Schüler als Herausforderung für den Islamischen Religionsunterricht. Berlin: LIT Verlag, S. 171–189.

Sassenberg, K./Fehr, J./Hansen, N./Matschke, C./Woltin, K. (2007): Eine sozialpsychologische Analyse zur Reduzierung von sozialer Diskriminierung von Menschen mit Migrationshintergrund. Zeitschrift für Sozialpsychologie 38, S. 239–249.

Schiffauer, W. (1991): Die Migranten aus Subay. Türken in Deutschland. Eine Ethnographie. Stuttgart: Klett-Cotta.

Skrobanek, J. (2007): Wahrgenommene Diskriminierung und (Re)Ethnisierung bei Jugendlichen mit türkischem Migrationshintergrund und jungen Aussiedlern. In: Zeitschrift für Soziologie der Erziehung, 27 (3), 265–284.

Ucar, B. (2008): Didaktik, Methodik und Inhalte eines Islamischen Religionsunterrichts in Deutschland. Versuch einer Grundlagendarstellung und künftige Forschungsaufgaben. In: Behr, H./Rohe, M./Schmid, H. (Hrsg.): Den Koran zu lesen genügt nicht. Berlin: LIT Verlag, S. 105–121.

Uslucan, H.-H. (2005): Lebensweltliche Verunsicherung türkischer Migranten. In: Psychosozial, 28 (1), S. 111–122.

Uslucan, H.-H. (2007): Zwischen Allah und Alltag: Islamische Religiosität als Integrationshemmnis oder -chance? In: Archiv für Wissenschaft und Praxis der sozialen Arbeit 3, S. 58–69.

5

Familien und Kinder aus Einwandererfamilien in der Kinder- und Jugendhilfe

Sandra Fendrich / Jens Pothmann / Agathe Wilk

Hilfen zur Erziehung für Einwandererfamilien

Bei den Leistungen der Hilfen zur Erziehung handelt es sich um ein familienunterstützendes bzw. -ergänzendes oder mitunter auch familienersetzendes Angebot der Kinder- und Jugendhilfe, auf das Familien in Deutschland im Bedarfsfall unabhängig von ihrer Herkunft einen Rechtsanspruch haben. Rechtlich entscheidend ist hierfür der § 27 SGB VIII, in dem es heißt: »Ein Personensorgeberechtigter hat bei der Erziehung eines Kindes oder eines Jugendlichen Anspruch auf Hilfe (Hilfen zur Erziehung), wenn eine dem Wohl des Kindes entsprechende Erziehung nicht gewährleistet ist und die Hilfe für seine Entwicklung geeignet und notwendig ist« (§ 27 Abs. 1 SGB VIII). Gleichwohl haben die letzten Kinder- und Jugendberichte oder auch das Bundesjugendkuratorium (BJK) festgestellt, dass Familien mit Migrationshintergrund diese Leistungen seltener in Anspruch nehmen bzw. in geringerem Maße von diesen Angeboten der Kinder- und Jugendhilfe erreicht werden (BJK 2005; BMFSFJ 2002, S. 215 ff.; 2009, S. 216). Darüber hinaus ist beispielsweise aufgrund der unterschiedlichen Verteilung der in Anspruch genommenen Angebote (z.B. Schilling et al. 2010) zu vermuten, dass sich die Inanspruchnahme von Hilfen zur Erziehung durch junge Menschen mit Migrationshintergrund und deren Familien von denen ohne Migrationshintergrund unterscheidet.

Der folgende Beitrag fokussiert die Nutzung dieser Angebote der Hilfen zur Erziehung für junge Menschen mit Migrationshintergrund und deren Familien auf der Grundlage vorliegender statistischer Daten. Dabei werden das Fallzahlenvolumen und mögliche gesellschaftliche Hintergründe in den Blick genommen, aber auch Aspekte der Gewährung dieser Leistungen im Kontext vorhandener Angebotsstrukturen beleuchtet sowie Hinweise zu den Arbeitsweisen der sozialen Dienste gegeben. Im Einzelnen werden zunächst zentrale Aspekte des Forschungs- und Erkenntnisstandes zu dieser Thematik zusammengetragen. Hieran schließt eine ausführliche Analyse der Ergebnisse der amtlichen Kinder- und Jugendhilfestatistik zu den Hilfen zur Erziehung für Einwandererfamilien an. Abschließen wird dieser Beitrag mit einer Bilanz empirisch abgesicherter Erkenntnisse sowie Hinweisen zu den sich daraus ergebenden Herausforderungen für die Kinder- und Jugendhilfeforschung sowie Projekte der Praxisentwicklung.

Hinweise zum Forschungsstand und jugendhilfepolitische Einordnungen

Die Begleitung und die Unterstützung von Menschen mit Migrationshintergrund werden als Herausforderung für die Einrichtungen der sozialen Arbeit diskutiert. Hierbei geht es unter anderem »um Fragen des sozialpädagogischen Handelns in der Einwanderungsgesellschaft, um interkulturelle Kompetenzen oder eine interkulturelle Öffnung sozialer Dienste« (Braun 2009, S. 265). Entsprechende Aufgabenstellungen gelten auch für die Institutionen der Kinder- und Jugendhilfe im Allgemeinen sowie die der Hilfen zur Erziehung im Besonderen.

Kinder und Jugendliche mit Migrationshintergrund und ihre Familien leben häufig in entwicklungsgefährdenden Kontexten, die auf sozialstrukturelle Bedingungen wie Armut, Arbeitslosigkeit der Eltern und sozialräumliche Segregation sowie auf gesellschaftliche Ausgrenzung und die damit verbundenen psychosozialen Risiken zurückgehen können. Derartige Risikolagen stellen Konstellationen dar, die nicht nur bei Familien mit Migrationshintergrund zu höheren Belastungen führen können (Uslucan 2010, S. 152 f.; Boss-Nünning/Karakaşoğlu 2002).

Die Kinder- und Jugendhilfe bietet jungen Menschen und deren Familien Unterstützung bei einem breiten Spektrum an familiären Problemen und Sozialisationsschwierigkeiten, und zwar nicht zuletzt seit Gültigkeit des SGB VIII unabhängig von der Herkunft.[36] Über die Hilfen zur Erziehung steht ein differenziertes Instrumentarium sozialpädagogischer Handlungsformen zur Verfügung – von kurzzeitigen familienunterstützenden Hilfen bis hin zu langfristigen Unterbringungen außerhalb der eigenen Familie, wie bei einer Vollzeitpflege oder einer stationären Erziehungshilfe. Wie allen jungen Menschen und deren Familien stehen auch denjenigen mit Migrationshintergrund alle Angebote der erzieherischen Hilfen offen, sofern im Einzelfall ein entsprechender Bedarf festgestellt wird. Aber an den Antworten der Kinder- und Jugendhilfe auf besondere Problemsituationen wird mit Blick auf die Klientel der jungen Menschen mit Migrationshintergrund in der Fachliteratur deutliche Kritik geübt. So wird konstatiert, dass das Angebot an Hilfen zur Erziehung nicht der Bedürfnisstruktur von Familien mit Migrationshintergrund entspricht. Sprachbarrieren, unzureichende Informationen über die Angebotsformen der Hilfen zur Erziehung sowie mangelnde vertrauensbildende Maßnahmen vonseiten der Institutionen, die die Unterstützungsleistungen erbringen, werden als Aspekte benannt, die den Zugang von Migrantenfamilien zum Hilfesystem einschränken oder sogar blockieren können. Kritisiert wird zudem die fehlende Niedrigschwelligkeit der Angebote. Dabei ist es nicht

---

36 Noch das Jugendwohlfahrtsgesetz (JWG) begann im § 1 folgendermaßen: »Jedes deutsche Kind hat Recht auf Erziehung zur leiblichen, seelischen und gesellschaftlichen Tüchtigkeit« (§ 1 Abs. 1 JWG). Eine vergleichbare Einschränkung mit Blick auf die Herkunft besteht im Kinder- und Jugendhilfegesetz, dem SGB VIII, nicht. Aufgrund von aufenthaltsrechtlichen Einschränkungen ist nur noch ein kleiner Teil der jungen Menschen mit einem ausländischen Pass von Unterstützungsangeboten und Leistungen der Kinder- und Jugendhilfe ausgeschlossen (Renner 2002).

allein damit getan, über die Angebote in der Herkunftssprache zu informieren. Auch wenn Informationen in der Herkunftssprache gegeben werden können, bedeutet dies noch nicht, dass damit eine ausreichende sprachliche Basis zur Verständigung im Hilfeprozess geschaffen worden ist. Hier können bestehende sprachliche Barrieren weiterhin ein hohes kognitives Hindernis darstellen (Uslucan 2010, S. 151 f.), vor allem wenn Hilfen zur Erziehung als personenbezogene soziale Dienstleistungen und damit als Co-Produktionsprozess zwischen Fachkräften und Familie verstanden werden. Vor diesem Hintergrund werden oftmals der Mangel an muttersprachlichen Fachkräften sowie ein Fehlen qualifizierter Dolmetscherdienste kritisiert (BMFSFJ 2009, S. 216).

Die Hilfe und Unterstützung von Einwander/innen und Einwandererfamilien sind ein genuiner Bestandteil der sozialen Arbeit. Oder anders formuliert: »Die Geschichte der Sozialarbeit ist [auch] eine Geschichte der Arbeit mit Migranten« (Hamburger 2001, S. 1222). Themen der hierzu gehörenden konzeptionellen Diskurse sind fehlende Zugänge seitens der sozialen Arbeit zu den Migranten/innen auf der einen Seite sowie Barrieren aufseiten der Migrant/innen, die Hilfs- und Unterstützungsangebote zu nutzen, auf der anderen Seite. Eine Antwort der jüngeren Vergangenheit auf der Angebotsseite sind Konzepte interkultureller Öffnung der Infrastruktur sozialer Dienstleistungen im Allgemeinen sowie der individuellen Hilfs- und Unterstützungsangebote im Besonderen. Dies gilt nicht zuletzt auch für die Kinder- und Jugendhilfe und die hier zu beobachtenden Praxisentwicklungen (z.B. Handschuck 2009). Dennoch ist auch für die Kinder- und Jugendhilfe immer noch festzustellen, dass einerseits Organisationsstrukturen, aber auch Vorannahmen und Haltungen der Fachkräfte in den Einrichtungen der sozialen Arbeit und damit auch im Leistungsbereich der Kinder- und Jugendhilfe bestehen, die die Zugänge zu sozialen Dienstleistungen für Migrantenfamilien erschweren und diese von der Inanspruchnahme der Angebote abhalten können.

Junge Menschen mit Migrationshintergrund in den Hilfen zur Erziehung – ein Blick auf den Zahlenspiegel

Mit der amtlichen Kinder- und Jugendhilfestatistik steht ein Instrument der empirischen Dauerbeobachtung zur Verfügung, das seit 2007 im Rahmen der Teilerhebung »Erzieherische Hilfe, Eingliederungshilfe für seelisch behinderte junge Menschen, Hilfe für junge Volljährige« den Migrationshintergrund von jungen Menschen und deren Familien weitaus präziser erfasst als über die Staatsangehörigkeit des Kindes oder Jugendlichen, wie dies in der früheren Erhebung dieser Statistik der Fall war. Erhoben werden vielmehr jährlich Angaben über die Herkunft der Eltern sowie die in der Familie gesprochene Sprache. Das folgende Kapitel beschreibt auf dieser Grundlage die Gewährung und Inanspruchnahme von Hilfen zur Erziehung für junge Menschen und deren Familien mit Migrationshintergrund. Dazu werden erstens einige methodische Hinweise zur verwendeten Datengrundlage gegeben, um dann zweitens zentrale Eckwerte zur Inanspruchnahme für diese Adressatengruppe darzustellen.

Methodische Hinweise zur Datengrundlage

Empirische Grundlage der nachfolgenden Ausführungen zur Darstellung der Inanspruchnahme von Leistungen der Hilfen zur Erziehung in Einwandererfamilien ist die amtliche Kinder- und Jugendhilfestatistik. Ausgewertet werden Daten des Teils I.1: »Hilfe zur Erziehung, Eingliederungshilfe für seelisch behinderte junge Menschen, Hilfe für junge Volljährige«, für die Jahre 2008 und 2009.[37] Erhoben werden in diesem Kontext jährlich Angaben zur Lebenssituation der Hilfeempfänger/innen. Hierzu gehören auch Indikatoren, die auf einen Migrationshintergrund der Familien hinweisen. Dies sind im Einzelnen:

→ Die ausländische Herkunft eines Elternteils: Anzugeben ist hier im Rahmen einer »Ja-Nein-Abfrage«, inwiefern ein Elternteil des betreffenden jungen Menschen eine ausländische Herkunft hat, also auf Migrationserfahrung zurückblicken kann. Das Merkmal »ausländische Herkunft der Eltern« hat nicht nur in der amtlichen Statistik (z. B. Statistisches Bundesamt 2010), sondern auch darüber hinaus in der Bildungs- und Sozialberichterstattung (Autorengruppe 2010) eine zentrale Bedeutung als Indikator für das Merkmal »Migrationshintergrund« erlangt.

→ Die vorrangig in der Familie gesprochene Sprache: Hierüber wird – im Übrigen ebenfalls seit dem Erhebungsjahr 2007 – zwar nicht erhoben, welche Sprache in der Familie überwiegend gesprochen wird, doch immerhin wird ebenfalls über eine »Ja-Nein-Abfrage« erfasst, inwiefern in der Familie überwiegend Deutsch gesprochen wird. Dieses Merkmal kann Informationen über einen routinisierten Umgang mit der deutschen Sprache liefern – unbestritten eine notwendige Voraussetzung für gelingende Integrationsprozesse.

Pro Fall der Hilfen zur Erziehung können damit Aussagen darüber getroffen werden, ob die Eltern des jungen Menschen im Ausland geboren worden sind und/oder in der Familie des jungen Menschen Deutsch gesprochen wird. Hingegen liegen vor dem Hintergrund der benannten Erhebungsmerkmale weder Informationen darüber vor, aus welchem Land die Eltern bzw. ein Elternteil nach Deutschland gekommen ist, noch wird erfasst, welche Sprache in der Familie vorrangig gesprochen wird, wenn es nicht die deutsche Sprache ist. Somit können auf der Basis der dargestellten Erhebungsmerkmale der amtlichen Kinder- und Jugendhilfestatistik für die weiteren Analysen folgende Gruppen unterschieden werden:

---

37 Auf eine ausführlichere, systematische Darstellung und Bewertung der Systematik und des Instrumentes der amtlichen Kinder- und Jugendhilfestatistik für die Bereiche der Hilfen zur Erziehung, der Eingliederungshilfen sowie der Hilfen für junge Volljährige wird an dieser Stelle verzichtet. Nachzulesen ist dies beispielsweise in den Ausführungen von Schilling (2011). Die von den statistischen Ämtern erhobenen und veröffentlichten Daten stehen bei den Statistischen Landesämtern sowie beim Statistischen Bundesamt zur Verfügung (www.destatis.de >> Publikationen >> Fachveröffentlichungen >> Sozialleistungen >> Kinder- und Jugendhilfe; Abruf am 1.4.2011).

1. junge Menschen aus Familien mit mindestens einem Elternteil ausländischer Herkunft, in der vorrangig nicht Deutsch gesprochen wird
2. junge Menschen aus Familien mit mindestens einem Elternteil ausländischer Herkunft, in der vorrangig Deutsch gesprochen wird
3. junge Menschen aus Familien mit Eltern ohne ausländische Herkunft, in der vorrangig nicht Deutsch gesprochen wird
4. junge Menschen aus Familien mit Eltern ohne ausländische Herkunft, in der vorrangig Deutsch gesprochen wird

Diese Gruppen sind bei der Inanspruchnahme von Hilfen zur Erziehung unterschiedlich stark besetzt. So sind von den 2009 erfassten 453 048 begonnenen Leistungen mit einer entsprechenden Angabe rund neun Prozent Familien mit mindestens einem Elternteil ausländischer Herkunft, in der vorrangig kein Deutsch gesprochen wird (Gruppe 1) (Tab. 1). Etwa 15 Prozent der Hilfen werden Familien gewährt, in der mindestens ein Elternteil ausländischer Herkunft ist, in der aber vorrangig Deutsch gesprochen wird (Gruppe 2). Erwartungsgemäß nur ein Bruchteil mit gerade einmal einem Prozent entfällt bei den gewährten Hilfen auf diejenigen ohne einen Elternteil ausländischer Herkunft, in der aber dennoch vorrangig kein Deutsch gesprochen wird (Gruppe 3). Die größte Gruppe sind schließlich mit knapp 75 Prozent diejenigen jungen Menschen mit Familien ohne einen Elternteil mit ausländischer Herkunft, in der zumindest vorrangig Deutsch gesprochen wird (Gruppe 4).

Tab. 1: Verteilung der jungen Menschen in den Hilfen zur Erziehung nach Merkmalen für einen Migrationshintergrund (Deutschland; 2009; begonnene Hilfen; N = 453 048)[1]

		ausländische Herkunft eines Elternteils	
		Eltern(teil) ausländischer Herkunft	Eltern ohne ausländische Herkunft
in der Familie vorrangig gesprochene Sprache	in der Familie wird vorrangig Deutsch gesprochen	15,2 %	74,5 %
	in der Familie wird vorrangig nicht Deutsch gesprochen	9,2 %	1,1 %

Insgesamt wurden im Jahre 2009 478 232 Leistungen der Hilfen zur Erziehung sowie der Hilfen für junge Volljährige und der Eingliederungshilfen für seelisch behinderte junge Menschen begonnen. Für die Erziehungsberatung müssen keine Angaben zur Lebenssituation gemacht werden, sodass die hier zugrunde gelegten Fallzahlen niedriger ausfallen.

Quelle: Statistisches Bundesamt, Statistiken der Kinder- und Jugendhilfe – Erzieherische Hilfen, 2009, eigene Berechnungen

Empirische Einblicke in die Inanspruchnahme von Hilfen zur Erziehung

Die nachfolgenden Analysen basieren auf den Ergebnissen der amtlichen Kinder- und Jugendhilfestatistik. Mit dieser Datengrundlage ist es möglich, die Inanspruchnahme von Leistungen der Hilfen zur Erziehung für Familien mit Migrationshintergrund im Vergleich zu denen ohne eine entsprechende Zuwanderungsgeschichte zu beschreiben. Ferner können bezogen auf die Merkmale ausländische Herkunft der Eltern sowie in der Familie gesprochene Sprache Unterschiede zwischen Familien ohne und mit Migrationshintergrund sowie innerhalb der Gruppe der Einwandererfamilien herausgearbeitet werden. Die nachfolgenden Analysen zu den Hilfen zur Erziehung orientieren sich dabei an folgenden Fragestellungen:
a) Wie viele Hilfen werden in Anspruch genommen? Welche regionalen Unterschiede werden deutlich?
b) Welche Hilfen werden in Anspruch genommen?
c) Wer nimmt die Leistungen in Anspruch?
d) In welchen Lebenslagen befinden sich die Adressat/innen?
e) Welche Gründe führen zur Inanspruchnahme einer Hilfe zur Erziehung?

a) Wie viele Hilfen werden in Anspruch genommen? Welche regionalen Unterschiede werden deutlich?

Mit Blick auf die Daten des Jahres 2009 zeigt sich zunächst, dass – lässt man die Erziehungsberatung unberücksichtigt – bei etwa 27 Prozent der von den Hilfen erreichten jungen Menschen mindestens ein Elternteil eine ausländische Herkunft hat (Tab. 2). Damit liegt die Inanspruchnahme von über den »Allgemeinen Sozialen Dienst« der Jugendämter organisierten Hilfen zur Erziehung[38] seitens der Familien mit Migrationshintergrund kaum niedriger als deren Anteil in der Bevölkerung insgesamt. Hier beträgt der Anteil laut dem Ergebnis des Mikrozensus für das Jahr 2008 rund 28 Prozent.[39]

Dieser Befund unter Berücksichtigung der demografischen Ausgangslage widerspricht somit zunächst einmal der These, dass Familien mit Migrationshintergrund bei der Inanspruchnahme von Leistungen der Hilfen zur Erziehung unterrepräsentiert sind. Denn, so ist auch im Kontext des »Elften Kinder- und Jugendberichts« nachzulesen: Werden junge Menschen mit Migrationshintergrund »als normale Nutzer/innen der sozialen Infrastruktur gesehen, so müssten sie in den Diensten entsprechend ih-

---

38 Betrachtet werden hier und im Folgenden die Hilfen zur Erziehung ohne die Erziehungsberatung gem. § 28 SGB VIII. Für diese Leistung liegt der Anteil bei knapp 22 Prozent.
39 Im Mikrozensus wird der Migrationshintergrund bei Familien mit ledigen Kindern unter 18 Jahren für das Jahr 2008 ausgewiesen, während in der Kinder- und Jugendhilfestatistik für das Jahr 2009 die Bezugsgröße die unter 21-jährigen jungen Menschen sind. Nähere Hinweise zum Migrationskonzept des Mikrozensus finden sich bei: Statistisches Bundesamt (2010).

rem Bevölkerungsanteil repräsentiert sein […]« (Filsinger 2002, S. 38). Zumindest für die Hilfen zur Erziehung scheint dies den Daten nach zuzutreffen.

Tab. 2: Hilfen zur Erziehung (§§ 27,2, 29–35/41 SGB VIII) nach Migrationshintergrund (Herkunft) im Vergleich zum Anteil der Familien mit Migrationshintergrund in der Bevölkerung (Deutschland; 2009; Summe der andauernden und beendeten Hilfen, Angaben absolut und in Prozent)

	absolut	in Prozent
junge Menschen in HzE insgesamt	511 562	100,0
dav. Eltern ohne ausl. Herkunft	372 883	72,9
dav. Eltern(teil) mit ausl. Herkunft	138 679	27,1

Quelle: Statistisches Bundesamt, Statistiken der Kinder- und Jugendhilfe – Erzieherische Hilfen, 2009, eig. Berechnungen

Allerdings zeigen sich bei einer länderspezifischen Betrachtung diesbezüglich durchaus regionale Unterschiede, blickt man auf die westdeutschen Bundesländer. Auf der einen Seite reicht der Anteil junger Menschen mit mindestens einem Elternteil ausländischer Herkunft in den Hilfen zur Erziehung von 16 Prozent in Schleswig-Holstein bis zu 40 Prozent in Baden-Württemberg bzw. 42 Prozent im Stadtstaat Hamburg (Tab. 3). Auf der anderen Seite gestaltet sich auch die Differenz zwischen dem Anteil in der Bevölkerung und in den erzieherischen Hilfen in den Bundesländern heterogen. In Ländern wie Baden-Württemberg (+7 Prozentpunkte) und Hessen (+5 Prozentpunkte) sind die jungen Menschen mit Migrationshintergrund in den erzieherischen Hilfen überrepräsentiert, während in Bremen (-10 Prozentpunkte), Saarland (-6 Prozentpunkte) oder auch dem bevölkerungsreichsten Bundesland Nordrhein-Westfalen (-4 Prozentpunkte) sie in den Hilfen zur Erziehung unterrepräsentiert sind.

Vergleicht man jedoch die Länderunterschiede beim Anteil der Familien mit einem Migrationshintergrund in den Hilfen zur Erziehung mit der Bevölkerungsstruktur, so werden hier Parallelen deutlich. Tendenziell ist es so, dass in den Ländern mit einem höheren Anteil an Migrant/innen in der altersgleichen Bevölkerung auch deren Anteil bei den Hilfen zur Erziehung in Anspruch nehmenden Familien höher ist.

Diese ersten Einordnungen zur Inanspruchnahme von Hilfen zur Erziehung bei Familien mit Migrationshintergrund vor dem Hintergrund der demografischen Strukturen in Deutschland sind allerdings insofern zu relativieren, als der Rückgriff auf die Demografie alleine nicht ausreicht, um die Inanspruchnahme von Hilfen zur Erziehung durch Familien mit Migrationshintergrund abschließend bewerten zu können. Dies gilt umso mehr – wenn auch insofern von einer Unterrepräsentiertheit gesprochen werden kann –, als dass man angesichts der sozialen und ökonomischen Lebenslagen und Rahmenbedingungen eine höhere Inanspruchnahme von Leistungen der Hilfen zur Erziehung bei Familien mit einer Zuwanderungsgeschichte erwarten

Tab. 3: Hilfen zur Erziehung (§§ 27,2, 29–35/41 SGB VIII) nach Migrationshintergrund (Herkunft) im Vergleich zum Anteil der Familien mit Migrationshintergrund in der Bevölkerung (Bundesländer [ohne ostdeutsche Flächenländer]; 2009; Summe der andauernden und beendeten Hilfen, Angaben in Prozent)

	junge Menschen in HzE insg. 2009	dav. mit Eltern(teil) ausl. Herkunft abs.	in Prozent	Familien in der Bevölkerung (in 1 000)	Familien mit Migrationshintergrund in der Bevölkerung 2008 (in 1 000)	in Prozent
SH	17 978	2 833	15,8	1 100	201	18,3
HH	17 072	7 190	42,1	580	239	41,2
NI	50 947	10 480	20,6	3 111	721	23,2
HB	5 028	1 589	31,6	217	91	41,9
NW	132 382	39 564	29,9	6 974	2 370	34,0
HE	37 921	14 894	39,3	2 330	804	34,5
RP	27 936	6 697	24,0	1 568	412	26,3
BW	60 841	24 423	40,1	4 337	1 452	33,5
BY	53 206	14 624	27,5	4 871	1 244	25,5
SL	8 388	1 536	18,3	369	88	23,8
BE	25 080	9 263	36,9	1 046	410	39,2
OD	74 783	5 586	7,5	3 790	304	8,0
WD	436 779	133 093	30,5	26 503	8 032	30,3
D	511 562	138 679	27,1	30 293	8 336	27,5

Länderabkürzungen: SH = Schleswig-Holstein, HH = Hamburg, NI = Niedersachsen, HB = Bremen, NW = Nordrhein-Westfalen, HE = Hessen, RP = Rheinland-Pfalz, BW = Baden-Württemberg, BY = Bayern, SL= Saarland, BE = Berlin, BB = Brandenburg, MV = Mecklenburg-Vorpommern, SN = Sachsen, ST = Sachsen-Anhalt, TH = Thüringen, OD = Ostdeutschland (ohne Berlin), WD = Westdeutschland (einschl. Berlin), D = Deutschland.

Quelle: Statistisches Bundesamt, Statistiken der Kinder- und Jugendhilfe – Erzieherische Hilfen, 2009, eig. Berechnungen

könnte (Rauschenbach/Züchner 2011, S. 34 ff.). Somit ist die demografische Struktur mit Blick auf den Anteil an Familien mit Migrationshintergrund lediglich eine notwendige Referenzgröße, um die Höhe der Inanspruchnahme von Leistungen der Hilfen zur Erziehung einordnen zu können. Keine abschließenden Aussagen können hingegen auf der Basis dieser Daten zu einer bedarfsgerechten Inanspruchnahme von Hilfen durch Familien mit Migrationshintergrund gemacht werden.

b) Welche Hilfen werden in Anspruch genommen?

Wie bereits verdeutlicht, zeigt sich für das Jahr 2009, dass bei etwa 27 Prozent der von den Hilfen zur Erziehung gemäß §§ 27,2; 29–35 SGB VIII erreichten jungen Menschen mindestens ein Elternteil ausländischer Herkunft ist. Im Vergleich dazu fällt dieser Anteil mit 22 Prozent für die Erziehungsberatung (§ 28 SGB VIII) deutlich geringer aus (Abb. 1). In den Eingliederungshilfen für seelisch behinderte junge Menschen gemäß § 35a SGB VIII spielen Adressat/innen mit mindestens einem Elternteil ausländischer Herkunft mit 17 Prozent noch eine geringere Rolle.

Betrachtet man die Leistungen weiter nach einzelnen Hilfearten, werden weitere Unterschiede deutlich. Für die familienunterstützenden und -ergänzenden, kurz ambulanten Leistungen gemäß §§ 27,2; 29–32, 35 SGB VIII liegt der Wert für die jungen

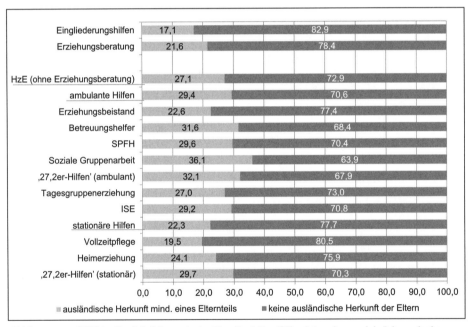

Abkürzungen: SPFH = Sozialpädagogische Familienhilfe, ISE = Intensive sozialpädagogische Einzelbetreuung.

Quelle: Statistisches Bundesamt, Statistiken der Kinder- und Jugendhilfe – Erzieherische Hilfen, 2009, eigene Berechnungen

Abb. 1: Hilfen zur Erziehung (§§ 27–35/41 SGB VIII) und Eingliederungshilfen für seelisch behinderte junge Menschen (§ 35a/41 SGB VIII) nach Migrationshintergrund (Herkunft) (Deutschland; 2009; Summe der andauernden und beendeten Hilfen, Angaben in Prozent)

Menschen mit mindestens einem Elternteil mit ausländischer Herkunft bei 29 Prozent, für die familienersetzenden bzw. stationären Hilfen bei 22 Prozent. Ferner zeigen sich zwischen den einzelnen Hilfearten erhebliche Differenzen. Mit Blick auf das ambulante Hilfesetting schwankt der Anteil zwischen 23 Prozent bei den Erziehungsbeistandschaften auf der einen sowie 36 Prozent für die soziale Gruppenarbeit auf der anderen Seite. Während also junge Menschen mit Migrationshintergrund in den eher niedrigschwelligen familienunterstützenden Hilfen wie der Erziehungsberatung geringer vertreten sind, nimmt ihr Anteil in den eher intervenierenden familienunterstützenden Hilfen wie der sozialen Gruppenarbeit zu. Bei den Fremdunterbringungen bewegt sich das Spektrum von gerade einmal 20 Prozent bei der Vollzeitpflege über 24 Prozent in der Heimerziehung bis zu 30 Prozent bei den vergleichsweise wenigen Fällen der stationären »27,2er-Hilfen«.

Bei einem Perspektivenwechsel und einer Betrachtung der Sprache als Merkmal für den Migrationshintergrund von Adressat/innen fällt der Anteil der jungen Menschen, in deren Familie vorrangig nicht Deutsch gesprochen wird und die erzieherische Hilfen in Anspruch nehmen, deutlich geringer aus, als dies bei dem Migrationsmerkmal ausländische Herkunft mindestens eines Elternteils der Fall ist. Etwa 14 Prozent der von einer Hilfe zur Erziehung erreichten jungen Menschen sprechen in ihrer Familie in der Regel kein Deutsch (Abb. 2). Dieser Anteil liegt für die ambulanten Leistungen mit etwa 15 Prozent höher als für die stationären Hilfen mit knapp zehn Prozent. Hier zeichnen sich ebenfalls deutliche hilfeartspezifische Unterschiede ab. Während bei der sozialen Gruppenarbeit etwa 20 Prozent der jungen Menschen aus Familien kommen, in denen vorrangig nicht Deutsch gesprochen wird, ist dies bei der Vollzeitpflege nur bei sieben Prozent der Hilfen der Fall. Auch bei der Erziehungsberatung und den Eingliederungshilfen sind junge Menschen, in deren Familie vorrangig nicht Deutsch gesprochen wird, mit jeweils acht Prozent ähnlich marginal vertreten.

Diese Ergebnisse verweisen auf vorhandene Inanspruchnahmebarrieren hinsichtlich der Nutzung niedrigschwelliger Hilfen wie der Erziehungsberatung vor dem Hintergrund unter anderem mangelnder Kenntnis der Existenz entsprechender Hilfeangebote oder auch einer geringen Vertrautheit mit entsprechenden Institutionen (zusammenfassend Gaitanides 2003). Darüber hinaus ist der sprachliche Anteil bei einer Hilfe wie der Erziehungsberatung relativ groß, sodass sprachliche Defizite Barrieren für Familien mit Migrationshintergrund darstellen können, in Problemlagen eine Erziehungsberatung aufzusuchen.

c) Wer nimmt die Leistungen in Anspruch?

Im Vorfeld wurde bereits darauf hingewiesen, dass im Rahmen der Kinder- und Jugendhilfestatistik ein differenzierter Blick auf den Migrationshintergrund möglich ist. Betrachtet man unter dieser Perspektive die über die »Allgemeinen Sozialen Dienste« der Jugendämter organisierten Hilfen zur Erziehung im Vergleich zu der Erziehungs-

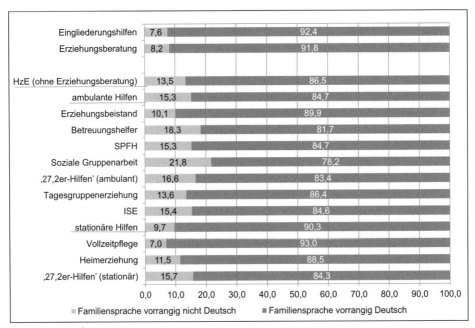

Abkürzungen: SPFH = Sozialpädagogische Familienhilfe, ISE = Intensive sozialpädagogische Einzelbetreuung.

Quelle: Statistisches Bundesamt, Statistiken der Kinder- und Jugendhilfe – Erzieherische Hilfen, 2009, eig. Berechnungen

Abb. 2: Hilfen zur Erziehung (§§ 27,2, 29–35/41 SGB VIII) und Eingliederungshilfen für seelisch behinderte junge Menschen (§ 35a/41 SGB VIII) nach Migrationshintergrund (Sprache) (Deutschland; 2009; Summe der andauernden und beendeten Hilfen, Angaben in Prozent)

beratung und den Eingliederungshilfen, zeigt sich zunächst, dass in allen drei Leistungssegmenten mit Blick auf den Migrationshintergrund der Großteil der jungen Menschen, die mindestens ein Elternteil ausländischer Herkunft haben, zu Hause vorrangig Deutsch spricht (vgl. Abb. 3). Ferner zeichnen sich Unterschiede mit Blick auf die Verteilung der bereits benannten quantitativ bedeutenden Gruppen ab. Junge Menschen, deren Eltern eine ausländische Herkunft aufweisen und in deren Familie vorrangig nicht Deutsch gesprochen wird, spielen eine größere Rolle in den Hilfen zur Erziehung als bei den Erziehungsberatungen und den Eingliederungshilfen. Mit 13 Prozent ist der Anteil hier doppelt so hoch wie bei den Eingliederungshilfen (sechs Prozent) und auch größer als bei der Erziehungsberatung (acht Prozent). Auch fällt der Anteil der jungen Menschen mit mindestens einem Elternteil ausländischer Herkunft, die zu Hause vorrangig Deutsch sprechen, bei den Eingliederungshilfen (12 Prozent) ebenfalls geringer aus als bei den Hilfen zur Erziehung (16 Prozent), während für die Erziehungsberatung ein ähnlich hoher Anteil ausgewiesen wird.

Schaut man auf die drei Gruppen unter einer alters- und geschlechtsspezifischen Perspektive, ist bemerkenswert, dass es kaum Unterschiede zwischen der Klientel ohne ausländische Herkunft und den Migrant/innen, in deren Familie vorrangig Deutsch gesprochen wird, gibt. Bei beiden Gruppen zeigt sich der größte geschlechtsspezifische Unterschied zugunsten der männlichen Klientel bei den Sechs- bis unter 12-Jährigen (Tab. 4). Bei den Migrant/innen, die zu Hause vorrangig nicht Deutsch sprechen, ist der Anteil der männlichen Klientel bei den Sechs- bis unter 12-Jährigen ebenfalls am höchsten, aber der Unterschied fällt nicht so deutlich aus in Relation zu den anderen Altersgruppen. Auch bei den 12- bis unter 18-Jährigen und den jungen Volljährigen liegt der Anteil der männlichen Adressaten bei über 60 Prozent.

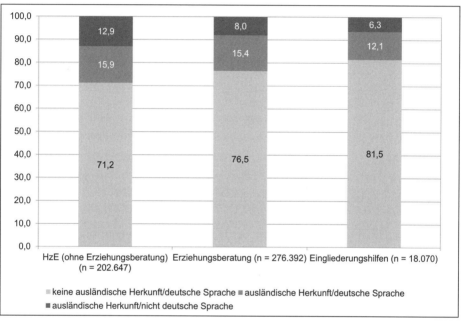

Quelle: Statistisches Bundesamt, Statistiken der Kinder- und Jugendhilfe – Erzieherische Hilfen, 2009, eig. Berechnungen

Abb.3: Hilfen zur Erziehung (§§ 27,2, 29–35/41 SGB VIII), Erziehungsberatung (§ 28/41 SGB VIII) sowie Eingliederungshilfen (§ 35a/41 SGB VIII) nach Migrationshintergrund (Herkunft und Sprache) (Deutschland; 2009; begonnene Hilfen, Angaben in Prozent)

Tab. 4: Hilfen zur Erziehung (§§ 27,2, 29–35/41 SGB VIII) nach Migrationshintergrund (Herkunft und Sprache) sowie Alter und Geschlecht (Deutschland; 2009; begonnene Hilfen)

Alter	keine ausländische Herkunft/deutsche Sprache (n = 74 036)		ausländische Herkunft/deutsche Sprache (n = 15 541)		ausländische Herkunft/nicht deutsche Sprache (n = 12 182)	
	männlich	weiblich	männlich	weiblich	männlich	weiblich
unter 6 J.	53,3 %	46,7 %	52,7 %	47,3 %	54,9 %	41,3 %
6 bis unter 12 J.	64,9 %	35,1 %	67,8 %	32,2 %	66,8 %	33,2 %
12 bis unter 18 J.	55,7 %	44,3 %	56,9 %	43,1 %	63,5 %	36,5 %
18 J. und älter	56,1 %	43,9 %	58,7 %	41,3 %	60,4 %	39,6 %

Ohne familienorientierte Hilfen gem. §§ 27,2 und 31 SGB VIII.

Quelle: Statistisches Bundesamt, Statistiken der Kinder- und Jugendhilfe – Erzieherische Hilfen, 2009, eig. Berechnungen

d) In welchen Lebenslagen befinden sich die Adressat/innen?

Die Inanspruchnahme von Leistungen der Hilfen zur Erziehung ist nicht monokausal zu erklären. Vielmehr müssen ganz unterschiedliche Faktoren unterschieden werden. Empirische Untersuchungen zeigen, dass von einem grundsätzlichen Zusammenhang zwischen sozioökonomisch prekären Lebenslagen auf der einen sowie Schwierigkeiten für die Persönlichkeitsentwicklung junger Menschen oder auch zusätzliche Belastungen familiärer Beziehungen auf der anderen Seite auszugehen ist. Einschlägige Studien weisen nach, dass sich materielle Engpässe bzw. ein insgesamt niedriges Familieneinkommen auf die Gesundheit nicht zuletzt auch von Kindern und Jugendlichen, das Erziehungsverhalten und den Erziehungsstil der Eltern, die Intelligenzentwicklung der Kinder oder auch auf deren Sozialverhalten auswirken (Rauschenbach/Züchner 2011; Biedinger 2009).

Auch wenn berücksichtigt werden muss, dass Indikatoren sozialer Lebenslagen keine unmittelbaren Aussagen über die Erziehungspotenziale von Familien und die in diesem Zusammenhang mögliche Beeinträchtigung bzw. Förderung der Lebenssituation von Kindern und Jugendlichen in diesen Familien treffen können, wird dennoch vorausgesetzt, dass Problemlagen in den genannten Dimensionen für die hiervon betroffenen Familien als Belastungen zu werten sind, die sich auf die konkreten Entwicklungsbedingungen von Kindern in diesen Familien niederschlagen können. Ein Beleg hierfür ist, dass Kinder aus Familien in materiell prekären Lebenslagen in den Hilfen zur Erziehung – und hier insbesondere in den familienersetzenden Hilfen – deutlich überrepräsentiert sind. Analysen der angegebenen Gründe für eine erzieherische Hilfe verweisen darauf, dass diese vor allem in einem problematischen familiären Kontext zu suchen sind (Fendrich/Pothmann/Wilk 2009).

So sind Familien, die eine Hilfe zur Erziehung in Anspruch nehmen, mit Blick auf ihre wirtschaftliche Situation zu einem erheblichen Anteil auf staatliche Transferleistungen angewiesen (BMFSFJ 2009, S. 216f.). Das gilt für die in der Regel über den »Allgemeinen Sozialen Dienst« organisierten Hilfen in einem weitaus höheren Maße als für die Erziehungsberatung. Betrachtet man für das Jahr 2008 zudem den Migrationshintergrund in Kombination mit dem Transferleistungsbezug[40], deuten sich sowohl bei den Hilfen zur Erziehung als auch bei der Erziehungsberatung Unterschiede zwischen den drei Adressatengruppen an. In beiden Leistungssegmenten ist der Anteil der Transferleistungsbezieher bei den jungen Menschen mit Migrationshintergrund jeweils höher als bei den Adressat/innen ohne Migrationshintergrund.

Und noch genauer hingeschaut, zeigt sich, dass der Anteil bei denjenigen mit mindestens einem Elternteil ausländischer Herkunft und der vorrangig nicht deutschen Sprache in der Familie am höchsten ist. Bei den Hilfen zur Erziehung erhalten beispielsweise etwa 64 Prozent in dieser Gruppe staatliche finanzielle Unterstützung, also relativ betrachtet fünf Prozentpunkte mehr als bei den jungen Menschen ohne Migrationshintergrund. Der Unterschied zwischen den Gruppen fällt bei den Hilfen gemäß § 28 SGB VIII noch deutlicher aus, obwohl der Anteil der Transferleistungsbeziehenden hier generell wesentlich geringer ist. Während bei den jungen Menschen ohne Migrationshintergrund lediglich 17 Prozent auf staatliche Transferleistungen angewiesen sind, ist der Anteil bei den jungen Menschen mit mindestens einem Elternteil ausländischer Herkunft und nicht deutscher Hauptsprache in der Familie mit fast 34 Prozent doppelt so hoch.

Für eine Bewertung dieses Befunds ist es zum Vergleich notwendig, die allgemeine Situation jenseits der Hilfen zur Erziehung bei Familien mit und ohne Migrationshintergrund hinsichtlich eines Transferleistungsbezugs zu berücksichtigen. Der Mikrozensus zeigt diesbezüglich, dass sich Familien mit Migrationshintergrund zu einem weitaus größeren Anteil in ökonomisch prekären Lebenslagen befinden (BMFSFJ 2010). Stellt man nunmehr für die Erziehungsberatung in Rechnung, dass gerade diese Hilfe zu einem großen Teil auch von der sogenannten »Mittelschicht« in Anspruch genommen wird (Rauschenbach/Pothmann/Wilk 2009), so deuten diese Ergebnisse umgekehrt darauf hin, dass für Familien mit Migrationshintergrund dieses Ergebnis vor dem Hintergrund der schlechteren ökonomischen Lebenslagen der Migrantenfamilien zu relativieren ist.

---

40 Zum Zeitpunkt der Manuskripterstellung lagen im Forschungsdatenzentrum der Statistischen Ämter dazu lediglich die Daten für das Erhebungsjahr 2008 vor.

Tab. 5: Hilfen zur Erziehung (§§ 27,2, 29–35/41 SGB VIII) und Erziehungsberatung (§ 28/41 SGB VIII) nach Migrationshintergrund (Herkunft und Sprache) und Transferleistungsbezug (Deutschland; 2008; begonnene Hilfen, Angaben absolut und in Prozent)

Hilfeempfängergruppen	HzE (einschl. Erziehungsberatung)	Erziehungs-beratung	HzE (ohne Erziehungsberatung)
keine ausl. Herkunft/ deutsche Sprache	307 517	202 313	105 204
dar. mit Transferleistungsbezug (in Prozent)	31,2	16,8	58,9
ausländische Herkunft/ deutsche Sprache	60 614	38 958	21 656
dar. mit Transferleistungsbezug (in Prozent)	37,0	23,2	61,8
ausländische Herkunft/ keine deutsche Sprache	38 332	22 025	16 307
dar. mit Transferleistungsbezug (in Prozent)	46,4	33,6	63,6

Quelle: Forschungsdatenzentrum der Statistischen Ämter: Statistiken der Kinder- und Jugendhilfe – Erzieherische Hilfen, 2008, eig. Berechnungen

Ein differenzierter Blick auf die einzelnen Hilfearten zeigt zudem nicht nur hilfeartspezifische Unterschiede, sondern auch Differenzen zwischen den einzelnen Gruppen der Hilfeempfänger/innen. So gibt es Hilfen, bei denen der Anteil der Transferleistungsbeziehenden in den hier unterschiedenen Gruppen von Hilfeempfänger/innen ähnlich groß ist – dies ist bei der Heimerziehung oder auch der Vollzeitpflege der Fall –, während bei anderen Leistungen, wie den ambulanten »27,2er-Hilfen« oder auch der sozialen Gruppenarbeit, deutliche Unterschiede zu konstatieren sind. Im Einzelnen wird auf den ersten Blick sichtbar, dass bei allen drei Gruppen die höchsten Anteile von Transferleistungsbezügen bei der Vollzeitpflege liegen (Abb. 4). Hier spiegeln sich auch die geringsten Unterschiede zwischen den drei Gruppen wider, ebenso wie bei der Heimerziehung. Deutliche Differenzen sind dagegen im ambulanten Leistungssegment zu beobachten und hier insbesondere bei der sozialen Gruppenarbeit sowie den Einzelbetreuungen. Bei beiden Hilfearten sind die jungen Migrant/innen, in deren Familie vorrangig nicht Deutsch gesprochen wird, eher von staatlicher finanzieller Unterstützung betroffen als die jungen Menschen ohne Migrationshintergrund oder auch diejenigen Migrant/innen, in deren Familie hauptsächlich Deutsch gesprochen wird.

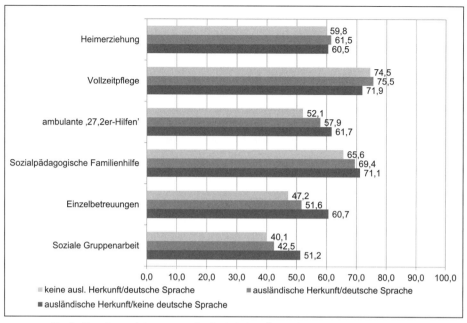

Quelle: Forschungsdatenzentrum der Statistischen Ämter: Statistiken der Kinder- und Jugendhilfe – Erzieherische Hilfen, 2008, eig. Berechnungen

Abb. 4: Ausgewählte Hilfen zur Erziehung nach Migrationshintergrund (Herkunft und Sprache) und Transferleistungsbezug (Deutschland; 2008; begonnene Hilfen, Angaben in Prozent)

e) Welche Gründe führen zur Inanspruchnahme einer Hilfe zur Erziehung?

Betrachtet man die Gründe für die Hilfen zur Erziehung bei Mädchen und Jungen bzw. bei jungen Frauen und Männern mit und ohne Migrationshintergrund, spiegeln sich auch bei diesem Auswertungsmerkmal migrationsspezifische Differenzen bei den Geschlechtern wider. Auf den ersten Blick wird deutlich, dass bei den Jungen bzw. jungen Männern in jedem vierten Fall – anteilig der höchste Wert – Auffälligkeiten im sozialen Verhalten als Hauptgrund angegeben wird. Hier zeichnen sich keine gravierenden Unterschiede zwischen der Klientel mit und ohne Migrationshintergrund ab (Tab. 6). Größere Differenzen zeigen sich hingegen bei der Unversorgtheit des jungen Menschen und der eingeschränkten Erziehungskompetenz der Eltern bzw. Personensorgeberechtigten. Bei der männlichen Klientel mit Migrationshintergrund wird die Unversorgtheit eher als Hauptgrund angezeigt als bei denjenigen ohne Migrationshintergrund. Die eingeschränkte Erziehungskompetenz hat eher eine größere Bedeutung bei Jungen bzw. jungen Männern ohne Migrationshintergrund als bei denjenigen, in deren Familie vorrangig nicht Deutsch gesprochen wird. Ähnliche Differenzen mit Blick auf diese Hauptgründe spiegeln sich bei den Adressatinnen wider.

Tab. 6: Hilfen zur Erziehung (§§ 27,2, 29–35/41 SGB VIII) nach Migrationshintergrund (Sprache) und Geschlecht sowie Hauptgründen für die Hilfegewährung (Deutschland; 2009; begonnene Hilfen)[1]

Hauptgrund für die Hilfegewährung	männlich			weiblich		
	insgesamt	nicht deutsche Sprache	deutsche Sprache	insgesamt	nicht deutsche Sprache	deutsche Sprache
	n = 58 807	n = 8 243	n = 50 564	n = 41 019	n = 4 889	n = 36 130
Unversorgtheit des jungen Menschen	7,4 %	16,8 %	5,8 %	8,7 %	16,5 %	7,7 %
unzureichende Förderung/Betreuung/Versorgung des jungen Menschen	11,1 %	13,6 %	10,7 %	12,0 %	13,5 %	11,8 %
Gefährdung des Kindeswohls	8,7 %	6,9 %	9,0 %	13,3 %	16,0 %	12,9 %
eingeschränkte Erziehungskompetenz der Eltern/der PSB	15,8 %	11,3 %	16,5 %	16,7 %	11,6 %	17,3 %
Belastungen des jungen Menschen durch Problemlagen der Eltern	6,0 %	3,9 %	6,4 %	8,3 %	5,6 %	8,7 %
Belastungen des jungen Menschen durch familiäre Konflikte	8,1 %	6,9 %	8,3 %	12,3 %	12,3 %	12,4 %
Auffälligkeiten im sozialen Verhalten	25,3 %	25,8 %	25,2 %	13,7 %	10,7 %	14,1 %
Entwicklungsauffälligkeiten/seelische Probleme des jungen Menschen	6,6 %	3,9 %	7,0 %	7,8 %	5,1 %	8,2 %
schulische/berufliche Probleme des jungen Menschen	11,1 %	10,8 %	11,1 %	7,2 %	8,7 %	6,9 %

[1] Ohne familienorientierte Hilfen gem. §§ 27,2 und 31 SGB VIII).

Quelle: Statistisches Bundesamt, Statistiken der Kinder- und Jugendhilfe – Erzieherische Hilfen, 2009, eigene Berechnungen

Bemerkenswert ist zudem die unterschiedliche Bedeutung der Gefährdung des Kindeswohls bei den männlichen und weiblichen Adressat/innen mit und ohne Migrationshintergrund. Generell ist festzustellen, dass die Kindeswohlgefährdung als Hauptgrund eher bei den Mädchen bzw. jungen Frauen angegeben wird als bei Jungen bzw. jungen Männern. Es zeigen sich allerdings Differenzen zwischen den jungen Menschen mit und ohne Migrationshintergrund innerhalb der Geschlechter: Während dieser Hauptgrund eher bei der männlichen Klientel ohne Migrationshintergrund angezeigt wird als bei den Jungen bzw. jungen Männern mit Migrationshintergrund, verhält es sich bei der weiblichen Klientel umgekehrt. Hier spielt die Kindeswohlgefährdung bei den Mädchen bzw. jungen Frauen mit Migrationshintergrund eine größere Rolle als bei der weiblichen Klientel, in deren Familie vorrangig Deutsch gesprochen wird.

Zwischen empirischen Erkenntnissen, Forschungsdesideraten und Herausforderungen für Praxisentwicklung – eine Bilanz

Wenn eingangs vorausgeschickt worden ist, dass Familien mit Migrationshintergrund in geringerem Umfang Leistungen der Hilfen zur Erziehung in Anspruch nehmen, so haben die aktuellen empirischen Befunde gezeigt, dass diese Gewissheit der letzten Jahrzehnte doch gleich in mehrfacher Weise zu relativieren ist:

→ Der Anteil der Familien mit Migrationshintergrund unterscheidet sich sehr stark zwischen der Erziehungsberatung auf der einen sowie den über die »Allgemeinen Sozialen Dienste« organisierten Hilfen zur Erziehung auf der anderen Seite. Unterrepräsentiert sind Familien mit Migrationshintergrund vor allem bei der Erziehungsberatung.

→ Differenziert man den Katalog der Hilfen zur Erziehung weiter aus, so werden zwischen den Hilfearten weitere Unterschiede deutlich. Insbesondere bei den familienersetzenden Hilfen ist der Anteil der jungen Menschen mit Migrationshintergrund niedriger als bei den familienunterstützenden und -ergänzenden Leistungen.

→ Weitere Unterscheidungen müssen für die einzelnen Bundesländer vorgenommen werden. Während beispielsweise in Baden-Württemberg der Anteil der Familien mit Migrationshintergrund in den Hilfen zur Erziehung erheblich höher ist als in der Bevölkerung, verhält es sich z. B. in Nordrhein-Westfalen und Rheinland-Pfalz im Sinne der zu Beginn gemachten Annahme genau anders herum. Gleichwohl zeigt sich auch hier, dass tendenziell bei Ländern mit einem höheren Anteil an Familien mit einem Migrationshintergrund in der Bevölkerung auch eine höhere Quote bei den Hilfen zur Erziehung festzustellen ist.

Vergleichende Analysen zu den Zugängen der Hilfen zur Erziehung haben gezeigt, dass bei der Gewährung dieser Leistungen doch mitunter erhebliche Unterschiede zwischen jungen Menschen und deren Familien mit und ohne Migrationshintergrund bestehen. Hierzu gehört nicht zuletzt auch, dass bei den Gründen für eine Hilfe bei Familien mit Migrationshintergrund weitaus häufiger eine Unversorgtheit seitens der Fachkräfte der »Allgemeinen Sozialen Dienste« angegeben wird.

Die empirischen Befunde zeigen, dass Familien mit Migrationshintergrund selbst auch hinsichtlich ihres Bedarfs an Leistungen der Hilfen zur Erziehung zu unterscheiden sind. Gerade Familien, in denen vorrangig kein Deutsch gesprochen wird, stellen in diesem Zusammenhang eine besondere Herausforderung für das Hilfesystem dar. Die in der Familie gesprochene Sprache ist an dieser Stelle ein Indikator für eine benachteiligte Lebenslage von Familien – möglicherweise aufgrund einer damit einhergehenden eingeschränkten sozialen Mobilität sowie der Gefahr einer gesellschaftlichen Abschottung gegenüber anderen Milieus, die sich auch negativ auf die Bedingungen des Aufwachsens für junge Menschen sowie die familiäre Erziehung auswirken können.[41]

Hierauf und auf die genannten Aspekte können die Ergebnisse der amtlichen Statistik zumindest hinweisen und erste Antworten geben. Gleichzeitig jedoch resultieren aus den empirischen Befunden weitergehende Fragestellungen, die dann allerdings auch nur noch teilweise mit quantitativen Forschungsdesigns zu beantworten sind:

→ Wie gestalten sich regionale Disparitäten auch unterhalb der Länderebene zwischen Jugendämtern bei der Inanspruchnahme von Hilfen durch Familien mit Migrationshintergrund? Und wie lassen sich diese Differenzen im Horizont demografischer Strukturen, rechtlicher Grundlagen, politischer Rahmenbedingungen, angebotener Dienste sowie der Arbeitsweisen der Fachkräfte erklären?

→ Was bedeutet es für die Lebenssituation von Familien mit Migrationshintergrund, wenn bei den Gründen für eine Hilfe zur Erziehung deutlich häufiger eine unzureichende Versorgung und Förderung angegeben werden als bei Familien ohne Migrationshintergrund? Und was sagt der gleiche Befund aus über die Wahrnehmungs- und Definitionsprozesse der Fachkräfte in den »Sozialen Diensten«?

Jenseits dieser Forschungsdesiderate verweisen die empirischen Erkenntnisse insbesondere zu den Fragen nach einer bedarfsgerechten Inanspruchnahme von Hilfen zur Erziehung durch junge Menschen und Familien mit Migrationshintergrund auf notwendige Praxis- und Qualitätsentwicklungen in Richtung eines interkulturell offenen Angebots an Einrichtungen und Diensten der Kinder- und Jugendhilfe. Eine so verstandene Veränderung von Angeboten kann allerdings nur gelingen, wenn die Entwicklung sozialpädagogischer Konzepte und Angebote ein »Cultural Mainstreaming« berücksichtigen. Dies gilt für die Hilfen zur Erziehung selbst, aber auch für Angebote

---

41 So stellte zuletzt auch der 13. Kinder- und Jugendbericht fest, dass trotz eines Bedarfs Hilfen zur Erziehung für junge Menschen mit Migrationshintergrund und ihre Familien vor allem bei mangelnden Sprachkenntnissen nicht ausreichend in Anspruch genommen werden. Mit den entsprechenden Konsequenzen: Letzteres wird beispielsweise von der Sachverständigenkommission daran festgemacht, dass in einem späteren Lebensalter junge Männer mit Migrationshintergrund in Haftanstalten überrepräsentiert seien (BMFSFJ 2009, S. 216).

im Vorfeld dieser familienunterstützenden, -ergänzenden und bisweilen auch -ersetzenden Individualhilfen. Zumindest zwei konkrete Aspekte sollen diesbezüglich abschließend zumindest angedeutet werden:
→ Es ist davon auszugehen, dass aller Voraussicht nach – empirisch abgesicherte Erkenntnisse fehlen hierzu bislang noch weitgehend – der Anteil der Fachkräfte mit Migrationshintergrund in den »Allgemeinen Sozialen Diensten« der Jugendämter sowie bei den Anbietern der Leistungen von Hilfen zur Erziehung noch zu niedrig ist. Hier stellen sich Herausforderungen im Rahmen der Personalentwicklung der Arbeitgeber.
→ Bei der Organisation einer Teilhabe und Integration von Familien mit Migrationshintergrund in den Kommunen vor Ort sollten allerdings auch mit Blick auf Zugänge zu den Hilfesystemen für junge Menschen und deren Familien die Selbstorganisationspotenziale der ethnischen Communitys nicht unterschätzt werden. Gerade auch im Rahmen der kommunalen Jugendhilfeplanung ist dieser Aspekt stärker als bislang zu berücksichtigen und mit einzubeziehen.

Literatur

Autorengruppe Bildungsberichterstattung (2010): Bildung in Deutschland 2010. Ein indikatorengestützter Bericht mit einer Analyse zu Perspektiven des Bildungswesens im demografischen Wandel. Bielefeld: Bertelsmann. www.bildungsbericht.de (Abruf 30.03.2011).
Biedinger, N. (2009): Kinderarmut in Deutschland. Der Einfluss von relativer Einkommensarmut auf die kognitive, sprachliche und behavioristische Entwicklung von 3- bis 4-jährigen Kindern. In: Zeitschrift für Soziologie der Entwicklung und Sozialisation 29, H. 2, S. 197–214.
[BJK] Bundesjugendkuratorium (2005): Die Zukunft der Städte ist multiethnisch und interkulturell. Stellungnahme des Bundesjugendkuratoriums zu Migration, Integration und Jugendhilfe. Bonn. www.bundesjugendkuratorium.de (Abruf 30.03.2011).
[BMFSFJ] Bundesministerium für Familie, Senioren, Frauen und Jugend (Hrsg.) (2002): 11. Kinder- und Jugendbericht. Berlin.
[BMFSFJ]: Bundesministerium für Familie, Senioren, Frauen und Jugend (Hrsg.) (2009): 13. Kinder- und Jugendbericht. Berlin.
[BMFSFJ]: Bundesministerium für Familie, Senioren, Frauen und Jugend (Hrsg.) (2010): Familien mit Migrationshintergrund. Lebenssituation, Erwerbsbeteiligung und Vereinbarkeit von Familien und Beruf. Erstellt durch die Prognos AG. Berlin.
Boss-Nünning, U./Karakaşoğlu, Y. (2002): Partizipation und Chancengleichheit von zugewanderten Kindern und Jugendlichen in der Jugendhilfe – Ergebnisse und Konsequenzen aus dem zehnten Kinder- und Jugendbericht. In: Sozialpädagogisches Institut im SOS-Kinderdorf e.V. (Hrsg.): Migrantenkinder in der Jugendhilfe. München: Eigenverlag, S. 47–66.
Braun, A. (2009): Differenzerfahrungen und sozialpädagogische Professionalität: MigrantInnen als Professionelle der Sozialen Arbeit. In: Migration und Soziale Arbeit 31, H. 3/4, S. 165–269.
Fendrich, S./Pothmann, J./Wilk, A. (2009): Welche Probleme führen zu einer Hilfe zur Erziehung?. In: Kom^{Dat} Jugendhilfe 12, H. 3, S. 5–6.
Filsinger, D. (2002): Interkulturelle Öffnung Sozialer Dienste. Expertise für den Elften Kinder- und Jugendbericht. Saarbrücken und Berlin.
Gaitanides, S. (2003): Interkulturelle Kompetenz als Anforderung in der Jugend- und Sozialarbeit. In: Sozialmagazin 28, H. 3, S. 42–48.

Hamburger, F. (2001): Migration. In: Otto, H.-U./Thiersch, H. (Hrsg.): Handbuch Sozialarbeit Sozialpädagogik. 2. Auflage. Neuwied und Kriftel: Luchterhand, S. 1211–1222.

Handschuck, S. (2009): Interkulturelle Öffnung von sozialen Einrichtungen im Stadtteil: Qualitätszirkelarbeit und Befragungen von Nutzerinnen und Nutzern. In: Migration und Soziale Arbeit 31, H. 3/4, S. 236–242.

Rauschenbach, T./Züchner, I. (2011): Lebenslagen von Kindern und Jugendlichen in Deutschland. In: Münder, J./Wiesner, R./Meysen, T. (Hrsg.): Kinder- und Jugendhilferecht. Handbuch. 2. Auflage. Baden-Baden: Nomos, S. 11–41.

Rauschenbach, Th./Pothmann, J./Wilk, A. (2009): Armut, Migration, Alleinerziehend – HzE in prekären Lebenslagen. Neue Einsichten in diese sozialen Zusammenhänge der Adressaten der Kinder- und Jugendhilfe. In: Kom^{Dat} Jugendhilfe 12, H. 1, S. 9–11.

Renner, G. (2002): Kinder ausländischer Eltern in der Jugendhilfe. In: Sachverständigenkommission Elfter Kinder- und Jugendbericht (Hrsg.): Migration und die europäische Integration. Herausforderungen für die Kinder- und Jugendhilfe. Materialien zum Elften Kinder- und Jugendbericht. Band 5. München: Verlag Deutsches Jugendinstitut, S. 73–126.

Schilling, M./Fendrich, S./Pothmann, J./Wilk, A. (2010): Gewährung und Inanspruchnahme von Hilfen zur Erziehung in Nordrhein-Westfalen. HzE-Bericht 2010 (Datenbasis 2008). Dortmund u.a. www.akjstat.uni-dortmund.de >> Monitoring; Abruf am 31.03.2011.

Schilling, M. (^{2}2011): Kinder- und Jugendhilfestatistik. In: Münder, J./Wiesner, R./Meysen, T. (Hrsg.): Kinder- und Jugendhilferecht. Handbuch. Baden-Baden: Nomos, S. 389–395.

Statistisches Bundesamt (Hrsg.) (2010): Bevölkerung und Erwerbstätigkeit. Bevölkerung mit Migrationshintergrund – Ergebnisse des Mikrozensus 2009. Wiesbaden: Eigenverlag.

Uslucan, Haci-Halil (2010): Kinderschutz im Spannungsfeld unterschiedlicher kultureller Kontexte. In: Suess, G. J./Hammer, W. (Hrsg.): Kinderschutz: Risiken erkennen, Spannungsverhältnisse gestalten. Stuttgart: Klett-Cotta, S. 150–166.

Veronika Fischer

Eltern- und Familienbildung in der Migrationsgesellschaft

Familienbildung vor dem Hintergrund bildungspolitischer Debatten

In der öffentlichen Diskussion setzt sich erst allmählich die Erkenntnis durch, dass Bildungsgerechtigkeit nicht nur durch eine Veränderung der institutionellen Strukturen des Bildungssystems, sondern auch durch die systematische Unterstützung der Familien zu gewährleisten ist. In diesem Zusammenhang sind eben nicht nur der Elementarbereich sowie das allgemeine und berufliche Schulsystem gefordert, sondern auch die Einrichtungen der Eltern- und Familienbildung. Bereits 2002 hat der »Wissenschaftliche Beirat für Familienfragen« im Rahmen einer Auswertung der ersten PISA-Studie (OECD 2001) die bildungspolitische Bedeutung der Familie herausgestrichen und kritisiert, dass sich die damalige Debatte fast ausschließlich darauf beziehe, wie »schulisches Lernen besser zu organisieren und Lerninhalte und Leistungsstandards zu vereinheitlichen seien« (BMFSFJ 2002, S. 9). Die PISA-Studie belegt jedoch in Übereinstimmung mit den Befunden wissenschaftlicher Untersuchungen die Relevanz familialer Bildungsprozesse, was in der Folgezeit durch weitere Studien bestätigt wird (Baumert/Schümer 2002; Braun/Mehringer 2010).

Dass der Einfluss der Familie auf die Entwicklung und Schulleistungen des Kindes sogar bedeutender ist als der von Kindertagesstätte und Schule wird schließlich in einer der wenigen Längsschnittstudien auf diesem Gebiet festgestellt (Tietze/Roßbach/Grenner 2005, S. 270 f).

Das in Familien vermittelte Humanvermögen stellt eine bedeutende Grundlage für lebenslange Bildungsprozesse dar. Von den ökonomischen, sozialen und kulturellen Ressourcen der Eltern hängen auch die Fördermöglichkeiten der Kinder ab. Da dieses Humanvermögen in der Bevölkerung ungleich verteilt ist, verfügen die Familien auch über unterschiedliche Möglichkeiten, ihre Kinder zu unterstützen. Insbesondere unter Bedingungen von Armut und Arbeitslosigkeit, wovon Familien mit Migrationshintergrund in besonderem Maße betroffen sind, ist das Risiko hoch, dass die Kinder beim Übergang in die Schule nicht die nötigen Kompetenzen mitbringen, die für einen erfolgreichen Bildungsverlauf erforderlich sind. Bei Kindern und Jugendlichen aus Familien, in denen mindestens ein Elternteil eine Zuwanderungsgeschichte hat, bestehen darüber hinaus geringere Chancen, die deutsche Sprache richtig zu beherrschen und am Ende der Grundschulzeit eine Übertrittsempfehlung zum Gymnasium zu erhalten (Stanat/Christensen 2006; Braun/Mehringer 2010, S. 71).

An der bildungspolitischen Diskussion ist zweierlei bemerkenswert: Obwohl schon seit den 1960er-Jahren die bedeutende Rolle der Familie für die Entwicklung des Kindes (Textor 2010) wissenschaftlich bekannt ist, besinnt man sich in Deutschland erst angesichts des im internationalen Vergleich schlechten Abschneidens des deutschen Schulsystems auf die Familie als primäre Sozialisationsinstanz und die unterstützende Rolle der Familienbildung. Zugleich verengt sich der Blick auf Familienbildung als Elternbildung, und Letztere wird auch nur in einer dienenden Funktion als Wegbereiterin für eine gelingende schulische Sozialisation gesehen. Eltern- und Familienbildung hat jedoch einen umfangreicheren Auftrag; sie richtet sich auf die Familie als ein soziales, dynamisches System, in dem über die Eltern hinaus noch weitere Familienmitglieder in verschiedenen Rollen involviert sind und das über verschiedene Entwicklungsphasen hinweg zu betrachten ist.

Begriffliche Klärung und rechtliche Grundlagen

Unterschiedliche Auffassungen von Familienbildung lassen sich auch in der fachwissenschaftlichen Diskussion nachweisen. Familienbildung gilt einigen Autorinnen und Autoren als ein Dach, unter das die Elternbildung als eine besondere Form subsummiert ist (Textor 2007, S. 369; Mengel 2007, S. 15). Andere Quellen gehen von einer synonymen Verwendung von Eltern- und Familienbildung aus. So versteht Minsel (2007, S. 300) unter Familienbildung alle Maßnahmen, »die darauf abzielen, die Erziehungskompetenz zu stärken und das Zusammenleben in der Familie so zu gestalten, dass die Kinder in einer gesunden und entwicklungsförderlichen Lernumwelt aufwachsen«. Zwar kann man die Elternbildung als ein Herzstück der Familienbildung verstehen, dennoch zeugt es von einer gewissen Vereinseitigung, wenn alle Bildungsprozesse im Kontext von Familie auf die Stärkung der Erziehungskompetenzen fokussiert werden. Ein weiter gefasstes Verständnis von Familienbildung kommt bei Textor (2001, S. 2) zum Ausdruck. Als allgemeines Ziel der Familienbildung kann seiner Auffassung nach »die Unterstützung von Familien durch bildende Angebote bezeichnet werden, die zu einer erfolgreichen Familienerziehung beitragen, eine bedürfnisorientierte Gestaltung des Familienlebens erleichtern, ein möglichst problemloses Durchlaufen des Lebens- und Familienzyklus ermöglichen sowie zur Nutzung von Chancen für die gemeinsame positive Weiterentwicklung und ein partnerschaftliches Miteinander anhalten«.

Im Sinne des Prinzips der Lebensweltorientierung (Grunwald/Thiersch 2005, S. 1136) bezieht sich Familienbildung konsequent auf ihre Adressaten und berücksichtigt deren spezifischen Selbstdeutungen und individuellen Handlungsmuster unter gegebenen gesellschaftlichen Bedingungen. Insofern hat sie auch die durch Migration geprägten Lebensverhältnisse in den Blick zu nehmen wie den jeweiligen Migrationsverlauf, den Rechtsstatus (Ausländer/Deutscher mit Migrationshintergrund, Aussiedler, Flüchtling), Religionszugehörigkeit, Mehrsprachigkeit, tradierte herkunftsorientierte Werte, Normen, Erziehungsziele und -stile, herkunftsbedingte Rollenmuster, Familienstrukturen und Diskriminierungstatbestände. Familienbildung hat sich in diesem Zusammenhang auch mit den spezifischen Verwerfungen, Benachteiligungen und Asymmetrien auseinanderzusetzen, die im Zuge von Migrationsprozessen entstanden sind. Lebensweltorientierte Familienbildung nutzt ihre rechtlichen, institutionellen und professionellen Ressourcen dazu, den Familienmitgliedern zu Selbstständigkeit, Selbsthilfe und sozialer Gerechtigkeit zu verhelfen.

Aus andragogischer Sicht handelt es sich bei der Familienbildung um einen Ansatz, der die Kinder zwar einbezieht, sich aber vorrangig an die Erwachsenen wendet und als Ehevorbereitung, Ehebildung, Elternbildung und Familienbildung organisiert ist. Formal unterschieden werden: die *institutionelle* Familienbildung, die überwiegend in Familienbildungsstätten und Einrichtungen der allgemeinen Erwachsenenbildung oder durch Familienzentren, Kitas, Jugendämter und andere Einrichtungen erfolgt; die *informelle* Familienbildung auf der Ebene eines Erfahrungsaustauschs von Eltern ohne professionelle Anleitung und die *mediale* Familienbildung durch Fernsehen, Funk, Internet, Audio- und Videokassetten sowie Printmedien (Textor 2007, S. 369 ff.).

Eine strukturelle Besonderheit der Familienbildung besteht in ihrer Zweigleisigkeit, einerseits Teil der Erwachsenenbildung und andererseits offizieller Bestandteil der Jugendhilfe zu sein. In dem 1991 in Kraft getretenen »Achten Sozialgesetzbuch« (SGB VIII, §§ 16–21) wird Eltern und anderen Erziehungsberechtigten auch ein Recht auf Unterstützung ihrer Erziehungstätigkeit zugesprochen, insbesondere durch »Angebote der Familienbildung, die auf Bedürfnisse und Interessen sowie auf Erfahrungen von Familien in unterschiedlichen Lebenslagen und Erziehungssituationen eingehen, die Familie zur Mitarbeit in Erziehungseinrichtungen und in Formen der Selbst- und Nachbarschaftshilfe besser befähigen sowie junge Menschen auf Ehe, Partnerschaft und das Zusammenleben mit Kindern vorbereiten«.

Das novellierte SGB VIII betont im Unterschied zum alten Jugendwohlfahrtsgesetz den Vorrang der Prävention vor der Intervention. So sollen Familien bei der Bewältigung belastender Situationen und kritischer Übergänge unterstützt werden, indem ihre Ressourcen geweckt und ihre Selbsthilfekräfte gestärkt werden. Außerdem gilt es, Familienbildung für alle zu öffnen, auch für diejenigen, die den Weg bisher nicht in die Einrichtungen gefunden haben. Das betrifft vor allem chancenarme Familien und impliziert somit auch Anstrengungen zur interkulturellen Öffnung der Familienbildung.

Forschungsstand

Forschungen zur Eltern- und Familienbildung, die den Migrationskontext einbeziehen, sind selten. Gemäß dem bereits oben geschilderten vorrangigen bildungspolitischen Interesse an einer Verbesserung der Leistungsbilanz des bundesdeutschen

Bildungssystems, gilt auch hier den Elternbildungsprogrammen und ihren Effekten für den späteren Bildungserfolg der Kinder (insbesondere der Kinder mit Migrationshintergrund) besondere Aufmerksamkeit. So sind vor allem solche Programme weiterentwickelt worden, die die Zielgruppenansprache von Eltern mit Migrationshintergrund verbessern, Sprachkompetenzen fördern und Erziehungskompetenzen stärken sollen. So geht es bei der Evaluation von »Hippy« (Bierschock/Dürnberger/Rupp 2008) und »Opstapje Schritt für Schritt« (Jurczyk/Sann/Thrum 2005) um Programme aufsuchender Elternarbeit, die familiennahe Zugänge für die Elternbildung erschließen wollen und bei »Griffbereit« und dem »Rucksackprogramm« (Rummel/Naves 2005) um die Evaluation von Elternbildung zur Sprachförderung der Kinder und Verbesserung ihrer Bildungschancen.

Im Abschlussbericht zum Projekt »Bildungserfolge bei Kindern und Jugendlichen mit Migrationshintergrund durch Zusammenarbeit mit den Eltern« (BAMF 2009) werden verschiedene Projektkonzepte vorgestellt, deren Ziel es ist, die Erziehungskompetenzen von Eltern mit Migrationshintergrund zu stärken und die aktive Teilhabe am Bildungsprozess der Kinder zu erhöhen. Außerdem ging es darum, vorhandene Evaluationen der einzelnen familienzentrierten Programme danach auszuwerten, ob sie Hinweise auf langfristige Effekte für den Schulerfolg der Kinder geben. Ausgewählt wurden Projekte mit den Zielgruppen »Eltern mit Kindern im Vorschulalter und Schulalter«, die wiederum nach den Kriterien »Komm- und Gehstruktur« unterschieden werden. Die Untersuchung kommt zu dem Ergebnis, dass die Vielzahl der teils divergierenden Konzeptionen auf die föderale Struktur des deutschen Bildungssystems zurückgeführt werden kann. Komplexe und intensive Projekte existieren vor allem im vorschulischen Bereich.

Die Mehrzahl der untersuchten Projekte wurde zwar evaluiert, aber in der Regel kein Kontrollgruppendesign entwickelt. Auch Follow-up-Untersuchungen, die langfristige Effekte feststellen könnten, sind selten vorhanden. Insofern stimmt es auch nicht verwunderlich, dass sich die Mehrzahl der Evaluationen kaum der Frage widmet, inwieweit durch die Programme auch langfristig die Bildungserfolge der Kinder und Jugendlichen mit Migrationshintergrund begünstigt werden. Im Hinblick auf förderliche Faktoren wird herausgestellt, dass Projekte, die gleichzeitig Kinder und Eltern einbeziehen, wirkungsvoller sind als Programme, die sich ausschließlich an die Eltern richten, dass »gezielte präventive Ansätze erfolgreicher sind als universelle und dass mit steigender Intensität eines Programms auch die Wirksamkeit zunimmt« (BAMF 2009, S. 5 f).

Großes Interesse gilt auch sogenannten »Multiplikatorenmodellen«, die darauf ausgerichtet sind, schwer erreichbare Eltern mit Migrationshintergrund anzusprechen und für die Elternbildung zu gewinnen. In einer Expertise für das Bundesamt für Migration und Flüchtlinge wurden verschiedene Modelle im Hinblick auf ihre Effizienz untersucht und eine Reihe von förderlichen Faktoren, bezogen auf die Rahmenbedingungen, Zielgruppe, Didaktik/Methodik und Fortbildung der Multiplikatoren herausgearbeitet (Michalek/Laros 2008).

Dass die Zielgruppenansprache und -einbindung bei Eltern mit Migrationshintergrund aus ressourcenarmen Milieus besonders schwierig ist und nicht nur ein deutsches Phänomen darstellt, verdeutlicht die vergleichende Untersuchung von Janet Boddy et al. (2009), die für alle fünf untersuchten Länder (Dänemark, Frankreich, Deutschland, Italien und die Niederlande) feststellt: »All five countries had encountered difficulties with engaging particular groups of parents, including fathers and parents from socio-economically disadvantaged and minority ethnic communities« (Boddy et al. 2009, S. 3).

Auch wenn es stimmt, dass die ökonomische Situation der Bevölkerung mit Migrationshintergrund deutlich ungünstiger ist als die der Bevölkerung ohne Migrationshintergrund (Seifert 2011, S. 125), so darf dies nicht zu dem Fehlschluss verleiten, Familien mit Migrationshintergrund gehörten vor allem einer *Problemgruppe* in prekären Lebenslagen an. Die in der Vergangenheit übliche Erfassung von Familien mit Migrationshintergrund unter Kategorien wie »Zielgruppen in besonderen Lebenslagen« (Schiersmann et al. 1998, S. 87) oder »mit strukturellen Belastungen« (BMFSFJ 2006, S. 89) führt schnell zu einer eingeschränkten Wahrnehmung der Adressat/innen als Sonder- und Randgruppe mit Defiziten, was der faktischen Lebenssituation und Heterogenität der zugewanderten Bevölkerung nicht mehr entspricht. So ist inzwischen durch die Studie der Migrantenmilieus von Sinus Sociovision (Merkle 2011, S. 83 ff.) ein facettenreiches Bild der Migrantenpopulation gezeichnet worden, das sich in acht Milieus ausdifferenzieren lässt und zugleich die vorhandenen Ressourcen an kulturellem Kapital aufzeigt. Allerdings zeigt die Studie auch, dass die Weiterbildungsbereitschaft von der sozialen Lage abhängt und in den Milieus aus dem unteren Drittel der Gesellschaft geringer ausgebildet ist, was mit den Ergebnissen aus einschlägigen Studien zum Weiterbildungsverhalten generell übereinstimmt (Autorengruppe 2008, S. 141).

Weiterbildungsverhalten

Spezielle Untersuchungen zur Weiterbildungsbeteiligung von Zugewanderten und ihren Familien in Institutionen der Familienbildung existieren nicht. Allgemeine Daten zum Weiterbildungsverhalten liefert das »Berichtssystem Weiterbildung«. Im Hinblick auf die Erfassung des Weiterbildungsverhaltens nach Migrationshintergrund sind jedoch auch hier die Statistiken sehr lückenhaft (Bilger 2006, S. 24), sodass keine verlässlichen Daten als Ausgangsbasis für eine Weiterbildungsplanung gegeben sind. Das Berichtssystem nimmt nur einen »globalen Vergleich« der Weiterbildungsbeteiligung von Deutschen und Nichtdeutschen bzw. Personen mit Migrationshintergrund vor, was lediglich eine erste Annäherung an den Forschungsgegenstand erlaubt. So wird gezeigt, dass im Jahr 2003 Ausländer/innen sowie »Deutsche mit ausländischem Hintergrund« zu jeweils 29 Prozent an Weiterbildung beteiligt sind und sich damit wesentlich seltener weiterbilden als Deutsche (42 Prozent) (Kuwan/Thebis 2005, S. 42 f.). Zwar wird in einer Folgestudie im Jahr 2007 ein Anstieg der Weiterbildungsbeteiligung verzeichnet, bei Ausländer/innen um zehn Prozent (von 29 Prozent auf 39 Prozent) und bei Deutschen mit Migrationshintergrund um fünf Prozent (von 29 Prozent auf 34 Prozent), aber immer noch bleibt sie hinter der Weiterbildungsbeteiligung der Deutschen ohne Migrationshintergrund zurück (44 Prozent) (Rosenbladt/Bilger 2008, S. 64). Außerdem ist zu vermuten, dass dieser Anstieg vor allem auf die durch das Zuwanderungsgesetz verpflichtend gemachten Integrationskurse zurückzuführen ist, sodass man auch von einem Ungleichgewicht bei der Inanspruchnahme der verschiedenen Weiterbildungsangebote ausgehen muss. An Angeboten zu den Themengebieten »Kindererziehung/Hilfe für die Schule« oder »Persönliche/Familiäre Probleme« beteiligten sich Ausländer/innen und Ausländer im Jahre 2003 nur zu jeweils zwei Prozent bzw. einem Prozent (Kuwan/Thebis 2005, S. 44), für 2007 liegen entsprechende Daten nicht vor.

Zumindest bieten diese Daten Anhaltspunkte dafür, dass es offensichtlich Defizite bei der Ansprache und dem Einbezug von Menschen mit Migrationshintergrund in die Weiterbildung gibt. Wie diese Zugangsbarrieren im Rahmen der Familienbildung überwunden werden können, war unter anderem Gegenstand einer Studie, die im Bundesland Nordrhein-Westfalen von einer Forschungsgruppe der Fachhochschule Düsseldorf (Fischer/Krumpholz/Schmitz 2007) durchgeführt worden ist und deren wichtigste Ergebnisse im Folgenden referiert werden sollen, da sie bislang die bundesweit einzige Länderstudie zu diesem Thema ist.

Ausgewählte Ergebnisse der Evaluation der Eltern- und Familienbildung in Nordrhein-Westfalen

Angebotsstruktur

Ausgangspunkt der Untersuchung war die Frage, inwieweit es den Einrichtungen der Eltern- und Familienbildung gelingt, Zugangsbarrieren für Familien mit Migrationshintergrund abzubauen, ihr Angebot zu öffnen[42], den besonderen Bedarfslagen und Anliegen der Betroffenen gerecht zu werden und die Organisation interkulturell auszurichten. Im Verlauf der Untersuchung wurde ein Mix aus quantitativen und qualitativen Methoden eingesetzt: eine schriftliche Befragung aller 151 Einrichtungen der Familienbildung in Nordrhein-Westfalen, leitfadenzentrierte Interviews mit haupt-

---

42 Da die Einrichtungen in der Regel nicht über Statistiken verfügen, aus denen die Anzahl der Teilnehmenden mit Migrationshintergrund hervorgeht, konzentrierte sich die Untersuchung auf die Erfassung der migrationsspezifischen und interkulturellen Angebote. Migrationsspezifisch ausgerichtete Angebote beziehen sich auf Anliegen und Bedarfslagen, die aus der Migrationssituation hervorgegangen sind wie z.B. Deutsch zu lernen, sich über ausländerrechtliche, mit dem Zuwanderungsgesetz oder neuen Staatsbürgerschaftsrecht verbundene Fragen zu informieren, sich die Schriftsprache der eigenen Muttersprache anzueignen etc. Interkulturelle Veranstaltungen fördern die Begegnung, den Austausch und die Verständigung von Angehörigen unterschiedlicher kultureller Herkunft, insbesondere zwischen Mehrheit und Minderheiten.

amtlichem Personal, teilnehmende Beobachtungen und Gruppengespräche in Veranstaltungen der Familienbildung (Fischer/Krumpholz/Schmitz 2007, S. 45 ff.).

Von allen 151 angeschriebenen Einrichtungen haben sich insgesamt 70 Einrichtungen (46,35 Prozent) an der Umfrage beteiligt. 36 dieser 70 Einrichtungen geben an, Veranstaltungen für und mit Eltern und Familien mit Migrationshintergrund und/oder interkulturelle Veranstaltungen anzubieten. Die Zahl der Anbieter konzentriert sich vor allem auf die großen Städte mit einem hohen Anteil an zugewanderter Bevölkerung entlang dem Rhein und im Ruhrgebiet.

Gemessen am Gesamtangebot von 15 086 Veranstaltungen beträgt der prozentuale Anteil der migrationsspezifisch ausgerichteten Veranstaltungen 4,7 Prozent (710 Veranstaltungen), der Anteil der interkulturellen Angebote 8,4 Prozent (1 269 Veranstaltungen), d. h. 13 Prozent aller Veranstaltungen im Jahr 2004 bezogen ausdrücklich Familien mit Migrationshintergrund ein. Bei den Angeboten überwiegen mit 49 Prozent Sprachkurse (unter anderem Alphabetisierungs- und Integrationskurse), was mit den dargestellten Ergebnissen des »Berichtssystems Weiterbildung« korrespondiert. An zweiter Stelle folgen mit 20 Prozent Gesprächskreise und Mutter-Kind-Gruppen. Mit unter zehn Prozent sind Veranstaltungstypen vertreten wie Wochen(end)veranstaltungen (8,1 Prozent), Einzelveranstaltungen (5,7 Prozent), Vorschul-/Schul-/Familienförderprojekte (5,4 Prozent), Tagesausflüge (1,5 Prozent) und Treffpunkte (1,3 Prozent) (Fischer/Krumpholz/Schmitz 2007, S. 62).

Es hat sich gezeigt, dass die Angebote einerseits regional sehr ungleichmäßig verteilt sind, weil sie nur in 36 der 70 Einrichtungen Bestandteil des Programms sind und dass sie andererseits lediglich ein Randsegment in der Familienbildung darstellen. Einem marginalen Angebot steht allerdings ein wachsendes Potenzial an möglichen Nutzer/innen der Familienbildung gegenüber, denn die Migrantenbevölkerung kann inzwischen nicht mehr als verschwindende Minderheit oder Randgruppe behandelt werden. Insofern wird künftig eine vorrangige Aufgabe darin bestehen, die Teilhabe von Zugewanderten und ihren Familien an Familienbildungsangeboten zu verbessern.

Gründe für die geringe Weiterbildungsbeteiligung von Zugewanderten und ihren Familien

Nach den Ursachen für die geringe Weiterbildungsbeteiligung von Familien mit Migrationshintergrund befragt, unterschieden die befragten Einrichtungsleitungen nach Gründen, die sie einerseits aufseiten der Migrant/innen vermuteten und nach Gründen, die mit ihrer Einrichtung zu tun hatten.

Von 38,5 Prozent des befragten hauptamtlichen Personals wurde Unkenntnis bezüglich des deutschen Weiterbildungssystems als Grund angegeben, warum Menschen mit Migrationshintergrund die Einrichtungen der Weiterbildung bzw. der Familienbildung nicht besuchten. Die Mehrzahl kenne Einrichtungen der Eltern- und Familienbildung nicht, unter anderem weil es im Herkunftsland kein vergleichbares

Erwachsenenbildungssystem gebe und weil die Einrichtungen in der »Migrantenszene« meistens nicht bekannt seien. Weitere 38,5 Prozent argumentierten, dass sich Zugewanderte mit niedrigem Einkommen und geringen Bildungsvoraussetzungen ähnlich verhielten wie deutsche Unterschichtangehörige mit vergleichbaren Voraussetzungen, die ebenfalls seltener in den Weiterbildungsangeboten vertreten seien.

Der Sozialstatus sei demnach der hauptsächliche Grund für die geringe Weiterbildungsbeteiligung. Schulische Misserfolge und negative Erfahrungen mit schulischem Lernen, die bei dieser Gruppe gering Qualifizierter häufig vorlägen, seien darüber hinaus eher motivationsdämpfend. 30,7 Prozent machten Sprachbarrieren als Hemmschwelle für den Besuch von Weiterbildungsveranstaltungen verantwortlich. Fehlende Deutschkenntnisse seien vielfach mit Ängsten verbunden, eine Weiterbildungseinrichtung aufzusuchen. Umgekehrt sei aber auch bei einigen Eltern wenig Bereitschaft festzustellen, Deutsch zu lernen. Eine türkische Erzieherin, Leiterin von Mütter Gesprächskreisen, die zahlreiche Kontakte zur türkischen Community im Stadtteil unterhält, schildert die Hintergründe, warum die Mütter vielfach keine Motivation haben, einen Deutschkurs zu besuchen. Sie »schicken zwar ihre Kinder zu Deutschkursen oder nachmittags zum Logopäden, besuchen aber selber oft keinen Sprachkurs. Da sie keine Perspektive haben und wenig Kontakt zu Deutschen, ist die Motivation, Deutsch zu lernen, eher gering. Es müsste vermittelt werden, wie wichtig sie in der Vorbildfunktion der Deutschlernenden sind« (Fischer/Krumpholz/Schmitz 2007, S. 50).

30,7 Prozent der Befragten führen die Weiterbildungsabstinenz auf das Verständnis einiger Eltern hinsichtlich ihrer Elternrolle und Erziehung zurück. Sie meinten, diese Eltern sähen keinen Grund, Eltern- und Familienbildungsangebote anzunehmen (z.B. Eltern-Kind-Gruppen), da »es ziemlich unüblich ist, mit Kindern in dem Alter überhaupt etwas zu machen, außer sie abzugeben in Einrichtungen«. Die Betroffenen sähen keinen Sinn in der Eltern- und Familienbildung, weil sie kein Bewusstsein von ihrem eigenen Erziehungsauftrag hätten. Die Eltern erwarteten – so eine türkische Erzieherin –

> »von den Institutionen sehr viel. Also ganz einfach, sie haben Kinder und schicken sie in den Kindergarten und sagen, die Erzieherinnen sollen das machen und die Schule. Und dann geht es weiter. Aber so ist das nicht. Dieser Erziehungsauftrag von den Eltern ist nicht klar; dieses, das ist mein Kind, da muss ich etwas machen, also den Boden bereiten für die Erziehung, die Bildung... das ist bei denen nicht klar. Sie wollen schon, aber es ist ihnen nicht klar: Wem gehört diese Aufgabe, mir oder den Institutionen? Da ist dann auch hier eine Unsicherheit, weil sie hier leben und weil sie denken, in Deutschland ist alles so geklärt. Mein Kind wird irgendwann etwas werden. Also eigene Aufgaben nehmen sie sehr, sehr zurück« (Fischer/Krumpholz/Schmitz 2007, S. 51).

Bei den Gründen, die sich auf die Einrichtungen beziehen, machten 61,5 Prozent der Befragten vor allem ein fehlendes pädagogisches Konzept für die schlechte Erreichbarkeit der Adressat/innen verantwortlich. Es fehlten unter anderem effiziente Formen der Zielgruppenansprache im Sinne einer »Gehstruktur« und kompetentes Fachpersonal, das in der Lage sei, ein Vertrauensverhältnis zu den Betroffenen aufzubauen. Die Angebote orientierten sich nicht an den besonderen Bedarfslagen und Bedürfnissen der Betroffenen.

Gerade die Heterogenität der Migrantenpopulation, verbunden mit einer Marginalisierung bzw. Segregation weiter Teile dieser Bevölkerung, verlangen nach einer Vielzahl von Konzepten in der Ansprache und Arbeit mit den verschiedenen Gruppen. So wird man eine lese- und schreibunkundige Frau, die nur zwei Jahre die Grundschule in ihrem Heimatdorf in der Osttürkei besucht hat, durch andere Wege der Öffentlichkeitsarbeit und Bildungsangebote erreichen als eine türkischstämmige Lehrerin aus Istanbul. Es gibt keinen »Königsweg«, der zum Erfolg führt. Es bedarf vielmehr eines sehr differenzierten Konzepts interkultureller Öffnung, das in Abstimmung und Kooperation mit den Betroffenen der Pluralität der Lebenslagen, Bedürfnisse, Interessen und Bildungsvoraussetzungen der verschiedenen Gruppen mit Migrationshintergrund gerecht wird.

Empfehlungen für die interkulturelle Öffnung der Familienbildung

Interkulturelle Öffnung ist ein Organisationsentwicklungsprozess, der darauf abzielt, eine Einrichtung auf die durch Migration entstandenen Erfordernisse auszurichten. Das betrifft sowohl das Leitbild mitsamt dem pädagogischen Konzept, als auch die Zielgruppenansprache, die Organisationsstruktur, Fortbildungen zur Vermittlung interkultureller Handlungskompetenz und die Vernetzung im Sozialraum.

Leitbild Interkulturelle Orientierung als Querschnittsaufgabe

Interkulturalität als leitendes Prinzip der Familienbildung sollte sich nicht nur auf das Verhältnis von Deutschen und Zugewanderten, sondern in einem umfassenderen Verständnis auch auf andere Differenzlinien beziehen wie die des Geschlechts, des Alters, der Religion, der Sprache, der sexuellen Orientierung oder der sozio-ökonomischen Lage. In Bildungsprozessen werden immer unterschiedliche kulturelle Orientierungen, Sichtweisen und Bewertungen kommuniziert. Es geht bei allen Beteiligten darum, eine Haltung zu fördern, die Vielfalt akzeptiert, selbstreflexiv mit den eigenen kulturellen Prägungen umgeht, sich kritisch mit den sozialen Disparitäten auseinandersetzt und diese vor dem Hintergrund universeller Werte wie der Menschenrechte zu beurteilen weiß. Nur so wird eine gleichberechtigte und respektvolle Begegnung ermöglicht. Interkulturelle Orientierung als strategische Ausrichtung einer Einrichtung spiegelt sich im Leitbild wider, wird in den Zielen der Arbeit konkretisiert, in den Fortbildungen des Personals thematisch umgesetzt und als Querschnittsaufgabe in allen Bereichen und auf allen Ebenen der Arbeit verankert (Schröer 2011, S. 307 ff.).

Zielgruppenansprache

Im Hinblick auf die effizientesten Wege der Zielgruppenansprache und Öffentlichkeitsarbeit hat sich bei der Evaluation der Familienbildung in Nordrhein-Westfalen herausgestellt, dass die am häufigsten eingesetzten Werbemittel (Internet und Lokalradio) für die Ansprache von Eltern und Familien mit Migrationshintergrund offenbar keine große Rolle spielen. Auch das Programmheft, das von 41,5 Prozent der Befragten als Werbemittel angegeben wurde, und alle Printmedien stellen sich rückblickend als nicht so effizient heraus (Fischer 2009, S. 127).

Als besonders wirkungsvoll werden hingegen bezeichnet: Mund-zu-Mund-Propaganda, direkte Ansprache über Mittler/Multiplikatoren mit Kenntnissen der Muttersprache der Adressat/innen, Ansprache durch Kooperationspartner in Netzwerken und Einrichtungen der Migrationsarbeit, Ansprache durch Migrantenselbstorganisationen und Kursleitungen mit Kontakten zur Zielgruppe. Um die Zielgruppen zu erreichen, haben sich nach Ansicht der Befragten auch folgende Rahmenbedingungen als günstig erwiesen: Zugang durch niedrigschwellige Angebote, Nutzung der Infrastruktur der Migranten-Community im Stadtteil, Angebote in Wohnortnähe (kurze Wege), Verlagerung der Angebote der Elternbildung in die Bildungswelten der Kinder (z. B. Kindertageseinrichtung/Grundschule), niedrige Gebühren, Kinderbetreuung und Zusammenarbeit mit Dolmetschern (Fischer/Krumpholz/Schmitz 2007, S. 69 ff.).

Vernetzung der Bildungsorte und Kooperationspartner im Sozialraum

Familienbildung, die institutionell häufig in den städtischen Zentren angesiedelt ist, muss lebensnah im unmittelbaren Umfeld schwer erreichbarer Gruppen angeboten werden. Einrichtungsgrenzen müssen überschritten, Angebote im Sozialraum platziert und an den Lebenswelten der Betroffenen und ihren Interessen ausgerichtet, die im Quartier befindlichen Bildungsorte (z. B. Kita, Grundschule, Musikschule) – wenn sie denn von den Familien angenommen werden können – für die Familienbildung genutzt werden. Insbesondere die bereits vernetzt arbeitenden Familienzentren bieten eine gute Möglichkeit für eine familienorientierte niedrigschwellige Bildungsarbeit. Bestehende Kooperationsbündnisse mit anderen familienunterstützenden Diensten (wie Familienberatung, sozialpädagogische Familienhilfe, Erziehungshilfe, Eheberatung) bergen vielfältige Synergieeffekte. Hier erweist sich das Schnittstellenmanagement der Familienzentren auch für die Familienbildung als nützlich (Schilling 2009, S. 14 ff.). Neben den familienunterstützenden Diensten sind auch die Migrationsdienste der Wohlfahrtsverbände eine wichtige Adresse für die Familienbildung. Nicht zu vergessen sind auch die im Stadtteil ansässigen Elternvereine der Migrant/innen, die ebenfalls eine wichtige Brückenfunktion zwischen Elternhaus und Bildungsinstitutionen einnehmen und als Türöffner zu den Zielgruppen, Dolmetschern oder auch Kulturmittlern fungieren können. Ein Bildungsgesamtkonzept, das alle Anbieter von Familienbildung im Stadtteil einbezieht, sollte die gesamte soziokulturelle Infrastruktur einschließen, also auch Moscheen, Kulturvereine, Migrantentreffpunkte und Gemeindehäuser. Eine solche Netzwerkarbeit im Quartier ist ohne Koordination und regelmäßige Abstimmung in einem breiten Arbeitsbündnis nicht denkbar. Familienbildung ist nicht nachhaltig, wenn sie nur als singuläre Maßnahme aufgestellt ist, stattdessen muss sie in einem übergeordneten Planungsprozess mit anderen familienunterstützenden Leistungen abgestimmt werden.

Literatur

Autorengruppe Bildungsberichterstattung (2008): Bildung in Deutschland 2008. Ein indikatorengestützter Bericht mit einer Analyse zu Übergängen im Anschluss an den Sekundarbereich I. Bielefeld: W. Bertelsmann.
Baumert, J./Schümer, G. (2002): Familiäre Lebensverhältnisse, Bildungsbeteiligung und Kompetenzerwerb im nationalen Vergleich. In: Deutsches PISA-Konsortium (Hrsg.): PISA 2000. Die Länder der Bundesrepublik im Vergleich. Opladen: Leske + Budrich, S. 159–202.
Bierschock, K./Dürnberger, A./Rupp, M. (2008): Evaluation des Hippy-Programms in Bayern. Ifb-Materialien 3/2008. Bamberg:ifb. www.ifb.bayern.de/imperia/md/content/stmas/ifb/materialien/mat_2008_3.pdf. (Abruf: 15.03.2011).
Bilger, F. (2006): Migranten und Migrantinnen – eine weitgehend unbekannte Zielgruppe in der Weiterbildung. Empirische Erkenntnisse und methodische Herausforderungen. In: Report H. 2, S. 21–31.
Boddy, J./Statham, J./Smith, M./Ghate, D./Wigfall, V./Hauari, H. (2009): International Perspectives on Parenting Support Non-English Language Sources. London: University of London. www.dcsf.gov.uk/research/data/uploadfiles/DCSF-RR114.pdf (Abruf am 07.01.2011).
Braun, C./Mehringer, V. (2010): Familialer Hintergrund, Übertrittsempfehlungen und Schulerfolg bei Kindern mit und ohne Migrationshintergrund. In: Hagedorn, J./Schurt, V./Steber, C./Waburg, W. (Hrsg.): Ethnizität, Geschlecht, Familie und Schule. Heterogenität als erziehungswissenschaftliche Herausforderung. Wiesbaden: VS Verlag für Sozialwissenschaften für Sozialwissenschaften, S. 55–79.
Bundesamt für Migration und Flüchtlinge (BAMF) (Hrsg.) (2009): Förderung des Bildungserfolgs von Migranten: Effekte familienorientierter Projekte. Nürnberg: BAMF.
Bundesministerium für Familie, Senioren, Frauen und Jugend (BMFSFJ) (Hrsg.) (2002): Die bildungspolitische Bedeutung der Familie . Folgerungen aus der PISA-Studie. Wissenschaftlicher Beirat für Familienfragen. Stuttgart: Kohlhammer.
Bundesministerium für Familie, Senioren, Frauen und Jugend (BMFSFJ) (Hrsg.) (2006): Bestandsaufnahme und Evaluation von Angeboten im Elternbildungsbereich. Berlin.
Fischer, V./Krumpholz, D./Schmitz, A. (2007): Zuwanderung – Eine Chance für die Familienbildung. Bestandsaufnahme und Empfehlungen zur Eltern- und Familienbildung in Nordrhein-Westfalen. Hrsg. vom MGFFI (NRW) und den Landesgemeinschaften der Familienbildung in NRW. Düsseldorf: MGFFI.
Fischer, V. (2009): Familienbildung im Migrationskontext. Eine Bestandsaufnahme der Eltern- und Familienbildung in Nordrhein-Westfalen. In: Migration und Soziale Arbeit, H. 2, S. 115–122.
Grunwald, K./Thiersch, H. (2005): Lebensweltorientierung. In: Otto, H.-U./Thiersch, H. (Hrsg.): Handbuch Sozialarbeit Sozialpädagogik. München/Basel: Ernst Reinhardt, S. 1136–1148.
Jurczyk, K./Sann, A./Thrum, K. (2005): Opstapje – Schritt für Schritt. www.dji.de/opstapje (Abruf am 15.03.2011).

Kuwan, H./Thebis, F. (2005): Berichtssystem Weiterbildung IX. Ergebnisse der Repräsentativbefragung zur Weiterbildungssituation in Deutschland. Berlin: Bundesministerium für Bildung und Forschung.

Mengel, M. (2007): Familienbildung mit benachteiligten Adressaten. Eine Betrachtung aus andragogischer Perspektive. Wiesbaden: VS Verlag für Sozialwissenschaften für Sozialwissenschaften.

Merkle, T. (2011): Milieus von Familien mit Migrationshintergrund. In: Fischer, V./Springer, M. (Hrsg.): Handbuch Migration und Familie. Grundlagen für die Soziale Arbeit mit Familien. Schwalbach: Wochenschau Verlag, S. 83–99.

Michalek, R./Laros, A. (2008): Multiplikatorenmodelle für die Arbeit mit Eltern mit Migrationshintergrund. Expertise für das Bundesamt für Migration und Flüchtlinge. Nürnberg: BAMF.

Minsel, B. (2007): Stichwort: Familie und Bildung. In: Zeitschrift für Erziehungswissenschaft. 10. Jahrgang. Heft 3/2007, S. 299–316.

Organisation für Wirtschaftliche Zusammenarbeit und Entwicklung (OECD) (Hrsg.) (2001): Lernen für das Leben. Erste Ergebnisse der Internationalen Schulleistungsstudie PISA 2000.

Rosenbladt, B. von/ Bilger, F. (2008): Weiterbildungsbeteiligung in Deutschland – Eckdaten zum BSW-AES 2007. TNS Infratest Sozialforschung. München www.bmbf.de/pub/weiterbildungsbeteiligung_in_deutschland.pdf. (Abruf am 18.02.09).

Rummel, B./Naves, A. (2005): Interkulturelle Sprachförderung und Elternbildung im Elementarbereich. Zwischenevaluation des Programms in den ersten zehn Kindertageseinrichtungen. Stadt Essen.

Schiersmann, C./Thiel, H. U./Fuchs, K./Pfizenmaier, E. (1998): Innovationen in Einrichtungen der Familienbildung. Eine bundesweite empirische Institutionenanalyse. Opladen: Leske + Budrich.

Schilling, Gabi (2009): Interkulturelle Arbeit als Querschnittsaufgabe der Familienzentren. Kurzexpertise auf Basis der Zertifizierungsergebnisse bis 2008 und den Ergebnissen aus der wissenschaftlichen Begleitung. www.paedquis-familienzentrum.de/web/sites/default/files/expertise_interkulturelle_arbeit.pdf (Abruf am 15.03.2011).

Schröer, H. (2011): Interkulturelle Orientierung und Diversity-Ansätze. In: Fischer, V./Springer, M. (Hrsg.): Handbuch Migration und Familie. Grundlagen für die Soziale Arbeit mit Familien. Schwalbach: Wochenschau Verlag, S. 307–322.

Seifert, W. (2011): Ökonomische Situation. In: Fischer, V./Springer, M. (Hrsg.): Handbuch Migration und Familie. Grundlagen für die Soziale Arbeit mit Familien. Schwalbach: Wochenschau Verlag, S. 111–126.

Stanat, P./Christensen, G. (2006): Schulerfolg von Jugendlichen mit Migrationshintergrund im internationalen Vergleich. Eine Analyse von Voraussetzungen und Erträgen schulischen Lernens im Rahmen von PISA 2003. Bonn: BMBF.

Textor, M. R. (2001): Familienbildung als Aufgabe der Jugendhilfe. www.familienhandbuch.de/cms/Familienbildung-Jugendhilfe.pdf. (Abruf am 15.03.2011).

Textor, M. R. (2007): Familienbildung. In: Ecarius, J. (Hrsg.): Handbuch Familie. Wiesbaden: VS Verlag für Sozialwissenschaften für Sozialwissenschaften, S. 366–386.

Textor, M. R. (2010): Stärkung der Bildungsfunktion von Familien – eine Aufgabe für die Familienbildung. www.familienhandbuch.de/cmain/f_Fachbeitrag/a_Familienbildung/s_3463.html. (Abruf am 16.02.2011).

Tietze, W./Roßbach, H.-G./Grenner, K. (2005): Kinder von 4–8 Jahren. Zur Qualität der Erziehung und Bildung in Kindergarten, Grundschule und Familie. Weinheim und Basel: Beltz.

Andreas Thimmel

Migration und Jugendarbeit – Konzepte, Diskurse, Praxen

Skizzierung des Feldes

Der folgende Beitrag beschäftigt sich mit Konzepten, Diskursen und der pädagogischen Praxis der Kinder- und Jugendarbeit in der Einwanderungsgesellschaft. Die pädagogische Praxis und der darauf bezogene fachliche Diskurs reagierten mit eigenen Konzepten und spezifischen Praxen auf die Migration in die Bundesrepublik Deutschland. Die Anwerbung von Gastarbeitern und (oft vergessenen) Gastarbeiterinnen, der Nachzug ihrer Familien sowie die Aufnahme von Flüchtlingen und Migrant/innen aus unterschiedlichen Ländern in den letzten Jahrzehnten bereicherten, irritierten und veränderten die deutsche Gesellschaft. Neben den migrationsbezogenen Fakten bestimmen die rechtlichen und politischen Rahmenbedingungen sowie die dominanten Zuschreibungen durch die Mehrheitsgesellschaft, die Aktivitäten der Menschen mit Migrationshintergrund, sowie der mediale und politische Diskurs über Jugend und Migration bzw. Integration die entsprechende Entwicklung in der Jugendarbeit. Diese äußeren Faktoren treffen auf eine eigenständige konzeptionelle Debatte und Praxis in der Jugendarbeit.

Der Zusammenhang von Migration und Jugendarbeit in der Bundesrepublik Deutschland ist zum einen zu interpretieren auf der historischen Folie einer nicht integrationsförderlichen Einwanderungs- und Flüchtlingspolitik seit 1960, des rechtlich restriktiven Umgangs mit den Eingewanderten, sowie einer selektiv exkludierenden Bildungspraxis. Zum anderen sind die individuellen Integrationsleistungen der Jugendlichen mit Migrationshintergrund im Generationenverlauf, die Entwicklungsaufgaben für Jugendliche in der Adoleszenz, sowie die Integrationsleistung bzw. Integrationshemmnisse der Herkunftsfamilien und die Funktion von Peergroups, Medien und Migrantenselbstorganisationen in den Blick zu nehmen. Schließlich geht es um die vielfältigen Aktivitäten im Bereich der Jugendsozialarbeit und der Ausländerarbeit bzw. Integrationsarbeit im Kontext der sozialen Arbeit. Vor diesem Hintergrund agieren Kinder- und Jugendarbeit in ihrer je spezifischen Logik ihrer Teilbereiche, was in der Folge näher erläutert wird.

Die Besonderheit der Kinder- und Jugendarbeit gegenüber anderen Bereichen des Bildungs- und Jugendhilfesystems besteht darin, dass pädagogische Konzepte und Praxen sich in erster Linie an der Lebenswelt sowie an den Interessen und Bedürfnissen der Kinder und Jugendlichen (mit und ohne Migrationshintergrund) orientieren und deren Interessen in die Gesellschaft hinein vermitteln. Jugendarbeit ist in erster Linie parteiisch an Partizipation und Selbstbestimmung der Jugendlichen orientiert, repräsentiert aber zugleich die Erwachsenengesellschaft. Der gesellschaftliche Auftrag der Kinder- und Jugendarbeit ergibt sich im Rahmen der bundesweiten Gesetzgebung aus § 11 KJHG/SGB VIII als Verpflichtung zur Jugendförderung. In diesem Aufsatz wird der Begriff »reflexive interkulturelle Jugendarbeit«[43] verwendet, da er am besten den Diskussionsstand an der Schnittstelle von Migration, Integration und Jugendarbeit erfasst. Auf die Gemeinsamkeiten zu den Konzepten der diversitätsbewussten/-orientierten Jugendarbeit kann hier nur verwiesen werden (vgl. Leiprecht 2011).

Unter reflexiver interkultureller Jugendarbeit werden aktuell jugendarbeiterische Konzepte, Diskurse und adäquate Praxen subsummiert, die erstens von der großen Anzahl von Kindern und Jugendlichen mit Migrationshintergrund ausgehen und sie als Teil der Jugend in Deutschland nicht im Integrationsbereich, sondern in der Jugendpolitik und Jugendarbeit verorten. Die Konzepte sind voraussetzungsvoll, implizieren einen beidseitigen Integrationsbegriff und beanspruchen zum einen, eine adäquate Antwort zu geben auf die große Zahl von Jugendlichen mit Migrationshintergrund in den Einrichtungen der offenen Jugendarbeit, weshalb hier Interkulturalität nur noch als Querschnittsaufgabe zu konzipieren ist. Zum anderen hat reflexive interkulturelle Jugendarbeit sich zur Aufgabe gestellt, die Teilhabe der Jugendlichen mit Migrationshintergrund an den stärker mittelschichtskonnotierten Teilbereichen der nonformalen Bildung, z. B. Jugendverbandsarbeit, politische Jugendbildung, internationale Jugendarbeit, Freiwilligendienst, zu erhöhen. In diesen Bereichen sind Jugendliche mit Migrationshintergrund aus jugendpolitisch-strukturellen Gründen bisher unzureichend vertreten. Konzepte der interkulturellen Öffnung versuchen deren Teilhabechance zu erhöhen, was aber nur durch eine verstärkte finanzielle Ressourcenausstattung der Jugendarbeit und entsprechende Projekte initiiert und abgesichert werden kann. Dies erfordert eine sensible politische Steuerung in diesem zivilgesellschaftlichen Sektor, will man die Besonderheit des nonformalen Sektors nicht administrativ einebnen und ihr Potenzial verschenken.

Zweitens – darauf wird hier nur verwiesen – beschäftigt sich reflexive interkulturelle Jugendarbeit mit den gesellschaftlichen und persönlichen Folgen von Migration sowie Integrations- und Ausgrenzungsprozessen als relevanten Bildungsthemen und entwickelt entsprechende Konzepte und Praxen rassismuskritischer Bildungsarbeit Bundschuh/Jagusch 2011, S. 187; Hormel/Scherr 2004; Scharathow/Leiprecht 2009).

---

43 Hauptbezugspunkt für die Wahl dieser Begrifflichkeit sind die Schriften und Überlegungen von Hamburger, der eine »reflexive interkulturelle Pädagogik« konzipiert hat (z. B. Hamburger 2009).

Stephan Bundschuh und Birgit Jagusch (2011) beschreiben die Spannbreite der Diskurse in der interkulturellen Jugendbildung (die als Teilbereich einer umfassenderen Jugendarbeit verstanden werden kann) wie folgt:

»*Interkulturelle Jugendbildung bewegt sich (…) zwischen der kulturalisierenden Zuschreibung und damit Verdinglichung jugendlicher Herkünfte und einer Entgrenzung der Differenzvorstellung bis zur Behauptung der reinen Singularität aller Individuen. Sie bewegt sich im Spannungsfeld zwischen Erziehung und Veränderung von Einstellungen und Habitus der Individuen (z.B. Empathievermögen, Ambiguitätstoleranz, Selbstreflexivität) und der anvisierten Veränderung diskriminierender institutioneller Strukturen (Zugangsbarrieren, informelles Wissen, institutionelle Normalität)*« (Bundschuh/Jagusch 2011, S. 187).

Interkulturelle Jugendarbeit versus Jugendsozialarbeit und Migrationsarbeit

Die Arbeit mit Jugendlichen im zivilgesellschaftlichen Sektor an der Schnittstelle zwischen Jugend und Migration findet neben der Jugendarbeit in anderen jugendrelevanten Bereichen statt. Dies macht die Differenziertheit des jugendbezogenen Hilfe- und Förderungssystems deutlich und grenzt diese von der Jugendarbeit ab. Diese detaillierte Information ist Voraussetzung dafür, dass Jugendarbeit nicht unangemessen mit sozial-, integrations- und präventionspolitischen Aufträgen konfrontiert und dadurch instrumentalisiert wird.

Im Rahmen der Kinder- und Jugendhilfe sind Jugendliche mit Migrationshintergrund erstens Adressat/innen der Jugendmigrationsdienste (www.jugendmigrationsdienste.de). Diese gehören jugendhilfesystematisch zur Jugendsozialarbeit und halten insbesondere für Jugendliche, die neu zuwandern, ein spezifisches Unterstützungs- und Beratungsangebot vor. Die Mitarbeiter/innen verfügen über eine große Expertise im Umgang mit jugendlichen Migrant/innen, sind bundesweit und trägerübergreifend gut vernetzt und erfüllen damit auch eine wichtige Diskurs-Funktion in der föderalistisch-kleinstaaterischen Jugendhilfelandschaft. Aktuell haben sie sich exponiert durch innovative Konzepte wie Online-Beratung (www.jmd4you.de) und die Nutzung des internationalen Fachkräfteaustauschs mit Spanien und der Türkei für die professionelle Weiterentwicklung in der sozialen Arbeit (Riß/Thimmel 2010).

Zweitens sind Jugendliche mit Migrationshintergrund Adressat/innen der Jugendsozialarbeit in den unterschiedlichen Handlungsfeldern, nämlich arbeitsweltbezogene Jugendsozialarbeit/Jugendberufshilfe, Jugendsozialarbeit und Schule (Schulsozialarbeit), Jugendwohnen sowie aufsuchende Jugendsozialarbeit.

Für die Jugendsozialarbeit ist ein differenzierter Begriff von Benachteiligung konstitutiv, der sowohl die persönliche als auch die strukturelle Dimension beinhaltet. Eines der Kriterien von Benachteiligung ist der Migrationshintergrund der Adressat/innen bzw. die gesellschaftliche Reaktion auf diesen Tatbestand. Rechtliche Grundlage der Jugendsozialarbeit sind §13 KJHG (SGB VIII) und die entsprechenden Paragrafen in den Ausführungsgesetzen der Bundesländer. Diskurs und Praxen lassen sich gut aus der Selbstdarstellung des Kooperations-Verbundes Jugendsozialarbeit (www. jugendsozialarbeit.de) ersehen. Die freien Träger der Jugendsozialarbeit sind den Wohlfahrtsverbänden zugeordnet. Aktivitäten einer arbeitsmarktbezogenen Arbeit mit jungen Menschen mit Migrationshintergrund sind darüber hinaus innerhalb der Arbeitsförderung (Arbeitsagentur/Jobcenter) (SGB III) bzw. innerhalb der Grundsicherung für Arbeitsuchende (SGB II) organisiert. Je nach Region unterscheidet sich der didaktisch-konzeptionelle Spielraum der Träger, die entweder dem Bereich der Wohlfahrtsverbände oder dem privat organisierten Weiterbildungsmarkt der Arbeitsförderung angehören und sich pädagogisch/konzeptionell eher der Jugendhilfe oder der Arbeitsmarktpolitik zuordnen.

Davon wiederum zu unterscheiden ist drittens die jugendbezogene Migrationsarbeit. Dabei handelt es sich um Aktivitäten von Erwachsenen für Kinder und Jugendliche, z.B. im Sinne der Hilfe zur Lebensbewältigung und Integration ins Bildungssystem (Hausaufgabenhilfe), in die Arbeitsgesellschaft bzw. ins politische System. Dabei spielen bei einigen Organisationen auch die Weitergabe von traditionell-herkunftsbezogenen und kulturellen Wissensbeständen, von Normvorstellungen in familiärer, nationaler, kultureller oder religiöser Hinsicht eine wichtige Rolle. Träger der jugendbezogenen Migrationsarbeit sind die kommunalen Integrationsdienste, z.B. die »RAA« sowie Ausländervereine, Migrantenselbstorganisationen, z.B. »VIA e.V.«, als Dachverband für Vereine, Gruppen und Initiativen, die in der Migranten-, Aussiedler- und Flüchtlingsarbeit aktiv sind, Vereine junger Migrant/innen, ethnische Communitys, internationale Gruppen, Moschee-Vereine oder andere religiös oder weltanschaulich orientierte Gruppierungen und Vereinigungen, die sich um die jeweils aus ihrer Sicht adäquate religiöse, weltanschauliche, kulturelle Erziehung der Kinder und Jugendlichen in ihren Gemeinschaften bemühen.

Viertens ist die sozialpädagogische/sozialarbeiterische Arbeit mit jungen Flüchtlingen ein weiteres Handlungsfeld der jugendbezogenen Migrationsarbeit. Hier sind behördenunabhängige Flüchtlingsberatungsstellen und -initiativen (lokale, länderbezogene Flüchtlingsräte) aktiv und leisten jugendbezogene Migrationsarbeit. Die Akteure in der jugendbezogenen Migrationsarbeit verorten sich im Integrations-, Migrations- oder Flüchtlingsdiskurs und erhalten – wenn überhaupt – aus diesen Politikfeldern finanzielle und personelle Unterstützung. Sie sehen sich in der Regel (noch) nicht als Teil des Kinder- und Jugendhilfesystems. Im Rahmen der vom Autor durchgeführten Praxisforschung zur interkulturellen Öffnung von drei Stadtjugendringen in Nordrhein-Westfalen (Landesjugendring NRW – »Projekt Ö« 2011) ergibt sich in der behutsamen, langfristig angelegten Heranführung und finanziellen Förderung der jugendbezogenen Migrationsarbeit an die kommunale Jugendpolitik ein bisher kaum ausgeschöpftes Integrationspotenzial (Riß/Thimmel 2011). Diese strukturelle Differenzierung der Bereiche behält seine Gültigkeit, kann aber durch fantasievolle Praxis überwunden werden, wenn z.B. durch Kooperation zwischen dem Ausländerpfarramt und dem Jugendreferat des »evangelischen Kirchenkreises an Nahe und Glan« jungen Flüchtlingen ermöglicht wird, als Teilnehmerin oder als

Teamer an einer Ferienfreizeit zusammen mit anderen Kindern und Jugendlichen der Kleinstadt aktiv teilzunehmen (vgl. interkulturelle Begegnungsfreizeit in Boos: www.ev.jugendreferat.de). Oft wird allerdings die Praxis der Vernetzung durch unterkomplexe administrative Vorgaben gebremst oder gar behindert.

Kinder- und Jugendarbeit

Die Kinder- und Jugendarbeit ist ein integraler Bestandteil der Kinder- und Jugendhilfe. Sie hat in § 11 des SGB VIII (KJHG) ihre nicht nur rechtliche, sondern auch fachliche Orientierung. Im Gesetz steht: »Jungen Menschen sind die zur Förderung ihrer Entwicklung erforderlichen Angebote der Jugendarbeit zur Verfügung zu stellen.« Die für den Gesetzgeber und den Fachdiskurs relevante Perspektive ist diejenige der jungen Menschen. Jugendarbeit ist ein wichtiges sozial- und jugendpädagogisches Handlungsfeld und Teil des Sozialisations-, Erziehungs- und Bildungsangebotes für alle Jugendlichen und jungen Erwachsenen (Thole 2000). Im Sinne einer eigenständigen Jugendpolitik wird in diesem Aufsatz der Begriff »Jugendarbeit« bzw. »Jugendförderung« an einigen Stellen dem Begriff der Kinder- und Jugendarbeit vorgezogen, um die Bedeutung der Eigenständigkeit der Jugendphase im aktuellen Diskurs gegenüber Familie, Kindheit und Schule zu markieren. Zudem wird der aus aus dem EU-Diskurs kommende Begriff der nonformalen Bildung bzw. des nonformalen Bildungs- und Freizeitbereichs eingeführt.

Die Bundesländer agieren im Rahmen von Ausführungsgesetzen zum KJHG, und in den Kommunen existieren kommunale Jugendförderpläne für die Jugendarbeit. Kommunale Träger (Jugendamt, kommunales Jugendzentrum, mobile Jugendarbeit) sowie Jugendverbände (Gruppenarbeit, Jugendclubs), Jugendbildungsstätten und frei organisierte Jugendgruppen betreiben Jugendarbeit vor Ort bzw. für eine Region. Eine adäquate Balance zwischen hauptamtlicher und ehrenamtlicher Arbeit ist für die Jugendarbeit konstitutiv. Aktuell zerbricht diese Balance unter dem Spardiktat in vielen Kommunen und führt zu einer Infragestellung des gesamten Arbeitsfeldes.

Jugendarbeit versteht sich als Bühne mit einem Repertoire an Inszenierungselementen, die Jugendlichen ermöglichen, zu erproben, wer und was sie sein wollen und können, ohne zu großem Risiko ausgesetzt zu sein (Müller 2004, S. 43). Die Angebote der Jugendarbeit bieten Unterstützung hinsichtlich der Herstellung von Zugehörigkeit (Cloos et al. 2009), der Ermöglichung von Freizeitkontakten, der Justierung eigener Werte, Standpunkte und Alltagspraktiken sowie der Vermittlung und Aneignung von Regeln. Bildung passiert ungeregelt und ist gekoppelt an lebensweltliche Prozesse. Trotz großer regionaler Unterschiede kann festgehalten werden, dass sich in den letzten Jahrzehnten die Tendenz verstärkt hat, dass sich die Teilnehmerstruktur in der offenen Jugendarbeit in Richtung auf problembelastete, von Armut betroffene, unterprivilegierte Jugendliche verlagert hat. Unter den Besuchern von Tagen der offenen Tür und Jugendclubs sind viele, in manchen Stadtteilen hauptsächlich Jugendliche mit Migrationshintergrund, sodass aus diesem Faktum heraus jede offene Jugendarbeit als eine interkulturelle zu bezeichen wäre und das Thema damit seine Sonderstellung verliert. In der Folge muss sie sich in einer subjektorientierten (Scherr 1997) bzw. bildungsorientierten (Müller 2004) Jugendarbeit rekonstruieren.

Ausgangslage

Im Jahr 2009 hatten rund 16 Millionen der 82 Millionen Einwohnerinnen und Einwohner in der Bundesrepublik Deutschland einen Migrationshintergrund. Dies entspricht 19,6 Prozent der Gesamtbevölkerung. Bei Kindern und Jugendlichen unter 18 Jahren liegt der Anteil bei 30,6 Prozent. In der Zusammensetzung der Bevölkerung sind starke regionale bzw. Stadt-Land-Unterschiede zu beachten (Statistisches Bundesamt 2010, S. 10).

Neuere Forschungen (Chehata/Riß/Thimmel 2010) zeigen, dass Jugendliche in der Jugendarbeit die Zuordnung als »Jugendliche mit Migrationshintergrund« verweigern. Dies korrespondiert auch mit dem Widerstand der Jugendarbeiter und Trägerorganisationen, »ihre Jugendlichen« in Antragsformularen als Migrant/innen zu kategorisieren, damit man an entsprechenden Bundes- oder Landesprogrammen partizipieren kann. Das Argument ist dabei kein grundsätzlicher Vorbehalt gegen eine adäquate Evaluationsforschung, sondern das Unbehagen an der Sonderstellung der kulturellen Differenz im jugendpädagogischen Kontext, in dem diese kulturelle Differenz eine unter vielen ist und ihre Sonderstellung verloren hat.

Die Jugendlichen selbst formulieren in der Praxis den Wunsch nach potenzieller »Unsichtbarkeit« bezogen auf ihre Herkunft, d. h. sie fordern, dass sie selbst darüber entscheiden können, wann ihre Herkunft, ihre Religion, ihre Familie von Bedeutung oder wann nicht. Wird diese Position ernst genommen, impliziert dies eine Kritik an der Steuerung von finanziellen Ressourcen in Modellprojekte mit dem Hinweis auf die Präsenz von Jugendlichen mit Migrationshintergrund an entsprechenden Aktivitäten, wie es seit 2005 (integrations- und jugendpolitisch gut begründet) in einigen Programmlinien der Fall ist. Zum anderen bedeutet dies auch die Kritik an einer den öffentlichen Diskurs bestimmenden Verknüpfung von »benachteiligten, bildungsfernen, gewaltaffinen« Jugendlichen einerseits und der Kategorie »Jugendliche mit Migrationshintergrund« andererseits (Chehata/Riß/Thimmel 2010). Die Sensibilität gegenüber Zuschreibungen, die lebensweltlich nicht immer zutreffen oder nicht von Relevanz sind, beansprucht besonders die Jugendarbeit, die die Selbsteinschätzung der Jugendlichen achtet. Diese Argumentation relativiert allerdings nicht die sozioökonomisch schwierige Situation vieler Jugendlicher mit Migrationshintergrund und ihrer Familien, deren zum Teil niedrige Platzierung im Schulsystem, im Hochschulsystem und in der beruflichen Bildung bzw. dem Arbeitsmarkt (Beicht/Granato 2009).

Das Phänomen der »Unsichtbarkeit« wurde auch im Abschlussbericht des Forschungsprojektes zur interkulturellen Öffnung der Jugendverbände thematisiert. Autoren der Fachhochschule Köln und des »Deutschen Jugendinstituts München« schreiben:

Die interkulturelle Öffnung der Jugendverbände »(...) setzt nicht nur die verbesserte Beteiligung von Jugendlichen mit Migrationshintergrund voraus, sondern ebenfalls ihre Integration in den Verband, ohne ihnen dauerhaft eine Sonderrolle als Migrantinnen/Migranten zuzuweisen. Das Aufbrechen dieses Sonderstatus ist umso wichtiger, als dass kulturelle Zugehörigkeit in den Jugendgruppen als Unterscheidungskriterium keine Relevanz besitzt. Interkulturelle Öffnung setzt auf Seiten der Akteurinnen/Akteure ein hohes Maß an Reflexivität voraus, um zu vermeiden, dass Differenzlinien etabliert werden, die den alltagsweltlichen Konstruktionen der Jugendlichen (zunächst) fremd sind. Jugendgruppen müssen dabei als Räume der eigenständigen Identitätskonstruktion gedacht werden, innerhalb derer Jugendliche mit Migrationshintergrund selbstständig entscheiden, wie – und ob überhaupt – sie ihren ethnischen, nationalen oder kulturellen Hintergrund in den Gruppenalltag einbringen« (Otremba/Yildiz/Zitzmann 2011, S. 51).

Diese Positionierung entspricht einem Diskurs, der für die gesamte Kinder- und Jugendhilfe Geltung beansprucht und in einer Stellungnahme des Bundesjugendkuratoriums (April 2008) formuliert wurde. Unter dem Titel »Pluralität ist Normalität für Kinder und Jugendliche. Vernachlässigte Aspekte und problematische Verkürzungen im Integrationsdiskurs« wird für ein reflexives, alle Gruppen der Gesellschaft betreffendes Konzept von Integration plädiert:

»Dabei geht es vor allem darum, Kinder und Jugendliche als individuelle Persönlichkeiten zu betrachten, die viele Eigenschaften und verschiedene Zugehörigkeiten haben. Kinder und Jugendliche sollen nicht über die Herkunft ihrer Eltern als Italienerin oder Italiener, als Türkin oder Türke etc. ethnisiert werden, sondern in ihrem Selbstverständnis mit einer oder ohne eine Migrationsgeschichte als Teil der deutschen Gesellschaft wahrgenommen werden. Integration besteht darin, dass diese Zu- und Einordnungen in den Hintergrund treten und jede Person auf der Grundlage von Gleichberechtigung und ethnischer oder kultureller Selbstdefinition anerkannt ist. Sie soll selbst entscheiden können, welche Aspekte ihrer Geschichte und ihres Hintergrunds wichtig sind. Zu verändern hat sich also die Haltung, mit der man sich in Alltagssituationen begegnet, insbesondere aber in konflikthaften Auseinandersetzungen. Dies gilt insbesondere für die öffentlichen Institutionen, d. h. für Kindertageseinrichtungen, für Schulen, für die Kinder- und Jugendarbeit und die Ausbildungsstätten. Die Veränderung des Blicks auf MigrantInnen ist aus unserer Sicht ein zentraler Beitrag zur Integration« (Bundesjugendkuratorium 2008, S. 6).

Die Sachverständigen aus der Jugendhilfe fordern, bei allen Themen gleichermaßen soziale Ungleichheit und kulturelle Differenz zu berücksichtigen. Sie sprechen von kulturellen, ethnischen, regionalen oder religiösen Differenzen zur Dominanzkultur, die sich aus unterschiedlicher familiärer Herkunft oder Fluchterfahrung ergeben. Diese zeigen sich sowohl auf persönlicher als auch auf gruppenbezogener Ebene. Die Autoren verweisen auch darauf, dass in einer multikulturellen bzw. pluralistischen

Zivilgesellschaft die Frage nach der Dominanzkultur nicht mehr historisch und festgelegt, sondern fließend und machtbezogen zu stellen und zu beantworten ist. Politische Aushandlungsprozesse in einer pluralistischen, multikulturellen Gesellschaft sind, Oberndörfer zufolge, die Basis der Republik (Oberndörfer 1996).

Die aktuellen Konzepte der reflexiven interkulturellen Jugendarbeit beschäftigen sich intensiv mit der jeweiligen Begrifflichkeit. Dabei geht es erstens um den Zentralbegriff »Jugendliche und junge Erwachsene mit Migrationshintergrund« sowie zweitens die Frage nach der Relevanz von Kultur, Herkunft, familiären Ritualen und anderem im Alltag der Jugendlichen. Franz Hamburger hat schon 2005 den Begriff »Jugendliche mit Migrationshintergrund« umfassend kritisiert (Hamburger 2005). Die zeitweilige, kontextabhängige Konstruktion einer kulturellen Differenz und damit die gewählte Benennung mit Bezug auf die persönliche oder familiäre Migrationserfahrung, ist trotz dieser Kritik nur dann gerechtfertigt, wenn sie als Kompensations- und Skandalisierungsinstrument genutzt wird, wenn und da Menschen mit Migrationshintergrund in vielfältiger Weise Benachteiligung und Rassismus erfahren. Dieser Befund wird im Menschenrechts-, Antirassismus- und Antidiskriminierungsdiskurs thematisiert und transparent gemacht (vgl. www.idaev.de; Deutsch-Ausländischer Jugendclub Saarbrücken 2008; Scharathow/Leiprecht 2009).

Pädagogische Konzepte, die mit einer vermeintlich kulturellen, herkunftsbezogenen Differenzlinie als zentraler Unterscheidungskategorie arbeiten, sind immer wieder ideologiekritisch zu überprüfen und auf weitere Differenzlinien hin zu erweitern (z. B. Gender, Alter, sozioökonomische Platzierung, Bildung). Dieses Thema kennt auch die Evaluations- und Praxisforschung, wenn ihr von Auftraggebern angeraten wird, »jugendliche Migranten« in der Jugendarbeit zuerst zu konstruieren, zu zählen und deren Anzahl dann als hartes Kriterium für einen möglichen Erfolg eines Projektes zu werten.

Geschichte der interkulturellen Jugendarbeit

Die Geschichte der Praxis der Jugendarbeit mit ausländischen Jugendlichen beginnt Mitte der 1970er-Jahre, als Akteure der Zivilgesellschaft und Betroffene (Ausländervereine, Initiativgruppen) entsprechend aktiv werden. Dies bedeutete in erster Linie eine paternalistische Hilfe bei der Integration in das deutsche Bildungssystem bzw. ins Arbeits- und Ausbildungssystem. Aktivitäten wie Deutschkurse, Hausaufgabenhilfe, aber auch Hilfen zur Lebensbewältigung und die gelegentliche Organisation von Freizeitaktivitäten dominierten und hatten die Vermeidung von Konflikten im Fokus. Das Hilfesetting bezog sich auf die regional bzw. lokal orientiert national, ethnisch, kulturell vermeintlich festgelegte Herkunftsgruppen der Arbeitsmigration, also Italiener, Griechen, Spanier, Portugiesen, Tunesier, Marokkaner und Türken. Aus damaliger Sicht waren es für die Politik »unerwünschte Jugendliche«, denn man hatte Gastarbeiter gerufen und nicht ihre Familien. Die Widersprüchlichkeit der Politik der 1970er- und 1980er-Jahre führte einerseits zur »Mobilisierung ehrenamtlicher Hausaufgabenhelfer für die Kinder der Gastarbeiter« und andererseits zu deren »Kriminalisierung« als eine andere Form der »Problembearbeitungsstrategie« (Hamburger 1985, S. 24).

Von Beginn der Jugendarbeit mit ausländischen Jugendlichen an waren finanzielle und personelle Ressourcen daran gebunden, dass Jugendarbeit mit dafür sorgt, die Integration der ausländischen Jugendlichen in die deutsche Gesellschaft zu unterstützen. In einigen Quartieren der Großstädte entstehen sogenannte »Ausländerzentren«, die nahezu ausschließlich von nicht deutschen Jugendlichen, häufig auch einer Nationalität, besucht werden. Es kommt zu einer Segmentierung der einzelnen Jugendzentren. In Kleinstädten dagegen treten ausländische Jugendliche vereinzelt auf, passen sich an und sind meist unauffällig. Dagegen konnte es in Kleinstädten mit hohem Ausländeranteil zu einem Verdrängungswettbewerb zwischen deutschen und ausländischen Jugendgruppen kommen (Hamburger 1991, S. 98).

Die offene Jugendarbeit bietet den Raum für Aushandlungsprozesse, die an anderen Orten den Jugendlichen verweigert werden. Bedauerlicherweise hat dieses Bild dem Image der offenen Jugendarbeit in der Öffentlichkeit eher geschadet.

»Konflikt ist (…) der Zentralbegriff für die offene Jugendarbeit am Ende der 70er Jahre; die ausländischen Jugendlichen werden in den Jugendeinrichtungen präsent, erkämpfen sich einen Platz im Jugendzentrum (…) und streiten um die Legitimität ihrer Anwesenheit. Deutsche Jugendliche fühlen sich provoziert, aus ihrem ›Revier‹ heraus gedrängt und nehmen die Auseinandersetzung ebenfalls auf« (Hamburger 1991, S. 95).

Ende der 1970er- und Anfang der 1980er-Jahre entstehen auch Initiativen bzw. Modellprojekte im Rahmen der Jugendverbandsarbeit, die aber langfristig gesehen nur eine geringe Wirkung entfalten. Erst zwei Jahrzehnte später bündeln sich wieder Initiativen in dieser Richtung. 2005 wird das Netzwerk interkultureller Jugendverbandsarbeit und -forschung (NiJaf) gegründet (vgl. Netzwerk o. J.).

Verallgemeinernd kann festgehalten werden, dass Praxis und Konzepte der Ausländerarbeit mit Jugendlichen sich in den 1980er- und 1990er-Jahren veränderten und durch interkulturelle Jugendarbeit abgelöst werden. In der Praxis finden sich sowohl politisch-parteiliche als auch tendenziell kulturalistische Ausrichtungen. Einen Einblick in die Breite der Konzepte bietet ein Reader des »Informations-, Dokumentations- und Aktionszentrums gegen Ausländerfeindlichkeit für eine multikulturelle Zukunft« mit dem Titel »Partizipation von Jugendlichen ausländischer Herkunft in der Jugendarbeit« (IDA 1994).

Spätestens in den 1990er-Jahren war die Einheitlichkeit der Migrationsgruppen vor Ort und in den darauf bezogenen Konzepten in der Jugendarbeit obsolet. Migranten und ihre Familien bzw. Jugendliche waren aus sehr vielen Ländern und aus unterschiedlichen Gründen in die Bundesrepublik eingewandert. Neben den Familienangehörigen der »Gastarbeiter« zählen seitdem auch Spätaussiedler oder Flüchtlinge aus der ehemaligen Sowjetunion, dem ehemaligen Jugoslawien, Polen und anderen

Staaten Mittel- und Osteuropas bzw. Flüchtlinge aus Asien und Afrika mit ihren je spezifischen Migrationsgeschichten zu den relevanten Migrantengruppen.

Die verschiedenen Varianten des interkulturellen Paradigmas arbeiteten zwar weiter mit der Konstruktion der nicht deutschen Gruppe einerseits und der Gruppe der deutschen Jugendlichen andererseits. Dennoch war interkulturelle Jugendarbeit in mindestens zwei Aspekten weiterführender als die obsolete, paternalistisch-fürsorglich inspirierte »Arbeit mit ausländischen Jugendlichen« der 1970er-Jahre.

Zum einen sollten in der interkulturellen Perspektive konzeptionell auch gegenseitige Verstehens- und Interaktionsprozesse initiiert werden. Zum anderen war der Diskurs der interkulturellen Pädagogik, insbesondere der Jugendarbeit von Beginn an von einem kritischen Reflexionsprozess begleitet, in dem relevante Protagonisten des Migrationsdiskurses (unter anderem Hamburger, Boos-Nünning; später Scherr, Mecheril) vor der Gefahr der Ethnisierung und Kulturalisierung im Kontext der interkulturellen Jugendarbeit warnten. Das gesellschaftliche und politische Sprachspiel sowie in Teilbereichen auch die konkrete Politik folgten den empirischen Gegebenheiten und der Fachlichkeit. Mit Beginn der rot-grünen Bundesregierung 1998 setzte langsam ein Wandel hin zur Anerkennung der Einwanderungsgesellschaft ein, und auch administrativ wurde nicht mehr von ausländischen Jugendlichen, sondern von Jugendlichen mit Migrationshintergrund gesprochen. Interkulturelle Jugendarbeit wird seit dieser Zeit immer stärker nur noch als Querschnittsaufgabe der Jugendarbeit konzipiert (IDA 2000) und wurde in den letzten Jahren zur reflexiven interkulturellen Jugendarbeit weiterentwickelt.

Seit 2000 haben auch die Jugendverbände dieses Thema mit unterschiedlichen Modellprojekten und jugendpolitischen Initiativen weiter vorangetrieben (Nick 2004).

Offene Jugendarbeit

In der offenen Jugendarbeit sind die Besucherinnen und Besucher in den Jugendclubs, Häusern der offenen Tür und Jugendzentren vielfach Jugendliche mit Migrationshintergrund. Dieses niedrigschwellige Bildungs- und Freizeitangebot hat eine zentrale Bedeutung bei der Identitätsentwicklung, Entwicklung von Teilhabechancen und Ermöglichung von Bildungsprozessen dieser Zielgruppe. Die offene Jugendarbeit ist einer der wenigen (halbstaatlichen) Orte, in denen sich benachteiligte, nicht privilegierte Jugendliche und junge Erwachsene freiwillig aufhalten. Sie verbringen ihre Freizeit miteinander und finden dort Hilfen zur Lebensbewältigung und Anerkennung als Person und als Gruppe. Diese große Integrationsleistung der offenen Jugendarbeit wurde in der öffentlichen Diskussion oft verkannt.

Aktuelle Studien belegen den auch in der Praxis vorfindbaren Befund, dass »Jugendliche mit Migrationshintergrund (…) in Einrichtungen der offenen Jugendarbeit relativ gut vertreten sind« (Bruhns 2011, S. 1). Regional differenziert sind diese Einrichtungen sowohl in freier als auch in öffentlicher Trägerschaft. In den Daten des

Surveys 2009 »Aufwachsen in Deutschland« (AID:A) des Deutschen Jugendinstituts (DJI) »(...) differieren die Anteile von 13- bis 17-jährigen Jugendzentrumsbesuchern mit und ohne Migrationshintergrund kaum«, so Kirsten Bruhns (2011, S. 1) weiter.

Die Anzahl der Besucherinnen und Besucher mit Migrationshintergrund in den Einrichtungen der offenen Jugendarbeit schwankte je nach Region, in einer Stadt-Land- sowie Ost-West-Differenzierung. In den westdeutschen Großstädten ist die Anzahl der Besucher/innen mit Migrationshintergrund höher als in ländlichen Kommunen in den ostdeutschen Bundesländern. In den Einrichtungen der offenen Jugendarbeit in größeren Städten bzw. Mittelstädten ist davon auszugehen, dass die meisten Besucher/innen der Jugendzentren einen Migrationshintergrund haben. In der Praxis der offenen Jugendarbeit verliert diese Differenz ihre Bedeutung, da die Migrationsgruppen unterschiedlich sind und es für die Jugendlichen keine besondere Bedeutung mehr hat. Es gibt nur noch selten geschlossene ethnisch, sprachlich oder kulturell bestimmte Cliquen. Stattdessen gruppieren sich die Jugendlichen nach genderspezifischen, jugendkulturellen, musikalischen, bildungsorientierten und milieuspezifischen Differenzenlinien. Interkulturelle Jugendarbeit hat damit immer mehr seinen Charakter des Besonderen verloren und wird so zu einer Variante der zielgruppen- oder milieuspezifischen Jugendarbeit und sieht sich als »subjektorientierte Jugendarbeit« (Scherr 1997) damit konfrontiert, die persönlichen und gruppenbezogenen Bedürfnissen und Bedarfe der Jugendlichen ernst zu nehmen und mit ihnen gemeinsam entsprechende Angebote zu entwickeln (Bommes 2005; Scherr 2005). Dies bedeutet nicht, dass sich Jugendliche nicht auch in Cliquen, Netzwerken, *No-go-Areas* für bestimmte Herkunftsgruppen nach spezifischen, auch kulturellen Differenzlinien organisieren. Die Jugendarbeit antwortet darauf mit spezifischen cliquenorientierten Konzepten im Rahmen der allgemeinen Jugendarbeit.

In der offenen Jugendarbeit dreht sich die konzeptionelle Diskussion seit Jahren darum, inwiefern bei dieser genannten Teilnehmerzusammensetzung die Sonderstellung von interkulturellen Konzepten obsolet bzw. sogar kontraproduktiv sei. Viele Autoren und Praktiker vertreten die These, dass eine spezifische interkulturelle Jugendarbeit nicht mehr angemessen sei, da die allgemeinen Konzepte der Jugendarbeit, wie sie sich im fachlichen Konsens als subjektorientierte bzw. bildungsbezogene Jugendarbeit (Scherr 1997; Müller 2004) darstellen, keinen Unterschied zwischen den beteiligten Jugendlichen bzw. deren Herkunftsmilieus macht. In den allgemeinen Konzepten der Jugendarbeit ist eine lebensweltorientierte, herkunftssensible Haltung, Partizipation ermutigende und die Selbstbildung anregende Position eingeschrieben, die auch für Jugendliche mit Migrationshintergrund und die entsprechenden Cliquen/Jugendkulturen adäquat ist. Kulturelle, nationale, religiöse und sozioökonomische Differenzen der Jugendlichen sowie Diskriminierungserfahrungen, aber auch Selbstethnisierungsprozesse der Jugendlichen und ihrer Herkunftsfamilien haben also in diesen Konzepten eine konstitutive Bedeutung, ohne dass die Differenzziehung dominiert und eines eigenen Begriffs bedarf. Die Bedeutung von Kultur und Herkunft bezieht sich demnach auf alle Jugendlichen; und die Konzepte arbeiten dann nicht mehr mit der Differenz zwischen »Deutschen« und »Nichtdeutschen« bzw. »mit oder ohne Migrationshintergrund«, sondern stellen den je individuellen Jugendlichen oder die entsprechenden Cliquen in den Mittelpunkt.

Für die Position einer eigenständigen, reflexiven interkulturellen Jugendarbeit einerseits oder die dezidierte Überwindung kultureller Konzepte andererseits lassen sich jeweils Argumente finden. Es ist gute Tradition im Theorie-Praxis-Dialog der Jugendarbeit bzw. Jugendarbeitsforschung, hier keine abschließende Position einzunehmen, sondern im Rahmen des aufgezeigten Reflexionshorizonts der Praxis vor Ort die Entscheidung darüber zu überlassen, welche Schwerpunktsetzung und Begrifflichkeit sie vornimmt. Im Rahmen politischer Steuerung ist aber darauf zu bestehen, dass auch die konzeptionell begründete Nicht-Sonderstellung vermeintlicher kultureller Differenzen im Sinne einer Integrationsstrategie in der offenen und verbandlichen Jugendarbeit zu fördern ist.

Interkulturelle Öffnung der Jugendverbände

Ziel und Thema der Jugendverbände zur Frage der interkulturellen Öffnung ist es, den Anteil und die Einflussnahme der Jugendlichen mit Migrationshintergrund in den stärker mittelschichtskonnotierten Teilbereichen der nonformalen Bildung, z.B. Jugendverbandsarbeit, politische Jugendbildung, internationale Jugendarbeit, Freiwilligendienst zu erhöhen. In diesen Bereichen sind Jugendliche mit Migrationshintergrund bisher unzureichend vertreten. Allerdings sind – wie bereits erläutert – die bekannten Zahlen mit Hinweis auf das Phänomen des Wunsches nach Unsichtbarkeit zu relativieren. Dieser Befund konnte auch in der qualitativen Studie zur interkulturellen Öffnung in der verbandlichen Jugendarbeit – Stand, Möglichkeiten und Hindernisse der Realisierung – verifiziert werden (Otremba/Yildiz/Zitmann 2011).

Notwendig sind die genaue Analyse und eine darauf folgende Beseitigung struktureller Barrieren, die dafür verantwortlich sind, dass junge Menschen mit Migrationshintergrund und Vereinigungen von Jugendlichen mit Migrationshintergrund (Jagusch 2011) nicht angemessen an den genannten Angeboten der Jugendverbandsarbeit bzw. Jugendarbeit partizipieren. Ausschlussmechanismen müssen erkannt, bearbeitet und im ersten Schritt zumindest offengelegt werden. Interkulturelle Öffnung wird hier verstanden als Öffnung des jugendpolitischen Regelsystems für Jugendliche mit Migrationshintergrund und andere bisher unbeteiligte Jugendliche. Die fehlende Teilhabe von Jugendlichen mit Migrationshintergrund an den Angeboten der Jugendverbandsarbeit widerspricht der demokratischen Legitimation von Chancengleichheit und Gerechtigkeit. Dabei muss allerdings das System der Selbstorganisation des Jugendverbandssystems sowie die seit Jahren geringer werdende Finanzausstattung in diesem Bereich angemessen berücksichtigt werden. Die komplexe Thematik der interkulturellen Öffnung hat in den letzten Jahren stark an Bedeutung gewonnen. Im Rahmen der interkulturellen Öffnung der Jugendverbandsarbeit entstehen in der Praxis seit etwa einem Jahrzehnt entsprechende Ansätze in der Jugendverbandsarbeit. Diesem wurde nicht zuletzt auch durch Praxisforschung Vorschub geleistet – beispielsweise wurde mit anderen Vertretern aus Forschung und Jugendverbänden 2005 das Netzwerk NiJAF gegründet (www.nijaf.de).

Mit dem Begriff der interkulturellen Öffnung werden verschiedene Anforderungen angesprochen: zum einen »das Engagement gegen Ausgrenzung und Benachteiligungen, verbunden mit einer eigenen interkulturellen Sensibilisierung und der Entwicklung interkultureller Kompetenz« (Bärnklau/Nick 2010, S. 7). Zum anderen die Erhöhung der Beteiligung von Jugendlichen mit Migrationshintergrund in der Jugendverbandsarbeit und schließlich die verstärkte Einbeziehung von Vereinigungen von Jugendlichen mit Migrationshintergrund (VJM) in das plurale Jugendverbandssystem (Thimmel/Riß 2011).

Einige Mitglieder der »VJM« haben sich schon vor einigen Jahren der »Deutschen Jugend in Europa« (djo) angeschlossen, um über diese Dachstruktur als Bundesgruppen am Bundes-Jugendsystem zu partizipieren. Andere, wie beispielsweise die »Alevitische Jugend« (BDAJ), die »DIDF-Jugend« oder die »Deutsche Jugend aus Russland« (DJR), versuchen als eigenständiger Jugendverband Mitgliedsverband der Stadt-, Kreis-, Landesjugendringe sowie des »Deutschen Bundesjugendrings« zu werden und auf Länder- oder Bundesebene eine formelle Anerkennung als Jugendverband zu erhalten. Damit wird das Anrecht auf entsprechende finanzielle Mittel und die Partizipation am jugendpolitischen System erlangt.

In der internationalen Jugendarbeit wurden entsprechende Initiativen unter dem Stichwort »JiVE – Jugendarbeit international – Vielfalt erleben« erfolgreich durchgeführt und evaluiert (Chehata/Riß/Thimmel 2010). Die Förderung von Jugendbegegnungen über das EU-Programm »JUGEND IN AKTION« ist z. B. als projektbezogene Förderung nicht an eine formale Trägeranerkennung (§ 75 SGB VIII) und eine Zugehörigkeit zum jugendpolitischen System geknüpft und ermöglicht so die Heranführung neuer Gruppen an die internationale Jugendarbeit. Vorausgesetzt werden auch hier spezifische formale Erfordernisse, die mit den Trägern der jugendbezogenen Migrationsarbeit gemeinsam zu erarbeiten sind (für den europäischen Freiwilligendienst: Chehata 2010). Hier zeigen sich die strukturellen Aspekte interkultureller Öffnung eines jugendpolitischen Systems.

Aus einer grundsätzlichen Perspektive kann die Sonderstellung der Vereine junger Migrant/innen im Jugendverbandssystem in der aktuellen Diskussion nur als zeitlich befristetes Projekt angesehen werden, da die pluralistische Struktur der Jugendverbände sich gerade dadurch auszeichnet, dass es viele unterschiedliche Jugendverbände gibt, die sich beispielsweise nach religiösen, weltanschaulichen oder sportbezogenen Kriterien organisieren und gleichberechtigt nebeneinanderstehen (Thimmel/Riß 2011). Die Öffnung des Jugendverbandssystems und der Jugendringe ist weiter voranzubringen. Dabei sind die Kinder- und Jugendhilfeausschüsse der Kommunen wichtige Akteure, und an den Schnittstellen zwischen kommunaler Jugendpolitik und Integrationspolitik liegt ein großes Potenzial für Integrations- und Jugendpolitik.

Abschließend ein Zitat aus dem Endbericht der wissenschaftlichen Begleitung des Projektes zur interkulturellen Öffnung dreier Stadtjugendringen in NRW in den Jahren 2008 bis 2010:

»*Interkulturelle Öffnung bedeutet für Jugendringe die Aufnahme von neuen Mitgliedsorganisationen und eine Erweiterung des Mitgliederspektrums. Die Mitgliederstruktur kann sich durch die Aufnahme verändern, indem z. B. auch kleinere Vereine aufgenommen werden. Bestehende Satzungen sind in dieser Hinsicht kritisch zu überprüfen. Der Öffnungsprozess geht mit einer intensiven Netzwerkarbeit nach außen (teils mit Akteuren aus nicht jugendbezogenen Handlungsfeldern und vor allem aus dem Migrationsbereich) sowie einem intensiven Kommunikationsprozess nach innen einher. (…) Interkulturelle Öffnung von Stadtjugendringen und Jugendverbänden auf kommunaler Ebene benötigt als umfassender, tiefgreifender und komplexer Organisationsentwicklungsprozess einen ausreichenden Zeitraum. Hier spielen die Strukturbedingungen von kommunaler Jugendverbandsarbeit als non-formalem Bildungsbereich auf ehrenamtlicher Basis eine Rolle und sind als Taktgeber ernst zu nehmen. Die erforderlichen Veränderungen lassen sich aufgrund der beschriebenen Prozesshaftigkeit und der Notwendigkeit, je individuelle Strategien einer interkulturellen Öffnung zu erarbeiten und umzusetzen, nur begrenzt abkürzen und beschleunigen*« (Riß/Thimmel 2011, S. 63 f.).

»*Die Öffnung von Stadtjugendringen bedarf einer entsprechenden Förderung von Vereinen und Organisationen von (und für) Jugendliche/n mit Migrationshintergrund auf kommunaler (und Landes-/Bundes-)Ebene. (…) Die Förderung und Unterstützung kann nicht allein aus den bestehenden Mitteln des Jugendverbandssystems getragen werden. Die Öffnung der Jugendverbandsarbeit für neue Träger (z. B. Zusammenschlüsse Jugendlicher mit Migrationshintergrund) benötigt eine Erweiterung der finanziellen Ausstattung von Jugendverbandsarbeit, um langfristig die Arbeit aller Akteure abzusichern. Damit berührt die interkulturelle Öffnung der Jugendverbandsarbeit die grundsätzliche Frage der Förderung von Jugendarbeit als Handlungsfeld im Kanon der Bildungslandschaft*« (Riß/Thimmel 2011, S. 64).

Ausblick

Kinder- und Jugendarbeit leisten für die Integrations- und Migrationsthematik in der Bundesrepublik Deutschland einen zentralen Beitrag. Das große Potenzial der offenen Jugendarbeit besteht gerade darin, dass sich reflexive interkulturelle Jugendarbeit als eine Variante subjekt- bzw. bildungsorientierter Jugendarbeit verstehen kann und alle Jugendlichen mit ihren Bedürfnissen, aber auch ihrem »langen Schatten der Herkunft« ernst genommen werden. Dies hat eine Auflösung der Sonderstellung der Jugendlichen mit Migrationshintergrund in der offenen Jugendarbeit zur Folge. Dieser Prozess hat sich an vielen Orten in der Praxis längst vollzogen.

In der Jugendverbandsarbeit bietet das pluralistische Modell der Jugendverbände eine Möglichkeit, gruppenbezogene Pluralität zu organisieren, ohne in die Dichotomie zwischen deutsch und nicht Deutsch zurückzufallen. Dieser Prozess ist durch entsprechende Initiativen auf lokaler, regionaler und bundespolitischer Ebene voranzubringen. In anderen Feldern der nonformalen Bildung, wie Freiwilligendienst, politische Bildung oder internationale Jugendarbeit, sind die Anstrengungen zur verstärkten Teilhabe von Jugendlichen mit Migrationshintergrund und ihren Organisationen politisch, strategisch und finanziell zu unterstützen. Die Ergebnisse der Praxisforschung belegen ein großes Interesse der Zielgruppe daran, stärker an diesen Bereichen der non-formalen Bildung zu partizipieren.

Mit der reflexiven interkulturellen Jugendarbeit liegt ein entsprechendes Konzept vor, das der »Ungleichzeitigkeit« auf den angesprochen Ebenen gerecht wird. Wenn Jugendliche mit Migrationshintergrund in der Mitte der Gesellschaft angekommen sind, gehören sie in erster Linie in den Jugendbereich, die sich als Jugendförderung mit ihren thematischen Untergliederungen an alle Jugendliche wendet. Die finanzielle Ausstattung in der personellen und sachbezogenen Infrastruktur der kommunalen und verbandlichen Jugendarbeit sowie anderen Bereichen des non-formalen Bildungsbereichs ist zu verbessern, drohende Kürzungen auf kommunaler Ebene können nicht durch Aktionsprogramme auf Bundes- und EU-Ebene ersetzt werden. Wesentlich ist die Bündelung von Maßnahmen, die über einen rein pädagogischen Anspruch, der ausschließlich die Subjekte in den Blick nimmt, hinausgeht und an der Abstimmung kommunaler, landes- und bundespolitischer und europäischer Politik arbeitet. Die Schnittstelle zwischen Migration und Jugendarbeit birgt große Ressourcen. Dieser Prozess hat gerade erst begonnen. Die konzeptionellen Vorarbeiten dazu sind gemacht.

Literatur

Bärnklau, A./Nick, P. (2010): Interkulturelle Öffnung der Jugendarbeit in Bayern – Wissenschaftliche Auswertung des Fachprogramms Integration von Kindern und Jugendlichen mit Migrationshintergrund in die Jugendarbeit. Kempten: Eigenverlag.

Beicht, U./Granato, M. (2009): Übergänge in eine berufliche Ausbildung – Geringere Chancen für junge Menschen mit Migrationshintergrund. Expertisen und Dokumentationen zur Wirtschafts- und Sozialpolitik. www.fes.de (Abruf am 15.06.2011).

Bommes, M. (^{3}2005): Ausländische Jungen und Mädchen – Jugendliche mit Migrationshintergrund. In: Deinet, U./Sturzenhecker, B. (Hrsg.): Handbuch offene Jugendarbeit. Wiesbaden: VS Verlag für Sozialwissenschaften für Sozialwissenschaften, S. 104–113.

Bruhns, K. (2011): Jugendliche mit Migrationshintergrund in der Jugendarbeit. In: EEO Enzyklopädie Erziehungswissenschaft online.

Bundesjugendkuratorium (BJK) (2008): Pluralität ist Normalität für Kinder und Jugendliche. Vernachlässigte Aspekte und problematische Verkürzungen im Integrationsdiskurs. (Download unter www.bundesjugendkuratorium.de; Abruf am 15.06.2011).

Bundschuh, S./Jagusch, B. (2011): Interkulturelle Jugendbildung. In: Hafeneger, B. (Hrsg.): Handbuch Außerschulische Jugendbildung. Schwalbach: Wochenschau-Verlag, S. 187–197.

Chehata, Y. (2010): Europa ermöglichen. »Für mich, über mich und für das Leben gelernt«. Bericht der wissenschaftlichen Begleitung zum europäischen Freiwilligendienst im Rahmen von JiVE Jugendarbeit international – Vielfalt erleben. Online: www.jive-international.de (Abruf am 15.06.2011).

Chehata, Y./Riß, K./Thimmel, A. (2010): Vielfalt on tour – Internationale Jugendbegegnungen in der Migrationsgesellschaft. Abschlussbericht des Modellprojektes InterKulturell on Tour. Download unter http://www.jive-international.de/downloads/4-20-1821/JiVE_IKT_Bericht_wissenschaftliche_ Begleitung.pdf (Abruf am 15.06.2011)

Cloos, P./Köngeter, S./Müller, B./Thole, W. (2009): Die Pädagogik der Kinder- und Jugendarbeit. 2., durchgesehene Auflage. Wiesbaden: VS Verlag für Sozialwissenschaften für Sozialwissenschaften.

Deutsch-Ausländischer Jugendclub Saarbrücken (2008): Kurzbericht zur wissenschaftlichen Begleitforschung des Projekts: Aufbau einer Anlaufstelle für Jugendliche mit Migrationshintergrund bei Diskriminierungserfahrungen. Saarbrücken: Eigenverlag.

Hamburger, F. (1985): Pädagogische Arbeit mit Ausgegrenzten. In: deutsche jugend 33, S. 250–257.

Hamburger, F. (1991): Migration und Jugendarbeit – Chancen für interkulturelles Lernen? Wiederabdruck in Hamburger, F. (1994): Pädagogik der Einwanderungsgesellschaft. Frankfurt a.M.: Cooperative Verlag, S. 95–103.

Hamburger, F. (2005): Die Verschiedenheit dominiert. In: Treffpunkt 2/2005, S. 3/4.

Hamburger, F. (2009): Abschied von der Interkulturellen Pädagogik. Plädoyer für einen Wandel sozialpädagogischer Konzepte. Weinheim und München: Juventa Verlag.

Hormel, U./Scherr, A. (2004): Bildung für die Einwanderungsgesellschaft. Perspektiven der Auseinandersetzung mit struktureller, institutioneller und interaktionaler Diskriminierung. Wiesbaden: VS-Verlag für Sozialwissenschaften.

IDA - Informations- und Dokumentationszentrum (1994): Partizipation von Jugendlichen ausländischer Herkunft in der Jugendarbeit. Ein Reader für Multiplikatoren in der Schule und Jugendarbeit. Düsseldorf: Eigenverlag.

IDA - Informations- und Dokumentationszentrum (2000): Eintagsfliege oder Dauerbrenner. Interkulturelle Arbeit als Querschnittsaufgabe der Jugendarbeit. Reader für MultiplikatorInnen in der Jugend- und Bildungsarbeit. Düsseldorf: Eigenverlag.

Jagusch, B. (2011): Praxen der Anerkennung. »Das ist unser Geschenk an die Gesellschaft«. Vereine von Jugendlichen mit Migrationshintergrund. Schwalbach: Wochenschau-Verlag.

Leiprecht, R. (2011): Diversitätsbewusste Soziale Arbeit. Schwalbach: Wochenschau-Verlag.

Landesjugendring NRW – Projekt Ö (2011): Integration durch Partizipation. Interkulturelle Öffnung von Jugendringen und Jugendverbänden in NRW. Abschlussdokumentation zum Projekt Ö. Düsseldorf: Eigenverlag.

Müller, B. (2004): Bildungsbegriffe in der Jugendarbeit. In: Sturzenhecker, B./Lindner, W.: Bildung in der Kinder- und Jugendarbeit: Vom Bildungsanspruch zur Bildungspraxis. Weinheim und München: Juventa, S. 35–48.

Netzwerk interkultureller Jugendverbandsarbeit und -forschung (NiJaf): Selbstverständnis. Download unter www.idaev.de/cms/upload/PDF/NiJaf_Selbstverstaendnis.pdf (Abruf am 30.6.2011).

Nick, P. (2004): Zugehörigkeit ermöglichen. Interkulturelle Öffnung als Querschnittsaufgabe verbandlicher Jugendarbeit. In: Deutscher Bundesjugendring: Kinder und Jugendliche aus Zuwandererfamilien in Jugendverbänden – Chancen und Herausforderungen. Bonn: Eigenverlag.

Oberndörfer, D. (1996): Die politische Gemeinschaft und ihre Kultur. Zum Gegensatz zwischen kulturellem Pluralismus und Kulturalismus. In: Aus Politik und Zeitgeschichte 52, S. 37–46.

Otremba, K./Yildiz, M./Zitzmann, T. (2011): Abschlussbericht zum Forschungsprojekt »Interkulturelle Öffnung in der verbandlichen Jugendarbeit – Stand, Möglichkeiten und Hindernisse der Realisierung«. Online: www.vielfalt-tut-gut.de/FH-Koeln_DJI_Abschlussbericht_Forschungsprojekt.pdf (Abruf am 30.6.2011).

Rauschenbach, T. (2008): Zukunftchance Bildung. Familie, Jugendhilfe und Schule in neuer Allianz. Weinheim und München: Juventa.

Riß, K./Thimmel, A. (2010): Bilateraler Fachkräfteaustausch mit Spanien zum Thema Migration/Integration. In: IJAB (Hrsg.): Forum Jugendarbeit International. Bonn: Eigenverlag, S. 336–347.

Riß, K./Thimmel, A. (2011): Jugendringe als Plattformen der Pluralität – Interkulturelle Öffnung von Jugendverbandsarbeit in der Kommune. Erkenntnisse und Schlussfolgerungen der wissenschaftlichen Begleitung von Projekt Ö. In: Landesjugendring NRW (Hrsg.): Integration durch Partizipation. Interkulturelle Öffnung von Jugendringen und Jugendverbänden in NRW – Abschlussdokumentation zum Projekt Ö. Neuss: Eigenverlag, S. 76–137.

Scharathow, W./Leiprecht, R. (Hrsg.): Rassismuskritik. Band 2. Rassismuskritische Bildungsarbeit. Schwalbach: Wochenschau-Verlag.

Scherr, A. (1997): Subjektorientierte Jugendarbeit. Eine Einführung in die Grundlagen emanzipatorischer Jugendpädagogik. Open-Access-Ausgabe des 1997 im Juventa-Verlag erschienenen, seit 2010 vergriffenen Buches.

Scherr, A. (^{3}2005): Das Multikulturelle Muster in der Kinder- und Jugendarbeit mit MigrantInnen. In: Deinet, U. /Sturzenhecker, B. (Hrsg.): Handbuch offene Jugendarbeit. Wiesbaden: VS Verlag für Sozialwissenschaften für Sozialwissenschaften, S.180–189.

Statistisches Bundesamt (2010): Studienfachwahl deutscher und ausländischer Studierender im Wintersemester 2009/2010, Fachserie 11, Reihe 4.1.

Thimmel, A. (2005): Interkulturelle Öffnung der Jugendverbände – Migrantenorganisationen im Jugendverbandssystem. Vortrag am 7.06.2005 beim Bundesministerium für Familie, Senioren, Frauen und Jugend in Berlin.

Thimmel, A./Riß, K. (2011): Interkulturelle Öffnung von Jugendverbandsarbeit. Dimensionen eines Modernisierungsprozesses. In: Landesjugendring NRW (Hrsg.): Integration durch Partizipation. Interkulturelle Öffnung von Jugendringen und Jugendverbänden in NRW – Abschlussdokumentation zum Projekt Ö. Neuss: Eigenverlag, S. 11–20.

Thole, W. (2000): Kinder- und Jugendarbeit. Eine Einführung. Weinheim und München: Juventa.

Rainer Kilb

(Sozial-)Pädagogische Arbeit mit sozial auffälligen und gewaltbereiten jungen Migrant/innen

Bei einer Thematisierung der (sozial)pädagogischen Arbeit mit sozial auffälligen und gewaltbereiten jungen Migrant/innen gilt es zunächst unter fünf Aspekten Differenzierungen vorzunehmen bzw. die Themenstellung historisch zu positionieren.
1. Im Zuge sukzessiver Pluralisierung normativer gesellschaftlicher Standards *pluralisieren* sich gleichermaßen *Definitionen* und Verständnisse von Auffälligkeit und von Gewalttätigkeit. Zur besseren Verständigung auf den Betrachtungsgegenstand sollen hier eher »harte Kriterien« wie körperliche Gewaltanwendung sowie illegitimes und illegales Sozialverhalten als orientierend vorausgesetzt werden.
2. Gewalttätigkeit und soziale Auffälligkeiten artikulieren sich in ganz unterschiedlichen *Ausformungen* und können auf völlig verschiedenen Hintergründen und Motiven aufbauen, sodass sich – hieraus jeweils ableitbar – ganz unterschiedliche pädagogische Handlungsstrategien ergeben können. In Anlehnung an Nunner-Winkler (2004. S. 49 ff.) tritt Gewalt in folgenden Formen auf:
→ als *zweckorientierte* Gewalt wie etwa ein Raubdelikt
→ als *wertrationaler* Gewalteinsatz etwa aufgrund milieutypischer »Ehrverständnisse«, Werte oder diesbezüglicher Abgrenzungen
→ als *affektuelles Reagieren* auf nicht alltägliche Reize (»neuronale Entgleisung«) wie etwa eine traumatische Blitzreaktion
→ als *kompensierende* Gewalt im Rahmen einer Projektion, einer Übertragung eigener »Traumata« oder fehlender Anerkennung
→ als Reaktion auf »den falschen Blick« im Rahmen *adoleszenter* Identitätsfindung mit Grenzüberschreitungen, Unterdrückung anderer und Positionierung im Gruppen- oder Milieukontext
→ als Gewalt im Sinne eines *»Eigenwertes«*, als Lust an körperlicher Selbsterfahrung durch Kampf, an Intensität von Anspannung (»Kick«), Erregung und Risikolust

3. Neben dieser Formendifferenzierung des Phänomens selbst gilt es weiterhin (sozial)pädagogische Interventionen nach den verschiedenen *Handlungsfeldern* und *Settings* abzuwägen. So können sich in einer situativen schulischen Unterrichtssituation völlig andere Arbeitsweisen auftun als vergleichsweise in einem sozialen Trainingskurs der Jugendgerichtshilfe, in dem gezielt und systematisch nach einem bestimmten Curriculum an der jeweiligen Auffälligkeit gearbeitet wird.
4. Weiterhin erscheint es notwendig, bei der hier betrachteten Adressatengruppe junger Migrant/innen nach *ethnisch-kulturellen,* nach *Migrationsphasen* und nach

integrationsbiografischen Aspekten zu sondieren. (Sozial-)Pädagogische Konzepte orientieren sich dann häufiger auch an gleichzeitig mehreren unterschiedlichen strukturellen Bezugsebenen:

a) Sie entsprechen teilweise den verschiedenen *biografischen Migrationsphasen* und wenden sich dabei gezielter an die entweder erste, zweite oder auch dritte Generation, hier oftmals noch differenziert nach kulturspezifischen Merkmalen, sofern es interkulturelle Disparitäten gibt.

b) Sie können auch auf die *verschiedenen Entwicklungslinien,* die in Migrationsprozessen auftauchen, orientiert sein. Dubet und Lapeyronnie (1994, S. 97) sprechen dabei von diversen Möglichkeiten, sich als Migrant gesellschaftlich integriert oder isoliert zu fühlen:

→ Einige betrachten den Migrationsprozess immer noch als *Zwischenetappe* und hegen Rückkehrpläne.
→ Für andere ist Migration ein *äußerer Zwang;* sie sind in die Welt der Migration hineingeboren und eingeschlossen und driften dabei an den gesellschaftlichen Rand.
→ Von einem Teil wird Assimilation/Integration zurückgewiesen, weil sie bisher nicht mit erfolgreicher Eingliederung einherging. Hier kann ein *Rückzug* in die Herkunftskultur stattfinden (Dubet/Lapeyronnie 1994, S. 98), einhergehend etwa mit aggressiver Abwehr gegen Elemente der Aufnahmekultur.
→ Zahlreiche Migrant/innen sind stark integriert in die Aufnahmegesellschaft und haben Rückkehrpläne aufgegeben und befinden sich in einer Phase multipler oder *Zwischenidentität.*
→ Ein weiterer Teil ist *vollkommen assimiliert* und distanziert sich mittlerweile eher von Herkunftsland und Herkunftskultur. Dieser Typus wurde zuletzt feuilletonistisch unter anderem auch als »Mehmet-Scholl-Türke« bezeichnet (Bayaz 2010. S. 23).

c) Die Konzepte können sich gezielt auf geschlechtsspezifische Aspekte in biografischen Migrationsphasen bzw. den unterschiedlichen Entwicklungslinien richten.

5. Zuletzt ist es notwendig, die Veränderungen der sozialen Dienstleistungen für Migrant/innen zu thematisieren und historisch neu einzuordnen. So hat in den letzten 40 Jahren ein Wandel von der auf einzelne Ethnien spezialisierten »Ausländersozialarbeit« hin zu einer an Migrationsgesichtspunkten orientierten interkulturellen Öffnung der sozialen Regelangebote stattgefunden. Parallel zu Letzterer hat sich trotzdem eine Reihe migrationsspezifischer Projekte entwickelt, sodass wir auch hier auf eine eher diffuse Angebotslandschaft stoßen.

Betrachtet man schließlich sämtliche dieser Aspekte einer »Vorklärung« in Verbindung zueinander, so offenbaren sich rasch qualitativ hohe Anforderungsschwellen für professionelles Handeln in diesem Bereich.

Auffälligkeiten und Gewalt bei Migrantenjugendlichen

Betrachtet man die »harten« Indikatoren für soziale Auffälligkeiten und Gewalt bei Migrantenjugendlichen (einschließlich der Aussiedler- und eingebürgerten Jugendlichen) im Vergleich zu ihren deutschen Alterskohorten, so ergibt sich kein eindeutiges Bild. Es zeigen sich einerseits zwischen den verschiedenen *ethnischen Gruppen* teilweise deutliche Unterschiede abweichender oder krimineller Aktivitätspraxis. Zudem existieren starke regionale Schwankungen sowohl in den Landkreisen als auch in den Städten, die auf spezifische Milieus und unterschiedliche Integrationsformen zurückgehen dürften.

So ermittelten etwa Baier/Pfeiffer (2007, S. 19) in ihrer Schülerbefragung bei den Deliktarten Überrepräsentanzen männlicher türkischer Jugendlicher bei Körperverletzungen (38 Prozent zu 19 Prozent bei den deutschen Jugendlichen) oder »jugoslawischer« Jugendlicher bei Raub (acht Prozent zu drei Prozent), Waffenbedrohung (sechs Prozent zu drei Prozent) und bei Erpressung (fünf Prozent zu einem Prozent). Polnische Jugendliche dominieren dagegen bei Körperverletzungsdelikten im schulischen Bereich (43 Prozent zu 35 Prozent), und die italienischen Jugendlichen zeigen sich, biografisch betrachtet, zu einem früheren Entwicklungsalter gewalttätiger als die Jugendlichen sämtlicher anderen Vergleichsländer. Die polnischen Jugendlichen sind wiederum bei der individuellen Tathäufigkeit vorne (sieben Prozent zu vier Prozent bei den deutschen Jugendlichen).

Differenziert man die Tatverdächtigen nach Altersgruppen, ergeben sich ebenfalls sehr uneinheitliche Entwicklungen (PKS 2010, S. 74 f.). So zeigte sich bei tatverdächtigen Kindern etwa ein systematischer Rückgang seit 1998 um ein Drittel, bei den nicht deutschen Kindern sogar um die Hälfte.

»Der Rückgang der registrierten Kinderdelinquenz bei den nichtdeutschen Tatverdächtigen betraf vor allem Körperverletzungen und Sachbeschädigung, wogegen bei den deutschen tatverdächtigen Kindern Rückgänge bei ›schwerem‹ Diebstahl und Brandstiftung registriert wurden. Zunahmen gab es bei deutschen und nichtdeutschen tatverdächtigen Kindern vor allem bei Rauschgiftdelikten. Bei den tatverdächtigen Kindern dominiert der Ladendiebstahl eindeutig. Bei Ladendiebstahl wird die Entwicklung der ermittelten Tatverdächtigen vom Kontroll- und Anzeigeverhalten im Einzelhandel beeinflusst« (PKS 2010, S. 74 f.).

Bei den Jugendlichen gab es ebenfalls seit 1998 eine starke Rückläufigkeit krimineller Delikte um etwa 20 Prozent, davon bei den nicht deutschen sogar um 30 Prozent. »Starke Rückgänge bei den deutschen Jugendlichen zeigten sich bei ›schwerem‹ Diebstahl und Sachbeschädigung. Ein geringer Anstieg wurde bei Rauschgiftdelikten bei allgemeinen Verstößen gemäß § 29 BtMG mit Cannabis und Zubereitungen registriert. Rückgänge bei nichtdeutschen Jugendlichen zeigten sich vor allem bei Körperverletzung und Sachbeschädigung« (PKS 2010, S. 76 f.).

Die Körperverletzungen insgesamt bilden bei den deutschen Jugendlichen den größten Deliktsanteil (24,2 Prozent), gefolgt von Ladendiebstahl (24,0 Prozent) und Sachbeschädigung (18,8 Prozent). Bei den jugendlichen nicht deutschen Tatverdächtigen ergibt sich folgendes Bild: Körperverletzung (27,5 Prozent), Ladendiebstahl insgesamt (23,8 Prozent), »schwerer« Diebstahl (10,1 Prozent) sowie Sachbeschädigung (9,2 Prozent) (PKS 2010, S. 76 f.).

Ein ähnliches Bild ergibt sich bei Heranwachsenden (18 bis 21 Jahre) mit einem geringen Rückgang seit 2000 insgesamt, davon aber bei den Nichtdeutschen um mehr als die Hälfte seit 1998. »Rückgänge gab es bei den deutschen Tatverdächtigen bei Rauschgiftdelikten und bei den nichtdeutschen Tatverdächtigen bei Sachbeschädigung. Anstiege waren dagegen bei den deutschen Tatverdächtigen bei Bedrohung und bei den nichtdeutschen Tatverdächtigen bei Ladendiebstahl zu verzeichnen« (PKS 2010, S. 77).

Neben ethnischen und altersbedingten Unterschieden existieren auch erhebliche *regionale, siedlungs- bzw. stadtstrukturelle* Differenzen. So liegen natürlich die Anteile nicht deutscher Tatverdächtiger in den Ballungsräumen mit hohen Migrantenanteilen wie etwa in Frankfurt am Main, Stuttgart, München, Köln oder Mannheim vergleichsweise sehr viel höher. In Frankfurt am Main waren 40 Prozent der tatverdächtigen Jugendlichen, 47 Prozent der tatverdächtigen Heranwachsenden und 57 Prozent der tatverdächtigen Erwachsenen Nichtdeutsche. Frankfurt am Main zeigt auch bei den tatverdächtigen Kindern unter den Großstädten mit 42 Prozent den höchsten Nichtdeutschenanteil, gefolgt von München mit 40 Prozent, Stuttgart mit 37 Prozent, Köln 33 Prozent und Mannheim mit 32 Prozent. In den Großstädten der neuen Länder spielen Nichtdeutsche unter den minderjährigen Tatverdächtigen dagegen keine größere Rolle.

Interessant sind zudem regionale Disparitäten bei Körperverletzungs- und sonstigen Gewaltdelikten mit Häufungen insbesondere in norddeutschen Großstädten wie Hannover, Kiel, Lübeck, Braunschweig und Hamburg sowie punktuell und eher stadtspezifisch in Freiburg im Breisgau, Köln, Berlin, Dortmund und Halle an der Saale (PKS 2010, S. 153, 231).

Erklärungsansätze und Ursachen

Sicher ist man sich mittlerweile darin, dass es nicht *den einen Grund* gibt, mit dem man die unterschiedlichen Ausformungen sozialer Auffälligkeiten beschreiben bzw. erklären könnte; man spricht deshalb von einem multifaktoriellen Zusammenwirken verschiedener Hintergründe, Begleitumstände und Auslöser, die auffälliges Verhalten letztendlich begründen (vgl. Übersicht).

> **Übersicht: Kontextueller Entstehungsprozess einer gewalttätigen oder sozial auffälligen Aktion (Kilb 2009a, S. 20)**
>
> → Spezifische **personengebundene Ausgangsdispositionen:** Persönlichkeitsmerkmale, neuroanatomische Besonderheiten
> → **Hintergrundkontexte:**
> → entwicklungspsychologische: Adoleszenz, Postadoleszenz
> → Familiensituation: Lerneffekte, fehlende Anerkennung, Demütigungen
> → gesellschaftliche: Perspektivlosigkeit, Status- und Bewältigungsdruck, Konkurrenzparadigma und Individualisierung
> → **Begleitumstände:** fehlende Anerkennung, Milieueinbindungen, segregierte Stadtteile
> → **Beschleuniger:** z. B. Peergroup, Suchteinwirkung, Masseneinfluss, Rituale und Exzesse (Hooliganismus, Massenschlägereien)
> → **Handlungsmuster:** z. B. medial vermittelt, familiär, peererlernt
> → **Anlässe und Gelegenheiten:** anonyme Räume, Szenen
> → **Auslöser:** subjektiv wahrgenommene Provokation, Demütigungserwartung, Kontrollverlust (Trauma, Übertragung)
> → **subjektiver Abwägungs-/Entscheidungsprozess**

Ein besonderes Augenmerk gilt es insbesondere auf die adoleszenten Entwicklungsphasen zu legen, in deren Verlauf sich diverse Risikopotenziale überlagern und damit resiliente Copingaspekte überdecken können.

Ein zentrales Thema in der Risikoforschung stellen Individualisierungs- und Pluralisierungsanforderungen dar, deren Erfüllung heute eigenständig und häufiger auch ohne festere familiäre, kulturelle und milieubezogene Einbindungen zu erbringen ist. Die mit den modernen Lebenssituationen verbundenen größeren Freiheiten korrespondieren dabei zwangsläufig mit höheren individuellen Anforderungen, sich frühzeitig und dabei auch richtig entscheiden zu müssen. Soziale Absicherung, soziale Orientierung, soziale Unterstützung und Integration werden somit eher zu individuellen Bewältigungsaufgaben. Jugendliche orientieren sich in diesem Prozess häufig in Peergroups, testen dort Grenzüberschreitungen und normative Optionen aus und verschaffen sich dadurch Anerkennung und Respekt; Attribute, die gerade bei eigenen Bildungsdefiziten in den gewachsenen sozialisatorischen Kontexten von Familie und Schule oftmals entfallen.

Sozial auffälliges Verhalten kann hierbei mehrere Funktionen gleichermaßen bedienen: Kollektiv in der Peergroup inszenierte normative Grenzverletzungen eignen sich dazu, das Selbstbewusstsein zu stärken; sie machen Solidarität erfahrbar und helfen bei der Distanzierung der eigenen Person von der Welt der Erwachsenen. Einerseits sind dies wichtige Aspekte der Identitätsentwicklung, andererseits besteht die Gefahr kollektiver Separierung und sozialer Marginalisierung durch Verfestigungen auffälliger Verhaltensweisen in eigenen Milieugründungen.

Die Situation von Migrantenjugendlichen stellt sich grundsätzlich noch einmal komplexer und damit häufig für diese auch als belastender dar. So kann je nach migrationsbiografischer und integrationsspezifischer Situation die adoleszente Elternablösung beispielsweise mit einer Distanzierung zur Herkunftskultur einhergehen, was einer doppelten Bruchsituation gleichkommt (vorwiegendes Phänomen in der zweiten Generation). In Umkehrung hierzu können sich aber auch widersprüchliche adoleszente Muster entwickeln, in denen der elterlichen Distanzierung eine Reorientierung in eine idealisierte Herkunftskultur gegenübersteht, die eine wirkliche Elternablösung verhindert. Letzteres Muster wird eher bei nicht gelungenen Integrationsprozessen und vorwiegend in der dritten Generation evident und mündet häufiger in soziokulturelle Gettoisierung mit deutlichen Abgrenzungserscheinungen und auch zu Aggressionen gegenüber der Aufnahmekultur (»Deutschen-Bullying, -Mobbing«).

Im Rahmen familialer Sozialisation kann sich zudem auch eine Ausprägung *Gewalt legitimierender Männlichkeitsnormen* ergeben, die im interkulturellen Kontext von Institutionen schließlich unter dem Attribut »sozial auffällig« markiert sind. So erfolgt die Erziehung von Jungen beispielsweise in der traditionellen türkischen Familie bis zur Pubertät zunächst durch die Mutter oder alternativ durch die ältere Schwester in einer ambivalenten Struktur von körperlicher Zärtlichkeit und deren parallel stattfindender Ablehnung. Die Beziehung zwischen Mutter und Sohn ist durch Autorität und Ermahnung sowie gleichzeitigem Gewährenlassen geprägt. Der Junge erfährt dabei nach Toprak (2005, S. 106 f.) eine große Verunsicherung gegenüber der weiblichen Autorität und kehrt unter Umständen auch seine Aggressivität gegen Mutter, Schwester oder allgemein gegen Frauen. Parallel hierzu findet durch den Vater strenge Unterweisung statt. »Während der Sohn den Anforderungen des Vaters gerecht werden muss, bleibt die Beziehung zur Mutter davon unbelastet, die zudem das Erziehungsmittel der körperlichen Züchtigung, wenn sie damit droht, auf den Vater überträgt und kaum selbst ausführt« (Pfluger-Schindlbeck 1989, S. 139 f.). Bezogen auf die männliche Ehre lernt der junge Mann nach Toprak das Verhältnis zwischen Mann und Frau sowie zwischen innen und außen zu gestalten.

»Ein Mann gilt als ehrlos, wenn seine Frau beleidigt oder belästigt wird und er nicht extrem und empfindlich reagiert. Derjenige Mann gilt als ehrenhaft, der seine Frau verteidigen kann, Stärke und Selbstbewusstsein zeigt und für die äußere Sicherheit seiner Familie garantierende Fähigkeiten besitzt. (…) Darüber hinaus muss ein ehrenhafter Mann willens und in der Lage sein zu kämpfen, wenn er hierzu herausgefordert wird. Die Eigenschaften eines ehrenhaften Mannes sind Virilität, Stärke und Härte« (Toprak 2005, S. 152).

Toprak thematisiert die im Kontext traditionell-ländlicher Erziehung innerhalb von Familien getätigten Gewaltpraktiken von der Ohrfeige, der körperlichen Misshandlung und dem Nahrungsmittelentzug über sexuelle Beleidigungen, Androhung von Schlägen, Beleidigen, Anschreien, Beschimpfen bis hin zum Kontaktabbruch und leitet hierdurch eine höhere Affinität zur Gewalt ab. In verschiedenen Studien wird eine solche Praxis höherer Gewaltintensität in der Erziehung in türkischen Familien bestätigt (Pfeiffer/Wetzels 2000; Uslucan 2008).

Potenzierende Wirkungen besitzen auch hier Einbettungen in subkulturelle Zusammenhänge segregierter Quartiere, in denen sich gewalttätiges Handeln als übliche oder gewohnte Kommunikationsform dann entsprechend etablieren und unhinterfragt bleiben kann.

Die Auswirkungen von Marginalisierungserfahrungen im Jugendalter bleiben in ihren individuell kränkenden Effekten häufig im Verborgenen, werden entweder verdrängt, neutralisiert oder zu vermeintlichen Stärken transformiert. Sie können sich in Aggressivität, ja auch in diffusem oder auch zielgerichtetem Hass artikulieren. Aggressivität kann sich gegen die eigene Person oder auch gegen andere richten. Sie zeigt sich häufig auch in sozialpädagogischen Zusammenhängen und erfordert die professionelle Bereitschaft der Fachkräfte, selbst in einer aggressiven und gewaltbesetzten Arena agieren und sich behaupten zu können.

Insgesamt bleibt festzustellen, dass materielle Benachteiligungen und Ausgliederung aus der Arbeitswelt verstärkende Wirkungen bei der Entstehung auffälligen sozialen Verhaltens besitzen, was sich durch das bundesweite Nord-Süd-Gefälle sowohl bei der Ausstattung mit materiellem und kulturellem Kapital als auch bei den Indikatoren zu sozialen Auffälligkeiten andeutet (vgl. PKS 2010).

(Sozial-)Pädagogische Konzepte und Strategien

Die unter dem Stichwort »Migrantenjugendliche« betrachteten Zielgruppen sind, wie dargestellt, überaus heterogen, bei sozialer Verhaltensauffälligkeit sind sie aber tendenziell in größerer Breite marginalisiert und von gesellschaftlicher Mitwirkung teilweise ausgeschlossen. Einmal als sogenannte »Randgruppe« stigmatisiert, kann sich ihre soziale Benachteiligung noch verstärken.

Die Arbeit mit marginalisierten Jugendlichen und Gruppen unterscheidet sich prinzipiell dadurch von allgemeinen (sozial)pädagogisch-methodischen Ausgestaltungsformen, dass man sich mit deren Marginalisierungsstatus, den räumlichen Ausgrenzungswirkungen und – durch diese Phänomene bedingt – mit anderen Bildungsvoraussetzungen, anderen habituellen, sprachlichen und kommunikativen Umgangsformen und Gewohnheiten zu befassen hat. Voraussetzung ist die Bereitschaft, sich in »fremde Milieus« hineinversetzen zu können, sich zumindest temporär und partiell auf diese einzulassen und sich manchmal auch als Teil einer Subkultur zu verstehen. Im Sinne eines dialogischen Prinzips würde eine lebensweltnahe (sozial)pädagogische Arbeit von diesen Bedingungen ausgehen und im Rahmen erreichbarer Ziele gelingende Formen der Lebensbewältigung anstreben.

Als Grunddimensionen solcher adoleszenzspezifischer Bewältigungen gelten nach Böhnisch (1998) positive Erfahrungen von Selbstwertigkeit, von sozialer Orientierung, sozialem Rückhalt sowie die erfolgreiche Suche nach erreichbaren Formen sozialer Integration und eine positive Einstellung zur eigenen Körperlichkeit.

Je nach (sozial)pädagogischen Handlungsfeldern und Handlungsaufgaben unterscheiden sich Settings und methodische Ansätze. Dabei müssen sich sämtliche Arbeitsansätze und Konzepte an (re)integrativen Handlungszielen orientieren. Je ethnisch heterogener die jeweilige Gruppenzusammensetzung und je geringer deren Kohäsion ausgeprägt ist, umso komplizierter ist es, die pädagogische Balance zu finden zwischen einem Eingehen auf individuell geprägte Ausgangslagen und einer vergleichbaren und subjektiv von sämtlichen Gruppenmitgliedern als gerecht empfundenen Behandlung aller. Gerade bei interkultureller Zusammensetzung von Schulklassen können hier Widersprüchlichkeiten und subjektiv empfundene Ungerechtigkeiten auftreten.

Beispielhaft wäre hier auf den Umgang mit dem Ehrbegriff bei muslimischen Jugendlichen hinzuweisen, der von diesen immer wieder etwa bei Gewaltanwendungen als Begründung hinzugezogen wird. Jugendliche ohne Migrationshintergrund neigen deshalb dann in vergleichbaren Situationen ebenfalls häufig dazu, in Anlehnung an solche kulturspezifischen Muster ein »neues« oder reaktiviertes Verständnis männlicher oder familienbezogener Ehre als Legitimation ihrer Gewalttaten geltend zu machen. Hierbei einerseits historisch-kulturanthropologisch relativierend einzuordnen und damit gleiche Verhaltensreaktionen zum selben Gegenstand abzulehnen und trotzdem »gerecht« zu den Schüler/innen beider Gruppen zu bleiben ist genau die Kunst, auf die es in diesem Kontext ankommt.

»Diese Begriffe werden unreflektiert übernommen, ohne sich z. B. mit dem tiefen Sinn der Ehre auseinandergesetzt zu haben. Diese Folklore des Halbwissens ist auch bei vielen Lehrkräften und Sozialarbeiterinnen bzw. Sozialarbeitern weit verbreitet. Damit die Jugendlichen diese Werte reflektieren und hinterfragen lernen, muss in der Schule, in Bildungseinrichtungen oder in der Jugendarbeit dieses Thema auf die Tagesordnung kommen. Dadurch können Pädagoginnen und Pädagogen und Jugendliche voneinander lernen und ihre Vorurteile reflektieren, revidieren oder in Frage stellen« (Toprak/Nowacki 2010, S. 22).

Konzeptdiskussion im Kontext spezifischer Situationen von Migrantenjugendlichen

Die neueren Konzeptdiskussionen orientieren sich stark an lebenswelt- und sozialraumorientierten Aspekten. Betrachtet man die Situationen von Migrantenjugendlichen unter diesen beiden Gesichtspunkten, so muss man folgende Einfluss- und Entwicklungsfaktoren in der interkulturellen Arbeit berücksichtigen:

→ Für einen nicht zu unterschätzenden Teil von Migrantenjugendlichen mit sozialen Auffälligkeiten ist der aufenthaltsrechtliche Status durch die politischen Diskussionen nach wie vor unsicher (Vorschlag Sarkozys und auch deutscher Politiker, kriminelle Migrantenjugendliche abzuschieben/»Sarrazin-Thesen« in Deutschland). Sie befinden sich dadurch in einer besonders in der Adoleszenzphase verstärkend wirkenden Verunsicherung.

→ Parallel zu dieser rechtlichen Unsicherheit droht eine ethnische und soziokulturelle gesellschaftliche Unterschichtung. Dies lässt sich daran festmachen, dass in Großstädten bis zu 70 Prozent der Hauptschüler/innen und bis zu 50 Prozent der Sonderschüler/innen ausländischer Herkunft sind und dass unter den jüngeren

Arbeitslosen und Sozialhilfeempfängern die Anteile junger Migrant/innen besonders hoch liegen.
→ Die in der Jugendforschung konstatierten jugendtypischen Verunsicherungen, hervorgerufen durch die Ambivalenzen von Werte- und Milieuverfall und damit einhergehender Freiheiten und Individualisierungsmöglichkeiten einerseits und andererseits gesellschaftlich erwarteten individuell zu erbringenden Entscheidungsfähigkeiten, überfordern gerade Jugendliche mit Migrationshintergrund deutlicher und gestalten deren Identitätsentwicklung komplizierter (Heitmeyer 1998).
→ Migrantenfamilien tendieren in zahlreichen Ballungsräumen und Quartieren dazu, mit ihresgleichen zusammenzuleben, was zu ethnischer Ghettoisierung beitragen kann. Konzeptionen müssen an diesen sozialräumlichen Ausgangslagen ansetzen, aber gleichzeitig transformative integrative Optionen beinhalten.
→ Das Gleiche gilt für Institutionen in solchen ethnisch homogenen Quartieren.

Konzeptdiskussion vor dem Hintergrund herkunftssozialisatorischer Strukturen

Interkulturelle Arbeitskompetenz basiert auch auf einem breiten Wissensfundus herkunftsbezogener sozialisatorischer Standards. So ist es notwendig, geschlechtsspezifische Rollenmuster in den verschiedenen Altersphasen in den verschiedenen ethnischen Zusammenhängen von Kindern und Jugendlichen mit Migrationshintergrund identifizieren und erklären zu können. In den Mittelmeeranrainerländern kommt den zwischengeschlechtlichen, den Eltern-Kind-Bezügen und den Bezügen, die sich aus den spezifischen Geschwisterkonstellationen abbilden, eine andere Bedeutung zu als in westeuropäischen Kulturen.

Weiterhin sind religiöse und familienorientierte Werte und Normen von größerer Bedeutung für individuelles Verhalten und das Zusammenleben. Besonders in durch den Islam geprägten Kulturen ist die Funktion individueller und familiärer Ehre im Sinne von Ansehen und Würde (türk.: *seref*), von Achtung und Respekt (türk.: *sayagi*) und von Ehre (türk.: *namus*) kaum mit dem westeuropäischen Ehre-Verständnis vergleichbar. Dabei ist davon auszugehen, dass sich die Wertigkeiten herkunftskultureller Paradigmen durch den Migrations- und Assimilationsprozess erheblich verändern. Es kann dabei zu einer »Individualisierung« (Pflüger-Schindlbeck 1989, S. 290) und auch zu einer Reidealisierung von Werten kommen, die somit aus dem eigentlichen Gesamtzusammenhang losgelöst mit in die »neue Kultur« übernommen werden.

Über die Wertigkeiten solcher herkunftsbezogener Paradigmen entscheiden meist die unterschiedlichen Stadien und/oder Phasen der soziokulturellen Transformation in den jeweiligen Familien oder Milieus. Lanfranchi (1994) unterscheidet dabei zwischen drei verschiedenen Übergangswirklichkeiten von »traditional-vorwärtsgewandt«, »traditional-rückwärtsgewandt« und »traditional-sklerotisiert«, wobei in Letzterer meist gravierende Scheitererfahrungen in der Aufnahmekultur zu einer Herausnahme aus oder zur Isolation in der modernen Kultur führt (Otman 1996).

Interkulturelles Lernen in multikulturellen pädagogischen Handlungsfeldern

Generelles Grundprinzip interkulturellen Lernens in einer multikulturellen Gesellschaft ist der anspruchsvolle Ansatz, dass die »eingewanderten Minderheiten ihr mitgebrachtes Selbstverständnis, ihre Sprache und kulturellen Traditionen bewahren können«, dass die Formel »Wahrung der kulturellen Identität bei gleichzeitiger Integration« auf alle und nicht nur auf die Einwanderer zielt (Hamburger 1991, S. 70). »Eine multikulturelle Gesellschaft erfordert interkulturelles Lernen, das Einheimische und Migranten gleichermaßen einbezieht.« Hamburger benennt drei wichtige praktische Elemente:
→ Lernen, Verschiedenheiten zuzulassen und zu akzeptieren (Toleranz)
→ Lernen, Gemeinsamkeiten und verschiedene Traditionen zu erkennen und zu stärken (Solidarität)
→ Lernen, jenseits spezifischer Kulturen allgemeine humane Werte zu erkennen (Menschenrechte)

Gaitanides (1994, S. 25 f.) beschreibt dabei mehrere didaktische Schritte interkulturellen Lernens:
→ »Entspannung, Atmosphäre herstellen;
→ Bearbeitung der projektiven Bestandteile der Fremdbilder und der Idealisierung der Selbstbilder
→ Historische Relativierung der tatsächlichen Unterschiede;
→ Entwicklung von Ambiguitätstoleranz;
→ Dialogische Einigung auf Basisregeln des Zusammenlebens;
→ Wechselseitige Akkulturation«

Die (sozial)pädagogischen Konzepte orientieren sich häufig an dieser Struktur, sind aber in ihren jeweiligen inhaltlich-methodischen Ausgestaltungen wiederum sehr verschieden. Sie beinhalten dafür die geeigneten Settings über Projekt-, Gruppen- oder auch individuelle Ausrichtung und schließen vielfältige Methoden sprachlicher, kultureller, musischer, sportlich-körperbezogener, spielerischer oder erlebnispädagogischer Varianten mit ein. Hierbei ist es wichtig, authentische Elemente der unterschiedlichen Bezugssysteme nach didaktisch sinnvoller Abfolge variieren zu können, um auch den verschiedenen Epochen und Stufen des akkulturellen Prozesses entsprechen zu können; als Stichworte hierfür gelten etwa die Begriffe von »Übergangsidentität, Zwischenidentität« (Dubet/Lapeyronnie 1994, S. 85), die einen Zustand gebastelter Identität aus herkunftskulturellen und westeuropäischen Kulturelementen beschreiben.

Konzepte interkultureller Pädagogik

Konzepte interkultureller Pädagogik müssen somit einerseits den ganz spezifischen Situationen der jeweiligen ethnischen Zielgruppen Rechnung tragen und sollten deshalb auf einer präzisen Zielgruppenanalyse aufbauen. Sie sollen dabei gleichzeitig mehrere Optionen möglicher Zielsetzungen beinhalten, die einerseits in einem Bezug zu den Herkunftsmilieus stehen, andererseits aber reale Zukunftsperspektiven einschließen. Dabei kann es – je nach »Übergangswirklichkeiten« – zu einer Zieldiffusität kommen, vorausgesetzt man bindet jugendliche und elternbezogene Erwartungen mit ein. Reale Praxis in der interkulturellen Arbeit ist dabei, die durch unterschiedliche Assimilationsstadien geprägten Eltern-Kind-Interessengegensätze zu erkennen und in oftmals sehr komplexen Kontexten möglichst in mediativen Formen bearbeiten zu können. Dies schließt häufig eine intensive Beschäftigung mit den Eltern ein; es kann aber auch bedeuten, Elternersatzobjektfunktionen dann temporär zu übernehmen, wenn gravierende Bruchsituationen zwischen Kindern und Eltern vorzufinden sind.

Im Kontext eines Definitionsverständnisses sozialpädagogischer Arbeit als Beziehungsarbeit stellt sich dementsprechend auch die Frage nach den Objektbeziehungen zwischen professionellen Fachkräften und Migrantenjugendlichen anders, weil die Identifikationsmuster einerseits den traditionalen Strukturen und denen des Aufnahmelandes entsprechen sollten. So sind in den Mittelmeeranrainerkulturen neben den Elternfiguren die Rollen der Großmütter, des ältesten Sohnes sowie der ältesten bzw. der verheirateten Tochter von besonderer Bedeutung. Diese Rollenzuschreibungen können auch auf pädagogische Fachkräfte, die sich von ihrer persönlichen Kompetenz, ihrem Alter und Geschlecht dafür eignen, als Objektersatz temporär übertragen werden. Zahlreiche Handlungskonflikte lassen sich erst über diese Konstellationen entschlüsseln.

Handlungsfelder interkultureller Pädagogik mit sozial auffälligen Migrantenjugendlichen außerhalb der Schule

Historisch existieren seit den 1980er-Jahren in der Arbeit mit marginalisierten Migrantenjugendlichen unterschiedliche sozialräumliche und institutionelle sozialpädagogische Bezüge:
a) Die niedrigschwellige offene Kinder- und Jugendarbeit spielt seit dieser Zeit als Angebot eine zentrale Rolle. Die dortige Adressatenstruktur hat sich seit dieser Zeit insbesondere in den Großstädten und Ballungsräumen von einer damals deutsch geprägten mittelschichtigen hin zu einer auf marginalisierte und an den gesellschaftlichen Rand gedrängten Struktur von Migrantenjugendlichen gewandelt.
b) Einige kommunalpolitische Konzepte führten aber auch zum Ausschluss dieser Zielgruppen, die dann häufig in besonderen Settings wie Jugendbüros, Treffs in eigenen cliquenbezogenen Räumen oder Streetwork angesprochen und begleitet wurden.

c) Etwa seit den 1990er-Jahren etablieren sich in den Metropolen für Jugendliche, die im öffentlichen Raum leben, die sowohl Elemente Projekte der Jugendarbeit, der Jugendsozialarbeit als auch der Hilfen zur Erziehung (Notschlafstellen/Sleep-in) miteinander verknüpften.
d) Zahlreiche sozial auffällige Jugendliche fanden seit dieser Zeit vermehrt Zugang zu Angeboten der »Erzieherischen Hilfen« (SGB VIII, §§ 27ff.) bzw. werden nach innerfamiliärem Missbrauch in diese vermittelt.

Handlungsformen und pädagogische Haltung in der Arbeit mit sozial auffälligen Migrantenjugendlichen

Im Sinne lebensweltorientierter Sozialpädagogik erweisen sich die auf reflexive Selbstlernprinzipien aufbauenden demokratischen Angebotsformen unserer Institutionen als partiell ungeeignet für bildungsbenachteiligte und marginalisierte Jugendliche, ganz gleich ob deutscher oder nicht deutscher Nationalitätszugehörigkeit. Hier kann es sinnvoll sein, zunächst mit stark regelorientierten Settings und autoritativ-konfrontierenden Stilelementen zu arbeiten. Diese sollten aber perspektivisch im Verlauf pädagogischer Prozesse hin zu demokratisch-selbstbestimmten Paradigmen transformierbar sein.

Die Zielsetzungen einer sozialpädagogischen Arbeit in diesen Milieus sind eher mittel- bis langfristig und auf Reintegration, teilweise auch auf eine Nachsozialisation hin angelegt. Im Falle von auf der Straße lebenden Jugendlichen geht es vor allem um Alternativen zu den meist praktizierten Überlebenstechniken von Drogenhandel, Geldspielaktivitäten (mit der Gefahr der Suchtperspektive) und Prostitution. Hierbei ergänzen sich aufsuchende Jugendsozialarbeit, betreuende Jugendsozialarbeit in Sleep-in-Einrichtungen und alltagsbegleitend angelegte Jugendarbeit in Tagestreffs. Die Tagestreffarbeit umfasst ähnliche Angebote und arbeitet methodisch vergleichbar wie die offene Kinder- und Jugendarbeit.

Die Arbeit mit Jugendlichen aus subkulturellen Milieus bewegt sich zwischen individueller Beratung, Einzelfallhilfe, Kultur- und Bildungsarbeit, in einzelnen Fällen kombiniert mit der Organisation von Beschäftigungsprojekten und bei vorliegender krimineller Praxis auch mit Maßnahmen der Jugendgerichtshilfe, sozialen Trainingskursen und der Bewährungshilfe und auch der Justizvollzugsanstalt (JVA).

In der zielgruppenspezifischen Milieuarbeit ist die erste Phase sozialpädagogischen Handelns nahezu immer durch eine zunächst akzeptierende Haltung gekennzeichnet, was die jeweiligen kulturellen Ausdrucksstile und -formen betrifft, nicht aber rechtwidriges Verhalten. Bei Letzterem paart sich personenorientiertes Verstehen mit tatorientiertem Verurteilen bzw. Nichtakzeptanz. Im Falle schwerer Gewalttaten wird zunehmend auch konfrontativ gearbeitet.

Professionelle Kompetenzen und strukturelle Verortung

Die Arbeit mit marginalisierten Jugendlichen und in marginalisierten Milieus ist durch zwei besondere professionelle Anforderungen geprägt.
1. Ein erster Kompetenzschwerpunkt für die Arbeit mit Jugendlichen wäre die Fähigkeit, partiell mit in die jeweiligen subkulturellen Milieus temporär »eintauchen« zu können, die milieutypischen Strukturen und habituellen Dimensionen zu erfassen und mit ihnen umgehen zu können und diesen längerfristig aber auch »milieuferne« Handlungsorientierungen entgegensetzen zu können. Dies erfordert hohe Akzeptanzbereitschaft und ein klares persönliches Profil, um die eigene Authentizität nicht preiszugeben. Für eine Arbeit in »fremden Milieus« braucht man in jedem Fall Reflexionsmöglichkeiten, um die Distanzfähigkeit erhalten zu können. Letztendlich sind spezifische Methodenkenntnisse insbesondere im Umgang mit Krisen und gewaltbesetzten Situationen (Mediations- und Deeskalationsverfahren, konfrontative und interventionsrelevante Kompetenzen) unentbehrlich.
2. Zweitens sollte man der »Distanz« und der Stigmatisierungstendenz durch andere potenzielle Kooperationspartner begegnen können. Eine Arbeit in der »Nähe« »normaler« Institutionen erfordert zunächst Kenntnisse über diese, deren Zielsetzung und Auftrag, deren Arbeitsweise, Organisation, Kultur und Habitus. Vorausgesetzt, die Zielgruppe ist in einer »externen Institution« (Schule, Wohnheim) gescheitert, stellt sich häufig die Frage einer möglichen Konkurrenz zu diesen Institutionen insbesondere dann, wenn ähnliche Zielsetzungen im Rahmen der eigenen Subkulturarbeit bearbeitet werden.

Auswirkungen und Perspektiven

Vor dem Hintergrund einer Häufung verschiedener rechtspolitischer, ökonomischer und soziokultureller Benachteiligungen sozial auffälliger Jugendlicher mit Migrationshintergrund steckt die interkulturelle Konzeptdiskussion im selben Dilemma wie die allgemeine Integrationsdebatte. Sozial auffällige Migrantenkinder und -jugendliche bedürfen einerseits ganz gezielter Unterstützung, um ähnliche Rahmenbedingungen für ihre Entwicklung vorzufinden wie ihre deutschen Altersgruppen. Der gesonderte »Status«, der aber mit solchen Unterstützungsangeboten einhergeht, kann sich – unter Interaktionsaspekten betrachtet – selbst wieder kontraproduktiv auswirken.

In der aktuellen Diskussion kristallisieren sich mehrere Eckwerte heraus:
1. Das Verhältnis zwischen den jeweiligen »Einwandererkolonien« und den Institutionen muss fortlaufend neu definiert werden.
2. Es gilt die Entwicklung gemeinwesenbezogener interkultureller Kooperationsformen über Schulen, Vereine, soziale Institutionen und »Einwandererkolonien« deutlicher zu fördern.
3. Bildungsbezogene und berufliche Integration sind über biografisch frühzeitiges, möglichst ganztägig stattfindendes gemeinsames Lernen zu verbessern.

4. In den interkulturell ausgerichteten sozialen Diensten sind eine Verständigung und Qualifizierung der familienorientierten Arbeit in den diversen Migrantenmilieus überfällig.
5. Bedarfsorientiert sind die primären sprachlichen Integrationsvoraussetzungen zu vermitteln.

Literatur

Auernheimer, G. (1994): »Ziele interkultureller Erziehung«. In: Informationsdienst zur Ausländerarbeit: Interkulturelle Bildung und Erziehung, H. 2. Frankfurt a.M.
Auernheimer, G. (1988): Der so genannte Kulturkonflikt, Orientierungsprobleme ausländischer Jugendlicher, Frankfurt a.M./New York.
Baier, D./Pfeiffer, C. (2007): Gewalttätigkeit bei deutschen und nichtdeutschen Jugendlichen - Befunde einer Schülerbefragung 2005 und Folgen für die Prävention. Hannover (KFN-Bericht 100).
Bayaz, D. (2010): Was sagt Mehmet Scholl zu Sarrazin? In: FAZ Nr. 301, S. 23. Frankfurt a.M.
Böhnisch, L. (1998): Sozialpädagogik der Lebensalter. Weinheim und München: Juventa.
Dubet, F./ Lapeyronnie, D. (1994): Im Aus der Vorstädte. Stuttgart: Klett-Cotta.
Gaitanides, S. (1994): Interkulturelles Lernen in einer multikulturellen Gesellschaft, in: IZA – Zeitschrift für Migration und Soziale Arbeit, H. 2/1994, Frankfurt a.M., S. 24–27.
Hamburger, F. (1991): Erziehung in der Multikulturellen Gesellschaft. In: IZA, Heft 4/1991, Frankfurt, S. 70–74.
Hamburger, F. (2009): Abschied von der interkulturellen Pädagogik. Weinheim und München: Juventa.
Heitmeyer, W. (1998): Gewalt, Weinheim und München: Juventa.
Kilb, R. (2009a): Jugendgewalt im städtischen Raum. Wiesbaden: VS-Verlag für Sozialwissenschaften.
Kilb, R. (2009b): Jugendarbeit mit marginalisierten jungen Menschen. In: Enzyklopädie Erziehungswissenschaften Online. Weinheim und München: Juventa.
Lefranchi, A. (1994): Die ethnobiografische Fallrekonstruktion in Diagnostik und Therapie bei »Fremden«. In: BIOS 2, S. 206–222.
Nunner-Winkler, G. (2004): Überlegungen zum Gewaltbegriff. In: Heitmeyer, W./ Soeffner, H.-G. (Hrsg.): Gewalt. Frankfurt a.M.: Suhrkamp.
Otman, A. (1996): Lebenssituation von Migrantenjugendlichen. ISS-Dokumentation. Frankfurt a.M.
Pfeiffer, C./Wetzels, P. (2000): Junge Türken als Täter und Opfer von Gewalt. Hannover (KFN-Bericht 81).
Pfluger-Schindlbeck, I. (1989): »Achte die Älteren, liebe die Jüngeren«. Sozialisation türkischer Kinder. Frankfurt am Main: Fischer-Athenäum.
Polizeiliche Kriminalstatistik (2010): Berichtsjahr 2009. www.pks.de (Abruf 24.6.2011).
Toprak, A. (2005): Das schwache Geschlecht – die türkischen Männer. Freiburg: Lambertus.
Toprak, A./ Nowacki, K. (2010): Gewaltphänomene bei männlichen, muslimischen Jugendlichen mit Migrationshintergrund und Präventionsstrategien. Dortmund: BmfFSFJ http://www.bundesregierung.de/Content/DE/__Anlagen/2010/2010-11-26-gewaltphaenomene-muslimischer-jugendlicher,property=publicationFile.pdf
Uslucan, H.-H. (2008): Gewaltbelastungen von Jugendlichen mit Migrationshintergrund. In: Scheithauer, H./ Hayer, T./ Niebank, K. (Hrsg.): Problemverhalten und Gewalt im Jugendalter. Stuttgart: Kohlhammer; S. 289–301.

Autorenverzeichnis

Christian Babka von Gostomski, Dr. phil., Diplom-Soziologe, wissenschaftlicher Mitarbeiter in der Gruppe 22, Migrationsforschung, Forschungsfeld II »Empirische Sozialforschung«, Bundesamt für Migration und Flüchtlinge, Nürnberg. Arbeitsschwerpunkte: Migrations- und Integrationsforschung

Jörg Dollmann, Dr. rer. soc., Diplom-Sozialwissenschaftler, Wissenschaftlicher Mitarbeiter im Projekt »Children of Immigrants Longitudinal Survey in Four European Countries (CILS4EU)« am Mannheimer Zentrum für Europäische Sozialforschung (MZES) der Universität Mannheim. Arbeitsschwerpunkte: Migration und Integration, Bildungssoziologie, soziale Ungleichheit.

Doris Edelmann, Dr. phil., Erziehungswissenschaftlerin, Direktorin des Universitären Zentrums für Frühkindliche Bildung der Universität Fribourg/CH. Arbeitsschwerpunkte: International vergleichende und interkulturelle Bildungsforschung; Pädagogik der Frühen Kindheit, Gesellschaftlicher Wandel, Lehrer/innenbildung.

Hartmut Esser, Diplomvolkswirt, Dr. rer. pol., Professor für Soziologie und Wissenschaftslehre an der Universität Mannheim (em.), Fakultät für Sozialwissenschaften, Mannheimer Zentrum für Europäische Sozialforschung. Arbeitsschwerpunkte: Grundlagen der Soziologie, Methodologie der Sozialwissenschaften, Familiensoziologie, Migrations- und Integrationssoziologie, Sprache, Bildung und Integration.

Sandra Fendrich, Diplom-Pädagogin, wissenschaftliche Mitarbeiterin im Forschungsverbund DJI/TU Dortmund an der Fakultät 12 der Technischen Universität Dortmund in der »Arbeitsstelle Kinder- und Jugendhilfestatistik«. Arbeitsschwerpunkte: Adoption, Hilfen zur Erziehung, Frühe Hilfen, Demografie und Jugendhilfe. Kontakt: sfendrich@fk12.tu-dortmund.de

Veronika Fischer, Dr., Professorin für Erziehungswissenschaft an der Fachhochschule Düsseldorf, Fachbereich Sozial- und Kulturwissenschaften, Arbeitsschwerpunkte: Interkulturelle Pädagogik, Migrationssozialarbeit, Erwachsenenbildung und Gruppenpädagogik.

Yasemin Karakaşoğlu, Dr. phil., Professorin für Interkulturelle Bildung an der Universität Bremen, Fachbereich Erziehungs- und Bildungswissenschaften, Konrektorin für Interkulturalität und Internationales an der Universität Bremen. Arbeitsschwerpunkte: Interkulturelle Öffnung von Schulen und Hochschulen, Studiensituation von Studierenden mit und ohne Migrationshintergrund (insbesondere im Lehramtsstudium), Lebenssituation von Mädchen und Frauen mit Migrationshintergrund, die Bedeutung des Islam in pädagogischen Bezügen.

Rainer Kilb, Dr. phil., Diplom-Pädagoge, Professor für Theorie und Praxis Sozialer Arbeit an der Hochschule für angewandte Wissenschaften Mannheim, Fakultät für Sozialwesen. Arbeitsschwerpunkte: Kinder- und Jugendhilfe, Jugendarbeit und Jugendsozialarbeit, Umgang mit Konflikten und Gewalt, Sozialplanung, Stadtentwicklung, Marginalisierungstheorien.

Cornelia Kristen, Dr. rer. soc., Diplom-Sozialwissenschaftlerin, Professorin für Soziologie, insbesondere Sozialstrukturanalyse an der Universität Bamberg, Fachgruppe Soziologie. Arbeitsschwerpunkte: Migration und Integration, Bildungssoziologie, soziale Ungleichheit und Sozialstrukturanalyse hochentwickelter Gesellschaften

Birgit Leyendecker, Dr. rer. nat., Professorin an der Fakultät für Psychologie der Ruhr-Universität Bochum. Arbeitsschwerpunkte: Resilienzforschung, Familienpsychologie, Kultur- und Migrationspsychologie.

Stefan Luft, Dr. phil. habil., Privatdozent am Institut für Politikwissenschaft der Universität Bremen, Arbeitsschwerpunkte: Steuerung von Migration und Integration, Föderalismus, Landespolitik, Kommunalpolitik, Medienpolitik

Michael Matzner, Dr. phil., M.A. Erziehungswissenschaft, Soziologie, Projektleiter im Bereich der beruflichen Bildung. Arbeitsschwerpunkte: Bildung und Geschlecht, Jungen- und Mädchenpädagogik, Übergang Schule – Beruf, Migration und Bildung, Väterforschung. michael.matzner@t-online.de

Ursula Neumann, Dr. paed., Professorin für Erziehungswissenschaft an der Universität Hamburg, Fachbereich für Allgemeine, Interkulturelle und international vergleichende Erziehungswissenschaft. Arbeitsschwerpunkte: Interkulturelle Bildung, Migration, Sozialisation.

Mario Peucker, Diplom-Pädagoge, wissenschaftlicher Mitarbeiter an der University of Melbourne (Australien), National Centre of Excellence for Islamic Studies (NCEIS). Arbeitsschwerpunkte: Rassismus, Islamfeindlichkeit und Diskriminierung im Integrationsprozess.

Jens Pothmann, Diplom-Pädagoge, Dr. phil., Wissenschaftlicher Mitarbeiter im Forschungsverbund DJI/TU Dortmund an der Fakultät 12 der Technischen Universität Dortmund in der »Arbeitsstelle Kinder- und Jugendhilfestatistik«. Arbeitsschwerpunkte: Kinder- und Jugendhilfe und ihre Arbeitsfelder, Jugendamt und Soziale Dienste, Berichtswesen und Sozialberichterstattung, Kennzahlen und Indikatoren, Kinder- und Jugendhilfestatistik. Kontakt: jpothmann@fk12.tu-dortmund.de

Heidi Rösch, Dr. phil., Professorin für Interkulturelle Germanistik und Leiterin des Master-Studiengangs »Interkulturelle Bildung, Migration und Mehrsprachigkeit« an der Pädagogischen Hochschule Karlsruhe. Arbeitsschwerpunkte: Interkulturelle Literaturwissenschaft und -didaktik, Filmbildung sowie Deutsch als Zweitsprache.

Stefan Rühl, Diplom-Soziologe, wissenschaftlicher Mitarbeiter in der Gruppe 22, Migrationsforschung, Referat 222 »Statistik, Verbesserung der Erkenntnislage im Migrationsbereich«, Bundesamt für Migration und Flüchtlinge, Nürnberg. Arbeitsschwerpunkte: Statistik, Migrations- und Integrationsforschung.

Werner Sacher, Dr. phil., emeritierter Professor für Schulpädagogik an der Universität Erlangen-Nürnberg, Philosophische Fakultät und Fachbereich Theologie. Arbeitsschwerpunkte: Elternarbeit, Pädagogische Diagnostik, Allgemeine Didaktik und Unterrichtsforschung.

Agi Schründer-Lenzen, Dr. phil., habil. Professorin für Allgemeine Grundschulpädagogik und -didaktik an der Universität Potsdam, Humanwissenschaftliche Fakultät, Department Erziehungswissenschaft. Arbeitsschwerpunkte: Sprachlich-kulturelle Heterogenität, Konzepte des Schriftspracherwerbs, Ganztagsorganisation im Grundschulbereich, empirische Grundschulforschung.

Ulrich Schröder, Dr. phil., Sonderschullehrer, Diplompsychologe, Professor für Sonderpädagogik an der Carl-von-Osssietzy-Universität Oldenburg. Arbeitsschwerpunkte: Theorie, Geschichte und Statistik der Lernbehindertenpädagogik, International Vergleichende Sonderpädagogik, Metakognition.

Klaudia Schultheis, Prof. Dr. phil., Lehrstuhl für Grundschulpädagogik und Grundschuldidaktik an der Katholischen Universität Eichstätt-Ingolstadt. Arbeitsschwerpunkte: Pädagogische Kinderforschung: Jungenforschung, Pädagogische Anthropologie: Leiblichkeit und Erziehung, Theorie der Erziehung: Operative Pädagogik.

Marika Schwaiger, M.A., wissenschaftliche Mitarbeiterin an der Universität Hamburg, Fachbereich für Allgemeine, Interkulturelle und International vergleichende Erziehungswissenschaft. Arbeitsschwerpunkte: Deutsch als Zweitsprache, Kooperation Familie und Schule, Sprachbildung und -förderung von zweisprachigen Schülerinnen und Schülern.

Isabel Sievers, Dr. phil., Diplom Pädagogin; Koordinatorin des interdisziplinären Arbeits- und Forschungsschwerpunktes Interpäd (Interkulturelle Pädagogik) an der

Leibniz Universität Hannover, Philosophische Fakultät. Arbeitsschwerpunkte: Soziokulturelle Vielfalt und Bildung, international vergleichende Erziehungswissenschaft, soziokulturelle Kompetenzen bildungserfolgreicher Personen mit Migrationshintergrund, Transmigranten.

Andreas Thimmel, Dr. phil., M.A. Erziehungswissenschaft, Politikwissenschaft, Professor für Wissenschaft der Sozialen Arbeit an der Fachhochschule Köln. Fakultät für Angewandte Sozialwissenschaften. Arbeitsschwerpunkte: Internationale und interkulturelle Jugendarbeit, Politische Bildung, Non-formale Bildung.

Dietrich Thränhardt, Dr. rer. soc., Professor em. für Politikwissenschaft, Universität Münster, Arbeitsschwerpunkte: Vergleichende Migrationspolitik, Politik und Geschichte der Bundesrepublik.

Haci-Halil Uslucan, Dr. phil., Habilitation im Fach Psychologie 2006. Wissenschaftlicher Direktor des Zentrums für Türkeistudien und Integrationsforschung sowie Professor für moderne Türkeistudien und Integrationsforschung an der Universität Duisburg-Essen. Forschungsschwerpunkte: Intellektuelle Entwicklung im Kindesalter, Jugendgewalt und Jugendentwicklung im kulturellen und interkulturellen Kontext, Interkulturelle Familien- und Erziehungsforschung, Islam und Integration, Gesundheit und Migration.

Paul Walter, Dr. phil., Dipl.-Psych., Professor für Erziehungswissenschaft an der Universität Bremen, Erziehungs- und Bildungswissenschaften. Arbeitsschwerpunkte: Interkulturelles Lernen, Unterrichtstheorie, Quantitative und Qualitative Forschungsmethoden, Kritische Kompetenz.

Karin Weiss, Ph. D., Integrationsbeauftragte des Landes Brandenburg, Professorin für Erziehungswissenschaft, Arbeitsschwerpunkte: Zuwanderung und Integration unter besonderer Berücksichtigung Ostdeutschlands.

Agathe Wilk, Diplom-Pädagogin, Wissenschaftliche Mitarbeiterin im Forschungsverbund DJI/TU Dortmund, Projekte »Arbeitsstelle Kinder- und Jugendhilfestatistik« und »Bildungsberichterstattung Ganztagsschule NRW (BiGa NRW)«. Arbeitsschwerpunkte: Hilfen zur Erziehung, Organisation im Jugendamt, Ganztagsschule, Kooperation von Jugendamt und Ganztagsschule im Bereich erzieherischer Förderung. Kontakt: awilk@fk12.tu-dortmund.de

Anna Wojciechowicz, Dipl. Päd., wissenschaftliche Mitarbeiterin an der Universität Bremen, Arbeitsbereich Interkulturelle Bildung, Fachbereich Erziehungs- und Bildungswissenschaften. Arbeitsschwerpunkte: Bildungs- und Studiensituation von jungen Erwachsenen mit Migrationshintergrund, Interkulturelle Qualifizierung von Schule, Bildungsberatung unter Bedingungen von Migration.

Auch den Jungs gerecht werden!

Michael Matzner/Wolfgang Tischner (Hrsg.)
Handbuch Jungen-Pädagogik
2008. 413 Seiten. Gebunden.
ISBN 978-3-407-83163-7

Von einer »Krise der Jungen«, ja sogar von einer »Jungenkatastrophe« ist die Rede, denn Jungs können nicht mehr mithalten: Sie lesen kaum, sind die schlechteren Schüler und haben mehr soziale Probleme als Mädchen. Dieses Handbuch zeigt die Ursachen auf – und Wege aus der Krise. Es richtet sich an engagierte Praktiker/innen, aber auch an Fachkreise, Studierende und alle, die beruflich oder privat mit Jungen zu tun haben.

Jungen brauchen eine Pädagogik, die ihren geschlechtsspezifischen Bedürfnissen gerecht wird. Deshalb trägt dieses Handbuch erstmals das bisherige Wissen aus der Jungenforschung zusammen und skizziert den pädagogischen und bildungspolitischen Handlungsbedarf. Es diskutiert die speziellen Bedürfnisse von Jungen und stellt pädagogische Handlungsmodelle dar. Damit versammelt dieses Buch alles, was Erzieherinnen, Lehrer und Sozialpädagogen heute für die Arbeit mit Jungen wissen müssen.

Aus dem Inhalt:
- Grundwissen aus Biologie, Psychologie und Soziologie
- Jungen in Kita, Schule und Erziehungshilfe
- Wichtige Einzelaspekte wie männliche Sozialisation, Gesundheit, Sexualität, Gewalt, Medien und Lesesozialisation

»Nach dem erfolgreichen Vorbild der Mädchenförderung ist es dringend nötig, eine gezielte Jungenförderung in Kindertagesstätten und Schulen einzuleiten.«
(Prof. Dr. Klaus Hurrelmann)

BELTZ
Beltz Verlag · Weinheim und Basel · Weitere Infos: www.beltz.de